AF862323

ACCESO AL E-BOOK CON DESCUENTO + 2 MESES A CONECT@

[+] Diríjase a la página web de la editorial www.tirant.com

[+] En *Mi cuenta* vaya a Mis promociones https://www.tirant.com/mispromociones

[+] Introduzca su mail y contraseña, si todavía no está registrado debe registrarse

[+] Una vez en Mis promociones inserte el código oculto en esta página para activar la promoción

Código Promocional

Rasque para visualizar

* También puede realizar la compra del e-book a través de su librería

CONOZCA CONECT@

No se admitirá la devolución de este libro si el código promocional ha sido manipulado

DERECHO JURISDICCIONAL

III

Proceso Penal

Procedimiento de selección de originales, ver página web:

http://www.tirant.net/index.php/editorial/procedimiento-de-seleccion-de-originales

JUAN MONTERO AROCA
Emérito de la Universidad de Valencia
JUAN LUIS GÓMEZ COLOMER ALBERTO MONTÓN REDONDO (†)
SILVIA BARONA VILAR
Catedráticos de Derecho Procesal
en las Universidades Jaume I de Castellón, Complutense de Madrid y Valencia

DERECHO JURISDICCIONAL

III
Proceso Penal

22ª Edición

tirant lo blanch
Valencia, 2014

En caso de erratas y actualizaciones, la Editorial Tirant lo Blanch publicará la pertinente corrección en la página web www.tirant.com (http://www.tirant.com).

© TIRANT LO BLANCH
EDITA: TIRANT LO BLANCH
C/ Artes Gráficas, 14 - 46010 - Valencia
TELFS.: 96/361 00 48 - 50
FAX: 96/369 41 51
Email:tlb@tirant.com
http://www.tirant.com
Librería virtual: http://www.tirant.es
DEPÓSITO LEGAL: V-1707-2014
ISBN: 978-84-9086-093-9
IMPRIME: Gráficas Díaz Tuduri, S.L.
MAQUETA: Tink Factoría de Color

Si tiene alguna queja o sugerencia, envíenos un mail a: *atencioncliente@tirant.com*. En caso de no ser atendida su sugerencia, por favor, lea en *www.tirant.net/index.php/empresa/politicas-de-empresa* nuestro Procedimiento de quejas.

Índice

II. PARTE ESPECIAL:
El Proceso Penal

LIBRO I
INTRODUCCIÓN

Lección Primera
Los conceptos esenciales

LIBRO II
EL PROCESO DE DECLARACIÓN

CAPÍTULO I
LA COMPETENCIA

Lección Segunda
La competencia penal

CAPÍTULO II
LAS PARTES

Lección Tercera
Las partes acusadoras

Lección Cuarta
La parte acusada y las partes civiles

CAPÍTULO III
EL OBJETO DEL PROCESO

Lección Quinta
El objeto del proceso

CAPÍTULO IV
EL PROCEDIMIENTO PRELIMINAR (LA INSTRUCCIÓN)

Lección Sexta
El procedimiento preliminar

Lección Séptima
Actos de iniciación

Lección Octava
Actos de investigación, 1

Lección novena
Los actos de investigación, 2

Lección Décima
La imputación y el fin del procedimiento preliminar

CAPÍTULO V
EL JUICIO ORAL

Lección Decimoprimera
El juicio oral, 1

Lección Decimosegunda
El juicio oral, 2

Lección Decimosexta
La terminación del proceso penal

CAPÍTULO VI
LOS MEDIOS DE IMPUGNACIÓN

Lección Decimoséptima
Los recursos, 1

Lección Decimoctava
Los recursos, 2

CAPÍTULO VII
LOS EFECTOS DEL PROCESO

Lección Decimonovena
Los efectos del proceso

LIBRO III
EL PROCESO DE EJECUCIÓN

Lección Vigésima
La ejecución penal

LIBRO IV
EL PROCESO cautelar

Lección Vigesimoprimera
Las medidas cautelares

Lección Vigesimosegunda
Medidas cautelares específicas

LIBRO V
LOS PROCESOS ORDINARIOS
Y LOS ESPECIALES

Lección Vigesimotercera
Los procesos ordinarios

Lección Vigesimocuarta

Especialidades procedimentales y procesos especiales

Lección Vigesimoquinta

El procedimiento para el enjuiciamiento rápido de determinados delitos

II. PARTE ESPECIAL:
El Proceso Penal

LIBRO I
INTRODUCCIÓN

Lección Primera

Los conceptos esenciales

I. LA GARANTÍA JURISDICCIONAL EN LA APLICACIÓN DEL DERECHO PENAL
Frente a civil: Los tres monopolios: Estatal, Judicial y Procesal
Garantía jurisdiccional=Principio de legalidad: 4 garantías

II. LOS LLAMADOS SISTEMAS PROCESALES PENALES
Cómo se conforma el proceso
a) El sistema acusatorio: Noción privada del delito
b) El sistema inquisitivo: El juez también acusa

III. LA ACOMODACIÓN DEL PROCESO A LOS IMPERATIVOS DE LA APLICACIÓN DEL DERECHO PENAL
a) Principio de necesidad: 2 consecuencias
b) Creación artificial del Ministerio Fiscal: Para acusar
c) Actividad preparatoria pública: Procedimiento preliminar

IV. LA CONSTITUCIONALIZACIÓN DE LA REGULACIÓN ESENCIAL
A) De la jurisdicción: El llamado principio acusatorio
  a) La distinción juez instructor-juez decisor: STC 145/1988
  b) El que juzga no puede acusar: Confusión sobre lo que es acusatorio
B) De la acción: *El ius ut procedatur*: Pública (todos); no dr. material
C) Del proceso: El principio de contradicción
  a) Dualidad
  b) Contradicción
    1º) Garantías genéricas: Convenios internacionales
    2º) Garantías concretas: Art. 24.2 CE
  c) Igualdad
D) Garantías específicas constitucionalizadas
  a) Pre-procesales: Tortura, detención, entrada y registro, comunicaciones
  b) Procesales:
    1) Procesales: No declarar; Presunción de inocencia; motivación
    2) Procedimentales: Oralidad, Publicidad

I. LA GARANTÍA JURISDICCIONAL EN LA APLICACIÓN DEL DERECHO PENAL

Cuando se inicia el estudio del proceso penal, y especialmente cuando ello se hace después de haber estudiado el proceso civil, es necesario advertir, de entrada, que los órganos jurisdiccionales, si no tienen monopolio alguno en la aplicación del derecho privado, sí lo tienen cuando se trata de la actuación del derecho penal, de modo que no existe aplicación de este derecho fuera del proceso. A esta exclusividad se ha llegado mediante toda una serie de opciones políticas en las que se ha ido manifestando la civilización.

El derecho privado se aplica normalmente por los particulares en la vida diaria cuando contratan, cuando constituyen una familia, cuando hacen testamento, etc. Todas las personas al relacionarse jurídicamente entre sí aplican ese derecho. La aplicación por los tribunales y por medio del proceso del derecho privado es estadísticamente excepcional. No se trata sólo de que los tribunales no tienen en el derecho privado exclusividad alguna, sino de que incluso no son sus aplicadores normales. Ese derecho se basa en la autonomía de la voluntad e, incluso, en la libertad de los ciudadanos, y de ahí que la actividad jurisdiccional relativa al mismo requiera que un particular la pida expresamente.

La aplicación del derecho penal sólo puede explicarse si se tiene en cuenta la existencia de tres monopolios, que se presentan de modo escalonado:

a) Estatal

El primero atiende a que el Estado ha asumido en exclusiva el *ius puniendi*, de modo que fuera de por el mismo no existe aplicación del derecho penal. Esta opción inicial implica:

1.º) La prohibición de la autotutela: La sociedad civilizada no puede existir si no se parte de la prohibición de la autotutela, de tomarse la justicia por propia mano, y por ello se tipificada como delito la realización arbitraria del propio derecho (que es lo que hace el art. 455 CP).

Pueden existir algunas manifestaciones específicas de la autotutela, y el caso más destacado es el de la legítima defensa, pero la regla general tiene que ser la de su prohibición y aún que las manifestaciones específicas tienen que controlarse judicialmente para determinar sus límites después de su ejercicio. En el desarrollo de la vida en sociedad de los hombres, ésta fue una de las primeras conquistas y sigue siendo irrenunciable.

2.º) La no disposición de la pena: Los particulares no pueden disponer del *ius puniendi*, y no pueden hacerlo ni positiva, acordando de modo privado la imposición de penas, ni negativamente, decidiendo su no imposición cuando se ha producido un delito.

Existen algunos supuestos excepcionales en los que se da una cierta disposición negativa, bien porque la iniciación de la persecución penal se hace depender de la voluntad del ofendido o agraviado por el delito (como ocurre en los llamados delitos privados, art. 215 CP, y en los semiprivados, arts. 191, 201, 228, 287, 296, 620 y 621 CP), bien porque algunas veces quepa el perdón del ofendido (arts. 201 y 215 CP), pero la regla general es que de la voluntad del ofendido no puede depender la persecución del delito (arts. 101, 105 y 308 LECRIM) ni la extinción de la responsabilidad penal (arts. 130 CP y 106 LECRIM).

Este primer monopolio supone que no existe una relación jurídica material penal entre los que han intervenido en la comisión del delito, bien como autor bien como víctima, y que el ofendido o agraviado por el hecho delictivo no tiene derecho subjetivo a que al autor del mismo se le imponga una pena. El *ius puniendi* se ha asumido con exclusividad por el Estado (no como derecho, sino como deber) y los particulares no tienen derechos subjetivos de contenido penal.

b) Judicial

El segundo monopolio atiende a que el derecho penal ha de aplicarse, dentro del Estado, por los órganos jurisdiccionales y por nadie más. Los órganos legislativos y los administrativos no pueden ni declarar la existencia de un delito, ni imponer penas. Estamos ante otra opción de civilización, que ha llevado a conferir el *ius puniendi* (deber) estatal sólo a los tribunales, como ahora dice el art. 3 CP.

No es necesario advertir que no siempre ha sido así históricamente, pero sí es conveniente insistir en que este segundo monopolio está siendo, en buena medida, burlado por medio de la atribución de la potestad sancionadora a la Administración. El art. 25.3 CE es manifiestamente insuficiente por cuanto sólo dispone que la Administración no puede imponer sanciones que impliquen privación de libertad, pero cada día es más evidente que las leyes van permitiendo a los órganos administrativos imponer sanciones pecuniarias que pueden convertirse en verdaderas confiscaciones.

Lo nuevo en este segundo paso es que al ofendido o agraviado puede conferírsele la facultad o, si se prefiere, el derecho procesal a promover el ejercicio de los tribunales de su *ius puniendi,* pero sigue sin existir derecho subjetivo material alguno a la imposición de penas.

c) Procesal

El tercer monopolio se centra en que el derecho penal se aplica por los tribunales necesariamente por medio del proceso, y no de cualquier otra forma. Estamos aquí nuevamente ante una opción de civilización, que ha llevado a prohibir aplicaciones del derecho penal que no se realicen precisamente con las garantías del proceso, como se dispone en el art. 3 CP.

Tampoco es necesario advertir que no ha sido siempre así históricamente pero sí conviene resaltar que, decidido políticamente que el proceso es el mejor instrumento para garantizar tanto la legalidad del resultado final como los derechos de las partes, y especialmente del acusado, ese proceso ha de conformarse según los principios esenciales del mismo, aquéllos que hacen que una actividad sea proceso y no otra cosa, es decir, dualidad de partes, contradicción e igualdad.

El resultado de estos tres monopolios es la llamada garantía jurisdiccional que forma parte del principio de legalidad en materia penal. Este principio se articula hoy en cuatro garantías:

1) Criminal o *nullum crimen sine lege* (art. 1 CP),

2) Penal o *nulla poena sine lege* (art. 2 CP),

3) Jurisdiccional o *nemo damnetur nisi per legale iudicium* (art. 3.1 CP), y

4) De ejecución (art. 3.2 CP).

La garantía jurisdiccional tiene contenido doble: el derecho penal los actúan los tribunales y por medio del proceso.

II. LOS LLAMADOS SISTEMAS PROCESALES PENALES

La garantía jurisdiccional sirve para determinar que el derecho penal lo aplican únicamente los tribunales y que lo hacen por medio del proceso, pero no dice nada más y, especialmente, no resuelve cómo ha de conformarse ese proceso. A esta segunda cuestión suele decirse que da respuesta la distinción entre dos sistemas procesales penales, a los que se denominan sistema acusatorio y sistema inquisitivo, pero la distinción misma está basada en la incomprensión histórica y en un grave error conceptual, que arranca de no precisar lo que es un verdadero proceso.

a) El sistema acusatorio

Es posible que en algún momento histórico primitivo, en el que se tenía una noción privada del delito y en el que no se establecían diferencias entre los procesos civil y penal, se concibiera este segundo como una contienda entre partes, situadas en pie de igualdad, frente a un tercero imparcial, que debía responder al ejercicio de un derecho subjetivo por el acusador contra el acusado. En esta situación el acusador era el ciudadano ofendido por el delito que afirmaba su derecho subjetivo a que al acusado, al que imputaba ser autor del delito, se le impusiera una pena.

De la asimilación entre relaciones jurídicas materiales civiles y penales se llegaba a una configuración del proceso penal muy similar al proceso civil, tanto que:

1.º) El proceso se ponía en marcha únicamente cuando el particular formulaba la acusación.

2.º) La acusación determinaba los ámbitos objetivo (el hecho que se imputaba) y subjetivo (la persona a la que se acusaba).

3.º) El juez no podía ni investigar los hechos, ni practicar prueba que no le hubiera sido solicitada por las partes.

4.º) La sentencia tenía que ser congruente, de modo que no podía condenarse a persona distinta de la acusada por el particular, ni por hechos distintos, ni a pena diferente de la solicitada por el acusador.

5.º) La actividad jurisdiccional era un verdadero proceso, esto es, estaba sujeta a los principios de dualidad, contradicción e igualdad.

Es difícil precisar si en algún momento de la historia, no de la leyenda, existió realmente una actuación del derecho penal con estas características, aunque suele hacerse referencia a la Grecia de Sócrates y a la Roma clásica, si bien en esos momentos históricos no acusaba ya sólo el ofendido por el delito sino cualquier ciudadano, pero es fácil advertir que esa situación, si llegó realmente a existir, no pudo mantenerse por mucho tiempo. Sin pretensiones de precisión cronológica, este pretendido sistema acusatorio empezó a desvanecerse, primero, cuando se concibió el delito no como algo privado sino como algo en lo que debía predominar el interés de la colectividad y, por tanto, sujeto al principio de legalidad y, segundo, cuando para que la legalidad fuera efectiva se confió la acusación a un órgano público.

El llamado sistema acusatorio hubo de desaparecer cuando se llegó a la conclusión de que la persecución de los delitos no podía abandonarse en manos de los particulares, hubieran sido o no ofendidos por el delito, sino que se trataba de una función que debía asumir el Estado y que debía ejercitarse conforme a la legalidad. A partir de esa conclusión, expresión de civilización, se produjo la ruptura entre los procesos civil y penal.

b) El sistema inquisitivo

Por el camino anterior las cosas llegaron a que la aplicación del derecho penal dejó de realizarse en una contienda entre partes ante un tercero imparcial, tanto que se acabó en que, por un lado, estaba el juez que al mismo tiempo acusaba y, por otro, al acusado. La atribución de la acusación a un órgano público fue una clara conquista de la civilización, pero el convertir a la misma persona en juez y acusador significó pasar de un extremo al otro, desvirtuándose la conquista misma.

De esa desvirtuación se derivaron las siguientes consecuencias:

1.ª) La figura del ciudadano acusador desapareció o, al menos, quedó desdibujada, pues la iniciación de la actividad necesaria para la actuación del derecho penal quedó en manos del juez-acusador.

2.ª) La determinación de los ámbitos objetivo y subjetivo de la acusación correspondía a la persona que, al mismo tiempo, acusaba y juzgaba.

3.ª) La investigación de los hechos y la determinación de las pruebas a practicar correspondía íntegramente a la misma persona que asumía los papeles de acusador y juez.

4.ª) La congruencia carecía de sentido en este sistema, pues el acusador-juez podía determinar en cualquier momento de qué y a quién acusaba y juzgaba.

5.ª) Los poderes del acusador-juez son absolutos frente a un acusado que está inerme ante él, tanto que puede decirse que no había partes verdaderas, siendo el acusado, no un sujeto, sino el objeto de la actuación.

Siendo éstas las características esenciales del llamado sistema inquisitivo, es evidente que no se trataba de un verdadero proceso. En el sistema inquisitivo la actuación del derecho penal correspondía, sí, a los tribunales, pero éstos no utilizaban el medio que es el proceso. Lo que la doctrina llama proceso inquisitivo no es un verdadero proceso, sino un sistema de aplicación del derecho penal típicamente administrativo.

A partir de esta elemental constatación toda la literatura en torno a la confrontación de dos sistemas procesales penales pierde su sentido. El llamado proceso inquisitivo no existe, no es un verdadero proceso, pues en su actividad no se respetaron los principios de dualidad de partes, contradicción e igualdad, que hacen a la esencia misma de la existencia del proceso.

III. LA ACOMODACIÓN DEL PROCESO A LOS IMPERATIVOS DE LA APLICACIÓN DEL DERECHO PENAL

Decidida políticamente como la mejor opción que el derecho penal lo aplican exclusivamente los tribunales y precisamente por medio del proceso, esto es, fijada la garantía jurisdiccional, queda por resolver cómo será ese proceso, y para dar respuesta a esta cuestión hay que insistir en que los puntos de partida conceptuales son: 1.º) El *ius puniendi* pertenece en exclusiva a los tribunales, 2.º) El proceso penal parte de la inexistencia de una relación jurídica material penal y de derechos subjetivos y 3.º) El proceso penal responde al principio de legalidad que informa el conjunto del derecho penal y que determina el proceso en que se derecho se aplica.

Desde estos puntos de partida, que son elementales y que están consagrados constitucional y legalmente, se llega a:

a) Principio de necesidad

En la aplicación del derecho penal el interés público es el preponderante y ello supone que:

1.º) La existencia de un hecho aparentemente delictivo exige la puesta en marcha de la actividad jurisdiccional, pues es la legalidad la que debe determinar cuándo ha de iniciarse el proceso penal, no siendo admisibles criterios de oportunidad. El proceso penal no puede dejarse en su inicio a la decisión discrecional de nadie; aquél a quien la ley le atribuya la incoación del proceso ha quedar sujeto a la legalidad estricta.

2.º) Una vez iniciado el proceso penal, éste ha de tender a llegar a su fin normal de la sentencia, no pudiendo acabarse por actos discrecionales de nadie. El proceso penal no puede ser revocado, suspendido, modificado o suprimido sino en los casos en que así lo permita una expresa disposición de la ley, sin que ello pueda dejarse a la discrecionalidad de persona alguna. Esto no supone que el proceso tenga que acabar siempre con sentencia; implica sólo que en su desarrollo y terminación debe aplicarse la legalidad estricta.

El principio de necesidad pretende evitar dos riesgos importantes en la aplicación del derecho penal:

1) Impide que alguien pueda disponer de la aplicación de las penas, pues esa disposición implicaría que perdería su razón de ser todo el sistema penal del Estado. Si alguien tuviera esa facultad de disposición tendría en realidad el *ius puniendi,* por cuanto éste sólo se ejercitaría si ese alguien así lo decidía.

2) Se pretende impedir que los delitos queden impunes; si el Estado considera que un acto debe ser tipificado como delito, no puede luego consentir que dejen de perseguirse actos concretos que quedan subsumidos en la norma general.

Lo que se está diciendo, en conclusión, es que la conformación del enjuiciamiento penal como un verdadero proceso, no puede significar que éste quede sometido a los principios de oportunidad y dispositivo. La actuación del derecho penal debe hacerse por medio del proceso, pero los principios configuradores de éste (salvo los esenciales de dualidad, contradicción e igualdad) tienen que ser distintos de los del proceso civil.

b) Creación artificial del Ministerio Fiscal

Si hubiera de mantenerse el esquema normal del proceso civil, también en el penal aparecería como parte acusada aquella persona a la que se imputa la comisión de un delito y como parte acusadora el ofendido o agraviado por el mismo. Este no tendría derecho subjetivo a la imposición de una pena, pero sí quedaría legitimado para instar el ejercicio por el tribunal del *ius puniendi.* Con todo, este esquema de acusador=ofendido por el delito y acusado=a quien se imputa la comisión del delito, se quebró cuando se reconoció que la persecución de los delitos no puede abandonarse en manos de los particulares, sino que es una función que debe asumir el Estado y ejercerla conforme al principio de legalidad. Se produjo así la creación del Ministerio Fiscal.

El Ministerio Fiscal es, por consiguiente, una creación artificial que sirve para hacer posible el proceso, manteniendo el esquema básico de éste, y de ahí que se le convierta en parte acusadora que debe actuar conforme al principio de legalidad. Con ello estamos indicando los dos caracteres esenciales de la figura: 1) Es una parte, aunque pública, que responde a la idea de que el delito afecta a toda la sociedad, la cual está interesada en su persecución, y 2) Su actuación ha de basarse en la legalidad.

El que después ese Ministerio Fiscal asuma o no en exclusiva el ejercicio de la acción penal, esto es, que además de a la parte pública se reconozca legitimación a los ciudadanos particulares para el ejercicio de la acción penal, es algo que ya no afecta al esquema esencial del proceso. En la mayoría de los países se ha privado a los particulares de esa legitimación, incluso cuando han sido ofendidos por el delito, pero en España todos los particulares pueden convertirse en acusadores penales (art. 125 CE), y en esa opción hay un gran componente de libertad y de civilización, por cuanto no se aparta a los ciudadanos del interés público, sino que se les hace partícipes del mismo.

Naturalmente la atribución de la condición de parte acusadora pública y sujeta a la legalidad no significa que al Ministerio Fiscal se le atribuya el *ius puniendi;* éste sigue siendo monopolio de los tribunales, pero para que éstos puedan ejercitarlo por medio de un verdadero proceso es necesario que alguien formule la acusación, y con ese fin se crea al Ministerio Fiscal. Si algún día llegara a atribuirse a éste facultades discrecionales a la hora de formular la acusación, se estaría de hecho cambiando la titularidad del *ius puniendi.*

c) Actividad preparatoria pública

El proceso civil comienza cuando, ante un órgano jurisdiccional, se presenta una demanda en la que una parte, el actor, formula una pretensión contra otra, el demandado. Naturalmente la presentación de la demanda ha de estar precedida de una actividad preparatoria, realizada normalmente por el abogado del futuro actor, pero esa actividad es privada y la LEC no la regula. Por el contrario, las leyes procesales penales de todos los países sí regulan la actividad preparatoria del proceso penal y le atribuyen naturaleza pública, con lo que están introduciendo un elemento desconocido en el proceso civil.

En el siglo XIX se decidió que el sistema de aplicación del derecho penal fuera el proceso y éste se partió en dos fases bien delimitadas: 1) Una preparatoria o de instrucción y 2) Otra enjuiciadora o de juicio en sentido estricto. La primera fase recibió nombres distintos en los varios códigos, pero en la LECRIM española se llamó sumario, aunque en este manual vamos a llamarla procedimiento preliminar, y es discutida su verdadera naturaleza procesal; la segunda fase también se denominó de varias maneras pero en la LECRIM juicio oral.

La fase de procedimiento preliminar se justifica atendiendo, sobre todo, a dos finalidades:

1.ª) La preparación del posterior juicio exige una actividad previa de averiguación y dejar constancia de la perpetración del delito con todas sus circunstancias, incluido quien es su autor, asegurando su persona y las responsabilidades pecuniarias, actividades todas ellas en las que predomina el interés público por lo que han de realizarse por un órgano público sometido al principio de legalidad. Esas actividades no pueden dejarse ni en manos de los particulares ni en manos de un órgano público que actúe discrecionalmente, a pesar de que por medio de ellas no se trata de juzgar, sino de preparar el juicio.

2.ª) El verdadero enjuiciamiento sólo debe de ser sufrido por el imputado cuando existan elementos suficientes para ello, elementos que deben ser necesariamente determinados antes de la apertura de la segunda fase. El juicio oral sólo debe ser realizado cuando razonablemente se haya llegado a la constatación, no de que va obtenerse una sentencia condenatoria, pero sí de que existen indicios suficientes de que el hecho es delictivo y de que de él es autor el imputado.

El procedimiento preliminar cumple dos finalidades básicas: 1) Por un lado prepara el juicio y, 2) Por otro, evita juicios inútiles. En el procedimiento preliminar se prepara el juicio, pero bien entendido que tanto para la acusación como para la defensa.

En los últimos años se está incurriendo, por parte de la doctrina y por las leyes, en el gravísimo error de considerar que el procedimiento preliminar consiste en la recogida de los elementos necesarios para determinar si se debe sostener la acusación y para preparar ésta, con olvido de que la actividad preliminar debe servir tanto para lo que determina la inculpación como para lo que la excluye, es decir, debe preparar tanto la acusación como la defensa.

Desde esta perspectiva debe afrontarse la cuestión de a quién debe confiarse el procedimiento preliminar o instrucción, si a un juez imparcial o si a una parte, y por lo mismo parcial, como es el Ministerio Fiscal, lo cual a su vez debe ser determinante de la naturaleza jurídica de esa primera fase.

IV. LA CONSTITUCIONALIZACIÓN DE LA REGULACIÓN ESENCIAL

Hemos ido exponiendo hasta aquí los que podemos considerar conceptos fundamentales en torno a la aplicación del derecho penal, conceptos que se centran en la garantía jurisdiccional y en sus consecuencias ineludibles. A pesar de que la CE no ha recogido de modo claro esa garantía, lo que obliga a una interpretación un tanto forzada de varios artículos de la misma para darle rango de derecho fundamental, en ella sí que se encuentran asumidas toda una serie de garantías consecuencia que hemos de examinar a continuación, con lo que pasamos del nivel de los principios abstractos a la consideración de lo que puede denominarse derecho constitucional jurisdiccional.

A) De la jurisdicción: El llamado principio acusatorio

Los principios políticos de la jurisdicción (que examinamos en el Tomo I, lección 4.ª), más todo lo relativo al estatuto de jueces y magistrados (lección 5.ª, del Tomo I), no puede desgajarse del conjunto para referirlo de modo aislado a los tribunales penales y a la actuación jurisdiccional del derecho penal. Lo que dijimos entonces es plenamente aplicable ahora.

Por poner un ejemplo. El principio del juez ordinario predeterminado por la ley, tanto en lo relativo a la conformación de los órganos a los que se dota de potestad jurisdiccional, como respecto de su consideración de derecho fundamental de las personas, no puede referirse a la actuación de un derecho material en el caso concreto, aunque sea cierto que cuando ese derecho es el penal, el principio adquiere una relevancia especial dados los intereses que entran en juego, aunque lo mismo puede vulnerarse ese derecho en un proceso penal que en otro civil.

En los últimos tiempos la mayor parte de los principios y reglas conformadoras del órgano jurisdiccional y del proceso penal han pretendido centrarse en el llamado principio acusatorio, habiendo adquirido tal fuerza expansiva este pretendido principio que, a la postre, ha acabado por carecer de verdadero contenido específico.

a) La distinción juez-instructor y juez-decisor

El sistema originario de la LECRIM se basó en la distinción entre juez instructor de la causa, competente para la formación del sumario o procedimiento preliminar, y juez decisor o sentenciador, que debía conocer del juicio oral y dictar sentencia. Esta distinción atendía a la incompatibilidad de funciones entre instruir (investigar los hechos para preparar el juicio oral) y juzgar (verificar los hechos en el juicio oral para decidir), entendiéndose que una misma persona no podía asumir las dos, pues ello supondría desconocer la esencia misma de lo que era la manera de conformar el proceso penal.

La distinción fue desconocida en las leyes procesales penales más recientes, como fueron la Ley 3/1968, de 8 de abril, la LO 10/1980, de 11 de noviembre, y la LOPJ de 1985, en las que el conocimiento de todo el proceso por los delitos menos graves se atribuyó al Juzgado de Instrucción, con lo que una misma persona instruía (preparaba el juicio oral) y juzgaba (realizaba el juicio oral y la sentencia). Razones coyunturales de aumento del número de delitos y de procesos llevaron a destruir el sistema procesal penal, de modo que un mismo juez realizaba actividades procesales incompatibles.

La STC 145/1988, de 12 de abril, declaró inconstitucional que un mismo juez instruyera y juzgara, lo que llevó a la necesidad de dictar la LO 7/1988, de 28 de diciembre, en la que se volvió a separar la competencia para instruir (siempre el Juzgado de Instrucción) y para juzgar (el Juzgado de lo Penal, delitos menos graves, o la Audiencia Provincial, delitos graves). La regla básica volvió a ser la de que el juez que instruye no puede luego juzgar.

La regla de que quien instruye no juzga se deriva de la incompatibilidad de funciones y no guarda relación alguna con la una pretendida imparcialidad objetiva del juez. El Tribunal Europeo de Derechos Humanos había entendido (caso *De Cubber*, en sentencia de 26 de octubre de 1984) que la actuación como juez en el tribunal sentenciador de quien había sido instructor de la causa suponía la infracción del derecho a un juez imparcial, y el Tribunal Constitucional siguió por ese camino de la imparcialidad, cuando es manifiesto que el haber instruido no afecta a la imparcialidad sino a la incompatibilidad.

El que un juez haya instruido no supone que el mismo tenga «interés» en que la sentencia se dicte con un contenido determinado; el instruir no afecta a la parcialidad (esto es, a decidir con prevención a favor o en contra de una de las partes), sino que comporta la realización de dos actividades que son incompatibles atendida la forma de regular el proceso. El haber investigado los hechos, no permitirá al juez limitarse después en el juicio oral a verificar los mismos con los medios de prueba propuestos por las partes, pero ello no guarda relación con la parcialidad.

b) El que juzga no puede acusar

Se corresponde con la misma noción de proceso que tiene que existir una persona que acuse y que la misma no puede ser el juez. La distinción entre parte acusadora y juez no es algo propio de una clase de proceso (el llamado proceso acusatorio), sino que atiende a la esencia del proceso. La distinción entre acusador y juez se manifiesta en dos consecuencias:

1.ª) No puede haber proceso si no hay acusación y ésta ha de ser formulada por persona distinta de quien ha de juzgar. Estamos ante algo obvio, pues no existe verdadero proceso si se confunden los papeles de juez y de acusador, y lo es tanto que esta elemental consideración es la que ha llevado a que el Estado se desdoble en el proceso penal, de modo que, por un lado, actúa como acusador (Ministerio Fiscal) y, por otro, como decisor (juez o tribunal). Es tan elemental esta consecuencia que ni siquiera existe una norma constitucional que la recoja expresamente; al decidirse políticamente que el derecho penal se actúa por los tribunales y por medio del proceso, está ya implícito que los papeles de acusador y juez no pueden confundirse en una única persona; si hay proceso es porque hay partes y tercero imparcial.

2.ª) No puede condenarse ni por hechos distintos de los acusados ni a persona distinta de la acusada: El concepto clave a tener en cuenta aquí es el relativo al objeto del proceso penal y a quién lo fija. Como veremos en la lección 5.ª ese objeto lo constituyen unos hechos que se imputan a una persona determinada, pero la calificación jurídica de esos hechos y la pena concreta a imponer no integran ese objeto.

La existencia del proceso supone que el juzgador no puede determinar qué hechos son los que se imputan ni a quién se imputan, pero la calificación jurídica de los mismos ha de quedar sujeta a la regla *iura novit curia* y la pena concreta a imponer no puede depender de la disposición de las partes, sino que ha de responder al principio de legalidad.

Si llegase a sostenerse que en la calificación jurídica la acusación vincula al juzgador se estaría diciendo algo tan absurdo como que en el proceso civil dispositivo rige la regla *iura novit curia,* mientras que en el proceso penal, donde no hay disposición de derecho alguno, no rige dicha regla. De la misma manera, si se dijese que la petición concreta de pena hecha por la acusación impide al juzgador imponer la pena legalmente establecida, aun en el caso de que ésta fuera mayor, se estaría sosteniendo la disponibilidad de la pena por la acusación. Igualmente la conformidad del acusado con una pena concreta no puede vincular al juzgador y por la misma razón.

En los últimos años estamos asistiendo en España a una gran confusión conceptual sobre lo que sea el principio acusatorio, confusión que se ha reflejado en la jurisprudencia de los tribunales Constitucional y Supremo y en las leyes. En unas y en otras se ha llegado a desvirtuar el principio, siendo manifiesto que no se ha sabido mantenerlo dentro de sus límites y, sobre todo, distinguirlo del principio de contradicción. Especialmente hay que destacar que el Tribunal Supremo está careciendo de rigor conceptual en cuanto no ha sabido distinguir un principio del otro.

Esta confusión ha llevado incluso a pretender negar al juzgador penal lo que quiere reconocerse al juez civil. Parte de nuestra doctrina auspicia la ampliación de las facultades materiales de dirección del juez civil, de modo que éste pueda contribuir con las partes a la comprobación de los hechos pudiendo practicar prueba de oficio, pero esa misma parte de la doctrina pretende que el juez penal no pueda decidir de oficio la práctica de medios de prueba. Con ello se está incurriendo en el absurdo; éste en la mayor parte de los casos es sólo una consecuencia de la falta de claridad en conceptos fundamentales, pero no faltan casos en los que políticamente se está tratando de disminuir las facultades del juez penal y de aumentar las del Ministerio Fiscal.

B) De la acción: El *ius ut procedatur*

Las garantías constitucionales del derecho de acción hay que referirlas también a lo que dijimos en el Tomo I, lección 11.ª, recordando una vez más que no cabe hablar de una relación jurídica material de naturaleza penal de la que sean titulares activos un particular o el Ministerio Fiscal, por lo que éstos no tienen y no pueden afirmar titularidad alguna de un derecho a la condena del autor del acto tipificado en el CP, lo que supone la clara distinción entre el derecho de acción, del que son titulares todos los ciudadanos y el Fiscal (para el que además es deber), y el derecho de penar, que es monopolio de los tribunales. Con estas premisas hay que destacar las siguientes conclusiones.

a) En el derecho español la acción penal no se reconoce sólo a favor del Ministerio Fiscal, sino que aquélla es pública en el sentido de que se atribuye a todos los ciudadanos, incluso a aquéllos que no han sido ofendidos o agraviados por el delito. El Fiscal no tiene, por tanto, monopolio alguno de la acusación.

No en todos los casos en que se reconoce constitucionalmente el derecho de acción, éste tiene la especial protección que supone el recurso de amparo ante el TC, sino que debe distinguirse entre la acusación particular, la que puede formular el ofendido o agraviado por el delito, que ha de entenderse incluida en el art. 24.1 CE, y por tanto con amparo constitucional, y la acusación popular, que está en manos de cualquier ciudadano conforme al art. 125 CE y por lo mismo sin amparo constitucional. Si el particular acciona sin ser el ofendido por delito lo hará con base en el art. 125 CE, y dado que éste no está incluido en la Sección 1.ª del Capítulo II del Título I de la CE, no tiene recurso de amparo (art. 53.2 CE).

b) Si el acusador, tanto sea un particular como el Fiscal, no es titular de un derecho subjetivo material, la acción no puede concebirse como un derecho a la tutela judicial concreta, en el sentido de obtener una sentencia condenatoria y de contenido determinado. La acción penal no puede ser más que un simple *ius ut procedatur*, esto es, un derecho al proceso y a la sentencia en que se declare la existencia o inexistencia del derecho a penar del tribunal.

El Tribunal Constitucional lo ha entendido como decimos e incluso ha usado la fórmula latina (por ejemplo SSTC 106/1983, de 29 de noviembre, y 148/1987, de 2 de septiembre). La acción penal implica, pues, el derecho a la iniciación del proceso, a la realización del mismo practicando el juez instructor toda la actividad oportuna para investigar los hechos y descubrir a los autores de los mismos, pero nada más.

c) Si en proceso civil el actor tiene derecho, concurriendo los presupuestos y requisitos procesales, a que se realice todo el proceso y se dicte una sentencia sobre el fondo del asunto, no ocurre lo mismo en el proceso penal. El art. 24.1 CE no supone un «derecho incondicionado a la apertura y plena sustanciación del proceso penal, sino sólo a un pronunciamiento motivado del juez en la fase instructora sobre la calificación jurídica que le merecen los hechos, expresando, en su caso, las razones por las que inadmite su tramitación» (de la querella) (STC 148/1987, citada). El proceso penal no es consecuencia inevitable de una denuncia o de una querella, ni aún del Ministerio Fiscal, de modo que no queda en manos de la parte activa la incoación del proceso; el que éste se inicie depende de una resolución judicial en la que se considere que los hechos alegados por el acusador pudieran ser constitutivos de delito.

El derecho a la tutela judicial efectiva del art. 24.1 CE en el proceso civil implica el derecho a la realización de toda la actividad procesal y a un pronunciamiento sobre el fondo de la pretensión. Por el contrario, en el proceso penal la tutela efectiva se produce también cuando el órgano judicial, sin llegar a la sentencia, se pronuncia motivadamente considerando que los hechos imputados por el acusador a una persona, aun en el caso de que fueran ciertos, no son constitutivos de infracción penal. En el proceso civil la calificación jurídica material de los hechos por el juez se produce por primera vez en la sentencia, mientras que el proceso penal sólo puede iniciarse e ir avanzando por medio de sucesivas calificaciones jurídicas materiales.

d) Por todo lo anterior puede sostenerse que en el proceso penal no cabe hablar de pretensión en sentido estricto. En este proceso es imprescindible, obviamente, la presencia de una parte acusadora que impute unos hechos a una persona determinada y que pida la apertura del juicio oral o segunda fase del proceso, con lo que se está diciendo que tiene que haber alguien que sostenga la acción, pero luego ésta no llega a articularse en una verdadera pretensión determinadora del objeto del proceso. Así se entendía claramente en el texto originario de la LECRIM, pero después la exageración del llamado principio acusatorio ha llevado a desvirtuar algo tan elemental como lo que decimos en la regulación del proceso abreviado en la LO 7/1988, de 28 de diciembre, y también en la LO 5/1995, de 22 de mayo, del Tribunal del Jurado, y lo más grave es que la jurisprudencia lo está extendiendo al mismo proceso ordinario en contra del tenor literal de la LECRIM.

En el proceso ordinario de la LECRIM la calificación jurídica y la petición de pena que hagan las partes acusadoras no vincula al tribunal sentenciador, por cuanto éste puede calificar e imponer una pena superior a la pedida conforme a la legalidad (art. 733), estando el objeto del proceso delimitado sólo por el hecho que se imputa y por la persona del acusado, con lo cual no cabe hablar propiamente de pretensión. La petición del acusador sí es determinante de la apertura del juicio oral, pero no lo es de la calificación jurídica ni de la pena.

Sin soporte constitucional alguno o, mejor, confundiendo lo que es el principio acusatorio, las cosas han cambiado para el proceso abreviado y para el proceso ante el Tribunal del Jurado. Respecto del primero el art. 789.3 LECRIM dice que la sentencia no podrá imponer pena que exceda de la más grave de las acusaciones, con lo que la petición de la acusación condiciona la apertura del juicio oral, lo cual es correcto, pero también la pena a imponer, lo que es incorrecto, y con ello ya estamos ante una verdadera pretensión procesal. Y lo mismo cabe decir del art. 52 de la LO del Tribunal del Jurado.

e) Si en el proceso civil el contenido del derecho a la tutela judicial no comprende el derecho a que la ley establezca un recurso contra la sentencia, cuando se trata del proceso penal sí existe ese derecho. El origen de la diferencia no está en el CE misma, sino en el art. 14.5 del Pacto Internacional de Derecho Civiles y Políticos de 1966 y en el art. 10.2 CE que obliga a interpretar las normas internas relativas a derechos fundamentales de conformidad con lo dispuesto en dicho Pacto.

Dicho está que este contenido especial de la acción es aplicable sólo en el proceso penal, pero además hay que decir que ha de tratarse de un derecho de todas las partes y que se satisface con cualquiera de los recursos devolutivos existentes en nuestro derecho. El Pacto de 1966 se refiere únicamente al condenado, pero esa disposición ha de integrarse en nuestro ordenamiento en donde partimos de la igualdad de las partes en el proceso, por lo que no pueden existir impugnaciones privilegiadas para una sola de las partes. Además, el Pacto no puede interpretarse en el sentido de que requiera una clase de recurso determinada, entre otras cosas por el Pacto no puede entenderse como igualador para todo el mundo del sistema de recursos.

C) Del proceso: El principio de contradicción

Aquellos principios que atienden a la situación de las partes en el proceso, esto es, dualidad, contradicción e igualdad, los calificamos en su momento de naturales o inherentes al proceso como institución (Tomo I, lección 13.ª) y, por tanto, han de referirse también a la especie que es el proceso penal. Sin la concurrencia de estos principios no existe en realidad proceso, sino que se está ante la segunda fase de la actuación del derecho penal por los tribunales pero por procedimientos administrativos.

a) Dualidad

En la primera lección dedicada seguidamente a las partes destacaremos que si estamos ante un verdadero proceso en éste han de existir partes, y nos habremos de referir también el exacto sentido de este principio referido a la dualidad de posiciones y no de partes, atendidos los fenómenos de pluralidad de partes.

b) Contradicción

Este principio tiene plena virtualidad cuando se le considera como un mandato dirigido al legislador ordinario para que regule el proceso partiendo de la base de que las partes han de disponer de plenas facultades procesales para tender a conformar la resolución que debe dictar el órgano jurisdiccional, mientras que el derecho de defensa se concibe como un derecho de rango fundamental, atribuido a las partes de todo proceso, que consiste básicamente en la necesidad de que éstas sean oídas, en el sentido de que puedan alegar y demostrar para conformar la resolución judicial, y en que conozcan y puedan rebatir sobre todos los materiales de hecho y de derecho que puedan influir en la resolución judicial.

Correctamente entendidos el principio acusatorio y el principio de contradicción es manifiesto que se refieren a aspectos muy distintos de la actuación del derecho penal en el caso concreto; el primero atiende al juzgador, el segundo a las partes. El acusatorio no es un principio procesal en sentido estricto, en cuanto que se refiere principalmente al modo de conformar el órgano jurisdiccional, a quién debe juzgar; el de contradicción es un principio procesal, dado que su contenido afecta al modo de conformar el proceso estrictamente hablando. Sin el principio de contradicción no habría proceso y, consiguientemente, no podría ni aun plantearse la vigencia del acusatorio.

El Tribunal Constitucional, y por su influjo el Supremo, ha entendido de modo tan desorbitado el principio acusatorio que ha llegado a englobar en él al principio de contradicción. Caso paradigmático de esta confusión lo representa la STC 53/1987, de 7 de mayo: «El principio acusatorio admite y presupone el derecho de defensa del imputado y, consecuentemente, la posibilidad de contestación o rechazo de la acusación. Provoca en el proceso penal la contradicción, o sea, el enfrentamiento dialéctico entre las partes y hace posible conocer los argumentos de la otra parte, el manifestar ante el juez los propios, el indicar los elementos fácticos y jurídicos que constituyen su base, y el ejercitar una actividad plena en el proceso».

Carece de sentido jurídico decir que la acentuación del principio acusatorio supone aumentar la contradicción, y no lo tiene porque en el proceso, sea penal o no, la contradicción tiene que ser plena, tanto que sin ella no hay verdadero proceso. Cuando de la regulación de un proceso quepa decir que es posible aumentar en él la contradicción, es porque esa regulación no responde a un principio connatural a la misma existencia del proceso, tanto que la actividad regulada no es procesal.

La CE no se limita a decir que en el proceso penal debe regir la contradicción o, desde otro punto de vista, que las partes tienen que tener pleno derecho de defensa; en la norma fundamental se contienen una serie de garantías procesales que pueden distinguirse entre:

1.º) Garantías genéricas

Esta condición tienen aquellas cláusulas generales que se enuncian como derecho a un proceso «con todas las garantías», «a la defensa» y también «sin que, en ningún caso, pueda producirse indefensión». Su virtualidad se manifiesta, especialmente, cuando se ponen en relación con los convenios internacionales ratificados por España que se refieren a derechos fundamentales, camino a través del cual pueden integrarse garantías concretas no recogidas expresamente en la CE, pero sí en esos convenios.

Así, por ejemplo, puede tener base constitucional, y no sólo de ley ordinaria (art. 520.2, e) LECRIM), el derecho a intérprete gratuito cuando el imputado-acusado no conociere el español (S de 21 de febrero de 1984 del TEDH en el «caso Ozturk», con base en el art. 6.2, e) del CEDH de 1950, y SSTC 2/1987, de 21 de enero, y 74/1987, de 22 de mayo).

1") Dentro de la amplia cláusula del derecho a un proceso «con todas las garantías» ha incluido el TC el derecho a un juez imparcial y por ese camino el principio acusatorio, a pesar de que hubiera sido más correcto referir la imparcialidad, con el contenido que antes hemos visto, a la misma naturaleza de los órganos jurisdiccionales, esto es, al art. 117. Sólo en términos muy generales puede decirse que la imparcialidad del juez puede referirse a las garantías del proceso, siendo mucho más preciso hacerla depender de la esencia de la jurisdicción, de los principios que conforman a los titulares de la potestad jurisdiccional.

2") El derecho a la defensa puede entenderse tanto referido a las partes acusadoras como a las acusadas, pero respecto de estas últimas adquiere mayor trascendencia. Lo más destacable desde el punto de vista negativo, es que la defensa penal no es sólo un derecho del imputado-acusado, sino algo más; para el órgano jurisdiccional la presencia del acusado es un deber ineludible y para éste es un derecho no renunciable, lo que tiene importantes consecuencias sobre la rebeldía (lección 4.ª) Naturalmente no podrá «obligarse» al acusado a que personalmente realice actos concretos de defensa, pero la naturaleza jurídica de ese derecho lleva a que, primero y en general, el juicio oral no pueda realizarse en su ausencia y, segundo, a que en todo caso exista defensa técnica por medio de abogado, aun en contra de la voluntad expresa del acusado.

Desde la perspectiva positiva el derecho de defensa ha de desplegar su eficacia a partir del momento en que pueda entenderse que existe imputación contra una persona determinada; esto es, no cabrá esperar a que en el proceso se haya formulado acusación formal, lo que se realiza normalmente en una fase avanzada de las actuaciones, sino que bastará que exista cualquier forma de imputación. En este sentido el art. 118, I, LECRIM permite ejercitar el derecho de defensa desde que exista imputación, sea o no formal, se haya decretado la detención o cualquier otra medida cautelar o se haya decretado el procesamiento.

3”) Respecto de la prohibición de la indefensión debe advertirse que de indefensión cabe realmente hablar cuando se impide a la parte ejercitar su derecho de defensa, tanto en el aspecto de alegar y demostrar como en el de conocer y rebatir y, por lo mismo, no toda infracción de norma procesal supone colocar a una de las partes en situación de indefensión.

Hay que distinguir entre:

1) Infracción de norma procedimental que hace relación a la forma en que el legislador ha regulado el proceso, pero que no afecta ni al derecho de defensa ni impide que el acto produzca los efectos jurídicos que le son propios.

2) Infracción de norma procesal que, sin suponer indefensión, sí impide que el acto produzca los efectos que le son propios, caso en el que podrá impugnarse el acto por el recurso normal y, estimado el recurso, deberá repetirse el acto.

3) Vulneración del derecho de defensa de la parte que, teniendo siempre un contenido formal, esto es, de infracción de una norma procesal, llega más allá de los supuestos anteriores, en cuanto que coloca a una de las partes en situación de indefensión, siendo susceptible de recurso de amparo ante el TC.

Naturalmente no existen grados en la indefensión, ni una indefensión que pueda llamarse material y otra formal. La indefensión siempre supone vulneración de norma procesal, pues esta naturaleza tienen las garantías constitucionalizadas.

Estas garantías generales sirven en ocasiones para reforzar el contenido de garantías específicas pero, sobre todo, su valor se acrecienta cuando pueden ampararse en ellas garantías concretas que, por la circunstancia que fuere, no quedaron incluidas de modo expreso en la CE. En todo caso hay que tener claro que no toda infracción de ley procesal ordinaria supone violación de la garantía genérica constitucionalizada; si así se pretendiera se estaría elevando a rango constitucional todas las normas de la LECRIM, lo que sería claramente inadmisible.

2.º) Garantías concretas

Junto a lo anterior pueden encontrarse en la CE garantías que se refieren a aspectos específicos del proceso, la mayoría de los cuales guardan relación directa con el principio de contradicción.

1”) Derecho a ser informado de la acusación: Este derecho atiende a dos sentidos complementarios. El primero es el del contenido y se refiere a aquello de lo que debe ser informado el imputado-acusado, comprendiendo en la primera etapa o fase del proceso tanto el hecho punible del que se le considera autor con todas sus circunstancias como los derechos que le asisten (y en este sentido pueden verse los arts. 2, 118 y 520 LECRIM), y en la segunda fase o de juicio oral el que se le debe dar traslado de la acusación formal con plazo razonable para que pueda organizar su defensa (y así arts. 652 y 784.1 y 800.2 LECRIM).

Pero es el segundo sentido, el temporal, el que hoy tiene más trascendencia y ello hasta el extremo de que cabría hablar mejor del derecho a ser informado de la iniciación del proceso penal. Aún en este orden cabría distinguir entre un derecho de información pre-procesal, conectado con la detención y con la necesidad de ser informado de sus derechos y de las razones de la detención misma (arts. 17.3 CE y 520.2 LECRIM), y otro ya procesal que atendería a la información de la incoación del proceso (arts. 24.2 CE y 118, II, LECRIM).

A este segundo derecho se refiere el art. 24.2 CE que, al hablar de la acusación, no debe ser interpretado en el sentido de la acusación técnica, que se produce en el escrito de calificación o de acusación ya en la segunda fase del proceso, sino en el más general de imputación. Por ello es por lo que el art. 118, II, LECRIM dice que la admisión de denuncia o querella o cualquier actuación procesal de la que resulte la imputación de un delito, será puesta inmediatamente en conocimiento de los inculpados. Esto es, en el art. 24.2 CE «acusación» no equivale a acto formal de acusar, sino al menos técnico de imputar, y aún entendiéndose de cualquier forma en que la imputación se hiciere.

2”) Derecho a la asistencia de letrado: Este derecho hay que integrarlo en el principio de contradicción, porque para que éste sea real no basta con reconocer a las partes la posibilidad de autodefenderse, sino que es necesaria la asistencia técnica de abogado. La defensa adecuada no es la realizada por la propia parte, carente de los conocimientos precisos, sino la que se confía a un profesional técnico. Cabe que la ley recoja manifestaciones de autodefensa, que pueden ser útiles en situaciones y casos concretos, pero es en la asistencia de abogado donde se articula realmente la defensa.

Conviene advertir que la relación del abogado con el proceso es distinta, según la asistencia se refiera al acusador o el acusado. Respecto de los acusadores particulares la intervención de abogado es un derecho constitucional (y por ello si carecen de medios económicos tienen derecho a abogado de oficio, y, al mismo tiempo, un requisito impuesto por la ley en los procesos por delito (no por falta). Con relación al acusado esa asistencia es un derecho constitucional, pero también un requisito necesario y de tal grado que se impone al propio acusado y al tribunal; el acusado es parte necesaria y si no nombra abogado de su confianza ha de nombrársele abogado de oficio, sea cual fuere su situación económica.

3”) Derecho a utilizar los medios de prueba pertinentes para su defensa: La declaración del art. 24.2 CE es parcial en un doble sentido; por un lado al referirse sólo a la defensa y no a la acusación, aunque es evidente que la inclusión de aquélla no puede suponer la exclusión de ésta, pues el principio de contradicción requiere la posibilidad de probar para las dos posturas procesales, y, por otro, porque alude al derecho a la prueba sin referirse antes al derecho a alegar los hechos.

Independientemente del derecho a la presunción de inocencia, al que nos referimos después y con él a la carga de la prueba, el derecho de defensa tiene que suponer la posibilidad de, primero, realizar alegaciones fácticas y, después, de intentar la prueba de las mismas. La presunción de inocencia puede liberar al acusado de la necesidad de alegar y de probar, pero nada le impide hacerlo.

c) Igualdad

No existe norma directa en la CE que establezca el principio de igualdad de las partes en el proceso y el TC, por un lado, hablando de la «igualdad de armas» la incluye erróneamente en el principio acusatorio y, por otro, se muestra vacilante a la hora de dar soporte constitucional indirecto a la igualdad. Las dudas se despejan advirtiendo que estamos ante un principio autónomo que no depende de otro, y distinguiendo dos aspectos que no puedan tener la misma cobertura constitucional:

1.º) Cabe referirse a la igualdad de los ciudadanos ante la ley procesal, que hay que entender incluida en el art. 14 CE; esta igualdad se vulneraría cuando, sin razones objetivas, la ley dispusiera que unas personas recibieran un trato distinto a la hora de ser juzgadas, y sería indiferente que ese trato distinto fuera beneficioso o perjudicial.

En este caso no se trata de la igualdad de las partes ante actos procesales concretos, sino de la igualdad de todos los ciudadanos ante la ley, y la cobertura constitucional no puede ser el art. 24 CE, que se refiere al proceso, sino el art. 14 CE, que atiende a la ley y, por tanto, también a la procesal, impidiendo que unas u otras personas sean juzgadas de modo o por tribunal distinto ante unos mismos hechos punibles.

Desde esta igualdad deben examinarse las leyes ordinarias que disponen que unas personas sean juzgadas, no tanto de modo específico, sino por tribunal distinto ante unos mismos hechos punibles. La STC 55/1990, de 28 de marzo, declaró constitucional el privilegio positivo del aforamiento de los policías, contenido en el art. 8 de la LO 2/1986, de 13 de marzo, de Fuerzas y Cuerpos de Seguridad, estimando que estaba justificado en términos objetivos y razonables. La STC 56/1990, de 29 de marzo, declaró también constitucional el privilegio negativo del cambio de competencia a favor de la Audiencia Nacional.

2.º) Después hay que aludir a la igualdad de las partes en el proceso, de las distintas partes, acusadoras y acusadas, ante la realización de actos procesales, pero ya en un proceso concreto, caso en el que la cobertura constitucional se encuentra en el art. 24 CE. Conforme a esta igualdad los tribunales han de actuar reconociendo a todas las partes medios parejos de ataque y defensa, por cuanto el conocimiento del derecho a un proceso con todas las garantías implica que, para evitar el desequilibrio entre las partes, todas han de disponer de las mismas posibilidades y cargas de alegación, prueba e impugnación (SSTC 66/1989, de 17 de abril, y 180/1991, de 23 de septiembre).

La igualdad tiene especial sentido en la fase segunda o de juicio oral del proceso penal, en la que tiene que ser evidentemente plena, pero admite modulaciones o excepciones en la fase primera o de procedimiento preliminar, por razón de la propia naturaleza de la actividad investigadora que en ella se realiza. En la redacción originaria de la LECRIM se decía expresamente que en la fase de sumario la investigación debía contar con alguna ventaja, la misma que le llevaba el autor del delito, mientras que en el juicio oral la igualdad debía ser completa. Las últimas leyes (53/1978, de 4 de diciembre, 14/1983, de 12 de diciembre, y 7/1988, de 28 de diciembre) tienden manifiestamente a consagrar la igualdad también en la fase primera o del procedimiento preliminar, aunque en ello exista alguna falta de comprensión del sistema procesal penal.

D) Garantías específicas constitucionalizadas

Junto a los anteriores principios comunes hay que referirse también a las normas constitucionales que garantizan reglas específicas. Estas en algunos casos son exclusivas del proceso penal y en otros son generales del proceso; el dedicar aquí atención a las primeras es obvio, y el hacerlo respecto de las segundas se justifica en los especiales matices que las reglas adquieren cuando se atiende a un proceso en el que se actúa el derecho penal.

En lo que sigue no vamos a hacer un estudio acabado de esas reglas específicas, por cuanto ello supondría adelantar, en buena medida, el tratamiento que ha de efectuarse en las lecciones siguientes. Intentaremos aquí, simplemente, ofrecer un esquema de esas reglas, comenzando por distinguir entre pre-procesales y procesales y centrándonos en las segundas.

a) Pre-procesales

En algunos casos las reglas no pueden calificarse de procesales en sentido estricto, aunque en ocasiones pueda entenderse que se refieren tanto a la actividad judicial como a la administrativa. Su finalidad es garantizar algún derecho o libertad fundamental. La CE se refiere a:

1.º) *Prohibición de tortura*

La prohibición de la tortura y de los tratos inhumanos o degradantes (art. 15 CE) se corresponde, después, con su tipificación como delito (art. 174 CP) y, en lo que nos importa ahora, se trata de evitar que en el curso de investigaciones policiales o judiciales se pretenda por esos medios obtener confesiones de los imputados o testimonios de los testigos. Naturalmente la confesión o el testimonio logrado de esta manera sería una prueba ilícita, obtenida vulnerando derecho fundamental, lo que la haría inadmisible (art. 11.1 LOPJ, «no surtirán efecto»).

2.º) *Garantías de la detención*

Frente al derecho a la libertad el art. 17.2 CE permite la detención preventiva no judicial, si bien estableciendo los requisitos y las condiciones. Esa detención es una medida cautelar que se resuelve en la privación de libertad, por plazo no superior a 72 horas, y que tiende a garantizar la presencia del supuesto autor de un hecho delictivo ante la autoridad judicial.

El art. 17 CE, aparte del plazo, alude a otras garantías de la detención, como:

1) Derecho del detenido a ser informado inmediatamente, y del modo que le sea comprensible, de sus derechos y de las razones de la detención.

2) Derecho a guardar silencio, no pudiendo ser obligado a declarar.

3) Derecho a la asistencia de abogado (el art. 520 LECRIM desarrolla esas garantías).

4) Cuando la detención no es judicial la LO 6/1984, de 24 de mayo, articula el «habeas corpus».

3.º) *Prohibición de la entrada y registro domiciliario no judiciales*

El art. 18.2 CE declara la inviolabilidad del domicilio y prohíbe la entrada y registro no judiciales. Las excepciones se refieren al caso de flagrante delito o al admitido para bandas armadas o elementos terroristas (art. 55.2 CE y LO 4/1988, de 25 de mayo) (con el consentimiento del titular no es, obviamente, una verdadera excepción). Salvo estos casos la limitación del derecho fundamental a la inviolabilidad del domicilio debe operar siempre en un proceso penal, con resolución judicial motivada.

4.º) *Prohibición de la intervención de las comunicaciones*

Proclamado el secreto de las comunicaciones, en especial de las postales, telegráficas y telefónicas, en el art. 18.3 CE se prohíbe totalmente su intervención extraprocesal (atendido lo dispuesto en el art. 55.2 CE y en la citada LO 4/1988).

El desarrollo de las garantías de la entrada y registro domiciliarios y de la intervención de las comunicaciones se encuentra en la LECRIM (arts. 545 a 588) y se estudia en la lección 8.ª. Lo que importa aquí es advertir con carácter general que, salvo los supuestos excepcionales antes dichos (en la LECRIM arts. 553 y 579.4), la limitación de esos derechos fundamentales opera sólo en el proceso penal y se acuerda por un juez.

En la situación pre-constitucional era práctica habitual que la policía pidiera «autorización» al Juzgado para, por ejemplo, practicar una intervención telefónica sin que hubiera proceso penal en marcha. Esta práctica es hoy inadmisible. No se trata ya de que el juez «autorice», a la policía a intervenir un teléfono, sino de que sea el juez quien lo intervenga, y para ello tiene que existir un proceso penal incoado.

Cabe, pues, afirmar que desde el punto de vista pre-procesal existe prohibición constitucional de limitar los derechos fundamentales de inviolabilidad del domicilio y secreto de las comunicaciones (con las excepciones dichas). La limitación de esos derechos ha de ser procesal.

b) Procesales

En otros casos las reglas específicas son claramente procesales, en el sentido de que contienen garantías del proceso o, mejor dicho, del imputado-acusado en el proceso. Ya en este terreno cabría distinguir entre las garantías que se refieren al proceso en sentido estricto y las que atienden al procedimiento, conforme a la distinción que utilizamos en las lecciones 14.ª y 15.ª y 16.ª, del Tomo I.

1.º) Garantías procesales

En este apartado hay que referirse a un conjunto de derechos que conforman la actitud del imputado-acusado en el proceso.

1") El imputado-acusado tiene la obligación de comparecer cuantas veces sea citado por el órgano jurisdiccional, pudiendo la orden de comparecencia incumplida convertirse en orden de detención (art. 487), pero *no tiene obligación de declarar* ni en el procedimiento preliminar ni en el juicio oral. Naturalmente si esa obligación no existe no cabe hablar de declarar contra sí mismo o de confesarse culpable (art. 24.2 CE). Con ello se configura, desde el punto de vista positivo, el derecho a guardar silencio, a partir del cual deben reinterpretarse muchas normas de la LECRIM: arts. 385 y ss. y especialmente los arts. 387 (la exhortación a decir verdad) y 392 (la advertencia del juez ante la negativa a contestar). De ese derecho debe ser informado el imputado-acusado (art. 502.2, a).

Lo importante ahora es que el ejercicio de su derecho por la parte pasiva no puede suponerle consecuencias negativas. Si en el proceso civil cabe llegar a soluciones de *ficta confessio* ante la incomparecencia (art. 583 LEC), la negativa a declarar o las respuestas evasivas (art. 586 LEC) de la parte en la prueba de confesión, ello es inimaginable en el proceso penal en el que no existe la confesión como medio de prueba (aunque ahora el art. 779.5.ª LECRIM, para el proceso abreviado, se refiere a un «reconocimiento de hechos»), ni obligaciones de declarar.

2") Relacionada con lo anterior aparece la presunción de inocencia, garantía propia del proceso penal en el que significa:

Primero: la existencia de la regla de que todo imputado-acusado es inocente mientras no se declare lo contrario en sentencia condenatoria, lo que impone que a lo largo del proceso debe ser considerado y tratado como tal inocente (naturalmente es obvio que no estamos ante una verdadera presunción, pues no existe ni hecho indiciario ni hecho presumido), y

Segundo: la conclusión de que el imputado-acusado no necesita probar nada, siendo toda la prueba de cuenta de los acusadores, de modo que si falta la misma ha de dictarse sentencia absolutoria.

Pero no basta con decir que las partes acusadoras deben probar los hechos en que fundamentan su acusación; esa regla ha de completarse con el añadido de que han de probar de determinada manera:

1) Para que pueda dictarse sentencia condenatoria la «presunción» ha de ser desvirtuada, lo que exige por lo menos la exigencia de una mínima actividad probatoria de cargo (SSTC 31/1981, de 28 de julio, 107/1983, de 29 de noviembre, y 17/1984, de 7 de febrero).

2) Sólo puede calificarse como prueba de cargo lo que realmente tenga la naturaleza de prueba, lo que excluye, por ejemplo, al atestado policial que, según el art. 297, es sólo una denuncia (STC 9/1984, de 30 de enero) y, en general, impone que toda la prueba se practique con las formalidades legales (STC 100/1985, de 30 de octubre).

3) La prueba obtenida ilícitamente, con vulneración de derechos fundamentales, no surtirá efecto, esto es, no servirá para desvirtuar la presunción de inocencia y en ella no podrá basarse la convicción del juzgador (art. 11.1 LOPJ, y SSTC 114/1984, de 28 de noviembre, 174/1985, de 17 de diciembre, y 150/1987, de 1 de octubre).

4) La prueba, en principio, ha de practicarse en el juicio oral; en el procedimiento preliminar judicial no existe verdadera prueba sino actos de investigación, sin perjuicio de la llamada prueba preconstituida (SSTC 80/1986, de 17 de junio, y 137/1988, de 7 de julio).

La presunción de inocencia, no sólo no se opone a la regla de la libre valoración de la prueba, sino que la refuerza. El TC, por medio del recurso de amparo, puede controlar la existencia de medios suficientes para desvirtuar la presunción de inocencia, pero no volver a valorar la prueba practicada, que se sigue rigiendo por el art. 741 (STC 160/1988, de 19 de septiembre).

3”) Sí incide directamente la «presunción» sobre el requisito constitucional de la *motivación de las sentencias,* esto es, sobre la necesidad de exponer en la sentencia el razonamiento en virtud del cual se pasa de la prueba practicada a la convicción judicial. El art. 120.3 CE ha de ponerse en relación con la presunción de inocencia del art. 24.2 CE, por cuanto, sobre todo en la prueba indiciaria o por presunciones, ha de quedar manifestada la correlación y razonabilidad de la inferencia, del nexo causal entre el indicio y el hecho presumido, sin el cual la prueba no existe (SSTC 169/1986, de 22 de diciembre, y 228/1988, de 1 de diciembre).

2.º) Garantías procedimentales

Respecto de la forma de los actos procesales la CE eleva al rango de norma fundamental a:

1”) La *oralidad del procedimiento* en el art. 120.2, en el que dispone que el procedimiento será predominantemente oral, sobre todo en materia criminal, lo que se cumple rigurosamente en la segunda fase o de juicio oral. Ciertamente la fase de instrucción previa es escrita, pero ello no desvirtúa el principio si se advierte que el sumario es actuación encaminada a preparar el juicio (arts. 299 y 777) y que es en éste, en la prueba practicada en él, donde han de buscarse los elementos necesarios para formar la convicción del tribunal (art. 741). La oralidad lleva a la inmediación y a la concentración (arts. 744 y ss. y 786).

2") Naturalmente la oralidad lleva a la *publicidad.* Si en el art. 120.1 CE se contiene un mandato al legislador para que regule un proceso en el que las actuaciones sean públicas, el art. 24.2 CE establece el derecho de las partes a un proceso público. A esas normas hay que añadir el art. 14.1 del Pacto Internacional de 1966 y el art. 6.1 del CEDH de 1950 (sobre este último existe abundante jurisprudencia del TEDH; Ss de 8 de diciembre de 1983, casos «Pretto y otros» y «Axen», y de 22 de febrero de 1984, caso «Sutter»

En la LECRIM hay que distinguir entre las fases del proceso penal y tener en cuenta que la verdadera publicidad es la que atiende al público, no a las partes (para éstas se trata de la contradicción). En la fase de procedimiento preliminar judicial el art. 301 establece que las diligencias sumariales serán secretas para el público (STC 176/1988, de 4 de octubre), pero respecto de la fase de juicio oral el art. 680 dispone su publicidad, hasta el extremo de que la infracción de la misma implica «pena de nulidad», que puede hacerse efectiva por el recurso basado en la infracción de precepto constitucional (art. 5.4 LOPJ).

El TC ha ido perfilando el requisito de la publicidad y el derecho de las partes a un proceso público, especialmente con relación a los medios de comunicación (SS 30/1982, de 1 de junio, y 128/1988, de 27 de junio, y sobre todo la publicación de noticias pendiente el sumario, 13/1985, de 31 de enero). Asimismo ha declarado que la posibilidad de celebrar las sesiones del juicio oral a puerta cerrada (art. 680 LECRIM) requiere, primero, resolución motivada (art. 232.2 LOPJ) y, luego, referencia a alguno de los motivos expresos que autorizan la restricción de la publicidad (STC 62/1982, de 15 de octubre, y 96/1987, de 10 de junio), entre los que deben incluirse los recogidos en los convenios internacionales.

3") Si en general, como decía Couture, en el proceso el tiempo es algo más que oro, es justicia, en el proceso penal la conclusión se refuerza habida cuenta de los intereses en juego. De ahí la internacionalización de la garantía «a ser juzgado sin dilaciones indebidas» (art. 14.3, c, del Pacto Internacional de 1966) o del derecho a que la causa sea vista «en un plazo razonable» (art. 6.1 del CEDH) o de la constitucionalización del derecho a un proceso *«sin dilaciones indebidas»* (art. 24.2 CE), que teniendo especial incidencia en el proceso penal no se reduce al mismo (STC 18/1983, de 14 de marzo) y que se atribuye a todas las partes particulares.

Con las expresiones internacionalizadas y constitucionalizadas se está diciendo prácticamente lo mismo (STC 5/1985, de 23 de enero), esto es: 1) Que por dilación ha de entenderse incumplimiento de la norma procesal referida al tiempo del proceso, aunque el TC se ha esforzado en negar esta conclusión, bien de modo directo (ATC 459/1984, de 18 de julio), bien negando que se haya constitucionalizado el derecho a los plazos legales (STC 5/1985, citada), y 2) Que para determinar lo que es «indebida» no debe estarse a lo que se corresponde con las pautas más o menos frecuentes de duración de los procesos en la práctica, sino a lo establecido en la ley (aunque pueda admitirse que la duración no es indebida si obedece a la conducta de la propia parte recurrente; así SS TEDH de 6 de mayo de 1981, caso «Bucholz», y de 8 de diciembre de 1983, citada). En todo caso el volumen de trabajo que pesa sobre un órgano judicial puede excusar la responsabilidad personal del juez (S TC 223/1988, de 24 de noviembre), pero no el incumplimiento del derecho de las partes y su posible derecho a indemnización por responsabilidad patrimonial del Estado-Juez ante el funcionamiento anormal de la Administración de Justicia (SSTC 18/1983, de 14 de marzo, 36/1984, de 14 de marzo, y 43/1985, de 22 de marzo).

LECTURAS RECOMENDADAS: El principio de legalidad se formuló inicialmente por A. Feuerbach en su *Tratado*. Para la formulación actual del principio, RODRÍGUEZ MOURULLO, *Legalidad (principio de) (Derecho penal),* en N.E.J. Seix, tomo XIV.
Sobre los sistemas procesales penales, en general, MONTERO, *Principios del proceso penal,* Valencia, 1997 y ARMENTA DEU, *Sistemas procesales penales,* Madrid, 2012.

LIBRO II
EL PROCESO DE DECLARACIÓN

CAPÍTULO I
LA COMPETENCIA

Lección Segunda

La competencia penal

I. EXTENSIÓN Y LÍMITES DE LA JURISDICCIÓN ESPAÑOLA EN EL ORDEN PENAL

Son las normas que determinan si el proceso penal debe atribuirse a un Juez y si ese Juez debe ser español.

A) Criterios de atribución: Universalidad, exclusividad y generalidad, fijados pro la LOPJ, estableciendo un punto de conexión con un tribunal español.

B) Tratamiento procesal: Apreciable de oficio por el juez y a instancia de parte mediante declinatoria.

II. LA COMPETENCIA GENÉRICA PENAL

Presupuesto procesal. Atribuye las causas por delito y falta al orden jurisdiccional penal (salvo jurisdicción militar).

III. CRITERIOS DE ATRIBUCIÓN

A) Objetivo y funcional: Determinan la competencia por al materia (delito o falta) y la persona en función de quién sea el imputado.

B) Órganos jurisdiccionales con competencia penal: JPaz, JI, JVMujer, JCI, JPen, JCPen, JVP, JCVP, JMen, AP, TSJ, AN, TS (ordinarios) y TJ (especial)

C) La competencia objetiva ordinaria nos indica la atribución concreta de un delito o falta a cada órgano jurisdicción penal

D) Territorial: Se rige por el fuero del lugar de comisión del delito, si bien existen fueros subsidiarios.

E) Tratamiento procesal: Apreciable de oficio por el juez y a instancia de parte mediante declinatoria. No cabe la sumisión.

IV. TRATAMIENTO PROCESAL

Siempre es improrrogable.
Control de oficio y por declinatoria.

V. LA CONEXIÓN PENAL

Son delitos conexos los fijados por al ley, deben conocerse en un único procedimiento.
Existen varias clases de conexión (simultánea, bajo acuerdo, mediata, para impunidad y análoga).
Los fueros en estos casos se fijan legalmente (gravedad pena, subsidiario temporal y supletorio de la orden).

I. EXTENSIÓN Y LÍMITES DE LA JURISDICCIÓN ESPAÑOLA EN EL ORDEN PENAL

Los tribunales españoles no pueden asumir el conocimiento de cualquier delito que se produzca, ni siquiera cuando el autor o la víctima sea español. Por eso la LOPJ fija los límites de la jurisdicción penal española en su art. 23, completado por los anticuados arts. 46 y 47 LECRIM.

A) Criterios de atribución

La LOPJ establece en lo penal diferentes criterios para fijar la jurisdicción española en el conocimiento de una causa por delito o falta. El principio básico es que sobre todo delito cometido en España tiene jurisdicción un tribunal español, pero con matices fundados en los siguientes criterios:

a) Universalidad: La LOPJ reconocía en un primer momento el principio de justicia penal universal o de persecución mundial del delincuente, en virtud del cual los tribunales españoles podían conocer de cualquier delito realizado en el mundo, independientemente de la nacionalidad de sus autores y del lugar de su comisión, si bien el principio adquiría relevancia jurídica tratándose de los delitos más graves, como genocidio, lesa humanidad o terrorismo. La práctica del mismo en los crímenes más graves, todos ellos competencia de la AN, que llevó sin duda a desmesuras quijotescas y, sobre todo, a situaciones de singularidad mundial (entre otras, SSTC 237/2005, de 26 de septiembre, caso genocidio Guatemala; y 227/2007, de 22 de octubre, caso genocidio China), ha obligado a matizar el mismo, aplicándolo sólo en caso de que esté acreditado que el autor del delito esté en España, o que la víctima sea española, o que exista algún punto de conexión relevante con España y, además, esto es clave en la reforma, siempre que otro país competente o un tribunal internacional no haya iniciado ya un proceso penal sobre los mismos hechos (art. 23.4 LOPJ, reformado por la LO 1/2009, de 3 de noviembre, reforma aprobada para impedir la mayor parte de casos competenciales por los que España fue alabada en su lucha contra la impunidad internacional más grave).

La reforma operada por la LO 1/2014, de 13 de marzo ha ido más allá, restringiendo todavía más el criterio de universalidad, porque aunque se amplíe el listado de delitos cometidos en el extranjero y se adapte a los convenios internacionales (art. 23.2 y 4 LOPJ), lo cierto es que su persecución en España se condiciona en general a querella del MF o de la víctima, que debe ser española, y dirigirse contra imputado que se encuentre en España. En particular, cada delito tiene ahora requisitos propios de perseguibilidad derivados de la vigencia de un convenio internacional al respecto. Pero no resuelve todos los problemas, pues esta reforma impide, por ejemplo, la persecución por la AN en aguas internacionales del narcotráfico si en el barco no hay españoles ni su destino es España, un tema muy sensible en nuestro país al ser lugar de tránsito ideal de la droga que se canaliza desde América y África a Europa. La no persecución de determinados delitos tan graves pondrá en una situación difícil a sus víctimas. La ley impone además el sobreseimiento de oficio de las causas pendientes que no reúnan los nuevos requisitos (DT-única LO 1/2014).

b) Exclusividad: La jurisdicción española conoce en exclusiva de los delitos cometidos en territorio español, lo que incluye los cometidos en buques y aeronaves de pabellón español, salvo que tratados internacionales en vigor en nuestro país dispongan lo contrario (art. 23.1 LOPJ).

c) Generalidad: Siempre que no estemos ante un supuesto de aplicación del principio de justicia universal o de criterios de exclusividad, los tribunales españoles tienen jurisdicción en los siguientes casos: 1) Tratándose de hechos punibles cometidos por españoles naturales o nacionalizados en el extranjero siempre que se den las circunstancias del art. 23.2 LOPJ (por ejemplo, existencia de denuncia o querella de parte); y 2) De los hechos punibles muy graves cometidos por españoles o extranjeros fuera del territorio español enumerados en el art. 23.3 LOPJ (por ejemplo, delitos contra el rey, o rebelión).

B) Tratamiento procesal

El presupuesto procesal de jurisdicción penal es controlable de oficio por el tribunal en cualquier momento cuando quede acreditada su falta, o a instancia de la parte mediante el instrumento competencial de la declinatoria en el trámite de artículos de previo pronunciamiento (art. 666, 1ª LECRIM), o en cualquier otro momento procesal previo según la jurisprudencia mediante un escrito específico al tratarse de una cuestión de orden público procesal. No olvidemos que su falta provoca la nulidad del proceso conforme al art. 238, 1º LOPJ).

II. LA COMPETENCIA GENÉRICA PENAL

La competencia en el orden penal no presenta ninguna variación en cuanto al concepto de la misma estudiado para el proceso civil. Las diferencias son, obviamente, de contenido, e importantes. En este sentido, la competencia penal aparece como un presupuesto procesal relativo al órgano jurisdiccional ya en el primer artículo de la LECRIM (a relacionar con el art. 117.3 CE, recuérdese), pues además de la exigencia del principio de legalidad procesal, se requiere que el juez que haya dictado la sentencia sea el competente.

Según la LOPJ, tienen competencia los siguientes órganos jurisdiccionales del orden penal: Los Juzgados de Paz (JP), los Juzgados de Instrucción (JI), los Juzgados de Violencia sobre la Mujer, los Juzgados Centrales de Instrucción (JCI), los Juzgados de lo Penal (JPe), los Juzgados Centrales de lo Penal (JCPe), los Juzgados de Menores (JM), el Juzgado Central de Menores (JCM), los Juzgados de Vigilancia Penitenciaria (JVP), los Juzgados Centrales de Vigilancia Penitenciaria (JCVP), las Audiencias Provinciales (AP), los Tribunales Superiores de Justicia (TSJ) de las Comunidades Autónomas, la Audiencia Nacional (AN) y el Tribunal Supremo (TS). También tiene competencia penal el Tribunal del Jurado (TJ) que, aunque órgano especial, debe ser considerado aquí.

> Las reformas operadas en 2002 y 2003 no han creado un nuevo órgano jurisdiccional, el Juzgado de Guardia, ya que éste es un Juzgado de Instrucción, en funciones de guardia. No obstante, extrañamente se le atribuye una competencia objetiva como si fuera un órgano judicial propio, dictar sentencia de conformidad en el proceso penal especial para el enjuiciamiento rápido de determinados delitos.

Dado que, como ya sabemos, el orden civil es subsidiario (art. 9.2 LOPJ), los juzgados y tribunales del orden jurisdiccional penal tienen atribuido el conocimiento de las causas y juicios criminales, con excepción de los que correspondan a la jurisdicción militar (art. 9.3 LOPJ).

El orden penal queda deferido, por tanto, y básicamente, a la competencia para el enjuiciamiento de los delitos y faltas tipificados como tales por el CP o las leyes penales especiales o complementarias, con exclusión de las previstas en la legislación militar, conforme al art. 1 LECRIM o normativa procesal ordinaria o especial fuera de ella, que así lo establezcan expresamente.

III. LOS CRITERIOS DE ATRIBUCIÓN

Ha llegado el momento, una vez sabemos que a un asunto individualizado se extiende la jurisdicción española, y que su conocimiento genérico corresponde al orden jurisdiccional penal, de precisar por qué vías se llega a la atribución concreta de una causa penal a un juez o tribunal que tiene competencia para ello. Pues bien, partiendo de los conceptos generales expuestos en el tomo I de esta obra y al igual que veíamos en el orden civil, no hay aquí tampoco ninguna variación, puesto que los criterios de atribución son el objetivo, el funcional y el territorial.

A) Objetivo

La atribución de una causa penal objetivamente viene determinada por la ley con base en un criterio cualitativo, según quién sea el imputado, y en otro cuantitativo, material, según se trate de un delito o de una falta.

La determinación legal de la competencia objetiva de los órganos jurisdiccionales penales parte del art. 14 LECRIM, que atribuye la competencia objetiva «general» a unos concretos órganos jurisdiccionales del orden penal contemplados por la LOPJ, salvo que la Constitución y las leyes la atribuyan a jueces y tribunales determinados.

En la redacción originaria del art. 14 (núms. 2.º y 4.º) LECRIM, el sistema significaba en punto a los delitos atribuir la competencia para la instrucción al JI, y para la cognición y fallo a la AP, a través del proceso ordinario por delitos, puesto que era el único para enjuiciar estos hechos punibles.

B) Funcional

La competencia funcional de los órganos jurisdiccionales penales no presenta ninguna variación conceptual respecto a lo que ya conocemos para el proceso civil. Por motivos pedagógicos, igual que hicimos en este proceso, expondremos también juntas a continuación la determinación particular de las competencias objetiva y funcional penales más llamativas.

C) Concreciones

Combinando, por lo que hace referencia a la competencia objetiva, el criterio cualitativo (aforamiento), con el criterio cuantitativo o material (la gravedad del delito), y añadiendo la competencia funcional, resulta el siguiente esquema, que en parte ha sido profundamente modificado por el CP de 1995, yendo de menor a mayor grado en la jerarquía jurisdiccional, y teniendo en cuenta que se pretende destacar su competencia más importante, sin ánimo de exhaustividad:

1.º) Juzgados de Paz

Los JP tienen competencia fundamentalmente para el conocimiento de determinadas faltas en primera instancia (arts. 100.2, en relación con el 87.1, b) LOPJ, y art. 984, I LECRIM, teniendo en cuenta las alteraciones que ha supuesto el CP de 1995 y sus muchas reformas posteriores.

Igualmente conocen de aquellos otros supuestos en los que la ley les otorgue competencia específicamente (art. 100.2 LOPJ), hoy sólo de los actos de conciliación en materia criminal (arts. 278 LECRIM y 620 CP).

2.º) Juzgados de Instrucción

La competencia más importante de los JI, de carácter funcional, es instruir todas las causas por delito cuyo enjuiciamiento corresponda a las AP, a los JPe y al TJ (arts. 87.1 a) LOPJ y 14, 2.°, LECRIM), salvo en violencia de género. Conocen, por tanto, del procedimiento preliminar judicial, tanto en el proceso penal ordinario por delitos más graves (sumario), como en el proceso penal abreviado (diligencias previas), en el proceso penal especial para el enjuiciamiento rápido de determinados delitos (diligencias urgentes) y en el proceso especial ante el Tribunal del Jurado.

Estando en funciones de guardia pueden dictar sentencia de conformidad en los términos de los arts. 14, 3.º y 801 LECRIM, según las reformas de 2002 y de 2003, antes indicadas.

También conocen de determinadas faltas (las que no están atribuidas a los JP de acuerdo con el listado anterior), teniendo en cuenta que son competentes para el enjuiciamiento de todas las faltas cometidas en su territorio; de la apelación contra las sentencias de faltas de los JP; de la ejecución de medidas de embargo y de aseguramiento de pruebas en procesos penales de la UE, de acuerdo con el art. 87.1, g), introducido por la LO 5/2006, de 5 de junio (BOE del 6); autorizan el internamiento de extranjeros, controlan el desarrollo del mismo y conocen de sus quejas, así como el funcionamiento de la salas de inadmisión de las fronteras (DA 4.ª LO 2/2009, de 11 de diciembre); y tienen otras competencias no penales en función de la garantía jurisdiccional de determinados derechos (*habeas corpus*, y, en su caso, recursos en punto al beneficio de asistencia jurídica gratuita, pero ya no conocen de la entrada administrativa en domicilios, pues esa competencia ha pasado a los Jueces de los Contencioso-Administrativo, al suprimirse el art. 87.2 LOPJ por la LO 6/1998, de 13 de julio, y de acuerdo con el art. 8.5 LJCA de 1998);

Debe simplemente recordarse que la LO 2/2002, de 6 de mayo (con los arts. 125.5, 127.4 y 342 bis a) de la LOPJ) tratándose de las actividades del Centro Nacional de Inteligencia, atribuyeron la autorización para las entradas y registros y la intervención de las comunicaciones a un magistrado del Tribunal Supremo.

3.º) Juez de Violencia sobre la Mujer

Creado por la LO 1/2004, de 28 de diciembre, de Medidas de Protección Integral contra la Violencia de Género (art. 87 bis LOPJ, añadido por el art. 43 LVG), como órgano mixto, es decir, con competencias civiles y penales, conoce en lo penal de las materias fijadas en el art. 87 ter.1 LOPJ (adicionado por el art. 44 LVG y reformado por la LO 3/2005, de 8 de julio) y en el art. 14 LECRIM (modificado por el art. 58 LVG); básicamente de la instrucción de procesos penales por los delitos especificados en esa norma cuya víctima sea una mujer y se haya producido un acto de violencia de género; la adopción de órdenes de protección, salvo que sean competencia del Juez de Guardia; y conocimiento y fallo de las faltas de violencia de género. Corresponde a los JVM también dictar sentencia de conformidad con la acusación en los casos establecidos por la ley, según el nuevo apartado del art. 87 ter.1, e), introducido por la DF-1ª de la LO 3/2005, de 8 de julio. Los posibles conflictos competenciales con los Jueces de Familia se regulan en el art. 49 bis LEC (introducido por el art. 57 LVG), y con los demás Jueces Instructores penales en el art. 87.1 LOPJ (modificado por la DA-10ª.3 LVG).

4.º) Juzgados Centrales de Instrucción

La relación existente entre el JI y la AP es, salvadas las distancias, prácticamente la misma que la que hay entre el JCI y la AN, teniendo en cuenta que en este órgano jurisdiccional no se incardina ningún TJ, añadiéndose la competencia para conocer del proceso especial («expediente») de extradición pasiva, conforme a Ley 4/1985, de 21 de marzo; y para tramitar los expedientes de ejecución de la orden europea de detención y entrega, de extradición pasiva y las solicitudes de información entre los servicios de seguridad de los estados de la Unión Europea (art. 88 LOPJ, reformado últimamente por la LO 6/2010, de 27 de julio, en relación con la DA-2ª.2 de la Ley 31/2010, de 27 de julio).

5.º) Juzgados de lo Penal

Este órgano judicial penal fue creado por la LO 7/1988, de 28 de diciembre, con el único fin de conocer y fallar en los procesos penales abreviados, instruidos por el JI e introducidos en nuestro ordenamiento igualmente por aquellas normas y por la Ley 10/1992, siempre y cuando no deba fallar la AP o el TJ. Esa es su única competencia objetiva (art. 89 bis 2 LOPJ y 14-3º LECRIM). Conocen funcionalmente del reconocimiento y ejecución en España de penas pecuniarias y otras medidas impuestas en otros países de la Unión Europea según la Ley 1/2008, de 4 de diciembre (art. 89 bis 2 LOPJ, reformado por la LO 2/2008, de 4 de diciembre); del reconocimiento y ejecución de resoluciones de decomiso trasmitidas por estados de la Unión Europea (art. 89 bis.4 LOPJ, introducido por la LO

3/2010, de 10 de marzo, en relación con el art. 4.2 de la Ley 4/2010, de 10 de marzo).

6.º) Juzgados Centrales de lo Penal

El paralelismo entre JI y JPe es exactamente el mismo entre JCI y JCPe, por lo que éste tiene las mismas competencias que el JPe, referidas a los delitos contemplados en el art. 65 LOPJ, y las demás que le señalen las leyes (arts. 88, 89 bis.2 LOPJ y 14, 3.° LECRIM).

7.º) Juzgados de Vigilancia Penitenciaria

Su competencia fundamental, de acuerdo con los arts. 76 LGP y 94.1 LOPJ, desarrollados por el Reglamento Penitenciario (RD 190/1996, de 9 de febrero), es ejercer las funciones previstas en la LGP en materia de ejecución de las penas privativas de libertad y medidas de seguridad.

8.º) Juzgado Central de Vigilancia Penitenciaria

La LO 5/2003, de 27 de mayo, ha creado el Juzgado Central de Vigilancia Penitenciaria, incardinado en la Audiencia Nacional, con jurisdicción en toda España, encargado de cumplir con sus funciones propias de acuerdo con la Ley, cuando se trate de delitos competencia de la Audiencia Nacional (art. 94.4 LOPJ).

9.º) Juzgados de Menores

Los Juzgados de Menores conocen de los hechos cometidos por personas mayores de 14 años y menores de 18 tipificados como delito o falta en el Código Penal o en las leyes penales especiales, así como de sus responsabilidades civiles (art. 2 LO 5/2000, de 12 de enero, reguladora de la Responsabilidad Penal de los Menores). También existe un Juzgado Central de Menores.

10.º) Audiencias Provinciales

Uno de los órganos penales más importantes, su competencia básica se centra «ratione materiae» en las causas por delito, a excepción de las que la ley atribuye al conocimiento de los JPe o de otros tribunales previstos en la LOPJ (arts. 82.1, 1.°, 83.1 y 83.2, d), y disposición adicional 1.ª.1 LOPJ, 14-4.° y 757 LECRIM), o del TJ (art. 1 LJ). Por tanto conocen y fallan en el proceso penal ordinario por delitos más graves y en el proceso penal abreviado cuando no es competencia del JPe. No tienen ninguna competencia objetiva en el proceso penal especial ante el TJ.

Funcionalmente debemos destacar el conocimiento del recurso de apelación que se interponga contra las resoluciones del JI y del JPe de la provincia (arts. 82.1, 2.° LOPJ, y 790.1 LECRIM), de los Juzgados de Violencia sobre la Mujer (hay posibilidad de Secciones especializadas) contra los de los Juzgados de Menores, y de Vigilancia Penitenciaria que no sean competencia de la Audiencia Nacional (art. 82.1, 3.° y 4.° LOPJ, reformado por al LO 5/2003, de 27 de mayo, y por el art. 45 LVG).

11.º) Tribunales Superiores de Justicia

La Sala de lo Civil y Penal de los TSJ, actuando como órgano jurisdiccional penal, tiene competencia objetiva para conocer de las causas contra los diputados autonómicos por delitos cometidos en el territorio de su respectiva Comunidad Autónoma (v. v.gr., el art. 12.3, II EA Comunidad Valenciana); contra los miembros del gobierno autónomo, incluido al Presidente (v., v.gr., el art. 19 EA Comunidad Valenciana); y contra jueces, magistrados y miembros del Ministerio fiscal, por delitos o faltas cometidos en el ejercicio de su cargo en la CA, siempre que esta atribución no corresponda al TS (art. 73.3, b) LOPJ).

Funcionalmente debe destacarse el conocimiento del recurso de apelación contra determinados autos o resoluciones equivalentes dictados por la AP en fase de juicio oral (art. 846 bis a) II LECRIM; así como contra la sentencia del TJ incardinado en la AP (art. 846 bis a) LECRIM).

> Con la reforma de la LOPJ operada por la LO 19/2003, de 23 de diciembre, se pretende que la Sala de lo Civil y Penal (funcionando como Sala de lo Penal) de los TSJ adquiera una competencia importantísima: conocer de los recursos de apelación contra las resoluciones de las Audiencias Provinciales. Se trata de generalizar la apelación penal con el fin de reducir la sobrecarga de trabajo del Tribunal Supremo y de cumplir mejor con las previsiones del art. 14.5 PIDCP, pues en el parecer de la ONU nuestro sistema no es acorde con él (Resolución de 20 de julio de 2000 del Comité de Derechos Humanos), a pesar de que con ello se cometió un grave error de interpretación por este órgano internacional, pues nuestro sistema casacional basta para cumplir lo previsto en el Pacto, como veremos en la lección 17.ª. Con todo debe advertirse que la previsión de esta apelación necesita de la reforma de la LECRIM, lo que todavía no se ha producido.

12.ª) Audiencia Nacional

Órgano dogmáticamente muy discutido, conoce fundamentalmente de los delitos más graves que se pueden cometer en España, como los que afectan a la Corona y Altos Organismos de la Nación, falsificaciones, delitos monetarios, defraudaciones, tráfico de drogas y otros fraudes, previstos en el art. 65, 1.°, a) a d) LOPJ; los delitos cometidos fuera del territorio nacional (art. 65, 1.°, e) LOPJ), incluida la extensión de la competencia a los delitos conexos a ellos (art. 65-1.°, e), II LOPJ); los delitos de mutilación genital femenina (reformado por LO 3/2005), y de tráfico ilegal o inmigración clandestina de persona (reformado por LO 13/2007), y los delitos de terrorismo, sin duda su competencia más conocida (disposición transitoria de la LO 4/1988, de 25 de mayo, BOE del 26, una de las normas derogadoras de la legislación antiterrorista formal; sobre su ajuste a la CE, v. STC 199/1987, de 16 de diciembre, y también art. 14 del Convenio núm. 196 del Consejo de Europa de 16 de mayo de 2005 para la prevención del terrorismo, BOE de 16 de octubre de 2009). Conoce finalmente del procedimiento para la ejecución de la orden europea de detención y entrega (art. 65, 4.° LOPJ, reformado por la LO 2/2003, de 14 de marzo).

En lo funcional, conoce de los recursos previstos en el art. 67, 5.° LOPJ y de los recursos contra resoluciones dictadas por el Juzgado Central de Vigilancia Penitenciaria (art. 65, 6.° LOPJ, reformado por la LO 5/2003, de 27 de mayo).

> La reforma de la LOPJ operada por la LO 19/2003, de 23 de diciembre, crea en la AN una nueva Sala, la Sala de Apelación (art. 64.1 LOPJ), la cual adquiere la competencia funcional exclusiva de conocer de los recursos de apelación contra las resoluciones de la Sala de lo Penal, si bien ello se producirá cuando se reforme en este sentido la LECRIM.

13.°) Tribunal Supremo

Cúspide de la organización del Poder Judicial ordinario (art. 123.1 CE), conoce su Sala II básicamente del recurso de casación penal (art. 57.1, 1.° LOPJ); y del proceso de revisión penal (art. 57.1, 1.° LOPJ).

Por su importancia debemos destacar igualmente su competencia para conocer del enjuiciamiento y fallo por delito cometido por una de las Altas Autoridades y demás personas aforadas enumeradas en el art. 57.1, 2.°, LOPJ; y del enjuiciamiento y fallo de las causas contra magistrados de la AN o de un TSJ (art. 57.1, 3.° LOPJ).

Funcionalmente es de notar también la competencia de dicha Sala para conocer del recurso de casación contra las sentencias del TSJ dictadas en apelación del proceso penal especial ante el TJ (art. 847 LECRIM).

14.°) Tribunal del Jurado

Tiene competencia objetiva para conocer del enjuiciamiento de los siguientes delitos, esté incardinado en la Audiencia Provincial, en el Tribunal Superior de Justicia o en el Tribunal Supremo (aunque en estos dos últimos casos el criterio personal de aforado es el que los hace entrar en juego), y sea cual fuere la pena que les corresponda (art. 1.1 y 2 LJ, en su versión definitiva fijada por el CP de 1995, en relación con el art. 83.2 LOPJ):

1. Delitos contra las personas, a saber, delitos de homicidio previstos en los arts. 138 a 140 (Título I, «del homicidio y sus formas», del Libro II «Delitos y sus penas» del CP), que son el homicidio y el asesinato (art. 1.2 LJ).

2. Delitos cometidos por los funcionarios públicos en el ejercicio de sus cargos: El CP de 1995 los ha reducido a los siguientes tipos, enmarcados en el Libro II, Título XIX («Delitos contra la Administración Pública») y Título XX («Delitos contra la Administración de Justicia») Arts. 413 a 415 (infidelidad en la custodia de documentos), arts. 419 a 426 (cohecho), arts. 428 a 430 (tráfico de influencias), arts. 432 a 434 (malversación de caudales públicos), arts. 436 a 438 (fraudes y exacciones ilegales), arts. 439 a 440 (negociaciones prohibidas a funcionarios), y art. 471 (infidelidad en la custodia de presos).

3. Delitos contra el honor: Son los previstos en los arts. 205 a 210 del CP de 1995 (Título XI del Libro III), pero ni tenían ni tienen ningún desarrollo de momento, pues el art. 1.1 LJ no se concreta luego en el art. 1.2 LJ.

4. Delitos de omisión del deber de socorro: Arts. 195 y 196 del CP de 1995 (Título IX del Libro II).

5. Delitos contra la inviolabilidad del domicilio: Arts. 202 a 204 del CP de 1995 (Capítulo II, Título X del Libro II), reguladores del allanamiento de morada.

6. Delitos contra la libertad: El TJ conoce del delito de amenazas (art. 1.2, 9) LJ), que se corresponde con el art. 169-1.° CP de 1995 (Capítulo II, Título VI del Libro II).

7. Delitos contra la seguridad colectiva: El TJ conoce del delito de incendios forestales (art. 1.2, h) LJ), que se corresponde con los arts. 352 a 354 del CP de 1995 (Capítulo II, Sección 2.ª, Título XVII del Libro II).

También se extiende la competencia objetiva a los delitos conexos, al concurso ideal y al delito continuado (art. 5.2 y 3 LJ). Sorprendentemente el TJ puede conocer de cualquier otro delito, si en conclusiones definitivas las partes calificasen los hechos como constitutivos de un delito de los no atribuidos a su conocimiento, pues entonces no hay transformación de procedimiento adecuado ni alteración de la competencia objetiva (art. 48.3 LJ).

D) La competencia objetiva ordinaria

El anterior esquema, ilustrativo de la competencia objetiva y funcional más importante de los órganos jurisdiccionales penales, no es útil de cara a la práctica si no tomamos en consideración además los supuestos normales, cambiando la óptica del análisis. Se trata de la llamada competencia objetiva ordinaria, que nos dice de qué delitos va a conocer cada juzgado o tribunal, y cuál es el procedimiento adecuado según la penalidad establecida por el CP de 1995, excluyendo los supuestos específicos (aforamientos y conexiones, básicamente, por un lado, y Jurado por otro).

En este sentido las reglas son aparentemente muy sencillas (arts. 14-3.°, I y 757 LECRIM): De los delitos castigados hasta 5 años de prisión, conoce el JPe por el proceso abreviado, o por el proceso penal especial para el enjuiciamiento rápido de determinados delitos; de los delitos castigados entre 5 y 9 años de prisión, conoce la AP por el proceso abreviado; y de los delitos castigados con más de 9 años de prisión conoce la AP por el proceso por delitos más graves. La fijación de la competencia se hace en abstracto, es decir, en función de la cantidad de pena señalada al delito por el CP, y no por la pena solicitada por la acusación (STS de 4 de mayo de 1998, RA 2747). Para el enjuiciamiento de las personas jurídicas se estará a la pena legalmente prevista para la persona física (art. 14 bis LECRIM).

No obstante, las particularidades tienen aquí ciertas complicaciones que deben detallarse:

1. Delitos graves y menos graves, castigados con penas de trabajos en beneficio de la comunidad o de localización permanente, o prisión de tres meses a cinco años (arts. 13 y 33 CP de 1995):

Hay que distinguir de acuerdo con la LECRIM dos posibilidades:

Primera. Delitos no rápidos y faltas conexas:

a) Competencia para instrucción: Juez de Instrucción del partido en el que el delito se haya cometido o Juez de Violencia sobre la Mujer del lugar del domicilio de la víctima (arts. 87.1, a) LOPJ 14-2° y 15 bis LECRIM).

b) Competencia para conocimiento y fallo: Juez de lo Penal de la provincia en que el delito se haya cometido, o de la circunscripción del JVM (arts. 89 bis.2 LOPJ, y 14-3° LECRIM).

c) Procedimiento adecuado: El proceso penal abreviado (arts. 757 y ss. LECRIM).

Segunda. Delitos rápidos y faltas conexas, castigados con pena privativa de libertad hasta 5 años o cualesquiera otras penas, bien sean únicas, conjuntas o alternativas cuya duración no exceda de 10 años, cualquiera que sea su cuantía, siempre que el proceso penal se incoe en virtud de atestado policial y que la Policía Judicial haya detenido a una persona y la haya puesto a disposición del Juzgado de Guardia o que, aún sin detenerla, la haya citado para comparecer ante el Juzgado de Guardia por tener la cualidad de denunciado en el atestado policial, y además concurra cualquiera de las circunstancias previstas en el art. 795.1 LECRIM:

a) Competencia para instrucción: Juez de Instrucción en funciones de guardia del partido en el que el delito se haya cometido (arts. 87.1, a) LOPJ, 14-21 y 797 LECRIM).

b) Competencia para conocimiento y fallo: Juez de lo Penal de la provincia en que el delito se haya cometido (arts. 89 bis.2 LOPJ, 14-3° y 803 LECRIM).

c) Procedimiento adecuado: El proceso penal especial para el enjuiciamiento rápido de determinados delitos (arts. 795 y ss. LECRIM).

2. Delitos graves y menos graves castigados con penas graves y menos graves de naturaleza distinta a las privativas de libertad, cualquiera que sea su cuantía pero de duración inferior a 10 años, bien sean únicas, conjuntas o alternativas, que no deban tramitarse por el proceso penal especial para el enjuiciamiento rápido de determinados delitos de acuerdo con el art. 795.1 LECRIM:

a) Competencia para instrucción: Juez de Instrucción del partido en el que el delito se haya cometido o Juez de Violencia sobre la Mujer del lugar del domicilio de la víctima (arts. 87.1, a) LOPJ, 14-2° y 15 bis LECRIM, en relación con los arts. 13.2 y 33.3 CP).

b) Competencia para conocimiento y fallo: Juez de lo Penal de la provincia en que el delito se haya cometido (arts. 89 bis. 2 LOPJ, 14-3° y 757 LECRIM).

c) Procedimiento adecuado: El proceso penal abreviado (arts. 757 y ss. LECRIM).

3. Delitos graves, castigados con penas de prisión de cinco a nueve años, o bien con cualesquiera otras penas de distinta naturaleza, bien sean únicas, conjuntas o alternativas, cualquiera que sea su cuantía o duración, y faltas conexas (arts. 13 y 33 CP de 1995, y 757 LECRIM):

a) Competencia para instrucción: Juez de Instrucción del partido en que el delito se haya cometido o Juez de Violencia sobre la Mujer del lugar del domicilio de la víctima (arts. 87.1, a) LOPJ, 14-2° y 15 bis LECRIM).

b) Competencia para conocimiento y fallo: La Audiencia Provincial (arts. 82.1-1° LOPJ, 14-4° y 757 LECRIM).

c) Procedimiento adecuado: El proceso penal abreviado (arts. 757 y ss. LECRIM).

4. Delitos graves castigados con penas de prisión de nueve a quince años, prisión de quince a veinticinco años, o prisión de hasta treinta años (arts. 13, 33, y 76 CP de 1995):

a) Competencia para instrucción: El Juez de Instrucción del partido en que el delito se haya cometido o el Juez de Violencia sobre la Mujer del lugar del domicilio de la víctima (arts. 87.1, a) LOPJ, y 14-2° LECRIM).

b) Competencia para conocimiento y fallo: la Audiencia Provincial (arts. 82.1-1° LOPJ y 14-4° LECRIM).

c) Procedimiento adecuado: El proceso penal ordinario por delitos más graves (Sumario ordinario: Arts. 259 y ss. LECRIM).

E) Territorial

La distribución de la competencia desde el punto de vista territorial se opera en la ley con base en el «forum comisii delicti», es decir, el lugar de comisión del delito, estableciéndose asimismo unos fueros subsidiarios provisionales para cuando no conste aquél. La LO 1/2004, de 28 de diciembre, de Medidas de Protección Integral contra la Violencia de Género, ha establecido un fuero específico.

1) El lugar del delito

Salvo en aquellos órganos jurisdiccionales penales que tengan competencia en todo el territorio nacional (la AN y el TS), o competencia para enjuiciar delitos cometidos en el extranjero (la AN, art. 65.1, e) LOPJ), y dejando fuera el caso especial del TJ (aunque sigue los criterios de la LECRIM, v. art. 5.4 LJ), respecto a los demás, la regla general en orden a la competencia territorial penal viene dada por el art. 14 LECRIM, que consagra el denominado fuero del lugar de comisión del delito, es decir, es juez o tribunal competente el de la circunscripción en que se hubiera cometido el hecho punible.

El problema es que no siempre es fácil determinar el lugar en que se cometió el delito, por lo que la LECRIM se ha visto obligada a dictar normas de actuación hasta tanto conste. El tema no es sólo procesal, pues también materialmente interesa conocer el lugar del delito, y sobre este punto se desarrollaron varias teorías (de la actividad, del resultado y ecléctica o de la ubicuidad). No vale la pena entrar en ellas, porque del art. 23 LOPJ se deduce, acogiendo la tendencia de la jurisprudencia del TS, que el delito se comete donde se consuma, ya que los extranjeros que delinquen en España son enjuiciados aquí (v. S 23 de abril de 1949, RA 514; y S TC 75/1984, de 27 de junio). Claro es que no sirve la teoría del resultado cuando el delito produce efectos en sitios diversos, o en caso de estar ante un delito continuado o permanente, que han tenido que ser resueltos con carácter especial (v., por ejemplo, S TS 26 de enero de 1970, RA 452).

2) Los fueros subsidiarios

No constando el lugar del delito, la LECRIM establece en su art. 15 cuatro fueros subsidiarios:

1. El del lugar en donde se hayan descubierto pruebas materiales del delito;
2. El del lugar en que haya sido detenido el presunto culpable;
3. El del lugar de residencia del presunto culpable; y
4. El del cualquier lugar en donde se hubieran tenido noticias del delito.

Obsérvese que el denominado fuero de la prevención, por el que es competente definitivamente el que primero realice actos procesales o entienda de la causa, vigente en muchos países (como en Alemania Federal, § 12 StPO), no se halla recogido en este precepto.

Además, la competencia territorial subsidiaria es meramente provisional, puesto que en cuanto conste el lugar de comisión, el que esté conociendo debe inhibirse y remitir los detenidos y las actuaciones al competente (art. 15, III, LECRIM, reformado por la LO 13/2009, de 3 de noviembre).

3) El domicilio de la víctima

La LVG ha añadido, efectivamente, un fuero específico, el domicilio de la víctima, añadiendo el art. 15 bis a la LECRIM por medio de su art. 59 LVG, de modo que tratándose de delitos o faltas de violencia de género, cuya instrucción o conocimiento corresponda al Juez de Violencia sobre la Mujer, la competencia territorial vendrá determinada por el lugar del domicilio de la víctima, sin perjuicio de la adopción de la orden de protección, o de medidas urgentes del artículo 13 de la presente Ley que pudiera adoptar el Juez del lugar de comisión de los hechos.

IV. TRATAMIENTO PROCESAL

La competencia se configura en el proceso penal como presupuesto procesal, por lo que tiene el carácter de indisponible en todos sus criterios, por tanto, en el objetivo, el funcional y el territorial. En el proceso civil, recuérdese, es disponible generalmente la competencia territorial, pudiendo prorrogarse por las partes, pero en el proceso penal esto no sucede, porque el art. 8 LECRIM afirma expresamente que es improrrogable.

Con ello se quiere decir también que en el proceso penal no cabe la sumisión. La consecuencia directa es clara: Es el órgano jurisdiccional quien debe examinar de oficio, en cualquier estado de la causa, su propia competencia objetiva, funcional, y territorial (arts. 19-1.° y 2.°; y 25 LECRIM).

Pero téngase en cuenta que la ley no da a todos los actos relacionados con la competencia el mismo valor, puesto que, por ejemplo, una sentencia del JP no impide perseguir posteriormente el mismo hecho como delito, o si el JP condena por delito, la firmeza del fallo no puede sanar la nulidad de la sentencia (v. el art. 238-1.° LOPJ).

Cabe, por supuesto, la denuncia de la incompetencia por las partes, si bien sujeta a un plazo preclusivo: El acusador particular (y el popular), antes de formular su primera petición después de personado en la causa (art. 19-5.° LECRIM); el imputado, dentro de los tres días siguientes a aquél en que se les comunique la causa para calificación (art. 196.°), puesto que el medio es la declinatoria, a proponer como artículo de previo pronunciamiento (art. 666-1.ª). En cualquier caso, la no denuncia de parte no significa nunca que entre en juego la sumisión tácita, sino tan sólo la preclusión de la posibilidad impugnatoria.

V. OTRAS POSIBLES ALTERACIONES EN LA FIJACIÓN DEFINITIVA DE LA COMPETENCIA; EN ESPECIAL, LA CONEXIÓN PENAL

Recordemos que la alteración de la competencia por plantearse una cuestión de competencia penal (por declinatoria o por inhibitoria) ha sido estudiada en el tomo I de esta obra, al igual que el reparto de negocios, aunque en este caso no estamos ante norma competencial alguna. Ahora debe analizarse una alteración importante de la competencia penal, debida a una norma fundada en la conexión procesal (equivalente salvadas las distancias a la institución de la acumulación estudiada en el tomo II, dedicado al proceso civil).

En efecto, la LECRIM sienta en su art. 300 la regla de que cada delito de que conozca la autoridad judicial será objeto de un sumario, pero a continuación excepciona los delitos conexos, pues éstos deben comprenderse en un solo proceso.

La conexión entendida en sentido estricto (diversidad de delitos culpándose a una sola persona o a varias), puede ser determinante tanto de jurisdicción (competencia genérica), como de competencia objetiva y territorial. La ley no se ocupa de los delitos conexos sino a tales efectos, olvidando, después de establecer el efecto más importante de la acumulación, a saber, el enjuiciamiento en un único proceso (art. 300), la forma de hacerlo efectivo o de impugnarlo, además de establecer una regla específica para un incidente de la ejecución en el art. 988 LECRIM (v. lección correspondiente). La acumulación tiene repercusión en la competencia cuando cada uno de los delitos, de perseguirse por separado, correspondería a un órgano distinto.

Es la propia LECRIM la que nos dice cuándo existe conexión en su art. 17:

1.°) *Comisión simultánea* (art. 17-1.°): Son delitos conexos los cometidos simultáneamente por dos o más personas reunidas, siempre que éstas vengan sujetas a diversos órganos jurisdiccionales ordinarios o especiales, o que puedan estarlo por la naturaleza del delito. Pero, obsérvese, si esas personas presuntas autoras no están sometidas a diversos jueces y tribunales, también se produce la conexión, aunque no se altera la competencia;

2.°) *Comisión bajo acuerdo* (art. 17-2.°): Son también conexos los delitos cometidos por dos o más personas en distintos lugares o tiempos, si hubiera precedido acuerdo para ello;

3.°) *Comisión mediata* (art. 17-3.°): Son delitos conexos los cometidos como medio para perpetrar otros o facilitar su ejecución;

4.°) *Comisión para impunidad* (art. 17-4.°): También se consideran legalmente delitos conexos los cometidos para procurar la impunidad de otros delitos; y

5.°) *Comisión análoga* (art. 17-5.°): Son delitos conexos los diversos hechos punibles que se imputen a una persona al incoarse contra la misma causa por cualquiera de ellos, si tuvieran analogía entre sí, a juicio del Tribunal, y no hubiesen sido hasta entonces sentenciados. Esta clase de conexión se excluye expresamente en las causas ante el Jurado (v. art. 5.2 LJ), aunque ello no siempre es posible.

En caso de delitos y faltas conexos con delitos de violencia de género, conoce también el JVM, siempre que la conexión tenga su origen en alguno de los supuestos previstos en los números 3.º y 4.º del artículo 17 LECRIM (nuevo art. 17 bis introducido por el art. 60 LVG). Es decir, la conexión sólo será admisible si se funda en la comisión mediata, o en la comisión para impunidad.

La LECRIM también determina en su art. 18.1 los fueros competenciales existiendo conexión de delitos. En este sentido, son jueces y tribunales competentes, por su orden, para conocer de las causas por delitos conexos:

1.º) *Fuero principal de la gravedad de la pena* (art. 18-1.º): Conoce el órgano jurisdiccional del territorio en que se haya cometido el delito al que esté señalada pena mayor;

2.º) *Fuero subsidiario temporal* (art. 18-2.º): Si los delitos tienen señalada igual pena en la leyes, conoce el órgano jurisdiccional que primero hubiera comenzado las actuaciones; y

3.º) *Fuero supletorio de la orden* (art. 18-3.º): Si las causas hubieran comenzado al mismo tiempo, o no constara qué órgano empezó antes, conoce el órgano jurisdiccional que la AP o el TS, en sus casos respectivos, designen.

Cuando se trate de comisión bajo acuerdo, el art. 18.2 establece ahora (reforma operada por la LO 15/2003, de 25 de noviembre) un fuero específico con preferencia sobre los anteriores: El fuero de la sede de la Audiencia Provincial, siempre que los distintos delitos se hubieren cometido en el territorio de una misma provincia y al menos uno de ellos se hubiera perpetrado dentro del partido judicial sede de la correspondiente AP. Asume la competencia, por tanto, el órgano jurisdiccional correspondiente de la capital de provincia.

LECTURAS RECOMENDADAS: DOLZ LAGO, *Comentarios a la Legislación Penal de Menores,* ed. Tirant lo Blanch, Valencia, 2007; MONTERO AROCA/GÓMEZ COLOMER (coordinadores), *Comentarios a la Ley del Jurado,* Ed. Aranzadi, Pamplona, 1999; GONZÁLEZ CUSSAC/TAMARIT SUMALLA/GÓMEZ COLOMER, *Justicia penal de menores y jóvenes,* Ed. Tirant lo Blanch, Valencia 2002; GÓMEZ COLOMER, *Violencia de género y proceso,* ed. Tirant lo Blanch, Valencia 2007.

CAPÍTULO II
LAS PARTES

Lección Tercera

Las partes acusadoras

I. CONCEPTO DE PARTE

A) Parte en sentido formal: No hay partes materiales

B) Clasificaciones. Pluralidad de partes

- a) Dos posiciones y enfrentadas
- b) Presencia necesaria o contingente

II. LAS PARTES ACUSADORAS

Anticipación terminológica

III. EL MINISTERIO FISCAL

A) Ejercicio de la acción penal

- – Clases de delitos: Privados, Semiprivados y públicos
- – Sujeto a la legalidad; no oportunidad. Oportunidad: denuncia y perdón

B) Capacidad y legitimación: Acusa la institución, no una persona

IV. LOS ACUSADORES POPULAR Y PARTICULAR

España: acusación es pública: a todos

A) Acusador popular: art. 125 CE: ganas de limitarla

- a) Requisitos subjetivos: legitimación
  Ciudadanos españoles. Personas jurídicas.
  Exclusiones. Arts. 102 y 103
- b) Requisitos objetivos: delitos públicos
- c) Requisitos de actividad: Querella

B) Acusación particular: Art. 24.1 CE

- a) Requisitos subjetivos: Ofendido o perjudicado. Confusión en Lecrim
- b) Requisitos objetivos: delitos públicos y semi-privados
- c) Requisitos de actividad: No querella

V. EL ACUSADOR PRIVADO

Para los delitos privados. El Fiscal no actúa

- a) Requisitos subjetivos: Normal
- b) Requisitos objetivos: Injuria y calumnia contra particulares
- c) Requisitos de actividad: Querella
  - 1) Conciliación
  - 2) En juicio. Licencia del tribunal
    Principio de oportunidad

VI. POSTULACIÓN PROCESAL DE LOS ACUSADORES

No el Fiscal.

Sí todos los demás

I. CONCEPTO DE PARTE

Lo primero que ha discutido la doctrina procesal penal es la misma existencia de partes en este proceso. Naturalmente, y como ya advirtió Gómez Orbaneja, la discusión tiene sentido en los sistemas procesales que no son ni acusatorio puro, en el que sin duda hay partes, ni inquisitivo estricto, en el que también sin duda no hay partes.

El que una ley concreta utilice o no la palabra «parte» no es decisivo. La Ley Procesal Penal alemana no la utiliza ni una sola vez, usando la de «participante», mientras que nuestra LECRIM la emplea con reiteración, tanto en el procedimiento preliminar judicial (o instrucción) como en el juicio oral. En la Ley española hay que tener en cuenta que pueden hallarse dos maneras de utilizar la palabra: unas veces la Ley habla sin más de «partes» (por ejemplo, arts. 160, 222, II, 467, 653, 662, 708, 761.2 y 766.3), mientras que otras parece complicar las cosas al referirse al «Ministerio fiscal y las partes» (arts. 26, 311, I, 656, I, 759, 1ª, 2ª, II, 3ª, 779.1, 5ª) o a «las partes o el Ministerio fiscal» (arts. 161, II, 762, 5.ª) o aún a «las demás partes personales y, por último, el Fiscal» (art. 228, II), pero en cualquier caso se trata de decir lo mismo: las partes.

A) Parte en sentido formal

Con referencia, pues, a unos determinados tipos de proceso penal la existencia o no de verdaderas partes vendrá condicionada por el concepto que de éstas se maneje. Si pretendiéramos hallar un concepto material de parte, la conclusión habría de ser que éstas no existen en el proceso penal, y ello por dos tipos de razones:

a) Ese concepto tendría que referirse a una inexistente relación jurídica material penal que vendría integrada por los que han participado en el hecho considerado delictivo, de modo tal que las partes materiales se convertirían en partes en el proceso; el ofendido por el delito se convertiría en parte activa o acusador y el autor de aquél en parte pasiva o acusado.

Este pretendido reparto de papeles no se corresponde con lo que sucede en el proceso, pues:

1.º) Desde el punto de vista de la parte activa en esa posición procesal puede ocurrir que:

1") No esté el ofendido por el delito, por cuanto la posición la ocupe sólo el Ministerio fiscal, con lo que el proceso se iniciará y concluirá sin que el ofendido sea parte en él.

2") No esté sólo el ofendido, pues junto al mismo actuará el Ministerio fiscal y es posible que se constituya como parte cualquier ciudadano, aun cuando no haya sido ofendido por el delito.

2.º) Desde la perspectiva de la parte pasiva el proceso se realiza precisamente para determinar si una persona ha sido o no el autor del delito, lo que únicamente se sabrá al final, pudiendo por tanto figurar como acusado quien no ha sido autor del delito.

b) El mismo concepto material de parte tendría que partir de que los acusadores fueran titulares, o por lo menos así lo afirmaran, de un derecho subjetivo a que al autor del delito se le impusiera una pena; esto es, tendría que afirmar su titularidad de un *ius puniendi* propio, lo que va en contra de la consideración elemental de que ese *ius puniendi* corresponde sólo al Estado, el cual lo ejerce exclusivamente por medio de los órganos jurisdiccionales. Los acusadores tienen únicamente la facultad, o si se quiere el derecho, de promover el ejercicio por el tribunal de ese derecho a castigar. En cambio, el acusado sí tiene un derecho subjetivo que podríamos referir a la libertad, y así llegaríamos a la conclusión de que sólo existía una parte material, la pasiva.

Por el contrario, si reducimos la búsqueda del concepto de parte al proceso mismo, si nos limitamos a una noción de parte en sentido procesal, sí cabe afirmar que existen. Parte formal (en realidad parte sin más) es quien actúa en el proceso pidiendo del órgano jurisdiccional una resolución judicial, esto es, quien promueve la actuación del órgano jurisdiccional aportando, por medio de sus alegaciones y pruebas, el material para la resolución de contenido determinado que postula, quien en síntesis participa de la contradicción en que se resuelve todo proceso.

B) Clasificaciones. Pluralidad de partes

Admitida, pues, la existencia de partes y establecido su concepto general, conviene inmediatamente distinguir entre ellas, y las distinciones pueden basarse en dos criterios:

a) El primero atiende a la necesidad de que existan dos posiciones y de que éstas estén enfrentadas. Ha de existir, por tanto, como mínimo un acusador y un acusado, pero nada impide que en la posición activa o en la pasiva se coloque más de una parte.

1.º) En los países donde el Ministerio fiscal tiene el monopolio de la acusación no existen problemas, dado que sólo habrá una parte en la posición activa, pero en España ese monopolio no existe y así en esta posición activa cabe referirse al Fiscal, al acusador popular y al acusador particular (y aún éstos ser varios).

En este caso estaremos ante un litisconsorcio activo cuasi-necesario, dado que la ley no impone a los litisconsortes la actuación conjunta de modo necesario, pudiendo el proceso desarrollarse y concluirse válidamente con la presencia de uno solo (o algunos). La sentencia que se dicte afectará activamente a todos los ciudadanos, de forma tal que todos quedarán comprendidos en los efectos de la cosa juzgada, no pudiendo desarrollarse un nuevo proceso cambiando sólo al acusador, y ello hayan sido o no parte en el anterior. El proceso puede iniciarse y concluirse actuando sólo el Ministerio fiscal y si otras personas quieren actuar en él, hayan sido o no ofendidas por el delito, han de hacerlo en el mismo proceso, no en otro distinto. Desde la posición activa puede existir proceso único con pluralidad de partes, nunca acumulación de procesos.

Tratándose de delito privado actuará sólo el acusador privado pero, a su vez, éstos pueden ser varios, constituyendo también un litisconsorcio activo cuasi-necesario.

2.º) Desde el punto de vista pasivo cabe que existan uno o varios acusados, bien porque se impute a varias personas la comisión de un mismo delito, bien porque existan varios delitos conexos (arts. 17 y 300), pero en cualquiera de los dos casos no puede hablarse de litisconsorcio, sino de acumulación, pues la sentencia deberá contener tantos pronunciamientos como acusados.

En el caso de un delito y varios acusados la declaración judicial de existencia o inexistencia de los hechos les afectará todos por igual, pero a partir de ahí la sentencia puede declarar que unos han participado en los hechos y los otros no, que unos han participado como autores y los otros como cómplices o encubridores e, incluso habiendo tenido el mismo grado de participación, la pena a imponer puede ser distinta.

Cuando se trata de delitos conexos, que se imputan a una única o a varias personas, la existencia de la acumulación es aún más evidente, tratándose en realidad de varios delitos y de otros tantos procesos, aunque de todos se conozcan en un procedimiento único.

b) El segundo criterio se refiere a su presencia necesaria o contingente en el proceso y presupone la existencia, como mínimo, de una parte en la posición acusadora y otra en la acusada:

1.º) En la posición acusadora hay que distinguir entre delitos públicos y semiprivados (o semipúblicos) por un lado y, por otro, los delitos privados. En los primeros es acusador necesario el Ministerio fiscal, siendo los demás acusadores (popular y particular) contingentes, es decir, pudiendo no existir; en los delitos privados la parte necesaria es el acusador privado, no existiendo las demás.

2.º) En la posición acusado siempre como mínimo ha de existir un acusado, pues sin éste el proceso carecería de sentido; puede iniciarse el proceso contra persona indeterminada, pero a partir de un determinado momento procesal o existe acusado cierto o el proceso se acaba.

Hasta aquí nos hemos referido, naturalmente, a las partes en el proceso penal en sentido estricto. Junto al mismo cabe la acumulación de un proceso civil, tomando como base lo dispuesto en los arts. 100 y ss. LECRIM y arts. 109 a 122 CP, y en el mismo existirán partes en el sentido civil, por lo menos un actor y un responsable civil o demandado.

II. LAS PARTES ACUSADORAS

Llamar a los que pueden ocupar la posición activa acusadores es realmente una «anticipación terminológica», dado que la acusación en sentido estricto sólo aparecerá en la segunda fase del proceso, en el juicio oral. En la fase inicial de instrucción o procedimiento preliminar judicial no existe propiamente acusación, aunque se cumplan indudablemente funciones propias de parte según el concepto anterior. Con todo, esta es la terminología tradicional y no existen razones de peso para modificarla, sin perjuicio de advertir que la LECRIM en ocasiones habla de querellante

//

III. EL MINISTERIO FISCAL

La dificultad de la caracterización del Ministerio fiscal proviene de la multitud de funciones que se le confían, y aun de cierto exceso en las palabras que no se corresponden luego con la realidad. En la LECRIM se refieren esas funciones a:

1.º) El ejercicio de la acción penal en los delitos públicos y en los semiprivados (art. 105); en este sentido hay que estar también al art. 3.4 y 5 del EOMF de 1981.

2.º) La inspección directa en la formación del sumario (fase de instrucción o procedimiento preliminar judicial) por los jueces de instrucción (art. 306).

A pesar de las palabras el Fiscal no «inspecciona» la labor del juez, ni éste puede considerarse un subordinado suyo. El procedimiento preliminar judicial está en manos del juez de instrucción y la pretendida «inspección», se reduce a que el Ministerio fiscal se constituya como parte en aquél, formulando las alegaciones y solicitando los actos de investigación que considere oportunos. Sus privilegios consisten en que el juez de instrucción debe darle parte de la incoación de la instrucción (art. 308) y en que para él el sumario no puede decretarse secreto. El fiscal no «informa»; alega como todas las partes.

3.º) La formación de un procedimiento preliminar que es sólo posible en el proceso abreviado (lección 6.ª). En el proceso ordinario el Ministerio fiscal puede realizar investigación previa al sumario (para fundamentar la querella que presentará, arts. 269 y 287 LECRIM y art. 5 EOMF) o simultánea al sumario (para fundamentar las solicitudes que haga al juez instructor, art. 287), pero ni una ni otra son un procedimiento preliminar. Este existe sólo en el proceso abreviado (art. 773.2), y, naturalmente, en aquél el Ministerio fiscal no es parte; con todo, téngase en cuenta que ese procedimiento preliminar del Fiscal no es ni jurisdiccional ni procesal, por lo que en él no puede hablarse de verdaderas partes.

A) Ejercicio de la acción penal

De lo anterior resulta que el Ministerio fiscal como parte en el proceso tiene la función esencial de ejercitar la acción penal en los delitos públicos, que son la mayoría y cuya persecución se realiza de oficio, y en los delitos semiprivados para cuya persecución se exige denuncia del ofendido, constituyéndose como parte el Fiscal después de presentada la denuncia. En cambio, no será parte en el proceso relativo a los delitos privados.

En el nuevo CP las distintas clases de delitos y faltas, atendida su perseguibilidad, han quedado de la siguiente manera:

a) *Delitos privados*: Los únicos son los de calumnia e injuria contra particulares (art. 215 CP), para cuya persecución se exige querella del ofendido y en el proceso correspondiente el Ministerio fiscal no será parte (el art. 194 LECRIM ha de entenderse modificado).

b) *Delitos semiprivados*: La relación es mucho más extensa y comprende todos los delitos y faltas para cuya persecución se exige denuncia del ofendido, después de la cual el Ministerio fiscal se convierte en parte.

a") Delitos: Tienen esta consideración:

1) Agresiones, acoso y abusos sexuales (art. 191.1 CP).

2) Descubrimiento y revelación de secretos (art. 201.1 CP).

3) Abandono de familia (art. 228 CP).

4) Daños causados por imprudencia grave en cuantía superior a 80.000 euros (art. 267 CP).

5) Relativos a la propiedad intelectual, a la propiedad industrial y al mercado y a los consumidores (art. 287.1 CP).

6) Societarios (art. 296.1 CP).

7) Reproducción asistida (art. 161.2 CP).

8) En ventas a plazos de bienes muebles (art. 12 de la Ley de 17 de junio de 1965).

b") Faltas: Se persiguen previa denuncia:

1) Amenaza, coacción, injuria y vejación injusta de carácter leve (art. 620 CP y art. 104, II, LECRIM, en la redacción de la LO 14/1999, de 9 de junio).

2) Imprudencia grave con resultado de lesiones e imprudencia leve con resultado de muerte o lesiones (art. 621 CP).

3) Alteración de linderos o mojones con utilidad no superior a 400 euros (art. 624 CP).

c) *Delitos públicos*: Todos los demás.

Con todo, la actitud del Ministerio fiscal, manteniendo su condición de parte, no ha de ser siempre acusadora. Como dicen los arts. 3.4, y 6 EOMF su función puede ser ejercitar la acción penal pero también oponerse a la ejercitada por otro, cuando proceda, lo que implica que el Fiscal no siempre ha de sostener la acusación, sino que puede también pedir la absolución del acusado por otro. Ello no le convierte en «parte imparcial», lo que supondría una *contradictio in terminis,* sino simplemente que la legalidad, que ha de presidir su actuación, debe llevarlo a pedir la consecuencia jurídica que se deriva de los hechos acreditados.

La legalidad, pues, supone que el Ministerio fiscal no se rige por criterios de oportunidad a la hora de ejercitar y sostener la acción penal. Cuando la acción penal se somete a consideraciones de oportunidad, ésta no puede atribuirse al Fiscal. Así:

1) En los delitos y faltas para cuya persecución se exige denuncia del ofendido, suele decirse que cuando el ofendido es menor de edad, incapaz o persona desvalida puede denunciar el Ministerio fiscal, pero entonces no se está diciendo que éste pueda decidir con criterios de oportunidad, sino que la decisión debe adecuarse a servir mejor los intereses de dicho ofendido.

2) Cuando el perdón del ofendido puede extinguir la responsabilidad penal (arts. 130, 4.º, 210, 3, 215, 267 y 639 CP y 106 LECRIM), ese perdón no puede realizarse por el Fiscal; éste podrá en ocasiones oponerse al perdón, pero no concederlo él.

B) Capacidad y legitimación

Si el Ministerio fiscal en su organización se rige por el principio de unidad, siendo un órgano del Estado incardinado en la órbita del Poder Ejecutivo, carece de sentido cuestionarse su capacidad y lo mismo cabe decir de la postulación. Cosa distinta ocurre con la legitimación, que le viene conferida por la ley, desde el art. 124.1 CE hasta el art. 105 LECRIM, pasando por los arts. 1 y 3.4 y 5 del EOMF; la legitimación no le proviene, pues, de la afirmación de ser titular de un derecho subjetivo material, por lo que no es ordinaria, sino de la expresa atribución legal, debiendo calificarse de extraordinaria (lección 3.ª del Tomo II).

Esa legitimación se refiere, como hemos adelantado, a todos los procesos en que se persigan delitos públicos y semiprivados (partiendo en éstos de la denuncia del ofendido), y queda excluida en los procesos que versen sobre delitos privados. Pero lo que importa ahora es precisar que en determinadas ocasiones, aún tratándose de delitos semiprivados, se concede legitimación al Fiscal incluso para pedir la iniciación de la persecución penal. Esas condiciones atienden básicamente a la situación de la víctima del delito, es decir, a ser menor incapaz o persona desvalida, y ellas no hay reconocimiento de oportunidad alguna.

IV. LOS ACUSADORES POPULAR Y PARTICULAR

El ordenamiento procesal penal español se caracteriza, frente a los de los países vecinos, porque la acción penal es pública, pudiendo ejercitarla todos los ciudadanos españoles (art. 101) o, dicho de otra manera, no existe el monopolio de la misma por el Ministerio fiscal propio de los derechos alemán (par. 152 StPO), francés (arts. 1 y 31 CPP) e italiano (art. 50 CPP).

Cuando en estos derechos se dice que la acción penal es pública, se está diciendo algo muy diferente de lo que significa la misma expresión en España. Con unas mismas palabras en esos países se está diciendo que la acción la ejercita sólo un órgano público, el Ministerio fiscal, mientras que en España se dice que pueden ejercitarla todos los ciudadanos.

En nuestro ordenamiento, por un lado, el Estado no abandona el ejercicio de la acción penal en manos de los particulares, con el riesgo de impunidad que ello podría suponer, estableciendo un órgano específico, el Ministerio fiscal, pero, por otro, éste no la asume en exclusiva, permitiéndose la actuación de los ciudadanos. Si para el Fiscal el ejercicio de la acción penal es un deber, para el ciudadano es un derecho.

Ese derecho puede revestir dos manifestaciones, distinguiéndose entre:

A) Acusador popular

Con carácter incluso constitucional (art. 125 CE) se reconoce a todos los ciudadanos el derecho a ejercitar la acción popular; esto es, se permite que cualquiera, sin tener que afirmar que es ofendido por el delito, pueda ejercitar la acción penal, con lo que en realidad los ciudadanos asumen un papel similar al del Ministerio fiscal; se trata de promover la acción de la justicia en defensa de la legalidad, procurando la tutela del interés público ante la existencia de hechos aparentemente constitutivos del delito público.

Si el hecho delictivo supone una lesión del orden social, se reconoce a todos los miembros de la sociedad el derecho de pedir, en nombre de ésta, el restablecimiento del orden lesionado. Ese derecho supone el ejercicio por un particular de una función pública: el *ius accusandi*. No se trata simplemente de que el acusador popular se adhiera a la acción ejercitada por el Ministerio fiscal, sino de ejercitar una acción propia, que hay que considerar hoy como derecho constitucional (SSTC 62/1983, de 11 de julio, y 147/1985, de 29 de octubre), cívico y activo, siendo por ello perfectamente posible que el Fiscal no inste la acusación y que sí lo haga este acusador.

En los últimos años se está asistiendo a un claro intento de negar la virtualidad de esta acusación popular (por ejemplo, STS de 17 de diciembre de 2007), de modo que se está queriendo suprimir o, por lo menos, limitar una conquista española de civilización política y jurídica (en sentido más limitado la STS de 87 de abril de 2008). El ataque contra la acusación popular ha continuado en el ATS de 15 de junio de 2009 relativo a la necesidad de que los varios acusadores populares actúen con una misma representación y defensa procesales.

a) Requisitos subjetivos; la legitimación

Según el art. 125 CE («los ciudadanos»), 101 y 270 LECRIM («todos los ciudadanos españoles») y 19.1 LOPJ («los ciudadanos de nacionalidad española») la acción popular queda reservada a los ciudadanos españoles, con lo que quedan excluidos de su ejercicio los extranjeros. El verdadero problema, con todo, consiste en si las personas jurídicas pueden ejercitar o no esta acusación popular.

En nuestra opinión la respuesta debe ser matizada atendida la posible contradicción entre los arts. 125 y 22 CE y la necesidad de atribuir realidad práctica a la acción popular. El derecho de asociación, entendiendo en general como el derecho de constituir personas jurídicas, sólo puede tener los límites que se derivan del art. 22 CE, esto es, el de las asociaciones que persigan fines o utilicen medios tipificados como delito y el de las asociaciones secretas o de carácter militar, por lo que el derecho a constituir asociaciones cuyo objeto social sea ejercitar la acción popular, en cuanto derecho reconocido en la propia Constitución, no puede verse negado por una interpretación restrictiva del art. 125 de la misma que haga equivaler ciudadano a persona física, cuando es perfectamente posible una interpretación amplia. En la posible contradicción entre dos artículos de la Constitución, debe estarse a favor de aquél que contenga un derecho fundamental.

Por otra parte todas las personas jurídicas han de tener necesariamente un objeto social, determinado bien por la ley bien por los estatutos de creación, y si el ejercicio de la acción popular fuera necesario o, por lo menos, útil o conveniente para el mejor logro de sus fines, no debería impedírseles ejercitar aquélla, en cuanto la negativa sería contraria, de modo indirecto, al derecho fundamental de asociación, dado que se admitiría la creación de asociaciones (mejor, personas jurídicas en general) pero no se les permitiría utilizar los medios para lograr sus fines.

En realidad la utilidad práctica de la acción popular se vería muy disminuida si no se permitiera que la ejercitaran las personas jurídicas. Si un sindicato no puede ejercitar la acción popular en el caso de los arts. 311 y ss., delitos contra los trabajadores, o si una asociación de ecologistas no puede constituirse como parte ante un delito de los del art. 325, los dos del CP, el reconocimiento constitucional de esta acción deviene inútil. Los particulares de modo aislado es difícil que tengan el interés y los medios precisos para ejercitar la acción popular; ésta adquiere utilidad cuando se pone en manos de las asociaciones.

Una cosa es que las personas jurídicas privadas puedan tener legitimación y otra muy distinta que ésta se reconozca a las personas jurídico-públicas (STC 23 de octubre de 2006). Es absurdo que el interés público, que se defiende por el Fiscal, quiera tener otro defensor.

A partir de atribuir legitimación a todos los ciudadanos, otras precisiones sobre la misma se efectúan de modo negativo en los arts. 102 y 103. Así no tienen esta legitimación:

1.º) El que no goce de la plenitud de los derechos civiles, para la determinación de lo cual ha de estarse a las reglas generales del CC.

Aunque otra cosa pudiera parecer, esta exclusión no se hace por razón de la falta de capacidad, sino que guarda relación con la legitimación. Si se atendiera a la capacidad, la incapacidad podría suplirse por los mecanismos establecidos en la ley, es decir, por la representación legal y la asistencia, y, sin embargo, estos mecanismos no pueden entrar aquí en juego. Por el menor de edad no podrá ejercitar la acción popular su representante legal, y ello por la elemental razón de que éste puede ejercitar la acción por sí mismo, siendo inútil acudir a la representación legal. Adviértase que las causas limitadoras de la capacidad operan aquí como excluidoras de la legitimación.

2.º) El que hubiera sido condenado dos veces por sentencia firme como autor del delito de denuncia o querella calumniosa.

3.º) Los jueces y magistrados (los fiscales sí tienen esta legitimación extraordinaria, pudiendo actuar entonces por sí, no en cuanto titulares de la acusación estatal).

El art. 102 establece a continuación dos excepciones a estas primeras reglas negativas:

1″) Todos los excluidos podrán, sin embargo, ejercitar la acción popular por delitos cometidos contra las personas o bienes de su cónyuge, ascendientes, descendientes, hermanos consanguíneos o uterinos y afines. En estos casos los que no estén en el pleno ejercicio de sus derechos civiles podrán ser parte, supliendo su incapacidad el representante legal.

2″) Los excluidos en los números 1.º y 2.º podrán, además, ejercitar la acción popular por delitos cometidos contra la persona o bienes de los que estuviesen bajo su guarda legal.

4.º) Los cónyuges entre sí, salvo por el delito o falta cometidos por el uno contra la persona del otro o la de sus hijos, y por el delito de bigamia.

5.º) También entre sí los ascendientes, descendientes y hermanos por naturaleza, por la adopción o por afinidad, salvo por delito o falta cometidos por los unos contra las personas de los otros.

Dado que en estos artículos 102 y 103 aluden con reiteración a delitos cometidos contra personas o bienes determinados, se convierte en elemento decisivo de la interpretación el concepto de ofendido por el delito, y sobre él vid. después al referirnos al acusador particular.

b) Requisitos objetivos

Estos atienden a los delitos por los que se puede ejercitar la acción popular, que son únicamente los públicos. Para los delitos privados y semiprivados queda excluida esta acción; en los primeros, por la razón evidente de que sólo va a ser parte en el proceso correspondiente el ofendido, sin que pueda serlo ni siquiera el Ministerio fiscal; en los segundos, porque la iniciación del proceso queda dependiendo de la voluntad del ofendido, continuando luego como parte el Fiscal, pero sin que pueda iniciarse el proceso por querella de un no ofendido, el cual tampoco podrá luego constituirse como parte acusadora.

c) *Requisitos de actividad*

El ejercicio de la acción popular precisa necesariamente de la querella (arts. 270, I, y 761), y ello aun en el supuesto de que el procedimiento preliminar judicial (sumario o diligencias previas) haya comenzado. Se trata de una consecuencia de que el acusador popular ejercite una acción propia, para la que está expresamente legitimado por la ley, no limitándose a una adhesión a la acción ejercitada por el Ministerio fiscal o por cualquier otro acusador. Su querella puede no iniciar el proceso, cuando éste ha comenzado ya, pero en todo caso es el medio de ejercicio de su acción penal.

La admisión de la querella vendrá condicionada a que el acusador popular preste fianza, de la clase y cuantía que fije el juez, para responder de las resultas del juicio (art. 280). Las sentencias del Tribunal Constitucional 62/1983, de 11 de julio, 113/1984, de 29 de noviembre, y 147/1985, de 29 de octubre, admiten la constitucionalidad de la fianza, aunque suponga un obstáculo al ejercicio de la acción popular y ésta sea un derecho constitucional, pero al mismo tiempo declaran que ha de adecuarse a las posibilidades del que debe prestarla. El art. 20.3 LOPJ dispone ahora que no podrán exigirse fianza que por su inadecuación impidan el ejercicio de la acción popular.

La admisión de la querella convierte al ejercitante de la acción popular en parte; desde ese momento su tratamiento procesal será el mismo que el del acusador particular.

Se preguntaba Solón: ¿Cuál es la ciudad mejor regida? Y se respondía: «Aquella en que persiguen a los insolentes, no menos que los ofendidos, los que no han recibido ofensa». En Plutarco, *Vidas paralelas*, Solón, XVIII, in fine. Y añadía Plutarco: «Concedió indistintamente a todos el poder presentar querella en nombre del que hubiese sido agraviado; porque herido que fuese cualquiera, o perjudicado o ultrajado, tenía derecho el que podía o quería de citar o perseguir en juicio al ofensor; acostumbrando así el legislador a los ciudadanos a sentirse y dolerse unos por otros como miembros de un mismo cuerpo».

B) Acusador particular

Si la acción penal puede ser ejercitada por cualquier ciudadano español, aunque no haya sido ofendido por el delito, es obvio que también podrá ejercitarla y con mejores razones el ofendido; también éste puede asumir el derecho subjetivo que comporta el *ius accusandi*. A este acusador se le suele denominar particular, para distinguirlo del popular. No faltan, con todo, sentencias y obras doctrinales en las que se habla únicamente de acusador particular, estableciendo luego dos clases, una con ejercicio de la acción popular del art. 125 CE y, otra, simplemente respecto del ejercicio de la acción penal que cabe llamar ordinaria y que encuentra su base en el art. 24.1 CE. Por nuestra parte creemos que, a diferentes supuestos de hecho y consecuencias jurídicas, deben darse distintas denominaciones.

El fundamento constitucional de las acciones popular y particular es diferente. El acusador particular encuentra apoyo directo para el ejercicio de la acción penal en el art. 24.1 CE, por cuanto puede afirmar que él es ofendido por el delito; no es titular, evidentemente, de un derecho subjetivo a que se imponga una pena al delincuente, pero sí lo es de una legitimación ordinaria. Por este camino la vulneración de su derecho a acusar, tiene la especial protección del recurso de amparo (arts. 24.1 y 53.2 CE).

En cambio el acusador popular tiene simplemente una legitimación extraordinaria, en cuanto se la reconoce el art. 125 CE, no precisando afirmar que es el ofendido por el delito para que se le reconozca el derecho al ejercicio de la acción penal. La denegación de su derecho de acusar no tiene protección en el amparo ante el Tribunal Constitucional de modo directo, sino sólo en el caso de que pueda alegar que al defender un interés común está también defendiendo un interés legítimo suyo (así STC 62/1983, de 11 de julio). La acción popular por sí misma, sin referencia a un posible interés común, no tiene la protección del amparo.

a) Requisitos subjetivos

El ejercicio de la acción penal como acusador particular no se reserva a los ciudadanos españoles, pudiendo ejercitarla también los extranjeros (art. 270, II) y no es discutible que quedan legitimadas también las personas jurídicas.

Los requisitos de capacidad para ser parte y de capacidad procesal son los mismos que en el proceso civil, y ello supone que respecto de las personas físicas, no estando en el pleno ejercicio de sus derechos civiles, se acudirá a los mecanismos de representación legal y asistencia, y que las personas jurídicas actuarán por medio de sus órganos.

La determinación de quién está legitimado se hace con referencia al ofendido por el delito y, por tanto, es preciso determinar quién sea éste. La finalidad práctica que se persigue con ello radica, primero, en que a veces sólo el ofendido tiene legitimación (no admitiéndose la acción popular) y, después, en que existen algunas diferencias de tratamiento entre los acusadores popular y particular.

Ofendido por el delito, agraviado o sujeto pasivo del mismo es el titular del bien jurídico protegido por la norma penal bajo la cual la acción u omisión objeto del proceso se subsume; en otras palabras, es el titular del bien jurídico lesionado o puesto en peligro por el delito. Naturalmente de aquí se deduce que pueden ser ofendidos por el delito todas las personas, físicas y jurídicas, que sean titulares de derechos e intereses.

Algunos aspectos concretos deben precisarse atendida su trascendencia práctica:

1.º) Distinción entre ofendido y perjudicado por el delito: Normalmente estas dos cualidades coincidirán en la misma persona, pero no tiene por qué ser siempre así; el perjudicado es sólo el que sufre alguna consecuencia dañosa del hecho delictivo. El ejemplo típico es el del homicidio; en este delito el ofendido es el muerto, pero pueden ser perjudicados el cónyuge y los hijos o los que vivían a cargo del difunto. La determinación de si una persona es o no ofendida por el delito, requiere una calificación jurídica previa de los hechos; es decir, precisa dar como existentes unos hechos que, en su caso, habrá de ser probados en el proceso, y luego calificarlos jurídicamente.

La distinción no siempre tiene reflejo legal técnico. Los arts. 109 y 110 parecen emplear de modo indistinto las palabras ofendido y perjudicado y lo mismo hace el art. 761. En sentido técnico preciso sólo debería poder actuar como acusador particular el ofendido por el delito, no el perjudicado por el mismo, quedando éste reducido a convertirse en acusador popular. Sin embargo, no es esto lo que viene ocurriendo en nuestra práctica judicial; los tribunales no se han percatado de la distinción y admiten regularmente como acusador particular al perjudicado.

2.º) Los entes intermedios entre las personas físicas y las jurídicas, como son las uniones sin personalidad, las sociedades irregulares y los patrimonios autónomos, también pueden ser ofendidos por el delito y, por tanto, acusadores particulares. A estos entes no parece que se les pueda admitir como acusador popular, pero si como particular, por cuanto pueden ser sujetos pasivos de determinados delitos, especialmente de los que podemos calificar de patrimoniales.

3.º) Naturalmente el Estado y las demás Administraciones Públicas, en cuanto sujetos pasivos del delito, pueden convertirse en acusadores particulares. El caso más llamativo es el del Estado pues éste, por medio del Ministerio fiscal, ejercita la acción penal pública, y por medio del Abogado del Estado ejercitará el derecho subjetivo que significa el *ius accusandi* (arts. 76 a 82 del Decreto de 27 de julio de 1943, que aprueba el texto refundido del Reglamento orgánico de la Dirección General de lo Contencioso y Cuerpo de Abogados del Estado, teniendo en cuenta el RD 850/1985, de 5 de junio, de organización de los Servicios Jurídicos del Estado).

4.º) En el supuesto del llamado sujeto pasivo masa el juego de los arts. 74 CP y 7.3 LOPJ ha de suponer que se reconozca legitimación como acusador particular a las corporaciones, asociaciones y grupos que resulten afectados.

Las exclusiones de la legitimación que vimos antes para el acusador popular no operan tratándose de la acusación particular, y así:

1.º) El que no goce de la plenitud de sus derechos civiles, podrá ejercitar la acusación particular, actuando por él su representante legal o con la asistencia necesaria.

2.º) El condenado dos veces por sentencia firme como autor del delito de denuncia o querella calumniosa y el juez o magistrado, podrán ejercitar la acción penal por delitos o faltas cometidos contra su persona o bienes (art. 102).

3.º) Los cónyuges podrán ejercitar acciones penales entre si, por delitos o faltas cometidos por el uno contra la persona del otro y por bigamia.

4.º) Los ascendientes, descendientes y hermanos consanguíneos o uterinos y afines, también podrán ejercitarla por delitos o faltas cometidos por los unos contra las personas de los otros (art. 103).

b) Requisitos objetivos

Se refiere a la clase de delitos por los que puede formularse la acusación particular, quedando incluidos tanto los públicos como los semiprivados, con exclusión únicamente de los privados. Si se trata de delitos públicos, junto al acusador particular podrá constituirse como parte un acusador popular y siempre lo hará el Ministerio fiscal; si se trata de delitos semiprivados, junto al acusador particular sólo aparecerá, pero necesariamente, el Ministerio Fiscal.

c) Requisitos de actividad

Si la acción popular ha de ejercitarse por medio de querella, esté o no el proceso ya iniciado, no parece que aquélla sea necesaria tratándose de la acusación particular. A pesar de lo que pudiera opinarse que se desprende del art. 270, I, los arts. 109 y 110, siempre de la LECRIM, permiten concluir la no necesidad de la querella y la posibilidad de constituirse como parte en un proceso ya iniciado, simplemente por un acto procesal en que se haga esa manifestación de voluntad; en el proceso abreviado así lo dispone expresamente el artículo 761.2.

Lo anterior supone que el ofendido puede comparecer como parte de dos maneras: 1) Formulando querella en la que pedirá la iniciación del proceso y su constitución como parte en él, y 2) En un proceso ya iniciado (a lo mejor por denuncia de él mismo), cuando se le ofrezcan las acciones, compareciendo por medio de escrito, suscrito por abogado y con poder a procurador, en el que pedirá que se le tenga por parte.

El art. 109 alude a lo que viene denominándose ofrecimiento de acciones y se refiere al ofendido; al tomarse declaración a éste en el sumario (o procedimiento preliminar judicial del proceso ordinario) se le instruirá por el secretario del derecho que le asiste para mostrarse parte en el proceso. El art. 110, con referencia al perjudicado, dice que éste podrá mostrarse parte en la causa. Ya en el proceso abreviado el art. 761.2, dice que al ofendido o perjudicado por el delito se le instruirá de los derechos que le asisten, conforme a los arts. 109 y 110, y que podrá mostrarse en la causa sin necesidad de formular querella.

Insistimos en que la LECRIM no está manejando con precisión técnica los términos ofendido y perjudicado, sino que los mezcla y confunde. Ahora bien, esa confusión está sirviendo a la práctica judicial, que tampoco se ha percatado de la diferenciación, para dar al simple perjudicado la condición procesal de acusador particular, aunque en técnica estricta no le corresponda.

Demostración de lo que afirmamos es el art. 281. Conforme a la regla general del art. 280 el particular querellante prestará fianza de la clase y cuantía que fijare el juez o tribunal para responder de las resultas del juicio. A continuación el art. 281 establece quiénes quedan exentos de la carga de la fianza y atiende a dos supuestos:

1.º) El ofendido por el delito y sus herederos o representantes legales; es decir, quienes puedan ejercitar la acusación particular quedan exentos de la fianza.

2.º) En el delito de homicidio se exime al viudo o viuda, a los ascendientes y descendientes consanguíneos o afines, a los colaterales consanguíneos u uterinos y afines hasta el segundo grado, a los herederos de la víctima y al padre, madre e hijos naturales; esto es, precisamente a los que pueden considerarse perjudicados.

Si perjudicado y ofendido fuera lo mismo esta distinción del artículo 281 carecería de sentido. El artículo significa que el ofendido por el delito queda excluido de la fianza y que de los perjudicados se contempla sólo el caso especial de los delitos de asesinato y de homicidio; en todos los demás delitos los perjudicados no quedan exentos de la fianza.

Se corrobora así lo que dijimos antes de que sólo el ofendido por el delito debería poder actuar como acusador particular, quedando relegado el perjudicado a la condición de acusador popular. Sin embargo, la práctica va por otro camino, igualando la condición de perjudicado a la de ofendido a todos los efectos.

Si el acusador particular no ha pedido la iniciación del proceso por medio de querella, el artículo 110, para el proceso ordinario, le marca un límite preclusivo para mostrarse parte por simple escrito de personación: antes del trámite de calificación, se entiende provisional (art. 649, pero atendidos los artículos 642 y 643). El artículo 761, para el proceso abreviado, no fija límite pero es evidente que debe estarse al trámite del escrito de acusación (art. 780). Y para el juicio rápido antes del trámite de apertura del juicio oral (art. 800).

V. EL ACUSADOR PRIVADO

La persecución de los delitos denominados privados depende, no sólo de la voluntad del ofendido, sino de que ésta se manifieste precisamente por medio de querella. Aparece entonces el acusador privado que es el titular único de la acción penal, tanto respecto de la incoación del proceso como de su sostenimiento a lo largo del mismo. Por estos delitos el Ministerio fiscal ni puede ejercitar la acción, ni se constituirá después como parte. El acusador privado será la única parte acusadora.

En la LECRIM existe una grave confusión terminológica, hasta el extremo de que en ella el manejo del término acusador carece de toda precisión técnica:

1) En ocasiones cuando habla de acusador particular está comprendiendo a todos los acusadores, con excepción del Ministerio fiscal (arts. 53 y 132), aunque otras veces se refiera al querellante particular (arts. 133 y 274) e incluso al actor particular (art. 142).

2) A veces las expresiones acusador o querellante particular no pueden incluir al acusador privado (arts. 19, 5.º, 108, 280, 642).

3) Otras las diferencias entre acusador particular y privado son evidentes (artículos 105, 649, 650, respecto del 651).

4) Por último, no faltan casos en que la expresión acusador privado tiene que significar necesariamente acusador popular (art. 622, II).

a) Requisitos subjetivos

Los de capacidad para ser parte y capacidad procesal son los mismos que en el proceso civil, con los mecanismos legales para suplir o integrar la incapacidad de las personas físicas, y actuando por las jurídicas sus órganos. La legitimación se atribuye únicamente a la parte ofendida (art. 215.1 CP).

b) Requisitos objetivos

En la actualidad los únicos delitos privados son los de injuria y calumnia contra particulares (art. 215.1 CP).

c) Requisitos de actividad

La acción penal ha de ejercitarse precisamente por medio de querella (art. 215 CP), único sistema para que el acusador se constituya como parte. La posibilidad de presentar la querella viene condicionada por dos presupuestos:

1.º) El normal o general para los delitos de calumnia e injuria que se refiere a la necesidad de intentar la conciliación, por lo que con la querella debe presentarse la certificación de haberse celebrado sin avenencia o intentado sin efecto (arts. 278 y 804).

2.º) El especial para la calumnia o injuria causadas en juicio que atiende a la exigencia de presentar la licencia del juez o tribunal ante el que hubieren sido inferidas (arts. 215.2 CP y 279 y 805 LECRIM). Estos artículos han sido considerados constitucionales en la STC 100/1987, de 12 de junio, en cuanto contienen una limitación razonable de la acción penal, exigida por la tutela judicial de la libertad de defensa, pero la licencia no puede suponer una facultad arbitraria del juez o tribunal, sino orientarse a «asegurar la defensa en términos adecuados sin el temor de la incoación de un proceso penal indebido».

Naturalmente la admisión de la querella no se hace depender de la prestación de fianza alguna, pero lo que realmente importa ahora es poner de manifiesto el poder de disposición que tiene el ofendido por el delito sobre la iniciación del proceso y sobre su conclusión.

La acción penal por delitos públicos no se extingue porque el acusador popular o particular renuncie a la misma; el Ministerio fiscal tiene el deber de continuar con su ejercicio, haciendo que el proceso llegue hasta su final por medio de sentencia (art. 106). Cuando se trata de delitos semiprivados el acusador particular puede apartarse del proceso y éste seguir sólo con el Ministerio fiscal; en algunos casos, con todo, cabe el perdón del ofendido, finalizando así el proceso (arts. 130, 4, 201, 215, 267 y 639 CP).

Cuando se trata de delitos privados la disposición por el ofendido abarca, de modo completamente oportuno, la iniciación del proceso y su conclusión. Respecto de la iniciación cabe que el ofendido no interponga la querella y aun que renuncie a la acción antes de ejercitarla, de modo expreso (arts. 106, II, y 107) o tácito (art. 112, II). La conclusión del proceso puede producirse:

1) Por el perdón del ofendido, que no requiere aprobación alguna (arts. 130,4 y 215, CP), salvo menores o incapacitados.

2) Por renuncia de la acción por el ofendido, que puede ser expresa (arts. 106, II, y 107) o tácita (arts. 275 y 276).

VI. POSTULACIÓN PROCESAL DE LOS ACUSADORES

La postulación procesal de las partes acusadoras, de todas excluido el Ministerio fiscal obviamente, no ofrece graves problemas. El Fiscal no precisa de postulación; concebido como órgano único del Estado puede comparecer por sí mismo y toda referencia a abogado y procurador es ociosa. Para los demás acusadores debe partirse de la regla general de la necesidad de abogado y procurador para constituirse como parte en los procesos por delito y de su no necesidad en el proceso por falta (STC 216/1988, de 14 de noviembre; SS TEDH de 9 de octubre de 1979, caso Airey y de 25 de abril de 1983, caso Pakelli). Curiosamente esta regla general hay que deducirla hoy, derogada la LOPJ de 1870, del hecho de que la querella por delito precisa firma de abogado y procurador (art. 277).

La aplicación de esa regla general presenta dos únicos problemas. El primero se deriva de lo dispuesto en el art. 113 que faculta al tribunal para imponer una misma representación procesal y defensa técnica cuando concurran varios acusadores.

El segundo problema atendía a si también los acusadores populares tenían derecho al beneficio de justicia gratuita pero ahora la respuesta tiene que ser afirmativa (art. 125 CE y Ley 1/1986, de 10 de enero, de asistencia jurídica gratuita), por cuanto tiene que comprenderse a todos los que pueden ser parte en un proceso en el que la intervención de abogado y procurador sea preceptiva.

LECTURAS RECOMENDADAS: Para la pluralidad de acusadores y acusados y su situación procesal, GIMÉNEZ SÁNCHEZ, *Pluralidad de partes en el proceso penal,* Madrid, 1998. DÍEZ-PICAZO, L. M., *El poder de acusar,* Barcelona, 2000. Sobre la acción popular MONTERO, *Proceso penal y libertad,* Madrid, 2009.

Lección Cuarta

La parte acusada y las partes civiles

I. LA PARTE ACUSADA

A) Concepto: Contra la que se dirige el proceso
Situaciones: Imputado, procesado, acusado, condenado, reo
La instrucción puede iniciarse sin que exista imputado; el juicio oral exige acusado

B) Capacidad y legitimación
- a) Personas físicas
  - 1º) Capacidad para ser parte: Cosas y animales; fallecidos
  - 2º) Capacidad procesal: Enajenación mental
  - 3º) Legitimación: A quien se imputa o acusa
- b) Personas jurídicas: Ley 5/2010

C) Postulación procesal: General y excepciones
- a) La defensa técnica: Derecho fundamental irrenunciable
  3 consecuencias: juicio en ausencia; de oficio; no excusa
  Abogado de confianza; ¿desde cuándo? Con detención o sin ella
- b) La representación procesal: Nace de la ley

II. LA AUSENCIA DEL IMPUTADO-ACUSADO

A) En el proceso ordinario: Nunca en ausencia del acusado
- a) Declaración de rebeldía: Requisitoria, plazo declaración
- b) Efectos: 1) En sumario, y 2) En juicio oral
  Comparecencia con abogado y procurador
- c) Extradición activa: Paradero conocido en el extranjero
  2 actos: jurídico + político

B) En el proceso abreviado
- 1º) Pena superior a 2 años prisión y 6 otra naturaleza. No juicio
- 2º) Pena menor cabe juicio en ausencia, con requisitos. + Anulación

C) En el proceso por falta: Cabe juicio en ausencia

III. LAS PARTES EN EL PROCESO CIVIL ACUMULADO

La responsabilidad civil no nace del delito: sí del acto ilícito

A) Los actores civiles
- a) Ministerio fiscal: Obligado por la ley
  Caso especial de legitimación extraordinaria
- b) Acusador popular: No acción civil
- c) Acusadores particular y privado: Legitimación ordinaria
  - 1º) Particular: Las dos cosas, con personación
  - 2º) Privado, Siempre con querella
- d) Actor civil: Ejerce sólo acción civil; es raro

B) Los demandados responsables civiles
- a) Responsables directos
  - 1º) Acusado+demandado
  - 2º) Terceros: Título lucrativo; seguro; locos; necesidad; miedo
- b) Responsables subsidiarios: Insolvencia; CP arts. 120 y 121
- c) Determinación de la legitimación
  Capacidad sin problemas, y también de acusado
  De tercero, incidente para determinar al legitimado; arts. 615 y ss.

I. LA PARTE ACUSADA

A) Concepto

La parte necesaria pasiva es aquélla contra la que se formula la acción penal, contra la que se dirige el proceso. Respecto de ella la primera aclaración a hacer es terminología, pero reflejando problemas de contenido, y tiene su origen en que la LECRIM usa muy distintas palabras: «inculpado» (art. 368), «presunto culpable» (art. 371), «procesado» (art. 373), «reo» (art. 448), «presunto reo» (art. 512, «persona a quien se imputa un acto punible» (art. 486), «querellado» (artículo 272), «acusado» (art. 687), «imputado» (art. 760, III), etc.

La dificultad proviene de que la parte pasiva pasa por diferentes situaciones jurídico-procesales, no existiendo una palabra que pueda comprenderlas todas. Por ello es por lo que la doctrina se ve obligada a usar diversas denominaciones que quieren corresponderse con esas varias situaciones procesales. En todo caso hay expresiones manifiestamente carentes de sentido como «presunto imputado» y más aún «presunto sospechoso». Esas denominaciones son:

1) *Imputado*: la palabra tiene dos sentidos, pues imputado de parte es aquel contra el que se dirige nominalmente una denuncia o querella (art. 118, II), mientras que cabe hablar de imputado judicial respecto del sujeto pasivo desde que el procedimiento preliminar judicial se dirige, de una u otra forma, contra él como persona ya determinada; esto es, desde que existe un acto procesal que supone atribuir a una persona participación en el delito que se persigue; se es imputado o inculpado cuando existe citación (art. 486), detención judicial (arts. 494 y 492, 4.º), prisión provisional (art. 503).

2) *Procesado*: Esta es la denominación tradicional en el proceso ordinario en el que existe auto de procesamiento (art. 384) que supone una inculpación formal; en el proceso abreviado, en que no existe dicho auto, el paso de una etapa a otra se diluye y así los arts. 757 y ss. se refieren sólo al imputado y después del escrito de acusación los arts. 780 y ss. hablan de acusado.

3) *Acusado*: Ya en la segunda fase del proceso, cuando se ha formulado la calificación provisional (proceso ordinario) o el escrito de acusación (proceso abreviado) y el juicio oral se va a realizar contra persona determinada, a ésta se le denomina acusado.

4) *Condenado*: Contra el que se ha dictado sentencia condenatoria; si la sentencia es absolutoria cabe hablar de absuelto.

5) *Reo*: El que está cumpliendo la pena impuesta en la sentencia.

Naturalmente no todas estas situaciones son inevitables en todos los procesos; ni siquiera es imprescindible la primera, dado que la instrucción o procedimiento preliminar judicial puede acabar sin imputado, sin que se dirija contra persona determinada porque ésta es desconocida; las etapas siguientes dependerán del desarrollo del proceso.

La apertura del procedimiento preliminar judicial o instrucción (tanto sumario, en el proceso ordinario, como diligencias previas, en el proceso abreviado) puede decretarse sin que exista imputado (salvo en los delitos privados); la denuncia puede presentarse sin indicación del denunciado y el juez de instrucción ha de poner en marcha el procedimiento preliminar desde que tenga conocimiento de la existencia de un hecho aparentemente delictivo, aunque no exista autor conocido; incluso la querella, a pesar del art. 277, 3.º, puede formularse contra quien resulte autor del delito. Ello es así porque precisamente una de las funciones del procedimiento preliminar consiste en la averiguación de los autores (art. 299).

También con la excepción de los delitos privados, la querella no fija definitivamente el ámbito subjetivo de la parte pasiva. Cabe que aquélla dirija contra una persona determinada y que, a lo largo de la instrucción, surjan nuevos imputados, según los actos de investigación vayan revelando la participación en el hecho delictivo de otras personas, como autores, cómplices o encubridores. Nada impide, por otra parte, que un imputado deje de serlo; los actos de investigación pueden hacer que el ámbito subjetivo de la parte pasiva se modifique, con ampliaciones y reducciones.

Si el procedimiento preliminar judicial acaba sin que se haya determinado un posible autor del delito, el proceso penal no puede continuar y procederá su archivo por sobreseimiento provisional (arts. 641, 2.º, y 779.1, 1.ª). La fase de juicio oral sólo podrá abrirse si la parte pasiva está completamente determinada, esto es, existiendo al menos un imputado (o procesado), que entonces se convertirá en acusado. La finalidad de esta fase no es ya «descubrir» al posible autor del delito, sino fijar si una persona determinada, el acusado, es o no el autor del hecho y si es o no responsable criminalmente. Los actos de acusación fijan el ámbito subjetivo de la parte pasiva.

B) Capacidad y legitimación

Aun manteniéndose los conceptos tradicionales, su aplicación al imputado-acusado lleva a consecuencias muy distintas. Se debe empezar por distinguir también en el proceso penal entre personas físicas y jurídicas.

a) Personas físicas

El sistema penal y el procesal penal se han construido para que estas personas aparecieran como imputadas-acusadas, y de este modo:

1.º) Capacidad para ser parte: Desde el punto de vista del derecho penal esta capacidad se ha atribuido sólo a las personas físicas vivas. De esta regla general resulta la exclusión de:

1”) Las cosas y animales: A lo largo de la historia se han producido procesos penales contra animales y objetos inanimados que hoy no pasan de ser mera curiosidad.

2") Las personas fallecidas: Cualquier tipo de responsabilidad penal que pudiera existir se extingue con la muerte (art. 130, 1.º, CP) y lo mismo ocurre con la acción penal (art. 115 LECRIM); no hay supuesto alguno en que esta responsabilidad se transmita a los herederos. Si una persona está muerta de modo notorio el abrir un proceso penal contra ella constituye prevaricación.

2.º) Capacidad procesal: La capacidad de actuación procesal, la aptitud para realizar válidamente actos procesales, no guarda aquí relación con la plenitud de ejercicio de los derechos civiles y ni siquiera atiende a la capacidad necesaria para delinquir según el derecho penal. Desde la perspectiva procesal penal tienen esta capacidad todos los que pueden participar conscientemente en el proceso, todos los que tienen de hecho posibilidad de ejercitar los derechos procesales que la ley reconoce al imputado acusado.

Las causas de incapacidad de obrar civil se basan en razones jurídicas (como minoría de edad o prodigalidad), y no tienen relevancia en el proceso penal. Ni siquiera al menor de dieciocho años puede negársele capacidad procesal, pues si contra el mismo llega a formularse imputación, tendría que tener como mínimo la posibilidad de alegar en el proceso esa circunstancia personal a los efectos procedentes.

El artículo 380 carece hoy de sentido. Contra los menores de dieciocho años no puede ejercitarse la acción penal y por ello, cuando el juez haya constatado que el imputado inicial no llega a esa edad, tendrá que concluir el proceso aplicando el artículo 19 CP, es decir, inhibiéndose a favor del órgano competente (art. 779.1, 3ª, LECRIM), pero hasta ese momento el menor ha de poder actuar, aunque sólo sea para alegar su edad.

La falta de capacidad procesal ha de referirse, pues, a la imposibilidad de hecho de intervenir de modo consciente en el proceso, con lo que se está haciendo referencia a la enajenación mental, a la alteración grave de la percepción de la realidad y, en general, a cualquier enfermedad que impida la actuación. Naturalmente el aspecto mejor regulado es el de la enajenación mental que, evidentemente, sí supone inexistencia de capacidad procesal, sin que quepa acudir a la representación legal.

En la LECRIM se distinguen dos situaciones respecto de la enajenación mental:

1.ª) Que el imputado hubiera cometido el delito en situación de anomalía o alteración psíquica y que ésta continúe: El juez de instrucción lo someterá a la observación de los médicos forenses, que emitirán su dictamen pericial (art. 381), oirá a las personas que puedan deponer sobre sus circunstancias y aún lo examinará personalmente (art. 382). A partir de ahí nos encontramos con dos normas contradictorias; por un lado, el art. 637, 3.º, LECRIM ordena decretar el sobreseimiento libre y, por otro, el art. 101 CP dice que el tribunal sentenciador decretará el internamiento en centro destinado al efecto, del cual no podrá salir sin previa autorización del mismo tribunal. Ante esta contradicción la práctica tiende a la celebración del juicio oral, dictándose sentencia absolutoria por la concurrencia de eximente y luego ordenándose el internamiento; con todo, esta solución es perfectamente imposible cuando el estado de demencia es tan manifiesto que el juicio oral no puede realizarse.

2.ª) Que la enajenación sobreviniera después de cometido el delito: El juez de instrucción ordenará acreditar tal circunstancia (arts. 381 y 382), realizando todo el procedimiento preliminar y, a su conclusión, disponiendo el internamiento de conformidad con el art. 101 CP (art. 383 LECRIM); si la enajenación sobreviniere pendiente la fase de juicio oral, lo dispuesto en el art. 383 debe cumplirse por el tribunal.

3.º) Legitimación: Legitimado pasivamente en el proceso lo está simplemente aquél que adquiere la condición de imputado-acusado; el mero hecho de que se realice la imputación, en cualquiera de sus formas, convierte a una persona en parte y le atribuye legitimación; no es necesario nada más.

Al final del proceso puede ser absuelto, pero ello no podrá suponer que ha actuado sin legitimación; significará que el juicio sobre su culpabilidad se ha resuelto negativamente. Es por ello posible adquirir y perder la legitimación a lo largo del proceso; una persona puede ser imputada, pero puede suceder que los actos de investigación posteriores hagan retirar la imputación, formulándose ésta contra otra persona o, incluso, sin realizar nueva imputación.

b) Las personas jurídicas

La regla tradicional fue que *societas delinquere non potest* y por ello se decía que, dado que esa personas actúan por sus órganos, que han ser o han de estar integrados por personas físicas, éstas eran las que asumían la capacidad criminal y con ella la capacidad para ser parte (art. 31 CP en la redacción inicial). La situación ha cambiado con la LO 5/2010, de 22 de junio, de reforma del Código Penal; ahora las personas jurídicas podrán ser imputadas, acusadas y condenadas, si bien no en todos los delitos.

Se exceptúan al Estado, las Administraciones Públicas territoriales e institucionales, los Organismos Reguladores, las Agencias y Entidades Públicas Empresariales, los partidos políticos y sindicatos, las organizaciones internacionales de derecho público, y a aquellas otras que ejerzan potestades públicas de soberanía, administrativas o cuando se trate de Sociedades mercantiles Estatales que ejecuten políticas públicas o presten servicios de interés económico general.

Junto a la enunciación negativa de personas jurídicas irresponsables se hace una lista de delitos que pueden cometer las personas jurídicas responsables y que son: Tráfico ilegal de órganos (art. 156 bis), Trata de seres humanos (177 bis), Delitos relativos a la prostitución y corrupción de menores (art. 189 bis). Delitos contra la intimidad y allanamiento informático (art. 197). Estafas propias e impropias (art. 251 bis). Insolvencias punibles: alzamientos, concursos punibles (art. 261 bis). Daños informáticos, hacking (264). Delitos contra la propiedad intelectual e industrial (art. 288). Delitos contra el mercado y los consumidores (art. 288 [donde se incluyen Desabastecimiento de materias primas (art. 281), Publicidad engañosa (art. 282), Facturación fraudulenta (art. 283), Maquinación para alterar el precio de las cosas (284.1), Insider trading (art. 285), Facilitación ilegal de acceso a servicios de radiodifusión y televisión (art, 286), Nuevo delito de fraude de inversores y de crédito (art. 282 bis), Nuevo delito de manipulación del mercado (art. 284, 2 y 3) y Nuevos delitos de corrupción de particulares y corrupción deportiva [art. 286 bis)]. Blanqueo de capitales (art. 302), Delitos contra la Hacienda Pública y la Seguridad Social (art. 310 bis). Delitos contra los derechos de los ciudadanos extranjeros (art. 318 bis). Delito de construcción, edificación o urbanización ilegal (art. 319). Delitos contra el medio ambiente (art. 327 y 328). Delitos relativos a la energía nuclear y a las radiaciones ionizantes (art. 343). Delitos de riesgo provocado por explosivos (art. 348). Delitos contra la salud pública: tráfico de drogas (art. 369 bis). Falsedad en medios de pago (art. 399 bis). Cohecho (art. 427). Tráfico de influencias (art. 430). Corrupción de funcionario extranjero (art. 445).Organizaciones/grupos criminales (art. 570 quater). Financiación del terrorismo (art. 576 bis).

Para la actuación procesal de las personas jurídicas se estará a las modificaciones de la LECrim introducidas por la Ley 37/2011, de 10 de octubre, de medidas urgentes de agilización procesal.

C) Postulación procesal

También con relación al imputado-acusado rige la regla general de la necesidad de procurador que represente y de abogado que defienda, pero aquí la defensa técnica tiene caracteres propios que se derivan de su constitucionalización.

La regla general no impide, por un lado, la existencia de excepciones derivadas de la consideración de personalísimos de ciertos actos, los cuales han de realizarse personalmente por la parte o han de realizarse con ella; las declaraciones del procesado (art. 385) y del acusado (salvado el derecho a no declarar contra sí mismo, art. 24.2 CE), los careos (arts. 451 y 729, 1.º), los actos relativos a la fijación de la identidad del delincuente (arts. 368 y ss.), la comparecencia ante la citación del art. 486, y tantos otros, han de realizarse por o con la parte directamente.

Pero existen otras excepciones que atienden a lo que suele denominarse autodefensa, esto es, a la defensa del imputado-acusado por sí mismo. En estos actos normalmente cabe su realización bien por medio de abogado y procurador, bien por la propia parte, y de ellos se encuentran mención en los arts. 57 y 58 (recusación del juez, más art. 223 LOPJ), 333 (presencia en inspección ocular), 336 (en el examen del cuerpo del delito), 350, 356 y 471 (nombramiento de peritos), 368 (solicitud de diligencia de reconocimiento), 396 (proposición de diligencias), 400 (declarar cuantas veces quisiera), 469 (recusación de peritos), 501 (pedir reposición del auto elevando la detención a prisión), 655 y 689 (conformidad) y 739 (última palabra). Es obvio que alguno de estos actos sólo puede realizarse por la propia parte.

La excepción más importante, con todo, atiende al proceso por falta, en el que no es necesaria la intervención de abogado ni de procurador.

a) La defensa técnica

El derecho de defensa del imputado-acusado, contrapartida del derecho (o deber) a ejercitar la acción penal por parte de los acusadores, tiene una manifestación concreta en lo que el art. 24.2 CE llama derecho «a la defensa y asistencia de letrado». Resulta así que la defensa técnica en el proceso penal es un derecho fundamental, que queda todavía reforzado por lo dispuesto en el art. 17.3 CE sobre la asistencia de abogado al detenido en las diligencias policiales y judiciales.

Ahora bien, decir que la defensa técnica en el proceso penal es un derecho fundamental de la parte no es suficiente; hasta aquí podría decirse lo mismo para el proceso civil. En el proceso penal la defensa técnica del imputado-acusado adquiere, además, la condición de requisito necesario que se impone al propio titular del *ius puniendi.* El Estado, y en concreto los tribunales que asumen el monopolio del derecho a castigar, no pueden realizar el proceso e imponer penas si no existe abogado del acusado.

De aquí se derivan tres importantes consecuencias:

1.ª) Es posible que, con determinados requisitos, la ley regule un proceso en el que su segunda fase o de juicio oral se celebre en ausencia del acusado (así art. 786.1, II), pero nunca podrá celebrarse un juicio oral sin la presencia del abogado del acusado.

2.ª) Si el acusado no nombra abogado de su confianza, habrá de procederse a la designación de oficio.

> Sobre el momento en que esto debe hacerse cabe discutir, como veremos después, pero es por lo menos indudable que para el juicio oral la designación es imperativa (art. 652, II). Esto supone que si en el proceso civil la defensa de oficio se deriva del beneficio de asistencia jurídica gratuita, en el proceso penal respecto del imputado acusado previene de que éste no nombre abogado de su confianza cuando sea preceptiva la asistencia técnica (STC 216/188, de 14 de noviembre).

3.ª) El abogado designado de oficio no podrá excusarse de la defensa alegando que la posición jurídica del imputado-acusado «es insostenible».

> La excusa es posible por esa causa en el proceso civil, pero inadmisible en el proceso penal (art. 32 de la Ley 1/1996); sí cabe la excusa por «motivo personal y justo» que será apreciada por el decano del Colegio (art. 31, II, de la Ley 1/1996).

a") En realidad el derecho «a la defensa y asistencia de letrado» no se refiere a cualquier abogado sino precisamente al abogado de confianza, al nombrado por la propia parte (se entiende, obviamente, siempre que aquél acepte, lo que vendrá condicionado, entre otras cosas, por la posibilidad de que sea retribuido). Este contenido esencial del derecho había sido reconocido por el TC en las sentencias 30/1981, de 24 de julio, 42/1982, de 5 de julio y 7/1986, de 21 de enero, y se deriva del art. 6.3, c, del Convenio Europeo de Derechos Humanos de 1950, de los arts. 17.3 y 24.2 CE, del art. 440.1 LOPJ, de los arts. 118, III, y 520.2, c, LECRIM y del art. 57 EGA.

Como excepción a lo anterior el art. 527, a), LECRIM dispone que el abogado del detenido o preso en situación de incomunicación (lección 22.ª) en todo caso será designado de oficio, con lo que parece contrariar lo que antes hemos dicho sobre el contenido esencial del derecho. No es de extrañar, pues, que inmediatamente se formulara cuestión de inconstitucionalidad que fue resuelta por el TC en la sentencia 196/1987, de 11 de diciembre; sí hay que extrañarse de que la sentencia declare que el art. 527, a), LECRIM no es contrario al art. 17.3 CE (de los doce magistrados cinco votaron en contra).

La debilidad de la argumentación del TC se pone de manifiesto en este párrafo, que es el fundamental: «La esencia del derecho del detenido a la asistencia letrada es preciso encontrarlo, no en la modalidad de la designación del Abogado, sino en la efectividad de la defensa, pues lo que quiere la Constitución es proteger al detenido con la asistencia técnica de un Letrado, que le preste su apoyo moral y ayuda profesional en el momento de su detención y esta finalidad se cumple objetivamente con el nombramiento de un Abogado de oficio, el cual garantiza la efectividad de la asistencia de manera equivalente al Letrado de libre designación».

En la S 30/1981 el TC había dicho que «...el derecho a la defensa y asistencia de Letrado, consagrado en el artículo 24.2 de la Constitución, interpretado de acuerdo con los textos internacionales mencionados, por imperativo del artículo 10.2 de la misma (se refiere al art. 6.3, c del CEDH), comporta de forma esencial el que el interesado pueda encomendar su representación y asesoramiento técnico a quien merezca su confianza y considere más adecuado para instrumentar su propia defensa, máxime cuando la actuación procesal se supedita al requisito de la postulación».

b") Naturalmente el nombramiento de abogado es posible para el imputado desde que éste lo es, es decir, desde que se realiza cualquier tipo de imputación contra persona determinada (arts. 118, III, y 767), pero la verdadera cuestión no radica ahí, sino en determinar cuál es el momento procesal a partir del cual la defensa técnica se hace necesaria, imponiéndose a la propia parte y al juez de instrucción, de modo que si aquélla no lo nombra debe designarlo éste.

Posiblemente la mejor manera de determinar ese momento pase por distinguir dos posibles situaciones:

1.ª) Si ha existido detención o prisión: Según el art. 520.2, c, LECRIM, que es desarrollo del art. 117.3 CE, toda persona detenida o presa será informada de manera inmediata de su derecho a nombrar abogado y si no lo nombra se procederá a la designación de oficio; luego el párrafo 5 matiza que la asistencia de abogado no es renunciable, salvo en los casos de detención por hecho delictivo contra la seguridad del tráfico rodado.

Resulta así que en esta situación el abogado es necesario incluso antes de la iniciación del verdadero proceso, por cuanto el mero hecho de la detención, aunque sea policial o del Ministerio fiscal, determina la obligatoriedad de su asistencia. Por ello el art. 520.4 regula cómo se hace el nombramiento libre o la designación de oficio, y el apartado 6 lo que supone la asistencia inicial; con todo el TC no es nada claro en este extremo, en las SS 94/1983, de 14 de noviembre, 175/1985, de 17 de diciembre, y 47/1986, de 21 de abril, al estimar que la falta de abogado sólo vulnerará el derecho fundamental del art. 17.3 CE cuando produzca indefensión al imputado.

2.ª) Si no ha existido detención o prisión: Es conveniente distinguir entre:

1") Proceso ordinario: La interpretación conjunta de los arts. 118, III y IV, 384, IV, y 652, II, debe llevar a la conclusión de que lo procedente hoy es que el juez de instrucción, desde que se realice un acto de imputación, requiera a la parte para que nombre abogado de confianza y, en caso de que no se nombre, designe él al de oficio.

2") Proceso abreviado: Aquí la interpretación conjunta atiende a los arts. 767 y 784 y debe llevar a la misma conclusión que en el caso anterior.

La solución que estamos proponiendo es, sin duda, simple, pero parte de la existencia de expresiones indeterminadas que deben interpretarse en el sentido más favorable al imputado. Es éste el caso del art. 118, IV en el que se lee: «Si no hubiesen (los imputados) designado Procurador o Letrado, se les requerirá para que lo verifiquen o se les nombrará de oficio, si, requeridos, no los nombrasen, cuando la causa llegue a estado en que se necesite el consejo de aquéllos o haya de intentar algún recurso que hiciese indispensables su actuación», y el del art. 767 que dice: «Desde la detención o desde que de las actuaciones resultare la imputación de un delito contra persona determinada será necesaria la asistencia letrada. La Policía Judicial, el Ministerio Fiscal o la autoridad judicial recabarán de inmediato del Colegio de Abogados la designación de un Abogado de oficio, si no lo hubiere nombrado ya el interesado».

Es cierto que después el art. 652, II, para el proceso ordinario, establece que se nombrará abogado para que formule la calificación provisional y que el art. 784 para el proceso abreviado dice que cuando el Ministerio Fiscal o la acusación particular hayan solicitado la apertura del juicio oral, se dará traslado de las diligencias previas y de los escritos presentados al imputado si fuere hallado, emplazándole para que en el plazo de tres días comparezca en la causa con Abogado que le defienda y Procurador que le represente, de modo que si no ejercitase su derecho a designar Procurador o a solicitar uno de oficio, se le nombrará en todo caso Procurador de oficio, con lo que está presuponiendo que ya existe abogado. Esto supone que el abogado no puede considerarse imprescindible sólo desde que existe acusación formal.

b) La representación procesal

Los arts. 17.3 y 24.2 CE no establecen un derecho constitucional del imputado-acusado a ser representado procesalmente; el derecho de defensa en la postulación atiende sólo al abogado. La representación por procurador nace así de la ley, del art. 438 LOPJ, de las normas que veremos de la LECRIM y del art. 5 del EGPTE.

Para determinar cuál es el momento procesal a partir del que la representación por procurador se hace necesaria es preciso distinguir entre los dos procesos por delito:

1.º) En el proceso ordinario: Cuando la intervención del abogado es posible la comparecencia habrá de hacerse por medio de procurador; si el nombramiento o designación del abogado es obligatorio, lo mismo cabe decir del procurador, salvo en la asistencia al detenido o preso pues el art. 117.3 CE se refiere sólo al abogado y lo mismo hace el art. 520 LECRIM.

2.º) En el proceso abreviado: Aquí la distinción previa atiende a la existencia de abogado nombrado por la propia parte o de abogado designado del turno de oficio; en el primer caso junto al abogado habrá de nombrarse procurador por la parte; en el segundo el abogado de oficio asume inicialmente la defensa y la representación, no siendo necesaria la intervención de procurador hasta el trámite del art. 784.1, es decir, hasta el escrito de defensa (art. 768).

II. LA AUSENCIA DEL IMPUTADO-ACUSADO

Una de las cosas menos admisibles en nuestro sistema es que deba distinguirse en atención a la clase de proceso, pues pone de manifiesto la falta de sistema.

A) En el proceso ordinario

El ejercicio del *ius puniendi* por el Estado, en principio, no puede ejercitarse en ausencia del imputado-acusado. Si en el proceso civil el principio de contradicción se cumple otorgando a las partes la posibilidad real de ser oídas, cuando se trata del proceso penal la presencia del imputado-acusado es para el Estado, para el órgano jurisdiccional correspondiente, un deber ineludible y para aquél un derecho no renunciable que, por tanto, puede calificarse de derecho-deber. El imputado no está obligado a declarar (art. 24.2 CE), pero sí está obligado a comparecer ante el llamamiento judicial y tanto es así que la orden judicial de comparecencia puede convertirse en orden de detención ante la incomparecencia injustificada (art. 487).

Junto a lo anterior hay que tener en cuenta las funciones y las clases de actos que se realizan en el procedimiento preliminar judicial (lección 6.ª) y también lo que significa el juicio oral con su acusación, defensa y sentencia (lecciones 12.ª a 16.ª), y de todo este conjunto de consideraciones se desprende que la ausencia del imputado-acusado ha de producir efectos distintos según se produzca en una fase u otra del proceso. Común a las dos fases es, en cambio, cómo se llega a la declaración de rebeldía.

a) Declaración de rebeldía

Cuando vaya a notificársele una resolución judicial al procesado, de cualquier contenido, no necesariamente pero también una citación, y no fuere hallado en su domicilio por haberse ausentado ignorándose su paradero, cuando el mismo no tuviere domicilio conocido, cuando el procesado en situación de libertad provisional dejare de concurrir a la presencia judicial el día que le esté señalado y cuando el detenido o preso se fugare del establecimiento al efecto (art. 835), el juez de instrucción o el tribunal sentenciador mandará expedir requisitoria para su llamamiento y busca (art. 836). Supuesto especial es el de los arts. 512 y 515 relativo al cumplimiento del auto de prisión provisional.

En la requisitoria concurren dos facetas; por un lado es un emplazamiento hecho al procesado o acusado para que comparezca ante el órgano jurisdiccional y de ahí su contenido, según los arts. 837 y 513, y la publicidad que debe dársele, según los arts. 838 y 512, pero, por otro, supone una orden dirigida a la policía para la busca del ausente; curiosamente esta orden, que en realidad es lo más importante de la requisitoria, sólo se refleja en el caso especial del art. 515 (y hoy, además, en el art. 762, 4.ª, para el proceso abreviado). En nuestro derecho histórico se conocía una requisitoria secreta dirigida a la policía y, sólo ante el fracaso de ésta, se acudía al llamamiento por edictos y pregones.

Transcurrido el plazo fijado por el juez o tribunal, sin que el ausente haya comparecido o sea presentado por la policía, se procederá a la declaración de rebeldía (art. 839), dictándose al efecto el auto correspondiente.

b) Efectos

Lo importante de la rebeldía son sus efectos, que son distintos según la fase en que se encuentre el proceso al declararse aquélla:

1.ª) En la fase de procedimiento preliminar judicial, que en el proceso ordinario se denomina sumario, éste continuará hasta que se declare concluso, «suspendiéndose después su curso y archivándose los autos» (art. 840). La rebeldía no significa, pues, la suspensión del sumario; en éste continuarán practicándose todas las actuaciones que según el art. 299 lo constituyen.

Dictado auto de conclusión del sumario por el juez instructor, la declaración anterior de rebeldía no impide cumplir los trámites de los arts. 622 y ss.; es decir, el juez elevará las actuaciones a la Audiencia y ésta, previa instrucción del Ministerio fiscal y de los acusadores, si los hubiere (art. 627), aprobará en su caso el auto de conclusión, pero en el mismo auto o inmediatamente aprobará también el de declaración de rebeldía. A partir de este momento se produce la suspensión del proceso penal.

2.ª) En la fase de juicio oral al ser declarado en rebeldía el acusado se suspenderá el juicio y se archivarán los autos (art. 841). No existe juicio oral sino con la presencia del acusado.

En los dos casos cuando el declarado rebelde se presenta voluntariamente o es encontrado por la policía, se abrirá nuevamente la causa para continuarla según su estado (art. 846).

Caso especial es el de la ausencia en el recurso de casación. Según el art. 845 si, después de notificada la sentencia de la Audiencia, el acusado se coloca en situación de ausencia el recurso de casación, lo interponga su representación procesal o cualquier acusador, no se suspende, continuándose hasta sentencia firme, pudiéndose incluso tener que designarle Abogado y Procurador de oficio. La solución es correcta si se tiene en cuenta que la casación versará normalmente sobre la aplicación del derecho.

Aspecto de trascendencia teórica y práctica es el de la comparecencia del procesado rebelde en el sumario por medio de abogado y procurador. El TC ha estimado (SS 87/1984, de 27 de julio, y 140/1986, de 26 de noviembre) que no existe el derecho constitucional del procesado rebelde a personarse en el sumario para intervenir en él mientras no cese en su situación de rebeldía. Esta solución es inadmisible; con ella se vuelve a lo dispuesto en la Partida III, V, 12.ª, que prohibía admitir en las causas sobre «reos» ausentes a representantes o personeros, olvidando que ya en la Novísima Recopilación XII, XXXV, 8.ª, la prohibición se refirió únicamente a los «casos de hermandad».

c) Extradición activa

El ausente puede encontrarse en paradero conocido, pero éste estar fuera del alcance de los medios coactivos del órgano jurisdiccional para hacerlo comparecer; esto sucederá, obviamente, cuando el procesado se encuentre en un país extranjero. Para esa situación se prevé la extradición activa, aquélla en que España pide la entrega de un procesado, que se regula en los arts. 824 a 833 LECRIM con su remisión a los tratados vigentes; la extradición pasiva, en la que lo mismo se pide a España por otro país, se rige por la Ley 4/1985, de 21 de marzo, con la misma remisión a los tratados.

Los tratados suelen regular al mismo tiempo los dos tipos de extradición; el multilateral más importante es, sin duda, el Convenio Europeo de Extradición de

13 de diciembre de 1957, ratificado por España el 21 de abril de 1982 (BOE de 8 de junio).

La petición de extradición se basa en la concurrencia de dos actos, uno jurídico y otro político. El jurídico es un auto del juez instructor o del tribunal sentenciador, por el que se acuerda pedir la extradición cuando concurren los requisitos legales y convencionales (arts. 828 y 829); esa petición se dirige al Gobierno por medio del presidente de la Audiencia o del Tribunal Supremo. El político comporta una decisión del Gobierno que, en contra de interpretaciones interesadas, no puede basarse en la arbitrariedad.

B) En el proceso abreviado

Dijimos antes que, con determinados requisitos, era posible que la ley regulara un proceso en el que se permitiera la realización del juicio oral en ausencia del acusado. Esto es lo que hace la LECRIM para el proceso abreviado (y para el juicio rápido), distinguiendo dos posibilidades:

a) Si la pena solicitada por los acusadores excede de dos años de privación de libertad o, cuando sea de otra naturaleza, si su duración excede de seis años, debe procederse a dictar requisitoria para el llamamiento y busca del acusado, declarándole rebelde si no comparece o no fuera encontrado por la policía, con los efectos que antes hemos visto de suspensión y archivo (art. 784.4). El art. 762, 4ª, se refiere a la inserción de las requisitorias en el fichero automatizado de las Fuerzas y Cuerpos de Seguridad y a su posible publicación en los medios de comunicación escrita.

b) Si la pena solicitada es igual o inferior a las antes dichas cabe la realización del juicio oral en ausencia del acusado (art. 786.1, II). Para que ello sea posible han de concurrir los siguientes requisitos:

1.º) Al imputado, en la primera comparecencia ante el juez de instrucción, habrá de habérsele requerido para que designe un domicilio en España en el que se le harán las notificaciones o una persona que las reciba en su nombre, haciéndole la advertencia expresa de que la citación realizada en dicho domicilio o a la persona designada permitirá la celebración del juicio oral en su ausencia (art. 775). El requerimiento y la advertencia han de realizarse al imputado personalmente y precisamente por el juez instructor; en las diligencias previas el secretario dará fe de la realización del acto.

Naturalmente si no ha existido el requerimiento, con la fijación de domicilio o la designación de persona, y la advertencia y, abierto el juicio oral, el acusado se halla en ignorado paradero, sea cual fuere la pena solicitada por los acusadores, el juez procederá a expedir requisitoria, declarando la rebeldía y suspendiendo las actuaciones con archivo.

2.º) Siempre será necesaria la presencia del abogado defensor del ausente, bien sea aquél de confianza bien del turno de oficio.

3.º) Ha de existir solicitud de alguna de las partes acusadoras y audiencia del abogado defensor.

4.º) La ausencia del acusado ha de ser injustificada, pudiendo la justificación ser expresa o presunta.

Cabe que el acusado, hecha la citación para el juicio oral, alegue antes de su iniciación alguna causa, debiendo el tribunal sentenciador pronunciarse sobre si es o no bastante o justa; motivos triviales o no acreditados no pueden ser suficientes para hacer nuevo señalamiento. Aun no existiendo alegación de causa por el acusado, cabe que el tribunal haga nuevo señalamiento, con suspensión del juicio, cuando existan indicios de que la no presencia del acusado es involuntaria; estos indicios pueden ser de cualquier índole y atenderán a que no haya tenido conocimiento del señalamiento o de que esté impedido de asistir.

El tribunal ha de estimar que existen suficientes elementos para juzgar en ausencia. Esta es, sin duda, el requisito más indeterminado y difícil de valorar con carácter general, pues se reduce a una decisión del órgano jurisdiccional que debe basarse en algo que o bien no es prueba (los actos de investigación de las diligencias previas) o bien no se ha realizado todavía (la prueba del juicio oral).

Realizado el juicio oral y condenado en la sentencia el acusado ausente, cabe que éste comparezca o sea habido por la policía y entonces habrá de ofrecérsele la posibilidad de que interponga un recurso contra aquélla. Lo importante aquí es que ha de notificársele la sentencia y que se le ha de hacer saber su derecho a interponer ese recurso, que se denomina de anulación, el plazo de diez días de que dispone para ello y el órgano competente (art. 793) (vid. lección 19.ª).

C) En el proceso por falta

La LECRIM ya en su redacción originaria (arts. 966, 967, 970 y 971) permitió la realización de este juicio en ausencia del acusado. Esta posibilidad existe siempre que conste que al acusado se le ha citado «con las formalidades previstas», es decir, cumpliendo lo ordenado en el art. 178, entre otros, que permite incluso la citación por publicación de la cédula en el B. O. de la provincia.

En realidad conviene distinguir:

1) Si el acusado reside fuera de la demarcación del Juzgado no tiene obligación de concurrir al acto del juicio; puede dirigir a aquél escrito realizando las alegaciones oportunas o bien apoderar a abogado o procurador (art. 970) que le represente; también cabe que el Juez considere necesaria su declaración, caso en el que se le recibirá por medio de exhorto, no pudiéndosele obligar a que comparezca personalmente.

2) Si el acusado reside en la demarcación del Juzgado puede no asistir al juicio, pero cabe que el juez, estimando necesaria su declaración, ordene que concurra personalmente (art. 971), y para ello dispone de dos medios de coacción: la imposición de una multa y el hacerlo conducir a su presencia por la fuerza pública.

3) Si el acusado no tiene domicilio conocido, cumplidos los requisitos de la citación, debe realizarse el juicio en su ausencia y dictarse sentencia (art. 964.3).

Los supuestos 1) y 2) son admisibles, teniendo siempre en cuenta el derecho a no declarar contra sí mismo; el 3) sólo puede calificarse de inconstitucional por admitir el juicio en ausencia aun cuando el acusado no tenga conocimiento del mismo.

III. LAS PARTES EN EL PROCESO CIVIL ACUMULADO

Según el art. 100 de todo delito o falta nace acción penal para el castigo del culpable y puede nacer también acción civil para la restitución de la cosa, la reparación del daño y la indemnización de perjuicios causados por el hecho punible, y en el mismo sentido en el CP se habla de las personas responsables civilmente de los delitos y faltas. Estamos ante lo que viene denominándose tradicionalmente la acción civil derivada del delito, para cuya regulación hay que estar a una serie de disposiciones dispersas por el CP, la LECRIM y el CC.

Básicamente las normas de referencia son: arts. 100 a 117, 320, 615 a 621, 635, 650, 655, 742, 764, 765, 783, 786.1 y 975 LECRIM; arts. 109 a 122 y 125 y 126 CP y arts. 1.089,1.092, 1.813 y 1.956 CC.

Puso de manifiesto Gómez Orbaneja de modo indiscutible que la responsabilidad civil no nace del delito, el cual no produce otros efectos jurídicos que la pena, pero que el acto que lo constituye puede ser a la vez fuente de obligaciones civiles, atendido el art. 1.089 CC, en cuanto quepa calificarlo de ilícito civil.

Pues bien, partiendo del supuesto de que un mismo acto puede ser, a la vez, delito o falta, del que nace una responsabilidad penal que se exigirá en el proceso de esta naturaleza, e ilícito civil originando una obligación y un derecho civil, que cabe exigir en un proceso de los de esta clase, lo que el ordenamiento jurídico español *permite* es la acumulación de los dos procesos en un único procedimiento, y atribuye la competencia para conocer del conjunto al órgano jurisdiccional competente para conocer del proceso penal.

No vamos a tratar aquí ni del contenido de la responsabilidad civil que nace del acto ilícito (a estudiar en la lección 5.ª), ni de la tramitación procedimental específica de ese objeto (que se estudiará en la lección 23.ª). Nos referiremos ahora únicamente a las partes propias de ese proceso civil. Destacaremos sólo que el proceso civil, aunque se acumule al penal, no deja de regirse por los principios propios de aquél, con lo que estamos ante un proceso en el que impera la oportunidad y lo dispositivo, con todas las consecuencias que ello implica. La acumulación lo es entre un proceso penal necesario y un proceso civil oportuno.

A) Los actores civiles

El ejercicio de la acción civil y, consiguientemente, de la pretensión, reviste modalidades distintas según quien la ejerza. En todo caso actor civil es quien ejercita, en el proceso acumulado al penal, una acción pretensión de naturaleza patrimonial reparatoria.

a) Ministerio fiscal

En principio el Fiscal está obligado por la ley a ejercitar la acción civil junto con la penal y ello aunque exista en el procedimiento otro acusador; sólo en el caso de que el derecho subjetivo civil derivado del acto ilícito haya sido renunciado expresamente por su titular o éste se lo haya reservado también expresamente para ejercitarlo después de acabado el proceso penal (art. 112, I), el Ministerio fiscal se verá limitado a la acción penal (arts. 108 y 773.1).

Resulta así que el Fiscal es, al mismo tiempo, parte penal acusadora y parte demandante civil, asumiendo papeles distintos, pero complementarios, en cada uno de los procesos acumulados. En el civil no es representante del titular del derecho subjetivo material, no estando sujeto a las posibles directivas de éste, no es tampoco sustituto procesal, pues el acreedor puede comparecer como parte civil, y desde luego no afirma ser titular de derecho civil alguno. Estamos ante un fenómeno muy especial de legitimación extraordinaria.

b) Acusador popular

Dado que éste, según la práctica judicial, no es ni ofendido ni perjudicado por el acto ilícito que es al mismo tiempo delito, y atendido que no existe norma alguna que le legitime de modo extraordinario, no puede ejercitar la acción civil. La acción popular o pública es la penal (art. 101), no la civil.

c) Acusadores particular y privado

El ofendido y el perjudicado por el delito o falta pueden constituirse como parte acusadora, esto es, penal, y, al mismo tiempo, como parte demandante civil, y pueden hacerlo: 1) El acusador particular de dos maneras, bien formulando querella, bien mostrándose parte en la causa mediante simple escrito después de que se le haya hecho el ofrecimiento de acciones (arts. 109, 110 y 761), y 2) El acusador privado sólo de una forma: por medio de querella.

No concurren especialidades respecto de la capacidad y legitimación; en cuanto actor civil hemos de estar a las normas generales que vimos en el proceso civil incluyendo también lo relativo a la sucesión procesal por muerte de la parte (art. 276 LECRIM). Los acusadores, en cuanto actores civiles, tienen legitimación ordinaria, debiendo afirmar su titularidad del derecho subjetivo material civil. Sobre la postulación será necesaria la representación procesal por procurador y la defensa técnica por abogado según lo sea en el proceso penal al que se acumula el civil, es decir, sí lo es en el caso de delito y no en el de falta.

d) Actor civil

Aunque la expresión «actor civil» puede aplicarse a todos los que ejercitan la acción-pretensión patrimonial civil en el proceso acumulado al penal, normalmente se reserva para denominar a la persona física o jurídica que aparece sólo como demandante en el proceso civil acumulado al penal.

El Ministerio fiscal tiene el deber de ejercitar conjuntamente las dos acciones (art. 108), y respecto de los acusadores particular y privado ejercitada la acción penal se entiende interpuesta también la civil (salvo renuncia o reserva expresas, art. 112), pero cabe que el sujeto pasivo del acto ilícito civil comparezca judicialmente a los efectos de constituirse como parte en el proceso civil, sin que haga lo mismo en el proceso penal. No será esto lo normal en la práctica, pero su posibilidad es innegable.

Este actor civil es sólo parte en el proceso civil y en esta situación se ve más claramente como a la norma general procesal civil habrá de estarse para la capacidad y la legitimación. Para la postulación, en cambio, se estará a lo dispuesto para el proceso penal, por cuanto éste determina al civil en este punto.

Si esta parte lo es sólo del proceso civil acumulado, consecuencia jurídica será que verá limitado su objeto a la pretensión patrimonial y, además, que sólo podrá realizar actos procesales relativos a ella. En este sentido el art. 320 es determinante respecto del sumario (procedimiento preliminar judicial en el proceso ordinario), los arts. 651, II, y 735 para el juicio oral, y el art. 854, II, para el recurso de casación.

B) Los demandados responsables civiles

Desde el punto de vista pasivo, demandado, en el proceso civil acumulado al penal, será aquél frente al que se interpone la pretensión de naturaleza patrimonial reparatoria. Demandado puede ser, pues, el mismo imputado-acusado u otra persona que asuma sólo la condición de parte pasiva civil. También aquí es conveniente distinguir entre:

a) Responsables directos

Si como dice, con escasa técnica, el art. 116 CP toda persona criminalmente responsable de un delito o falta lo es también civilmente si del hecho se derivaren daños y perjuicios, la condición de demandado la tendrán los autores y los cómplices; éstos, cada uno dentro de su respectiva clase, serán responsables solidariamente entre sí, y subsidiariamente por las cuotas correspondientes a los demás responsables. Frente a ellos se ejercitará, en principio, la pretensión civil. Pero no son los únicos posibles demandados, pues la ley hace referencia a otros posibles responsables directos.

Terceras personas no responsables criminalmente, pueden ser también responsables civiles de modo directo. Este tipo de responsabilidad alcanza a:

1.º) El que por título lucrativo hubiere participado en los efectos de un delito o falta, está obligado a la restitución de la cosa o al resarcimiento del daño hasta la cuantía de su participación (arts. 122 CP y 615 LECRIM).

2.º) Los aseguradores de las responsabilidades pecuniarias, hasta el límite de la indemnización legalmente establecida o convencionalmente pactada (art. 117 CP).

3.º) En los casos de los núms. 1.º (anomalía o alteración psíquica) y 8.º (alterada la conciencia de la realidad) del art. 20 CP, son responsables los autores del acto y quienes los tengan bajo su potestad o guarda legal o de hecho siempre que mediare culpa o negligencia por su parte (art. 118.1, 1.ª, CP).

4.º) En el caso del núm. 5.º (estado de necesidad) del art. 20 CP serán responsables las personas a cuyo favor se haya precavido el mal en proporción al perjuicio que se les hubiere evitado (art. 118.1, 3.ª, CP).

5.º) En el caso del núm. 6.º (miedo insuperable) del art. 20 CP, responderán principalmente los que hayan causado el miedo y, en su defecto, los que ejecutaren el hecho (art. 118.1, 4.ª, CP).

b) Responsables subsidiarios

Esta responsabilidad tiene su origen en la insolvencia del responsable directo y, por lo mismo, alcanza a personas que no son responsables criminalmente, de modo que la pretensión habrá de dirigirse contra un demandado distinto del inculpado-acusado.

En el CP esta responsabilidad se determina en los arts. 120 y 121:

1.º) Los padres o tutores, por los mayores de dieciocho años sujetos a su patria potestad o tutela y que vivan en su compañía, siempre que haya por su parte culpa o negligencia.

2.º) Cualquier persona titular de medios de comunicación social, por los delitos cometidos utilizando dichos medios (salvo en los delitos de injuria y calumnia en que la responsabilidad civil es solidaria).

3.º) Cualquier persona titular de un establecimiento, por los actos cometidos por los empleados siempre que se hayan infringido los reglamentos de policía o las disposiciones de la autoridad que estén relacionados con el hecho punible, de modo que éste no se hubiera producido sin dicha infracción.

4.º) Cualquier persona dedicada a cualquier género de industria o comercio, por sus empleados en el desempeño de sus obligaciones o servicios.

5.º) Los titulares de vehículos susceptibles de crear riesgo para terceros, por los actos cometidos en la utilización de aquéllos por sus dependientes, representantes o persona autorizada.

6.º) Cualquier administración o ente público, por los daños causados por la autoridad, agente, contratados o funcionarios públicos en el ejercicio de sus cargos o funciones, siempre que la lesión sea consecuencia directa del funcionamiento de los servicios públicos.

c) Determinación de la legitimación

Sobre la capacidad del responsable civil no es preciso hacer aquí cuestión. Para la postulación lo dispuesto para el proceso penal atrae al civil acumulado. El único problema de interés se refiere a la legitimación, y respecto de ésta hay que distinguir.

1.º) Cuando la responsabilidad civil se pretende por el o los actores del imputado-acusado: La legitimación civil no es dudosa dado que la imputación y la acusación suponen convertir a aquél también en parte pasiva o demandada en el proceso civil acumulado.

2.º) Cuando la responsabilidad civil se pretende de un tercero, tanto de modo directo como subsidiario: Para este supuesto los artículos 615 a 619 y 621 prevén un incidente tendente a discutir en el procedimiento preliminar judicial el tema de la legitimación de ese tercero.

Cuando en la instrucción del sumario aparezca indicada la responsabilidad civil de un tercero, el juez, a instancia del actor civil, le exigirá fianza para asegurar el resultado del proceso civil acumulado y si ésta no se presta se procederá al embargo de sus bienes (art. 615).

A partir de aquí el tercero puede, durante el procedimiento preliminar judicial, manifestar por escrito las razones que tenga para que no se le considere civilmente responsable, proponiendo prueba (art. 616). El juez dará vista del escrito al o a los actores civiles, que responderán a la demanda incidental, proponiendo prueba (art. 617); unas y otras pruebas se practicarán por el juez de instrucción, el cual resolverá por auto sobre las pretensiones formuladas (art. 618). Este auto no prejuzga respecto de la pretensión civil; las partes pueden reproducir sus peticiones en el juicio oral, en el que ya se discutirá respecto del tema de fondo, o acudir a la vía civil de modo independiente (art. 621).

Adviértase que en este incidente no se trata de resolver en el procedimiento preliminar judicial sobre la acción-pretensión de responsabilidad civil dirigida contra el tercero, sino de algo más simple: determinar si éste está o no legitimado para convertirse en demandado en el proceso civil acumulado. En este orden vid. también los arts. 764 y 765, para el proceso abreviado.

LECTURAS RECOMENDADAS: RENEDO ARENAL, *Problemas del imputado en el proceso penal,* Madrid, 2007; GASCÓN INCHAUSTI, *Repercusiones sobre el proceso penal de la Lo 5/2010, de reforma del Código Penal,* Pamplona, 2010. ARNÁIZ SERRANO, A., *Las partes civiles en el proceso penal,* Valencia, 2006.

CAPÍTULO III

EL OBJETO DEL PROCESO

Lección Quinta

El objeto del proceso

I. EL OBJETO DEL PROCESO PENAL

Es el hecho criminal imputado a una persona.

A) Concepto, características y relevancia: El proceso penal español puede tener dos objetos: Penal y civil.
Rigen los principios de unidad y oficialidad. La pretensión penal no es importante porque las partes no tienen el monopolio sobre la configuración y proposición del objeto del proceso
Relación con el derecho de acción. Características de inviolabilidad e indisponibilidad.
Explica numerosas instituciones procesales.

B) La incidencia de la calificación jurídico-penal: Relativa, pero incide, pues aunque unos hechos puedan ser calificados de diversas maneras, sirve para iniciar el proceso, determinar la competencia, legitimación y clase de procedimiento y vinculación (con matices) para el contenido de la sentencia.

II. LOS ELEMENTOS IDENTIFICADORES DEL OBJETO DEL PROCESO

La identificación es necesaria para dictar la sentencia.

A) El hecho criminal imputado: Fijación legal y actos procesales en función del hecho a lo largo del proceso.
La identidad del hecho y las teorías sobre su identificación: Teorías naturalista y normativista. Problemas para identificar si un hecho es el mismo. El hecho es el mismo cuando hay identidad total o parcial de los actos de ejecución y el bien jurídico protegido es el mismo.

B) La persona acusada: Integra necesariamente la cosa juzgada.

III. LA CONEXIÓN DE OBJETOS

El objeto del proceso es así múltiple.

IV. EL OBJETO DEL PROCESO CIVIL ACUMULADO

El objeto del proceso es el mismo que el civil estudiado el semestre anterior.
Las pretensiones son tres, casi siempre patrimoniales: restitución de la cosa, reparación del daño e indemnización de perjuicios.

I. EL OBJETO DEL PROCESO PENAL

A) Concepto, características y relevancia

El sistema de enjuiciamiento criminal español permite acumular al proceso penal un proceso civil, lo que significa que un procedimiento puede tener, y de hecho la situación normal es que tenga, dos objetos diferentes, que han de estudiarse en esta misma lección, pero que también deben deslindarse perfectamente. Punto de partida clarificador es igualmente que el concepto y elementos que configuran el objeto del proceso civil (estudiados en el tomo II de esta obra), poca ayuda nos van a brindar para hallar los correlativos del proceso penal, salvo en el general de entender por objeto del proceso (terminología alemana y española), el «thema decidendi» o la materia (terminología italiana) fundamental a resolver por el órgano jurisdiccional en la sentencia, según su sentido técnico más depurado.

En efecto, recordemos, el objeto del proceso civil viene constituido por la pretensión interpuesta por la parte demandante, configurada decisivamente a la luz de los principios de oportunidad y dispositivo. Esa pretensión contiene el asunto jurídico fundamental sobre el que el actor pide la sentencia al juez.

Sin embargo, en el proceso penal, en el que rigen los principios de necesidad y oficialidad, las partes, sin que evidentemente quede excluida su actividad, no tienen el monopolio sobre la configuración y proposición del objeto del proceso, con lo que la pretensión ni tiene, ni puede tener un papel decisivo.

Si los principios de necesidad y oficialidad significan que debe abrirse por el órgano jurisdiccional, de oficio o a instancia de un órgano público (insistimos, sin que cambie las cosas el que la parte particular realice un acto de iniciación), un proceso penal en el momento conste la existencia de un delito o falta, y el hecho punible, en cuanto acción humana, tiene que haber sido cometido por una persona, el objeto del proceso penal no puede ser más que, con las precisiones que más adelante hacemos, y en principio, el hecho criminal imputado a una persona, elementos que determinan la extensión de la investigación y cognición judicial.

El objeto del proceso penal se caracteriza por su relación con el derecho de acción, en tanto en cuanto iniciado el proceso por la parte, bien obligatoriamente (Ministerio Fiscal), bien voluntariamente (por cualquiera de los acusadores no públicos: particular, popular o privado), a través de la correspondiente querella, se proporciona al órgano judicial el hecho que debe ser investigado por revestir los caracteres de criminal (delito o falta), pues el art. 277-4.º LECRIM obliga a la parte a expresar una relación circunstanciada del hecho ejecutado, conclusión a la que se llega igualmente si el proceso se ha iniciado de oficio o mediante denuncia, pues ante la comunicación del hecho criminal (arts. 259, 262, I, y 264 LECRIM, para la denuncia; arts. 308, 318, 638, III, LECRIM, y 195 LOPJ, para la iniciación de oficio), la querella del Fiscal es insoslayable (arts. 124.1 CE; 105, 271 y, a contrario, 761 LECRIM).

Admitida a trámite la querella (o la denuncia, con la precisión anterior), el proceso incoado tiene ya su objeto, aunque luego resulte por resolución definitiva su negación, y ello ha sido consecuencia del ejercicio del derecho de acción. Pero éste conlleva (y la interposición de la acusación en la calificación provisional conllevará posteriormente) otros varios contenidos y, por tanto, afecta a otras instituciones, que nada o muy poco tienen que ver con el objeto del proceso, que estudiaremos oportunamente en este mismo tomo.

El objeto del proceso penal se caracteriza también por su *inmutabilidad,* pues no es posible cambiarlo ni eliminarlo, ni la actividad de las partes puede pretenderlo; y por su *indisponibilidad,* tanto desde un punto de vista fáctico, pues el hecho comprende todos los actos preparatorios, accesorios, particulares o posteriores, como del jurídico, pues el proceso considera el hecho desde todos los puntos de vista jurídicos posibles.

Por otra parte, determinar el objeto del proceso resulta fundamental, sola o conjuntamente, para la mejor comprensión de varias instituciones procesales penales:

a) El hecho criminal sirve para determinar la *extensión y límites de la jurisdicción española* frente a la extranjera en el orden penal, pues se asumen el criterio de territorialidad («comisión del delito en territorio español»), y los principios de persecución de todos los hechos punibles que atenten contra los intereses fundamentales del Estado, y de persecución universal del hecho punible, sin consideración a la nacionalidad del imputado (v. arts. 21 y 23 LOPJ).

b) El hecho criminal aprovecha igualmente para fijar la *competencia penal genérica,* pues los órganos jurisdiccionales penales enjuician los hechos que la ley penal repute delito o falta (v. art. 9.3 LOPJ).

c) La naturaleza del hecho criminal y la calidad de la persona imputada sirven para determinar la *competencia objetiva,* tanto cuantitativa («ratione materiae», a saber, si es delito o falta), como cualitativamente («ratione personae», a saber, aforamientos).

d) El hecho criminal determina los fueros, principal («lugar de comisión del delito») y subsidiarios («lugar donde...»), que determinan la *competencia territorial* del órgano jurisdiccional (v., fundamentalmente, arts. 14 y 15 LECRIM).

e) El hecho criminal sirve para fijar el presupuesto procesal de la legitimación, en tanto determinados delitos únicamente pueden ser perseguidos previa denuncia o querella del ofendido, además de aprovechar para hallar con precisión los conceptos de «ofendido» y» perjudicado».

f) La naturaleza del hecho criminal y la calidad de la persona determinan asimismo *la clase de proceso,* ordinario o especial, que debe seguirse contra el imputado, al igual que su procedimiento adecuado.

g) De gran trascendencia, que trataremos específicamente como pregunta aparte en esta misma lección, el hecho criminal y su conexión con otros hechos igualmente punibles lleva, bajo determinados presupuestos, a la *acumulación* de procesos penales.

h) Finalmente, de suma importancia también, la determinación del hecho criminal y de la persona imputada ponen de relieve si en las calificaciones definitivas se ha producido una *variación sustancial* del objeto del proceso respecto a las calificaciones provisionales, modificación prohibida, como veremos en la lección 12ª. Igualmente, si se ha producido una variación sustancial entre la sentencia y la acusación, es decir, si existe correlación entre ambos actos (congruencia).

Pero la relevancia jurídica de la determinación del objeto del proceso adquiere sus mayores cotas cuando se ponen en relación dos procesos, puesto que la constatación de si existe *litispendencia* o *cosa juzgada*, y, por tanto, de si el segundo proceso debe ser evitado por darse cualquiera de esos dos presupuestos procesales, únicamente es posible comparando los objetos de ambos procesos, el pendiente o simultáneo en un caso y el fenecido en otro, y viendo si son los mismos, es decir, si se dan las identidades objetivas y subjetivas exigidas por la ley para su concurrencia.

B) La incidencia de la calificación jurídico-penal

Es afirmación común de la doctrina que la calificación jurídico-penal del hecho no tiene relevancia para la determinación del objeto penal del proceso penal, de la misma manera que tampoco es elemento esencial del objeto del proceso civil, en donde la calificación jurídica únicamente tiene influencia, pero relativa por la vigencia del principio «iura novit curia», en la causa de pedir o fundamento de la pretensión.

Según esta opinión, ello es así porque si bien es verdad que un mismo hecho puede ser calificado jurídicamente de varias maneras (por ejemplo, la muerte violenta de una persona puede ser delito de asesinato, delito de homicidio, u homicidio imprudente), de ahí no se tiene que deducir necesariamente que hayan tantos objetos cuantas posibilidades.

Esto no debe significar, sin embargo, que la calificación jurídica del hecho sea absolutamente irrelevante en cualquier caso, pues tiene incidencias muy concretas en todos aquellos supuestos en los que el hecho es importante jurídicamente, aunque, y de ahí vienen quizás los problemas, no juega ningún papel precisamente cuando la identificación del hecho viene exigida con mayor fuerza, es decir, cuando se discute la litispendencia o la cosa juzgada.

Por tanto, hay que establecer los límites justos, que en lo penal exige unos criterios interpretativos muy rígidos, de la incidencia o no de dicha calificación en la determinación del objeto del proceso penal:

1.º) En este sentido, y en primer lugar, la calificación jurídica incide ya en la decisión sobre si se incoa el proceso penal o no, en el siguiente sentido: Solamente pueden formar el objeto del proceso penal aquellos hechos o actos que el Derecho Penal toma en consideración como delito o falta. Por eso, en otro caso, no ha lugar al proceso que carezca «desde el principio» de objeto, archivándose la denuncia (art. 269 LECRIM), o inadmitiéndose la querella (art. 313, I LECRIM), que reflejen unos hechos que no son indubitadamente constitutivos de delito.

2.º) Hecha la anterior precisión, hay que decir en segundo lugar que la calificación jurídica del hecho punible incide también en los casos relevantes anteriormente considerados, pues hay que tenerla en cuenta, es cierto que de una manera meramente aproximativa y a veces intuitiva, para la determinación de la extensión y límites de la jurisdicción española, de la competencia penal genérica, de los criterios objetivo y territorial de atribución de la competencia, de la legitimación, de la clase de proceso y procedimiento adecuado, de la acumulación y, sobre todo, para ver si existe variación sustancial del objeto entre la acusación y la sentencia.

Esta última cuestión es problemática, pues se aduce como argumento fundamental que prueba evidente de que la calificación jurídica no juega ningún papel esencial en la determinación del objeto del proceso penal, es que el órgano jurisdiccional no está vinculado por la calificación que hagan las partes en su acusación definitiva, así como tampoco por la pena, ni en clase ni en cantidad, que se pida en virtud de dicha calificación, pues siempre puede desvincularse, para imponer la pena que él considere justa conforme a la calificación que estime correcta, utilizando el art. 733 LECRIM.

Aunque a la lección correspondiente nos tenemos que remitir para un tratamiento más profundo de estas cuestiones, hay que decir ahora que esto es verdad con matices en el proceso penal ordinario por delitos más graves, pero ya no en el proceso penal abreviado, en el que el art. 789.3 prohíbe al órgano jurisdiccional imponer pena que exceda de la más grave de las acusaciones, o condenar por delito distinto cuando éste conlleve una diversidad de bien jurídico protegido o mutación sustancial del hecho enjuiciado, salvo que alguna de las acusaciones haya asumido la tesis de desvinculación del tribunal.

Ello demuestra, entre otras cosas, que no es un argumento definitivo, pues en un proceso la calificación jurídica incide y en otro no.

3.º) Finalmente, en donde la calificación jurídico-penal del hecho punible no puede ser en absoluto esencial, es más, en donde ni siquiera se puede tomar en consideración, es a la hora de determinar si existe litispendencia o cosa juzgada, concretamente, al analizar la identidad objetiva identificando el hecho.

En efecto, por razones de estricta justicia, en combinación con el principio «non bis in idem», una persona que esté siendo enjuiciada o que ya haya sido condenada o absuelta, no puede volver a serlo simplemente porque se cambie la calificación jurídica siendo el hecho el mismo. Por ejemplo, fue absuelta por parricidio, se abre un proceso posterior en su contra por homicidio. Esto lo impide la identidad objetiva de la litispendencia y de la cosa juzgada, que convierten en autoridad únicamente los hechos esenciales enjuiciados. Lo contrario sería permitir tantas acusaciones reiteradas cuantas posibles calificaciones jurídicas permita el hecho (ante la muerte violenta, acusación por parricidio, por asesinato, por homicidio o por infanticidio), posibilidad que repugna a los más elementales principios del proceso penal propio de un Estado de Derecho.

Por ello, a nuestro juicio, teniendo en cuenta todos estos elementos y circunstancias, se podría superar formalmente el problema indicando que el elemento esencial determinante del objeto del proceso penal es el «hecho criminal imputado», porque con ello se toman en consideración tanto todos los supuestos en los que la calificación jurídica que hace el Derecho penal material tiene incidencia, como aquéllos en los que no tiene ninguna («hecho criminal»), pero que en cualquier caso hay que reflejar por estar un proceso, o uno de los dos, pendiente, resultado del descubrimiento de un hecho que reviste los caracteres de delito, del que es responsable una persona a la que se le reprocha la acción cometida («imputado»).

II. LOS ELEMENTOS IDENTIFICADORES DEL OBJETO DEL PROCESO

El objeto de un proceso penal concreto, pendiente o fenecido, debe ser identificado por los elementos esenciales que lo componen, no sólo para que el juez pueda saber exactamente qué tiene que resolver (absolución o condena) en la sentencia, sino también, y precisamente, para poder determinarlo en los casos relevantes citados.

Conforme a lo hasta ahora expuesto, esos elementos fundamentales del objeto del proceso penal son, desde el punto de vista objetivo, el hecho criminal imputado, y desde el punto de vista subjetivo, la persona acusada.

A) El hecho criminal imputado

a) Fijación legal y actos procesales de formación

Nuestra LECRIM no da ninguna definición del hecho criminal imputado, objeto del proceso penal, a diferencia de lo que ocurre en otras legislaciones.

Ello no quiere decir, sin embargo, que el hecho criminal imputado no se tome en consideración por la ley, fundamentalmente cuando regula los actos de iniciación, los actos de investigación, los actos de prueba y la sentencia, es decir, todos los actos procesales de formación del objeto del proceso, como no podría ser menos.

En efecto, el proceso penal sirve para esclarecer y enjuiciar un hecho criminal producido, imputado a una persona, y así lo hace en sus diversas etapas:

1.ª) En el procedimiento preliminar (sumario o diligencias previas), se pretende poner de manifiesto, en primer lugar, la existencia objetiva del hecho; en segundo lugar, la toma en consideración por el Derecho Penal de ese hecho, es decir, si se trata de un hecho punible o no; y, por último, desde el punto de vista subjetivo, si ese hecho puede ser imputado razonablemente a una persona (v. el fundamento legal, incompleto, que proporciona el art. 299 LECRIM).

Los actos que lo conforman demuestran la anterior afirmación sin resquicio alguno: La existencia del hecho se comunica, dejando de lado el supuesto excepcional de iniciación de oficio por el juez, por la denuncia o querella; y la investigación sobre su existencia y presunto autor se lleva conforme a las diligencias previstas en el Título V del Libro II LECRIM, con las modificaciones para el proceso abreviado del art. 762 LECRIM.

2.ª) Si se admite la fase intermedia, sin entrar en polémicas, con relación al hecho se quiere impedir en los actos que la conforman la continuación del proceso si el hecho no ha existido, o si no es punible; también, pero con relación al aspecto subjetivo, si no es posible la imputación. A ello responde el sobreseimiento (v. arts. 637, 645, 779.1, 1ª y 782 LECRIM). En caso contrario, se entra en la fase en la que el hecho va a quedar definitivamente delimitado y formado.

3.ª) Así es, determinado y constatado el hecho y la persona del acusado, la fase de juicio oral sirve para realizar el análisis final del hecho punible y de sus consecuencias jurídicas, produciéndose el fallo de culpabilidad o inocencia en relación con el hecho criminal enjuiciado, con expresión, en su caso, de la pena a cumplir, siempre que concurran los presupuestos procesales exigidos, en los que tanta influencia, piénsese en la litispendencia o en la cosa juzgada, tienen los elementos esenciales del objeto del proceso penal (v. art. 666 LECRIM).

Por ello, de concurrir esos presupuestos, la acusación delimita, a la vista de las anteriores investigaciones objetivas y subjetivas, el hecho criminal a enjuiciar y la persona del acusado (arts. 650-1.ª a 5.ª y 781.1 LECRIM); que no es posible variar en calificaciones definitivas, salvo que se haya calificado el hecho punible con manifiesto error, en cuyo caso el órgano jurisdiccional puede desvincularse en principio (art. 733 LECRIM). La sentencia, por congruencia, debe ser correlativa con el hecho criminal que motivó la investigación y la acusación, frente a la misma persona acusada (art. 742 LECRIM).

De modo que tenemos que la fijación a través de los diversos actos procesales de formación del objeto del proceso penal, que afecta tanto al aspecto objetivo como al subjetivo, pero que reviste mayor complejidad respecto al primero de ellos, se hace definitivamente en la sentencia. O, si se prefiere, es elemento esencial del objeto del proceso penal el hecho criminal investigado y acusado que ha fundamentado el fallo condenatorio o absolutorio de la sentencia firme.

b) La identidad del hecho y las teorías sobre su identificación

Es fácilmente colegible, llegados a estos extremos, que las mayores dificultades que presenta el estudio del elemento esencial objetivo del hecho no son teóricas, o al menos no lo deberían ser, sino prácticas, pues giran en torno a su identificación en el caso concreto, v. gr., cuando se discute, en el juicio oral o en impugnación, si se ha producido una variación sustancial en los hechos, o cuando se discute la litispendencia o la cosa juzgada. Entonces se hace necesaria la comparación, y para comparar bien hay que tener el hecho perfectamente identificado.

Al respecto se han formulado diversas corrientes de opinión, en concreto, la llamada teoría naturalista, con dos variantes, y la teoría normativista. Lo esencial de cada una de ellas puede entenderse del siguiente modo:

a) *Teoría naturalista:* Llamada así porque considera el hecho sin aplicación de ninguna regla, y por tanto, de ninguna valoración jurídica, considerando que la identidad surge del propio acaecer natural. Presenta dos modalidades a su vez, según intervenga la voluntad o no:

1. Para la primera de ellas, el objeto del proceso penal no es el hecho como viene afirmado por la acusación o la sentencia, sino una parte de la vida del acusado, un acaecer real en el que ha tenido intervención.

El hecho se identifica entonces por lo que el acusado hizo (o no hizo), en un lugar y en un tiempo concretos (unidad espacial y temporal). Sólo así es posible reducir a la unidad la pluralidad de elementos fácticos que integran un acaecer real.

Pero esta formulación es difícilmente aceptable, entre otras razones, porque existen casos en los que no concurriendo la unidad espacial-temporal, hay sin embargo unidad de hecho (disparo el lunes, muerte del herido el viernes siguiente); o no siendo el modo de participación el mismo, hay unidad de hecho (acusado como autor, se le condena como cómplice).

2. Para la segunda variante de la teoría naturalista, es la voluntad lo que permite identificar ese acaecer real, de modo que el hecho es el mismo siempre que la voluntad del acusado haya sido la misma.

El problema es que la voluntad interna es muy difícil de probar y, además, da igual para que el hecho sea el mismo que haya sido cometido dolosa que imprudentemente.

b) *Teoría normativista:* Para esta teoría, el hecho no viene configurado exclusivamente por criterios naturales, sino también y principalmente por criterios jurídicos. Según ella, el objeto del proceso es el acaecer real reducido a una configuración unitaria, atendiendo al modo como el legislador penal configura las unidades de la conducta humana a las que llama delitos o faltas.

La identificación del hecho es posible, en esta posición doctrinal, cuando coinciden elementos esenciales en cualquiera de las unidades jurídicas en las que un acaecer humano puede ser reducido. Por ello, el hecho es el mismo cuando exista identidad parcial en los actos de ejecución concretos. Por ejemplo, acusado de lesiones, se condena al autor por tentativa de homicidio.

Presenta, sin embargo, la dificultad, al ser un transplante en el proceso de la teoría penal del concurso de delitos, de no explicar satisfactoriamente ni la participación, ni el encubrimiento (cuando sea delictivo), porque, por ejemplo, al no ser la misma actividad la del autor que la del encubridor, al acusado como autor del hurto de una cosa, no se le podrá condenar como receptador de ese hecho punible.

Por ello, se intenta buscar el contenido material del injusto como elemento común que permita abarcar la participación y el encubrimiento, ya que, en el ejemplo puesto, el interés jurídico lesionado es el mismo.

A la vista de esta evolución, y teniendo en cuenta los avances de la doctrina alemana, la única posibilidad de identificar perfectamente el hecho es tomar casuísticamente todos y cada uno de los tipos de la legislación penal, y describir los elementos esenciales de la acción material que los conforman.

Ante la imposibilidad de poder efectuar esto en un manual, sólo queda recoger las características esenciales que permiten identificar al hecho criminal imputado, objeto del proceso penal, partiendo de las teorías anteriores. Así, estaríamos ante el mismo hecho, de acuerdo con la mejor doctrina, a efectos de congruencia, litispendencia o cosa juzgada:

1.º) Cuando, en el sentido expresado por la teoría normativista, exista identidad, total o parcial, en los actos de ejecución que recoge el tipo penal; y

2.º) Cuando, aun sin darse la anterior identidad, el objeto material del delito, es decir, el bien jurídico protegido, sea el mismo.

B) La persona acusada

El segundo elemento indentificador del objeto del proceso no es objetivo, como podría deducirse terminológicamente del propio concepto que estamos tratando, sino subjetivo, y ello no es ninguna contradicción, porque es la persona acusada. Y lo es porque, adquirida la fuerza de cosa juzgada por la sentencia, la persona que en ella haya resultado absuelta o condenada es absolutamente inescindible del hecho criminal por el que, habiendo sido acusada, ha resultado finalmente declarada inocente o culpable, de manera que la parte subjetiva no se puede comprender sin la objetiva, ni a la inversa.

Incluso, con mayor precisión, de todos los posibles autores de un hecho punible, únicamente se da la identidad subjetiva respecto a la persona que efectivamente fue acusada en el proceso penal, con independencia de que el resultado final haya sido condenatorio o absolutorio.

En efecto, que únicamente pueda ser el acusado y no el acusador es indubitado, porque quién sea el acusador no juega ningún papel. La razón fundamental es que en nuestro Derecho la acción penal es pública (arts. 125 CE, 19.1 y 20.3 LOPJ, 101 y 270 LECRIM), lo que significa que pueden ejercerla voluntariamente todos los españoles, ofendidos o no por el delito, y todos los extranjeros ofendidos por el delito, o cualquiera de ellos indistintamente, con lo cual da exactamente igual quién haya ejercido en definitiva su derecho de acción penal.

Por lo que toca al Ministerio fiscal, que está obligado a querellarse, es un órgano que actúa por sus representantes, siendo indiferente cuál de todos ellos acuse en el caso concreto (arts. 124.1 CE, 435.1 LOPJ, 1 y 3 EOMF, 105 y 271 LECRIM).

La consecuencia práctica es clara también: Discutiéndose si ha habido variación subjetiva sustancial, o el aspecto subjetivo de la litispendencia o cosa juzgada, da exactamente igual quién es o fue el querellante o acusador. No se toma en consideración su persona, ni pasa a cosa juzgada en su momento (salvo en delitos privados).

III. LA CONEXIÓN DE OBJETOS

En el proceso penal, la acumulación de procesos contra el mismo acusado, o los mismos acusados, no es en principio posible, porque «cada delito del que conozca la Autoridad judicial será objeto de un sumario», (art. 300 LECRIM). Es decir, cada hecho punible da lugar a un único proceso penal. La única excepción, según ese precepto, se da en caso de conexión, porque «los delitos conexos se comprenderán, sin embargo, en un solo proceso», aspecto ya tratado en este mismo tomo al estudiar la competencia.

> Las razones por las que se permite la conexión son claras: Se cumple satisfactoriamente con el principio de economía procesal al unificar los procedimientos en uno; se impide la ruptura de la continencia de la causa; se evita la posibilidad de sentencias contradictorias; y se facilita la aplicación de las reglas materiales del concurso.

La conexión (acumulación de procesos en terminología civil), significa la existencia de varios delitos imputados a una sola persona o a varias. Es esencial, pues, para que se produzca la conexión, la concurrencia de varios hechos punibles, independientemente de cuántas personas los hayan podido cometer, pues da exactamente igual que sea una o diez. Por otro lado, que un solo hecho criminal haya sido cometido por varios autores (la llamada conexión objetiva), para nada afecta a la unidad de delito, no existiendo, por tanto, conexión, sino sólo acumulación.

La LECRIM ha precisado cuándo existe conexión en su art. 17, y su art. 18 nos indica el órgano jurisdiccional competente en caso de delitos conexos. Pero también significa, y de ahí su análisis ahora, una variedad de objetos penales a tratar en un mismo procedimiento y a resolver en una misma sentencia. El nuevo art. 17 bis, introducido por el art. 60 LVG para casos penales de violencia de género, es a estos efectos irrelevante.

Nada dice la ley sobre el régimen jurídico de la conexión, salvo el efecto fundamental recogido en el art. 300 (la formación de un único sumario), de donde hay que deducir además que todos los sujetos pasivos deben ser sometidos a una sola causa y enjuiciados en una misma sentencia, si bien ésta puede tener diversos contenidos según los acusados. Pero olvida cuestiones tan importantes como el modo de hacer efectiva la conexión, o el de impugnarla, aunque sí establece reglas específicas en la ejecución (art. 988 LECRIM).

Respecto al primer punto, habría que decir que la conexión, en cuanto repercute en la competencia, debe ser vigilada de oficio por el órgano jurisdiccional, sin que por ello quede impedida lógicamente la actividad de las partes. Se echa en falta en nuestro Ordenamiento, sin embargo, una norma que faculte expresamente al Ministerio fiscal para pedir la reunión de procesos por conexión, o, incluso, para separarlos si entiende que no existe, como ocurre por ejemplo en el alemán (§§ 3 y 13 StPO), con lo que quedaría mejor asegurada «ab initio» la finalidad principal prevista en el art. 300.

En cuanto a los medios de impugnación, habrá que estar a las normas generales sobre los remedios y recursos contra las resoluciones de los órganos jurisdiccionales (arts. 216 y ss. LECRIM).

IV. EL OBJETO DEL PROCESO CIVIL ACUMULADO

Partiendo, como sabemos, de la permisividad de acumular al proceso penal uno civil, estudiadas ya las partes civiles del proceso penal (el actor civil y el responsable civil), y determinados sus presupuestos de capacidad y legitimación, así como su régimen jurídico específico, y dejando las cuestiones, procedimentales o no, relativas al tratamiento de la responsabilidad civil y medidas correspondientes durante el procedimiento preliminar, el juicio oral y la ejecución para lecciones posteriores, toca ahora fijarnos en las respectivas peticiones de ambos, es decir, en el objeto del proceso civil acumulado al penal. En este sentido, en cuanto estamos ante un proceso civil, el concepto de objeto del proceso es el mismo que veíamos en el tomo II de esta obra y recordábamos al principio. Se trata, consiguientemente, de la pretensión y de la resistencia.

El contenido de esta pretensión es casi siempre patrimonial. Sin embargo, ésta no es la única particularidad importante que se da con relación a ellas en nuestro sistema de enjuiciamiento criminal, pues además quedan limitadas las pretensiones civiles que en el proceso penal pueden interponerse acumuladamente a la penal.

Así es, de todas las consecuencias jurídico-civiles que se pueden producir a causa del daño derivado de la comisión de un hecho punible en cuanto acción ilícita (v. art. 1089 CC), la ley penal (arts. 109 a 115 CP, 100 y 650, II LECRIM) solamente considera que pueden acumularse en el proceso penal tres: La restitución de la cosa, la reparación del daño causado y la indemnización de perjuicios derivados de la comisión de ese hecho. En realidad, como veremos enseguida, se trata sólo de dos pretensiones, pues las dos últimas tienen el mismo contenido.

En nuestra opinión, permitir la acumulación de un objeto penal y de otro civil en un mismo procedimiento tiene la evidente ventaja de la economía procesal, pues se resuelven dos objetos interrelacionados en un solo procedimiento, de ahí que en la práctica se vea con buenos ojos la acumulación. Contribuye igualmente a evitar decisiones contradictorias. Pero también tiene el grave inconveniente de obligar a nuestros jueces y magistrados a utilizar, aplicar y manejar una doble mentalidad y técnica jurídicas al mismo tiempo, pues deben investigar, probar y juzgar penal y civilmente en la misma causa. Esta opción, que es por ello discutible, ronda el absurdo cuando por mor de las circunstancias se tiene que desarrollar un proceso penal para dictar un pronunciamiento únicamente civil (v. gr., en caso de conformidad del acusado con la pena pero no con la responsabilidad civil, v. art. 695 LECRIM y lección correspondiente en este mismo tomo).

Las pretensiones posibles son, pues, las siguientes:

a) Restitución de la cosa

Prevista en el art. 110-1.° CP, es la pretensión procedente cuando el ofendido por el delito o el perjudicado por él, quiere que le sea devuelta la cosa robada, hurtada o apropiada por el autor del delito o falta, porque desea dejar las cosas como estaban antes de la comisión del hecho punible de desapoderamiento. Ejemplo típico: Robo o hurto de un reloj de oro, o de joyas.

El régimen jurídico principal de la restitución se fija en el art. 111. Aunque el CP no lo prevea expresamente, es frecuente en la práctica que la cosa sea hallada, pasando a formar parte de las piezas de convicción, que deben ser devueltas a su legítimo propietario, o cosas equivalentes si se trata de bienes, como el dinero, que son fungibles. El art. 111 se fija más en el supuesto cuando la cosa está en poder de tercero, pues aunque sea adquirente de buena fe debe entregarla, sin perjuicio de sus derechos de repetición e indemnización (art. 111.1), por la vía exclusivamente jurisdiccional civil, con la única excepción de que el bien sea irreivindicable de acuerdo con las Leyes (art. 111.2). La irreivindicabilidad se da, por ejemplo, en los casos de posesión de buena fe de un bien mueble por tercero (art. 464 CC, que consagra como título la posesión de buena fe), o de bienes inmuebles (art. 34 Ley Hipotecaria), o de adquisición de bienes muebles o dinero prevista en los arts. 85, 86, 545, 559 y 560 del Código de Comercio.

Es posible una restitución de la cosa con la obligación añadida de reparar los daños materiales, es decir, con la segunda pretensión que vemos enseguida, en caso de que se hayan producido efectivamente (v.gr., el reloj de oro robado tiene un golpe que le impide funcionar, al collar le faltan varias perlas), cuya cuantía exacta es fijada por el juez o tribunal, de acuerdo con el art. 111.1, primera frase CP.

b) Reparación del daño e indemnización de perjuicios

Como han demostrado la doctrina y la jurisprudencia más solventes, se trata de la misma pretensión, aunque los arts. 110, 112 y 113 CP sigan optando por dividirla. Quizás la única diferencia sea conceptual, pues se pide reparar el daño, mientras que se solicita indemnizar el perjuicio, pero en ambas se considera el objeto de la misma obligación de reparación, atendidos los arts. 1.902 y ss. CC, reguladores de la responsabilidad extracontractual.

Mediante ella, establecida con carácter general en el art. 110-2.° y 3.° CP, se pide al órgano jurisdiccional, ante la imposibilidad de restituir las cosas objeto del delito o falta, que el autor repare e indemnice el daño patrimonial o moral producido por el hecho punible.

La pretensión de reparación consiste en responder, a ser posible matemáticamente, del coste del daño producido en la cosa con ocasión de la ejecución del hecho punible, tanto el daño emergente, como el lucro cesante. El CP de 1995 dispone, sin embargo, en su art. 112, que es novedad en nuestro Derecho, introducida para favorecer una mejor reparación de la víctima, que la forma de respuesta puede consistir en «obligaciones de dar, de hacer o de no hacer que el Juez o Tribunal establecerá atendiendo a la naturaleza de aquél y a las condiciones personales y patrimoniales del culpable, determinando si han de ser cumplidas por él mismo o pueden ser ejecutadas a su costa», permitiendo sobre todo el precepto una reparación efectiva de los daños producidos, que en su caso, es decir, frente al incumplimiento de la sentencia en este punto por parte del condenado, abre mejores perspectivas si hay patrimonio para la ejecución, aunque a partir de ahí el texto resulte excesivamente general e inespecífico.

Pero el art. 112 no dice que la valoración del daño patrimonial se hará con base en criterios no únicamente económicos, a saber, el precio de la cosa y el grado de afección del agraviado (piénsese que no es lo mismo perder un dedo de la mano izquierda un abogado diestro, que un pianista), aunque es de suponer que estos temas caben perfectamente en el amplio art. 115.

La indemnización de daños y perjuicios afecta tanto a lo patrimonial como a lo moral, y comprende no sólo los que se hubieran causado al agraviado, sino también a sus familiares o a terceros (art. 113). Ello afecta a los delitos de terrorismo, los delitos de tráfico, los delitos dolosos violentos y contra la libertad sexual y a los delitos de caza.

Ha sido siempre un problema cuantificar las indemnizaciones, aunque ahora para casos concretos y con el carácter de mínimos viene fijada legalmente. Ello por la inseguridad jurídica producida por los diferentes criterios de los tribunales a la hora de fijar las cuantías de indemnización en estos casos. Hasta 1999 la doctrina consolidada indicaba que los baremos recogidos en las diferentes normas de referencia no eran vinculantes, sino orientativos. Pero la STS de 5 de julio de 1999 inició un cambio a favor de ni siquiera considerar esos baremos como mínimos, no quedando limitado el órgano jurisdiccional en ningún sentido, siendo propio de la potestad jurisdiccional fijar el quantum indemnizatorio que se piense apropiado en cada caso. Sin embargo, la STC 181/2000, de 29 de junio, consideró que el sistema tasado o de baremo vinculaba a los órganos jurisdiccionales en todo lo que atañese a la apreciación y determinación de la responsabilidad civil, doctrina que corroboró el TS (S de 20 de diciembre de 2000), y así se sigue manteniendo desde entonces (STC 222/2004, de 29 de noviembre).

Un tema importante es el de las indemnizaciones a las víctimas de delitos, cuando el autor del delito sea declarado insolvente: Se regula mediante normas propias internas de los Estados miembros de la UE, pero no en todos los casos, y lo que es más grave, de manera totalmente diferente. Deben tenerse en cuenta el Convenio Europeo sobre Indemnización a las Víctimas de Delitos Violentos, de 24 de noviembre de 1983 (ratificación por España BOE de 29 de diciembre de 2001), y la Directiva 2004/80/CE del Consejo de Europa, de 29 de abril de 2004, sobre indemnización a las víctimas de delitos.

Para cuando no existan baremos, nuestro CP, consciente de ello, entra en esta cuestión, que afecta tanto a la reparación como a la indemnización, estableciendo diferentes reglas.

Véase también la Directiva 2012/29/UE del Parlamento Europeo y del Consejo de 25 de octubre de 2012, por la que se establecen normas mínimas sobre los derechos, el apoyo y la protección de las víctimas de delitos, y por la que se sustituye la Decisión marco 2001/220/JAI del Consejo.

Destaquemos que:

1) El órgano jurisdiccional debe fijar en la sentencia, motivadamente, las bases que fundan la cuantía exacta de los daños a reparar o a indemnizar (art. 115). Un ejemplo típico de fijación de bases: La futura operación quirúrgica del perjudicado será costeada en función del importe económico a que asciendan los honorarios de los médicos, la factura de la clínica y el costo de los medicamentos, añadiéndose 60 euros por cada día de baja del paciente.

2) La cuantía exacta se puede fijar en la propia sentencia, o diferirla para la ejecución (art. 115 «in fine»), como ya venía ocurriendo en la práctica.

3) Norma novedosa importante, si la propia víctima del delito o falta, es decir, el actor civil, hubiera contribuido con su conducta a la producción del daño o perjuicio sufrido, el órgano jurisdiccional discrecionalmente podrá moderar el importe de su reparación o indemnización (art. 114). Con ello se recoge la jurisprudencia que, sobre todo en materia de tráfico, ha aplicado el principio de la compensación de culpas, o más exactamente la concurrencia de culpas.

La obligación de reparar el daño moral surge en ocasiones de la propia ley, pudiendo hacerse en algunos casos en especie, supuestos que han sido notablemente ampliados por el CP. Así ocurre en los: 1) Delitos contra la libertad sexual (art. 193); 2) Delitos de calumnias e injurias (arts. 214 y 216); 3) Delito de incumplimiento de obligaciones alimenticias (art. 227.3); 4) Delito de insolvencia punible (art. 260.3); 5) Delitos contra la propiedad intelectual (art. 272.1); 6) Delitos contra las propiedades intelectual e industrial, contra el mercado y contra los consumidores (art. 288); 7) Delitos sobre ordenación del territorio (art. 319.3); y 8) Delitos sobre el patrimonio histórico (arts. 321, II y 324, II).

Hay que seguir contando con otros tres supuestos de obligaciones legales de reparación de los daños cometidos por el delito, regulados fuera del CP:

1) El auto de sobreseimiento libre por inexistencia del hecho o inexistencia del hecho punible, puede, de un lado, expresar que la formación de la causa no perjudica a la reputación de los imputados; de otro, y en su caso, reservar a instancia de éstos o de oficio el derecho a perseguir al querellante como calumniador (art. 638 LECRIM, en relación ahora con los arts. 205 a 207 y 211 a 216 CP);

2) La indemnización fijada legalmente para los supuestos de delitos de terrorismo, antes citada, que asume directamente el Estado, que se subroga en la titularidad del derecho de crédito nacido de la sentencia que declare la responsabilidad civil hasta el límite de la indemnización satisfecha, gozando del derecho de repetición (ley 22/2013, de 23 de diciembre, de Presupuestos Generales del estado para 2014); y

3) La indemnización prevista para las víctimas de los delitos dolosos violentos y contra la libertad sexual, igualmente citada, que también asume directamente el Estado.

LECTURAS RECOMENDADAS: ARNÁIZ SERRANO, *Las partes civiles en el proceso penal*, ed. Tirant lo Blanch, Valencia 2006; GÓMEZ COLOMER, *Constitución y proceso penal,* Ed. Tecnos, Madrid, 1996; GÓMEZ ORBANEJA, *Comentarios a la Ley de Enjuiciamiento Criminal,* Ed. Bosch, Barcelona, 1947/1951, t. I, págs. 49 y ss., y t. II, págs. 286 y ss., y 317 y ss.

CAPÍTULO IV

EL PROCEDIMIENTO PRELIMINAR (LA INSTRUCCIÓN)

Lección Sexta

El procedimiento preliminar

I. CONCEPTO

Es la fase de investigación del delito. Recibe diversas denominaciones.

A) Funciones: Preparar el juicio oral o adelantar la absolución (sobreseimiento libre) o el archivo de las actuaciones

B) Naturaleza jurídica: Polémica, pero es claramente jurisdiccional porque sólo con lo investigado en el sumario se puede decidir la absolución o condena del imputado.

II. EL PROCEDIMIENTO PRELIMINAR JUDICIAL

Es de competencia judicial (de momento), generalmente el JI, regido por los principios de escritura y secreto.

Se divide en piezas necesarias (principal, situación personal y responsabilidad civil) y eventualmente pieza de responsabilidad civil subsidiaria.

III. EL PROCEDIMIENTO PRELIMINAR DEL MINISTERIO FISCAL

Sólo es posible en los procesos abreviados, en los rápidos y de menores. Sometida a requisitos estrictos (cesa cuando interviene el juez).

IV. LA ACTUACIÓN EN ESTA FASE DE LA POLICÍA JUDICIAL

Muy importante porque es la única organización pública realmente preparada para una correcta investigación del crimen. No existe una verdadera Policía Judicial en España y hay cuatro clases (PN, GC, PA y PL)

El problema es que hoy cuenta con dos jefes (el juez y el MF).

Realizan funciones con relación al delincuente, al delito y a la víctima, ejecutando los actos de investigación acordados.

Destacan las diligencias de prevención y el atestado policial.

Las declaraciones ante la Policía tienen valor relativo y merecen protección constitucional.

V. LAS PARTES EN EL PROCEDIMIENTO PRELIMINAR

Proponen práctica de diligencias, conocen de las actuaciones realizadas e intervienen en las diligencias acordadas.

I. CONCEPTO DE PROCEDIMIENTO PENAL PRELIMINAR

Con fundamento constitucional parcial (art. 117.3 CE), puede dividirse el proceso penal en tres fases (llamadas a su vez procesos) distintas: *Fase de declaración*, en la que se juzga, se pide al Juez la condena de una persona, sobre la que éste decide tras la celebración del juicio oral; *fase de ejecución*, en la que se ejecuta lo juzgado dando cumplimiento al fallo condenatorio de la sentencia; y *fase cautelar*, no prevista de modo directo en la CE, pero necesaria al tener que asegurar personas y bienes para que, si un día se dicta sentencia condenatoria, ésta se pueda ejecutar.

La reforma operada en la LECRIM en 2002, sin mencionarlo expresamente, permite inferir que una nueva fase del proceso penal, previa a todas las indicadas, toma cuerpo formalmente en nuestro Derecho, la *fase policial*, en la que la Policía Judicial asume el papel casi exclusivo de investigar el delito. Aunque se ciña de momento al proceso abreviado (arts. 769 a 772), y al nuevo proceso especial para el enjuiciamiento rápido de determinados delitos (art. 796), se confirma la progresiva «anglosajonización» del proceso penal español y se eleva a categoría de legal que la investigación del crimen en la práctica realmente es función policial y no fiscal, ni mucho menos judicial.

Iniciamos pues, ahora y con esta lección, el proceso de declaración. En este sentido, hay que decir que vamos a centrarnos en las instituciones propias del proceso penal ordinario por delitos más graves, al ser el mejor regulado por la LECRIM (el originario por delitos, recordemos), sin prescindir de las referencias oportunas a los demás procesos, sobre todo al abreviado.

El proceso penal comienza, en su fase de declaración, por una etapa o subfase inicial, llamada de investigación o procedimiento preliminar, o, más sencillamente, de instrucción.

Realmente, el proceso penal comienza de verdad cuando se formula una acusación contra una persona determinada por un hecho criminal concreto. Pero para poder llegar a este punto, se requiere previamente realizar una serie complicada de actos, principalmente de investigación, tendentes a averiguar las circunstancias del hecho y la personalidad de sus autores, que fundamenten así la posterior acusación, dado que lo normal es que el delito se cometa en secreto, que se procure evitar su descubrimiento y que no se conozca desde el principio quién lo ha podido cometer.

El procedimiento preliminar esta formado, pues y en principio, por el conjunto de «actuaciones encaminadas a preparar el juicio y practicadas para averiguar y hacer constar la perpetración de los delitos con todas las circunstancias que puedan influir en su calificación, y la culpabilidad de los delincuentes, asegurando sus personas y las responsabilidades pecuniarias de los mismos» (art. 299 LECRIM).

Legalmente, el procedimiento preliminar se denomina «sumario» en el proceso penal ordinario por delitos más graves, «diligencias previas» en el proceso penal abreviado y «diligencias urgentes» en el proceso penal para el enjuiciamiento rápido de determinados delitos.

A) Funciones

La declaración del art. 299 LECRIM no es, sin embargo, del todo exacta, pues el procedimiento preliminar cumple diversas funciones:

a) Preparar el juicio oral, fundamentando la acusación y la defensa respecto de una persona concreta por un hecho criminal determinado que se le atribuye. Esta función, que para la LECRIM es la principal (art. 299: «... encaminados a preparar el juicio...»), se cumple plenamente en todos aquellos supuestos en los que al sumario o procedimiento preliminar siga efectivamente la fase de juicio oral.

b) Impedir que llegue a abrirse el juicio oral: La realización del juicio oral contra una persona concreta y por un hecho determinado sólo debe producirse cuando del resultado de la primera fase se desprenda la existencia de indicios que permiten llegar a la conclusión provisional de que es conveniente la celebración de ese juicio. La que se ha denominado «pena de banquillo», es decir, el hacer que una persona llegue a sufrir un juicio, con todos los inconvenientes que ello le supone, sólo se justifica si antes se han acreditado los indicios. El juicio oral no se abre sólo porque lo pidan los acusadores, sino cuando un órgano judicial decide que hay elementos suficientes para esa apertura.

De estas funciones se deduce también que el contenido del procedimiento preliminar es muy variado, y lo iremos estudiando detenidamente a partir de esta lección:

a) Actos que implican el ejercicio de la acción penal (querella), y de iniciación del proceso (denuncia).

b) Actos de investigación, y, en su caso, de prueba anticipada.

c) Actos de imputación (auto de procesamiento, básicamente); y

d) Actos cautelares (prisión y libertad provisionales, fundamentalmente).

B) Naturaleza jurídica

El tema de la naturaleza jurídica del procedimiento preliminar es polémico en la doctrina española, particularmente cuando se está discutiendo si debe ser competente para instruirlo un Juez o el Ministerio Fiscal.

En resumen, un sector doctrinal entiende que estamos ante actividad administrativa (ya que hay actos del Juez que son administrativos, porque intervienen órganos no jurisdiccionales, es decir, administrativos, como la Policía Judicial, y porque ninguna de sus decisiones tiene el carácter de definitivas, sino que son revocables); y otro sector opina que es actividad jurisdiccional; no faltando quienes piensan que tienen carácter mixto.

En nuestra opinión, el procedimiento preliminar tiene naturaleza jurisdiccional por el fundamental argumento siguiente: Con base únicamente en el sumario se puede resolver la absolución o condena, tanto penal como civil, del acusado, por ejemplo, cuando se conforma con la pena solicitada en la calificación provisional, pues entonces no hay juicio oral. Es más, cuando se sobresee libremente, con efectos de cosa juzgada, también se actúa con base únicamente a diligencias sumariales, lo que sería inconcebible si el procedimiento preliminar no tuviera naturaleza jurisdiccional.

Esto es realmente importante para resolver las lagunas legales, ya que teniendo naturaleza jurisdiccional, únicamente podemos acudir a normas de este tipo para resolver los problemas de interpretación que se planteen ante la no previsión de un supuesto por la Ley.

Suele decirse que existen dos clases de procedimientos preliminares, según sea competente para formarlo un Juez, o venga atribuido al Ministerio Fiscal y que: 1) En los procesos por delitos más graves y en los abreviados, es competente el Juez de Instrucción (arts. 14 y 789.1 LECRIM), y 2) En los procesos abreviados en los que concurran los presupuestos del art. 773 LECRIM, su formación viene atribuida al Ministerio Fiscal.

Esto es algo no tan evidente pues no pueden igualarse las actuaciones del Juez de Instrucción y las del Ministerio Fiscal. A éste puede confiarse una actuación previa de preparación de la acusación, pero esa actividad no puede tener la misma naturaleza jurídica que la actividad preparatoria del juicio oral del juez. A pesar de todo vamos a seguir hablando de procedimiento preliminar judicial y de procedimiento preliminar fiscal.

II. EL PROCEDIMIENTO PRELIMINAR JUDICIAL

La fase de investigación en el proceso penal español se encuentra en manos de los Jueces. Ello se podría entender que es consecuencia de los arts. 117.3 y 24.1 CE, pero este fundamento constitucional no es absolutamente claro, pues lo constitucionalmente ordenado es que el proceso y la sentencia, es decir, donde se ejerce la función jurisdiccional realmente, donde se juzga y se dicta sentencia por un Juez, que debe fundar ésta en el material fáctico y probatorio que ante él se ha aportado y practicado. Por tanto, la decisión de absolver o condenar a un acusado sólo puede ser judicial. De la Constitución no se desprende literalmente que sea el Juez (otro Juez naturalmente) quien deba realizar la instrucción, de modo que no se impide que la preparación del juicio oral se confíe a órgano distinto del judicial, aunque ello ofrezca problemas pues lo lógico es que si la función se encomienda al Fiscal éste prepare la acusación y no el juicio.

Por ello la opción del legislador español ha sido tradicionalmente encomendar el procedimiento preliminar penal al Poder Judicial, y se establecen, a su vez, dos regulaciones para el procedimiento preliminar judicial, el sumario y las diligencias previas. En efecto, para el proceso penal ordinario por delitos más graves, el art. 303, I, LECRIM encomienda la formación de los sumarios a los Jueces; para las diligencias previas de los procesos penales ordinarios abreviados igual (art. 773.2, III y concordantes LECRIM).

A) Órgano competente

Ahora bien, la LECRIM contempla diversas posibilidades a la hora de fijar el órgano jurisdiccional competente:

a) *Juez instructor ordinario*: La regla general es que la formación del procedimiento preliminar corresponde al Juez de Instrucción que sea competente según las reglas de competencia objetiva, funcional y territorial (art. 303, I, LECRIM, en relación con los arts. 14.2 LECRIM, y 87, a) y 88 LOPJ), con las particularidades que ya conocemos de la JVM en caso de violencia de género.

b) *Juez instructor especial*: Para los casos de aforamiento o competencia por razón de la persona, conoce del procedimiento preliminar un Magistrado de la Sala, que no formará parte de ésta en el juicio oral (arts. 57.2, 63.2 y 73.4 LOPJ, que deben derogar tácitamente el art. 303, II y III, LECRIM). En estos casos el Magistrado de la Sala asume con plenitud las facultades de la instrucción.

c) *Juez instructor ocasional o comisionado*: En determinados casos puede intervenir un Juez de Instrucción distinto al ordinario, pero sin excluir la competencia de éste:

1.º) Bien por disposición de la Ley: Realización a prevención de diligencias por parte de Jueces de Paz, cuando sea necesaria una actuación urgente (arts. 100.2 LOPJ, 303, I, y 307 LECRIM), limitada a los actos enumerados en el art. 13 LECRIM, que incluye también algunas medidas cautelares (en la redacción de la LO 14/1999, de 9 de junio), modificado posteriormente por la Ley 27/2003, de 31 de julio). Es importante resaltar que siguen teniendo competencia para decretar la prisión provisional (art. 502.1 LECRIM, no afectado por la reforma operada por la LO 13/2003, de 24 de octubre, en este punto).

2.º) Bien por delegación del Juez de Instrucción, que se efectúa en los Jueces de Paz, siempre que concurra una causa justificada (art. 100.2 LOPJ, 303, I, y 310 LECRIM).

En ambos casos anteriores, el carácter de Juez de Instrucción ocasional lo pueden tener los Jueces en el supuesto de que exista atribución especial de la competencia por aforamiento (arts. 303, IV y V, y 309 LECRIM), es decir, por la calidad de la persona imputada.

d) *Juez instructor de excepción*: Previsto en el art. 304 LECRIM, hoy debe reputarse inconstitucional, porque infringe el derecho al Juez ordinario predeterminado por la Ley del art. 24.2 CE (Lección Cuarta del Tomo I).

B) Principios que lo rigen

Esta primera fase está en principio caracterizada por principios del sistema inquisitivo, pero, o bien se aplican a aspectos concretos del procedimiento, o bien no se dan en toda su pureza, hallándose influidos por los opuestos principios del sistema acusatorio. De entre ellos, hay que señalar los siguientes:

a) La *escritura de las actuaciones procesales*: Varios preceptos de la LECRIM hacen referencia al principio de la escritura (arts. 315, 450, etc.). En concreto, el art. 321, I dispone que «los Jueces de instrucción formarán el sumario ante sus secretarios», quienes están obligados a documentar por escrito las actuaciones (arts. 279 y ss. LOPJ). Esto es muy importante, porque con base en estas actuaciones escritas se va a tomar la decisión de si se abre el juicio oral contra determinada persona, o, al contrario, si procede el sobreseimiento (art. 627 LECRIM).

b) El *secreto* de las actuaciones que forman el procedimiento preliminar vine impuesto por el art. 301 LECRIM, si bien debe tenerse en cuenta que hay que distinguir:

1.º) Cuando la Ley dice que las diligencias del sumario serán secretas se está refiriendo al público, con lo que dice que no existe publicidad en sentido estricto. La publicidad aparece sólo después de la apertura del juicio oral.

2.º) El secreto no se refiere a las partes en el procedimiento preliminar, pues éstas pueden tomar conocimiento de todas las actuaciones e intervenir en todas las diligencias, como dice el art. 302. Además la Ley 53/1978, de 4 de diciembre, ha aumentado, si cabe, la vigencia del principio de contradicción en la instrucción.

Excepcionalmente el mismo art. 302 prevé la posibilidad de que el juez declare el secreto de las actuaciones para las partes personadas (no para el Fiscal), por medio de auto y por tiempo no superior a un mes (aunque cabe prórroga). Esta declaración de secreto sí que afecta al principio de contradicción en la instrucción, puesto que se produce una verdadera limitación del mismo.

c) *Iniciación de oficio*: Este carácter es netamente inquisitivo, pero ciertamente dura poco tiempo, ya que inmediatamente el Juez haya incoado el sumario, debe ponerlo en conocimiento del Ministerio Fiscal, para que éste se constituya en parte (arts. 303, I y 308 LECRIM).

C) Piezas

El procedimiento preliminar está formado por tres piezas necesarias y una eventual:

a) *Pieza principal*: Se forma con el auto de incoación del sumario o de las diligencias previas, y en ella se comprenden las diligencias encaminadas a la averiguación del delito y a la participación del imputado, con todas las circunstancias relevantes para su calificación, terminando con el auto de conclusión del sumario.

b) *Pieza de situación personal*: En esta pieza se hacen constar todas las diligencias relativas a la prisión o libertad provisionales del imputado, así como las fianzas correspondientes a estas medidas cautelares (art. 544 LECRIM).

c) *Pieza de responsabilidad civil*: Aquí constan todas las diligencias sobre fianzas y embargos decretados para asegurar las responsabilidades pecuniarias del imputado, como multas, costas y responsabilidad civil (art. 590 LECRIM), o para declarar la insolvencia.

d) *Pieza de responsabilidad subsidiaria*: Esta pieza es eventual, pero sólo se forma cuando es responsable civil un tercero no imputado penalmente (art. 619 LECRIM).

En los procesos abreviados se pueden formar más piezas separadas, si existe conexión o varios imputados (art. 784, 7.ª, LECRIM).

III. EL PROCEDIMIENTO PRELIMINAR DEL MINISTERIO FISCAL

La posibilidad de que el Ministerio Fiscal pueda instruir una causa penal en España existe desde 1988, fecha en que la ley que introdujo el proceso penal abreviado lo permitiera de manera muy limitada en el hoy derogado art. 785 bis. La reforma de 2002 continúa admitiendo esta posibilidad, por lo que el Ministerio Fiscal, dejando la instrucción del proceso penal de menores para la lec. 24ª, puede instruir las diligencias previas del proceso abreviado, bien directamente, bien a través de la Policía Judicial, siempre que se den los requisitos fijados en el art. 773.2 LECRIM:

1.º) Que el Fiscal tenga noticias de un hecho aparentemente delictivo, directamente o a través de denuncia o atestado; y

2.º) Que no se esté tramitando un procedimiento judicial sobre los mismos hechos, pues en ese caso, debe cesar en sus competencias y remitir las actuaciones practicadas al Juez competente.

Dándose los anteriores requisitos, el Ministerio Fiscal realiza las actuaciones imprescindibles para comprobar el hecho y determinar la persona presuntamente responsable del mismo (y si son infructuosas, archivará las actuaciones, aunque el ofendido puede denunciar los hechos ante el Juez de Instrucción), pidiendo al órgano jurisdiccional la incoación de las diligencias previas, para a partir de ahí continuar el proceso abreviado su tramitación procedimental normal. El Fiscal General del Estado puede dictar instrucciones al respecto (art. 773.1, III LECRIM).

Finalmente, el art. 5, III EOMF (no reformado en este punto por la Ley 14/2003, de 26 de mayo), dispone que todas las diligencias que practique el Ministerio Fiscal, o que se lleven a cabo bajo su dirección, gozarán de presunción de autenticidad. Esta disposición no debe llevar a engaño, puesto que en la práctica su valoración se somete al régimen general, por lo que son apreciadas libremente por los órganos jurisdiccionales.

El aspecto más difícil de las actuaciones previas del Fiscal, según las conforma el art. 773.2 de la LECRIM, atiende a que estas diligencias no puede decirse que sirven realmente para preparar el juicio oral, sino que sirven para «instar» del Juez de Instrucción la incoación de las verdaderas diligencias previas o procedimiento preliminar, con lo que la equiparación que se hace entre procedimiento preliminar judicial y procedimiento preliminar fiscal es, por lo menos, muy dudosa.

IV. LA ACTUACIÓN EN ESTA FASE DE LA POLICÍA JUDICIAL

El concepto y organización de la Policía Judicial, han sido estudiados en el Tomo I (Lección Novena). Toca ahora explicar sus funciones en el proceso penal, analizar sus actuaciones principales y el valor de sus actos.

Como hemos dicho, la reforma de 2002 ha potenciado a la Policía Judicial de una manera notable, encargándole formalmente la investigación del crimen previa a la incoación formal del proceso penal. De acuerdo con la LECRIM, debe realizar tareas específicas (arts. 770, 771 y 796), que conduzcan a una investigación correcta del hecho y de su autor, preparando adecuadamente el juicio oral.

Recordemos tan sólo que el cometido general de la Policía Judicial es el de ser auxiliares de los órganos jurisdiccionales y de la Fiscalía en la averiguación de los delitos y descubrimiento de sus responsables (art. 126 CE), quedando obligados a seguir las instrucciones que reciban de ellos (art. 283, I, LECRIM).

Ello significa que su actuación comienza inmediatamente sean requeridos, aunque todavía no se haya incoado formalmente el proceso penal correspondiente (ya se aportarán luego a la causa esas actuaciones), teniendo asimismo la obligación de participar a la autoridad judicial la comisión de un delito público, a través de lo que se llama diligencias de prevención (art. 284), que consideraremos en este mismo apartado.

El comienzo de su tarea puede provenir de una de estas tres fuentes: 1) Por propia iniciativa al llegar a su conocimiento la existencia de unos hechos que pueden constituir un delito público (art. 284, I, LECRIM); 2) Cumpliendo las órdenes del órgano jurisdiccional que está efectuando ya un procedimiento preliminar; y 3) Por orden del Ministerio Fiscal (art. 287 LECRIM).

Las funciones de más trascendencia son las que realiza la Policía Judicial en el primero de los supuestos indicados, que son las llamadas diligencias de prevención. Esa labor genérica termina cuando hayan completado las diligencias (art. 284, II, LECRIM), o cuando se presente el Juez competente (art. 286 LECRIM), que asumirá la dirección de la investigación, sin perjuicio de las que le puedan ser ordenadas a lo largo del procedimiento preliminar judicial.

Téngase en cuenta que la actuación de la Policía Judicial viene limitada por el art. 297, III, LECRIM a observar estrictamente las formalidades legales en cuantas diligencias practiquen, y se abstendrán bajo su responsabilidad de usar medios de averiguación que la ley no autorice.

> La Policía Judicial estaba formada en la concepción de la LECRIM por muchos miembros (art. 283), precepto no derogado. Hoy, y probablemente porque la Policía Judicial no existe como tal, todos los miembros de las Fuerzas y Cuerpos de Seguridad, tanto si dependen del Gobierno Central, como de las CC.AA. o de los Entes Locales, son miembros de la Policía Judicial (art. 443 LOPJ).

Según el art. 2 LOFCS son miembros de las mismas:

1.º) Las Fuerzas y Cuerpos de Seguridad del Estado dependientes del Gobierno de la nación (Policía Nacional y Guardia Civil).

2.º) Los Cuerpos de Policía dependientes de las CC.AA. (Policía Autonómica).

3.º) Los Cuerpos de Policía dependientes de las Corporaciones Locales (Policía Local).

Según el RD 769/1987, de 19 de junio, las funciones de la Policía Judicial corresponden a todos los miembros de las Fuerzas y Cuerpos de Seguridad, cualquiera que sea su naturaleza y dependencia (art. 1), constituyendo la Policía Judicial en sentido estricto las Unidades Orgánicas previstas en el art. 30.1 LOFCS (art. 7), integradas por miembros del Cuerpo Nacional de Policía y de la Guardia Civil (según la STS de 25 de septiembre de 2003, RJ 6376, el servicio de vigilancia aduanera no es policía judicial).

A) Funciones

La cuestión más importante estriba en determinar exactamente las funciones de la Policía Judicial que tienen incidencia procesal penal, al hilo de lo dispuesto en los arts. 443 y 445.1 LOPJ (y en el art. 28 RD 769/1987), y con las precisiones efectuadas por la S TS de 22 de junio de 1989 (RA 4429). Podríamos seguir la siguiente clasificación:

a) *Con relación a los delincuentes* (arts. 767, 770, 771 y 772.2 LECRIM, 20.2 LOSC de 1992): 1.º) Averiguar quiénes son los responsables del delito y 2.º) En su caso, detenerlos y ponerlos a disposición judicial tras la realización de las diligencias pertinentes. Destaca aquí la medida de retención para identificación, regulada en el art. 20 LOSC de 1992.

b) *Con relación al delito*: Averiguar las circunstancias de su comisión (v. los arts. 569, IV, 770, 777 y 796 LECRIM). Las posibilidades son muchas y giran fundamentalmente en torno a los actos de investigación.

c) *Realización de actos de auxilio* (arts. 770, 1º, 772.1 y 796 LECRIM): 1.º) Auxiliar al Juez y al Fiscal en cuantas actuaciones deban realizar fuera de su sede y requieran la presencia policial; 2.º) Realizar citaciones; y 3.º) Realizar cualquier otra actuación en que sea necesaria su cooperación o auxilio y lo ordenen el Juez o el Fiscal.

d) *Actos de ejecución*: 1.º) La realización material de las actuaciones que exijan el ejercicio de la coerción y ordenasen el Juez o el Fiscal; y 2.º) La garantía del cumplimiento de las órdenes y resoluciones del Juez o del Fiscal.

e) *Con relación a la víctima del delito* (arts. 771 y 796 LECRIM): 1.º) Proporcionarle auxilio médico, en su caso; y 2.º) Instruirle de sus derechos.

f) *Como testigos* (arts. 297, 717 y 772.2 LECRIM): Al tener sus actuaciones valor procesal de denuncia, aunque no sólo como veremos inmediatamente, comparecen como testigos en el proceso penal.

B) Las diligencias de prevención

Las diligencias de prevención son las primeras que hay que practicar una vez descubierto el hecho criminal: Dar protección a los ofendidos y perjudicados por el delito, a sus familiares o a otras personas, consignar las pruebas del mismo que puedan desaparecer, recoger y poner en custodia cuanto conduzca a su comprobación y a la identificación del delincuente, y detener en su caso a los sospechosos (art. 13 LECRIM).

La ejecución de las primeras diligencias significa, en ciertos casos de gran trascendencia social y que requieren una actuación urgente, la adopción de determinadas medidas cautelares, no sólo penales, pues también pueden tener naturaleza civil. Eso sucede con la protección procesal penal de las víctimas de la violencia de género, pudiéndose decretar en concreto las previstas en el art. 544 bis, o en el art. 544 ter. Es importante resaltar que su competencia es exclusivamente judicial, por tanto, en ningún caso puede la Policía Judicial proceder a su imposición.

La práctica de estas diligencias obliga a comunicar la comisión del delito a la autoridad judicial o fiscal inmediatamente, salvo que se perjudique la propia investigación (art. 284 LECRIM).

Téngase en cuenta que el aseguramiento (detención) del presunto autor de los hechos, y el auxilio a las víctimas del delito, son diligencias prioritarias para la Ley, de manera que únicamente pueden practicarse otras cuando estas dos, en su caso, estén cumplidas (art. 366 LECRIM).

Sobre la práctica en concreto de las diligencias, conviene tener en cuenta los siguientes aspectos:

a) La obligación de practicar las diligencias de prevención surge para la Policía Judicial en el momento tengan noticia de la comisión de un hecho punible (art. 4 RD 769/1987, de 19 de junio).

b) La práctica de las diligencias de prevención cesa cuando se haga cargo de la investigación la autoridad judicial, o el Fiscal encargado de las actuaciones, a quienes se hará entrega de todo lo practicado, incluyendo los efectos intervenidos, poniendo a su disposición las personas detenidas si las hubiere (art. 5 RD 769/1987, de 19 de junio); y

c) Muy importante: No habiéndose incoado sumario o diligencias previas, el jefe de los miembros de la Policía Judicial es exclusivamente el Fiscal, por lo que sólo a él deben dar cuenta de las investigaciones practicadas, sin perjuicio de ejecutar las que les ordene (art. 20 RD 769/1987, de 19 de junio).

Tratándose de diligencias de prevención practicadas por la Policía Local, esta función, necesaria tras la presentación de las correspondientes denuncias por los ciudadanos por hechos delictivos, o por conocimiento propio, consiste en realizar las diligencias que el caso aconseje y que tengan carácter urgente, y, tanto si se han completado como si no, dar parte inmediatamente a la Comisaría del Cuerpo Nacional de Policía o al puesto de la Guardia Civil autorizado más cercano. En caso de que se haya practicado una detención, deberá entregar la Policía Local al detenido inmediatamente a la Policía Nacional o a la Guardia Civil.

Finalmente, qué tipo de diligencias pueden practicarse. La respuesta es muy sencilla, puesto que, dado que el acto de investigación a realizar depende fundamentalmente del hecho delictivo concreto producido, y dado que el art. 13 LECRIM establece las diligencias con carácter abierto, se pueden ejecutar todas las conducentes al buen fin de la investigación (v. art. 299 LECRIM), salvo que su autorización esté reservada exclusivamente al Juez o al Fiscal.

No obstante, la Ley clasifica las actuaciones, sin perjuicio de que para el proceso abreviado y para el proceso especial para el enjuiciamiento rápido de determinados delitos los arts. 770 y 796 establezcan disposiciones específicas, en cinco grupos, cuyo orden seguimos:

a) *Dar protección a los perjudicados*: No sólo está pensando el legislador en posibles consejos jurídicos a la víctima del delito, sino y más fundamental en realizar las actuaciones físicas que permitan a ésta hacer que la situación se recupere, cese o quede protegida frente al peligro del delito. Por ejemplo, llevarla a un hospital, recoger sus pertenencias, evitar la continuación de la agresión, etc. La protección comprende también a los familiares de los ofendidos o perjudicados e, incluso, a otras personas.

b) *Consignar las pruebas del delito que puedan desaparecer*: Actuación totalmente necesaria, puesto que la prueba va a servir para convencer al juez el día del juicio oral si el acusado es culpable o inocente (art. 741, I, LECRIM). Su pérdida podría significar sin duda el fracaso del proceso y la impunidad del delincuente. Así, el miembro de la Policía Judicial deberá anotar todos los testigos que hayan presenciado el hecho, los elementos que requieran una actuación posterior de carácter pericial, etc.

c) *Recoger y poner en custodia cuanto conduzca a la comprobación del delito (piezas de convicción)*: Los miembros de la Policía Judicial deben asegurar también aquellos objetos que sean las piezas de convicción del delito, como el arma homicida, la droga, los documentos contables, etc., que sirven para que el órgano jurisdiccional se forme una idea exacta de cómo han ocurrido los hechos (arts. 438 y 712 LECRIM).

d) *Identificación del delincuente*: Si no es posible directamente, leyendo su documentación personal, las actuaciones a practicar permiten incluir la toma de huellas dactilares, descripción de testigos, etc.

e) *Detener al presunto autor*: Posibilidad permitida con carácter general por el art. 492 LECRIM, que es una medida cautelar personal.

C) El atestado policial

La especialización técnica de la Policía Judicial actual, que la ha convertido realmente en una Policía Científica, hace que sus actuaciones tengan un contenido muy rico desde el punto de vista procesal, tanto que su valor, a efectos sobre todo probatorios, puede ser decisivo en la fundamentación de las sentencias de condena.

No siendo sin embargo ni autoridad judicial ni fiscal, la LECRIM, anticuada en este tema, no ha previsto que la documentación policial relativa a actos de investigación penal, que hoy es ciertamente compleja, tiene diferente valor y alcance. De ahí que la jurisprudencia, tanto la del TS como la del TC, hayan precisado, sobre todo últimamente, estas cuestiones.

El atestado policial es el documento que contiene la investigación (entendida como conjunto y no como unidad) realizada por la Policía respecto a un hecho aparentemente criminal, sea de la naturaleza que sea. En principio tiene valor de denuncia, según el art. 297, I, LECRIM, pero esta declaración legal es decir bien poco.

Los atestados, por tanto, pueden tener muy diversos orígenes o fundamentos, pero si tomamos como ejemplo el atestado policial que se levanta con ocasión de un accidente de tráfico cuyo conductor presenta signos externos evidentes de alcoholemia (delito de conducción de vehículo de motor bajo la influencia de bebidas alcohólicas del art. 379 CP), por ser el de más frecuente utilización práctica quizás, podemos extraer un contenido homogéneo importante a estos efectos.

Así, observamos que un atestado completo respecto a dicho delito debería constar de los siguientes documentos y declaraciones:

1.º) Documento que identifica al agente que instruye el atestado por accidente de circulación.

2.º) Acta de información de derechos previa a la prueba de alcoholemia.

3.º) Diligencias de inspección ocular del lugar del accidente, con indicación en su caso de los nombres de los testigos presenciales.

4.º) Diligencias de manifestación e identificación del conductor (permiso de conducir, de circulación, seguros, etc.).

5.º) Diligencias de identificación administrativa de otros posibles conductores implicados (permiso de conducir, de circulación, seguros, etc.).

6.º) Diligencias para hacer constar los datos del peatón atropellado, en su caso, con indicación del hospital al que ha sido trasladado.

7.º) Diligencias para hacer constar los datos del ocupante del vehículo, en su caso.

8.º) Diligencias para hacer constar los daños causados.

9.º) Diligencias de apreciación de la forma de producirse el accidente, que consta de dos apartados: El croquis del accidente y los datos «externos» del conductor (el llamado en la práctica «parte complementario», de gran utilidad judicial, en donde el agente da su impresión del estado físico y mental del conductor, v.gr. «habla pastosa», «ojos brillantes», «deambulación vacilante», «expresión titubeante», «olor a alcohol», etc.).

10.º) Acta de alcoholemia y, en su caso, acta de información de derechos por haberse negado el conductor a la prueba de alcoholemia (sobre el test de alcoholemia) (Lección 9.ª).

11.º) Declaración del conductor posterior a la práctica del test de alcoholemia (circunstancias previas al accidente, v.gr., cuánto ha bebido, fumado, dormido, etc., dándosele oportunidad de que manifieste todo lo que tenga por conveniente); y

12.º) Finalmente, diligencia de entrega del atestado en el Juzgado de Guardia correspondiente, con copia al Ministerio Fiscal.

Este contenido, que en España puede incluir además un parte resumen a efectos estadísticos, e información complementaria en diferentes idiomas ante el carácter cosmopolita de nuestro país, tiene indudablemente diferente valor. Por ello, la jurisprudencia ha precisado las siguientes cuestiones:

a) El atestado tiene valor de denuncia, como hemos indicado, de manera que cumple la función de ser acto de iniciación del proceso penal (declaración que ha formulado el TC desde su Sentencia 31/1981, de 28 de julio, y ha reiterado luego constantemente).

b) Para que el acto de iniciación pueda llegar a tener consecuencias probatorias es necesario que el miembro de la Policía Judicial que lo redactó declare como testigo en el juicio oral ante el tribunal juzgador y sentenciador, reiterándolo y ratificándolo. El policía es así en el proceso penal testigo (S TC 173/1985, de 16 de diciembre; y SS TS de 10 de diciembre de 1986, RA 7873; y de 18 de enero de 1988, RA 300, entre otras muchas).

No se trata de que el atestado se convierta en medio de prueba en el juicio oral, sino de que los hechos constados en él pueden llegar a entrar en el juicio oral por medio de la declaración del policía como testigo, que es cosa muy diferente y por ese camino pueden llegar a tener consecuencias probatorias. Naturalmente esos hechos han de haber sido antes afirmados por las partes.

c) En cuanto al contenido estricto de los atestados, la importantísima S TS de 23 de enero de 1987 (RA 450), ha hecho las siguientes distinciones:

1.ª) Cuando se trata de opiniones o apreciaciones de la Policía (por ejemplo, su parecer de cómo han ocurrido los hechos), de las declaraciones de los imputados, aunque se les haya instruido de sus derechos constitucionales y hayan gozado de la asistencia de Abogado, de declaraciones de testigos, de diligencias de identificación o de reconocimiento, en rueda o fuera de ella, o de otras diligencias semejantes, efectivamente, no se les puede atribuir por sí solas otro valor que el de *meras denuncias*, aunque luego si el policía declara como testigo en el juicio oral debe estarse al valor probatorio de este medio de prueba;

2.ª) Cuando se trata de dictámenes o de informes emitidos por Gabinetes de los que actualmente dispone la Policía, tales como los de dactiloscopia, identificación, análisis químicos, balísticos y otros análogos, tendrán, al menos, *valor de dictámenes periciales*, aunque deban ser ratificados en presencia judicial, durante las sesiones del juicio oral y con la posibilidad de que las partes puedan dirigir observaciones u objeciones o pedir aclaraciones a los miembros de los referidos Gabinetes; y

3.ª) Finalmente, tratándose de diligencias objetivas y de resultado incuestionable, como la aprehensión «in situ» de los delincuentes, los supuestos en que éstos sean sorprendidos en situación de flagrancia o de cuasiflagrancia, la ocupación y recuperación de los efectos e instrumentos del delito, armas, drogas o sustancias estupefacientes, efectos estancados o prohibidos, entrada y registro en lugar cerrado y lo que se hallara durante el transcurso de los mismos, siempre que mediara asentimiento del morador o del que tiene derecho a excluir, o de otros supuestos semejantes, el valor que debe atribuírsele es el de *verdaderas pruebas* (documentales o periciales, añadimos nosotros, sin perjuicio de la testifical del agente), sometidas como las demás al principio de libre valoración establecido en los arts. 717 y 741, I, LECRIM.

El art. 75 LTraf, para los supuestos específicos en que intervengan los agentes con competencias en materia de circulación vial, añade que las denuncias efectuadas por los mismos harán fe, salvo prueba en contrario, respecto de los hechos denunciados, sin perjuicio del deber de aquéllos de aportar todos los elementos probatorios que sean posibles sobre el hecho denunciado. La jurisprudencia sin embargo con buen criterio, hace caso omiso de esta vinculación probatoria, porque conforme a los preceptos de la LECRIM acabados de citar, todas las pruebas, absolutamente todas, se valoran por los tribunales penales libremente.

D) Las declaraciones ante la Policía Judicial

La jurisprudencia ha tenido ocasión igualmente de pronunciarse acerca del valor probatorio que tienen las declaraciones formuladas por los imputados ante la Policía Judicial, particularmente cuando luego no son ratificadas por éstos en el acto del juicio, e incluso son negadas.

El principio general parte de la necesidad de practicar las diligencias de referencia rodeadas de todas las garantías establecidas por el art. 17 CE y la legislación ordinaria (art. 520 LECRIM fundamentalmente), y en particular con la presencia del Abogado defensor (S TC 31/1981, de 28 de julio).

Para que dichas declaraciones alcancen el valor de prueba tienen que ser ratificadas por el posteriormente acusado en el acto del juicio oral, y así poder el órgano jurisdiccional formar su convicción libremente, tanto en lo relativo a su ratificación en sentido estricto, como si el acusado niega o se contradice respecto a lo declarado ante la Policía o el propio Juez de Instrucción, ya que en este último caso el Tribunal debe realizar una apreciación conjunta sobre todas las declaraciones producidas (doctrina sentada por el TC en sus SS 80/1986, de 17 de junio; y 217/1989, de 21 de diciembre, entre otras muchas).

La clave de esta interpretación se basa en que el acusado, de un lado, haya sido interrogado con respeto íntegro a todos sus derechos constitucionales y, en segundo lugar, que tenga oportunidad el día del juicio oral de explicar la rectificación o retractación de su declaración, naturalmente con vigencia del principio de contradicción (SS TC 161/1990, de 19 de octubre; y 80/1991, de 15 de abril).

No obstante, nos parece que siendo la única prueba realizada en el proceso, la retractación o negación en el acto del juicio de la declaración ante la Policía no puede llevar más que a la absolución, puesto que sólo el segundo acto es probatorio y nunca el primero, y conforme al art. 741, I, LECRIM la convicción judicial se forma con base en la actividad probatoria y no a la sumarial o policial, sin perjuicio de infringir el principio de la presunción de inocencia, al no existir mínima actividad probatoria de cargo, según la conocida doctrina del TC al respecto, que comentamos en la lección correspondiente de este mismo tomo.

La condena vendría asegurada, por tanto, existiendo otras pruebas de cargo, coadyuvando como otro elemento más la valoración judicial de la retractación.

V. LAS PARTES EN EL PROCEDIMIENTO PRELIMINAR

Las funciones que realiza el Fiscal en el procedimiento preliminar ya han sido estudiadas, así como las de la Policía Judicial, en esta misma lección anteriormente.

Hemos de referirnos ahora a la intervención de las demás partes acusadoras y a la del imputado, pero con carácter general, puesto que en particular la iremos viendo oportunamente en lecciones posteriores.

Así, todas las partes tienen las posibilidades siguientes:

a) Proponer la práctica de las diligencias que estimen oportunas (arts. 302, 311, I, 776.3 y 777.2 LECRIM), como consecuencia del principio de contradicción y del derecho de defensa, si bien su realización efectiva depende de que sean admitidas por el Juez, que puede rechazarlas si las considera inútiles o perjudiciales.

b) Conocer las actuaciones del procedimiento preliminar (art. 302, I LECRIM), como consecuencia del principio de contradicción, salvo que esté declarado el secreto, como hemos apuntado antes.

c) Intervenir en todas las diligencias que se practiquen en el procedimiento preliminar (art. 302, I LECRIM), también como consecuencia del principio de contradicción.

Hay que precisar que, aunque formalmente no esté incoado el procedimiento preliminar judicial, las «futuras» partes pueden intervenir también en caso de que dicho procedimiento preliminar se haya puesto en marcha materialmente por el Fiscal y, por tanto, en caso de actuaciones desarrolladas por la Policía a instancia suya (v. art. 773.2 LECRIM).

Ello es particularmente importante para el detenido, pues tiene ya desde el momento de la detención derecho a la defensa técnica preprocesalmente y una vez iniciado el proceso penal (arts. 17.3 y 24.2 CE, y arts. 118, 520 y 775, II LECRIM), aunque el imputado goza también de otros derechos durante esta primera fase del proceso penal español, que iremos viendo oportunamente.

No debe olvidarse tampoco la vigencia en el proceso penal español del principio de investigación oficial, por lo que el Juez puede practicar de oficio todas las diligencias que considere necesarias para alcanzar los fines propios del procedimiento preliminar, sin necesidad de que se lo pidan las partes (v. los arts. 315, II, y 777.1 LECRIM).

Finalmente, tanto en los puntos tratados en esta lección, como en otros muchos del proceso penal, hay que tener en cuenta las disposiciones procesales penales recogidas en el Convenio Europeo para la Protección de los Derechos Humanos y Libertades Fundamentales (CEDH), de 1950, ratificado por España en 1979, concretamente en sus arts. 1 a 8, y principalmente en los arts. 5 y 6, todas ellas contempladas en nuestra Constitución, que en muchos aspectos supera al texto internacional, que es de aplicación en España también jurisprudencialmente (Tribunal Europeo de Derechos Humanos, con sede en Estrasburgo, Francia), por el art. 10.2 CE.

LECTURAS RECOMENDADAS: IZAGUIRRE GUERRICAGOITIA, *La investigación preliminar del Ministerio Fiscal. La intervención de las partes en la misma*, Ed. Aranzadi, Pamplona 2001, MARTÍNEZ PÉREZ, *Policía Judicial y Constitución*, Ed. Aranzadi, Pamplona 2001.

Lección Séptima

Actos de iniciación

I. INICIACIÓN DEL PROCEDIMIENTO PRELIMINAR POR NOTICIA DE TERCEROS

Dos medios:

A) La denuncia

Puesta en conocimiento de *notitia criminis*

a) La denuncia, ¿derecho o deber? Deber, pero con excepciones
b) Incumplimiento de la obligación de denunciar: Responsabilidad según las personas
c) Ante quién ha de presentarse la denuncia: Varios
d) Capacidad para denunciar: personas físicas; no jurídicas
e) Forma de la denuncia: verbal o escrita, siempre de persona conocida
f) Consecuencias de la denuncia
g) Otras modalidades de la denuncia. El atestado policial: recoge diligencias practicadas por la policía, pero es solo denuncia

B) La querella

Comunica hechos punibles y asume la condición de parte acusadora. Declaración de voluntad.

a) La figura del querellante: persona física o jurídica
b) Órgano de presentación y forma de la querella: Escrita y ante órgano judicial
c) Consecuencias de la querella
d) Abandono de la querella

II. INICIACIÓN DE OFICIO DEL PROCEDIMIENTO PRELIMINAR

Puede incoar el juez, pero luego sistema acusatorio.

I. INICIACIÓN DEL PROCEDIMIENTO PRELIMINAR POR NOTICIA DE TERCEROS

Son dos las posibilidades que, bajo este denominador común se establecen traducidas procesalmente en dos instituciones diferentes: la denuncia y la querella, reguladas en los arts. 259 a 281 LECRIM.

A) La denuncia

El término denuncia no es específicamente procesal, aunque sí lo es jurídico al identificarse siempre con un acto de comunicación de hechos a algún organismo, institución o autoridad para obtener, precisamente, consecuencias con trascendencia jurídica.

Ahora nos interesa la que podemos denominar denuncia procesal penal configurada como declaración de conocimiento por la que se puede o debe comunicar a las autoridades judiciales, miembros del Ministerio Fiscal o policía la comisión de unos hechos que podrían ser constitutivos de delito o falta.

Este sintético concepto abre algunos interrogantes. La denuncia: ¿es un derecho o un deber?, ¿ante quién y cómo ha de plantearse?, ¿cuáles son sus consecuencias?

a) La denuncia, ¿derecho o deber?

Ante todo se trata de un deber cívico, sancionable de incumplirse si los hechos a denunciar pudieran ser constitutivos de delito o falta públicos; excepcionalmente es un derecho, pero sólo si los hechos fueran tipificables como semiprivados, porque entonces la denuncia se configura como presupuesto para la apertura de proceso en su persecución.

La obligación de denunciar se impone a quienes presenciaren o tuvieren noticia de la perpetración de cualquier delito público, de los que deben perseguirse de oficio (arts. 259, 262 y 264 LECRIM). Y cabe preguntarse si surge por la mera circunstancia de presenciar o conocer tales hechos o si debe concurrir alguna otra. La Ley se decanta en este último sentido condicionándola a circunstancias físicas, psíquicas, familiares o profesionales, en sentido negativo.

Por edad, no están obligados a denunciar los impúberes (art. 260). Por incapacidad psíquica, la exclusión alcanza a quienes «no gozaren del pleno uso de su razón» (art. 260) pudiendo añadírseles, en general, los que tuvieran algún defecto físico impeditivo o limitativo de su capacidad de percepción (por ej. un ciego para la denuncia de hechos en los que el sentido de la vista sea esencial para conocerlos). Las razones familiares se recogen en el art. 261 LECRIM, incluyendo a la familia más cercana.

Finalmente, el conocimiento de hechos presuntamente punibles por información privilegiada obtenida en ejercicio de profesión (abogados) o ministerio religioso protegido con secreto profesional o de «confesión», exime de su revelación (art. 263 LECRIM).

Quienes no estén incursos en alguno de los supuestos antedichos y tengan conocimiento de hechos presuntivamente constitutivos de delito o falta públicos, deberán denunciarlos.

b) Incumplimiento de la obligación de denunciar

Sus consecuencias son distintas, según la forma en que se conocieron los hechos que debieron denunciarse y la cualidad de la persona que los obtuvo, pudiendo distinguirse las situaciones siguientes en base a los arts. 259, 262 y 264 LECRIM.

1.ª) Si fueron directamente presenciados, su denuncia es preceptiva para todos con las únicas excepciones que antes veíamos (impúberes, incapacitados, familiares). No haciéndose así, se incurrirá en multa (ridícula, el equivalente en euros de 25 a 250 pts.).

2.ª) Si no fueron presenciados, sino conocidos en desempeño de cargo, profesión u oficio, la denuncia es también obligatoria (excepto para los sometidos a secreto profesional o de confesión) pero su falta puede tener otras consecuencias. Supondrá, como antes, la posible imposición de multa —que siendo personas sometidas a régimen disciplinario se impondrá por esta vía— en la misma cuantía, con carácter general, o ligeramente superior (el equivalente en euros de 125 a 250 ptas.) tratándose de un profesional de la medicina. Y además, si el omitente fuera funcionario público, se comunicará al superior inmediato «para los efectos a que hubiere lugar en el orden administrativo».

Estas sanciones tienen carácter subsidiario. Sólo se aplicarán si la conducta omitida no es incardinable en alguna que podría determinar otras responsabilidades (art. 262, in fine).

La obligación de denunciar también se impone a los detectives privados, tratándose de delitos perseguibles de oficio conocidos en sus investigaciones. Supone que deberán cesar en ellas poniendo los hechos y toda la información o instrumentos obtenidos en conocimiento de la autoridad competente (art. 19.3 Ley 23/1992, de 30 de julio, de Seguridad Privada).

3.ª) Si aquel conocimiento fuera indirecto o puramente circunstancial —situación que debe incluirse en las previsiones del art. 264 referido a su adquisición «por cualquier medio diferente de los mencionados»— se dice simplemente que «deberán» denunciarse, pero no se preven sanciones ni responsabilidades de no hacerse.

Ello induce a pensar que, en este caso, la denuncia no es preceptiva sino meramente potestativa. Tanto es así que el art. 264, II, establece como única responsabilidad exigible la que derivaría del hecho de la denuncia, o con su ocasión, con implícita referencia a los delitos de acusación y denuncia falsas del art. 456 CP.

No hay obligación de denunciar; ni sanción de no hacerse. Pero si se realiza malintencionadamente y con falsedad demostrada, tal conducta es penalmente sancionable.

4.ª) Nuevo supuesto sería que el propio autor del hecho punible presente denuncia por él. Nos encontramos ante la denominada «autodenuncia» que no puede calificarse de obligatoria y, por tanto, sancionable de no llevarse a efecto. Sin embargo la conducta autodenunciatoria sí parece «premiable» al considerarse circunstancia atenuante de responsabilidad (art. 24.1 CP).

5.ª) Recordar finalmente, aunque ha sido apuntado, que el que ciertas personas estén, en algunos casos, eximidas de la obligación de denunciar no les impide hacerlo. Si así fuera y, potestativamente, los denunciaran su denuncia tiene pleno valor procesal

c) Ante quién ha de presentarse la denuncia

La LECRIM permite hacerlo ante: órganos jurisdiccionales, miembros del Ministerio Fiscal y policía, con diferentes consecuencias en cada caso.

Por lo que se refiere a los primeros, se distingue entre Juzgados de Paz, Juzgados de Instrucción y Tribunal competente.

Esto lleva a pensar que puede presentarse ante cualquier órgano jurisdiccional con competencia penal cualquiera que sea ésta, pues la mera recepción de la denuncia no presupone que deba desarrollarse procedimiento preliminar por los hechos que constituyen su objeto ni que deba, en su momento, sentenciarse sobre ellos.

No obstante, el auténtico receptor de la denuncia es el Juzgado de Instrucción o el de Violencia sobre la Mujer, territorialmente competentes en aplicación de los arts. 15 y 15 bis de la LECRIM, con independencia de que los hechos se califiquen como delitos, al corresponderles conocer del procedimiento preliminar que pudiera seguirse, o como faltas cuyo conocimiento se les atribuya en el ámbito de las respectivas competencias establecidas por el art. 14 de la LECRIM, según redacción dada por la LO 1/2004, de 28 de diciembre, de Medidas de Protección Integral contra la Violencia de Género (art. 58). La referencia hay que entenderla hecha al Juzgado Central de Instrucción, tratándose de delitos competencia de los Juzgados Centrales de lo Penal o de la Sala de lo Penal de la Audiencia Nacional (arts. 87 y 88 de la LOPJ, modificado el primero por la precitada LO 1/2004, de 28 de diciembre).

A ellos se remitirán las actuaciones si la denuncia se hubiera presentado ante otro Juzgado o Tribunal, aunque estos podrán practicar cualquiera de las diligencias «primarias» relacionadas en el art. 13 (consignación de pruebas del delito susceptibles de desaparición; recogida y puesta en custodia de cuanto conduzca a su comprobación; identificación del presunto delincuente y su detención, si procediera; y adopción de medidas para la protección de las víctimas o personas afectadas por los hechos). Igualmente se procederá si la denuncia se formulase ante un Juzgado de Instrucción o de Violencia Sobre la Mujer, territorialmente incompetentes, pues nada impide que se haga ante cualquiera, habitualmente el más próximo o ante el Juzgado de Guardia.

La denuncia puede, asimismo, presentarse ante cualquier miembro del Ministerio Fiscal (arts. 259, 262, 264 y 773.2 LECRIM, art. 5 EOMF, de 30 dic. de 1981).

Este puede «recibir denuncias enviándolas a la autoridad judicial o decretando su archivo cuando no encuentre fundamento para ejercer acción alguna notificando, en este último caso, la decisión al denunciante» (art. 5 EOMF).

Finalmente, podrá presentarse ante funcionarios de la policía.

Aquí se incluyen los miembros de las Fuerzas y Cuerpos de Seguridad, al margen de su naturaleza y dependencia del Estado o propia de las Autonomías o Corporaciones Locales. También podrá presentarse ante los miembros de la Policía Judicial a que se refiere el RD de 19 de junio de 1987.

No existe un criterio territorial específico determinante del órgano ante el que la denuncia ha de presentarse para su validez a pesar de ciertas previsiones legales que, ambiguamente, parecen indicar otra cosa (por ej. los arts. 259 y 262 hacen referencia «al lugar más próximo»). Y lo mismo cabe decir de una posible prelación de órganos para presentarla, siendo válida con independencia de ante quien se haga, aún cuando puedan ser distintas sus consecuencias inmediatas.

Sólo el art. 262 parece establecer cierta gradación dejando la posibilidad de denuncia ante la policía condicionada a que el delito fuera flagrante, cuando la «notitia criminis» se hubiera adquirido por razón de cargo, profesión o ministerio.

d) Capacidad para denunciar

En principio no aparece limitación alguna. El deber de denunciar no se condiciona a requisitos de capacidad pues al ser un simple acto de conocimiento, exclusivamente exigiría la necesaria para conocer y entender. Incluye, pues, a todas las personas físicas (obviamente no a las jurídicas).

Lo mismo cabe decir de ciudadanos extranjeros a quienes, vetándoseles la acción popular, sí tienen el deber de denunciar, al no ser la nacionalidad motivo de excusa y, además, parece consecuente con el art. 8.1 CC al establecer que «las leyes penales, las de policía y las de seguridad pública obligan a todos los que se hallan en territorio español».

e) Forma de la denuncia

Al ser un mero acto de comunicación de hechos hace innecesarios formalismos complejos para su planteamiento exigiéndose, casi exclusivamente la identificación del denunciante.

Podrá hacerse por escrito o de palabra, bien personalmente o por mandatario aún cuando, en este último caso, se exige poder especial (art. 265).

La denuncia por mandatario sólo tendría sentido haciéndose por escrito y acreditándose la actuación en nombre ajeno, a efectos de posibles responsabilidades por su interposición. Y es que, siendo verbal, seria dudoso si denuncia el mandante o el mandatario, pues éste comunicaría hechos que a él le han sido comunicados pudiendo encajar en el art. 246 dentro de las «otras formas» que no sean haberlos presenciado o conocido por razón de profesión o cargo.

Siendo escrita no requiere más formalidad que la firma del denunciante, por sí u otra persona en su nombre (o a «su ruego») que actuaría como representante sin adquirir responsabilidad alguna (art. 266).

No obstante, deberá relacionar los hechos indicando —de ser posible— su presunto autor y sus circunstancias personales y la identificación del denunciante. Puede realizarse una somera indicación de su posible calificación jurídica, aun cuando no es condición para su validez.

Realizándose verbalmente, su receptor deberá levantar acta —en forma de declaración del denunciante— continente de cuantos datos desee hacerse constar sobre los hechos o su presunto autor. Será firmada por ambos.

No debe olvidarse la posibilidad de la denuncia «anónima» inclusiva de distintas modalidades, desde el simple escrito sin identificación que llega, por cualquier medio, a alguno de los órganos o autoridades mencionados; hasta la denuncia telefónica, aun cuando el comunicante se identifique pues esta identificación puede ser falsa.

En estos casos, a pesar de su absoluta falta de formalismo y datos identificativos debería considerarse en aplicación del principio de proporcionalidad, ponderando la gravedad y trascendencia de los hechos; la presumible verosimilitud de lo comunicado y los posibles perjuicios que pudieran derivarse de una investigación.

En cuanto al idioma de la denuncia no se prevé expresamente, pareciendo implícito que debería ser el castellano. Sin embargo, pueden presentarla extranjeros en su lengua que, siendo aquella escrita, precisaría traducción oficial y siendo oral la presencia de intérprete. La posible utilización de idioma propio de alguna Comunidad Autónoma en que se admita como cooficial sería válida dentro de su ámbito territorial, pero no fuera de él, debiendo hacerse en castellano o traducida de alegarse su desconocimiento (art. 231 LOPJ).

f) Consecuencias de la denuncia

Podría distinguirse entre unas formales, reflejo inmediato de su presentación, y otras derivadas de su naturaleza comunicativa de hechos presuntamente punibles.

Siendo la denuncia escrita, su receptor deberá rubricar y sellar las hojas en que se contenga a presencia del denunciante, ofreciéndole la oportunidad de rubricarlas también.

En cualquier caso, sea escrita o verbal, deberá exigir identificación suficiente al denunciante y, si le fuera solicitado, expedir resguardo justificativo de la presentación de aquélla (arts. 266 y 268). Además deberá, con carácter general, practicar las diligencias necesarias para comprobar si los hechos denunciados pueden constituir una conducta sancionable.

Esto supone que la actividad consecuente a una denuncia es exclusiva de la autoridad ante quién se presentó y que la obligación de denunciar no va más allá de una declaración de conocimiento. El denunciante ni está obligado a probar los hechos denunciados, ni a formular querella (art. 264) aun cuando podría ser llamado como testigo; no adquiere por tanto derecho procesal alguno, ni siquiera el de la notificación de la resolución estimatoria o desestimatoria de la denuncia.

> El TC ha establecido que el derecho a la tutela judicial efectiva se agota en el momento en que el órgano jurisdiccional acoge la denuncia y realiza las correspondientes investigaciones (S 173/1988 de 3 noviembre).
>
> Sin embargo, con carácter general se exige al denunciante un acto complementario que es el de su ratificación, a partir de cuyo momento se estima formalizada la denuncia a todos los efectos.

La recepción de la denuncia exige de su receptor una calificación previa de su posible verosimilitud y si los hechos «merecen» ser investigados. Si se estimase que no son constitutivos de delito o falta, o si aquella apareciera manifiestamente falsa debería abstenerse de toda actuación «sin perjuicio de la responsabilidad en que pudiera incurrir si desestimase aquella indebidamente». Una desestimación que debería hacerse por auto, al cerrar el proceso para los hechos denunciados.

Estimada la denuncia el Juez de Instrucción lo comunicará a la Fiscalía, así como las diligencias practicadas para determinar los hechos y sus presuntos responsables.

Nos estamos refiriendo al supuesto en que el receptor de la denuncia es un órgano jurisdiccional. Pero puede presentarse ante miembros del Ministerio Fiscal o la policía. Dándose el primer supuesto pueden pasar varias cosas: 1) Que el Fiscal decrete el archivo de la denuncia por infundada, notificándolo así al denunciante; 2) Que remita directamente la denuncia al Juzgado competente, en otro caso; 3) Que ordene la práctica de aquellas diligencias que estime adecuadas para la comprobación de los hechos denunciados y presuntas responsabilidades, siempre que no sean limitativas de derechos, aunque se le permite acordar la detención preventiva.

Tales diligencias habrán de practicarse con respeto a los principios de contradicción, proporcionalidad y defensa, suponiendo: 1) Que al declarar el sospechosos habrá de hacerlo asistido de letrado, y tener conocimiento de todas las diligencias practicadas; 2) Que la duración de estas diligencias no superará, como regla general, los seis meses, salvo prórroga expresa del Fiscal General de Estado; no obstante, podrá alcanzar los doce (también con posible prórroga) si los hechos estuvieran relacionados con presuntos delitos de corrupción o propios de la criminalidad organizada de especial trascendencia, relacionadas en el art. 19 del EOMF (por ej. prevaricación, cohecho, contra la Hacienda Pública, etc) cuya investigación se atribuya a la Fiscalía contra la Corrupción y la Criminalidad Organizada; 3) Que en cuanto se evidencien hechos punibles, el Fiscal formulará la oportuna denuncia o querella y, no siendo así, archivará de las actuaciones (art. 5 del EOMF, modificado por la Ley 24/2007, de 9 de oct).

Estas normas han de entenderse aplicables con independencia del tipo de procedimiento que pudiera seguirse, pues las previsiones del art. 773.2 LECRIM para el procedimiento abreviado son subsumibles en las normas generales del art. 5 del EOMF. Quedarían así como particularidades destacables, a los únicos efectos de este procedimiento y en razón al precitado art. 773.2 de la LECRIM: 1) Que el Fiscal habrá de cesar en su actividad investigadora en cuanto tenga conocimiento de un procedimiento judicial sobre los mismos hechos y 2) Que el archivo de la denuncia por el Fiscal no impedirá que pueda reiterarse ante el Juzgado de Instrucción.

Las consecuencias de su presentación ante la policía las examinamos a continuación.

g) Otras modalidades de la denuncia. El atestado

Hemos visto la que denominamos denuncia «privada», al presentarse por un ciudadano «ordinario», sin considerar su cargo o condición. Pero el conocimiento de hechos presuntamente punibles puede haberse obtenido por miembros de la Policía, directamente o por denuncia ante ellos. Entonces el art. 284 prevé su comunicación a la autoridad judicial o al fiscal, aunque sin cesar en la práctica de las diligencias de prevención que estuvieran llevando a efecto, cesando en ellas tan pronto aquellos se hagan cargo de las actuaciones, con independencia de que practiquen las que les ordenen (arts. 3 y 4 RD 18 de junio de 1987, sobre Policía Judicial).

La policía tiene, pues, la obligación de dar trámite inmediatamente a la denuncia, con sanción disciplinaria en otro caso (art. 284). Incluso podría sancionarse como delito de omisión del deber de perseguir delitos (art. 408 CP).

Todo el conjunto de diligencias practicadas por la policía, por sí o de orden del Instructor o el Fiscal se califica legalmente como «atestado».

Este debe hacerse por escrito comprensivo de todos los datos y circunstancias observados, tanto inculpatorios como exculpatorios. Se firmará y sellará por quien lo extienda, pudiendo hacerlo quienes intervinieran en las diligencias relacionadas con él (peritos, testigos, etc.) a quienes se invitará a ello (arts. 292 y 293).

Es posible un atestado verbal, cuando no pudiera efectuarse en las condiciones antedichas, corriendo su redacción a cargo de la autoridad judicial o fiscal ante la que se presente, con expresión de los motivos de hacerse en esta forma (art. 294).

Su valor es simplemente el de denuncia, a pesar de la condición de quien lo lleva a efecto, con sus propias consecuencias, aunque puede tener por sí fuerza suficiente para propiciar un juicio «rápido» (tanto tratándose de un delito como de una falta, si se dan las circunstancias que lo permiten; arts. 795 y 962 a 964; vid. Lecciones 23.ª y 25.ª).

No obstante, puede atribuírsele valor de prueba preconstituida en aquella de sus partes continente de datos objetivos e incontestables de imposible reproducción en el acto de la vista oral. Por ej. la aprehensión de los presuntos delincuentes; la ocupación de efectos o instrumentos del delito; los croquis o fotografías obtenidos sobre el lugar de los hechos: la comprobación del nivel de alcoholemia, etc., siempre que se hubieran obtenido cumpliendo las formalidades y garantías legales y constitucionales. Otra cosa supondría una inadmisible manifestación de desconfianza en la actuación de las fuerzas policiales.

Distinto sucede con otros contenidos que supongan manifestación de criterios, opiniones, declaraciones o consideraciones subjetivas. Por ej. las declaraciones del acusado o de testigos que carecen, por si, de virtualidad probatoria debiendo ser objeto de prueba en la vista oral o, al menos, haber sido ratificadas a presencia judicial. Y lo mismo, en cuanto, a las declaraciones policiales, condicionadas a su intervención como testigos en aquel momento procesal.

Su carácter de denuncia no hace perder su naturaleza a las actuaciones que documenta. Por ej. un dictamen médico incorporado debe valorarse como prueba pericial (Vid. por todas STC 173/1997, de 14 de octubre).

B) La querella

Conforme al art. 125 CE, 19.1 LOPJ y 101 y 270 LECRIM la acción penal es pública y potestativamente ejercitable por todos los ciudadanos, con independencia de haber sido o no ofendidos por una conducta punible.

Lo dicho nos indica que los ciudadanos están, por una parte, obligados a denunciar hechos presuntamente constitutivos de delito o falta públicos sin que se les obligue a más; pero, por otra, se les ofrece poderse constituir como acusadores para perseguirlos, bien por haber sido objeto de ellos directa indirectamente, bien por puro civismo, en uso respectivo de las acciones «particular» o «popular», traducidas en un acto procesal conocido como querella.

Es, pues, la querella una declaración de voluntad —frente a la denuncia que es de mero conocimiento— por la que se manifiesta formalmente ante un órgano jurisdiccional —generalmente un Juzgado de Instrucción— la intención de constituirse en parte acusadora en un proceso penal, para la persecución de unos hechos que se estiman constitutivos de delito o falta.

> Tener en cuenta que estamos generalizando. Como se ha dicho antes la constitución en parte del acusador particular no exige siempre de querella pudiendo hacerse, si el proceso ya estuviera iniciado, por simple acto manifestativo de aquella intención. Tal exigencia se mantiene, en cualquier caso, para el acusador popular.

En este concepto pretenden englobarse las características esenciales y consecuencias de la querella, sistematizables en un conjunto de interrogantes: ¿quién puede querellarse? ¿de qué forma y ante quién? ¿cuáles son sus consecuencias?

a) La figura del querellante

Puede serlo cualquiera, haya sido o no ofendido por un hecho punible, al tratarse de un derecho cívico y de aquí derivan dos cuestiones: 1) Que, en principio, querellarse no depende de la naturaleza pública, semipública o privada del presunto delito o falta y 2) Que, al ser un derecho, puede o no ejercitarse. Hay que hacer, no obstante, algunas matizaciones:

– En los delitos públicos no se precisa para su persecución ni la querella, ni tan siquiera la denuncia del ofendido al poder iniciarse actuaciones de oficio. Sin embargo, es evidente que el perjudicado podría querellarse si lo estimara oportuno como acusador particular.

– Si el querellante lo fuera en ejercicio de la acción popular para la persecución de delitos públicos debería reunir, además de la ciudadanía española, las condiciones de los arts. 102 y 103 LECRIM.

– También los extranjeros podrían adquirir la condición de querellantes, si fueran directamente afectados en su persona o bienes, o de sus representantes actuando, en este caso, como acusación particular.

– Aquellos a quienes los arts. 102 y 103 vetan el ejercicio de la acción popular (por ej. los jueces o magistrados) podrían querellarse, ejercitándola, si se vieran afectadas personas unidas a ellos por relaciones parentales directas. Siendo ellos o sus representados los directamente afectados podrían, en cualquier caso, plantear querella como acusación particular.

– En los delitos semiprivados la querella del ofendido es potestativa, aunque sí se precisaría de su denuncia —o la de su representante— para el comienzo de actuaciones, pues legitimaría al Fiscal para su persecución (excepto en los casos concretos en que podría actuar por sí, sin mediación de la denuncia).

– Siendo los delitos o faltas privados, la querella del ofendido es la única forma que permite perseguirlos, al no haber intervención del Fiscal.

– Las personas jurídicas podrán querellarse si fueran ofendidas —o se estimaran perjudicadas— por el delito. Y también pueden formular acusación popular.

– Dada la naturaleza de la querella, el Ministerio Fiscal adquiere la condición de querellante en todos los casos en que debe actuar como acusador público (arts. 3.4 y 5 EOMF, y 105 en relación con el 271 LECrim).

Excepto cuando la persecución de los delitos se reserva exclusivamente a la iniciativa privada —delitos privados, en que no tiene ninguna intervención—; tampoco en los semiprivados, una vez removida la imposibilidad de su actuación con la interposición de denuncia, precisa el Fiscal comparecer por querella, así como en los delitos públicos, si el proceso ya se ha iniciado por querella particular.

b) Órgano de presentación y forma de la querella

Debe presentarse ante el Juzgado de Instrucción que corresponda en aplicación de los criterios de competencia territorial del art. 14.

Excepcionalmente habrá de hacerse ante el órgano que debería conocer de la causa si el querellado, o alguno de ellos, tuviera la condición de aforado sometido a la competencia de un determinado Tribunal (art. 272).

En cuanto a la forma hay que distinguirse según se plantee directamente, o con solicitud previa de diligencias informativas sobre los hechos que han de constituir su objeto.

Esta segunda posibilidad la prevé el art. 273, si el delito por el que se deduce querella es de los considerados «in fraganti»; si sus huellas o vestigios pudieran desaparecer fácilmente; o si concurren circunstancias que hagan pensar fundadamente en ocultación o fuga de su presunto autor. En tal situación, que deberá al menos justificarse, el particular podría efectuar, con carácter previo, una solicitud preventiva de las «primeras diligencias para hacer constar la verdad de los hechos y para detener al delincuente». Y ello no ya, necesariamente ante un órgano jurisdiccional —y, si se hace, no necesariamente ante el competente para conocer de la querella, al permitirse que se efectúe ante el «más próximo»— sino que cabe ante «cualquier funcionario de policía» o ante el Fiscal.

Es muy escueta la Ley para esta solicitud de la que no se dice como ha de promoverse, ni cuales son sus consecuencias. Aparece como una forma de denuncia, al ser un acto de comunicación de hechos, pero supone el anuncio de una querella ulterior y la solicitud de práctica anticipada de determinadas diligencias para confirmar los hechos o asegurar su autor.

Esto parece indicar que, una vez practicadas aquellas y, sobre sus resultados, podría ya plantearse la auténtica querella ante el órgano competente, al que debería remitirse lo actuado si no fuera él quien intervino en su práctica.

Prescindiendo de este supuesto que tiene pocas consecuencias sobre la forma y contenido de la querella, sus requisitos son estos (arts. 277 a 281 LECRIM).

1.°) Se realiza siempre por escrito, con postulación preceptiva formulándose por delitos, aunque no por faltas (art. 969).

A pesar de que el procurador es preceptivo en los delitos, se exige la firma del querellante, si aquel no dispusiera de poder especial para la querella (art. 277, 7.º).

2.ª) Deberá contener los datos identificativos del querellante y los conocidos del querellado; una relación de los hechos y las diligencias a practicar para su comprobación, así como las medidas que se estimen procedentes para asegurar la persona o bienes de su presunto autor.

3.°) En ciertos casos, y como presupuestos de procedibilidad o admisibilidad, se exige aportar determinados documentos.

Siendo la querella por injurias o calumnias contra particulares —que no sean por escrito, y sin publicidad— la certificación de haberse intentado o celebrado acto de conciliación con el querellado. Y de haberse causado en el desarrollo de un proceso, la licencia del Juez o Tribunal que hubiera conocido de aquel en que las injurias o calumnias se vertieron (arts. 278, 279, 804 y 805 LECRIM; art. 215.2 CP).

En el primer caso, la falta de aquella certificación no es condicionante para la admisión de la querella, pero actúa como presupuesto de procedibilidad pues, aunque no impide la práctica de diligencias urgentes para investigar los hechos o detener al presunto autor, determina la suspensión de los autos hasta que se subsane (art. 278.II).

El segundo, supone un requisito de admisibilidad —aunque venga considerándose de procedibilidad— de concesión discrecional de un órgano jurisdiccional, para intentar evitar causas penales por declaraciones o manifestaciones hechas en el calor de la defensa y que carecen de contenido vejatorio. Es el juez que las escucha el que mejor puede determinar su alcance, aun cuando ello pueda suponer una cierta restricción al derecho a la tutela judicial efectiva y a la defensa de los propios derechos e intereses (Vid. STC 100/1987, de 12 de junio y 36/1998, de 17 de febrero).

Cuando la querella pretenda promoverse, por quien fuera parte en un proceso o estuviera interesado en él, contra el juez o magistrado que estuviera conociendo del mismo, el Juez de instrucción ante el que se presente y como presupuesto para su admisibilidad podrá solicitar los antecedentes que estime oportunos, con una doble finalidad: 1) Para determinar su propia competencia en el conocimiento de la causa, y 2) Para establecer si los hechos tienen o no relevancia penal y si la atribución de responsabilidad al juez o magistrado entra en el terreno de lo verosímil (art. 410 de la LOPJ según modificación de la LO de 23 de diciembre de 2003; que da contenido de nuevo a este precepto que había quedado vacío de él como consecuencia de la Disposición Final de la LO del Tribunal del Jurado de 1995)

4.º) También como requisito de procedibilidad y, con carácter general, se exige del querellante la prestación de fianza en cuantía suficiente, a criterio judicial, para responder de los resultados del proceso (arts. 100 y 589 y ss.).

Hay excepciones, eximiendo de este requisito al propio ofendido, sus herederos o representados —siendo estos los querellantes— o, en caso de homicidio o asesinato si lo fueran personas unidas a la víctima por relaciones de matrimonio, afectivas o de parentesco (art. 281.2). Asimismo, se exime a los extranjeros si así se hubiese establecido por tratados internacionales o en aplicación del principio de reciprocidad; no en otro caso (art. 281, *in fine*).

Aun cuando esta exigencia se ha estimado constitucional, su importe debe fijarse prudentemente y proporcionado a las posibilidades económicas reales del querellante. No sólo por cuanto el art. 20.3 LOPJ establece que «no podrán exigirse fianzas que, por su inadecuación, impidan el ejercicio de la acción popular», sino porque lo contrario vulneraría el derecho a la tutela judicial efectiva (Vid. STC 62/1983, de 11 de julio, 50/1998, de 2 de marzo y 79/1999, de 26 de abril).

c) Consecuencias de la querella

Presentada ésta, el órgano al que se dirija puede: inadmitirla o admitirla a trámite y, en este caso, estimarla o no.

La inadmisión debe producirse por falta de alguno de sus requisitos formales (por ej. ausencia de postulación o insuficiencia del poder); falta de legitimación o de alguno de los presupuestos procesales para la eficacia de la acción (por ej. la licencia judicial, en caso de calumnias o injurias producidas en un proceso).

La desestimación podría derivarse de circunstancias de fondo (no considerarse los hechos constitutivos de conducta punible) o meramente procesales (falta de competencia para conocer del procedimiento preliminar que se inicia con ella) (art. 313 LECRIM).

Las consecuencias del rechazo pueden ser distintas según sean de fondo o forma. Si se trata de una desestimación por no ser los hechos constitutivos de conducta punible se cierra el paso a ulteriores actuaciones judiciales; si es una simple inadmisión por puras razones procesales produciría la no constitución en parte del querellante —al menos hasta que se subsanen, si es posible— pero no impide que la querella sea un acto de dación de hechos que puede jugar como denuncia y producir sus consecuencias; incluso el ofrecimiento de acciones al perjudicado para constituirse como parte, sin necesidad de nueva querella (arts. 109, 110 y 783).

El Juez para la admisión a trámite de la querella debe, pues, controlar el cumplimiento de los requisitos formales exigidos y, una vez admitida, efectuar una primera calificación jurídica de los hechos manifestando su criterio sobre la procedencia o improcedencia en el inicio de actuaciones. Esto debe hacerse por auto que, siendo desestimatorio es directamente recurrible en apelación que se admitirá en los dos efectos (art. 313).

El hecho de que se permita la interposición directa de este recurso no debe impedir que, si se desea, se recurra previamente en reforma, caso en el que la apelación sólo procederá si la reforma es desestimada, confirmándose la resolución (arts. 217 y 766.1 y 2, aunque este último se refiera al procedimiento abreviado).

Admitida y estimada la querella, supone:

1.°) La constitución del querellante en parte acusadora y su sometimiento a la competencia del Juez instructor y del órgano al que corresponda el conocimiento de la causa.

No obstante, y ya se dijo (en lección 3.ª, «Acusador particular»), la presentación de querella no es requisito indispensable para adquirir la condición de parte. El ofendido o perjudicado puede manifestarlo por simple comparecencia en la que puede, además, nombrar abogado que le defienda o solicitarlo del turno de oficio, si tuviera derecho a ello (arts. 109 y 110; para el procedimiento abreviado, arts. 771.1ª y 776, y para el de faltas, art. 964).

2.°) La práctica de diligencias propuestas para la averiguación de los hechos y la adopción de las medidas que el instructor estime procedentes para asegurar la persona o bienes del querellado, si no se hubieran adoptado con anterioridad cuando ello es posible y ya vimos.

No necesariamente han de practicarse todas las propuestas. El instructor puede desestimar las que considere «contrarias» a las leyes, o innecesarias o perjudiciales para el objeto de la querella (art. 312). Deberá hacerlo por auto (en «resolución motivada» según la literalidad del art. 312), recurrible siempre en reforma; en apelación tratándose de procedimiento abreviado (art. 766) y en queja siendo el ordinario (argumento en el art. 218).

3.°). La interrupción de la prescripción del delito o falta, en los términos que explicamos en la Lección 11.ª.

d) Abandono de la querella

Su carácter potestativo permite abandonarla cuando se estime oportuno sin afectar al desarrollo del proceso, si los hechos constitutivos de su objeto tuvieran la condición de públicos o semiprivados e interviniera el Fiscal. Habiendo otros acusadores, además del que se aparta de la causa, tampoco les afectaría el abandono y tampoco a posibles responsabilidades derivadas de su interposición (art. 274.II). Es decir, sus consecuencias recaerían exclusivamente sobre la constitución en parte del querellante, pero no a la investigación y, en su caso, enjuiciamiento de los hechos.

Si el abandono se estimase por causas de temeridad o mala fe determinaría la imposición de costas al querellante y la posible exigencia de responsabilidad por delito de querella calumniosa (art. 274, II, LECRIM y 456 CP).

Se considera abandonada la querella por la muerte o incapacitación del querellante, si sus herederos o representantes no comparecen a sostenerla (en 30 días) tras ser citados para ello (art. 276).

En los delitos privados (sólo perseguibles por medio de querella) el abandono se prevé expreso y tácito. Este último se considera cuando no se inste la continuación del procedimiento en los términos del art. 275, suponiendo su terminación.

II. INICIACIÓN DE OFICIO DEL PROCEDIMIENTO PRELIMINAR

Junto a la noticia que el instructor puede obtener por mediación de terceros, cabe que adquiera por sí conocimiento de hechos que pudieran ser constitutivos de conducta punible.

Siendo el delito público, tendrá la posibilidad de acordar la práctica de las diligencias precisas para investigar los hechos y determinar a su autor, tal y como veíamos en el estudio de la denuncia.

Su autoridad no puede, sin embargo, ir más allá porque el sistema acusatorio formal, propio de nuestro proceso penal, no permite al Juez ejercitar la acción popular ni, consecuentemente, la persecución de la conducta presuntamente punible. Así pues, y con independencia del inicio de la precitada actividad investigadora, deberá poner los hechos en conocimiento del Fiscal para que, en su caso, ejercite la acusación.

Incluso el conocimiento de los hechos podría derivar de una causa —civil o penal— en la que el Juez que estuviera conociendo dedujera alguna conducta que pudiera ser constitutiva de delito.

Por ejemplo. En un proceso civil declaran testigos y de su conjunción con los resultados de otras pruebas el Juez considera que están siendo mendaces. En tal caso, podrá deducir testimonio de lo declarado e iniciar investigaciones sobre su contenido, poniéndolo en conocimiento del Fiscal. Y lo dicho cabría también en un Juzgado mixto —Primera Instancia e Instrucción— si el proceso se hubiera seguida ante el como Juzgado de Primera Instancia, pudiendo citar a los testigos presuntamente mentirosos como Juez de Instrucción para la investigación de su conducta.

No cabe la iniciativa judicial si los hechos sólo fueran perseguibles a instancia de parte por denuncia o querella, aunque debería darse cuenta al Fiscal, a efectos de su posible intervención si concurriera algunas de las causas que lo legitiman (minoría de edad, desvalimiento, etc.).

Por lo que se refiere al procedimiento abreviado el art. 773.2 permite al Fiscal que de oficio, pueda decretar la práctica —por sí o por orden a la policía judicial— de diligencias para la comprobación de los hechos y posibles responsabilidades, cuando tenga conocimiento directo de hechos presuntamente delictivos.

LECTURAS RECOMENDADAS: SALOM ESCRIVÁ, J.: *La querella,* Justicia, 1996, pág. 387; MARCHAL ESCALONA, A. N: *El atestado, Pamplona*, 2008; ALVAREZ RODRÍGUEZ, J. A: *El atestado policial completo,* Madrid, 2009; NIEVA FENOLL, J.: *La iniciación de oficio de la instrucción penal,* Barcelona, 2001.

Lección Octava

Actos de investigación, 1

I. LOS ACTOS DE INVESTIGACIÓN EN PARTICULAR

Se realizan en el procedimiento preliminar para averiguar el delito, sus circunstancias y quién lo ha podido cometer.

Muchos coinciden con los actos de prueba a practicar en el juicio oral, pero su naturaleza es distinta.

Se ordenan por el JI, y los hay garantizados constitucionalmente.

Unos se dirigen a buscar y adquirir las fuentes de investigación y otros proporcionan por sí mismos esas fuentes.

II. ENTRADA Y REGISTRO EN LUGAR CERRADO

Penetración en determinado recinto aislado del exterior con la finalidad de buscar y recoger fuentes de información y la propia persona del imputado. Dos diligencias en una, unidas inseparablemente.

Se exigen especiales requisitos cuando el lugar cerrado es el domicilio de una persona por la protección constitucional del mismo (derecho fundamental): Auto judicial motivado básicamente, salvo consentimiento del titular o flagrancia.

La práctica de la diligencia se detalla en la LECRIM.

III. REGISTRO DE LIBROS Y PAPELES

Se distingue entre libros y papeles en general y libros y papeles contables y notariales.

IV. DETENCIÓN DE LA CORRESPONDENCIA POSTAL Y TELEGRÁFICA

Relevancia constitucional dado el secreto de las comunicaciones privadas.

Hay que distinguir entre detención y apertura y examen.

V. INTERVENCIÓN DE LAS COMUNICACIONES TELEFÓNICAS

Es el caso más grave, por lo que su relevancia constitucional es mayor.

Requisitos constitucionales: Exclusividad jurisdiccional, resolución judicial, prohibición del exceso (proporcionalidad), especialidad y duración limitada.

Requisitos ordinarios: Control judicial, selección de las conversaciones y necesidad de oír en juicio lo grabado.

VI. DILIGENCIA DE FILMACIÓN EN LUGARES PÚBLICOS

Pueden ser espacios abiertos o cerrados.

Se regulan por ley especial. La autoridad vigilante debe dar parte inmediatamente a la autoridad judicial si observa la comisión de un delito.

I. LAS DILIGENCIAS DE INVESTIGACIÓN

Las diligencias o actos de investigación son los que se realizan en el procedimiento preliminar (sumario o diligencias previas) para descubrir los hechos criminales que se han producido y sus circunstancias, y la persona o personas que los hayan podido cometer, de manera que una vez investigado todo ello quede preparado el juicio oral o, en su caso, tenga que a terminar el proceso penal por sobreseimiento.

El problema inicial que plantea el estudio de los actos de investigación es que son prácticamente coincidentes con los actos de prueba, y ello a pesar de que ambas instituciones son distintas porque cumplen finalidades muy diversas. La claridad conceptual exige tener en cuenta que:

1.º) El acto de investigación se dirige a averiguar o descubrir algo que se desconoce; el acto de prueba se dirige a verificar la verdad de una afirmación de hecho realizada por la parte.

2.º) El acto de investigación se realiza en el procedimiento preliminar; el acto de prueba, salvo los casos de prueba anticipada, en el juicio oral.

3.º) La fundamental diferencia consiste en la distinta función que cumplen en el proceso: El acto de investigación, aunque da resultados no ciertos sino probables, puede fundar las resoluciones interlocutorias que es preciso ir dictando en el procedimiento preliminar para que el proceso penal avance (por ejemplo, con base en esos actos se decide si se dicta auto de procesamiento o si se abre el juicio oral); estos actos no sirven para fundar la sentencia sobre la culpabilidad o inocencia del acusado. Los actos de prueba son los que sirven para determinar la convicción del juzgador sobre la existencia del hecho punible y la participación en él del acusado, de modo que la presunción de inocencia ha de ser desvirtuada precisamente en el juicio oral y por los actos de prueba.

4.º) También existen diferencias por la forma de ejecutarlos, pues el acto de investigación puede practicarse sin contradicción si la investigación así lo exige (v.gr., por estar declarado el secreto del art. 302 LECRIM); mientras que los actos de prueba se deben practicar siempre con audiencia de todas las partes.

II. LOS ACTOS DE INVESTIGACIÓN EN PARTICULAR: SUS CLASES

Los actos de investigación son de diferentes clases, aunque en realidad se pueden considerar desde dos puntos de vista distintos:

a) Actos que se dirigen a buscar y adquirir las fuentes de la investigación: Entrada y registro en lugar cerrado, registro de libros y papeles, detención de la correspondencia postal, telegráfica e intervención telefónica, y

b) Actos que proporcionan por sí mismos las fuentes de investigación: Inspección ocular, declaraciones de testigos, careos, informe pericial, documentos, identificación del imputado, e injerencias corporales.

Una aclaración inicial también, al hilo del derecho fundamental a utilizar los medios de prueba pertinentes para su defensa (art. 24.2 CE): Deben admitirse, aunque ese precepto se refiera a la prueba, todos los medios de investigación que la mente humana considere como tales, estén regulados o no específicamente por la Ley. No hay por tanto tasación legal de los actos de investigación, siendo sus únicos límites el respeto a los derechos fundamentales de las personas, su adecuación a los fines del proceso penal, y su pertinencia, utilidad y no perjudicabilidad respecto a los hechos criminales concretos que han dado origen a la causa y a la personalidad de los imputados.

Los actos de investigación son ordenados por el Juez de Instrucción competente, bien de oficio, bien a instancias del Ministerio Fiscal o de otras partes acusadoras y del imputado (arts. 311, I, y 777.1 y 2, y 776.3 LECRIM), teniendo en cuenta que el Juez puede ser otro en caso de diligencias de prevención o urgentes, o existiendo causa justificada (arts. 13 y 310 LECRIM). Una ver incoado el procedimiento preliminar judicial todos los actos de investigación han de ser ordenados por el Juez, aunque en ocasiones la ejecución material del acto pueda confiarse a la Policía Judicial, pero siempre teniendo en cuenta que entonces la Policía actúa bajo la inmediata dependencia del Juez; no es la Policía la que realiza el acto, es el Juez aunque utilizando a la Policía.

Otro criterio de clasificación de los actos de investigación atiende a si por medio de ellos se puede producir o no una limitación de derechos fundamentales, de modo que:

1.º) Existen actos de investigación que comportan limitación de los derechos fundamentales relativos (por ejemplo, la entrada y registro del domicilio, que limita el derecho del art. 18.2 CE a la inviolabilidad del domicilio), debiendo distinguirse entonces en actos realizados con vulneración de los requisitos constitucionales (art. 11.1 LOPJ) o con vulneración de los requisitos sólo legales (art. 238 LOPJ).

2.º) Otros actos de investigación no afectan a los derechos fundamentales (la declaración de un testigo por ejemplo), por lo que sólo debe estarse al cumplimiento de los requisitos legales.

En esta lección vamos a estudiar los primeros, y en la siguiente los segundos.

III. DILIGENCIA DE ENTRADA Y REGISTRO EN LUGAR CERRADO

La diligencia de entrada y registro en lugar cerrado se regula en los arts. 545 a 572 LECRIM. En general, la entrada y registro en lugar cerrado es el acto de investigación consistente en la penetración en un determinado recinto aislado del exterior, con la finalidad de buscar y recoger fuentes de investigación, o la propia persona del imputado (arts. 546 y 550 LECRIM). Son dos diligencias en una, pero íntimamente unidas, pues se entra en el lugar cerrado para registrarlo. Y cumple dos fines claramente diferenciados: Asegurar pruebas y piezas de convicción (pruebas físicas), para que estén a disposición de las partes (sobre las que previamente habrán preparado su acusación y defensa) y del órgano jurisdiccional el día del juicio oral, y detener al presunto culpable que se sospecha que se encuentra dentro del domicilio.

En un sentido especial (tratándose de domicilios) supone la limitación del derecho constitucional de inviolabilidad de domicilio, justificada por el cumplimiento de determinados fines del proceso penal. El art. 18.2 CE dispone que «el domicilio es inviolable. Ninguna entrada o registro podrá hacerse en él sin consentimiento del titular o resolución judicial, salvo en caso de flagrante delito».

A) Requisitos

Para que el acto de entrada y registro en lugar cerrado se verifique de acuerdo con la ley deben concurrir determinados requisitos. Téngase en cuenta que la entrada y registro sin atenerse a estas condiciones puede constituir delito (arts. 202 a 204 y 534 CP).

> Se consideran supuestos especiales de entrada y registro los que afectan o tienen lugar en caso de estado de excepción (LO 4/1981, de 1 de junio), de delito flagrante, de delitos de terrorismo, o de entradas y registros efectuados por la Policía sin orden judicial persiguiendo a delincuentes sospechosos de haber cometido delitos muy graves (art. 553 LECRIM).

Como acto de investigación procesal penal la entrada y registro ha de ser precedida por determinados requisitos, que, a su vez, pueden ser generales o especiales, según la cualidad del lugar cerrado en el que haya de entrarse.

a) Presupuestos generales: Son que se tengan indicios de que en el lugar se encuentra el imputado, o de que hay efectos o instrumentos del delito, o libros, papeles u otros objetos que puedan servir para su descubrimiento o comprobación (art. 546 y art. 550 LECRIM, en lo que le afecta de la remisión); y auto del Juez de Instrucción acordando la práctica del acto (arts. 564, II, y 566, I, LECRIM).

El auto es la forma que ha de adoptar la resolución del Juez, pero no siempre resulta necesario, puesto que el registro y previa entrada pueden efectuarse mediando sólo consentimiento o autorización de la persona interesada, como veremos con base en el fundamento constitucional antes indicado.

b) Presupuestos especiales: Hay que distinguir entre edificios o lugares públicos oficiales, no oficiales, religiosos, de particulares y asimilados, o cualificados por normativa internacional. A todos ellos se refiere la LECRIM en sus arts. 547 y ss.

Realmente los importantes son los domicilios de particulares, esto es, el edificio o lugar cerrado, o la parte de él destinada principalmente a la habitación de cualquier español o extranjero residente en España y de su familia. Para éstos los presupuestos son: 1) Consentimiento del interesado, conforme se previene en el art. 18.2 CE (art. 550 LECRIM), el cual puede presumirse si no alega derecho a la inviolabilidad del domicilio (art. 551 LECRIM); 2) Si se niega, sólo puede procederse a la entrada, notificándose en el acto o dentro de las 24 horas siguientes el auto motivado, que deberá contener las circunstancias del art. 558 (arts. 550, in fine, y 566 LECRIM).

Como la persona jurídica ya puede delinquir en nuestro ordenamiento jurídico, también puede ser registrado su domicilio. El problema es que el domicilio se suele predicar de las personas físicas o individuales. La persona moral o jurídica no dispone de una morada en la que pueda hacer lo que desee, es decir, no tiene derecho a la privacidad, derecho que es exclusivo de la persona física. Pero a veces esto puede ser discutible si en el domicilio de la empresa se guardan documentos esenciales para su existencia, por ejemplo, un secreto industrial. El TC ya había entrado en esta materia extendiendo la protección del art. 18.2 CE a las personas jurídicas (STS 137/1985, de 17 de octubre, FJ 3). Por eso el art. 554-4º LECRIM intenta resolver esta cuestión definiendo el domicilio de las personas jurídicas. Antes de ello, la propia jurisprudencia lo ha ampliado indicando que es domicilio a los efectos de la diligencia de entrada y registro, entre otros lugares, las sedes de algunas asociaciones (v.gr., de partidos políticos), los despachos profesionales (v.gr., de abogados), y las sedes de los medios de comunicación (SS TC 144/1987, de 23 de septiembre; 211/1992, de 30 de noviembre; y 171/1997, de 14 de octubre). En el caso específico de los medios de comunicación se fundamenta porque en sus sedes se desarrollan los derechos a la libertad de expresión y a comunicar y recibir libremente información. Se resuelve así jurisprudencialmente un tema conflictivo, pues no era hasta entonces nada claro que la protección se debiera extender también, por ejemplo, a una sociedad anónima.

El presupuesto fundamental, pues, es el de la resolución judicial motivada. De la doctrina constitucional se desprende claramente que en la resolución el Juzgado debe manifestar, escueta o ampliamente, que la decisión adoptada responde a determinados hechos punibles que deben ser investigados en un proceso penal incoado, de manera que el auto debe expresar en base a qué razones considera necesario el Juzgado la entrada y registro en el domicilio (STC 176/1988, de 4 de octubre; y STS de 23 de junio de 1992, RA 5831).

Al tratarse de la limitación de un derecho fundamental, el presupuesto constitucional es el principio de exclusividad jurisdiccional. La limitación del derecho sólo puede acordarse por un Juez y, con fines de investigación penal, ha de existir proceso penal incoado.

La determinación en casos muy particulares, además de lo indicado antes, de lo que deba entenderse por domicilio no siempre está clara y ha dado lugar a una profusa jurisprudencia que ha atendido a las habitaciones de hotel (sí es domicilio), a los vehículos (con distinción entre simples automóviles y caravanas, SS TS de 19 de julio de 1993, RA 6149; de 11 de febrero de 1994, RA 691; de 17 de enero de 1997, RA 56; y de 29 de enero de 2001, RA 405), a los departamentos del tren, a los camarotes de los buques, etc. Vide los razonamientos de la STC 10/2002, de 17 de enero, que declara la inconstitucionalidad del art. 557 LECRIM.

B) Práctica

La LECRIM establece en cuanto a la ejecución de esta medida las siguientes normas:

a) Medidas de aseguramiento del acto: Acordada la entrada y registro, se han de adoptar las medidas adecuadas para que no se frustre el fin del acto, es decir, medidas que tiendan a evitar la fuga de la persona buscada o la sustracción de los objetos que se buscan.

Estas medidas deben adoptarse:

1ª) Antes de que empiece la práctica del acto («medidas del vigilancia», art. 567 LECRIM).

2ª) Cuando se suspenda temporalmente la práctica del acto, de acuerdo con los presupuestos de los arts. 570 y 571 LECRIM (expiración del día y no consentimiento del interesado, salvo en el supuesto de los arts. 546 y 550), las medidas a adoptar consisten en cerrar y sellar el local o los muebles aún no registrados, previniéndose a los que se hallasen en el lugar de que no levanten los sellos ni violenten las cerraduras, bajo la responsabilidad que establece el art. 365 CP (art. 570 LECRIM).

b) Órganos y personas que intervienen en su práctica:

1.º) Competente para decretar y realizar la entrada y registro es el Juez, quien puede encomendar determinadas actividades materiales a las autoridades o agentes de la Policía Judicial (art. 563, I LECRIM).

2.º) Según el art. 569 LECRIM, reformado primero por la Ley 10/1992, de 30 de abril, y después por la Ley 22/1995, de 17 de julio, deben presenciar el acto del registro las siguientes personas: 1) El Secretario judicial, que puede ser sustituido si así lo autoriza el Juez, por quien legalmente puede sustituirlo, debiendo documentarse posteriormente el acto (art. 569, IV; STS 29 enero 1991, RA 455); 2) El interesado y, subsidiariamente, la persona que le represente. Si no quisiere concurrir y no nombrase representante, se hará a presencia de un individuo de su familia mayor de edad, y si no la hubiere, a presencia de dos testigos, vecinos del mismo pueblo. Si el interesado es el imputado, y está disponible (v.gr., por estar detenido), debe concurrir igualmente según la jurisprudencia, aunque no su abogado (STS 14 noviembre 1992, RA 9661).

La resistencia de estas personas a presenciar el registro puede dar lugar a la responsabilidad por delito de desobediencia grave a la autoridad (art. 556 LECRIM).

c) Forma de practicar el acto: La forma de practicar la entrada y registro en cada caso concreto es un problema de técnica de investigación, que debe resolverse según las circunstancias del caso, pero la LECRIM da unas normas generales a tener en cuenta:

1.ª) Cumplidos los requisitos previos a la entrada, puede procederse a efectuarla incluso con el auxilio de la fuerza (art. 568 LECRIM).

2.ª) Deben evitarse las inspecciones inútiles, procurando no importunar al interesado más de lo necesario, adoptándose precauciones para no comprometer su reputación, y respetando sus secretos si no interesan a la instrucción (art. 552 LECRIM).

3.ª) El Juez recogerá los instrumentos y efectos del delito, los libros, papeles y demás cosas de interés para el sumario. Los libros y papeles serán foliados, sellados y rubricados por los que hubieran asistido al registro (art. 574 LECRIM).

d) Hora de la diligencia: Influye la circunstancia de ser de día o de noche cuando el registro se practique en edificios públicos o en domicilios:

1.º) Tratándose de edificios o lugares públicos, el registro puede practicarse, indistintamente, durante el día o durante la noche (art. 546 LECRIM).

2.º) Tratándose de domicilios, la entrada se realizará de día y sólo puede efectuarse durante la noche si lo hace necesario la urgencia del caso (arts. 184.1 LOPJ y 550 LECRIM). En los casos normales, si llega la noche antes de la terminación del registro, éste deberá suspenderse, salvo que el interesado o su representante consientan la continuación o la haga necesaria la urgencia (art. 570, I LECRIM). Por último, la circunstancia de que pueda practicarse o continuarse de noche ha de expresarse en el auto (art. 558 LECRIM).

e) Documentación del acto: El Secretario extenderá diligencia de la entrada y registro en lugar cerrado, la cual contendrá los siguientes extremos: 1) Personas que hubieren practicado el registro; 2) Personas que lo hubieren presenciado; 3) Incidentes ocurridos; 4) Horas en que empezó y terminó; 5) Relación del registro por el orden en que se hizo; y 6) Los resultados obtenidos (art. 572 LECRIM). El acta correspondiente será firmada por todos los concurrentes (art. 569, IV LECRIM).

Si no hubieran aparecido las personas u objetos buscados ni otros indicios sospechosos, se expedirá certificación del acta a la parte interesada si la reclamase (art. 569, VI, LECRIM).

IV. DILIGENCIA DE REGISTRO DE LIBROS Y PAPELES

La diligencia de registro de libros y papeles se regula en los arts. 573 a 578 LECRIM. A través de este acto de investigación del procedimiento preliminar se pretende recoger toda aquella documentación que o bien constituya el objeto del delito, o bien sirva para esclarecer los hechos criminales que han dado lugar a la causa.

La LECRIM distingue a estos efectos diferentes clases de libros y papeles.

a) *Libros y papeles en general*: La Ley no da norma alguna especial para el registro de libros y papeles en general, porque entiende que la diligencia de entrada y registro de un lugar cerrado puede tener como finalidad también la de registrar libros, documentos o papeles (v. arts. 574 a 576 LECRIM).

b) *Libros y papeles contables*: El presupuesto de la diligencia es que existan indicios graves de que de ésta resultará el descubrimiento o comprobación de algún hecho o circunstancia importante de la causa (art. 573 LECRIM).

c) *Archivos y documentos consulares*: Tratándose de cónsules honorarios, los archivos y documentos consulares son inviolables, a condición de que, en las oficinas, están separados de los documentos de otra índole (art. 61 Convención de Viena de 1961).

d) *Libros y documentos notariales, y de los Registros de la Propiedad, Civil y Mercantil*: De acuerdo con el art. 578 LECRIM, si el libro que haya de ser objeto del registro fuese el protocolo de un Notario, se procederá con arreglo a lo dispuesto en la Ley del Notariado. Si se tratase de un libro del Registro de la Propiedad, se estará a lo ordenado en la Ley Hipotecaria. Y si se tratase de un libro del Registro civil o mercantil, se estará a lo que se disponga en la Ley y Reglamento relativos a estos servicios. Por consiguiente, el precepto se remite a lo que dispongan esas normas particulares. Lo más destacado es que los libros no pueden ser sacados de la oficina correspondiente, debiendo ser examinados en ella (salvo en algún caso el desglose).

V. DETENCIÓN DE LA CORRESPONDENCIA POSTAL Y TELEGRÁFICA

La diligencia de intervención de las comunicaciones privadas del imputado se regula en los arts. 579 a 588 LECRIM, como limitación al derecho fundamental del art. 18.3 CE: «Se garantiza el secreto de las comunicaciones y, en especial, de las postales, telegráficas y telefónicas, salvo resolución judicial».

El secreto de las comunicaciones, por tanto, es en general un derecho fundamental de las personas. Sin embargo, no es absoluto y puede ser necesaria una actividad judicial encaminada a detener, abrir y examinar la correspondencia privada, si hubiere indicios de obtener por estos medios el descubrimiento o la comprobación de un hecho o circunstancia importantes de la causa (art. 579.1 LECRIM).

Pero debe tenerse en cuenta, que aun siendo necesario limitar este derecho, la detención y apertura de la correspondencia, sin el cumplimiento de los requisitos que la ley establece, constituye delito (art. 535 CP).

La LECRIM se refiere a la detención y apertura de correspondencia privada postal y telegráfica, pero al final de este apartado deberemos interrogarnos también acerca de la posibilidad de investigar cualquier otro tipo de comunicación. En cualquier caso debe tenerse en cuenta que el derecho fundamental es el secreto mismo de la comunicación, sin referencia a cuál sea su contenido; es decir, no se trata de proteger la intimidad, sino el secreto, y por eso se dice que el derecho tiene contenido formal (STC 70/2002, de 3 de abril y 281/2006, de 9 de octubre; y STS de 20 de febrero de 2007, RA 3181).

La LECRIM establece en cuanto a la ejecución de esta medida las siguientes normas:

a) *Presupuestos*: Los presupuestos de la detención y apertura de la correspondencia son tres:

1.°) Que se trate de correspondencia privada postal o telegráfica que el imputado remita o reciba

2.°) Que haya indicios de obtener por estos medios el descubrimiento o comprobación de algún hecho o circunstancia importante de la causa.

3.°) Auto motivado del Juez que determine, por la designación de nombres de remitentes o destinatarios u otras circunstancias concretas, la correspondencia que deba ser detenida y examinada o los telegramas de los que haya que entregar copias (art. 583 LECRIM).

En caso de estado de excepción, pueden ser intervenidas las comunicaciones «si ello resulta necesario para el esclarecimiento de los hechos presuntamente delictivos o el mantenimiento del orden público» (art. 18.1 LO 4/1981, de 1 de junio), y entonces no se requiere auto alguno, pero la autoridad gubernativa, tras la intervención de la comunicación, deberá comunicar inmediatamente el hecho al Juez en escrito motivado (art. 18.2 LO 4/1981).

b) *Detención de la correspondencia*: Por detención de correspondencia ha de entenderse la simple retención de la misma para su ulterior examen por las personas que determine la ley (SS TS de 23 de febrero de 1994, RA 1111; y de 8 de febrero de 1999, RA 291).

La detención de la correspondencia sólo puede decretarla el juez de Instrucción, pero la realización física de la detención puede encomendarse por el órgano jurisdiccional, y así es generalmente por razones de eficacia. En efecto, según el art. 580 LECRIM pueden materialmente detener la correspondencia, previo auto motivado del instructor: a) El Juez de Paz (art. 563, al que se remite el art. 580, I); b) La Policía Judicial (art. 563, al que se remite el art. 580, I); c) El administrador de Correos y Telégrafos o Jefe de la oficina donde la correspondencia pueda hallarse (art. 580, II LECRIM); d) Pero, en caso de estado de excepción, la única autoridad competente es la gubernativa (art. 18.1 LO 4/1981).

La correspondencia detenida y, tratándose de telegramas, las copias de los mismos, deberá ser remitida al Juez de Instrucción (arts. 581 y 582 LECRIM).

c) *Apertura y examen de la correspondencia postal*: Esta regulación no se aplica a la telegráfica, que, por razones técnicas, es siempre abierta. Con referencia a la postal deben estudiarse los sujetos que intervienen en la apertura y examen, la forma de practicar la diligencia, y la documentación:

1.º) Sujetos, en donde debe distinguirse a su vez: 1) Sujeto facultado para abrirla y examinar el contenido es únicamente el Juez de Instrucción (art. 586, I LECRIM), no cabiendo delegación en la policía; 2) Sujetos que pueden o deben presenciar el acto: a) El imputado, que debe ser citado para presenciar el acto, pudiendo concurrir por sí mismo o nombrar representante (art. 584 LECRIM). Si no quisiera hacerlo o estuviere en rebeldía, se abrirá y examinará igualmente (art. 585 LECRIM); b) El Secretario judicial, para documentar fehacientemente el acto (art. 588 LECRIM).

2.º) Forma: La forma de practicarse la apertura y el examen viene recogida en los tres párrafos del art. 586 LECRIM. La correspondencia que careciera de interés para la causa será entregada en el acto al imputado o a su representante, o a alguien de su familia mayor de edad si estuviere en rebeldía, y si no hay nadie a quien entregarlo, lo conserva el Juez hasta que aparezca (art. 587 LECRIM).

3.º) Documentación: El Secretario extenderá diligencia de lo que hubiera ocurrido en el acto, que será firmada por él, el Juez y los asistentes (art. 588 LECRIM).

En la actualidad los problemas de la detención de la correspondencia no se refiere propiamente a las cartas, ni a los telegramas, sino a los paquetes postales, y sobre ellos existe una compleja jurisprudencia relativa, primero, a que es paquete postal (no lo es, por ejemplo, el equipaje de un viajero) y, luego, a la distinción entre paquetes propiamente dichos (subdistinguiendo cuando viajan con «etiqueta verde», que no gozan de la protección de la correspondencia, por lo que pueden ser abiertos por la aduana) y mercancías en régimen de contrato de transporte (S TS de 2 de junio de 1997, RA 4551).

VI. LA INTERVENCIÓN DE LAS COMUNICACIONES TELEFÓNICAS

La antigüedad de la LECRIM impidió que se previera y regulara la posibilidad de tomar conocimiento, para los fines del proceso penal, de comunicaciones privadas que se efectúan a través de medios distintos al correo y telégrafo, como el teléfono, el télex, el fax, o el correo electrónico. Que el Juez de Instrucción puede intervenir una conversación telefónica o comunicación por télex, fax, o cualquier otro medio, es indudable ya desde el art. 18.3 CE, pero para actualizar la LECRIM se modificó su art. 579 por LO 4/1988, de 25 de mayo, en donde se regula la intervención y escucha de conversaciones telefónicas en la fase de investigación del proceso penal. Se trata de un supuesto normativo muy defectuoso, poco preciso y con evidentes lagunas, que ha tenido que ir interpretándose y perfeccionándose progresivamente por la doctrina del TC, y por el TS, cuyo punto de partida próximo es el Auto TS de 18 de junio de 1992 (RA 6102). Por su importancia práctica, consideramos especialmente esta diligencia, debiendo tenerse en cuenta la circular 1/1999, de 29 de diciembre, de la Fiscalía General del Estado, sobre este tema.

La reforma de la LECRIM vino en parte impuesta por el Tribunal Europeo de Derechos Humanos, que en diversos casos en los que se alegó la vulneración del art. 8 del Convenio (sobre todo *Kruslin y Huvig* y *Valenzuela Contreras*), concluyó que era necesario que la limitación del derecho fundamental estuviera expresamente prevista por la ley y precisamente por una ley que fuera compatible con la preeminencia del derecho y en ello insiste la STEDH de 18 de febrero de 2003 (caso Prado Bugallo).

El art. 579 establece tres supuestos jurídicos distintos:

a) *Detención*, apertura y examen de la correspondencia privada, postal y telegráfica del imputado (art. 579.1), acabada de estudiar;

b) *Intervención* de las comunicaciones telefónicas del imputado (art. 579.2); y

c) *Observación* de las comunicaciones postales, telegráficas o telefónicas, o de otro tipo, de personas sobre las que existan indicios de responsabilidad criminal (art. 579.3).

Si intervenir significa vigilar por la autoridad, cuando se trata de la intervención de las comunicaciones telefónicas se está haciendo referencia a la existencia de una distancia entre los que participan en la comunicación, que se realiza por medio de un artilugio o artificio técnico (sin que existan diferencias entre teléfono por cable o inalámbrico).

La limitación del derecho formal al secreto de la comunicación exige la concurrencia de unos requisitos, que pueden clasificarse en constitucionales y de legalidad ordinaria, produciendo esta distinción importantes consecuencias.

A) Los requisitos constitucionales

La importancia de atribuir a un requisito naturaleza constitucional radica en que el desconocimiento del mismo supone la aplicación del art. 11.1 de la LOPJ, con lo que no surtirán efecto las pruebas obtenidas, directa o indirectamente, vulnerando el derecho del art. 18.3 CE, además de abrirse la posibilidad del amparo constitucional.

a) Exclusividad jurisdiccional

En nuestro derecho la limitación del derecho al secreto de las comunicaciones sólo puede decretarla un órgano dotado de potestad jurisdiccional; no se admiten limitaciones del derecho que provengan de la autoridad administrativa. Esto implica:

1.º) No existen autorizaciones: Cuando el art. 18.3 CE dice que por resolución judicial puede limitarse el derecho al secreto de las comunicaciones, no está diciendo que la autoridad judicial pueda autorizar a la policía para que sea ésta la que limite el derecho, sino que lo dispuesto en la norma es que la limitación queda comprendida en el ámbito estricto de la actuación de los jueces y tribunales.

Cosa distinta es que la autoridad judicial, asumiendo la limitación en exclusiva, encomiende a la autoridad administrativa la realización de determinadas actividades materiales, para las que la primera no cuenta con los medios físicos necesarios, lo cual es posible, aunque debe tenerse siempre en cuenta que la realización de la actividad material no supone autonomía de la autoridad administrativa.

Entre las autoridades administrativas excluidas de la posibilidad de decretar la limitación del secreto de las comunicaciones se encuentra también el Ministerio fiscal; éste, en sus diligencias, no puede acordar la intervención.

2.°) Proceso penal incoado: La limitación del secreto sólo puede decretarse si existe un proceso penal ya abierto, pues la limitación misma sólo puede justificarse en la existencia de indicios de responsabilidad criminal. Esto supone que la práctica judicial de acordar la intervención en las llamadas diligencias indeterminadas carece de respaldo constitucional (a pesar de que el TS ha admitido esa práctica, S TS de 22 de enero de 1998, RA 148).

3.°) Competencia: Si la intervención ha de decretarse en proceso penal abierto, la consecuencia es que la competencia corresponde al Juzgado de Instrucción que está realizando el sumario o diligencias previas.

b) Resolución judicial

La limitación sólo puede decretarse por medio de resolución judicial, la cual tiene que ser auto, es decir, motivada. Hay que resaltar:

1.°) El auto es necesario tanto para decretar la intervención como para prorrogarla.

2.°) Aunque la jurisprudencia admite la utilización de modelos impresos (S TS de 2 de febrero de 1998, RA 414), ello supone la negación misma de lo que es una verdadera motivación.

3.°) También se admite jurisprudencialmente la llamada motivación por remisión, esto es, entender que el auto está motivado cuando las razones de la decisión se encuentran en la solicitud de la policía o del Fiscal, a la que se remite el auto (v. STC 49/1999, de 5 de abril).

4.°) La verdadera motivación exige que el auto explique los indicios de responsabilidad criminal que justifican una limitación tan grave de un derecho fundamental; se trata de que existan hechos concretos desde los que pueda razonablemente concluirse que se ha cometido un delito (lo que excluye las meras conjeturas y, sobre todo, la pesquisa, es decir, el salir a la búsqueda de un delito, de cualquier delito), que ha de sospecharse razonablemente que ha sido cometido por persona determinada. Por ello es obvio que el auto debe expresar cuál es el número del teléfono a intervenir.

c) La prohibición del exceso

Con esta expresión se está haciendo referencia jurisprudencialmente a dos requisitos de contenido constitucional:

1.º) Necesidad de la medida: Supone que la intervención telefónica tiene que ser el único medio por el que puede descubrirse la existencia del delito o de sus circunstancias o, por lo menos, el medio por el que se sacrifican menos los derechos fundamentales del imputado.

En último caso la necesidad tiene que referirse a que los otros posibles medios de investigación de un determinado delito y de una concreta persona no ofrecen garantías de alcanzar la finalidad perseguida. Por ello es por lo que a veces se habla, no de necesidad, sino de subsidiariedad.

2.º) Proporcionalidad de la misma: El decretar la intervención telefónica exige que el delito a investigar sea considerado grave. Por ello en algunos países existe una lista cerrada de delitos que permiten esta medida, mientras que en España se suele decir que debe estarse a la naturaleza del delito, tanto por lo que se refiere a la pena del mismo, como a su trascendencia social (v. SSTC 166/1999, de 27 de septiembre; y 167/2002, de 18 de septiembre).

Desde la proporcionalidad se ha admitido que cabe decretar la intervención cuando se trata de delitos de tráfico de drogas (que es el más común), pero también en cohecho, robo, o delitos relativos a la prostitución. En realidad que tengamos constancia el Tribunal Supremo no ha negado en caso alguno la existencia de proporcionalidad, pues bien por la gravedad de la pena del delito, bien por la trascendencia social del mismo, siempre ha concluido que la medida era proporcional. Sólo en la STS de 5 de junio de 1995 (RA 4538) parece concluirse que en el delito de negociaciones prohibidas a los funcionarios no existe proporcionalidad.

La clase de proceso (ordinario o abreviado) es indiferente con relación a la existencia de proporcionalidad, por cuanto la misma no atiende sólo a la gravedad de la pena, sino también a la trascendencia social del delito.

En el juicio de faltas nunca habrá proporcionalidad.

La cuestión del llamado «descubrimiento inevitable» adquiere singular relevancia en este acto de investigación. La adquisición de resultados de investigación mediante pruebas ilícitas o ilegalmente obtenidas, que de otra manera lícita o legal se habrían obtenido necesariamente, es constitucionalmente válida según nuestra jurisprudencia más reciente (S TS de 8 de febrero de 2000, RA 291), pero esta doctrina debe ser analizada con sumo cuidado por los evidentes peligros que entraña.

d) Especialidad

Si la medida de intervención telefónica tiene que ser necesaria y si ha de ser proporcionada, es obvio que en el auto decretándola han de especificarse los indicios, el delito que de los mismos se desprende y la persona que aparece como sospechosa de ser la autora del mismo.

La cuestión más grave que se presenta en la práctica es la del descubrimiento de hechos casuales, esto es, el que al estar investigando un delito y a una persona determinada, se intervenga una conversación por la que se conoce otro delito con autor diferente. La solución jurisprudencial no es todavía clara, pero se está admitiendo que el Juez puede inmediatamente, por medio de auto, bien ampliar el objeto de la investigación en el mismo procedimiento preliminar, bien proceder a incoar nuevo procedimiento.

e) Duración limitada

A pesar de que el art. 18.3 de la CE no contiene referencia expresa al plazo de duración de la intervención, la prohibición de intervenciones ilimitadas en el tiempo ha de entenderse integrada en el requisito de la proporcionalidad, y por eso era necesario que la ley de desarrollo fijara un plazo de duración. Eso es lo que hace el art. 579 de la LECRIM, al establecer el plazo de tres meses. El mismo art. 579 dice que el plazo de tres meses es «prorrogable por iguales períodos», con lo que despeja cualquier duda sobre la posibilidad de prorrogar, dudas que el Tribunal Constitucional tuvo que aclarar respecto, por ejemplo, del secreto de las actuaciones (STC 176/1988, de 4 de octubre).

El plazo de tres meses ha de entenderse como máximo, por lo que la necesidad de motivación, por un lado, exige que desde los indicios se diga en el auto el porqué de la duración que se acuerda, plazo que ha de fijarse, por otro lado, atendido el requisito de la proporcionalidad. Se trata, por tanto, no ya sólo de que no pueden existir intervenciones telefónicas ilimitadas, sino de que el límite temporal concreto que se acuerde por el juez ha de estar motivado y ser proporcional.

La posibilidad de prorrogar, con todo, no puede conducir a que la duración de la limitación del derecho al secreto de las comunicaciones sea de hecho indefinida o a que esa duración sea excesiva por desproporcionada.

B) Los requisitos de legalidad ordinaria

La explicación de los requisitos de legalidad ordinaria requiere distinguir entre aquéllos que afectan a la fase de instrucción y aquellos otros que determinan cómo se practica la prueba en el juicio oral. En la instrucción la medida de intervención telefónica puede ser un acto de investigación, por medio del que se pretende averiguar la perpetración del delito, con todas sus circunstancias, y el autor del mismo, pero la medida ha de realizarse de modo que tienda también a preparar el juicio oral, descubriendo fuentes de prueba y, a veces, preconstituyendo prueba. Lo que nos importa aquí no es tanto el acto de investigación, como la forma de realizar la intervención para que pueda llegar a surtir efectos probatorios en el juicio oral.

a) El llamado control judicial

La exclusividad jurisdiccional supone que la medida es decretada sólo por el Juez de Instrucción y que al mismo corresponde la ejecución de la misma. Razones prácticas, con todo, aconsejan que la actividad física de la escucha y de la grabación se encomiende a la policía judicial, si bien debe tenerse en cuenta que ésta actúa en todo caso bajo las órdenes directas del Juez. Consiguientemente no se trata de que el Juez «controle» a la policía en una actividad propia de ésta, sino de que aquél se auxilie de ésta (v. STC 9/2011, de 28 de febrero).

Ese auxilio supone, entre otras cosas, que el Juez debe dar las instrucciones necesarias para cómo se realiza la intervención y, sobre todo, que la policía debe entregar en el Juzgado las cintas originales en las que consta la grabación, es decir, todos los soportes físicos en los que se ha procedido a grabar las conversaciones intervenidas. Es importante recoger el matiz de que la entrega de los listados telefónicos de sus clientes por parte de las compañías telefónicas a la policía, sin consentimiento de sus titulares, requiere autorización judicial (STC 123/2002, de 20 de mayo).

b) Selección de las conversaciones

Entregadas todas las cintas en el Juzgado, el Juez debe proceder a seleccionar las conversaciones atinentes a la causa, distinguiendo:

1.º) Exclusión de las grabaciones de conversaciones entre personas no investigadas: Dado que es posible que al intervenir un teléfono por su medio se hayan grabado conversaciones entre personas no investigadas, el Juez debe excluir esas conversaciones, con lo que se está respetando el derecho al secreto de las comunicaciones y a la intimidad de esas personas.

2.º) Exclusión de las conversaciones no atinentes a la causa: Aún en el caso de las conversaciones grabadas se hayan mantenido por personas investigadas, debe excluir las conversaciones que no guardan relación los hechos investigados. Esta exclusión debe hacerse con contradicción, esto es, dando oportunidad a las partes de que tomen conocimiento de las conversaciones y de que digan qué afecta a la causa y qué no, aunque habrá de decidir el Juez.

Generalmente la jurisprudencia insiste en la necesidad de que la transcripción por escrito de las conversaciones se haga bajo la fe del Secretario judicial y con contradicción, pero debe tenerse en cuenta que lo que va a ser medio de prueba en el juicio oral serán las cintas grabadas y no los escritos, los cuales no pasan de ser medios para la comodidad en el conocimiento. Es más fácil y rápido leer que oír, pero eso no convierte a las transcripciones en medio de prueba.

c) Necesidad de oír en el juicio oral lo grabado

Si la verdadera fuente de prueba son las cintas grabadas de las conversaciones intervenidas, éstas se convertirán en medio de prueba mediante su audición en el juicio oral. La jurisprudencia suele decir que se trata del medio de prueba documental, pero es dudoso que así sea, pues estamos ante un medio de representación de hechos pasados por medio del sonido. Así las cosas, la necesidad de que se oigan las cintas es evidente, pues el único sistema de que el tribunal, las partes y el público puedan acceder el conocimiento de esos hechos es oír lo que los representan.

Como hemos indicado la importancia de la distinción entre los requisitos constitucionales o los de legalidad ordinaria radica en los efectos que se derivan de la vulneración de unos y otros. La vulneración de un requisito constitucional implica que se ha producido la intervención con desconocimiento de un derecho fundamental, y la consecuencia es que no podrán llevarse al juicio oral las cintas con las conversaciones intervenidas, pero además que carecen de eficacia probatoria todas las otras fuentes de prueba que se deriven de la intervención, tanto directa como indirectamente. Se trata de la aplicación del art. 11.1 de la LOPJ.

Por el contrario si lo vulnerado es requisito de legalidad ordinaria, la fuente de prueba obtenida será nula (art. 238 LOPJ), pero los hechos conocidos por la intervención podrán ser acreditados por los demás medios de prueba, aparte de que la nulidad no se extiende a las fuentes de prueba obtenidas de modo indirecto de la intervención.

VII. DILIGENCIA DE FILMACIÓN DE LUGARES PÚBLICOS

La LO 4/1997, de 4 de agosto, permite que las Fuerzas y Cuerpos de Seguridad filmen y graben mediante videocámaras lo que ocurre en lugares públicos, como calles o plazas, sean abiertos o cerrados (art. 1.1). Esta posibilidad, indiscutiblemente de carácter preventivo, está directamente pensada para proteger la seguridad ciudadana, erradicar la violencia callejera y garantizar la seguridad pública, incluso en materia de circulación vial, pero puede convertirse en un acto de investigación si, como consecuencia de la filmación, se detecta la comisión de un delito, o coadyuva al descubrimiento de su autor.

Este último aspecto es el que nos interesa. Hasta dicha LO, nada disponían las leyes españolas. Fue la jurisprudencia, y en concreto la del TS, la que sentó las bases de autorización de las filmaciones videográficas y obtención de fotos, particularmente en su importantísima Sentencia de 6 de mayo de 1993 (RA 3854), que distinguió entre filmaciones de lugares públicos y privados.

Partiendo de la idoneidad del medio para averiguar los hechos criminales, el TS entendió que las filmaciones y fotografías obtenidas por la Policía desde puestos de vigilancia públicos, es decir, situados en la calle o en lugares públicos, en donde se hacía el seguimiento de personas que pudieran estar relacionadas con el hecho que es objeto de la investigación, eran perfectamente ajustadas a derecho, y para nada afectaban al derecho fundamental a la intimidad personal y a la propia imagen de las mismas, ya que éstos no son derechos absolutos o ilimitados, sino que deben ceder ante los intereses públicos de la persecución penal, de mayor importancia en estos casos. El fundamento legal hasta 1997 se encontraría en los arts. 8 de la LO 1/1982, de 5 de mayo, y en el art. 282 LECRIM. V. también la S TC 190/1992, de 16 de noviembre; y las SS TS de 23 de noviembre de 1990 (RA 9148), de 5 de noviembre de 1993 (RA 8279), de 14 de enero de 1994 (RA 12), y de 27 de febrero de 1996 (RA 1394).

La LO 4/1997 ha recogido la jurisprudencia en lo esencial, estableciendo medidas de persecución penal y actuaciones de carácter administrativo, intentando respetar al máximo los derechos fundamentales implicados (art. 2).

La instalación de videocámaras se autoriza, previo informe favorable de una comisión presidida por un Magistrado (art. 3.1), que es vinculante si estima que podrían violarse los criterios de autorización del art. 4 (art. 3.3), por la autoridad administrativa (el Delegado del Gobierno, art. 3.2), mediante resolución motivada (art. 3.4), que es recurrible administrativamente (art. 11).

La importancia práctica de la ley, que afecta directamente a la Policía Judicial, es que por motivos de urgencia máxima, o de imposibilidad de obtener la autorización, ésta puede instalar videocámaras móviles, dando cuenta en el plazo de 72 horas al máximo responsable provincial de las FCS (art. 5.2, III).

La utilización de videocámaras o de cualquier otro aparato análogo (art. 1.2), estará presidida por el principio de proporcionalidad, en su doble versión de idoneidad y de intervención mínima (art. 6).

Si el resultado de la investigación, es decir, la grabación concreta de imagen y sonido, muestra apariencia de delito, hay que dar parte inmediatamente a la autoridad judicial, en todo caso, en el plazo máximo de 3 días, remitiéndole la Policía el correspondiente atestado (escrito o verbal), que incluirá el soporte original íntegro de la filmación (art. 7.1), que aunque nada diga esta LO al respecto tiene indiscutiblemente al menos valor de denuncia, pudiendo convertirse en prueba si en el acto del juicio oral declaran los agentes que la realizaron, y, por tanto, siendo elemento probatorio suficiente para obtener una condena penal.

El tratamiento de la filmación se quiere por la LO que sea absolutamente reservado (art. 7.2 y 3), debiendo ser de conocimiento público su instalación si son videocámaras fijas, aunque sin decir el lugar exacto de su emplazamiento (art. 9.1). El propietario del edificio está obligado a autorizar su colocación si ha sido seleccionado por la Policía (DA 6.ª).

Pero cuando la grabación videográfica pueda afectar al espacio privado de la intimidad de una persona, como sería el caso de su domicilio, sólo puede realizarse si previamente ha sido autorizada por el Juez competente, o consentida por el interesado (art. 6.5).

Las filmaciones no se destruyen mientras sean objeto de investigación o de prueba en un proceso penal (art. 8.1), pudiendo los interesados pedir su visionado o cancelación, bajo determinados presupuestos (art. 9.2).

LECTURAS RECOMENDADAS: CABEZUDO BAJO, *La inviolabilidad de domicilio y el proceso penal*, Madrid 2004; MONTERO AROCA, *Detención y apertura de la correspondencia y de los paquetes postales en el proceso penal*, Valencia, 2000: MONTERO AROCA, *La intervención de las comunicaciones telefónicas en el proceso penal*, Valencia, 1999; MOYA FERREIRO, *La intervención de comunicaciones orales directas en el proceso penal,* Valencia, 2000.

Lección novena

Los actos de investigación, 2

I. DECLARACIÓN DEL IMPUTADO

Relevancia constitucional: derecho a no declarar contra sí mismo y a no confesarse culpable. Sólo declara si quiere, pero la ley obliga a interrogarlo ya en la detención policial. Puede admitir los hechos (sin consecuencias probatorias), defenderse o callar.

II. DECLARACIONES DE TESTIGOS

Acto de investigación personal, testigo es quien ha presenciado u oído los hechos criminales investigados.
El testigo tiene deber de comparecer y obligación de declarar (salvo excepciones).
La práctica de la diligencia se regula en la Lecrim con detalle.
Testigos protegidos mediante ley especial.

III. CAREOS

Apropiados en caso de discrepancias o contradicciones evidentes.

IV. INFORMES PERICIALES

Acto de investigación personal, el perito da su opinión científica, técnica o artística aplicando conocimientos que el juez no tiene.
Intervienen dos o un perito, nombrados por las partes. A la práctica asisten las partes.
El perito puede ser recusado y tiene derechos y deberes.
Testigos protegidos mediante ley especial.

V. RECONOCIMIENTO JUDICIAL

Se practica fuera de la sede del tribunal, y en él se pueden practicar otras diligencias de investigación (testificales, periciales).

VI. DETERMINACIÓN DEL DELITO, SUS CIRCUNSTANCIAS Y SU PRESUNTO AUTOR

Cuerpo del delito.
Determinación del presunto delincuente y sus circunstancias personales.

VII. OTROS ACTOS DE INVESTIGACIÓN

Intervenciones corporales directas. Test de alcoholemia y sustancias psicotrópicas. Circulación o entrega vigilada de estupefacientes y otras sustancias, objetos, elementos, especies o materiales. Utilización de agentes encubiertos.

I. DECLARACIONES DEL IMPUTADO

Uno de los derechos fundamentales del ciudadano es el de no declarar contra sí mismo y no confesarse culpable de los hechos que se le pudieran imputar, en salvaguarda de la inocencia que se le presume (art. 24.2 CE). Sin embargo, sus declaraciones son trascendentes para el conocimiento de la verdad siempre que se rodeen de las suficientes garantías para preservar sus derechos constitucionales y asegurar la autenticidad de lo declarado.

Así, el art. 486 previene la citación de aquel a quien se impute un hecho punible, en principio a los únicos efectos de ser oído. Si estuviera detenido se le recibiría la primera declaración (conocida como «indagatoria») en las 24 horas siguientes a la detención, prorrogable por otras 48 de haber causa grave. Esta diligencia se repetirá cuantas veces lo crea necesario el instructor, el Fiscal, los demás acusadores o el mismo declarante (arts. 385 y 400).

No podrán estar presentes el acusador privado ni el actor civil, si así lo dispusiera el Juez; ni prolongarse en tiempo o contenido más allá de lo que pueda afectar a la serenidad del declarante. De ser así, deberá suspenderse dejando un cierto descanso pudiendo, en otro caso, ser corregido disciplinariamente el Juez a no ser que incurra en otras responsabilidades.

Se prohíben, asimismo, las coacciones, amenazas y cualquier tipo de cargos o reconvenciones, debiendo considerarse las normas y prevenciones internacionales contra la represión, la tortura o tratos inhumanos o degradantes (esencialmente Convenio de 26 de noviembre de 1987, ratificado por Instrumento de 30 de junio de 1989; arts. 389.3, 391 y 396.2 LECRIM).

Con el interrogatorio se pretenden determinar las circunstancias personales del declarante, posibles antecedentes penales y su conocimiento del motivo de la imputación —lo que se hará en la indagatoria (art. 388)—. Además, su saber sobre los hechos imputados y participación, suya o de otras personas, que será objeto preferente de los interrogatorios posteriores (art. 389).

Aquél podrá hacer las manifestaciones que considere oportunas en su defensa y proponer diligencias para ello que serán inmediatamente practicadas, de estimarlo procedente el instructor (art. 396).

Ahora bien, en las declaraciones deben prevalecer la libertad y espontaneidad de quien las hace como reflejo del necesario respeto a sus garantías constitucionales, tanto en la forma de obtenerlas como en su contenido. Unas garantías que le permiten guardar silencio, contestar con evasivas y contradecir lo declarado ante la Policía e incluso ante el Juez en anteriores interrogatorios, por lo que si se obtuvieran vulnerándolas, directa o indirectamente, sus declaraciones habrán de considerarse inválidas.

El derecho a no declarar contra sí mismo forma parte del más amplio derecho de defensa y constituye una de las manifestaciones de la presunción de inocencia, pues no puede imponerse al imputado la obligación de aportar informaciones que le autoincriminen (STC 68/2006, de 13 de marzo). No es necesario, por tanto, justificar por qué no se contesta, al tratarse de un derecho reconocido constitucionalmente, ni siquiera aduciendo falta de competencia en el instructor aunque, si se diera esta circunstancia, podrá formularse protesta por ello. Caso de declarar y si se produjeran contradicciones o retractaciones en lo declarado, sí podrá interrogársele por su causa (arts. 395 y 405).

Pero lo expuesto no impide que el imputado pueda «confesar» su participación o responsabilidad en los hechos, pues sus derechos a no declarar y no confesarse culpable han de estimarse renunciables. No obstante, en este momento procesal, tal confesión sólo podrá llevar al instructor a una probabilidad de certeza que, con carácter general, es insuficiente por sí y no excluye la práctica de las diligencias necesarias para su comprobación, requiriendo del confesante toda la información precisa (art. 406).

La situación es diferente tratándose del procedimiento abreviado «común» o del juicio rápido. En el primero, la conformidad con la mayor de las penas solicitadas por la acusación (que supone, lógicamente, el reconocimiento de los hechos imputados) ante el órgano sentenciador causará, si se estima correcta la calificación y la pena en relación con ella, la terminación del proceso y la sentencia. El reconocimiento de hechos ante el instructor, dándose las circunstancias del juicio rápido, determina la acomodación de las actuaciones a esta vía procedimental (arts. 787.3 y 779, 5.º; lección 12.ª). Siguiéndose los trámites del juicio rápido y si el imputado —ya acusado— prestara su conformidad en las circunstancias y términos que autoriza el art. 801 LECrim ante el Juzgado de guardia, este dictará sentencia (lecciones 12.ª y 25.ª).

Formalmente, esta diligencia se desarrolla así:

1) Sus circunstancias vetan el juramento, aun cuando pueden exigirse respuestas claras y precisas y exhortarse a decir la verdad (art. 387). Las preguntas se harán directamente, sin contenido capcioso o sugestivo y en idioma que comprenda el declarante. Se prevé el uso de intérprete si el declarante fuera extranjero, desconociera el castellano, o fuera sordomudo (arts. 231.5 LOPJ; 440, 441 y 442 LECrim).

2) De ser necesario se presentarán los objetos constitutivos del cuerpo del delito, o los que el instructor considere oportunos para lograr su reconocimiento y determinar su procedencia y circunstancias. También podría acordarse la redacción de palabras o frases para establecer la autenticidad de escritos mediante su comparación grafológica (art. 391).

Estimándose conveniente, el interrogatorio se desarrollará en el lugar de los hechos o ante personas o cosas relacionadas con ellos (art. 399).

También y en razón a las circunstancias podrá acordarse, de oficio o a instancia de parte, que el interrogatorio se realice por videoconferencia o cualquier sistema similar permisivo de la transmisión simultánea de la imagen y el sonido (art. 325 LECRIM. y 229.3 LOPJ).

3) Las preguntas y respuestas se harán en forma oral, aun cuando podría permitirse al imputado que conteste por escrito e incluso consultar apuntes o notas (art. 390). Todo ello sin perjuicio de la documentación del acto, consignándose las preguntas y contestaciones —que pueden dictarse por el confesante— así como el tiempo invertido en cada sesión.

El acta no podrá presentar enmiendas, tachaduras, ni entrerrenglonados, salvándose las equivocaciones al final (arts. 403 y 450) leyéndose por el confesante si desea hacer uso de tal derecho —del que serán informado por el Juez— o por el secretario para que manifieste su conformidad. Se firmará por todos los intervinientes, dando fe el secretario (art. 404).

II. DECLARACIÓN DE TESTIGOS

Entre las diligencias de investigación sobre los hechos, implicados, y demás circunstancias que el instructor puede practicar se encuentra la utilización de los conocimientos que, sobre ellos, pudieran tener terceras personas procesalmente conocidas como testigos.

Para su concepto y diferencias con figuras afines vid. la lección correspondiente del Tomo II (proceso civil). Aquí sólo vamos a estudiar sus características particulares en el proceso penal y, en este momento, en el procedimiento preliminar.

Su uso como medio de investigación permite hablar de una regla general y de una serie de excepciones. Conforme a la primera, podrá ser llamado como testigo cualquier persona física residente en el territorio español, con independencia de su nacionalidad, que se suponga puede aportar datos de interés. Esto crea en los así llamados el deber de comparecer y de declarar acerca de los hechos sobre los que sean interrogados, siendo sancionados en otro caso (arts. 175, 176, 410 y 420).

Incomparecer sin causa justificada ante un primer llamamiento da lugar a la imposición de multa (de 200 a 5.000 euros); no hacerlo ante una segunda citación permite el uso de la fuerza pública para ser conducido ante el juez instructor y la apertura de causa penal por delito de desobediencia a la autoridad (o de obstrucción a la justicia si no se comparece al juicio oral) (arts. 420 LECRIM y 556 y 463 CP).

Si, concurriendo al llamamiento judicial, el testigo se negara a declarar se le impondrá multa de 200 a 5.000 euros; y de mantenerse en la negativa se le exigirá responsabilidad penal por delito de desobediencia grave a la autoridad (arts. 420 LECRIM y 556 CP).

Las excepciones se establecen en el mismo art. 410 y son una de fondo, por concurrir causas que excluyan la obligación de declarar, y otra de forma, por no haberse realizado la citación del testigo con las formalidades previstas.

a) Circunstancias que eximen, limitan o condicionan la obligación de declarar como testigo

Primer requisito de un testigo es la suficiente capacidad para percibir los hechos sobre los que ha de informar. Es por tanto, lógica, la exclusión o al menos exención de declarar de quienes carezcan de ella lo que se previene bajo la ambigua fórmula de «los incapacitados física y moralmente» (art. 417.3.º).

Esto requiere algunas precisiones:

a) La edad no es óbice legal para deponer como testigo, pudiendo los menores ser llamados a declarar; b) Los defectos físicos sólo deben causar exclusión respecto a carencias perceptivas propias del sentido afectado; c) El tema de los deficientes psíquicos es más complejo, pero no se cierra que personas con capacidad intelectiva limitada puedan aportar datos trascendentes —generalmente en concurrencia con otros elementos— sobre todo cuando concurra con la condición de víctima y único testigo (por ej. en agresiones sexuales).

También la concurrencia de relaciones afectivas del testigo con el imputado exime de la obligación de declarar sobre hechos que pudieran perjudicarle, aun cuando podría hacerlo sobre los beneficiosos (art. 416.1.°, 2); y se mantiene la obligación de hacerlo sobre hechos relacionados con otros imputados, siempre que no afecten a aquel.

Se incluyen aquí los parientes en línea directa ascendente o descendente, cónyuges o personas unidas por relación de hecho análoga al matrimonio, hermanos consanguíneos o uterinos y colaterales consanguíneos hasta el segundo grado (art. 416.1 LECRIM; art. 108 CP).

Asimismo, el conocimiento de los hechos por razón de profesión o ministerio queda protegido por el secreto profesional o religioso, por lo que no se deberá preguntar sobre ellos; ni existirá obligación de contestar si se hicieran tales preguntas.

Conforme el art. 24.2,II CE «la Ley regulará los casos en que por razón de parentesco o secreto profesional no se estará obligado a declarar sobre hechos presuntamente delictivos».

Así se previene para los Abogados y Procuradores tipificando el art. 199 del CP la conducta contraria como delito de revelación de secretos (arts. 542.3 y 543.3 LOPJ; art. 38, f) Estatuto de los Procuradores RD 1281/2002, de 5 de diciembre, y art. 32.1 Estatuto de la Abogacía RD 658/2001, de 22 de junio).

En cuanto al secreto de confesión hay que hacerlo extensivo tanto a ministros de la religión católica, como de cualquier otra que se ejerza en España al amparo de la libertad religiosa y de culto que permite la Constitución. Lo mismo cabe decir de los funcionarios públicos civiles y militares, sobre los hechos conocidos en el desempeño de sus cargos que afecten al secreto que están obligados a guardar; o en caso de obediencia debida, cuando no estén autorizados por el superior jerárquico para declarar sobre aquellos (art. 417.2). El art. 198 CP tipifica su infracción como delito de descubrimiento y revelación de secretos.

También los miembros de las Fuerzas y Cuerpos de Seguridad están obligados al secreto sobre las informaciones obtenidas en el desempeño de sus funciones; secreto en el que se incluyen sus «fuentes de información» los conocidos como «confidentes» o «chivatos» (art. 5.5 L. 13 de mayo de 1986). Aunque tal secreto no cabe hacerlo extensivo a actos delictivos ni a las actuaciones delictivas de los confidentes, por cuanto sería contrario a sus propias funciones (Sobre el tema vid. STS 22 marzo 1985).

Finalmente, hay personas que por razón de calidad o por representar la soberanía de otros países están eximidas legalmente de la obligación de testificar. Así, el Rey, la Reina, sus consortes, el Príncipe Heredero y los Regentes del Reino, por una parte; por otra, los Agentes Diplomáticos acreditados en España, en cualquier caso, y el personal al servicio de las misiones diplomáticas, cuando así se prevea por vía de tratados. También éstos determinan el tratamiento a dar a los miembros de las oficinas consulares (arts. 411 y 412.7).

Cuando allí no se prevea o no se reúnan los requisitos exigidos estarán obligados a declarar pudiendo hacerlo, en tal caso, por escrito y vía diplomática (art. 415).

Ahora bien, lo dicho y excepto cuando se impone legalmente el mantenimiento del secreto, ha de considerarse como una dispensa en la obligación de declarar pero no como un impedimento si quiere hacerse. En tal caso, se adquiriría plenamente la condición de testigo, debiendo decirse la verdad. Sin embargo, la comparecencia en el procedimiento preliminar no sería base para obligar a hacerlo en el plenario sino que seguiría dependiendo de la exclusiva voluntad de aquel.

Podría considerarse una excepción si el testigo tuviera, al tiempo, la condición de víctima-denunciante y sus declaraciones fueran la única prueba de cargo posible. En este caso, su incomparecencia al acto de la vista oral alegando exenciones legales (parentesco, por ej.) podría vulnerar el derecho de defensa al no poder someter el acusado al testigo al interrogatorio y necesaria contradicción que exige un proceso con todas las garantías conforme al art. 24.2 CE, lo que supondría su inadecuación para desvirtuar la presunción de inocencia (Vid. Ss TC 10 abril 1985, TEDH 24 noviembre 1986, caso «Unterpertinger» y 26 abril 1991 caso «Asch» aun cuando ésta parece inclinarse por considerar prueba suficiente la declaración prestada sólo en el procedimiento preliminar), cosa que no admite la STS de 12 de junio de 2001 al entender que no se trata de una imposibilidad para declarar que legitime la validez de lo declarado en éste mediante su lectura en el juicio oral.

b) Determinación del testigo

Hay que establecer, ahora, cómo llega la declaración de conocimiento del testigo al procedimiento preliminar. Esto nos plantea dos preguntas: cómo sabe el instructor a quién debe citar como tal y cómo han de obtenerse los datos que se supone conoce.

La contestación al primer punto la ofrece genéricamente el art. 421 al distinguir entre los testigos mencionados en la denuncia, querella o cualquier otra declaración o diligencia; y aquellos que, sin estar allí relacionados, se estime pueden tener cualquier clase de conocimiento útil para la investigación.

Son muchos los preceptos relativos a posible utilización de testigos. Por ej. el art. 329 para conocer las circunstancias en que se hubieran producido los hechos, se refiere a personas que se encuentren en el lugar o proximidades; el 331 para determinar la preexistencia de las cosas; el 340 para identificar cadáveres; el 378 para obtener datos sobre la conducta del imputado y el 380 para conocer su capacidad de discernimiento.

En cuanto a la segunda cuestión, se regula con cierta minuciosidad permitiendo distinguir entre lugar, forma, alcance y contenido de la declaración de los testigos.

c) Lugar de la declaración testifical

Habitualmente se efectuará en las dependencias del Juzgado instructor y en presencia judicial, con una serie de excepciones por la calidad del declarante o circunstancias que impiden la aplicación del criterio general.

Por razón de calidad se permite, por una parte, la declaración por escrito; por otra, que ésta se efectúe oralmente en el domicilio o despacho oficial del declarante, fijando el instructor día y hora para ello (art. 413). En cualquier caso, y con carácter general, debe entenderse una prerrogativa renunciable pudiendo declararse en forma ordinaria.

La escrita se prevé, siempre, para los miembros de la Familia Real que no estén eximidos de hacerlo (art. 412.1); y para las autoridades políticas y judiciales incluidas en el art. 412.2 tratándose de hechos que hubieran conocido por razón del cargo, independientemente de que éste se ostente o no en el momento de declarar.

En cuanto a la declaración en el domicilio o despacho oficial se permite a las autoridades anteriormente vistas, tratándose de hechos no relacionados con el ejercicio del cargo y a las señaladas en el art. 412.5 cualesquiera que fueran los hechos sobre los que hubiera de versar.

Con independencia de lo anterior, pueden darse circunstancias permisivas de que los testigos declaren en sede diferente a las del Juzgado instructor preveyéndose:

1) Por imposibilidad física para concurrir a presencia judicial o siendo una situación de urgencia.

El instructor recibirá la declaración en el domicilio de aquel, o incluso en el lugar en que se encontrara. Sin embargo no podrá acudirse a esta vía en situaciones de enfermedad si el interrogatorio pusiera en peligro la vida del testigo (arts. 419 y 430 in fine).

2) Por residir el testigo fuera del partido judicial en que se sigue el procedimiento preliminar, o en el extranjero.

En el primer caso, pueden darse varias situaciones: 1) Que el instructor se traslade al lugar de residencia del testigo, si se encontrara próximo al término de su jurisdicción y se considerase la conveniencia de hacerlo así, aunque deberá dar cuenta inmediata al Juez del lugar (art. 275 LOPJ); 2) Que se comisione al Juez de Instrucción donde aquel se encuentre para recibirle declaración, indicando las preguntas que debe contestar y dejando en libertad al comisionado para hacer las que estime convenientes (art. 427 LECRIM). Si, en este caso, la declaración se hiciera en idioma oficial de una CA en que aquel no sea coincidente deberá traducirse al castellano, de oficio o a instancia de parte (art. 231.4 LOPJ); 3) Que se cite al testigo para comparecer a presencia del instructor, aunque esta posibilidad se limita a cuando sea absolutamente imprescindible y debiendo hacerse por auto motivado (art. 422.1 LECRIM).

3) Por tener la condición de militar.

El instructor podrá acordar que la declaración se efectúe ante el Juzgado Militar correspondiente —el Togado Militar Territorial del partido de su domicilio o residencia, art. 61 LO 15 de julio de 1987 sobre competencia y organización de la Jurisdicción Militar—; en tal caso se actuará de igual forma que en los supuestos precedentes.

4) Por estimarlo necesario el Juez para el mejor esclarecimiento de los hechos.

El interrogatorio podrá efectuarse en el lugar de los hechos (art. 438.1) siempre que el testigo se encontrara dentro del propio partido judicial. No siendo así, entraríamos en el supuesto 2.

5) Un supuesto peculiar lo configura el artículo 325 de la LECRIM al permitir que la declaración testifical se lleve a cabo a través de videoconferencia o cualquier medio similar transmisor del sonido y la imagen simultáneamente si así lo acordara el Juez, de oficio o a instancia de parte, por razones de utilidad, seguridad, orden público o cualquier otra circunstancia que lo aconsejara (Vid. art. 229.3 LOPJ adicionado por LO 13/2003, de 24 de octubre).

Este sistema es especialmente útil si el testigo se encuentra en el extranjero, pues la justicia española no puede obligarle a comparecer al carecer de potestades coercitivas fuera del territorio nacional (art. 8 del Convenio Europeo de

Asistencia Judicial en materia penal de 20 de abril de 1959, ratificado por España el 11 de julio de 1982). Sin embargo, si se solicita su declaración por videoconferencia en el Estado en que se encuentre y este pertenece a la Unión Europea, podrá sancionarse a quien se niegue a testificar de esta forma (Convenio relativo a la Asistencia Judicial en materia Penal entre los Estados miembros de la Unión Europea, de 29 de mayo de 2000).

Incluso encontrándose el testigo en territorio nacional sería aceptable este medio, por ejemplo: cuando corriere grave peligro su salud; por ser especialmente joven o de edad muy avanzada; por encontrarse en lugar que exija un largo o penoso desplazamiento; por resultar muy gravosa su presencia física, como puede suceder en delitos contra la libertad sexual o de violencia doméstica, siendo el testigo también víctima o, incluso, como una forma de complementar las garantías de un testigo protegido.

d) Forma de prestarse la declaración testifical

El testigo deberá prestar, en primer lugar, la fórmula del juramento conforme al art. 434, excepto si fuera menor de 14 años (arts. 433 y 706).

Al reconocer la Constitución la libertad religiosa puede utilizarse la alternativa «juramento-promesa». Generalmente se pregunta: «¿Jura o promete decir verdad en todo lo que sepa y se le pregunte?»

De haber varios testigos la declaración se tomará secreta e individualizadamente. Siendo los testigos mayores de edad, el Juez les informará sobre su obligación de ser veraces y la posibilidad de incurrir, si no fuera así, en delito de falso testimonio. De ser menores, podrán estar presentes, cuando declaren, quienes ostenten su patria potestad, tutela o guarda, excepto si estuvieran imputados en la causa o el juez, motivadamente, no lo permita; también podrán asistir expertos (se supone que en este concepto se incluyen asistentes sociales, psicólogos o, en general, profesionales capaces de entender o tranquilizar al menor), debiendo siempre estar presente el Fiscal y pudiendo el Juez acordar que se grabe esta declaración (arts. 433 y 434, según redacción dada por la Disposición final primera, de la LO 8/2006, de 4 de diciembre).

Para contestar a las preguntas, el testigo se valdrá sólo de su memoria, permitiéndosele consultar datos escritos si éstos fueran difíciles de recordar. Asimismo, pueden llevarse a su presencia objetos o elementos relacionados con los hechos, solos o mezclados con otros semejantes, para su reconocimiento o para contestar a preguntas sobre ellos (arts. 437 y 438.2).

Las preguntas y contestaciones son orales, levantándose diligencia cuyo contenido determina el instructor si el testigo no lo dictara por sí (art. 437 in fine).

La excepción de esta regla la determinan los testigos sordomudos o que no entiendan el castellano. En el primer caso, aquéllas se harían por escrito (sabiendo el testigo leer y escribir) o por medio de intérprete. Y éste es el que habrá de utilizarse en el segundo supuesto, siendo el testigo extranjero o utilizando lengua propia de una CA no oficial en la que declare (arts. 440 y 442 LECRIM y 231.3 LOPJ).

Caso de testigo extranjero si no fuera satisfactoria la actuación del intérprete y se estimaren importantes sus declaraciones, se remitirá pliego con las preguntas a la Oficina de Interpretación de Lenguas del Ministerio de Asuntos Exteriores para su traducción y, sobre ella, el testigo redactará sus contestaciones que serán traducidas igualmente (art. 441.2 y 3)

Finalizado el interrogatorio, se advertirá al testigo de su derecho a leer sus declaraciones; no haciéndolo lo hará el Secretario o, en su caso, el intérprete, firmando todos los que hubieran intervenido. Asimismo se le hará saber su obligación de comparecer ante el órgano del enjuiciamiento y de notificar sus cambios de domicilio (arts. 443, 444, 446 y 447)

Incumplir la obligación de notificar cambio de domicilio le hace incurrir en multa de 200 a 1.000 euros, e incluso a exigírsele responsabilidad penal, si se considera que ha incurrido en ella.

Si aquel manifestare, o se preveyera la imposibilidad de su asistencia al juicio oral, se convertirá en objeto de prueba anticipada, recibiéndosele declaración nuevamente pero ahora en presencia de las partes para que puedan interrogarle (arts. 448 y 449) (vid. lec. 13ª).

e) Contenido y alcance del interrogatorio

Nos referimos ahora a sus aspectos sustanciales, es decir, tipo de preguntas y su contenido.

Estas han de ser claras y directas, proscribiéndose las de carácter capcioso o sugestivo y cualquier forma de engaño o coacción capaz de alterar el sentido de las declaraciones o inducirlas en un determinado sentido (art. 439 CP). Respecto a su contenido es doble. Por una parte, hay que conocer bien quien es el testigo y la posible concurrencia de circunstancias condicionantes de sus declaraciones; por otra, qué es lo que sabe acerca de los hechos útil para la investigación.

Las primeras preguntas («generales de la ley») son de carácter identificativo (edad, estado, profesión, DNI) y sobre el conocimiento o relaciones con el imputado o cualquiera de las partes, así como sus posibles antecedentes penales (arts. 436 y 785.3). Si el testigo fuera miembro de las Fuerzas y Cuerpos de Seguridad, actuando como tal, puede identificarse indicando su número de Registro Personal y la Unidad a que pertenece.

Tras ellas, se le pedirá que narre lo que sepa sobre los hechos, exigiéndole las explicaciones oportunas y haciéndosele las preguntas procedentes. De sus declaraciones sólo se considerarán las realmente útiles para la investigación (art. 436.2 y 445).

f) Citación

Decíamos que la declaración testifical es una obligación ciudadana, exigible y sancionable de incumplirse pero que, para ello, se precisaba un requisito de fondo: la no concurrencia de circunstancias que la eximan y, además, que se haya adquirido formalmente la condición de testigo mediante su citación en forma como tal. Sólo entonces se produce la obligación de declarar con todas sus consecuencias.

Adquiere, pues, la citación correcta trascendental importancia no ya sólo procesal por el influjo que pueden tener los conocimientos del testigo en la configuración judicial de los hechos; sino incluso constitucional pues su incomparecencia por falta o incorrección de aquella podría estimarse como vulneración del derecho de defensa si aquél pudiera haber aportado datos potencialmente importantes para ella. Esto conlleva la necesidad de agotar todas las posibilidades legales para que se efectúe correctamente.

Ha de llevarse a cabo conforme a los arts. 166 a 182 con algunas particularidades previstas en los arts. 430 a 433 y 796.1, 4ª para el juicio rápido.

g) Protección a los testigos

La importancia de los datos que pueden proporcionar cabe que propicie condicionantes externos para impedir su acceso a conocimiento judicial, por aquellos a quienes pudieran perjudicar.

Por tales circunstancias, y para lograr la máxima colaboración de los ciudadanos en su condición de testigos; intentando evitar, o al menos atenuar, los riesgos que ello podría suponerles la LO de 23 de diciembre de 1994 regula un sistema para su protección (aplicable también a los peritos).

Se basa en los siguientes planteamientos esenciales:

1) La protección podrá considerarse, de oficio o a instancia de parte, si se estimase la concurrencia racional de peligro grave para la persona o bienes del testigo o de quienes estuvieran unidos a él por relaciones de parentesco o afectividad. 2) Se acordará por el instructor o el órgano competente para el enjuiciamiento, pudiendo éste mantener, modificar o suprimir las medidas adoptadas por aquél, o acordar otras nuevas, en función de las circunstancias. Se hará siempre motivadamente, siendo la resolución recurrible en reforma o súplica. 3) Consistirá en la adopción de medidas proporcionadas al riesgo estimado dirigidas fundamentalmente: a) Enmascarar la identidad del testigo, o su localización (por ej. no hacer constar su verdadera identidad; modificar su aspecto físico; fijar el Juzgado a efectos de actos de comunicación, en vez del domicilio habitual; impedir la plasmación de su imagen y retirarla si se hubiera llevado a cabo). b) Proporcionarle protección policial permanente, de estimarlo necesario el Fiscal y a su instancia. c) Ser conducido en esta forma a las dependencias judiciales, si así lo solicitara el testigo. Estas medidas podrían mantenerse hasta después de la declaración, llegándose excepcionalmente a proporcionarle nueva identidad

y medios para un cambio de residencia o trabajo. 4) La identidad del testigo, y con independencia del mantenimiento de otras posibles medidas de protección, habrá de desvelarse a las partes si así lo solicitan motivadamente en sus escritos de calificación, acusación o defensa, en el mismo auto en que se acuerde la pertinencia de sus declaraciones, a los efectos de proponer prueba para su desvirtuación (en los cinco días siguientes). 5) Tener la condición de testigo protegido no altera las reglas generales del testimonio por lo que, si hubiera declarado en el procedimiento preliminar, pero no lo hiciera en el juicio oral por no haber sido localizado, sus declaraciones no podrán acceder a él mediante la lectura de lo dicho en aquel momento procesal, pues afectaría al derecho del acusado a interrogarlo (Vid. STS 25 febrero de 2008).

III. CAREOS

Tanto las declaraciones del imputado —o imputados— como de los testigos proporcionan al instructor datos que pueden ser útiles para la investigación. Sin embargo cabe que se constaten divergencias, contradicciones o desacuerdos sobre unos mismos hechos derivados de aquellas declaraciones. En tal caso, se prevé la diligencia conocida como careo («cara a cara») que es la confrontación personal, oral, y en presencia del instructor de quienes mantienen posiciones discordantes para intentar su aclaración. Regulada escuetamente en los arts. 451 a 455, de ella destacamos:

1) Es una diligencia esencialmente subsidiaria, a la que no cabe acudir más que cuando no haya otro modo para constatar los hechos o presuntos responsables. 2) Hay que entender que podrá acordarse de oficio o a instancia de parte, aunque su celebración quedará siempre a criterio judicial. 3) Se practicará ante el instructor, citándose simultáneamente a quienes deben carearse (testigo-testigo; imputado-imputado, o estos con aquellos) aun cuando generalmente nunca más de dos a la vez. 3) No se practicarán careos con testigos menores de edad, salvo que el juez lo estime imprescindible y no lesivo para el interés del testigo, previo informe pericial, y 4) Al ser su finalidad aclarar datos discordantes, se leerán a los careados sus declaraciones solicitándose su ratificación o modificación. Manteniéndose la discordia, el Juez hará notar cuál es ésta invitando a llegar a un acuerdo mediante la apertura de un debate de cuyos resultados e incidencias se levantará acta.

En su práctica se previenen algunas posibilidades «disuasorias», tanto objetivas como subjetivas, para la mejor búsqueda de la verdad. Por una parte, intenta condicionarse a los testigos recordándoles su promesa o juramento de no faltar a ella y su posible incidencia en el delito de falso testimonio en otro caso —tal no cabe en cuanto a los imputados preservados constitucionalmente de la obligación de declarar—. En el debate deben además, impedirse insultos o amenazas que pudieran condicionar las declaraciones por el temor o la tensión ambiental.

IV. INFORMES PERICIALES

Conforme al art. 456 «el Juez acordará el informe pericial cuando, para conocer o apreciar circunstancias importantes en el sumario —léase procedimiento preliminar— fueran necesarios o convenientes conocimientos científicos o artísticos». Es, pues, un acto de investigación con el que pretenden obtenerse datos de trascendencia, utilizándose conocimientos profesionales o prácticos específicos de personas ajenas al proceso, a las que se conoce como peritos, y de los que el Juez carece.

La pericia puede ser, además, un elemento necesario para determinar previamente el tipo de procedimiento a seguir. Y es que no solo el CP marca, con carácter general, la línea de los 400 euros como divisoria entre la calificación de determinados hechos como delito o falta (por ej. arts. 236, 242 y 623 para el hurto, el robo y el hurto de uso de vehículos de motor; arts. 253, 255 y 624, para defraudaciones de fluido eléctrico y análogas y apropiación indebida; arts. 386 y 629 para la falsificación de moneda y efectos timbrados; esa cuantía es de 4000 euros tratándose de defraudaciones fiscales o financieras, arts. 627 y 628) sino que, al introducirse en la LECRIM el juicio rápido, se impone la inmediata tasación pericial de los bienes u objetos intervenidos o aprehendidos (art. 797.1.2º c) para proceder al enjuiciamiento inmediato de los hechos, si se estimasen constitutivos de falta o, de serlo como delito, para escuchar a las partes sobre la procedencia de apertura de juicio oral (art. 800.1).

La carencia de esta peritación cuantitativa tiene importantes consecuencias pues, al ser la cuantía superior a los 400 euros (4000, en su caso) un elemento determinante del tipo, su indeterminación no permite calificar unos hechos como delito, sino sólo como falta, condicionando así los pronunciamientos de una sentencia condenatoria.

a) Condiciones para ser nombrado perito

Requisito esencial es el conocimiento específico sobre materias científicas o artísticas, bien por razones profesionales, al desempeñar una profesión u oficio avalado con un título oficial, o bien por desarrollar una actividad para la que no se precisa de aquel (art. 457).

Por ej. en causa seguida por incendio provocado en un monte forestal podría llamarse como perito a un ingeniero agrónomo para valorar los daños causado en el terreno por la deforestación; y a un industrial maderero para determinar el valor económico de los árboles quemados, como materia prima para la industria.

No obstante se prefiere a los primeros sobre los segundos y se establece que deberán nombrarse inexcusablemente dos en el procedimiento ordinario y podría ser sólo uno en el abreviado si el Juez lo considerarse suficiente (arts. 459 y 788.2).

En cualquier caso se nombraría sólo uno si no hubiera más en el lugar y la espera de otro supusiera graves inconvenientes para la investigación (art. 459.2).

El nombramiento se hace por oficio que se entregará al designado, con las formalidades previstas para la citación de los testigos (art. 460 y 461). Efectuado, y para preservar la necesaria contradicción, se notificará a los activa y pasivamente implicados, que podrán designar otro perito pero sólo si la peritación fuera irreproducible en la vista oral o se tratara de análisis químicos. En todo caso, el nombramiento habrá de realizarse antes de que comience aquella (arts. 466, 471, 472.2 y 356 in fine).

Al hacerse la propuesta deberán justificarse las cualidades que la avalan, y en caso de ser varios los proponentes como acusadores o acusados, se nombrará un solo perito designado de mutuo acuerdo (arts. 471 y 472). El instructor resolverá lo que estime procedente sobre la aceptación de los designados (arts. 470 y 473).

Si la peritación fuera de extrema urgencia, sin tiempo para que las partes pudieran nombrar otro perito, al menos deberá intentarse la participación de aquellas en su práctica.

Tratamiento diferenciado exigen los denominados informes científicos, requeridos por el instructor a instituciones oficiales especialmente cualificadas cuando se precisen peritaciones exigentes de conocimientos muy específicos (balística, huellas dactilares, determinación del ADN, etc.). Pueden ser por ej.: la Escuela de Medicina Legal, el Instituto Nacional de Toxicología, el Gabinete Central de Identificación, etc.).

Su peculiaridad se encuentra en la circunstancia de que por su carácter oficial, presuntivo de la capacitación y profesionalidad de sus miembros, ofrecen unas garantías técnicas y de fiabilidad importantes; y ello, unido a la posible multiplicidad de funcionarios intervinientes que podrían hacer difícil su comparecencia en la vista oral para ratificarlos, hace que vengan considerándose, con carácter general, como prueba preconstituida si con carácter documental se aportan a ella, y no se impugnan por ninguna de las partes.

Lógicamente, y si no fuera así, deberían someterse a contradicción en aquel momento, citándose a quienes actuaron como peritos en el informe que se impugna, o articulándose contraprueba, para que pudieran adquirir suficiencia probatoria (Vid. SS TC 100/1985 de 1 de octubre, y 24/1991 de 11 de febrero y SSTS 10 de diciembre de 1997, de 29 de junio de 2000 y de 15 de octubre de 2003).

Tratándose del procedimiento abreviado, este tipo de informe adquiere carácter pleno de prueba documental siempre que verse sobre la naturaleza, cantidad y pureza de sustancias estupefacientes y se haya practicado respetando los protocolos científicos exigidos para tales peritaciones (párrafo segundo art. 788.2). Su consecuencia es que, de ponerse en entredicho, no precise citar al acto de la vista a los autores del informe sino que los argumentos de la impugnación se consideren por el juzgador en el momento de sentenciar, dentro del conjunto de las pruebas.

b) Objeto y forma de la peritación

Su naturaleza exige la determinación de aquello sobre lo que debe desarrollarse la actividad pericial. Por eso, el Juez debe manifestar claramente a los peritos el objeto de su informe (art. 475).

Cualquier cosa puede ser objeto de pericia. Como mero ejemplo, el propio imputado para determinar «su capacidad física y sexual para realizar el acto carnal» (STS 24 marzo de 1984 en causa por presunto delito de violación).

Las garantías de fiabilidad serán mayores si se efectúa sobre el propio cuerpo del delito; pero, en su defecto, la peritación podría desarrollarse sobre objetos o elementos directamente relacionados con aquél.

Para su práctica, el instructor pondrá a disposición de los peritos lo que deba analizarse y, de ser preciso, los medios materiales para ello reclamándolos a quien sea procedente, excepto en el caso de los análisis químicos (arts. 362 y 485). Si la pericia destruyera o alterase el objeto a analizar deberá conservarse parte de él a disposición judicial para posibles análisis ulteriores (art. 479).

La peritación puede practicarse en las propias dependencias del Juzgado; en el lugar de los hechos (así, por ej. arts. 328, 336, 339, 343, 348, 351); o donde su naturaleza lo exija (caso por ej. de los análisis clínicos que han de hacerse en un laboratorio, art. 356). Si no pudiera reproducirse en la vista oral las partes podrán concurrir a su práctica y hacer las observaciones oportunas (arts. 476 y 479).

Se trata de un supuesto claro de prueba anticipada que exige de la contradicción que la Constitución garantiza. Pero aún cuando fuera posible tal reproducción, debería darse oportunidad a las partes para presenciar la pericia en defensa precisamente de la contradicción que debe presidir cualquier momento procesal.

Examinado lo que ha de peritarse, los peritos redactarán informe en el tiempo que precisen, continente —si fuera posible— de la materia de peritación, circunstancias en que se ha desarrollado y conclusiones, pudiendo el instructor, de oficio o a petición de parte, solicitar las aclaraciones que estime procedentes integrándose éstas como parte del informe (arts. 478 y 481 a 483).

Habiendo desacuerdo entre los peritos, y si fuera su número par, se nombrará por el Juez un tercero dirimente repitiéndose la diligencia. Si no fuera posible, el dirimente deliberará sobre la practicada y evacuará sus conclusiones (art. 484).

c) Garantía de fiabilidad del informe pericial

Los peritos se utilizan por sus conocimientos sobre una materia específica, pero los resultados de sus informes no solo deben ser fiables en función de aquellos sino por las garantías de imparcialidad que ofrezcan. Por ello se prevén distintas opciones para preservarla, unas como condicionante de su designación; otras para que, después de designados, se impida su actuación.

La primera garantía (un tanto ingenua) es el compromiso formal de los peritos de no proponerse más fines que el descubrimiento de la verdad, y de llevar a cabo fielmente sus operaciones. Declaración que ha de hacerse bajo juramento o promesa (art. 474).

Junto a ella se establecen causas de inhabilidad para actuar como tales coincidentes con las que, en su caso, les eximirían de la obligación de deponer como testigos (art. 464). Su concurrencia se considera causa de autoexclusión que deberá ponerse en conocimiento del instructor incurriendo, en otro caso, el perito en multa de 200 a 5.000 euros y posible responsabilidad criminal (art. 464).

Aquellas son, esencialmente, el parentesco, en los términos del art. 416, junto al que habría de considerarse las relaciones profesionales con cualquiera de los implicados, en interpretación analógica de su núm. 2.

No se dice el valor de un informe prestado en tales condiciones, pero estimamos no impediría su consideración por el Juez en los términos del art. 484 aplicando analógicamente lo que sucede concurriendo causas de recusación. Pero si el perito hubiera de intervenir en la vista oral debería sustituirse de oficio, sin perjuicio de su posible recusación.

Los peritos pueden también ser recusados en este momento procesal, pero para ello sería necesario que su pericia no pudiera reproducirse en la fase de plenario. En otro caso, la recusación habría de plantearse entonces (art. 467).

Es consecuencia de que, con carácter general, el órgano del enjuiciamiento no ha de considerar los resultados del procedimiento preliminar sino los derivados de la prueba practicada en la vista oral. Así, las dudas sobre imparcialidad de los peritos no tiene por qué impedir su informe en este momento si pudiera posteriormente replantearse como prueba.

En cuanto a las causas, procedimiento y consecuencias de la recusación se recogen en los arts. 468 a 470.

d) Derechos y deberes de los peritos

Adquirida esta condición, crea en ellos la obligación de actuar como tales, de la que sólo pueden excusarse concurriendo causas justificativas suficientes puestas en conocimiento del instructor y admitidas por éste [cualquiera de las que inhabilitan legalmente, o podrían propiciar una recusación (art. 462)].

Dejar de acudir el llamamiento judicial sin causa, o negarse a prestar el informe dará lugar a las responsabilidades señaladas para los testigos (art. 463).

Pero ser perito no sólo comporta obligaciones sino que genera derechos entre los que se encuentran esencialmente los económicos —prescindiendo de los que veíamos en cuanto a disponer de los medios necesarios para el desarrollo de su función— traducidos en la percepción de los honorarios que estime justos o los reglamentados para la profesión de que se trate.

Siempre que no sean retribuidos por la Administración, precisamente por el desempeño de sus funciones como peritos (art. 465). Por ej. los médicos forenses (art. 362).

V. RECONOCIMIENTO JUDICIAL

Se regula esencialmente en los arts. 326 a 333 (también 334 y 335) como «inspección ocular» lo que parece limitar su objeto a la percepción de aquello que lo sea por la vista. Preferimos, por ello, denominarlo reconocimiento judicial más acorde con su objeto y naturaleza, similar al que así se denomina en la LEC.

Es un acto de investigación con el que el instructor comprueba, por sí: el lugar donde se han producido los hechos; circunstancias concurrentes en su comisión y posibles vestigios, objetos o huellas.

Va dirigido, pues, a apreciar: 1) El lugar en que se sitúa la comisión de los hechos debiendo indicarse todas sus particularidades (geográficas, de situación, ambiente, etc.); 2) Circunstancias concurrentes en la perpetración del presunto delito y 3) Observación y conservación de objetos o elementos materiales que pudieran hallarse relacionados con éste.

Estimándose necesario se levantará un plano de situación y, en su caso, se fotografiará a la víctima y los instrumentos utilizados en los hechos de los que, también, podrá hacerse copia o diseño (arts. 326 y 327). Cabría recibir declaración a quienes estuvieran en el lugar o proximidades y solicitar informe pericial sobre «la manera, instrumentos, medios o tiempo de ejecución de los hechos (arts. 328, 329, 438); y deberá describirse toda huella o vestigio, recogiéndose y conservándose si fueran tangibles, con especial cuidado si su análisis biológico pudiera contribuir al esclarecimiento de los hechos (arts. 326, 328, 330, 334 y 335).

De acuerdo con su naturaleza deberá practicarlo el instructor, acompañado del secretario y habiendo algún imputado se le notificará para que pueda asistir al reconocimiento por sí o su defensor, con independencia de su situación personal, es decir, incluso estando en prisión preventiva. Compareciendo podrá hacer las observaciones oportunas; la incomparecencia no tendrá consecuencias sobre su práctica de cuyos resultados se levantará acta que se firmará por todos los presentes (arts. 332 y 333).

Como modalidad de reconocimiento se incluye la denominada «reconstrucción» o «reconstitución de hechos» no regulada expresamente en la LECRIM pero que puede utilizarse cuando el instructor, por sí o a instancia de parte, lo considere adecuado para su mejor comprensión. Es aconsejable, sin embargo, que se reserve para casos muy graves o excepcionales y siempre que los resultados previstos sean proporcionados a las dificultades, complejidad de su práctica y en ocasiones perjuicios y molestias que supone.

Consiste en reproducir lo sucedido en el mismo escenario en que sucedió. Por ello su naturaleza puede estimarse como mixta entre el puro reconocimiento judicial y la declaración de testigos, pues el Juez ve lo que se reconstruye y ello se hace sobre lo que unos terceros dicen que vieron en el lugar o la versión que el propio imputado ofrece.

Dadas sus circunstancias se duda de su efectividad, tanto por sus resultados como por afectar a principios procesales básicos, esencialmente el de inmediación pues al practicarse ante el instructor parece poco fiable para utilizarse como prueba por el sentenciador.

Nos parece oportuno indicar una técnica de reconstrucción «informática» o «virtual» utilizada en algún proceso aislado. Se trata de los denominados «infogramas» que suponen representar en un ordenador, con movilidad y tridimensionalmente, los hechos tal y como se deducen, esencialmente de informes periciales. Pueden ser útiles porque permiten «visualizar» lo que pudo suceder, aunque es evidente que carecen de identidad por si como prueba incriminatoria dada su artificialidad.

VI. DETERMINACIÓN DEL DELITO, SUS CIRCUNSTANCIAS Y PRESUNTO AUTOR

La investigación sobre los hechos que es función primordial del procedimiento preliminar, alcanza también a los objetos o elementos utilizados o relacionados con ellos y sus consecuencias, y a la determinación de su presunto autor. En el primer caso nos encontramos con el denominado «Cuerpo del delito», regulado en los arts. 334 a 367; en el segundo, con las disposiciones de los arts. 368 a 383 que integran el epígrafe «De la identidad del delincuente y sus circunstancias personales».

A) El cuerpo del delito

De manera muy simple cabe decir que con esta denominación se comprenden aquellos elementos materiales y tangibles, utilizados directa o indirectamente para la comisión de los hechos delictivos o relacionados con ellos.

Si su naturaleza permitiera incorporarlos físicamente a las actuaciones se conocen como «piezas de convicción».

Para obtener datos relacionados con este aspecto de la investigación se prevén un conjunto de actuaciones, preferentes a cualquier otra, cuya práctica solo se suspenderá en casos muy concretos.

Solo si hubieran de adoptarse medidas cautelares para el aseguramiento del presunto culpable; o medidas protectoras a los sujetos pasivos del delito (art. 366).

Estas actuaciones se traducen en una diversidad de diligencias en razón a la forma de comisión de los hechos y sus posibles consecuencias, regulándose la recogida de armas, instrumentos o efectos relacionados con aquellos; los análisis químicos; las diligencias a practicar en caso de muerte violenta, lesiones, robo, hurto, estafa y falsificación y las diligencias para valorar las consecuencias del delito.

Sus resultados pueden dar lugar al depósito judicial de bienes, elementos u objetos relacionados con los hechos. Esto determina una traba procesal impeditiva de tercerías de dominio o cualquier tipo de reclamación sobre ellos, mientras se encontrasen en tal situación.

a) Recogida de armas, instrumentos o efectos relacionados con los hechos

Hay que diferenciar, según hayan sido utilizados para cometerlos o hayan constituido su objeto.

En el primer caso, se recogerá lo encontrado en el lugar, sus inmediaciones, cualquier lugar conocido o en poder del sospechoso, levantándose acta de sus características y circunstancias de tiempo y lugar (art. 334). En el procedimiento abreviado podrá hacerse cargo de ellos la Policía, ante una previsible pérdida o desaparición, hasta su puesta a disposición del instructor; pudiendo intervenir el vehículo, permisos de circulación, conducción y seguro obligatorio si los hechos estuvieran relacionados con el trafico viario (art. 770, 3° y 6°). Incluso, si se siguieran los trámites del juicio rápido, la propia Policía deberá remitir a los laboratorios correspondientes las sustancias aprehendidas para su análisis inmediato art. 796.1, 6° (más adelante «Análisis químicos»).

Todo lo obtenido en esta forma se recogerá de manera que se preserve su integridad, acordándose su retención, conservación o depósito en el establecimiento adecuado. Podrá, también, destruirse dejando muestras suficientes, si así se estimara por su naturaleza perecedera, dificultades para su depósito, o se tratara de sustancias estupefacientes; o proceder a su realización sin necesidad de esperar la firmeza de la sentencia si fueran efectos de lícito comercio, siempre que no sean piezas de convicción y: hayan sido expresamente abandonados o ignorado el requerimiento judicial sobre su destino; sean perecederos o puedan depreciarse sustancialmente o sea su conservación especialmente gravosa o sanitariamente peligrosa.

Sobre esta forma de realización cabe decir: a) Tratándose de bienes embargados cumplimentando el acuerdo de autoridades judiciales de un Estado de la Unión Europea, habrá de autorizarse por estas; b) Podrá materializarse por: entrega a entidades sin ánimo de lucro o a las Administraciones Públicas; realización por persona o entidad especializada y subasta pública. Lo obtenido en caso de venta se destinará al pago de responsabilidades civiles y costas; c) Siendo bienes, efectos o instrumentos utilizados o provenientes de un delito de tráfico de sustancias estupefacientes, el producto obtenido de ellos por rentas, intereses o venta, se destinará a un fondo de titularidades estatal para prevenir y atender toxicomanías y colaborar en la prevención de este tipo de delitos; a no ser que, en aplicación de tratados internacionales, hubieran de dárseles un tratamiento distinto.

Si el comiso se hubiera producido en el ámbito de la criminalidad organizada (entendida esta conforme a los términos del art. 282, bis 4. de la LECRIM, y el art. 570 bis CP), la custodia, administración y disponibilidad de lo decomisado podrá encomendarse a una Oficina de Recuperación de Activos, con naturaleza de Policía Judicial, en la forma, condiciones y consecuencias referidas en el art. 367 septies de la LECRIM. En caso que hubiera de darse cumplimiento en territorio español a resoluciones de decomiso libradas por autoridades extranjeras, su reconocimiento corresponderá a los Juzgados de lo Penal.

Distinto a lo anterior es el examen de las personas o cosas afectadas por los hechos para determinar en qué forma y hasta qué punto lo han sido, para lo que el instructor «describirá detalladamente su estado y circunstancias» (art. 335) pudiendo valerse de declaraciones testificales e informes periciales.

El Juez puede solicitar pericias para apreciar mejor la relación de las personas u objetos con los hechos, para cuya práctica se citará al imputado, por sí o por su Abogado para que hagan las observaciones oportunas, levantándose acta de todo ello (arts. 333 y 336).

Las declaraciones de testigos podrán acordarse si se encontraran presentes, o se sepa de quienes puedan aportar datos sobre los hechos que constarán como complemento de la descripción de objetos o personas relacionados con aquellos (art. 337). A tales efectos, la Policía Judicial por sí tratándose del juicio rápido, podrá identificar y obtener datos de testigos citándolos para su comparecencia ante el Juzgado de Guardia. Y también requerir la presencia del Médico Forense si estimase necesario su informe y éste no precisara instalaciones sanitarias para llevarlo a efecto (art. 796.1ª y 4ª).

b) Análisis químicos

Están expresamente limitados a cuando, en criterio del instructor, sean absolutamente necesarios (art. 363). En tal caso, remitirá las muestras u objetos a analizar al laboratorio que se estime adecuado o, dependiendo del tipo de análisis, al Instituto de Toxicología (art. 505 LOPJ y D 13 julio de 1967).

Las muestras las obtendrán el forense o el perito que el juez indique, pudiendo el imputado proponer otros laboratorios para efectuar análisis comparativos (art. 356).

Recomendamos la lectura de los arts. 357 a 361, reguladores de esta peritación para observar lo fuera de tiempo de sus previsiones.

Excepcionalmente y como una manifestación más de las particularidades que otorgan su calificativo al juicio rápido, la Policía si hubiera aprehendido sustancias que, en su criterio, requieren de análisis los remitirá directamente al Instituto de Toxicología, al Instituto de Medicina legal o al laboratorio correspondiente (art. 796.1.6º).

El análisis solicitado deberá efectuarse y remitirse al Juzgado de Guardia antes del día y hora que la propia Policía haya fijado para la comparecencia del autor de los hechos, los perjudicados y los testigos, en los términos del art. 796.1.3ª y 4ª. Si estimase la imposibilidad de cumplimiento de este plazo y bajo control judicial, podrá efectuar estos análisis por sus propios medios (art. 796.1.6ª).

c) Diligencias en caso de muerte violenta

La primera corresponde al propio Juez que se personará en el lugar de los hechos para llevar a cabo el «levantamiento del cadáver», consistente en su observación, descripción y circunstancias conforme al art. 335, intentándose, asimismo, identificarlo por medio de testigos de no constar su identidad. Se trata, pues, de una manifestación del «reconocimiento judicial», ya visto, que adquiere nuevos matices si estamos a las previsiones del art. 778, 6º (en el ámbito del procedimiento abreviado) al autorizar al instructor para delegar en el Médico Forense la práctica de esta diligencia, de cuyas circunstancias habrá este de adjuntar un informe detallado.

No habiendo testigos de conocimiento directo se dará publicidad en la puerta del Depósito al que debe llevarse el cadáver —al menos por 24 horas— de las circunstancias de tiempo y lugar en que fue hallado para que quien pueda aportar algún dato lo manifieste al instructor. Si no fuera posible identificarlo así, recogerá el juez las prendas con que fue encontrado, a tales efectos (arts. 341 y 342).

Encontrándose el cadáver en la vía pública o en cualquier lugar de tránsito la Policía Judicial lo retirará a un lugar adecuado, señalando su posición y todas las circunstancias concurrentes y tomándose fotografías. Dará cuenta inmediata a la Autoridad judicial y restablecerá el tránsito de vehículos si se hubiera visto interrumpido (art. 772.4ª).

Esto no debe considerarse derogación a las exigencias propias del «levantamiento del cadáver», sino excepción limitada exclusivamente a la concurrencia de las precitadas circunstancias. El hecho de que se regule en la normativa propia del procedimiento abreviado, no debería entenderse como que sólo cabe si hubiera de seguirse esta vía procedimental. Si así fuera, nos encontraríamos ante una previsión inaplicable pues tanto el homicidio como el asesinato son hoy competencia del Tribunal del Jurado (art. 1.2º LOTJ) y dado que, en su regulación propia como procedimiento especial, no hay especificidad para este tema concreto hay que entender aplicables las normas generales de la LECRIM, que son las del procedimiento ordinario como tipo (vid. lec. 25ª). Como en éste tampoco se regula tal posibilidad nos induce a pensar que, o se llega a la conclusión que apuntamos: uso de esta prerrogativa por la policía siempre que se den las circunstancias antedichas, o el art. 772.4º de la LECRIM carece de contenido por su inaplicabilidad.

Lo mismo que decimos en el punto anterior hemos de considerarlo aplicable al caso en que el Juez delegue en el Médico Forense el «levantamiento del cadáver»; que debe considerarse de aplicación general y no limitado al ámbito del procedimiento abreviado por las razones antedichas.

Con las indicaciones anteriores e independientemente de que se logre o no identificar el cadáver, se ordenará su autopsia pudiendo prescindirse de ella si el juez, por los informes médicos, estima suficientemente determinada la causa de la muerte (art. 778.4 para el procedimiento abreviado, respecto al que cabrían las mismas consideraciones que las hechas antes para el «levantamiento del cadáver»).

Generalmente la realizan médicos forenses, aun cuando éstos o el juez pueden pedir cooperación de otros facultativos (arts. 343 y 348). Se practica en el propio Depósito, o en otro lugar si así se solicita y el juez estima que no afectará al resultado de las investigaciones. Debería asistir el instructor, que puede delegar en un miembro de la policía judicial y de sus incidencias debe dar fe el secretario (art. 353). (Vid. arts. 334 a 337 y 349; arts. 497 a 503 LOPJ y RD 296/1996, de 23 de febrero, Reglamento del Cuerpo de Médicos Forenses).

El art. 354 regula el supuesto de muerte por accidente ocurrido en vías férreas, con pormenorizada indicación de las actuaciones que han de efectuarse por tal causa.

Ahora bien, todas estas normas han de considerarse aplicables para situaciones «ordinarias», porque en caso de accidentes o hechos afectantes a gran número de personas habrán de seguirse las del Real Decreto 32/2009, de 16 de enero en que se aprueba el Protocolo Nacional de actuación Médico Forense y de Policía Científica en sucesos con víctimas múltiples.

d) Diligencias en caso de envenenamiento o lesiones

La primera es la debida asistencia a los afectados, pudiendo la policía judicial requerir, incluso verbalmente, a cualquier facultativo si fuera necesario (art. 770.1ª y 796.1º).

Si se desatendiera este requerimiento el Juez podrá imponer multa (de 500 a 5.000 euros) con posible exigencia de responsabilidad criminal (art. 770.1ª).

Tratándose de un delito cuya tramitación deba ajustarse al juicio rápido, se solicitará a quien preste la asistencia una copia del informe en que conste la prestada para su unión al atestado (art. 796.1ª).

En su caso, se procederá al internamiento u hospitalización de los lesionados que quedarán bajo vigilancia médica, debiendo darse parte de su situación en los periodos que judicialmente se señale o produciéndose alguna novedad de interés para la causa.

Esta asistencia corresponde al médico forense o, en su defecto, al que designe el instructor; pudiendo el lesionado o sus familiares solicitar que se lleve a efecto por médico de su elección bajo la inspección de aquel. También el imputado podría designar otro para que, junto a los anteriores, intervenga en la asistencia.

De haber discrepancias en cuanto al tratamiento del médico elegido por el lesionado, el juez nombrará otro, teniéndose en consideración todos los diagnósticos a los efectos del fallo. Las mismas prevenciones son aplicables si la asistencia correspondiera a facultativos del establecimiento en que aquél estuviera internado (arts. 350 a 352 y 355).

En el procedimiento abreviado no será necesario esperar a la total sanidad del lesionado, si se estima procedente el archivo o sobreseimiento; ni cuando ello no impida formular acusación (art. 778.2).

e) Diligencias en caso de hurto, robo, estafa o falsificación

En cualquier caso, hay que determinar la «preexistencia de la cosa»; es decir, si hay datos que permitan inducir que lo que se dice robado, hurtado o estafado existía en realidad al ser ello condicionante del delito. Una exigencia que, sin embargo, no se previene en el procedimiento abreviado más que cuando el instructor lo estime necesario (art. 762.9ª).

Deberá utilizarse la declaración de quienes hubieran sido testigos presenciales de los hechos y, en su defecto, obtenerse información sobre los antecedentes del presunto agraviado y todas las posibles circunstancias de su tenencia en el momento de cometerse aquéllos (art. 364).

En los casos de hurto o robo de dinero en efectivo y a tales fines se consideran admisibles las declaraciones de la propia víctima pues lo contrario supondría una exigencia «prácticamente incumplible, reduciendo de forma injustificada la protección del bien jurídico» (STS 30 de junio de 1980).

En supuestos de presunta falsificación de documentos o efectos existentes en Centros oficiales se les reclamarán, si el juez lo estima imprescindible, para su reconocimiento pericial y examen devolviéndose una vez finalizado el proceso (art. 335.2).

f) Diligencias para determinar las consecuencias económicas del delito

Hay determinados casos en que debe conocerse la traducción patrimonial de los daños derivados de su comisión para su calificación o penalidad o para el alcance de la pretensión civil de resarcimiento.

Por ej. si el valor de lo sustraído excediera de 400 euros, los hechos se calificarán como delito de hurto (art. 236 CP); y no excediendo, de falta (art. 623 CP).

Para ello se oirá, en primer lugar, al directamente perjudicado y se acordará la valoración pericial.

Tratándose del juicio rápido y si no fuera posible remitir al Juzgado de Guardia aquello que hubiera de tasarse, la Policía solicitará la peritación a quien corresponda pudiendo presentarse sus resultados oralmente ante aquel Juzgado (art. 796.1.8ª).

Se realizará conforme a los arts. 456 a 485 sobre las cosas o elementos directamente apreciables o, en su defecto, sobre los datos de que se disponga previniéndose, en este caso, prudencia en la tasación (art. 365).

B) Determinación del presunto delincuente y de sus circunstancias personales

La imputación de hechos a persona o persona determinadas precisa una mínima fundamentación, aunque sea en el terreno de lo presunto, sobre su participación o relación en o con aquellos. Asimismo es necesaria su identificación personal y determinar las circunstancias que, de cualquier forma, pudieran afectar su responsabilidad penal: edad, conducta y capacidad mental.

a) Reconocimiento

Su función es determinar si aquel a quien se atribuye participación en los hechos es realmente, al menos a los efectos de su posible imputación, a quien se deben atribuir. Es decir, si es así reconocido en presencia judicial con la finalidad de disipar cualquier posible duda.

Un reconocimiento para el que es válido cualquier medio que tenga entidad suficiente y se desarrolle con las formalidades y garantías legalmente previstas. Y es que puede conseguirse por medio de testigos e incluso por declaraciones autoinculpatorias. Pero cuando no se consigue así, el instructor por sí o a instancia de parte —incluso del sospechoso— puede propiciar la diligencia conocida como «reconocimiento en rueda» cuya finalidad es comprobar si, de entre varias personas con características similares, puede reconocerse al imputado o acusado.

Su práctica exige una serie de garantías previas o coetáneas, debiendo impedirse cualquier modificación o enmascaramiento en las personas o prendas que llevase el imputado en el momento de ser detenido e incluso, de ser posible, conservar aquellas si fuera privado de libertad en un centro carcelario o depósito donde se le proporcionaran otras (arts. 371 y 372).

Ha de desarrollarse en presencia judicial, con asistencia del secretario —no sería válida si sólo tuviera lugar ante la policía— y de letrado (excepto por delitos contra la seguridad del tráfico, art. 520). Otra cosa afectaría al derecho de defensa, y a su eficacia probatoria (art. 17.3 CE y 11.1 LOPJ). Su legitimidad no se vería, sin embargo, afectada porque previamente se hubiera exhibido alguna fotografía de aquél a quien se quiere reconocer (STS 21 de septiembre de 2000).

Se materializa sometiendo a varias personas con cierta semejanza física a la percepción visual de quienes pretenden identificar, de entre ellos, a un presunto culpable. Se efectúa individual y separadamente, de ser varios los que han de proceder al reconocimiento, sin comunicarse entre sí y desde un lugar en que no sean vistos o frente a ellos, a criterio judicial. Se levantará acta de sus resultados y circunstancias, así como de los nombres de los integrantes de la rueda (arts. 369 y 370).

En cuanto a su eficacia, nos encontramos con una medida propia, por sus circunstancias, del procedimiento preliminar inviable, generalmente, en el plenario y en la que los identificadores actúan como testigos en relación con quienes han de identificar. Supone pues que deberían comparecer nuevamente como tales al acto de la vista para someterse a contradicción e inmediación en cuanto a los determinantes de la identificación.

Esto no debe entenderse como que, en otro caso, carezca de eficacia alguna. Es evidente que la tiene si se hubiera practicado como prueba anticipada dándose las circunstancias que lo permiten; o si la ausencia del testigo lo fuera por causas sobrevenidas e imprevisibles (por ej. fallecimiento) habiendo cumplimentado todas sus formalidades y garantías; pero fuera de estos casos el TC considera necesaria la ratificación testifical con independencia de que se hubieran o no cumplido aquéllas (STC 10/1992 de 26 de enero).

Ahora bien, no es ésta la única forma de reconocimiento. Presupone la disposición física de quien ha de ser reconocido y pueden darse situaciones en que no sea así o que, aún siéndolo, concurran razones que impidan llevarla a cabo (por ej. miedo a represalias) en cuyo caso cabe acudir a la identificación sobre fotografías o filmaciones, huellas dactilares, escritura, datos antropométricos o genéticos e incluso la propia voz. Datos estos que aun cuando puede llegar a configurarse como auténticas pruebas incriminatorias, su función esencial es servir de punto de partida para la investigación.

En el reconocimiento fotográfico hay que distinguir entre el que tiene lugar en dependencias policiales y el que derive de fotografías o filmaciones obtenidas en el lugar de los hechos.

En el primer caso, se trata de una diligencia policial de uso frecuente cuando se carece de suficientes datos identificativos, a través de la que se intenta orientar el inicio de las pesquisas mediante archivos o álbumes fotográficos de personas «fichadas». No tiene más valor que el de una simple denuncia por lo que su eficacia procesal se condiciona a una posterior identificación personal, bien mediante el reconocimiento en rueda, bien sometiendo a contradicción directa el testimonio de quién identifica en el acto del juicio oral o, no siendo posible, mediante su lectura a idénticos efectos (por todas vid. Ss TS 8 marzo 2005, 14 enero, 2008).

El realizado sobre fotografías o filmaciones de los hechos puede ser útil a efectos instructorios pero su eficacia probatoria se condiciona a su ratificación ante el instructor y su reproducción en la vista oral, a los anteriores efectos y para que el órgano sentenciador pueda, por si, llegar en su caso a identificar al acusado con el fotografiado o filmado. También hay que considerar la circunstancia de que, esencialmente las filmaciones, se hayan efectuado en espacios libres y públicos pues no siendo así, precisarían autorización judicial al poder afectar a la dignidad o intimidad de las personas (Vid. STC 80/1986 de 18 de noviembre; Ss TS 6 mayo de 1993, 7 febrero y 7 diciembre de 1994, 19 abril y 25 noviembre 1996 y 15 abril 1997; Vid. también la LO 4/1997 de 4 de agosto, sobre utilización de videocámaras por las Fuerzas y Cuerpos de Seguridad y lo que se dice sobre ello en la Lección anterior).

También puede reconocerse con técnicas analíticas sobre huellas o vestigios obtenidos en el lugar de los hechos, o en el mismo cuerpo del delito: sangre, pelos, semen, huellas dactilares, escritura, etc., que se practicarán y valorarán como diligencia pericial. La más «clásica» es la dactiloscópica basada en la circunstancia de que los dibujos de las crestas papilares de los dedos son diferentes para todos, perennes e inmutables por lo que se estima que la absoluta semejanza de ocho o diez puntos entre dos huellas son suficientes para afirmar que pertenecen a una misma persona.

Supone, pues, contrastar una huella indubitada con la encontrada en la pieza de convicción, por los Gabinetes Policiales de Identificación. Su naturaleza es por tanto propia de un informe oficial que no precisaría la ratificación de quienes la efectuaron, a no ser que se manifestara oposición explícita al mismo que exigiría someterse a contradicción en la vista oral; se solicitara expresamente, o se articulara contraprueba (Vid. STS 23 de febrero de 1989).

Un sistema identificativo que cada vez adquiere mayor predicamento por su alto nivel de fiabilidad es el que toma como base el ADN, la posibilidad de encontrar dos individuos con el mismo perfil es de aproximadamente el 0,0005%.

También hay supuestos en que la identificación se hace sobre la voz, si fuera el único dato disponible (por ej. amenazas telefónicas grabadas). Para su práctica podría pensarse aparte de una posible «rueda de voces», conforme a lo visto, o el reconocimiento testifical o del propio sospechoso, en la formación de un «cuerpo de voz» —igual que se hace con la escritura para una peritación grafológica— a presencia judicial para confrontarlo con la del presunto autor o la que consta en una grabación indubitada (Vid. Ss AP de Vizcaya de 6 de noviembre de 1985, AP de Valencia de 25 febrero 1991, y STS 17 de abril de 1989, 3 de octubre y 3 de noviembre de 1997).

b) Identificación

Supone determinar quien es realmente la persona a la que se imputan los hechos. No se busca a su presunto autor, que corresponde a las diligencias vistas anteriormente, sino saber quién es, cómo se llama dónde vive, etc.

El sistema ordinario es el DNI, o el pasaporte, incluso los permisos de conducción y, en su defecto, habría de acudirse a otros medios: testigos, fotografías, antropometría, ADN, etc.

c) Determinación de la edad

El art. 19 CP establece la edad penal en los 18 años. Hasta alcanzar los 14 se es penalmente irresponsable; y hasta los 18 el enjuiciamiento corresponde a los Juzgados de Menores o Central de Menores, en razón al tipo de delito, aplicando las disposiciones de la Ley 5/2000, de 12 de enero. Superando esa edad, se aplicarán las normas penales y procesales ordinarias.

Si la Policía detuviera a un presunto autor de hechos punibles y dudara sobre si es mayor o menor de edad, por carecer de datos suficientes para determinarlo, lo pondrá a disposición del Juzgado de Instrucción para que proceda a establecerla conforme a las normas de la LECRIM que vemos a continuación. Acreditada la edad y si fuera inferior a los 18 años, se procederá conforme a lo previsto por la Ley de Responsabilidad Penal de los Menores (art. 2.9, del Reglamento de Desarrollo de esta Ley, RD 1774/2004, de 30 de julio, ver Lección 24.ª).

Para determinarla se prevé la certificación de nacimiento emitida por el Registro Civil o, no existiendo, la partida de bautismo (siendo católico) (art. 375 párrafo primero). Puede, no obstante, prescindirse de esta información si no hubiera duda por el DNI o cualquier otra circunstancia, de la edad e identidad del imputado (arts. 375 y 763.7ª). No pudiéndose determinar la edad por aquellos medios y estimándose necesario conocerla, se hará pericialmente a través de las características físicas (art. 375.II).

En el procedimiento ordinario el informe pericial se configura como sustitutivo de la inscripción de nacimiento, si se estimara necesaria y no fuera posible obtenerle dentro de unos términos razonables (art. 375, párrafo segundo); sin embargo, en el abreviado no se prevé tal sustitución y la carencia de aquel documento no impide, cualquiera que sea su causa, la continuación de las actuaciones aunque habrá de unirse a ellas en cuanto se reciba (art. 762.7º).

d) Conducta y antecedentes

Se trata aquí de determinar dos tipos de circunstancias: la conducta del imputado y la posible concurrencia de antecedentes penales.

Para la conducta el planteamiento es un tanto anacrónico, respondiendo al momento en que se dicta la LECRIM con una baja densidad de población esencialmente rural y con fácil conocimiento de los habitantes entre sí. Ello explica que el art. 377 permita al instructor pedir informes de ella a los alcaldes o funcionarios de policía del pueblo o pueblos en que hubiera residido; y que, además, se exijan fundados.

Con independencia de ello se permite completar tal información con declaraciones testificales (art. 378), incluso solicitar certificaciones de conducta a los curas-párrocos del domicilio o residencia del imputado lo que no tiene sentido en los grandes núcleos de población y menos en un Estado con libertad de culto y que se traduce generalmente, cuando se hace uso de ellos, en ambiguos escritos que muy poco aportan. En cualquier caso es de discrecionalidad judicial pedir tales informes (arts. 376 y 762.10ª).

Respecto de los antecedentes penales el art. 379 exige la aportación del certificado del Registro Central de Penados.

e) Capacidad intelectiva y mental

Incluye dos tipos de diligencias para determinar la capacidad de entender y querer en situación de «normalidad» y la posible concurrencia de circunstancias afectantes al equilibrio psíquico y, consecuentemente, a la responsabilidad.

El art. 380 de la LECrim y para el caso de menores de edad, establece una serie de normas dirigidas al instructor para recabar información sobre su nivel de discernimiento. Esta norma debe entenderse implícitamente abrogada por las disposiciones de la Ley de 12 de enero de 2000 de Responsabilidad Penal del Menor, ya que en el momento en que conste la minoría de edad de un presunto delincuente deberá ponerse a disposición del Fiscal a los efectos de aquella Ley (art. 16 de la Ley de 12 de enero de 2000).

Lo que sí puede el Juez es solicitar información sobre posible enajenación mental si observase indicios de ello, de oficio o a instancia de parte, mediante testimonios y pericia psiquiátrica (el forense y dos psicólogos o psiquiatras designados judicialmente) quedando sometido a observación permanente del primero (art. 381). Si aquella hubiera sobrevenido tras la comisión de los hechos dará lugar, concluida la instrucción, al archivo de la causa hasta que, en su caso, se recobrara la sanidad quedando el afectado internado en lugar adecuado (art. 383 LECRIM, 101 CP).

VII. OTROS ACTOS DE INVESTIGACIÓN

A) Intervenciones corporales directas

Junto a las diligencias anteriores pueden practicarse otras, no previstas en la LECRIM específicamente, para la obtención de datos o vestigios sobre el propio cuerpo de personas sospechosas, con la finalidad de determinar si aquél sirve como instrumento para la comisión de un delito (por ej. transporte de estupefacientes) o si pudiera haberse cometido en el propio cuerpo (por ej. interrupción voluntaria del embarazo, sin concurrir causas que legalmente lo permiten —art. 145 CP—) que precisaría un reconocimiento médico para ello, o si de él pudieran conseguirse datos relevantes a efectos del proceso (por ej. corte de pelo para determinar la adicción al consumo de estupefacientes).

Es posible, no obstante, efectuar una triple distinción entre los registros internos del cuerpo; el sometimiento del sospecho a una sesión radiológica y la obtención traumática de alguno de los componentes de su cuerpo (sangre, pelos, uñas, etc.).

En el primer supuesto, cabe entender la legitimidad de su práctica desde el momento en que, con carácter general, por sí mismo y desarrollándose correctamente, no afectaría ningún derecho fundamental.

Hay que considerar no obstante lo siguiente: 1) Sólo cabe estimar su procedencia siendo absolutamente imprescindible para asegurar la defensa del interés público y la búsqueda de la verdad material. 2) Siempre será necesario consentimiento expreso del afectado y, en su defecto, resolución judicial fundada —nunca una providencia— indicativa del procedimiento a seguir para ello, sin que pueda acudirse al uso de la fuerza ni siquiera mediando aquélla. Otra cosa afectaría a la prohibición de tratos inhumanos o degradantes (art. 15 CE), con independencia de que la conducta obstructiva pudiera considerarse indicio inculpatorio en conjunción con otras pruebas y llegarse a estimar delito de desobediencia a la autoridad (art. 556 CP en relación con el 24). 3) No afectaría al derecho a la intimidad al no ser éste ilimitado pudiendo ceder ante exigencias o intereses públicos superiores (art. 8 Convenio europeo para la protección de los Derechos Humanos y Libertades Fundamentales); ni a la dignidad de la persona, si se llevara a cabo correctamente y, en su caso, por profesionales de la medicina. (Vid. Ss TC 26/1981, 62/1982, 37/1985, STS 7 de junio de 1994 e Instrucción de la FGE 6/1988 de 12 de diciembre.

Tratándose de una sesión radiológica y aunque el sometimiento a ella sea voluntario, no puede estimarse, por sí, como declaración de culpabilidad ni como reconocimiento de hechos por lo que no precisará de asistencia letrada ni información de derechos. En caso de negativa a su práctica sería factible detener al sospechoso y someterle a esta diligencia contra su voluntad, aunque entonces sí se requeriría de aquella asistencia e información (Vid. STS 24 de julio de 2000).

En el último caso, esto es la extracción del cuerpo de determinados elementos externos o internos para someterlos a pericia (por ej. análisis de sangre, orina, pelos, uñas, etc.) hay que diferenciar según cual sea la finalidad pretendida con este tipo de peritación. Y es que el art. 363, II autoriza al Juez de instrucción para acordar motivadamente los actos de inspección, reconocimiento o intervención corporal «adecuados a los principios de proporcionalidad y razonabilidad» a los efectos de obtener muestras biológicas, si concurrieran razones que hagan indispensable la determinación del ADN del imputado.

Con este precepto se configura la cobertura legal suficiente para actuaciones sobre elementos corporales que habían sido puestas en entredicho por el TC precisamente por falta de base legal autorizante (STC 207/1996, de 16 de diciembre)

La Disposición Adicional 1.ª, 4 de la LO 15/2003, de 25 de noviembre, añade a la LECRIM una nueva Disposición Adicional 3.ª en la que se prevé crear una Comisión Nacional para la racionalización del uso forense del ADN a efectos identificativos en el ámbito del proceso penal.

La Comisión mencionada se regula por el RD 1997/2008, de 28 de noviembre, como órgano adscrito al Ministerio de Justicia, jerárquicamente dependiente de su Secretaría de Estado, contando con el apoyo material y administrativo del Instituto Nacional de Toxicología. Sus funciones, además de la de acreditación antes referida, abarcan las de coordinación, elaboración de protocolos oficiales y la determinación de las condiciones de seguridad y calidad de los laboratorios facultados para la práctica de pruebas de ADN.

Hay que preguntarse aquí si la permisividad y cobertura legal indicada lo es a los únicos efectos de identificar a un presunto delincuente, o también incluye otros supuestos en que la obtención de muestras biológicas lo fuera con otra finalidad (por ej. para determinar adicción a las drogas, o el nivel de alcohol mediante un análisis de sangre). Si no fuera así habría que considerar vigente para estos casos la doctrina sentada por el TC en su sentencia 207/1996, de 16 de diciembre, que estima tales intervenciones afectantes al derecho a la integridad física, de manera que solo podrían acordarse concurriendo resolución judicial motivada y la adecuada proporcionalidad entre el sacrificio que supone su práctica y los resultados pretendidos; sin que la negativa a someterse a una medida de esta naturaleza permitiera su práctica coactivamente y sin que esta conducta tenga consecuencia penal alguna, precisamente porque a diferencia de lo que supone la extracción de muestras para la determinación del ADN, no habría base legal permisiva de extracciones corporales para otro tipo de finalidades.

Y creemos de interés referirnos a casos en que se obtuvieron muestras orgánicas de forma puramente circunstancial, sin autorización judicial, planteándose la duda de si el ADN obtenido en tal forma cabe utilizarse como elemento incriminatorio.

El primer supuesto se produce cuando un policía, encargado de la custodia de un detenido, recoge con algodón una muestra de su saliva escupida en el suelo. Esta muestra biológica se remite a la Policía Científica, indicando su procedencia indubitada pero sin documentar tal actuación. Coincidiendo el ADN del detenido con el encontrado en un objeto recogido donde se había cometido un hecho delictivo, se le condena como autor del mismo. Recurrida la sentencia en casación, la Sala Segunda del TS en sentencia de 19 de abril de 2005, lo absuelve por entender que no había razones de urgencia determinantes de una actuación policial «a prevención» y, al ser así solo el juez, por resolución motivada, podía ordenar la obtención de pruebas biológicas para conocer el ADN de un sospechoso, por lo que no se reúnen las garantías legalmente exigidas para su eficacia probatoria. Sin embargo, en una situación muy similar: obtención de restos de saliva cuando el sospechoso salía de una celda en una Comisaría, la sentencia de la Sala Segunda del TS de 14 de octubre de 2005, entiende que ha sido consecuencia de un acto voluntario, sin precisar actuación alguna sobre la integridad corporal, por lo que no se precisa autorización judicial. De esta manera, al ADN obtenido se le concede plena efectividad probatoria, al no haber existido afección alguna a la intimidad. Y esta misma línea es la seguida por la sentencia de la Sala de lo Penal de la AN (Sec. 2ª) de 30 de noviembre de 2005 al dar validez probatoria al ADN obtenido de una colilla y un vaso, y de 9 de octubre de 2006, de la AP de Madrid (Sec. 21) con referencia también a una colilla abandonada.

La doctrina sentada por estas resoluciones y el criterio mantenido por la Sala 2ª del TS, en su reunión no jurisdiccional de 31 de enero de 2006, permiten establecer como bases para que la prueba de ADN pueda practicarse sobre muestras biológicas o elementos abandonados, sin autorización judicial, con plena efectividad de sus resultados, las siguientes: a) No deberá haber mediado fuerza, coacción o engaño en la obtención de las muestras debiendo, siempre, ser puramente circunstancial; b) Deberá constar formalmente el camino seguido desde la obtención de la muestra, con indicación de su modo, hasta la llegada de sus resultados a conocimiento judicial y que, en ningún momento, ha llegado a romperse la cadena de su custodia; c) Es indiferente que, en tales casos, el análisis lo ordene el Juez instructor o lo lleven a cabo los servicios de la Policía Científica, en cumplimiento de su obligación de investigar hechos presuntamente delictivos; d) Los resultados así obtenidos serán plenamente válidos, sin que pueda entenderse vulnerada la presunción de inocencia, ya que tanto pueden ser beneficiosos como perjudiciales para su sujeto pasivo.

Otro supuesto, este no relacionado con la obtención de ADN, sino para determinar del nivel de alcohol en sangre, en un presunto delito contra la seguridad del tráfico, lo encontramos en la sentencia del TC 25/2005, de 14 de febrero. Se obtienen muestras de sangre de un accidentado en el centro donde se le ingresa, por razones puramente terapéuticas. Estas se requieren judicialmente para que el Médico Forense establezca la tasa de alcohol, a efectos de las diligencias abiertas por el accidente, entendiéndose que esta medida no afecta ni al derecho a la integridad física, ni a la intimidad personal, ni requiere autorización judicial por lo que, dado, además, el interés público que hay en juego (conducción de vehículos bajo influjo del alcohol) nada impide que sus resultados se tomen en cuenta como prueba. Sin embargo, el juez cometió el error de reclamar las analíticas por simple providencia inmotivada, afectándose así a una de las exigencias ineludibles del principio de proporcionalidad para la afección de derechos fundamentales (el de la intimidad personal, en este caso) razón por la que se estima vulnerado este derecho y sin efecto probatorio los resultados de aquellas.

Ahora bien, las dudas planteadas en situaciones como las relatadas antes creemos se disipan, al menos en parte y para los supuestos que ahora veremos, a raíz de la Disposición Adicional Tercera de la LO 10/2007, de 8 de octubre, que autoriza expresamente a la Policía, sin necesidad de autorización judicial, para tomar muestras y fluidos del sospechoso y del lugar de los hechos, si estos fueran presumiblemente constitutivos de delito grave, afectaran a la vida e integridad de las personas o su patrimonio habiendo mediado intimación, fuerza o violencia, o se hubieran cometido en el ámbito de la criminalidad organizada. Esto equivale a decir que, en los supuestos mencionados, tendrán plena validez las muestras biológicas obtenidas por la Policia directamente del sospechosos o del lugar de los hechos, incluso mediando inspecciones, reconocimientos o intervenciones corporales, si hubieran sido libremente consentidas. Sin embargo, si fuera necesaria la actuación sobre el sospechoso y este no la consintiera, sí será precisa autorización judicial para la eficacia probatoria de la información genética obtenida de esta forma. En todo caso, su efectividad se condiciona al mantenimiento intacto de la cadena de custodia, desde su obtención hasta su uso procesal.

Hay que indicar, finalmente, que la mencionada LO 10/2007, de 8 de octubre, crea y regula una Base de datos policiales identificadores obtenidos a partir del ADN, dependiente orgánicamente del Ministerio del Interior a través de la Secretaria de Estado de Seguridad.

El objeto de esta Base es incorporar, sin necesidad de consentimiento del afectado, la información genética contenida en ficheros de los Cuerpos y Fuerzas de Seguridad obtenida en la investigación de los hechos delictivos referidos en el apartado anterior, en la identificación de restos cadavéricos o en la averiguación de personas desaparecidas, para utilizarse por la Policía Judicial, los Jueces o los Fiscales para hechos de la misma naturaleza.

Solo podrán registrarse datos proporcionados por los laboratorios del Instituto Nacional de Toxicología y Ciencias Forenses o de aquellos acreditados, a tales efectos, por la Comisión para el Uso Forense del ADN dependientes de la Policía Judicial, y solo los que se refieran a información genética reveladora del sexo y la identidad de la persona. Se conservarán hasta la prescripción del delito, la cancelación de antecedentes, o tras dictarse sentencia absolutoria o auto de sobreseimiento libre por los hechos enjuiciados.

B) El test de alcoholemia y sustancias psicotrópicas

La circulación viaria supone la necesidad de controlar las condiciones en que viajan los usuarios de vehículos para limitar, en lo posible, los riesgos que de ella derivan. De esta forma, el art. 379 CP, prescindiendo ahora de otras consideraciones y sanciones administrativas, tipifica como delito «contra la seguridad del tráfico» la conducción de vehículos bajo influencia de bebidas alcohólicas o drogas estupefacientes.

La efectividad de esta norma exige constatar si un conductor circula en aquellas condiciones lo que precisa una averiguación peculiar no prevista en la LECRIM. De ella cabe destacar que, excepto en caso de accidente con heridos trasladados a un centro sanitario donde podría ordenarse judicialmente un análisis para detectar la presencia del alcohol u otras sustancias, debería llevarse a efecto en el mismo lugar de los hechos puesto que la determinación de su existencia —esencialmente del alcohol— es limitada en el tiempo. Dado lo anterior, es evidente que su práctica debe atribuirse a quien tenga más inmediato conocimiento de aquellos, es decir a la policía de tráfico.

Sobre tales planteamientos y a partir del RD de 8 de mayo de 1981 se dictan una serie de normas para el sometimiento de los conductores en general o de quienes en alguna forma se vieran implicados en un accidente, a pruebas de detección alcohólica (RD de 3 de marzo de 1990, Ley sobre Tráfico, Circulación de Vehículos de Motor y Seguridad Vial, modificada por RD de 20 de junio de 1994 que lo desarrolla y RD de 23 de octubre de 1998).

Como sus características más importantes, destacamos:

1) Es un medio de investigación propio de la policía practicado, generalmente, por su iniciativa que podría incardinarse como integrante de las diligencias para determinar el cuerpo del delito, asimilable a los análisis químicos y que en función de las circunstancias preconstituye una prueba dada la imposibilidad de su repetición en la vista oral siempre que se lleve a efecto en las debidas garantías.

Los arts. 12.2 del RDL de 2 de marzo de 1990 y 22 del RD de 1 de enero de 1992 establecen que consistirá, normalmente, en la verificación del aire espirado mediante etilómetros oficialmente autorizados, por los agentes encargados de la vigilancia del tráfico.

Se efectuará una primera medición y, de ser positiva o incluso no siéndolo se observaran síntomas de la ingesta de alcohol, una segunda, similar, «de contraste» de cuya práctica se informará al interesado así como de su derecho a controlarla, por si, sus acompañantes o cualquier persona presente. Podría llegar a practicarse una tercera, de sangre u orina, en un Centro Médico, si lo solicita el interesado al que se deberá informar de ello y de su derecho a efectuar las alegaciones que estime oportunas, el mismo o terceros en su nombre. También podría acordarse esta analítica judicialmente.

Siendo positivo el «contraste» se hará constar en el atestado, así como el procedimiento seguido para la detección, los datos y características técnicas del instrumento utilizado y todas las posibles incidencias y alegaciones.

El grado máximo de impregnación alcohólica permitido no podrá superar los 0,5 gramos por litro de sangre, si se detecta en un análisis de este tipo, ó 0,25 miligramos en aire espirado, de utilizarse un etilómetro.

Estas tasas se reducirán a los 0,30 gramos y 0,15 miligramos, respectivamente: a) Durante los dos años siguientes a la fecha de obtención del permiso para conducir, con independencia del tipo de vehículo y el servicio a que estuviera destinado. b) Tratándose de vehículos destinados al servicio público o de urgencias, en general y, en particular, al transporte de más de nueve pasajeros, escolar o de menores; o de mercancías de carácter especial, peligroso o con un peso máximo autorizado de 3.500 Kgs. (arts. 20 y 23 del Reglamento General de Circulación, modificados por RD 2282/1998, de 23 de octubre).

2) Para que pueda adquirir la condición anterior se precisa: a) La preservación del derecho de defensa, esencialmente informando al interesado de su derecho a un análisis médico de sangre u orina.

Caso de practicarse estos análisis y al seguirse para la investigación de los hechos la vía del juicio rápido (art. 795.1.2º) la policía requerirá a quien los efectúe para su remisión al Juzgado de Guardia lo más rápidamente posible y, en todo caso, antes del día señalado para la citación de quienes deben intervenir en el procedimiento (art. 796.7ª).

b) Que se haya practicado con los adecuados instrumentos y formalidades, cumpliéndose por los agentes todas las informaciones y constancias que legalmente se exigen. Sin embargo, la denuncia de posibles irregularidades por ej. no hacer constar el tipo de aparato utilizado, o la falta de ofrecimiento para la analítica, no debería afectar a sus resultados si se acreditaran en el acto de la vista por el agente que intervino (STS 222/1991 de 25 de noviembre). c) La incorporación al proceso no puede efectuarse por la simple lectura o reproducción en el plenario del atestado en que consten sus resultados debiendo respetarse, en lo posible, los principios de inmediación, oralidad y contradicción con la presencia de los agentes que lo practicaron o, al menos, su ratificación a presencia judicial.

3) Que el CP estime delictivo el mero hecho de conducir vehículos de motor bajo influjo de bebidas alcohólicas superándose un determinado nivel etílico, permite deducir dos tipos de situaciones: a) Aquella en que la

tasa de alcohol espirado supere los 0,60 miligramos por litro o 1,2 gramos por litro de sangre que es punible en sí, independientemente de las consecuencias causadas por la conducción del vehículo en tales condiciones art. 379.2, segundo punto); b) La de no alcanzarse tales límites, pero sí superarse los máximos permitidos reglamentariamente, en cuyo caso el tipo penal lo constituye el hecho de que la impregnación alcohólica afecte a la capacidad de conducción suponiendo un peligro para la seguridad vial que, en definitiva, es el bien jurídico protegido (art. 379.2, primer punto).

El test alcoholimétrico adquiere, así, carácter trascendental porque ya no es un elemento a considerar en conjunción con otros (forma de conducción, manera de comportarse, gestos, actitudes y aspecto del conductor, testigos...) para deducir la comisión de un hecho delictivo, sino que este puede inducirse directamente de sus resultados objetivos. Esto permite concluir que los Agentes de Tráfico podrán verificar el nivel de alcoholemia, directamente o en análisis clínicos de sangre, sin necesidad del consentimiento del afectado ni autorización judicial, e independientemente de las circunstancias, por si su concentración superase los porcentajes tipificadores del hecho como delictivo.

Así, si el requerido para realizar un «test» alcoholimétrico se negara su negativa será, en todo caso, constitutiva de delito (art. 383 CP). Y decimos esto, porque antes de producirse las modificaciones de 30 de nov. de 2007 y 22 de jun. de 2010, la seguridad del tráfico se protegía penando actitudes que la comprometieran por la conducción de la ingesta de alcohol y, por tanto, aquella negativa solo tenía consecuencias punibles si, al menos se presumía esa afección, pero no en otro caso, como vino a decir la STS de 9 de dic. de 1999. Pero ahora esa negativa ha de entenderse delictiva en sí, pues el «test» no solo pretende determinar la afección alcohólica sobre la capacidad de conducir, sino si se alcanza o no determinados niveles que, por sí, son delictivos.

Aparte de lo dicho, conviene saber respecto a la práctica del «test» otras cosas, como:

a) Que el sometimiento al mismo está legalmente configurado como obligatorio (art. 12.2 RDL de 1990, art. 21 RD de 1992), aunque no puede compelerse coactivamente a su realización en caso de negativa, ni obtenerse en esta diligencia declaraciones autoinculpatorias (argumento deducible de la STC 252/1994 de 19 de septiembre), aunque esa negativa puede producir una doble consecuencia: 1. La inmediata inmovilización del vehículo (art. 70 RDL de 1990, art. 25 RD de 1992) y si hubiera llegado a producirse un accidente y la Policía estimase que el conductor implicado presentaba síntomas evidentes en la capacidad para conducir, la inmediata intervención del permiso de conducción (art. 71 bis del Texto articulado de la Ley de Tráfico, Circulación de Vehículos de Motor y Seguridad Vial, introducido por el art. 71.8 de la Ley de 30 de diciembre de 2003, de Medidas Fiscales, Económicas y del Orden Social) y 2. El seguimiento de causa penal, como antes decíamos, por delito de negativa a la prueba alcoholimétrica penado con sanción más grave que la máxima a imponer por delito contra la seguridad vial;

b) Que si sus resultados no superasen los que tipifican el delito de conducción bajo influjo de bebidas alcohólicas (0,6 mg. y 1.2 gr. como decíamos) pero sí los «básicos» legalmente admitidos pueden servir, en conjunción con otras pruebas, para determinar la comisión de un delito contra la seguridad vial

Hemos de hacer notar que el delito de riesgo contra la seguridad del tráfico no se tipifica sólo por la conducción bajo influjo de bebidas alcohólicas, sino bajo cualquier tipo de droga. De ello se hace eco el RD de 1992 (arts. 27 y 28) aun cuando ambiguamente intentando equiparar su detección al test alcoholimétrico «en cuanto sea posible».

Actualmente, cuando se pretenda detectar drogas tóxicas o estupefacientes en los conductores de vehículos de motor por la Policía de Tráfico, se llevará a cabo un test salival, al que habrá de someterse obligatoriamente el afectado. Si los resultados fueran positivos, o aún no siéndolo el conductor presentara signos de haber consumido aquellas sustancias, estará asimismo obligado a facilitar saliva para su análisis en laboratorios homologados.

Aparte de ello, en cualquier caso el conductor afectado puede solicitar una prueba de contraste consistente en análisis de sangre, orina o similares. Siendo así, se requerirá al personal que deba realizarla para la remisión de los resultados al Juzgado de Guardia, por el medio más rápido posible, antes del día y hora de la citación a comparecencia ante aquel. (art. 796.1.7º según reforma de la LO 5/2010, de 2 de junio.

En cualquier caso, no deja de ser un análisis químico ordinario, al que son aplicables los arts. 346 y ss. como informe pericial que es. En cuanto a la eficacia de sus resultados seria válido lo dicho para la alcoholemia.

Y añadimos dos cosas más. La primera que un resultado positivo en cuanto a la presencia de alcohol o alucinógenos —incluso la negativa a su detección concurriendo hechos presuntamente delictivos— configura procesalmente un atestado y con ello una denuncia poniéndose el afectado a disposición judicial, además de llevar consigo, como se dijo, la inmediata inmovilización del vehículo (arts. 21.3 y 28.1.3 RD 1992). La segunda, que tales circunstancias son suficientes para que el procedimiento pueda encauzarse por los trámites del juicio rápido concurriendo las circunstancias relacionadas en el art. 795 (Vid. Lec. 25.ª).

C) Circulación o entrega vigilada de estupefacientes y otras sustancias, objetos, elementos, especies o materiales

La preocupante situación derivada del tráfico ilícito de drogas alucinógenas, con graves consecuencias sociales, económicas e incluso políticas, ha creado una seria conciencia, tanto interna como internacional, sobre la necesidad de utilizar frente a ella todo tipo de armas legales.

La Convención de Naciones Unidas, hecha en Viena el 20 de diciembre de 1998, ratificada por España en Instrumento de 30 de julio de 1990, refleja esta preocupación proponiendo una serie de medidas para favorecer la investigación de estas formas delictivas. Cumpliendo sus dictados y las previsiones del art. 73 del Convenio de Schengen de 14 de julio de 1985, sobre permisividad de la entrega vigilada de estupefacientes, se introducen determinadas modificaciones en el CP y la LECRIM para favorecer la investigación de hechos relacionados con el mundo de las drogas, que van extendiéndose paulatinamente a otras formas de criminalidad organizada, al tiempo que se potencian sus garantías para asegurar, en lo posible, la efectividad procesal de sus resultados.

Así, actualmente, y conforme al art. 263 bis. 1 LECRIM, se autoriza este mecanismo procesal para investigar la fabricación, transporte o distribución de materiales de cualquier tipo, aptos para la producción de sustancias alucinógenas (art. 371 CP); la adquisición, conversión o transmisión de bienes de origen delictivo (art. 301 CP); el tráfico de especies amenazadas o protegidas de la flora o la fauna (arts. 332 y 334 CP); la falsificación, introducción o expedición de moneda falsa (art. 386 CP); la alteración, reproducción o falsificación de tarjetas de crédito o cheques de viaje (art. 399 bis CP); y el tráfico y depósito de armas (arts. 566, 568 y 569 CP).

La intencionalidad legal es, aparentemente, simple: legitimar el seguimiento policial controlado de tales sustancias, elementos u objetos, para localizar su origen y destino y, con ello, a los responsables de las redes de producción o distribución.

Su regulación se encuentra en el art. 263 bis LECRIM y en el 374.2 CP, siendo sus características esenciales las siguientes: 1) Se condiciona a la importancia del delito, sus específicas circunstancias y las posibilidades reales de vigilancia y control. b) Consiste, esencialmente, en permitir que remesas de drogas, productos con los que se sustituyan o cualquiera de los objetos o elementos procedentes de las actividades antedichas circulen, sin interferencia policial pero bajo su directo conocimiento y control, o se entreguen por la propia policía a los mismos efectos. 3) Podrá acordarse por el Juez instructor, el Fiscal (en el procedimiento abreviado, o si interviniera la Fiscalía Especial para la represión de la droga —art. 18 bis 2 EOMF— por ser competencia de la Audiencia Nacional o Juzgados Centrales de lo Penal) y los Jefes o Mandos Superiores de las Unidades Orgánicas de la Policía Judicial, aún cuando en este último caso habrá de dar cuenta al Fiscal y, si hubiera proceso abierto, al órgano judicial. Y éste es el que tiene que autorizar su utilización con tales fines, si se tratara de objetos, instrumentos o sustancias que hubieran sido decomisados y depositados judicialmente. 4) En cualquier caso, la adopción de esta medida habrá de hacerse por resolución fundada especificativa, en lo posible, de su objeto y para el caso de las drogas su tipo y las cantidades que pueden entregarse o ponerse en circulación.

Hay que señalar, finalmente, que lo dicho no excluye el cumplimiento de las garantías previstas para la detención y apertura de envíos postales sospechosos de contener estupefacientes (arts. 579 a 588 exceptuando la citación del interesado que prevé el art. 584), con independencia de que su contenido pudiera sustituirse por sustancias inocuas para su puesta en circulación vigilada; y que las normas señaladas pueden quebrar en aquellos casos en que la investigación tenga ámbito internacional, debiendo estar a lo que pudiera establecerse por vía de tratados.

D) Utilización de agentes «encubiertos»

Decíamos en el epígrafe anterior que las formas organizadas del delito podían requerir respuestas legales poco «convencionales» para combatirlas, como lo son la entrega o seguimiento controlado que allí estudiábamos.

Sin dudar de la eficacia de estas medidas, la realidad cotidiana puede exigir nuevas fórmulas para potenciar la acción policial en la detección y conocimiento de ciertas conductas delictivas especialmente complejas, así como en la obtención de pruebas para detener e inculpar a sus responsables.

En esta línea, la LO 5/1999, de 13 de enero, introduce en la LECRIM el art. 282 bis permitiendo, para la investigación de algunas formas de delito, que miembros de la policía judicial se introduzcan subrepticiamente en su entorno como «agentes encubiertos».

Nos encontramos ante un planteamiento legal extraordinariamente delicado, exigente de una cuidadosa regulación al tenerse que desarrollar en condiciones tales que, haciendo prevalecer el descubrimiento de la verdad material y la aplicación de la ley, al tiempo deben quedar preservadas debidamente las garantías constitucionales y procesales propias de toda investigación penal en un Estado de Derecho. Si no fuera así, los riesgos que suponen las actuaciones de este tipo para el «infiltrado» y para la propia Justicia, no quedarían compensados si la efectividad de lo conseguido quedara sin eficacia procesal por la vulneración de aquellas.

El ámbito de utilización de esta excepcional medida se circunscribe al de la «criminalidad organizada», entendida como la que se produce por la asociación de tres o más personas para llevar a cabo, de manera permanente y reiterada, determinadas conductas delictivas.

Se concretan éstas en las siguientes: secuestro (arts. 164 a 166 CP); prostitución (arts. 187 a 189 CP); contra el patrimonio y el orden socio-económico y el patrimonio histórico (arts. 237, 243, 244, 248 y 301 CP y art. 2.1 de la LO 10/1995, de represión del contrabando); contra los derechos de los trabajadores (arts. 312 y 313 CP); tráfico de especies protegidas, armas, material nuclear y sustancias estupefacientes (arts. 332, 334, 368 a 373 y 566 a 568 CP); falsificación de moneda y terrorismo (arts. 386 y 571 a 578 CP).

En tales circunstancias y casos y, si el Juez instructor o el Ministerio Fiscal estiman necesaria o conveniente esta forma de investigar, podrán acordar fundadamente que un miembro de la policía judicial se «infiltre» en los lugares o ambientes adecuados, durante un periodo de tiempo de hasta seis meses prorrogables por otros de igual duración en función a sus resultados.

Cabe entender que este acuerdo podrá adoptarse por propia iniciativa del instructor o del Fiscal, o a instancia de la propia policía.

En cuanto a la decisión del Fiscal ha de quedar reducida a cuando actúa su propio «procedimiento preliminar» en el procedimiento abreviado, debiendo entonces dar cuenta al Juez que debiera actuar como instructor en la causa; no siendo así, solo podrá solicitar de aquél la adopción de esta medida.

El policía que hubiera de desempeñar esta misión será designado entre voluntarios quedando, a partir de ese momento, sometido a las siguientes prerrogativas y condicionamientos:

a) Se le proporcionará una identidad supuesta, que mantendrá durante todo el tiempo que actúe como agente «encubierto»; e incluso si hubiera de deponer como testigo en el supuesto de seguirse causa por los hechos en que interviene o, aunque esto solo si así lo acordare el órgano judicial que conozca de la misma siéndole de aplicación, en su caso, las previsiones de la Ley 19/1994, de 23 de diciembre, sobre «testigos protegidos».

Esta identidad la concederá, reservadamente, el Ministerio del Interior, al que se remitirá la resolución en que se acuerde tal medio de investigación y el verdadero nombre del agente que ha de desempeñarlo.

b) Quedará legitimado para desarrollar las actuaciones que estime necesarias para la investigación que le hubiera sido encomendada. No obstante se le exige la debida prudencia para que sean proporcionadas con lo que pretende conseguirse, sin que puedan llegar a alcanzar la categoría de provocaciones para delinquir, pues ello desvirtuaría su propia naturaleza y su legitimidad.

Además y si con ellas pudieran afectarse derechos fundamentales, deberá ponerlo en conocimiento judicial y sólo cuando se le autorice expresamente, podrá actuar en tales condiciones. Y no sólo esto sino que, incluso con tal autorización, habrá de cumplir con todos los requisitos y garantías que pudieran exigirse para este tipo de actuaciones.

Si la conducta del agente se desarrolla dentro de estos parámetros, los hechos punibles que hubiera podido cometer o participar se beneficiarán de una exclusión de antijuricidad, no pudiendo exigírsele responsabilidad penal por ellos. Lógicamente, no será así en caso contrario.

Esto supone que cuando se tenga constancia de la intervención de uno de estos agentes, el Juez que conozca de la causa habrá de requerir informe de quien lo autorizó para conocer qué conductas podían ser investigadas y hasta dónde podía llegar aquél. En función del mismo y las circunstancias en que se desarrollara realmente la investigación, acordará lo que estime oportuno para imputarle o exculparle.

c) La información que pudiera irse obteniendo deberá ponerse en conocimiento, a la mayor brevedad posible, de quien autorizó esta medida y aportarse en su integridad al proceso que, en su caso, pudiera seguirse siendo valorados sus resultados «en conciencia», lo que supone no dársele más valor que a cualquier otro medio.

El «infiltrado» puede tener conocimiento directo de hechos delictivos, e incluso estar en contacto con los objetos, instrumentos o efectos utilizados para cometerlos. Dada su condición policial, estaría obligado a denunciar y a incautarse de aquellos efectos, en aplicación estricta de los arts. 262 y 282 de la LECRIM. Sin embargo, como «agente encubierto» queda exento de hacerlo mientras actúe en tales condiciones.

LECTURAS RECOMENDADAS: IGLESIAS CANLE, I: *Investigación penal sobre el cuerpo humano y pruebas científicas*, Madrid, 2003; SOLETO MUÑOZ, H: *La identificación del imputado (Rueda, fotos, ADN... de los métodos basados en la percepción a la prueba científica)*, Valencia, 2009; GAZANMÜLLER ROIG; ESCUDERO MORATALLA; FRIGOLA VALLINA: *Negativa a someterse a las pruebas de alcoholemia. Conducción bajo el influjo de bebidas alcohólicas,* Valencia, 1998; GASCÓN INCHAUSTI, F: *Infiltración policial y agente encubierto*, Granada, 2001. GÓMEZ COLOMER, J.L. (Coord.), *La prueba de ADN en el proceso penal*, Valencia 2014.

Lección Décima

La imputación y el fin del procedimiento preliminar

I. LA IMPUTACIÓN

A) Imputación en sentido lato: Es el reproche de un delito a una persona.
Se es imputado desde la admisión a trámite de la denuncia o querella, desde la detención o adopción de otra medida cautelar.

B) Imputación formal: Se imputa formalmente por el JI mediante auto, cuando concurran indicios racionales de criminalidad.

II. EL PROCESAMIENTO

A) Concepto y características: Sólo cabe en el proceso penal ordinario por delitos más graves.
Se regula detalladamente en un único artículo de la LECRIM. Procesamiento no es acusación.
Procede cuando existan indicios racionales de criminalidad contra una persona.

B) Efectos
   a) Procesales
   b) Extraprocesales

C) Recursos: 1) Por no acordarlo, 2) Por acordarlo.

III. PROCESOS SIN PROCESAMIENTO

A) El procedimiento abreviado
B) El juicio rápido
C) El procedimiento por faltas.

IV. TERMINACIÓN DEL PROCEDIMIENTO PRELIMINAR

A) Terminación del sumario
Termina de oficio o a instancias del Fiscal cuando se considera que los hechos están suficientemente investigados, en todos los procesos.
Intervienen las partes acusadoras y el imputado para dar su opinión.

B) Terminación de las diligencias previas y las urgentes

I. LA IMPUTACIÓN

Según el Diccionario de la Real Academia de la Lengua imputar es «atribuir a otro una culpa, acción o delito». Y éste es el sentido con el que se utiliza el término en la LECRIM, pero aquí puede diversificarse en un doble sentido. Uno, que calificamos de «lato, amplio o genérico»; otro, más restrictivo, que denominamos «formal».

A) Imputación en sentido lato

A ella se refiere la Ley en diversidad de preceptos con un denominador común: supone la atribución, más o menos fundada, a una persona de un acto presuntamente punible sin que haya de seguirse necesariamente acusación contra ella como su consecuencia.

La condición de imputado, en este sentido, se adquiere desde que se le comunica la admisión a trámite de una denuncia o querella; desde que se lleve a cabo contra ella cualquier actuación procesal implicándole en un hecho delictivo, o desde que haya sido objeto de detención o cualquier medida cautelar (art. 118, Vid. Ss TC 44/1985, 135/1989).

> La referencia a «cualquier actuación procesal» debe considerarse por el instructor de forma que, sólo si la estima suficiente para derivar sospechas deberá poner en conocimiento de aquel a quien afecta su condición de imputado y los derechos que, como tal, le asisten.

Esto supone que el instructor ha de efectuar una ponderación provisional sobre la atribución de un hecho punible a una persona determinada. Y, siendo positiva, informarla inmediatamente de ello.

Las consecuencias de esta imputación son diversas, suponiendo la obligación de instruir diligencias para adquirir, al menos, un conocimiento primario de los hechos y, desde su primer momento, el imputado adquiere la condición de parte permitiéndole ejercitar el derecho de defensa del art. 24.1 CE en los términos de los arts. 118, 767 y 796.1, 2º del que deberá informársele adecuadamente. (Vid. lec. 4.ª) Legitima, además, para la adopción de medidas cautelares tanto para asegurar la presencia física del imputado (prisión preventiva, libertad provisional) como posibles responsabilidades civiles derivadas de su conducta.

B) Imputación formal

Supone un «paso de tuerca» en la situación procesal del imputado y, así entendida, responde a un acto judicial garantizador de que solo será enjuiciado cuando concurran indicios de responsabilidad racionalmente suficientes. Al ser de esta manera se configura como un requisito de procedibilidad para la apertura de juicio oral aunque junto a él es necesario, en estricta aplicación del principio acusatorio, que alguien distinto al Juez (Ministerio Fiscal, acusador particular) esté dispuesto a solicitar esa apertura manifestando su intención evidente de mantener una acusación.

La imputación formal queda, pues, siempre bajo control de un órgano jurisdiccional (normalmente un Juez de Instrucción). El es quien va a determinar si concurren los elementos suficientes para entrar en la fase plenaria del proceso. Otra cosa es que haya alguien decidido a ejercitar la acusación en ese momento procesal porque, no siendo así, la decisión judicial de imputar quedaría sin virtualidad y habría de acordarse el sobreseimiento.

Ahora bien, esta imputación «formal» no se manifiesta uniformemente pues varía en razón al tipo de procedimiento. Su modalidad más representativa es el «procesamiento», específico del procedimiento ordinario por delitos. Sin embargo, ni en el abreviado, ni en el rápido, ni en el que se sigue ante el Tribunal con Jurado hay procesamiento y en el procedimiento por faltas ni siquiera se produce imputación, pero esto no supone carencia de control judicial sobre la apertura de juicio oral, tal como veremos.

II. EL PROCESAMIENTO

A) Concepto y características

Se prevé sólo para el procedimiento ordinario por delitos más graves en el art. 384 estableciendo que: «Desde que resultare del sumario algún indicio racional de criminalidad contra determinada persona, se dictará auto declarándola procesada y mandando que se entiendan con ella las diligencias en la forma y del modo dispuesto en este Título y en los demás de esta Ley».

De ello se deducen como características, naturaleza y presupuestos esenciales del procesamiento:

1) Puede tener lugar en cualquier momento del procedimiento preliminar.

Al ser consecuencia de la apreciación que el instructor hace de los resultados que le vayan proporcionando las diligencias que en él se practican, no existe un momento determinado para que el procesamiento se acuerde.

Cabe que coincida con el momento mismo de la iniciación de aquél, por considerar la suficiencia de los indicios o darse el procedimiento preliminar por concluido sin procesamiento de persona alguna.

Este segundo supuesto daría lugar, si el auto de conclusión se confirmase por la Audiencia, al sobreseimiento provisional de la causa sobre el art. 641.2.º (falta de motivos para acusar a persona determinada).

Asimismo y precisamente por ser los indicios de criminalidad sus determinantes, puede el propio juez que lo acordó alzarlo de oficio cuando estime, por los resultados de la investigación, que aquellos han quedado, de alguna forma, desvirtuados.

2) El presupuesto necesario para que el procesamiento tenga lugar es eminentemente subjetivo.

Supone que el instructor estime «algún indicio racional de criminalidad». Un concepto ambiguo equivalente a sospecha fundada o, conforme al TC, que aquel habrá de apoyarse en datos fácticos que «representando más que una posibilidad y menos que una certeza, supongan la probabilidad de la existencia de un delito» (As TC 173 y 289/1984), para cuya apreciación se le otorga un amplio margen de discrecionalidad.

Esta discrecionalidad no supone arbitrariedad, ni ausencia de control. Si el procesamiento no se basa en un mínimo fundamento indiciario de culpabilidad, apareciendo como caprichoso o arbitrario vulneraría la tutela judicial efectiva del art. 24.1 CE, e incluso la propia presunción de inocencia (As TC 324/82 y 340/85; STC 135/85).

Pero ¿a qué deben responder tales indicios?, ¿cuál es el tipo de criminalidad que ha de apreciarse a estos efectos?, ¿puede el instructor estimar la concurrencia de circunstancias exculpatorias o condicionantes de aquélla? El procesamiento es un juicio de probabilidad; es en el acto de la vista oral donde han de determinarse certezas y responsabilidades, pero hay circunstancias que aquel podría valorar si incidieran directamente sobre la presunta criminalidad. Tal podría suceder con alguna de las causas que la extinguen (por ej. la prescripción del delito o el perdón del ofendido, siendo éste posible, art. 130.4 CP, o determinadas circunstancias eximentes, suficientemente constatadas, fuerza irresistible, caso fortuito, legítimo ejercicio de un derecho, etc.) que podrían dar lugar a que no se procesara.

3) El procesamiento puede acordarse de exclusiva iniciativa del instructor, o a solicitud de los acusadores.

En este segundo supuesto pueden darse dos situaciones: a) Que el juez estime pertinente lo solicitado dictando resolución en tal sentido, o b) Que la desestime, lo que abre el recurso de reforma contra su resolución, sin recurso ulterior siendo denegatorio, aunque podría reproducirse la petición de procesamiento ante la Audiencia al evacuar el trámite de instrucción del art. 627 (art. 384, VI, ver después).

Esto permite deducir que el procesamiento no es un acto reservado al instructor, sino que podrá acordarlo el mismo tribunal sentenciador en el auto confirmando o revocando el de conclusión del sumario (art. 630). Siendo así, ordenará a aquel que dicte resolución en tal sentido, quién lo hará materialmente al venirle impuesto, pero no por convicción propia.

4) La resolución en que se acuerde adoptará forma de auto, dada su trascendencia, motivando razonadamente de donde se deducen los indicios de criminalidad. No siendo así, podrá estimarse vulnerada la presunción de inocencia e incluso el derecho a la tutela judicial efectiva que exige, como una de sus manifestaciones, la fundamentación de las resoluciones judiciales trascendentes (As TC 173/84 y 135/89).

B) Efectos

a) Procesales

1.º) Quien, hasta entonces, era simple imputado adquiere la condición de procesado con una «estabilización» o robustecimiento en su condición de parte que ya tenía desde entonces; plena legitimación pasiva; incremento de sus garantías procesales (como veremos con la defensa) y con el que «habrán de entenderse las diligencias en la forma y del modo dispuesto en esta Ley» (art. 384.1). Supone, pues, que formalmente y, aun cuando siga siéndolo presuntamente, se le atribuye participación y responsabilidad en hechos delictivos.

2.º) Lo dicho lleva como consecuencia la posible adopción de una serie de medidas cautelares sobre su persona y bienes, traducidas en la apertura de dos piezas separadas: una de responsabilidad civil y otra de situación personal.

La primera incluye todas las actuaciones tendentes a garantizar posibles consecuencias civiles del proceso; la segunda aquellas que buscan asegurar la presencia del imputado en él. (Vid. lecciones 21.ª y 22.ª).

En este punto nos hacemos eco más de la práctica forense que de lo que la Ley prevé. En el art. 384 no se dice que tales medidas sean *necesaria* consecuencia del procesamiento aun cuando acostumbran a ir unidas a él. Ni siquiera se las menciona, y como decíamos antes basta la imputación en sentido lato para que puedan adoptarse.

Hay no obstante, una medida aparentemente unida a aquel, tratándose de delitos derivados de la conducción de vehículos de motor. En tal caso, si se acordara la libertad provisional del procesado, el Juez podría privarle, asimismo provisionalmente, de la utilización del permiso correspondiente, comunicándolo el secretario al organismo que lo hubiera expedido (art. 529 bis). Sin embargo, puede no haber procesamiento y adoptarse medidas similares, caso del procedimiento abreviado y del rápido; además, no solo por el Juez, sino por la Policía Judicial (arts. 763,764.1, 770.6 y 797.2). Por eso decíamos que la identificación de tal medida con el procesamiento era solo aparente.

3.º) El procesamiento no supone acusación. Ni su relación fáctica vincula a los acusadores para sus calificaciones; ni fija definitivamente el objeto procesal, es decir, el hecho o hechos que han de considerarse en el juicio oral pues éstos se delimitan en las calificaciones definitivas que es donde se ejercita la auténtica acusación.

Es un simple presupuesto para la entrada en el período plenario del proceso sin el que no podría tener lugar; y un determinante de quienes han de figurar en él con la condición de parte pasiva.

Sin embargo, no hay que relacionar *necesariamente* el procesamiento con la apertura de ese periodo procesal. Esto no depende ya del instructor, sino del órgano del enjuiciamiento. Aquél, finalizada su investigación, remitirá a éste lo actuado y será él quien —entre otras actuaciones que ahora no interesan—, oirá a las partes sobre ello y, si así lo hubieran solicitado se pronunciará sobre la entrada en la fase oral del proceso. En otro caso, cabría un posible sobreseimiento (vid. lec. 11.ª y 23.ª «Periodo intermedio»).

4.º) Tampoco los indicios en que el procesamiento se funde suponen una afirmación de los hechos que pueda servir de base a la sentencia, sino una mera suposición no vinculante para el órgano sentenciador que puede formar libremente su convicción sin tener en cuenta la del instructor.

No puede, por tanto, considerarse atentatorio al principio de presunción de inocencia. Y es que aunque, ciertamente, crea la posibilidad de que sea afectado lo hace sólo como presupuesto y no directamente. Además, al basarse en indicios y no en pruebas no es asimilable ni confundible con la sentencia que es la única que puede desvirtuarlo manteniéndose, por tanto, incólume hasta ese momento.

5.º) La condición de procesado-parte permite «tomar conocimiento de las actuaciones e intervenir en todas las diligencias», sin perjuicio ello del secreto de sumario que el instructor puede decretar total o parcialmente para aquel (art. 302).

6.º) Desde el procesamiento, el procesado puede —mejor, *debe*— aconsejarse de letrado, de no estar incomunicado (art. 384, II).

No obstante, hay que estar al art. 118 conforme al cual, y como ya se ha dicho, el derecho de defensa puede ejercitarse en cuanto se sigan contra una persona actuaciones procesales, cualesquiera que sean (lección 4.ª) Debe interpretarse, pues, en el sentido de que *necesariamente* —no ya potestativamente— el procesado habrá de valerse de abogado si no lo tuviera ya y, si no lo nombrara de su elección, se haría de oficio.

b) Extraprocesales

Entre ellos, por ej. la posible suspensión provisional en el cargo a determinados funcionarios públicos.

Con carácter general, de los de la Administración civil y militar, así como de sus Organismos Autónomos y de la Administración de la Seguridad Social, cualquiera que sea el delito del que derive. También cabe esta medida cuando afecte a Jueces o Magistrados por delitos cometidos en el ejercicio de sus funciones (art. 383.1 LOPJ) y a los miembros del CGPJ para los que se establece el mismo tratamiento que a los magistrados del TS (art. 119.1 LOPJ). Y lo mismo tratándose de funcionarios de los Cuerpos de Secretarios Judiciales; de Gestión Procesal y Administrativa; de Tramitación Procesal y Administrativa; de Auxilio Judicial; de Médicos Forenses y de los Cuerpos integrados en el Instituto de Toxicología y Ciencias Forenses. En cuanto a los magistrados del TC podrían ser suspendidos en cualquier caso, si así lo acordaran las 3/4 partes de los miembros del Pleno (art. 24 LO 3 octubre de 1979).

La suspensión se previene automáticamente en causas por presuntos delitos de terrorismo imputados a quien ostente función o cargo público, habiéndose decretado su prisión provisional, y mientras dure ésta (art. 384 bis).

En otros supuestos, el procesamiento sólo debe comunicarse a las autoridades de que dependa el procesado.

Por ej. cuando se procesa a un notario y se dicta auto de prisión, que lleva consigo la suspensión del cargo, habrá de comunicarse a la Dirección General de los Registros y el Notariado y al Decano del Colegio Notarial del lugar donde preste sus servicios (art. 82 RN)

En cualquier caso, este tipo de medidas no son consecuencia exclusiva del procesamiento pudiendo acordarse en cualquier causa por delito, siempre que estén legalmente previstas.

C) Recursos

Hay que distinguir:

a) Recursos contra el auto denegatorio del procesamiento solicitado por los acusadores. El solicitante podrá recurrir en reforma (en los 3 días desde su notificación). No tendrá recurso ulterior, pero podrá reproducir la petición de procesamiento ante el órgano sentenciador, con las consecuencias vistas antes (art. 384.6).

b) Recursos contra el auto acordándolo.

1) Si lo fue directamente por el instructor, se concede el de reforma (en el plazo visto) y contra la resolución denegatoria de ésta, apelación (en los 5 días siguientes a la notificación).

La apelación puede interponerse conjunta y subsidiariamente con la reforma, quedando admitida al denegarse ésta. Si por esta vía se dejara sin efecto el procesamiento antes acordado, los acusadores podrían reproducir la petición de procesamiento ante la Audiencia (art. 384.5).

2) Si lo dictó el instructor, pero a instancia del órgano sentenciador al reproducirse la petición de procesamiento ante él, el procesado podrá

recurrir directamente en apelación sin reforma previa al no responder al criterio de aquel sino venirle impuesto.

3) Si es consecuencia de un recurso de reforma, interpuesto precisamente por su denegación, el procesado podrá usar los mismos recursos que en el supuesto 1) (art. 384.7).

III. PROCESOS SIN PROCESAMIENTO

A) El procedimiento abreviado

La LO 7/1988, de 26 de diciembre, al introducir este procedimiento incluyó, como una de sus características peculiares, la desaparición del procesamiento. ¿Supuso ello la absoluta desaparición del «juicio de probabilidad», que aquel implica como condicionante del juicio oral? ¿Perdió sus atribuciones, a tales efectos, el instructor? ¿Bastaba con la mera atribución de un hecho presuntamente punible para que se produjera la apertura del juicio oral? Las preguntas siguen teniendo valor cuando se trata del proceso abreviado de la Ley 38/2002, de 24 de octubre.

Cabe una respuesta en línea con las garantías del imputado: no hay, efectivamente, procesamiento pero sí se conserva el control judicial en cuanto al mínimo fundamento para una acusación. La apertura del juicio oral no es, pues, consecuencia automática de una mera atribución de hechos sino que el instructor tiene algo que decir, aun cuando no se traduzca en una resolución como el auto de procesamiento. No hay efectivamente «procesamiento», pero el Juez ya ha considerado, en un primer momento —y entre otras posibilidades que le permite el art. 779, inclusivas del archivo de las actuaciones— la concurrencia de indicios bastantes para el seguimiento de esta vía procedimental. Es entonces cuando, remitiéndoles lo actuado, solicita de los acusadores su criterio sobre la procedencia de apertura de juicio oral para que, siendo afirmativo, formulen escrito de acusación (la alternativa sería la petición de sobreseimiento o de diligencias complementarias) (arts. 780 y 781.1).

Ahora bien, lo dicho no supone que sólo a partir de este momento se adquiera la condición de imputado. El instructor en cuanto estime la necesidad de abrir investigación sobre unos hechos por los trámites de este procedimiento, debe ponerlo en conocimiento del «sospechoso» por cualquier medio para que pueda defenderse (art. 775). Sólo siendo así tiene sentido y es posible que la petición de apertura de juicio oral —o el sobreseimiento— se recabe únicamente de los acusadores, pues ya se ha dado al imputado oportunidades de defensa a tales efectos. La consulta es, por tanto, para que se considere o no la entrada en fase acusatoria pero no para que, sólo en ese momento o a partir de él, se adquiera aquella condición con derecho a defenderse. Si fuera así, no quedaría garantizada la debida contradicción, incurriéndose en inconstitucionalidad (Vid. SSTC 135/1999 y 19/2000).

La solicitud de aquella apertura por los acusadores no es, sin embargo, vinculante para el Instructor que puede denegarla y acordar el sobreseimiento si considera que los hechos no son punibles o no existen indicios racionales de criminalidad (art. 783.1). Contra este acuerdo cabe apelación. Acordando juicio oral lo hará por auto vinculante para el órgano del enjuiciamiento que procederá a su apertura. No cabe recurso.

Esta resolución determinará, además, el tribunal competente para el conocimiento y fallo de la causa (art. 783.2, II) y se pronunciará, en su caso sobre las medidas cautelares interesadas por los acusadores y de acuerdo con sus términos (adopción, modificación, suspensión o revocación y alzamiento respecto a quien no alcance la acusación).

Aunque el acuerdo de apertura de juicio oral no es recurrible, sí lo son sus pronunciamientos relativos a la situación procesal del acusado quien, además, puede reproducir ante el órgano decisor las peticiones no atendidas por el instructor (art. 783.3).

B) El juicio rápido

Cuando ante un Juzgado de Instrucción en Servicio de Guardia se presente un atestado y concurra cualquiera de las circunstancias que autorizan el seguimiento de esta vía procedimental (Vid. Lección 25.ª), aquél, considerando los datos contenidos en el propio atestado o tras la práctica de diligencias urgentes en los términos del art. 797 y oídas las partes personadas (siempre al Fiscal), decidirá sobre la suficiencia o insuficiencia de la información disponible. Hay que darse cuenta que las diligencias urgentes han de practicarse durante el tiempo de duración del Servicio de Guardia (art. 799).

Estimándola insuficiente, acordará la continuación del procedimiento como diligencias previas acomodándolo a los trámites del abreviado; en otro caso, se seguirá definitivamente el juicio rápido.

También puede entender que los hechos son constitutivos de falta; competencia de la justicia de menores o la militar, en cuyo caso remitirá las actuaciones al juez competente si la falta estuviera fuera de sus atribuciones; las trasladará a la Fiscalía de Menores o se inhibirá a favor del órgano correspondiente de la jurisdicción militar (art. 798.2, 1º en relación con el 779.1)

Decidido el seguimiento de juicio rápido, requerirá opinión de las partes «personadas» sobre la procedencia de apertura de juicio oral o el sobreseimiento (art. 800.1). Solicitado lo primero, lo acordará excepto si estima que los hechos no son constitutivos de delito o insuficientes los indicios de criminalidad, suponiendo un calco de las previsiones para este mismo supuesto en el procedimiento abreviado (art. 800.1, en relación con el 783).

Decidida la apertura de juicio oral los acusadores presentarán, de inmediato, sus escritos de acusación (incluso oralmente si solo interviniera el Fiscal). Ante ellos, el acusado podrá, en el acto, manifestar su conformidad produciendo que el Juez de Guardia dicte sentencia si concurrieran todos los requisitos exigidos por art. 801 (Vid. Lección 25.ª); o formular escrito de defensa. Evacuado este trámite o transcurrido el plazo para hacerlo, el Juzgado de Guardia citará para juicio oral ante el correspondiente Juzgado de lo Penal (art. 800.6).

Como puede observarse aquí, al igual que en el procedimiento abreviado, no hay auto de procesamiento y como en él es un Juzgado de Instrucción (ahora durante su Servicio de Guardia) quien considera la procedencia del enjuiciamiento manteniéndose, por tanto, intacto el control judicial sobre este punto con independencia, claro está, de que las partes decidan formular acusación.

Hay algunos matices que diferencian este momento procesal del abreviado, pues aunque la solicitud de juicio oral queda a criterio de los acusadores se recaba no solo de éstos, sino también del acusado, su opinión sobre la suficiencia o insuficiencia de la información inicial disponible para el seguimiento de juicio rápido, y sobre la procedencia de apertura de juicio oral o el sobreseimiento (en el abreviado esta consulta solo se hace a la parte acusadora). Asimismo es destacable que la petición de juicio oral es independiente y previa al escrito de acusación (en el abreviado ha de efectuarse en éste).

C) El procedimiento por faltas

En este tipo de procedimiento basta la circunstancia de que el propio Juez que ha de sentenciar tenga conocimiento de un hecho presuntamente constitutivo de falta para que el proceso acusatorio comience su andadura, de forma más o menos inmediata en razón a la naturaleza de los hechos (arts. 962 a 985). Ello tiene lugar mediante la convocatoria a juicio oral de aquel a quien se otorga la condición de acusado.

Aquí no interviene un juez instructor, pues no hay procedimiento preliminar ni, por tanto, una resolución provisionalmente configuradora del objeto del proceso y de quien, en principio, se configura parte pasiva responsable ni, consecuentemente, necesidad de un acto de imputación judicial como presupuesto para la apertura de juicio oral. Este deriva de la simple imputación de hechos, sin más.

IV. TERMINACIÓN DEL PROCEDIMIENTO PRELIMINAR

Distinguimos entre el procedimiento ordinario por delitos (sumario); el abreviado (diligencias previas) y el rápido (diligencias urgentes).

A) Terminación del sumario

Puede darse por finalizado en dos formas distintas.

1.ª) De oficio, por el propio instructor, cuando se considere suficientemente informado para adoptar un juicio concreto sobre los hechos una vez practicadas todas las diligencias decretadas por él mismo o a instancia de parte (art. 622.1).

2.ª) A instancia del Fiscal cuando estime haberse reunido suficientes elementos de juicio para la apertura del juicio oral y la calificación de los hechos (art. 622.2).

En cualquier caso, el instructor dictará auto dando por finalizado el sumario que notificará a las partes acusadoras, al imputado y, en su caso, a los responsables civiles, emplazándoles para comparecer ante el órgano del enjuiciamiento (por 10 días, 15 si fuera el TS) al que el secretario remitirá las actuaciones y piezas de convicción (arts. 622 y 623).

Las apelaciones pendientes contra resoluciones dictadas en el sumario, admitidas en un solo efecto, no afectarán a su terminación aunque no se producirá el pase para instrucción del art. 627 hasta que se resuelvan. De esta resolución dependen, no obstante los trámites ulteriores. Si son desestimados todos los recursos, el proceso continuará su curso; estimado alguno, producirá la revocación del auto de conclusión, devolviéndose por el secretario el sumario al instructor para que proceda conforme a lo resuelto (art. 622, in fine).

Así acordado, se abrirá un periodo de instrucción para el ponente «por el tiempo que falte para cumplir el término del emplazamiento» (art. 626); para las partes acusadoras (Fiscal y procurador del querellante, de haberse personado) y, por último, para la defensa del procesado, por no más de 10 días, ni menos de 3 para cada uno de ellos, con posible prórroga por igual tiempo acordada por el secretario excediendo el sumario de 1000 folios (art. 627). Al evacuar este trámite, las partes deberán manifestar su conformidad o disconformidad con el auto de conclusión del sumario; asimismo y si el instructor, directamente o por reforma, hubiera denegado el procesamiento podrá ahora reproducirse esta petición (art. 384.6).

Que la defensa pueda instruirse en este momento procesal es una novedad introducida por la Ley 13/2009, de 3 de noviembre, ya que, con anterioridad, la instrucción solo se preveía para las acusaciones. Esto propició que el TC lo considerase atentatorio al principio de contradicción (STC 22 marzo 1985).

Finalizado el trámite anterior, el Tribunal sentenciador confirmará o revocará el auto de conclusión. En el primer caso, se pronunciará —3 días— sobre el sobreseimiento o la apertura del juicio oral que llevaría consigo el traslado de la causa a los acusadores para calificación (arts. 628 a 630, 633 y 649). De revocarse devolverá el sumario y las piezas de convicción que se estimen necesarias al instructor, con expresión de las diligencias a practicar.

Si hubiera petición de procesamiento, en los términos antedichos, se pronunciará fundadamente al respecto (art. 384.6).

Si el instructor, en el auto de conclusión, considerase los hechos como falta y previa consulta con el superior jerárquico, remitirá las actuaciones al Juzgado de Paz competente o asumirá el conocimiento de la causa si le estuviera legalmente atribuido. Asimismo y si, en función de las circunstancias, el trámite a seguir debiera ser el del procedimiento abreviado o de competencia del Jurado acordará el cambio.

En estos casos hay que entender que la Audiencia habría de dictar auto confirmando o revocando el acuerdo del instructor que sería recurrible en casación en base al 848.1 y sobre el 625. Una vez firme, se actuará en consecuencia (vid. arts. 624, 625, 760, y 309) poniéndose en conocimiento del Fiscal, el imputado y las partes personadas.

B) Terminación de las diligencias previas y las urgentes

Dentro del procedimiento abreviado destacamos las facultades que, a tales efectos, se otorgan al Fiscal que puede solicitarla con independencia de que haya o no acusador particular que la condicionan en el ordinario; incluso acordarla por sí mismo en el supuesto a que se refiere el art. 773.2.

El art. 773.1 incluye entre sus prerrogativas la de instar la conclusión de la investigación cuando estime que se han practicado las diligencias necesarias para poderse proceder a la acusación y apertura de juicio oral.

Por su parte, el 773.2 permite que acuerde la práctica —por sí o por la policía judicial— de determinadas diligencias que no encajan exactamente en el concepto de previas a que nos estamos refiriendo, sino que son puramente informativas de los hechos y sus posibles responsables cuando hubiera tenido conocimiento directo de aquellos o por denuncia o atestado. Y es aquí donde el fiscal puede acordar su terminación de cuyos resultados puede derivar o el archivo de las actuaciones (con posibilidad de reiteración de la denuncia ante el juez de instrucción) o su remisión a éste para que lleve a efecto auténticas diligencias previas de investigación.

Prescindiendo del supuesto anterior el juez, por sí o a instancia del Fiscal, dará por concluidas las diligencias previas finalizada que sea la práctica de las que le hubieran sido propuestas o él hubiera estimado procedentes. Lo hará por auto en el que, al tiempo, deberá contenerse alguno de estos pronunciamientos (art. 779):

1) El sobreseimiento, libre o provisional, en función de las circunstancias.

2) La remisión de las actuaciones al órgano competente, en su caso, cuando se estime que los hechos son calificables como falta.

Es decir, al Juzgado de Paz o al de Instrucción correspondiente aunque también podría él conocer si no hubiera llevado a efecto diligencias de investigación o adoptado medidas contra el imputado pues en este caso debería abstenerse en base al art. 218.10 LOPJ.

3) La inhibición en favor de órganos de la Justicia Militar o de Menores, si todos los imputados estuvieren sometidos a aquella o fueran menores de edad penal.

En cualquiera de estos tres supuestos, podrá recurrirse en apelación. Si las partes no recurren y no hubiera Fiscal constituido en el Juzgado, se remitirán las actuaciones al Fiscal de la Audiencia para que (en tres días) presente recurso o asuma la decisión judicial, en cuyo caso se dará efectividad a lo resuelto (art. 779.3).

4) Considerar que los hechos son competencia del Tribunal del Jurado en cuyo caso acomodará el procedimiento a los trámites de la LO de 22 de mayo de 1995 (art. 760).

Esto no supone que sea el único momento en que puede llegarse a esta decisión, el art. 309 bis la previene en cuanto la denuncia, la querella o cualquier actuación procesal permitan llegar a aquella conclusión.

Y si el imputado, con asistencia de su Abogado, hubiera reconocido los hechos a presencia judicial, no superando su sanción los límites del art. 795, podrá acordarse el seguimiento de los trámites del juicio rápido (art. 779.5).

5) La estimación de que deben seguirse los trámites del procedimiento abreviado, procediéndose entonces conforme a los arts. 758 y ss.

También podría entenderse, aunque no es el único y específico momento para ello, la adecuación del procedimiento ordinario. Siendo así la tramitación se acomodaría a lo dispuesto para el, sin retroceder en las actuaciones más que cuando fuera necesario conforme a su normativa específica (art. 760).

Acordado el procedimiento que debe seguirse, el secretario lo comunicará al Fiscal, al imputado y a las partes personadas (art. 760 in fine).

En el juicio rápido los actos de investigación, que han de desarrollarse con el carácter de diligencias urgentes, pueden estimarse innecesarios si el instructor en servicio de Guardia considera suficientes las diligencias practicadas por la Policía Judicial (art. 797.1).

Ello se condiciona, no obstante, a la circunstancia de que el proceso se inicie en virtud de un atestado policial, con un presunto culpable a disposición judicial y tratándose de alguno de los delitos a que se refiere el art. 795.

No siendo así, será el instructor, de propia iniciativa, quien determine las diligencias que han de practicarse en los términos y con la urgencia que exige el art. 797, y quien las dé por concluidas.

Unos resultados insuficientes derivados de la premura con que esta investigación ha de desarrollarse, determina que la investigación continúe como diligencias previas, acomodándose al procedimiento abreviado (art. 798.2.2º).

LECTURAS RECOMENDADAS: DEL OLMO, J. A.: *Garantías y tratamiento del imputado en el proceso penal,* Madrid, 1999; RODRÍGUEZ FERNÁNDEZ, R.: *El procesamiento (Doctrina y jurisprudencia),* Granada, 1999.

CAPÍTULO V

EL JUICIO ORAL

Lección Decimoprimera

El juicio oral, 1

I. ESTRUCTURA Y PRINCIPIOS INFORMADORES

El juicio oral es la fase más importante del proceso penal porque en ella tiene lugar el enjuiciamiento.

Comienza con el acto de apertura y termina con la declaración de concluso el proceso.

Principios: Contradicción, igualdad, acusatorio, oralidad, inmediación y publicidad.

II. LA ALTERNATIVA SOBRE EL ENJUICIAMIENTO

Las partes tienen que pedir expresamente que se abra el juicio oral y si no, deben pedir el sobreseimiento.

Si se pide la apertura del juicio oral es para acusar, no tiene sentido separar ambas peticiones.

El tribunal está obligado a abrir el juicio oral, a no ser que considere que los hechos no son constitutivos de delito.

III. EL SOBRESEIMIENTO

En ciertos casos se adelanta la absolución porque el juicio oral no puede celebrarse, o se archiva provisionalmente la causa a la espera de nuevas pruebas.

Clases: Libre y provisional.

El libre se dicta por inexistencia del hecho, inexistencia de hecho punible o falta de indicios de responsabilidad criminal, y equivale a sentencia absolutoria.

El provisional se dicta por ser dudosa la existencia de los hechos y por falta de pruebas para la imputación, e implica archivo y paralización del proceso.

IV. LOS PRESUPUESTOS PROCESALES

Su tratamiento procesal es complejo por la antigüedad de la LECRIM, aunque en las reformas del proceso abreviado se ha intentado mejorar este tema.

En la redacción originaria de la LECRIM algunos presupuestos procesales se tratan como artículos de previo pronunciamiento.

Se proponen por la defensa antes de calificar los hechos.

En los procesos abreviados hay una audiencia saneadora al comienzo del juicio oral para resolver las alegaciones sobre falta de presupuestos procesales.

I. EL JUICIO ORAL: ESTRUCTURA Y PRINCIPIOS INFORMADORES

Entramos a partir de esta lección en el juicio oral penal. Antes de considerar, sin embargo, los diferentes actos que lo componen, es necesario apuntar primero, de un lado, la estructura de esta fase del proceso penal, y de otro, sus principios informadores característicos, tomando como modelo, al igual que hemos hecho en el estudio del procedimiento preliminar, el juicio ordinario por delitos más graves, con anotaciones de los demás procesos.

La denominación «juicio oral» del Libro III LECRIM no es realmente acertada, entre otras razones, porque en sentido también legal, pero más estricto, juicio oral es la subfase de la vista de esta parte del proceso penal, comprendiéndose antes actuaciones que sirven para prepararlo y que son escritas, y porque hay juicios orales que no son penales.

Si a la primera fase la hemos denominado «procedimiento preliminar», a ésta, como ocurre en el proceso penal de la República Federal de Alemania, habría que llamarla «procedimiento principal», ya que es en ella donde se van a proporcionar los materiales con base en los cuales el tribunal dictará la sentencia (art. 741, I LECRIM). Parece, no obstante, aconsejable, por acomodarse la práctica a la terminología de la LECRIM, el seguir hablando de juicio oral.

a) Estructura

La fase de juicio oral se inicia con el auto de apertura del juicio oral, dictado por el órgano jurisdiccional competente, a partir del cual todos los actos son públicos (art. 649 LECRIM), y termina con la declaración formal de conclusión de la vista (art. 740 LECRIM), previa a la sentencia.

Entre ambos actos se incardinan los artículos de previo pronunciamiento, la acusación y la defensa, los actos de preparación de la vista, y los que la componen, articulados esquemáticamente del siguiente modo, teniendo en cuenta como dijimos que nos fijamos principalmente en el proceso por delitos más graves, y que algunos de ellos han sido reformados por la Ley 13/2009, de 3 de noviembre, con el fin de adaptarlos a las nuevas facultades del secretario judicial y de propiciar el uso de las nuevas tecnologías.

1) *Artículos de previo pronunciamiento:* Al auto de apertura del juicio oral puede seguir, en su caso, la proposición de artículos de previo pronunciamiento (arts. 666 y 667 LECRIM), que, como veremos en esta misma lección, significan la paralización del procedimiento hasta que se resuelva sobre ellos. En caso de no proponerse, o de desestimarse, se entra en la siguiente subfase.

2) *Calificaciones provisionales:* A cargo de todas las partes acusadoras y acusadas (arts. 649 a 653 LECRIM). El acusado puede manifestar, principalmente en el proceso abreviado, su conformidad con la calificación.

3) *Actos preparatorios de la vista:* Son los siguientes:

a) En los mismos escritos de calificación provisional, la acusación y la defensa han de proponer los medios de prueba que deseen para demostrar la verdad de sus afirmaciones, conforme a las formalidades establecidas por los arts. 656 y 657, I y II LECRIM.

b) El órgano jurisdiccional competente examinará a continuación y resolverá sobre la admisión de los medios de prueba propuestos (arts. 658 y 659, I a IV LECRIM).

c) En su caso, se puede proponer ahora incidente de recusación de peritos (arts. 662 y 663 LECRIM).

d) En el escrito de calificación provisional, la acusación y la defensa pueden pedir también la práctica anticipada de determinados medios de prueba, a realizar si se aprueba conforme a las formalidades previstas en los arts. 657, III, 718, 719, 720, 725 y 727 LECRIM).

e) En el auto sobre admisión de las pruebas, debe señalar el juez día para la vista o juicio oral en sentido estricto, «teniendo en consideración la prioridad de otras causas y el tiempo que fuere preciso para las citaciones y comparecencias de los peritos y testigos» (art. 659, V LECRIM). Qué duda cabe que tendrá que atender igualmente a la propia complejidad de la causa y dificultades probatorias inherentes a ella.

En dicho auto ordenará también: 1.º) La citación de los peritos y de los testigos (arts. 660 y 661 LECRIM); 2.º) La citación de las partes (v. por su importancia, respecto al acusado, el art. 664 LECRIM, cuyo párrafo segundo sanciona la infracción con el recurso de casación); y 3.º) La conducción forzosa del acusado preso al lugar del juicio (art. 664, I LECRIM).

f) La fecha señalada para la apertura de la vista puede sufrir un aplazamiento en el caso de que «las partes, por motivos independientes de su voluntad, no tuvieran preparadas las pruebas ofrecidas en sus respectivos escritos» (art. 745 LECRIM). Dada la vigencia del principio de aportación de pruebas de oficio (v. art. 729-2.º LECRIM y lección 13.ª), esta suspensión puede ser acordada por propia iniciativa del tribunal.

g) A la vista de los escritos de calificación y de las pruebas propuestas en ellos, el presidente del órgano jurisdiccional puede constituir la sede del tribunal en determinada localidad para celebrar el juicio, poniéndolo en conocimiento del Ministerio de Justicia (art. 665 LECRIM). La norma pretende garantizar el principio de inmediación, pero su utilización práctica es casi nula y menos tras los desarrollos que han constituido la LOPJ y la LDPJ. Hoy, en todo caso, debería ponerse en conocimiento también del Consejo General del Poder Judicial.

4) *Vista:* La vista o juicio oral en sentido estricto, en donde tiene lugar el debate jurídico, compuesto por una o más sesiones, consta de los siguientes actos:

a) Comienza el día y horas señalados con la declaración formal de apertura de la misma por el presidente del Tribunal (art. 688, I LECRIM).

b) En este momento, o en cualquier otro posterior si se dan las circunstancias para ello, es posible, de oficio o a instancia de parte, la declaración del secreto de la vista, a acordar mediante auto (arts. 680 y 682 LECRIM).

c) Es posible ahora también, si el proceso es abreviado, o si se trata de un juicio rápido, una nueva conformidad del acusado (art. 688, III a 700 LECRIM).

d) A continuación, el secretario da cuenta del hecho y de la instrucción (art. 701, I a III LECRIM).

e) Sigue la práctica de las pruebas admitidas, conforme al orden legal determinado en el art. 701, IV y V LECRIM, que es susceptible de ser alterado por el presidente si ello fuera conveniente «para el mayor esclarecimiento de los hechos o para el más seguro descubrimiento de la verdad» (art. 701, VI LECRIM).

f) Una vez practicada la prueba, las partes elevan en su caso a definitivas sus calificaciones provisionales (art. 732 LECRIM).

g) En caso de darse los presupuestos exigidos por el art. 733 LECRIM, el presidente puede proponer una nueva tesis jurídica, llamada de desvinculación, haciendo uso de la facultad contenida en ese precepto.

h) Siguen los informes de la acusación y defensa (arts. 734 y 737 LECRIM).

i) A continuación se concederá la última palabra al acusado (art. 739 LECRIM), manifestación genuina del derecho de autodefensa.

j) Por último, el presidente declarará formalmente concluso el juicio para sentencia (art. 740 LECRIM).

b) Principios

Hemos analizado ya, con carácter general, los principios del proceso y los del procedimiento. Se trata ahora de concretarlos en esta fase del juicio penal, que es en donde mayor plenitud alcanzan.

1) *Principios relativos a las partes:* Nada hay que añadir en lo relativo al principio de dualidad de posiciones.

Por lo que hace referencia al principio de contradicción, se garantiza en la ley por la presencia de todas las partes en esta fase, lo que permite ser oídas antes de ser condenadas o absueltas.

El principio de igualdad reviste, en esta fase, su mayor esplendor, pues tanto la acusación como la defensa disponen, considerando cada posición jurídica, de idénticas posibilidades para alegar hechos y proponer pruebas, para atacar y para defenderse (principio de igualdad de armas). Por eso la LECRIM siempre se refiere a las partes, sin distinguir.

2) *Principio acusatorio:* Es el principio fundamental del proceso penal, exclusivamente propio de él, porque el sistema de enjuiciamiento criminal español se basa en los principio caracterizadores del proceso acusatorio formal o mixto, de origen francés, como ya sabemos.

3) *Otros principios del proceso:* Del resto de los principios del proceso derivados del de necesidad, el troncal del proceso penal, sólo hay que referirse ahora a los relativos a la prueba, concretamente al de investigación oficial y al de libre apreciación de la prueba.

Que en el proceso penal, en el que se debe tender a la averiguación y fijación de la verdad material o real (v. arts. 701, VI y 726 LECRIM), con el matiz de no estar permitido hallarla a cualquier precio y, en todo caso, respetando los principios y las garantías fundamentales fijadas en la Constitución, debe estar posibilitado al tribunal investigar de oficio los hechos y aportar la prueba que considere conveniente, sin estar ni vinculado ni limitado respecto a lo que las partes digan al respecto, está fuera de toda duda razonable. De ahí el art. 729-2.º LECRIM, aunque reciente jurisprudencia interprete, como veremos, esta norma inadecuadamente.

Por otro lado, esos mismos fines exigen que no exista en el proceso penal ninguna prueba cuyo valor esté tasado previamente por la ley. Esta conquista del sistema acusatorio formal llamada libre apreciación de la prueba, consagrada en los arts. 717 y 741 LECRIM, merece por su importancia un tratamiento particularizado en la lección correspondiente, a la que nos remitimos.

4) *Principios del procedimiento:* El principio básico es el de oralidad, de naturaleza constitucional (v. art. 120.2 CE, que se refiere especialmente a los juicios criminales, y los arts. 186, 229.1 y 232 LOPJ). Sus principios derivados se dan igualmente con toda su amplitud (inmediación, concentración y publicidad).

II. LA ALTERNATIVA SOBRE EL ENJUICIAMIENTO

Para que se abra el juicio oral, la parte acusadora tiene que pedirlo expresamente en nuestro sistema. En caso contrario, debe solicitar el sobreseimiento. Esta alternativa sobre si procede el enjuiciamiento o no, es decir, sobre si debe abrirse el juicio oral o por contra impedirse, viene regulada por la LECRIM, por lo que hace referencia al proceso ordinario por delitos más graves, en un trámite procedimental complejo, y, en parte, superfluo.

En efecto, el proceso ordinario por delitos más graves ha sido articulado de manera que el cumplimiento del principio acusatorio con relación a la apertura del juicio oral, se hace depender de dos actos procesales distintos, que en realidad no pueden separarse. Sabemos a este respecto que el principio acusatorio exige fundamentalmente que una persona distinta de quien tiene la potestad de juzgar formule una acusación contra otra persona («nemo iudex sine actore», «ne procedat iudex ex officio»). La LECRIM hace requisito previo para la formulación de esa acusación que esa misma persona, el acusador, pida la apertura del juicio oral contra la persona que en el procedimiento preliminar aparece como sospechosa de haber cometido el hecho punible. Y, sin embargo, quien pide la apertura del juicio oral es porque está convencido de que va a acusar. ¿Por qué separar entonces ambos actos? ¿No se podría pedir en el mismo escrito de acusación formalmente la apertura del juicio oral?

Esta solución, que es la que correctamente se ha establecido para los procesos abreviados (art. 780.1 y 781.1 LECRIM), no es la que rige para el proceso por delitos más graves, en donde la situación procedimental resulta difícil de entender.

Así es. Recordemos, una vez el procedimiento preparatorio o preliminar, con revocación o sin ella, ha sido declarado formalmente concluso y aprobado por el tribunal, oídas todas las partes (v. arts. 622 y ss.), la acusación debe solicitar necesariamente la apertura del juicio oral o el sobreseimiento (arts. 627 y 632 LECRIM).

Esta alternativa significa, si la parte acusadora pide la apertura del juicio oral, en estricto entendimiento del principio acusatorio, que el tribunal debe acordarla (art. 645 LECRIM), con la única excepción en el proceso ordinario por delitos más graves de que el hecho no sea constitutivo de delito (art. 637-2.º LECRIM), en cuyo caso procede el sobreseimiento (v. *infra)*, alteración del principio suficientemente tutelada por otra parte en caso de que ello ocurra, pues el auto denegatorio correspondiente es resolución recurrible en casación (v. arts. 848, II y 636 LECRIM). Con ello, se asegura la ley de que habrá alguien distinto del juzgador que acusará.

Acto seguido, el tribunal dictará auto de apertura del juicio oral, que es irrecurrible (v., para los procesos abreviados, el art. 783.5 LECRIM, salvo en lo relativo a la situación personal del acusado y el derecho de las partes a reproducir la petición en el juicio oral).

Este auto tiene los siguientes efectos particulares:

1.º) En él se ordenará que la causa pase a las partes para su calificación provisional (v. arts. 633 y 749, I LECRIM y lección siguiente);

2.º) A partir de este momento rige el principio de publicidad para los actos procesales (art. 649, II LECRIM);

3.º) Marca el momento preclusivo para que el ofendido o perjudicado por el delito pueda mostrarse parte acusadora particular en la causa, ejerciendo acciones penales y civiles (art. 110, I LECRIM);

4.º) Particularmente en los procesos abreviados, además de los efectos anteriores, hay que añadir que el auto debe resolver sobre el mantenimiento, revocación o modificación de las medidas cautelares, personales y reales, adoptadas o pedidas (art. 782.1, II y 2 LECRIM), e indicar a las partes, en su caso, el órgano competente para el conocimiento y fallo de la causa.

> Una explicación razonable desde un punto de vista práctico sobre la separación entre apertura del juicio oral y calificación podría ser, quizás, que la ley no quiere que se formule la calificación hasta que no se sepa seguro si el juicio se abre o no. Pero es más fuerte el argumento que considera que quien pide la apertura del juicio es porque ya ha calificado el delito, es decir, que no va a inclinarse por la alternativa del sobreseimiento, lo que hace inútil la separación. La inconveniencia de esta separación se demuestra por el hecho de que, conforme a la ley, quien ha pedido la apertura del juicio oral puede luego perfectamente pedir la absolución.

La otra vertiente de la alternativa consiste en que la parte pida el sobreseimiento, por los motivos y conforme al procedimiento que veremos inmediatamente.

III. EL SOBRESEIMIENTO

A) Concepto

El proceso penal puede terminar sin necesidad de celebrar el juicio, o paralizarse en su tramitación, en caso de que falte algún requisito esencial para que pueda abrirse esta fase o para que continúe adelante la causa. El conjunto de condiciones que pueden dar lugar a ello se agrupan en la institución conocida bajo la denominación «sobreseimiento», pero la ley, que nos obliga pedagógicamente a tratarlo conjuntamente, regula dos cosas muy distintas bajo ese término.

En efecto, la propia justicia y los fines que exige para el proceso penal obligan a poner fin al proceso cuando carece de sentido continuar con él, a saber, cuando no hay comisión de hecho punible o el sospechoso es, sin duda, inocente. Esto es, en esencia, el sobreseimiento. Pero el proceso debe quedar paralizado cuando no se pueda continuar de momento, a saber, cuando falten pruebas sobre el delito o sobre la autoría, en tanto se buscan y se hallan. A esta institución deberíamos llamarla «archivo» provisional, porque es un supuesto de paralización por suspensión del proceso, que nada tiene que ver con el sobreseimiento.

Pues bien, la ley agrupa todas las causas bajo la denominación común de sobreseimiento, clasificándolo en libre, si el proceso queda impedido en definitiva, y provisional, si tan sólo se produce la paralización, teniendo en ambos casos como efecto el archivo de la causa.

En este sentido, el sobreseimiento libre es la resolución judicial que pone fin al proceso, una vez concluido el procedimiento preliminar, y antes de abrirse el juicio oral, con efectos de cosa juzgada, equivaliendo a sentencia absolutoria, por no ser posible una acusación fundada, bien por inexistencia del hecho, bien por no ser el hecho punible, bien, finalmente, por no ser responsable criminalmente quien hasta esos momentos aparecía como presunto autor, en cualquiera de sus grados.

El sobreseimiento (archivo) provisional, por contra, es la resolución judicial que paraliza momentáneamente el proceso, no permitiendo la apertura del juicio oral, por faltar elementos fácticos suficientes para formular la acusación contra determinada persona, o no estar a disposición del tribunal el imputado, levantándose la suspensión cuando consten en la causa, o sea habido.

Ante la importancia, pues, de la resolución a tomar, la LECRIM quiso originariamente que en ambos casos fuera competencia funcional del órgano jurisdiccional colegiado que iba a conocer del juicio oral y dictar la sentencia, es decir, de la Audiencia Provincial (art. 632 LECRIM). Así sigue establecido respecto al proceso por delitos más graves. Pero en el proceso abreviado y en el proceso especial para el enjuiciamiento rápido de determinados delitos, la decisión no corresponde a quien va a conocer del juicio oral, sino al propio JI (arts. 779.1-1ª, 782, 783.1 y 800 LECRIM).

Finalmente, la resolución en la que se dicta el sobreseimiento, en cualquiera de sus modalidades, es un auto (arts. 142, III y 636 LECRIM).

B) Clases

La ley distingue atendiendo a los sujetos implicados entre sobreseimiento total y parcial, además de entre sobreseimiento libre y provisional (art. 634, I LECRIM).

En efecto, si consideramos los imputados que pueden verse implicados por la resolución, el sobreseimiento puede ser *total* si afecta a todos los imputados en la causa, en cuyo caso se archiva ésta, con las piezas de convicción que no tuvieren dueño conocido, pues si lo tienen hay que estar a lo dispuesto en el art. 635, una vez se hayan practicado las diligencias necesarias para la ejecución de lo mandado (art. 634, III LECRIM); o *parcial*, si no afecta a todos los imputados, lo que significa la apertura del juicio oral contra los no favorecidos por el auto de sobreseimiento (art. 634, II LECRIM).

Pero considerando los motivos y efectos respectivos, el sobreseimiento es *libre* cuando se pone fin al proceso definitivamente por alguna de las causas del art. 637 LECRIM; y *provisional* cuando se paraliza temporalmente el proceso al concurrir alguno de los motivos del art. 641 LECRIM. Esta última clasificación es la más importante y a ella vamos a dedicar nuestra atención a partir de ahora. Por lo dicho *supra,* al sobreseimiento libre, es decir, al verdadero sobreseimiento, vamos a denominarlo simplemente como tal, mientras que al provisional le llamaremos archivo.

C) Presupuestos del sobreseimiento libre

El auto de sobreseimiento libre, en tanto significa la terminación del proceso penal sin necesidad de llegar al juicio oral, exige la concurrencia de unos presupuestos muy concretos, sobre los cuales el órgano jurisdiccional debe tener certeza absoluta de su existencia, o, si se prefiere, el mismo grado de convicción que al dictar sentencia debería tener para absolver. Dichos requisitos se regulan en el art. 637 LECRIM y son:

a) *Inexistencia del hecho:* Procede el sobreseimiento libre «cuando no existan indicios racionales de haberse perpetrado el hecho que hubiere dado motivo a la formación de la causa» (art. 637-1.°).

Este motivo atiende a la absoluta convicción del órgano jurisdiccional de que el hecho material que dio origen a la formación de la causa nunca ha existido en realidad.

> Ejemplo típico: Se incoa sumario por delito de homicidio y el «muerto» aparece vivo con posterioridad sin haber sido ofendido por ningún delito contra su persona, o se llega a la conclusión de la imposibilidad de que pueda aparecer el «cadáver» porque no puede haber ninguno.

Obsérvese que aquí el juez realiza un juicio exclusivamente fáctico, y razona sin ninguna duda que el hecho (la muerte de una persona) no ha existido.

b) *Inexistencia de hecho punible:* También procede el sobreseimiento libre «cuando el hecho no sea constitutivo de delito» (art. 637-2.º).

A diferencia del caso anterior, aquí el hecho existe, pero no es punible, es decir, es atípico, y sobre ello el órgano jurisdiccional tiene igualmente certeza absoluta. La diferencia estriba en que la valoración tiene que ser tanto fáctica como jurídica.

> Ejemplo típico: Incoación de procedimiento preliminar por presunta estafa, que tras la investigación resulta ser una mera deuda civil. Por este número habría que sobreseer la causa respecto a aquéllos que, en el momento de despenalizarse un hecho punible, sean imputados por él (como ocurrió respecto a los delitos de adulterio, amancebamiento o aborto, en el momento de aprobarse las respectivas leyes de supresión o mitigación).

El motivo de no ser los hechos constitutivos de delito, como dice la ley, no es siempre causa de sobreseimiento, pues, dependiendo de cuándo se acredite este extremo en el proceso tiene una diferente resolución, no siempre rodeada de las mismas garantías, sobre todo por lo que puede significar respecto al derecho de acción del ofendido (v. S TC 148/1987, de 28 de septiembre): Así, si los hechos no son constitutivos de «delito» en el momento de formular la denuncia, la autoridad no la admite a trámite (art. 269 LECRIM); si es en el momento de la querella, el juez también la inadmite (art. 313, I LECRIM y S TC 148/1987, anteriormente citada, que se refiere especialmente a la querella); si es en el momento de dictar sentencia, procede la absolución (v. art. 742, I LECRIM); si resulta la atipicidad con posterioridad, sólo cabría la revisión de la condena con base en el art. 40.1 LOTC, o de la propia ley penal reformadora.

Pero la importancia máxima de esta causa reside en que, como hemos visto *supra,* permite al órgano jurisdiccional en el proceso por delitos más graves y en los procesos abreviados, desvincularse de la petición de apertura del juicio oral, pudiendo acordar el sobreseimiento de oficio (arts. 645, I y 783.1 LECRIM), siendo el auto dictado por este motivo en el proceso por delitos más graves el único de los de sobreseimiento que la LECRIM permite acceder a la casación, aunque eso es muy discutible (v. art. 848, II). En los procesos abreviados, y ante el silencio de la LECRIM, debe ser susceptible de apelación (v. art. 766.1).

c) *Falta de indicios de responsabilidad criminal:* Finalmente, procede el sobreseimiento libre también «cuando aparezcan exentos de responsabilidad criminal los procesados como autores, cómplices o encubridores» (art. 637-3.º).

La redacción del motivo ha quedado hoy superada, porque de lo que se trata en realidad es de la certeza absoluta del órgano jurisdiccional de que faltan indicios racionales de responsabilidad criminal en la persona imputada. La valoración a efectuar, por tanto, además de afectar a los hechos se refiere también, como en el motivo anterior, al derecho.

Pero la cuestión no es nada sencilla cuando se trata de concretar este motivo, ya que en muchos casos la falta de indicios es algo únicamente demostrable tras la práctica de la prueba en el juicio oral y no antes, razón por la que la jurisprudencia ha tenido siempre prevenciones respecto a este motivo, prefiriendo no acogerse a la posibilidad de sobreseimiento y despejar las dudas en el acto de la vista.

En principio, habría que sobreseer por esta causa cuando el imputado no haya participado en el hecho, cuando sea inimputable, cuando falte la culpabilidad o cuando quede excluida la antijuridicidad o la punibilidad de la acción.

Pero el ejemplo típico que habría que citar aquí pone de relieve precisamente las cuitas jurisprudenciales: Si el informe psiquiátrico demuestra, sin lugar a dudas, que el imputado cometió el hecho punible en estado de trastorno mental, al existir certeza sobre la inimputabilidad, no debería hacer falta esperar a la sentencia para absolver e imponer una de las medidas de seguridad del art. 20.1.º CP (v. gr., el internamiento en hospital psiquiátrico penitenciario), como se suele hacer en la práctica, con base en el argumento de permitir así un mejor cumplimiento del principio de contradicción en el juicio oral, sino que se podría decretar el sobreseimiento libre al amparo de este número e imponer en el auto dichas medidas. Este modo de proceder, que pensamos que es el más correcto, es para el TS, sin embargo, «un enérgico remedio que sólo con suma cautela se aplica por esta Sala en casos de insólita excepción» (SS 5 de noviembre de 1979, RA 3.814; y 20 de octubre de 1982, RA 5.663).

No está de más advertir que el cauce procedimental de un motivo que signifique en definitiva falta de responsabilidad criminal, no es el propio del sobreseimiento si está previsto expresamente otro. Por ejemplo, si deja de existir responsabilidad criminal por indulto, hay que estar al procedimiento de los artículos de previo pronunciamiento (v. arts. 130-3.º CP y 666-4.ª LECRIM, además de lo que decimos *infra).* Lo cual revela al fin y a la postre una grave deficiencia de la ley, pues a idéntica naturaleza de la causa, el procedimiento debe ser el mismo.

Pero no es la única falla, porque, para terminar, y en los procesos abreviados únicamente, este motivo permite también al juez de instrucción desvincularse respecto a la petición de apertura del juicio oral, pudiendo decretar el sobreseimiento libre (art. 783.1, I LECRIM) debiendo caber contra esta decisión recurso de apelación (v. art. 766.1 LECRIM). Esta perturbadora diferencia de tratamiento respecto al proceso por delitos más graves no tiene justificación alguna en cuestión tan importante, ya que, aunque se pretenda acelerar el procedimiento, la jurisprudencia sigue siendo contraria a absolver sin juicio oral, como ocurría con el anterior motivo. Además, en nuestra opinión se pone en peligro el principio de igualdad desde el punto de vista del acusador.

D) Presupuestos del archivo provisional

A diferencia del sobreseimiento libre, el sobreseimiento o archivo provisional exige la concurrencia de sus presupuestos sin ese grado de certeza absoluta, bastando únicamente la duda razonable para poder ser acordado. Aquí los motivos afectan únicamente a cuestiones fácticas y probatorias, no a temas jurídicos, produciéndose la paralización por suspensión del procedimiento hasta que sea despejada aquella incerteza. Las causas se regulan en el art. 641 LECRIM:

a) *Dudosa existencia del hecho:* Procede el archivo provisional «cuando no resulte debidamente justificada la perpetración del delito que haya dado motivo a la formación de la causa» (art. 641-1.°).

Si se compara con la primera causa de sobreseimiento libre (inexistencia del hecho), el paralelismo y las diferencias son evidentes: Concurre duda razonable, no certeza absoluta, sobre si el hecho ha existido realmente o no.

> Esta es la resolución que hay que tomar, por ejemplo, cuando parece que por las circunstancias se ha podido cometer un crimen, el presunto fallecido ha desaparecido sin dejar rastro, pero el cadáver no se encuentra.

b) *Falta de pruebas para la imputación:* Es procedente igualmente el archivo provisional «cuando resulte del sumario haberse cometido un delito y no haya motivos suficientes para acusar a determinada o determinadas personas como autores, cómplices o encubridores» (art. 641-2.°).

El paralelismo y las diferencias con la causa tercera de sobreseimiento libre (falta de indicios de criminalidad) son también evidentes, dudándose aquí sobre la participación de los imputados en los hechos o, incluso, no existiendo imputado habido.

> Por eso ésta es la resolución que hay que tomar cuando, descubierto el crimen y llegado al final de la investigación, no ha podido ser hallado el presunto autor, o se ignora totalmente quién haya podido ser.

En este sentido, y para los procesos abreviados, procede el archivo provisional «si, aun estimando que el hecho puede ser constitutivo de delito, no hubiere autor conocido» (art. 779.1-1ª «in fine» LECRIM). Debe ser claro que también procede por el motivo del art. 641-1.° LECRIM.

Obsérvese, de un lado, que el archivo provisional se decreta cuando existe duda, no cuando existe certeza, pues en este caso procede el sobreseimiento libre, sobre los hechos y la participación de los presuntos responsables. Por este mismo factor psicológico, el archivo debe acordarse siempre que se piense que la práctica de la prueba en el juicio oral no aclarará tan fundamentales dudas, porque lo que falta es precisamente la prueba, o es notoriamente insuficiente y hay que esperar a que se produzca y se traiga a la causa. En caso contrario, si persisten las dudas pero la investigación se ha completado y los elementos probatorios constan ya en la causa, lo que procede es dictar auto de apertura del juicio oral. Al fin y a la postre, para abrir éste tampoco se requiere certeza absoluta ni en cuanto a la condena ni en cuanto a la absolución del acusado, ya que la prueba, a practicar en el acto de la vista, está destinada a despejar estas dudas.

Pero de otro, el archivo o sobreseimiento provisional no es institución pensada para discutir cuestiones jurídicas, sino fácticas, lo que significa que las dudas deben referirse exclusivamente a hechos para acordarlo. En caso de dudas jurídicas, hay que abrir necesariamente el juicio oral, para que en la correspondiente sentencia se despejen definitivamente.

Tras la exposición de los motivos respectivos, se observan claras *diferencias* entre el sobreseimiento libre y el archivo provisional: 1.ª) Las causas de sobreseimiento o archivo provisional son meramente temporales, basadas en dudas, mientras que las de sobreseimiento libre son definitivas, al estar fundadas en la certeza; 2.ª) El archivo provisional es un simple aplazamiento del proceso, en tanto no prescriba el delito (v. art. 132.2 CP), mientras que el sobreseimiento libre significa la terminación definitiva del proceso; y 3.º) El archivo provisional se funda en motivos de hecho exclusivamente, mientras que el sobreseimiento libre se basa en motivos fácticos y jurídicos.

E) Efectos respectivos

La LECRIM distingue los efectos del sobreseimiento según sea libre o provisional, total o parcial. Se puede hablar, no obstante, de efectos comunes y especiales del sobreseimiento, conforme a la mejor doctrina.

1.º) *Efectos comunes:* Según el sobreseimiento haya sido total o parcial, son los siguientes:

a) *Sobreseimiento total:* Se producen los efectos de archivo de la causa (art. 634, III LECRIM), y se ordena el destino de las piezas de convicción, según tengan dueño conocido (art. 635, IV LECRIM), o no (art. 634, III LECRIM).

Está prevista la pertenencia de la cosa a un tercero, quien puede reclamarla (art. 635, I LECRIM). También se produce el efecto de cancelación de la prisión provisional y demás medidas cautelares personales o reales (las fianzas y embargos decretados), como lo demuestra, para los procesos abreviados, arts. 782.1, II y 783.2 LECRIM, ante el silencio de la LECRIM para el proceso por delitos más graves (Memoria FTS de 15 de septiembre de 1902).

Respecto a la conservación y destino de las piezas de convicción hay que estar a lo dispuesto en el RD 2.783/1976, de 15 de octubre (BOE del 8 de diciembre), y en la RO de 14 de julio de 1983 (BOE del 21), en la medida que no han sido afectados por el art. 338 LECRIM, reformado por ley 21/1994, de 6 de julio.

En los procesos abreviados hay una disposición particular importante, pues el archivo de la causa no se produce para que se pueda establecer qué medida de seguridad se impone, y qué pretensión civil se interpone, continuando el juicio penal, cuando el sobreseimiento se haya acordado apreciando las causas eximentes primera, segunda, tercera, quinta y sexta del art. 20 CP, supuesto en el que se procederá a la calificación a los efectos de lo dispuesto en esa norma y en el art. 118 CP (art. 782.1, I LECRIM).

b) *Sobreseimiento parcial:* El juicio oral debe abrirse respecto a aquellos imputados a los que no favorezca la declaración (art. 634, II LECRIM). Esto significa que la causa no se archiva y que las piezas de convicción permanecen en poder del tribunal. Pero nada obsta a la cancelación de medidas cautelares respecto a los que afecte el sobreseimiento.

2.º) *Efectos especiales:* La clasificación que entra en juego ahora afecta al sobreseimiento libre y al archivo provisional.

a) *Sobreseimiento libre:* Los efectos despliegan su eficacia con relación a la acusación, a la persona acusada y al propio proceso.

1) En cuanto al acusador, el imputado puede pedir al tribunal que reserve, al declarar el sobreseimiento, el derecho de éste para perseguirlo por calumnia (art. 638, II LECRIM), lo cual puede hacer de oficio también el propio órgano jurisdiccional (art. 638, III LECRIM). Pero los delitos presumiblemente cometidos pueden ser los de denuncia y acusación falsas (arts. 456 y 464 CP), además del propio de calumnia (arts. 205 y ss.).

2) Respecto a la persona acusada, si el sobreseimiento es por el motivo primero o segundo del art. 637, podrá declararse en el auto que la formación de la causa no perjudica a la reputación del imputado (art. 638, I LECRIM). En el caso de que se aprecie el motivo tercero de dicho precepto, hay que estar a lo que dispone el art. 640 LECRIM.

3) El efecto más importante del sobreseimiento libre es el de que sus autos gozan de la cosa juzgada material. La LECRIM no dice nada al respecto, pero desde la Memoria FTS de 15 de septiembre de 1908, la jurisprudencia admite sin vacilaciones la producción de la cosa juzgada, como si de una sentencia absolutoria se tratara. Por ello, quien se vea favorecido por el sobreseimiento libre, no podrá volver a ser enjuiciado por los mismos hechos.

Si se ha acordado el sobreseimiento libre por ser falta el hecho y no delito (al amparo del art. 637-2.º LECRIM), el proceso no se archiva, sino que se remite al órgano competente para que celebre el juicio correspondiente (art. 639 LECRIM).

b) *Sobreseimiento o archivo provisional:* No se produce el efecto de cosa juzgada material, por no ser una resolución de fondo definitiva. Sí se da clarísimamente la paralización por suspensión de la causa penal (y consiguiente archivo provisional de las actuaciones).

Respecto a otros posibles efectos, existe discusión doctrinal ante el silencio de la ley. En nuestra opinión, es igualmente diáfano que hay que resolver la situación personal del imputado, por lo que se deben cancelar al menos las medidas cautelares personales decretadas en su contra, y también, si se sospecha una tardía solución, las cautelares reales. Las piezas de convicción con dueño conocido deben devolverse igualmente, permaneciendo las demás en poder del órgano jurisdiccional.

F) Procedimiento

La petición de sobreseimiento debe realizarla la parte acusadora, tanto en el proceso por delitos más graves como en los procesos abreviados, en el escrito en que muestran su acuerdo con el auto de conclusión del sumario o de las diligencias previas dictado por el juez de instrucción (v. arts. 622 y ss. LECRIM), alternativamente a su petición de apertura del juicio oral (arts. 627, IV y 780.1 LECRIM).

La tramitación posterior prevista por la ley difiere según el sobreseimiento lo pidan todas las partes personadas, o, distintamente, se pida la apertura del juicio oral sólo por alguna de ellas. La petición de sobreseimiento realizada por la parte imputada (posibilidad garantizada por la S TC 186/1990, de 15 de noviembre), carece de relevancia jurídica, salvo en lo que pueda contribuir a formar la convicción del órgano jurisdiccional.

1.ª) *Petición del sobreseimiento por todas las partes acusadoras personadas:* Si el MF, el acusador particular y el acusador popular, es decir, todas las partes acusadoras posibles, o todas las que estén personadas (generalmente sólo el MF), piden el sobreseimiento, como consecuencia del principio acusatorio, el órgano jurisdiccional queda inicialmente vinculado, tanto si se ha solicitado el libre como el provisional (arts. 642, II y 643, II LECRIM).

Pero otros principios igualmente importantes despliegan sus efectos sobre el proceso penal, como es el de legalidad, que obliga a la persecución penal del hecho punible. Por ello, si el tribunal considera que la petición no es ajustada a derecho, por entender que los hechos sí han existido, sí son típicos o las personas imputadas sí son responsables, y el MF es el único acusador personado, tiene dos posibilidades para eludir el auto de sobreseimiento:

a) Salir en busca del ofendido por el delito y ofrecerle la «acción» penal (art. 642, I LECRIM), es decir, indicarle que si no se persona y acusa, tendrá que sobreseer (art. 642, II LECRIM), utilizando los actos de comunicación previstos en el art. 643 LECRIM; o

b) Si, a pesar de ese ofrecimiento, el ofendido no quiere ejercer su derecho de acción y acusar, el tribunal puede acudir todavía ello no obstante al superior jerárquico del Ministerio fiscal (es decir, al Fiscal de la AP, del TSJ o del TS, en su caso), con el fin de que resuelva sobre si procede o no formular la acusación, comunicando la decisión al tribunal, con devolución de la causa (art. 644 LECRIM).

Si ambas actuaciones, que en la práctica lógicamente se siguen por ese orden sucesivo aunque nada diga la ley al respecto, dan resultado infructuoso, el sobreseimiento es inevitable (arts. 642, II y 643, II LECRIM). Si la respuesta es positiva, se procede como se indica en el apartado siguiente.

En los procesos abreviados el juez puede ofrecer también acciones al ofendido no personado, cuando el MF haya solicitado el sobreseimiento, o, en caso de negativa, acudir, si se discrepa de la petición de la acusación, al superior jerárquico del MF en la Audiencia respectiva, para que decida si procede o no sostener la acusación (art. 782.2 LECRIM). Contestando negativamente al superior, el instructor debe sobreseer.

2.ª) *Petición de apertura del juicio oral por alguna parte acusadora personada:* En este supuesto, también como consecuencia del principio acusatorio, sabemos por lo indicado *supra* que el tribunal está obligado a abrir el juicio oral, con la única excepción de que considere que los hechos son atípicos, supuesto en el que puede decretar el sobreseimiento libre (art. 645, I LECRIM), o, además, en los procesos abreviados, si el instructor considera que no existen indicios de criminalidad (art. 783.1 LECRIM). En todos los demás casos de sobreseimiento, libre o provisional, la apertura del juicio es insoslayable (art. 645, II LECRIM).

La primera norma es de difícil interpretación porque supone una posibilidad de desvinculación claramente enfrentada a los postulados del principio acusatorio, difícilmente explicable con base en cualquier otra máxima, aunque se ha intentado relacionarlo con el principio de correlación entre acusación y sentencia. Esto puede significar, en realidad, que los motivos de sobreseimiento de los arts. 637 y 641 no son presupuestos del propio sobreseimiento, sino de la petición del mismo por los acusadores, siendo sus destinatarios los acusadores y no el tribunal, salvo, precisamente, el art. 645, I LECRIM, por lo que el órgano jurisdiccional puede actuar así sin más. Hay también una razón práctica a nuestro juicio: ¿Para qué seguir con el proceso si el tribunal, sabedor ya en grado de certeza absoluta que los hechos son atípicos, va a absolver en la sentencia?

G) Medios de impugnación

La recurribilidad de los autos de sobreseimiento presenta un diferente tratamiento según las clases, los motivos y el proceso ordinario en que se acuerden. Esta complejidad viene motivada fundamentalmente por el desarrollo particular que hace la ley, después de decirnos que «contra los autos de sobreseimiento sólo procederá, en su caso, el recurso de casación» (art. 636 LECRIM). La expresión «en su caso» hay que interpretarla así:

1.ª) Los *autos de sobreseimiento libre,* que impidan la interposición de la pretensión porque niegan fundamento a la acusación, no están sometidos al mismo régimen impugnatorio, ni en atención a la causa, ni en atención al proceso en que se dicten:

a) En efecto, en el proceso por delitos más graves, únicamente es recurrible, y en casación sólo (el art. 636 suprime cualquier otra posibilidad impugnatoria), el auto que sobresea por ser los hechos atípicos o, como dice la ley, no ser constitutivos de delito, es decir, el dictado al amparo de la causa segunda del art. 637 LECRIM. Ello, porque así lo dice expresamente el art. 848, II LECRIM, que añade el requisito de haber algún imputado procesado en la causa, como es lógico, dado que sin procesado no es posible abrir el juicio oral. Pero, además, sólo por infracción de ley, según esa norma, nunca por quebrantamiento de forma.

La exclusión de la casación cuando el sobreseimiento se ha dictado por inexistencia del hecho (art. 637-1.° LECRIM) es evidente, pues entonces no se ha aplicado ninguna norma jurídica, sino que se ha efectuado sólo una valoración fáctica, según dijimos *supra*, y carece de sentido el control en casación, el recurso nomofiláctico por excelencia. Pero en caso de sobreseimiento por no existir indicios racionales de responsabilidad criminal (art. 637-3.° LECRIM), sí que se ha aplicado una norma jurídica material, y sin embargo no se concede el recurso. En nuestra opinión (y la solución dada para los procesos abreviados así lo confirma, como veremos inmediatamente), sí debe ser admisible el recurso de casación en este caso también, porque el sobreseimiento niega aquí la posibilidad de interponer la pretensión penal, es decir, de formular la acusación, y, por tanto, puede afectar al derecho de acción del art. 24.1 CE. Alguna jurisprudencia aislada del TS lo ha admitido (S 25 de noviembre de 1979, RA 3814), pero no es la doctrina dominante.

b) En cambio, por lo que afecta a los procesos abreviados, tanto la resolución que acuerde el sobreseimiento por la causa segunda, como por la causa tercera del art. 637 LECRIM, deben ser recurribles en apelación ante la AP por aplicación del art. 766.1 LECRIM, pues no hay norma expresa.

2.ª) No ocurre lo mismo respecto al *auto de sobreseimiento o archivo provisional,* pues contra el dictado en el proceso por delitos más graves no se da recurso alguno, ni el de casación, ni siquiera el de súplica, por no ser resoluciones definitivas y no concederse en la ley expresamente algún recurso contra ellas (art. 848, I, en relación con el art. 636 LECRIM).

La paradoja reside en la diferencia de tratamiento respecto a los procesos abreviados, en los que sí debe caber recurso de apelación, aunque el sobreseimiento sea provisional, no sólo por quedar comprendido en la declaración general del art. 766.1 LECRIM, sino también, y además, porque en realidad es resolución denegatoria de la apertura del juicio oral (art. 783.3 LECRIM, a contrario).

IV. LOS PRESUPUESTOS PROCESALES

A) Concepto y tratamiento

En la legislación procesal penal, al igual que en la civil, no existe un tratamiento específico de todos los presupuestos procesales, y el que hay es muy deficiente, distinguiéndose según estemos en el proceso penal ordinario por delitos más graves», o en los abreviados.

a) En el proceso por delitos más graves

En efecto, en el proceso por delitos más graves, la LECRIM ha agrupado algunos de ellos en un acto procesal posterior a la apertura del juicio oral, pero previo a la calificación provisional, dándoles el nombre de *artículos de previo pronunciamiento* (art. 666 y ss.). Estos artículos, o «cuestiones previas», como también se les conoce jurisprudencial y doctrinalmente, recogen algunos presupuestos procesales puros y mixtos, con diferentes consecuencias según su naturaleza.

Los presupuestos procesales que se regulan como artículos de previo pronunciamiento en el art. 666 LECRIM son: 1.º) Declinatoria de jurisdicción; 2.º) Cosa juzgada; 3.º) Prescripción del delito; 4.º) Amnistía e indulto; y 5.º) Falta de autorización administrativa para procesar a funcionarios. A su estudio particularizado dedicamos la parte final de esta lección, correspondiendo aquí analizar el procedimiento, decisión y efectos.

La antigua denominación legal «artículo de previo pronunciamiento» requiere una breve explicación. En efecto, por «artículo» hay que entender un tema distinto, separado e independiente del de fondo, y por «previo pronunciamiento», a resolver antes de entrar en él, porque de ser estimados impiden precisamente dictar la sentencia. Pero ni todos son artículos en ese sentido, ni todos excluyen definitivamente la sentencia.

Todos los demás presupuestos no previstos como artículos de previo pronunciamiento, deben ser articulados y resueltos conforme a sus propias normas particulares.

Por ejemplo, si a la parte imputada le falta la capacidad procesal por trastorno mental sobrevenido, y no puede, consiguientemente, ser juzgada por carecer de las condiciones psíquicas de aptitud necesaria, o sea, para participar conscientemente en el juicio, el defensor debe plantearlo en el momento se produzca la enfermedad, si no lo acuerda de oficio el órgano jurisdiccional, y éste ordenar la correspondiente diligencia psiquiátrica y, de ser positivo el resultado y su convicción, suspender el proceso hasta que sane (v. arts. 380 a 383 LECRIM).

Precisamente estos casos en los que no está previsto que se tramiten como artículos de previo pronunciamiento (e incluso en este último supuesto, dada la disposición del art. 678 LECRIM), planteaban un problema de resolución concreto cuando se apreciaba su falta una vez abierto el juicio oral y en el momento de dictar sentencia, ya que entonces únicamente procedía la sentencia de fondo, absolutoria o condenatoria (art. 742, I LECRIM), con base en el art. 144 LECRIM, que prohíbe las sentencias procesales o de absolución de la instancia. Esto podía significar tener que absolver injustamente.

Pues bien, ahora el tema ha quedado perfectamente resuelto, pues, el art. 245.1, b) LOPJ, asumiendo la jurisprudencia anterior respecto a esta cuestión, que se inclinaba por un auto declarando la nulidad de actuaciones, nos dice que habrá que dictar un auto, ya que se decide un presupuesto procesal.

Resta por considerar en el tratamiento procesal de los que la ley llama artículos de previo pronunciamiento el procedimiento y, lo que es más importante, los efectos de la decisión.

Procedimentalmente se proponen dentro del plazo de tres días, a contar desde el de la entrega de los autos para la calificación de los hechos (art. 667 LECRIM), significando la propuesta en forma (escrito más documentos) la suspensión del procedimiento (art. 670, II LECRIM, «a contrario sensu»).

Tienen todos ellos un procedimiento común, muy sencillo, pues se proponen todas las cuestiones previas que se estime que concurren en un escrito, al que se acompañará la prueba documental correspondiente, o le pedirá que se reclame (arts. 668 y 670 LECRIM), comunicándolo a las demás partes, que contestarán acompañando los correspondientes documentos también (art. 669 LECRIM). Si el órgano jurisdiccional accede a la reclamación de documentos, se recibe a prueba la cuestión (arts. 670 y 671 LECRIM). Parece, pues, que solamente es admisible la prueba documental (el art. 672, II LECRIM prohíbe expresamente la testifical).

Transcurrido el término de prueba, el órgano jurisdiccional señala día para la vista, en donde las partes informarán si lo desean (art. 673 LECRIM), dictando auto resolviendo la cuestión al día siguiente (art. 674, I LECRIM).

La *decisión* de los artículos de previo pronunciamiento tiene efectos muy importantes en caso de que se estimen los de naturaleza mixta. Pero veamos las dos posibilidades:

a) Si se *desestima* el artículo, la LECRIM distingue a su vez según se haya interpuesto la declinatoria de jurisdicción o no:

1") Desestimada la declinatoria, el órgano jurisdiccional confirmará su competencia, aunque el auto es susceptible de recurso de apelación (v. art. 676, I y III LECRIM). De haberse interpuesto más cuestiones previas, entrará en conocimiento de ellas.

2") No interpuesta la declinatoria, desestimándose cualquiera de las otras, el procedimiento sigue su curso (arts. 676, II, y 677, III LECRIM), dándose un plazo de tres días a la parte para que formule la calificación provisional (art. 679 LECRIM). El auto es irrecurrible (arts. 676, III «in fine» y 677, III LECRIM), pero las partes pueden, como medio de defensa, volver a plantearlas en el juicio oral, excepto las que afecten a la competencia y si estamos ante una causa de la que conoce el Jurado (art. 678 LECRIM).

b) En cambio, la *estimación* del artículo produce efectos muy importantes, dependiendo también de la naturaleza del interpuesto. Sobre ello, hay que estar a las siguientes normas:

1") Si se ha propuesto la declinatoria además de otros artículos, el tribunal resolverá primero sobre ella (art. 674, II LECRIM), como es lógico, pues si se estima incompetente, no puede entrar a resolver las demás él, sino el competente, a quien enviará la causa (art. 674, III LECRIM). Si se estima competente, entonces entrará a conocer de las demás (art. 676, I LECRIM).

2") Si estima la cosa juzgada, prescripción del delito, amnistía o indulto, la resolución equivale a un auto de sobreseimiento libre, poniéndose en libertad al imputado preso si ésta es la única causa en su contra (art. 675 LECRIM).

3") Dado que, como veremos *infra,* la falta de autorización administrativa para procesar a un funcionario carece hoy de contenido, atendida su explicación histórica, el art. 677 LECRIM sería hoy únicamente aplicable en caso de falta de concesión de suplicatorio para proceder contra un parlamentario (autorización que es más legislativa que administrativa).

En todos los casos en que se estime el artículo de previo pronunciamiento cabe, tras la reforma efectuada por la Ley del Jurado de 1995, recurso de apelación (v. art. 676, III primera frase LECRIM). Pero el órgano competente para conocer de la apelación es distinto, pues si estamos ante el proceso abreviado competencia del JPe, conoce la AP de la apelación (art. 766.1, aunque el art. 786 no prevé este recurso, ni ningún otro, expresamente, pero debe admitirse ante la importancia de la resolución, por aplicación precisamente y con carácter supletorio, del art. 676, III). Pero si del proceso abreviado conoce la AP, o estamos en el proceso penal ordinario por delitos más graves, al haber sido dictado el auto por la propia AP, la apelación es competencia del TSJ (v. el art. 846 bis a), II LECRIM), que es el órgano intermedio entre aquélla y el TS.

b) En los procesos abreviados

En estos procesos ordinarios la situación es mejor, pues el art. 786.2 LECRIM prevé una *audiencia saneadora,* a celebrar al inicio del acto de la vista, una vez el secretario ha dado lectura a los escritos de acusación y de defensa.

En dicha audiencia, las partes pueden «exponer lo que estimen oportuno acerca de la competencia del órgano judicial, vulneración de algún derecho fundamental, existencia de artículos de previo pronunciamiento, causas de suspensión del juicio oral, nulidad de actuaciones, así como sobre el contenido y finalidad de las pruebas propuestas o que se propongan para practicarse en el acto».

De modo que todos los presupuestos procesales relativos al órgano jurisdiccional, a las partes, al procedimiento, a los actos de iniciación y a los efectos del proceso, de carácter puro o mixto, sean o no a efectos legales artículos de previo pronunciamiento, que puedan tener cabida en esas expresiones normativas, por afectar a la competencia, a los derechos fundamentales de las partes, a la prueba, o ser susceptibles de provocar la suspensión del juicio oral, y que no concurran o lo hagan defectuosamente, tienen que ser puestos de manifiesto en esta audiencia saneadora y depurarse, pues de lo contrario no se podrá seguir con el juicio adelante.

Que ese precepto diga que la audiencia sólo puede tener lugar a instancia de parte carece de importancia, pues todos los presupuestos procesales lo son porque pueden y deben ser apreciados de oficio. El art. 786.2 LECRIM debe interpretarse en el sentido de no excluir la actividad de control por las partes, pero sin sujetar ni limitar la del JP o AP.

La resolución en caso de estimarse la falta de algún presupuesto procesal, igual que en el proceso por delitos más graves, debería ser un auto (v. art. 245.1, b) LOPJ), a dictar al final de la audiencia (art. 786.2, «in fine»), con los mismos efectos estudiados anteriormente si se tratara de artículos de previo pronunciamiento.

B) Consideración particular de los artículos de previo pronunciamiento

En concreto hay que decir sobre ellos lo siguiente:

a) Declinatoria de jurisdicción

La declinatoria, como instrumento de las partes para plantear una cuestión de competencia territorial (arts. 26 y 45 LECRIM), no es en sentido técnico un artículo de previo pronunciamiento, sino que la LECRIM aprovecha la tramitación procedimental de éstos.

Sin duda por ello la jurisprudencia y la doctrina han extendido el ámbito del artículo, entendiendo que bajo la expresión «declinatoria de jurisdicción» se pueden denunciar también:

1.º) La falta del presupuesto de jurisdicción de los tribunales españoles.

2.º) La falta del presupuesto de competencia penal genérica.

3.º) La falta de competencia objetiva «ratione personae», por estar aforado el imputado. En cambio, no se puede denunciar por esta vía la falta de competencia objetiva «ratione materiae», porque la cuestión de si el hecho es delito o falta tiene otro cauce procedimental para resolverse (v. arts. 622 y ss. LECRIM).

4.º) La falta de competencia funcional.

5.º) Y la falta de competencia territorial, que es en lo que pensó fundamentalmente el legislador.

No puede plantearse, al amparo del art. 666-1ª LECRIM, cuestión prejudicial alguna, porque en ellas no se introduce ninguna discusión sobre presupuestos procesales. De no haberse resuelto en la etapa sumarial, habrá que plantearlas en el acto de la vista, y resolverlas el órgano conforme al art. 10 LOPJ.

b) Cosa juzgada

La cosa juzgada, en tanto efecto principal del proceso, será tratada monográficamente en este mismo tomo. Tan sólo decir ahora que al amparo del art. 666-2.º LECRIM puede denunciarse, dada su naturaleza idéntica, la existencia del presupuesto de litispendencia, en los casos raros en que pueda darse la misma en lo penal.

c) Prescripción del delito

Los plazos de prescripción del delito, o mejor, de la prescripción del derecho de persecución del delito, se regulan en los arts. 131 y 132 CP, tras reputarla su art. 130, 5.º causa de extinción de la responsabilidad criminal (todos ellos reformados por la LO 5/2010, de 22 de junio). Esta naturaleza configura a la prescripción como un presupuesto penal (material), pero también procesal porque el proceso no se ha realizado y sin embargo ha transcurrido el plazo para poder ser enjuiciado el imputado por el hecho punible cometido, es decir, porque impide la celebración del juicio. No prescriben nunca los delitos mencionados en el art. 131.4 CP (lesa humanidad, genocidio y terrorismo con resultado muerte, básicamente). A pesar de ser artículo de previo pronunciamiento, la prescripción se puede alegar en cualquier fase del proceso (STC 11/2004, de 9 de febrero).

Sobre la determinación del momento exacto para su cómputo inicial, que es en donde está el verdadero problema a resolver, la jurisprudencia del TS ha sido en los últimos tiempos demasiado vacilante, con severos correctivos impuestos por el TC. La reforma del CP efectuada por la LO 5/2010 ha querido terminar con estos dislates, estableciendo en el reformado art. 132.2 que la prescripción se interrumpe cuando el procedimiento se dirija contra la persona indiciariamente responsable del delito, especificando a continuación que ello sucede cuando el instructor dicta auto, en el procedimiento preliminar o fase de investigación, en el que atribuye la participación de una persona en un hecho delictivo. Si en el proceso no existe auto de procesamiento, esta norma hace necesario a efectos de prescripción un auto específico de imputación o una disposición expresa en alguno de los autos que se dictan en esta etapa, v.gr., el de prisión provisional. Por eso la prescripción de la pena (arts. 130-6.º, 133 y 134 CP), no es presupuesto procesal, porque el proceso ya ha finalizado por sentencia firme. Que se abra otra causa por los delitos de quebrantamiento de condena o de evasión de presos (arts. 468 a 471 CP), es completamente indiferente a estos efectos, además de ser un problema distinto.

La reforma, debido a los dislates interpretativos producidos, establece extrañamente un plazo de caducidad previo a la interrupción de la prescripción con el fin de evitar legalismos formales que desnaturalicen la institución: La admisión judicial de una querella o denuncia suspende por 6 meses en caso de delito (y 2 en caso de falta) el cómputo de la prescripción, tras lo que pueden suceder tres cosas:

1ª) Si en esos meses se dicta auto de procesamiento o de imputación contra el denunciado, el querellado o una tercera persona, en el que se ordene la interrupción de la prescripción, se interrumpe la prescripción retroactivamente desde el momento de la fecha de presentación de la querella o denuncia (no de la fecha de admisión judicial);

2ª) Si en esos meses se inadmite a trámite la querella o denuncia, continúa el cómputo del término de prescripción; y

3ª) Si en esos meses el juez instructor no dicta ninguna resolución en el sentido aquí considerado, continúa el cómputo del plazo de prescripción.

Por tanto, para interrumpir la prescripción (hoy fijada como mínimo por regla general en 5 años), se requiere indubitadamente una resolución judicial motivada de imputación, autónoma o formando parte de otra decisión judicial, que así lo acuerde. Cualquier otra resolución o actuación procesal de la fase de instrucción, no es suficiente para interrumpir la prescripción.

d) Amnistía e indulto

Estos dos artículos de previo pronunciamiento son también presupuestos mixtos, materiales y procesales, por las mismas razones expresadas anteriormente para la prescripción. En lo material, estamos ante motivos personales de liberación o suspensión de la pena por extinción de la responsabilidad criminal (art. 130-3.º CP, que ya no prevé la amnistía a diferencia del art. 112-3.º CP de 1973, porque es dudoso que quepa en nuestro Ordenamiento Jurídico después de la aprobación de la CE, al prohibir los indultos generales su art. 62, i). Ambos son manifestaciones del derecho de gracia.

La amnistía, en efecto, borra tanto el delito como la pena, con todos sus efectos salvo los relativos a la responsabilidad civil, haya sido juzgado o no el beneficiado por ella.

El indulto, en cambio, únicamente borra la pena impuesta o por imponer, regulándose en el art. 62, i) CE, y en la Ley de 18 de junio de 1870 (modificada por la Ley 1/1988, de 14 de enero), así como en el Decreto de 22 de abril de 1938. Supuestos particulares a tener en cuenta, a iniciativa del órgano jurisdiccional o de las autoridades penitenciarias, se regulan en los arts. 4.3 y 4.4 CP, así como en el art. 206 Rto. LGP.

e) Falta de autorización administrativa para procesar a un funcionario

Este artículo de previo pronunciamiento se previó en la Constitución de 1876, que no fue luego desarrollada en este punto, ni ha sido recogido por la Constitución de 1978 ni por ninguna otra norma, por lo que carece de aplicación en la actualidad, salvo que por esta vía pueda aducirse la falta de suplicatorio del parlamentario.

LECTURAS RECOMENDADAS: GÓMEZ COLOMER, *Constitución y proceso penal,* Madrid 1996; MONTERO AROCA, *Principios del proceso penal. Una explicación basada en la razón,* Valencia, 1997; ORMAZÁBAL SÁNCHEZ, *El período intermedio del proceso penal,* Madrid, 1997; ROMERO PRADAS, *El sobreseimiento*, Valencia 2002; SIGÜENZA LÓPEZ, *El sobreseimiento libre,* Cizur Menor (Navarra) 2002; y VILLAMARÍN LÓPEZ, *El sobreseimiento provisional en el proceso penal,* Madrid 2003.

Lección Decimosegunda

El juicio oral, 2

I. CONCEPTO Y NATURALEZA

La acusación se produce en la fase de juicio oral. Recibe el nombre de calificación y se produce en dos momentos, antes del juicio oral (provisional), y al final del mismo (definitiva).
Se interpone la pretensión y se reprocha al acusado la comisión de un delito, pidiéndosele una pena por ello.
Contenido: Calificación jurídico-penal de los hechos y pretensión civil acumulada (en su caso).

II. LA DEFENSA

Es la otra cara de la acusación, consecuencia del principio de contradicción.
Autodefensa (poco practicada) y defensa técnica (a cargo de un abogado), con relevancia constitucional.
Es escrita y su contenido es correlativo de contrario al de la acusación.

III. LOS INFORMES FINALES

Se producen al término de la práctica de las pruebas.
Las partes exponen los hechos que a su juicio han quedado probados y valoran críticamente la prueba practicada.

IV. LA CONFORMIDAD DEL ACUSADO

Es expresión del principio de oportunidad (Justicia negociada).
En el proceso penal ordinario por delitos más graves hay dos clases: En la calificación de la defensa y en el juicio oral.
En el proceso abreviado se ha añadido el reconocimiento de hechos como primera opción.
También hay conformidad en los procesos rápidos y en el proceso ante el Jurado.
Para que sea posible se establece como regla general que la conformidad sea con la pena más grave pedida por las acusaciones no superior a 6 años, pero hay excepciones y en la práctica no se respeta.

V. LA TESIS DE DESVINCULACIÓN DEL ÓRGANO JURISDICCIONAL

Posibilidad legal de evitar la impunidad parcial, hoy únicamente utilizable por el tribunal si el MF o la acusación particular o popular lo admiten.
Se funda en el principio acusatorio y en el derecho de defensa.
En los procesos abreviados el trámite es más complejo.

I. LA ACUSACIÓN

A) Concepto y naturaleza

La culminación del principio acusatorio tiene lugar cuando llega el momento en el que hay que proceder a formular la acusación por parte de las personas que, distintamente al juez, puedan realizarla en nuestro Ordenamiento, fundamentalmente por el órgano obligado a su presentación.

Ello ocurre en la fase de juicio oral, como acabamos de ver en las lecciones anteriores, una vez la investigación (procedimiento preliminar) ha cumplido uno de sus fines principales, es decir, preparar el juicio (arts. 299 y 777.1 LECRIM), y no existe ninguna causa que lleve al sobreseimiento, o falte algún presupuesto procesal material. Siguiéndose adelante, y habiendo persona imputada, hay que abrir el juicio oral y acusar en un escrito, llamado de calificaciones provisionales en el proceso ordinario por delitos más graves, y propiamente de acusación en los procesos abreviados (para la Exposición de Motivos de la LECRIM, «acta de acusación», v. su párrafo XXVI).

El significado de la acusación adquiere así sus cotas más altas. A partir de ahora, el órgano jurisdiccional va a saber exactamente qué opina la parte acusadora sobre los hechos punibles que se han cometido, en qué extensión, con qué consecuencias jurídicas penales y civiles, y quién piensa que es su autor. El inculpado, ya acusado, tiene a partir de ahora perfectamente definidos los límites con base en los cuales va a tener que mover su defensa.

La acusación significa también jurídicamente, aunque la Exposición de Motivos de la LECRIM (v. párrafo XIX), la comparó con la demanda civil, lo que no es del todo exacto, la interposición de la pretensión procesal penal, consistente en una petición fundada dirigida al órgano jurisdiccional, para que imponga una pena (u otra consecuencia jurídica del delito, es decir, o una medida de seguridad o una consecuencia accesoria) a una persona por un hecho punible que se afirma que ha cometido, si se admite que ésta cabe en el proceso penal, lo que es discutido. La interposición tiene dos momentos, como corresponde a todo juicio oral, pues se efectúa provisionalmente antes de la práctica de las pruebas, en el escrito de calificación provisional o de acusación, y definitivamente después de practicadas.

La LECRIM no se refiere expresamente en el proceso ordinario por delitos más graves a la pretensión, pero como veremos a continuación, tampoco hace falta.

Mientras no sea posible formular una acusación, en el sentido expresado, carece de base jurídica sostener que la pretensión se interpone conjuntamente con el ejercicio del derecho de acción en la querella, pues es imposible acusar sin investigar antes (por eso el art. 277 LECRIM no contiene ningún elemento de donde se pueda deducir la interposición de la pretensión).

B) Actos acusatorios

La acusación se articula en nuestra LECRIM en dos actos procesales distintos. El primero, llamado como se ha dicho calificación provisional en el proceso ordinario por delitos más graves, y simplemente escrito de acusación en los abreviados, nada más abierto el juicio; y el segundo, después de practicada la prueba en el juicio oral, en el que las partes deben calificar definitivamente.

a) La calificación provisional

1. Procedimiento: Aunque tres son los procesos que hay que considerar, las diferencias son escasas:

1.º) En el *proceso por delitos más graves,* y una vez acordada la apertura del juicio por el tribunal, éste ordena la entrega de los autos a las partes sucesivamente, para que, en el plazo, que no es común, de cinco días, formulen la calificación provisional (art. 649, I, LECRIM). Son posibles ampliaciones de plazos en función de la complejidad de la causa. En caso de formularse artículo de previo pronunciamiento, y desestimarse, el plazo es de tres días (art. 679 LECRIM).

El orden de entrega de los autos viene fijado legalmente: Primero el fiscal o, en su caso, el acusador privado (art. 649, I, LECRIM), luego el acusador particular si ha concurrido (art. 651, I LECRIM, que hay que extender al acusador popular, en un caso), después el actor civil si lo hubiera (art. 651, II, LECRIM), y, finalmente, el acusado y los responsables civiles (art. 652, I, LECRIM). Con los autos, se permite examinar también las piezas de convicción (art. 654 LECRIM).

2.º) En los *procesos abreviados,* si el juez de instrucción considera que el hecho punible debe ser enjuiciado por los trámites del proceso abreviado, en la misma resolución ordenará que se dé traslado de las diligencias previas, originales o mediante fotocopia, al Ministerio fiscal y a las acusaciones personadas, para que en el plazo de 10 días, que aquí sí es común, soliciten la apertura del juicio oral formulando escrito de acusación (art. 780.1 LECRIM. V. además la STC 186/1990, de 15 de noviembre).

2. *Contenido:* La acusación provisional comprende un conjunto de actos procesales de diferente naturaleza, relativos a la calificación jurídico-penal de los hechos, a la proposición de prueba (anticipada o no), y, en caso de acumulación, a la pretensión civil. Aquí no vamos a considerar la proposición de prueba, por tratarse específicamente en otra lección.

1.º) *La calificación jurídico-penal de los hechos:* La acusación consiste, en primer lugar y fundamentalmente, en la calificación jurídica de los hechos desde el punto de vista del Derecho Penal. El escrito de acusación, o de calificaciones provisionales, cumple con esta exigencia desglosando los diversos componentes. Por ello la parte acusadora, conforme a los arts. 650, I, y 781.1 LECRIM, se limitará a determinar en conclusiones precisas y numeradas:

1") Los hechos punibles que resulten del sumario.

Aquí hay que comprender no sólo los hechos punibles que sean los más importantes (delito principal), sino también los hechos punibles (delitos) conexos, en su caso, o (faltas) incidentales (v., por correlación, el art. 142.4.ª, 5º LECRIM, y, para los procesos abreviados, el art. 781.1 LECRIM).

La conexidad ya la conocemos. La incidentalidad tiene un concepto legal en esos preceptos: Son faltas incidentales aquéllas que, imputables al autor del delito (o a otras personas, pero entre ellas al acusado), están relacionadas con éste por haber servido para perpetrarlo u ocultarlo, antes, al tiempo o después de su comisión. Pero en realidad incidentalidad y conexión es a estos efectos lo mismo.

2") La calificación legal de los mismos hechos, determinando el delito que constituyan.

En relación con lo anterior, la calificación jurídico-penal debe extenderse a los hechos que constituyen el delito principal, y a los que conforman los delitos conexos o faltas incidentales.

3") La participación que en ellos hubieren tenido el procesado o procesados (ahora acusados), si fueren varios (autores, cómplices).

Ello incluye, naturalmente, la identificación de esas personas en tanto son sujetos pasivos de la acusación, como lo demuestra la referencia del art. 781.1 LECRIM, frase inicial, para los procesos abreviados, de tanta importancia a la hora de delimitar subjetivamente el objeto del proceso.

4") Los hechos que resulten del sumario (procedimiento preliminar) y que constituyan circunstancias atenuantes o agravantes del delito o eximentes de responsabilidad criminal.

Hay que estar a los arts. 20 (circunstancias eximentes), 21 (circunstancias atenuantes) y 22 (circunstancias agravantes) CP, así como en su caso a la circunstancia mixta del art. 23 CP.

5") Las penas en que hayan incurrido el procesado o procesados (ahora acusados), si fueren varios, por razón de su respectiva participación en el delito.

La complementación del contenido de la pretensión procesal penal: Se pide en concreto una pena o medida de seguridad contra el acusado.

Recuérdese que el escrito de acusación en los procesos abreviados contiene, además, la petición de apertura del juicio oral ante el órgano que estime competente (art. 781.1 LECRIM, frase inicial).

Las partes acusadoras pueden presentar sobre cada uno de estos puntos dos o más conclusiones alternativas, con el fin de que, si no se admite la primera, pueda serlo alguna de las otras (arts. 653 LECRIM).

Finalmente, no se olvide que el escrito de acusación del Ministerio fiscal debe recoger, por imperativo legal, todas las circunstancias que puedan favorecer a los acusados, en tanto es defensor de la legalidad (arts. 2 y 773 LECRIM, 3.4 y 5 EOMF).

2.º) *Actos respecto a la pretensión civil:* En caso de haberse acumulado al proceso penal uno civil, el escrito de acusación también debe contener conclusiones relativas a la pretensión civil, consistentes en expresar, según los arts. 650, II y 781.1 LECRIM, en relación con los arts. 109 y ss. y concordantes CP:

1") La cantidad en que aprecien los daños y perjuicios causados por el delito, o la cosa que haya de ser restituida.

> En los procesos abreviados únicamente, si no es posible determinar la cuantía exacta de la indemnización, habrá que sentar las bases para ello en esta conclusión (art. 781.1, I, en relación con el art. 794.1.ª LECRIM).

2") La persona o personas que aparezcan responsables de los daños y perjuicios o de la restitución de la cosa, y el hecho en virtud del cual hubieren contraído esa responsabilidad.

> En los procesos abreviados se añade la exigencia de concluir igualmente en lo relativo a los pronunciamientos sobre entrega y destino de las cosas y efectos, por un lado, y respecto a la imposición de costas procesales, por otro (arts. 781.1 «in fine» LECRIM).

La pretensión a reflejar aquí, pues, es o la de restitución de la cosa o la de indemnización de daños y perjuicios (o ambas), conforme a lo estudiado en el lugar citado *supra*.

Es de destacar la especial importancia que se atribuye al Ministerio fiscal en este tema en el proceso abreviado, por el que se ventilan la mayor parte de los delitos cometidos en España, pues debe velar por la protección de los derechos de la víctima y de los perjudicados por el delito interponiendo la pretensión civil (arts. 773, I «in fine», en relación con los arts. 108 y concordantes LECRIM, teniendo en cuenta la Ley 35/1995, de 11 de diciembre, de ayudas y asistencia a las víctimas de delitos violentos y contra la libertad sexual y su Reglamento aprobado por RD 738/1997, de 23 de mayo).

3. *Efectos:* Además de su significado para el principio acusatorio, es decir, formulación de acusación con petición de pena (y/o medida de seguridad), la acusación provisional despliega sus efectos más importantes con relación al objeto del proceso en el sentido siguiente: Formulada la

calificación provisional, no existe posibilidad de variar los hechos esenciales que la fundamentan, ni dirigirse después contra persona distinta de la que se considera partícipe en el hecho criminal. A este efecto se halla particularmente vinculado el órgano jurisdiccional (v. STS 25 mayo 1973, RA 2421).

Este efecto de vinculación, prohibiéndose las variaciones sustanciales, puede decirse que se da también respecto a las identidades objetiva y subjetiva deducidas del procedimiento preliminar, a la hora de formular el acusador particular su calificación provisional, porque ese procedimiento constituye la base del posterior acto acusatorio (v. SSTC 134/1986, de 29 de octubre, 20/1987, de 19 febrero; y SSTS 23 de noviembre de 1983, RA 5686; y 16 de junio de 1987, RA 4953).

Sin embargo, en el proceso ordinario por delitos más graves y concurriendo ciertos requisitos, el tribunal tiene la posibilidad de desvincularse de esa petición, considerado su aspecto objetivo, es decir, el hecho criminal (nunca el subjetivo, ya que la persona acusada tiene que ser siempre la misma), utilizando el art. 733 LECRIM.

Fuera de ello, es decir, respetando los hechos esenciales y la persona del acusado, la parte acusadora puede modificar después de la prueba en las calificaciones definitivas la cantidad de pena solicitada, incluso la calidad, si considera que el delito es otro (v. art. 732, I LECRIM).

b) La calificación definitiva

El segundo acto procesal acusatorio es la calificación definitiva (arts. 732 y 788.3 y 4 LECRIM), a formular tras la práctica de la prueba. Constituye, además, el segundo momento de interposición de la pretensión penal, y en sentido técnico puro, el último, aunque en la práctica los informes finales también se aprovechan para acusar.

Puede ser un acto escrito u oral, según, como veremos enseguida, si se han modificado las calificaciones provisionales o no (art. 732, II LECRIM).

De formularse por escrito, el contenido formal es el mismo que el estudiado para las calificaciones provisionales, incluso en la posibilidad alternativa (v. art. 732, III, LECRIM).

La LECRIM no previó cómo proceder si la parte modificaba las conclusiones, por lo que en la práctica, y así se entiende para el proceso ordinario por delitos más graves, se suspende la vista durante el tiempo necesario para su redacción. Con ello queda garantizado el principio de contradicción y, por tanto, el respeto al derecho de defensa.

En los procesos abreviados sí que se ha contemplado esta posibilidad garantizadora de esos principios, disponiéndose expresamente un aplazamiento de la sesión, hasta el límite de diez días, a petición de la defensa, con el fin de que pueda aportar los elementos de descargo y probatorios que considere convenientes, conforme al art. 788.4 LECRIM. Esta norma no permite la suspensión en todo caso, sino únicamente cuando el cambio resulte más perjudicial para el acusado, es decir, cuando la acusación modifique en conclusiones definitivas la tipificación penal de los hechos, se aprecie un mayor grado de participación o de ejecución, o circunstancias de agravación de la pena. A la actitud de la defensa, puede seguir a su vez un ulterior cambio de conclusiones de la acusación (art. 788.4 «in fine» LECRIM).

1. *Procedimiento:* Tanto en el proceso por delitos más graves como en los procesos abreviados, las calificaciones definitivas se formulan una vez practicadas las diferentes pruebas admitidas, en el acto de la vista (arts. 732, I, y 788.3 LECRIM).

2. *Contenido:* Las partes acusadoras pueden optar por una de estas tres posibilidades:

1.°) *Confirmación de la calificación,* elevando a definitivas las calificaciones provisionales. Normalmente se actúa así, lo que suele significar que de poco o nada ha servido la práctica de la prueba (teniendo el acusador la «idea fija» desde la primera calificación, y, quizás, desde los momentos iniciales del procedimiento preliminar), aunque también es la opción a tomar en caso de que la prueba confirme íntegramente los hechos reflejados en la calificación provisional.

2.°) *Retirada de la acusación,* que técnicamente significa pedir el MF o el acusador en su calificación definitiva la absolución del acusado. El problema que se plantea entonces es si, a pesar de ello, el tribunal puede condenar (v. *infra,* en los efectos).

3.°) *Modificación de la calificación provisional:* Esta tercera posibilidad presenta una mayor problemática, porque el objeto del proceso tiene ya unos limites conformados, que no pueden traspasarse tampoco en lo esencial.

Esto significa, además del reconocimiento de que la práctica de la prueba ha servido de algo, que las partes pueden variar todas las conclusiones jurídicas formuladas provisionalmente (v. gr., homicidio por asesinato), así como los hechos no fundamentales, que dependen del caso concreto. Nunca pueden variar lo esencial de los hechos criminales acusados, ni la persona del acusado.

3. *Efectos:* Difieren según pidan las partes acusadoras la condena o la absolución:

1.°) *Petición de pena:* En principio, el juez o tribunal están vinculados por la calificación definitiva de la parte acusadora, no pudiendo condenar por delito que lleve aparejada una pena más grave que la pena fijada en la ley penal para el delito que las partes acusadoras hayan calificado, pues de lo contrario cabría recurso de casación (artículo 851-4.° LECRIM).

Únicamente es posible condenar por delito más grave si el tribunal utiliza, bajo ciertos presupuestos, la tesis de desvinculación del art. 733 LECRIM.

> En cuanto a tipificaciones delictivas distintas, grados de participación y de ejecución, circunstancias modificativas de la responsabilidad criminal, o cualquier otro elemento que pueda influir en la determinación de la concreta duración de la pena, de acuerdo con las disposiciones del CP de 1995, no existe, en principio, ninguna vinculación para el órgano jurisdiccional si éste quiere optar por una condena menos grave o la absolución, pero no puede condenar a pena más grave si no somete antes su opinión a la consideración de la acusación, y ésta la acepta.

En los procesos abreviados la petición de pena puede conllevar un efecto paralizador ulterior, si la calificación del delito obliga a todas las partes acusadoras a pedir una pena que exceda de la competencia objetiva del JPe, pues en este caso, el órgano jurisdiccional se declarará incompetente, dará por terminado el juicio y remitirá las actuaciones a la Audiencia competente (art. 788.5 LECRIM). Dos observaciones al respecto: 1.ª) La resolución es un auto, porque se resuelve el presupuesto procesal de la competencia (art. 245.1, b) LOPJ); y 2.ª) El principio de inmediación obliga a realizar el acto de la vista completamente ante la AP.

2.°) *Petición de absolución:* Conforme a lo indicado *supra* la única duda que surge es, pidiendo todas las partes acusadoras la absolución, si ello no obstante el tribunal puede desvincularse utilizando la facultad del art. 733 para condenar. Antes de la CE la mejor doctrina entendía que sí, básicamente por no poder sustituir la acusación la actividad de juzgar del órgano jurisdiccional, y porque el tribunal puede condenar *a fortiori,* por la función atribuida al art. 733 en la Exposición de Motivos de la LECRIM (v. párrafo XXVII), dado que si procede la utilización de esa facultad para evitar impunidad parcial (a título más grave), con mayor razón para evitar la total impunidad. Pero tras la Constitución y, sobre todo, el cambio jurisprudencial producido en torno al significado de la tesis de desvinculación, la polémica deja de tener sentido. El órgano jurisdiccional puede someter a debate que en su opinión, por las razones que indique, procede la condena y no la absolución. Pero únicamente podrá proceder efectivamente a condenar, si la acusación reconsidera su postura y asume la tesis judicial.

II. LA DEFENSA

A) Concepto

La defensa es la otra cara de la acusación, exigida por el principio de contradicción (art. 24 CE), y una de las garantías más importantes del proceso penal propio de un Estado de Derecho, desde el punto de vista del imputado.

Tiene dos manifestaciones:

1.º) La *autodefensa,* es decir, la que ejerce directamente el propio imputado, participando en los actos procesales, presentando escritos o utilizando medios impugnatorios y aportando las afirmaciones y pruebas de descargo que rebatan las tesis de la acusación. La autodefensa únicamente es admisible en los casos permitidos por la Ley. Fuera de éstos, la defensa es técnica y, por tanto, el propio acusado no puede defenderse a sí mismo (SS TC 29/1995, de 6 de febrero; y 11/1997, de 27 de enero), además de no ser conveniente en absoluto para sus intereses. Ni siquiera puede cambiar de Letrado sin restricciones (v. S TS de 10 de noviembre de 2000, RA 9291).

> Podemos citar como ejemplos: a) El imputado puede defenderse a sí mismo en los juicios de faltas (art. 969.1 LECRIM); b) Puede proponer él mismo la recusación del juez estando incomunicado (art. 58 LECRIM); c) Puede pedir él mismo la reposición del auto que eleva la detención a prisión (art. 501 LECRIM); d) Puede proponer diligencias cuando se le reciba declaración en el sumario (art. 396, I LECRIM); y e) Tiene derecho a la «última palabra», al final de la vista del juicio (art. 739 LECRIM).

2.º) La *defensa técnica,* a realizar por un abogado en ejercicio sobre las cuestiones jurídicas materiales y procesales a tratar en el proceso penal, en funciones de consejo y asesoramiento, que ya hemos considerado. Nuestro sistema de enjuiciamiento criminal obliga a la defensa técnica, al ser un derecho (y también una garantía) fundamental reconocido por la CE (arts. 17.3 y 24.2), traduciéndose en la necesidad de designar a un abogado de confianza, o, en su defecto, de oficio, siendo la defensa técnica necesaria desde el primer acto de imputación (arts. 118, 118 bis y 520 LECRIM), y por toda la duración del proceso penal, incluida la ejecución (aunque en la práctica respecto a situaciones de defensa de oficio, no se entienda exactamente así, lo cual es, en nuestra opinión, inconstitucional, v. S TC 196/1987, de 11 de diciembre). Para los procesos abreviados y los procesos abreviados y los procesos urgentes, v. arts. 767 y 768 LECRIM.

Aquí se trata de explicar a continuación el contenido y efectos de la defensa frente a los diferentes actos acusatorios acabados de considerar.

B) Contenido y efectos

El contenido y los efectos de los actos de defensa están en función, pues, de si estamos ante la calificación provisional o la calificación definitiva de la acusación:

1.°) *Calificación provisional de la defensa:* Formalmente el escrito de calificación provisional de la defensa es idéntico al de la acusación. Hay que estar, por tanto, al art. 650 (v. art. 652, I, LECRIM) para el proceso por delitos más graves, al art. 784 LECRIM para los procesos abreviados, y a lo indicado *supra.*

Sobre las limitaciones probatorias que parecen establecerse en ese precepto, al permitir sólo las pruebas documental, pericial y testifical, y no, por ejemplo, la de inspección ocular, con los problemas de constitucionalidad que ello conlleva, v. las lecciones dedicadas a la prueba en este mismo tomo.

Pero en cuanto a las actitudes posibles de la defensa, lo que ocurre es que procesalmente su respuesta, una vez se le trasladan los autos para calificación, puede tener otras finalidades, dado que las posibilidades son tres en realidad.

1") Proponer artículos de previo pronunciamiento, tanto en el proceso por delitos más graves, como en los abreviados (v. art. 667 y 786.2 LECRIM). La formulación de un artículo, independientemente de que una parte acusadora también lo haya hecho valer, excluye momentáneamente la calificación, con el matiz de la audiencia saneadora en los procesos abreviados.

2") En los procesos abreviados tan sólo, conformarse (segunda posibilidad) con la pena más grave solicitada por la acusación, acto llamado de conformidad con el escrito de acusación (v. arts. 784 y 787 LECRIM).

3") En todos los procesos, presentar la calificación provisional, cuyo contenido material puede ser, a su vez, triple:

a) Negar sin mayor explicación los hechos que fundamentan la acusación («negamos las conclusiones primera al final del Ministerio fiscal»). Esta actitud, por desgracia práctica usual, es indudablemente un fraude al cliente imputado o defendido de oficio, la mínima expresión del trabajo técnico, y, además, una forma de actuar de probada ineficacia, pues el órgano jurisdiccional conoce perfectamente los límites de la acusación, pero ignora entre qué líneas se mueve la defensa. Además, se pueden negar así cosas absurdas (nombre y apellidos, edad, y los hechos que pueden favorecerle).

b) Formular una versión de los hechos distinta, naturalmente orientada al descargo, a la futura absolución o a su condena inferior.

c) Admitir los hechos, pero negando su carácter delictivo con base en una distinta calificación jurídica. En cualquier caso, no estamos ante un proceso civil, por lo que el hecho admitido puede y debe ser sometido a prueba.

La presentación del escrito de defensa por parte del acusado en los procesos abreviados, tiene el efecto de tener que remitir el juez de instrucción todo lo actuado al órgano jurisdiccional competente para el enjuiciamiento, notificándolo a las partes, salvo que se esté ante un caso de JPe volante, en cuyo caso las actuaciones permanecen en el juzgado (art. 784.5 LECRIM).

Es importante destacar que la calificación jurídica de la defensa no plantea ningún problema de vinculación al órgano jurisdiccional, como es lógico, por lo que el juez o el tribunal es absolutamente libre de condenar o absolver cuando la defensa pida la absolución, sin que amenace ni tesis de desvinculación ni recurso alguno por este motivo.

Para el proceso abreviado, v. art. 784.1, II LECRIM, conforme al cual, si la defensa no presenta su escrito en el plazo señalado para ello no hace falta que lo haga ya, entendiéndose que se opone a la acusación y continuando el procedimiento, pudiendo practicarse la prueba que proponga en el acto del juicio sin posibilidad de suspensión. La pregunta respecto a esto último es qué hechos va a probar si no los ha podido alegar al no presentar el escrito de defensa.

Una vez más, el deseo de juicios rápidos causa verdadera indefensión, porque en un proceso penal el escrito de defensa es necesario siempre, y de hecho en la práctica no pasaba nada si se incumplían los plazos, ante el valor muy superior del art. 24.2 CE. El propio legislador es consciente de esto, porque, y en realidad es absurdo desde el punto de vista técnico, permite alegar a pesar de todo indefensión (art. 784.1, III «in fine» LECRIM).

2.º) *Calificación definitiva de la defensa:* Formalmente puede ser por escrito u oral también, según se modifiquen tras la práctica de la prueba por la defensa o no (arts. 732 y 793.6 LECRIM). Qué duda cabe que la defensa tiene más difícil obtener la suspensión del juicio para redactar las nuevas conclusiones tras su modificación, pues entra en juego el principio de prohibición de dilaciones indebidas.

Jurídicamente, tampoco vincula al órgano jurisdiccional, en ningún caso, la petición de absolución que hace el acusado, o de una condena menor. Incluso aunque no lo pida, puede verse favorecido en estos sentidos por la sentencia.

3.º) *Calificación del responsable civil:* Formalmente el escrito es igual que el del actor civil. Tan sólo hay que recordar que estamos ante un proceso civil acumulado al penal, por lo que el responsable es aquí el demandado que opone su resistencia (v. art. 652, I LECRIM). Dada la vigencia del principio de oportunidad y los que de él se derivan, caben, con efectos jurídicos plenos de cara a la sentencia, tanto el allanamiento como el reconocimiento o admisión de hechos.

III. LOS INFORMES FINALES

Los informes finales se regulan en los arts. 734 a 740 LECRIM para el proceso ordinario por delitos más graves, y en el art. 788.3 LECRIM para los procesos abreviados. Demasiada normativa para un acto procesal de tan restringido significado al lado de los propios de la acusación y defensa.

Primero informa el Ministerio fiscal, luego el resto de acusadores (art. 734, I LECRIM), después el actor civil (art. 735 LECRIM), para finalizar con los defensores de las partes acusada y responsable civil, si la hubiere (art. 736 LECRIM).

Su contenido, salvadas las distancias, puede compararse con las conclusiones del proceso civil (art. 433 LEC), dependiendo, lógicamente, de la posición de la parte.

En los informes, que son siempre orales, las partes expondrán los hechos que consideren probados en la vista, su calificación legal, la participación que en ellos hayan tenido los acusados y la responsabilidad civil que hayan contraído los mismos u otras personas, así como las cosas que sean objeto, o la cantidad en que deban ser reguladas cuando los informantes o sus representantes hayan interpuesto también la pretensión civil (art. 734, II LECRIM), acomodándose a las conclusiones que hayan formulado en definitiva y, en su caso, a la propuesta del juez o del presidente del tribunal con arreglo a lo dispuesto en el art. 733 (art. 737 LECRIM). Claro es que el contenido concreto dependerá de la posición de acusación o de defensa que se ocupe.

En la práctica, sin embargo, se añade un elemento más, puesto que desde el punto de vista de la parte acusadora, se aprovecha el acto como última oportunidad para reiterar la acusación, es decir, «de facto» es un acto no sólo de crítica de las pruebas practicadas en el juicio y análisis y recapitulación de las tesis jurídicas mantenidas, sino también de acusación.

Una cierta fundamentación legal para ello podía encontrarse antes de 1988 en el art. 738 LECRIM, porque si ya no es posible modificar ningún hecho o concepto con posterioridad a los informes, salvo rectificaciones (v. gr., numéricas), por extensión nada impide la confirmación de la petición de pena por un delito concreto. Pero la finalidad del art. 738 es, en sentido estricto, cerrar la posibilidad precisamente de que errores puramente materiales o numéricos fuercen una aclaración de sentencias posterior, y nada más, con el fin de que el juez tenga absolutamente todos los datos que son necesarios para enjuiciar.

El art. 788.3, II LECRIM, aplicable en los procesos abreviados, ha elevado a norma aquella práctica, porque terminada la fase probatoria, el órgano jurisdiccional pregunta a las partes si ratifican sus conclusiones, y las requiere para que expongan oralmente cuando estimen procedente sobre la valoración de la prueba de los hechos. El informe final es en este proceso, consiguientemente, también la última oportunidad acusatoria del proceso penal, si bien en forma únicamente oral y sin que se pueda modificar la calificación definitiva.

Una vez presentados los informes oralmente, el juez o el presidente del tribunal da al acusado oportunidad de expresar su opinión («última palabra»: art. 739 LECRIM), que debe utilizar en su caso, conforme a ese mismo precepto, con educación y respeto. Es la manifestación más genuina del derecho de autodefensa, última oportunidad que tiene el acusado de convencer al tribunal de su inocencia, mediante su declaración sincera (en algunos casos, problemática, v. *infra)*.

Acto seguido, el órgano jurisdiccional declara concluso el acto del juicio oral («visto para sentencia»: art. 740 LECRIM), siendo el siguiente acto procesal la sentencia (art. 741 LECRIM).

IV. LA CONFORMIDAD DEL ACUSADO

A) Concepto y naturaleza

La llamada conformidad del acusado en el proceso penal es una institución de naturaleza compleja, en virtud de la cual la parte pasiva, es decir, tanto el acusado como su defensor técnico, aceptan con ciertos límites la pena solicitada por la acusación, o la más grave de las solicitadas si hubiera varios acusadores, procediéndose a dictar sentencia inmediatamente, al hacerse innecesaria la vista.

Es un instituto propio, muy antiguo, que en otros ordenamientos, y naturalmente salvadas todas las distancias posibles, sería llamada, por ejemplo, *plea bargaining* (negociación sobre la declaración), *guilty plea* (declaración de culpabilidad), *Absprache* (acuerdos), *patteggiamenti* (convenios), etc.

Aunque la conformidad sólo sería posible en principio en los procesos penales ordinarios por delitos más graves cuando, no obstante la penalidad fijada en abstracto para el delito, se rebajara la calificación por la acusación hasta los límites legales permitidos para que aquélla pudiera tener lugar, y así lo admite alguna jurisprudencia aislada, parece prudente sostener que es un instituto pensado para el enjuiciamiento de la mediana e ínfima criminalidad, esto es, para el proceso abreviado y para el proceso penal especial para el enjuiciamiento rápido de determinados delitos, aunque sobre esto veremos matices de importancia, como se demuestra históricamente por la fijación del límite de la conformidad en los 6 años de prisión correccional, luego prisión menor, del proceso originario por delitos.

En cuanto a la *naturaleza jurídica* de la conformidad del acusado estamos tanto ante un acto dispositivo material y procesal, consecuencia del principio de oportunidad, porque se fija el límite máximo de la pena a imponer, como ante un procedimiento especial que acelera trámites, dado que producida se pasa directamente a dictar sentencia.

Precisamente por ser acto dispositivo, el acusado o imputado no tiene derecho a una sentencia de conformidad, sino sólo una facultad o expectativa (el TS lo corrobora, con explicación muy escueta, en su S de 14 de septiembre de 2001, RA 7704).

B) Clases, régimen jurídico y efectos respectivos

El sistema originario de la LECRIM previó dos clases de conformidad, según se produjera en la calificación provisional de la defensa (llamada por esto «conformidad en la calificación» o, ahora, «conformidad con el escrito de acusación», art. 655), o en el inicio de la vista («conformidad en el acto del juicio oral», arts. 688 y ss. LECRIM). La reforma que introdujo el proceso abreviado en 1988 mantuvo estas dos conformidades, pero añadió una tercera, que puede ser anterior en el tiempo a estas dos, llamada «reconocimiento de hechos». Las grandes reformas operadas por la Ley 38/2002, de 24 de octubre, y por la LO 8/2002, de 24 de octubre, han mantenido todas ellas, sin modificar los preceptos originarios de la LECRIM, pero no ha contribuido en nada a simplificar las cosas, más bien las ha complicado innecesariamente, como demostramos a continuación.

Si bien estamos por naturaleza ante el mismo instituto, la LECRIM no ha establecido el mismo régimen legal y efectos para cada una de las modalidades de conformidad.

a) Conformidad prestada en el procedimiento preliminar (reconocimiento de hechos en el proceso abreviado)

El imputado, por iniciativa propia tomada durante el desarrollo de la fase de diligencias previas en el proceso abreviado, puede reconocer los hechos que le han sido imputados, siempre que se trate de hecho punible castigado con pena incluida dentro de los límites previstos en el art. 801 (art. 779.1-5ª LECRIM).

> El delito sin embargo no debe haber dado lugar al proceso penal especial para el enjuiciamiento rápido de determinados delitos, sino al abreviado. Es la pena, considerada en abstracto para ese delito por el CP y siempre dentro de los límites fijados por el art. 801.1-2º y 3º LECRIM, lo único que coincide.

Un primer matiz diferenciador importante aparece de inmediato: Aun siendo «conformidad», el legislador excluye que pueda tener lugar en esta primera modalidad cuando los hechos punibles caigan bajo la competencia objetiva de la Audiencia, porque por el límite de pena es competente el JPe (arts. 14-4º y 795 LECRIM).

Para que este reconocimiento sea eficaz se requiere, según el propio art. 779.1-5ª, que el imputado esté asistido de su abogado, por tanto, que éste se muestre de acuerdo también. Como consecuencia de ello, se convoca por el JI inmediatamente a una vista al Ministerio Fiscal y demás partes personadas, a fin de que manifiesten si formulan escrito de acusación con la conformidad del acusado. Estando de acuerdo, unánimemente parece según el tenor del art. 779.1-5ª si además del Fiscal existe acusador particular y/o acusador popular, la consecuencia es que el procedimiento abreviado se transforma en procedimiento para el enjuiciamiento rápido de determinados delitos, aplicándose, en lo que sea procedente aunque no lo diga la Ley, los arts. 800 y 801 LECRIM.

Obsérvese que la reforma de 2002 garantiza ahora expresamente el principio de contradicción para las partes acusadoras que no son el Ministerio Fiscal, a diferencia de la situación anterior, pero es un error exigir como parece unanimidad de criterio en la acusación, porque puede ser una traba importante a esta clase de conformidad en la práctica, ya que en definitiva va a depender de la voluntad del acusador particular.

El *régimen jurídico* y los *efectos* de este reconocimiento de hechos son los siguientes:

1.º) El reconocimiento afecta únicamente a los hechos criminales imputados, y no significa en absoluto aceptación de la pena, entre otras razones porque todavía no se ha podido solicitar ninguna, mientras que en las demás clases de conformidad, ésta sí que afecta a las consecuencias jurídicas del delito. Por ello y en teoría, el JPe podría imponer en nuestra opinión pena menor que la que debería solicitarse posteriormente de seguir el proceso su curso normal, o incluso absolver, pero nunca imponer pena mayor, con el límite de no poder alterar lo esencial de los hechos criminales reconocidos. Sin embargo ello no es así, puesto que por aplicación del art. 801.2 el JPe está constreñido legalmente a:

1") Reducir la pena privativa de libertad solicitada en un tercio y a continuación ordenar la suspensión de su ejecución o su sustitución por una pena no privativa de libertad, si procede;

2") Imponer la pena solicitada reducida en un tercio si no es privativa de libertad.

Que el Juez, titular único de la potestad jurisdiccional, no sea libre para imponer pena menor o incluso absolver constituye un error de sistema importante, producto de un mal entendimiento evidente, otro más, del principio acusatorio (v. *infra*).

2.º) El reconocimiento, aunque se da en el proceso abreviado, únicamente es posible si:

1") El hecho punible cae dentro del procedimiento adecuado correspondiente al proceso abreviado, de acuerdo con las reformas producidas en 2002. Pero la calificación de la acusación debe ser por delito castigado en abstracto con pena de hasta 3 años de prisión, o con otra pena de distinta naturaleza, cualquiera que sea su cuantía o duración, teniendo en cuenta que la pena efectivamente pedida no debe superar los 3 años de prisión, o si hay varias, reducidas todas en un tercio no deben superar los 3 años (art. 801.1-2° y 3° LECRIM); y

2") Que se den las demás circunstancias previstas específicamente en el art. 801 LECRIM, salvo, por aplicación expresa del art. 779.1-5°, la consignada en el art. 801.1-1°, ya que es perfectamente posible que existan acusador particular (lo que da por supuesto certeramente el art. 801.4, en contradicción con lo que acaba de prever antes) y popular (no mencionado por la LECRIM) que traen su origen del proceso abreviado.

3.°) Se da lugar a un cambio de procedimiento, pasándose directamente del abreviado al especial para el enjuiciamiento rápido de determinados delitos, aplicándose los arts. 800 y 801 según dispone el art. 779.1-5ª.

4.°) Siendo varios los imputados, el reconocimiento de hechos debe producirse por parte de todos ellos, conforme al régimen ordinario previsto originariamente por la LECRIM (v. art. 655, IV). En caso negativo, se debe entender que no se ha producido el reconocimiento, a efectos de no dividir el objeto penal del proceso.

5.°) No reconociéndose la responsabilidad civil (allanamiento), sobre lo que nada dice el art. 779.1-5ª LECRIM, el cambio al proceso penal especial para el enjuiciamiento rápido de determinados delitos debe comprender también la formulación de la pretensión civil, asimilándose al régimen ordinario previsto por la LECRIM.

b) Conformidad con el escrito de acusación

La segunda variedad de conformidad está relacionada con el escrito de acusación, teniendo dos regímenes jurídicos distintos según estemos en el proceso abreviado o en el proceso especial para el enjuiciamiento rápido de determinados delitos.

a") En el proceso abreviado

La segunda posibilidad para que el imputado manifieste su conformidad se produce una vez abierto el juicio oral y formulada la calificación provisional o escrito de acusación (arts. 655 y 781 LECRIM). Se trata lógicamente de un acto que no puede afectar únicamente a los hechos, puesto que ya hay presentada una acusación y, por tanto, de carácter más complejo que la anterior modalidad.

Presenta, a su vez, dos variantes: 1) El acusado se conforma en su escrito de defensa; 2) Posteriormente a la presentación del escrito de defensa pero antes de que comience el juicio oral, el acusado acude a la Fiscalía y manifiesta su conformidad, redactando todas las partes acusadoras, el acusado y su Letrado un nuevo escrito de calificación, que no podrá referirse a hecho distinto ni contener calificación más grave que la primera acusación presentada (art. 784.3, II, en relación con el art. 787.1 LECRIM).

La posibilidad de conformidad en el escrito de calificación provisional de la defensa (escrito de defensa), es la clásica recogida en el art. 655 LECRIM. La conformidad ante el Ministerio público confirma la intencionalidad manifestada en 1988 de introducir en nuestro Ordenamiento una tímida posibilidad de la institución anglosajona del *plea bargaining*, consecuencia del llamado «principio del consenso» por la Circular 1/1989 de la FGE.

El *régimen jurídico* y los *efectos* de ambas posibilidades de conformidad en el escrito de acusación son los siguientes:

1.º) La conformidad tiene lugar ante el Juez Instructor, sea competente para el juicio oral el JPe, sea la Audiencia, ya que los escritos de acusación y de defensa se presentan ante él en el proceso abreviado (arts. 781 y 784.5 LECRIM).

2.º) La iniciativa la toma el abogado defensor del acusado, aunque con su aquiescencia (arts. 655, I y 784.3, I, en su inicio). Se requieren, pues, además del escrito de defensa correspondiente, que el acusado se ratifique expresamente sobre lo manifestado por su defensor técnico, declaración que debe comprobar el Juez que ha sido prestada libremente y con conocimiento de sus consecuencias (por aplicación supletoria del art. 787.2 LECRIM). Lo que significa que, si no se ratifica el acusado, debe procederse a suspender la tramitación para que designe, o se nombre de oficio, un nuevo abogado, que proceda a redactar el escrito de defensa, tema tampoco resuelto por la reforma de 2002.

3.º) La conformidad es con la pena solicitada por la acusación, o con la más grave de las solicitadas en caso de haber varias, con el límite de no exceder la pena efectivamente pedida de 9 años de prisión, límite objetivo de los delitos a tramitar por el proceso abreviado, ya que la distinción temporal prevista en el art. 787.1 LECRIM no afecta al límite sino al contenido de la sentencia (v. Circular FGE núm. 1/89, y el poco claro texto al respecto de la Circular FGE núm. 1/2003).

4.º) Si el JI está de acuerdo con la conformidad, se eliminan todos los trámites posteriores y se pasa directamente a dictar sentencia por el órgano competente para el enjuiciamiento (art. 655, II), quien ello no obstante debería examinar los requisitos de la conformidad y evitar así el posible recurso.

No es claro que la sentencia en esta modalidad de conformidad deba tener el mismo contenido que la sentencia como consecuencia de conformidad prestada en el juicio oral, porque la remisión del art. 784.3, II al art. 787.1 LECRIM parece que se refiera al contenido del segundo escrito de acusación conjunto.

Pero dado que la defectuosa redacción de la norma podría hacer aplicable íntegramente el art. 787 LECRIM, en esta clase de conformidad, a causa de sucesivas remisiones, conviene al menos reflejar el problema de que si es así, habrá dos posibles contenidos:

1") Si la pena efectivamente pedida es inferior a 6 años, el órgano jurisdiccional no es libre de imponer la pena que desee, con el límite de no sobrepasar la conformada, ni tampoco de absolver, sino que tendrá que dictar sentencia de conformidad con la pena conformada por la defensa; o

2") Si es superior a 6 años, el JPe o la Audiencia es libre de hacer lo que quiera, respetando el límite máximo.

El primer contenido es inadmisible, porque por un error conceptual de lo que el principio acusatorio realmente debe ser (v. apartado dedicado a la tesis de desvinculación en esta misma lección), que se arrastra desde hace prácticamente dos décadas, se ataca a la propia potestad jurisdiccional, convirtiendo al Juez en un autómata, imposibilitándole cumplir con su función exclusiva de medir e individualizar la pena y evitar castigos desproporcionados. Lo correcto es que el órgano jurisdiccional pueda imponer entonces la pena que considere procedente, siempre que no exceda de la cantidad conformada, y ello por imposición legal, por tanto, que pueda imponer pena igual a la conformada o inferior, pero también la absolución según la jurisprudencia, en consonancia con el principio que afirma que el tribunal puede absolver siempre (v. SS TS 22 abril 1966; 20 junio 1966, RJ 3210; 7 febrero 1994, RJ 717; y Memoria Fiscalía TS de 1899).

5.º) Es posible que la conformidad prestada carezca de valor, ordenándose la continuación del juicio, en estos casos:

1") Si el JI considera que el acusador no ha formulado la calificación procedente, por error, por negligencia o por cualquier otra causa, y cree que los hechos criminales constituyen jurídicamente un título de acusación que conlleve pena de mayor gravedad, o de diferente naturaleza, o que la pena solicitada no es la que legalmente procede (arts. 655, III y 787.3), debe requerir a la parte que presentó el escrito de calificación más grave para que manifieste si se ratifica o no en él. Si la acusación cambia de opinión y el acusado se conforma de nuevo, se pasa al trámite de dictar sentencia de conformidad el órgano competente para el enjuiciamiento, ordenando la continuación del juicio en caso contrario (art. 787.3);

2") El juicio continúa también cuando el JI cree que la conformidad del acusado no ha sido prestada libremente o sin conocimiento de sus consecuencias (art. 787.4); y

3") Finalmente, también ordenará la continuación del juicio cuando el Abogado defensor lo considere necesario y el JI estime fundada su petición.

6.º) Igual que en la primera clase de conformidad, la disconformidad de uno de los acusados, siendo varios, obliga a continuar el juicio para todos ellos, incluidos aquellos que se conformaron (art. 655, IV LECRIM), salvo, como se indicó supra, que pueda dividirse el objeto siendo varios los acusados por diversos delitos.

7.º) Si no hay conformidad en la responsabilidad civil (allanamiento), pero sí en la criminal, el juicio continúa para discutir únicamente el objeto civil del proceso acumulado (art. 655, V LECRIM), rigiendo los principios propios de este proceso, y partiendo de la admisión de la responsabilidad criminal.

b") En el proceso penal especial para el enjuiciamiento rápido de determinados delitos

Como consecuencia de la introducción de este proceso penal especial en 2002, los arts. 800.2 y 801 (redactado éste por la LO 8/2002, de 24 de octubre, y de marzo por la LO 15/2003, de 25 de noviembre) regula la conformidad con el escrito de acusación prestada ante el Juzgado de Guardia.

Las particularidades más llamativas son las siguientes:

1.ª) A pesar de que del tenor literal del art. 801.1 pueda deducirse lo contrario, la conformidad prestada por el acusado debe contar con la aquiescencia de su Abogado, que en estos momentos ya debe estar designado o nombrado de oficio, por aplicación supletoria del art. 779.1-5ª de acuerdo con el art. 795.2 LECRIM.

2.ª) La conformidad se presta ante el Juez de Guardia, órgano competente para la instrucción y para la preparación del juicio oral de este proceso especial (falla el JPe, art. 800.3, I LECRIM). Las actuaciones realizadas por la Policía Judicial y contenidas en el atestado, así como las diligencias urgentes practicadas por el propio Juez con la participación activa del Fiscal, tienen que estar ya concluidas, porque es necesario que se haya abierto el juicio oral y presentado la acusación formal por el Ministerio Fiscal y, en su caso, demás acusadores, dada la ubicación sistemática del precepto.

3.ª) Los requisitos de la conformidad en este proceso especial son más estrictos que en el abreviado, cuando debería ser al revés, ya que lo que se pretende ante todo es un juicio rápido, y nada más rápido que evitar que suceda el juicio oral. Afectan a los siguientes extremos recogidos en el art. 801.1:

1") No debe existir más acusación que la del Fiscal, presentada en tiempo y forma (pero el art. 801 permite después en su núm. 4 que haya acusación particular, lo cual es una clara contradicción en nuestra opinión, a resolver a favor de permitir la participación de todos los acusadores de acuerdo con el art. 125 CE);

2") Los hechos deben haber sido calificados como delito castigado con pena de prisión de hasta 3 años, con pena de multa cualquiera que sea su cuantía, o con otra pena de distinta naturaleza, cuya duración no exceda de 10 años;

3") Si se pidió pena de prisión, la pena efectivamente solicitada no debe exceder de 3 años, y si se pidieron varias, tampoco debe ser la petición superior a 3 años sumadas todas ellas, para que con la reducción del tercio se queden en 2 años, de acuerdo con el modelo italiano; y

> Obsérvese en consecuencia que la operatividad práctica de la conformidad en este proceso se reduce a menos de la mitad de los supuestos temporales posibles (sobre cinco años de prisión límite objetivo, sólo procede si el delito está castigado con hasta 3 años y únicamente, además, si efectivamente se piden tres o menos), mientras que en el abreviado es posible por su límite máximo (9 años). ¿Por qué? No lo sabemos, quizás para que entren dentro del límite los delitos más comunes y frecuentes, v. gr. robos y alcoholemia, se aplique la suspensión de la pena y no vayan a la cárcel sus autores. Que no proceda la conformidad si hay acusador particular, además de la contradicción legal que hemos indicado, es absurdo, pues en todas las demás modalidades no se produce esta limitación, sin perjuicio de ser poco respetuosa con la víctima, quizás más abierta a la conformidad que el propio Fiscal por lo que le puede suponer de ventaja en cuanto a la responsabilidad civil.

4.ª) El Juez de Guardia controla la conformidad de acuerdo con lo previsto en el art. 787 (v. inmediatamente) y en el art. 801.3, en su caso, y si es ajustada a la Ley, dicta sentencia de conformidad, que desde finales de 2003 puede dictar oralmente con este posible contenido, de acuerdo con el poco claro art. 801.2:

1") Si la pena solicitada fue privativa de libertad, la impone reducida en un tercio, resolviendo a continuación lo procedentes sobre su suspensión o sustitución (v. arts. 81, 87 y 88 CP). Se exige, algo ingenuamente, el compromiso del acusado de satisfacer la responsabilidad civil a la víctima en el plazo que se le fije (se haya o no allanado a ella), y además, en su caso, el compromiso de que obtendrá el certificado de estar deshabituado o sometido a tratamiento para tal fin (art. 801.3). La reforma operada en el art. 801.2 por la LO 15/2003, de 25 de noviembre, aclara ahora que la reducción debe realizarse aun cuando en definitiva la pena impuesta sea inferior al límite mínimo fijado por el CP;

2") Hay que entender, a pesar del oscuro texto legal, pues parece que se refiera a ambos casos, lo que no debe ser posible, que sólo si la pena conformada no es privativa de libertad, la impondrá, pero reducida en un tercio. Ello, porque no tiene sentido reducir para suspender, y porque, además, si incumple, debe cumplirse toda la pena de prisión sin reducción. Deben reducirse, pues, todas las penas aquí citadas; y

3") Una vez dictada sentencia de conformidad, el Juez Instructor de Guardia debe resolver sobre la situación personal del condenado, remitiendo si procede la causa al Juez de lo Penal para su ejecución (art. 801.4, en la redacción dada por la LO 15/2003, de 25 de noviembre).

Este es el único caso en nuestro Ordenamiento Jurídico en el que un Juez Instructor (en funciones de guardia además) puede dictar una sentencia penal por delito. Para ello ha sido necesario reformar también el art. 87, a), II LOPJ.

5.ª) En caso de incumplimiento de los anteriores compromisos, se estará a lo dispuesto en los arts. 84, 85 y 87.5 CP.

c) Conformidad prestada en el acto del juicio oral

La última posibilidad de conformidad se produce al principio del acto de la vista o juicio oral en sentido estricto (arts. 688 a 700, y 787 LECRIM).

Existen dos posibilidades, según estemos por un lado en el proceso abreviado o en el proceso especial para el enjuiciamiento rápido de determinados delitos, cuya regulación es la misma, o, por otro, en el proceso penal especial ante el Tribunal del Jurado.

a") En el proceso abreviado y en el proceso especial para el enjuiciamiento rápido de determinados delitos

El *régimen jurídico* y los *efectos* de esta última modalidad de conformidad son los siguientes, de acuerdo con los arts. 787 y 801.1 LECRIM, reformados en 2003:

1.º) La conformidad se solicita al órgano competente para el enjuiciamiento, pues ya se están celebrando las sesiones del juicio oral (Juez de lo Penal o Audiencia, por tanto, en función de los casos y de los procesos);

2.º) La iniciativa la tiene el Abogado defensor con la aquiescencia del acusado, quien debe expresar que se conforma antes de iniciarse la práctica de la prueba, pidiendo al juez que dicte sentencia de conformidad con el escrito de la acusación que contenga pena de mayor gravedad (art. 787.1, primera frase). La Ley no prohíbe que la iniciativa la tenga el acusado, pero formalmente la petición debe hacerla la defensa. Por otra parte y en nuestra opinión, al no haberse declarado expresamente la no aplicación del art. 688, II LECRIM, la iniciativa puede tomarla igualmente el órgano jurisdiccional, preguntando al acusado si se conforma. El Secretario debe informar al acusado sobre las consecuencias que tiene haberse conformado (art. 787.4, I LECRIM).

Añade esa norma que también es posible manifestar la conformidad con el escrito «que se presentara en ese acto, que no podrá referirse a hecho distinto, ni contener calificación más grave que la del escrito de acusación anterior». Ese segundo escrito de acusación es el resultado de la negociación entre la defensa y el MF, que rebaja la penalidad de la calificación provisional de la acusación. Aquí es donde más clara se ve la influencia americana de la «bargaining», porque ante la calificación desfavorable, la defensa acude a la fiscalía para obtener una rebaja a cambio de la conformidad. Nada que objetar, salvo la forma solapada de regular la negociación, pero también nos obliga a pensar si en realidad lo que sale reforzada es la posición del MF, porque, de no obtener la conformidad, ¿no puede amenazar a la defensa con pedir una pena mayor en la calificación definitiva?

3.º) El límite de pena es en el proceso abreviado el que se corresponde con su tope máximo (9 años), mientras que en el proceso para el enjuiciamiento rápido de determinados delitos es de 3 años de prisión. En cuanto a las demás penas no hay límite ni de duración ni de cuantía (arts. 787.1 y 801.1-2), salvo el tope de 10 años para los juicios rápidos (art. 795).

Al menos las reformas de 2002 han contribuido a despejar las serias dudas que las diferentes clases de conformidad suscitaban a este respecto en el proceso abreviado. El límite de la competencia objetiva y el límite de la conformidad coinciden ahora: 9 años. Otra cosa es su utilidad, pues es difícil pensar en que alguien se quiera conformar a una pena de prisión de 9 años. Con relación al proceso penal especial para el enjuiciamiento rápido de determinados delitos ese límite no coincide, con lo cual estamos ante un tratamiento desigual que desvirtúa la naturaleza del instituto, al presentar regímenes distintos según sus diversas modalidades.

Pero en el abreviado se establece otro límite que influye en el contenido de la sentencia, de este modo:

1”) Que la pena solicitada no exceda de 6 años: En este caso, si el órgano jurisdiccional está de acuerdo con la conformidad, porque entiende que la calificación jurídica es conforme a Derecho y que la pena según dicha calificación es la procedente, dicta de inmediato sentencia de conformidad, que desde finales de 2003 puede hacer oralmente (art. 787.1 y 2, en relación con los arts. 694 y 655, II LECRIM).

El problema es igualmente qué extensión tendrá el fallo de esa sentencia. En el sistema originario de la LECRIM, el tribunal podía imponer entonces la pena que considerase procedente, siempre que no excediera de la cantidad conformada, por imposición legal, es decir, que podía imponer pena igual a la conformada o inferior, pero también era procedente según la jurisprudencia la absolución.

Sin embargo, ahora el órgano jurisdiccional, ya desde la reforma de 1988 para ciertos casos de conformidad, está constreñido, según dicción literal del art. 787.1 LECRIM, a dictar «sentencia de conformidad con la manifestada por la defensa».

Se ha eliminado con la reforma de 2002 el término «de estricta» conformidad del anterior art. 793.3, I «in fine»), que fue interpretado por el TS en su S de 17 de junio de 1991 (RJ 4728), en el sentido de que a pesar de este tenor literal, el órgano jurisdiccional podía imponer pena inferior, pues de lo contrario no gozaría de la discrecionalidad suficiente para evitar penas desproporcionadas a los hechos aceptados por el acusado, competencia que es inexcusable e indelegable del juez para poder individualizar correctamente la pena. Así «estricta conformidad» se refería al contenido de los hechos y no a las penas.

Esta interpretación fue claramente «contra legem», pero nos sigue ayudando de manera importante para interpretar la actual redacción, porque su esencia permanece: El órgano jurisdiccional podrá siempre imponer pena inferior o absolver (v. A TS de 21 de marzo de 2001, RJ 1670).

Por otra parte, nada se dice ahora (a diferencia del anterior art. 793.3, II LECRIM) sobre el hecho de que el Juez pueda dictar sentencia absolutoria o condenatoria a pena inferior a la conformada, previa audiencia de las partes realizada en el acto, si estimase que, partiendo de la descripción del hecho aceptado por todas las partes, es atípico, o resulta manifiesta la concurrencia de cualquier circunstancia eximente o atenuante,

Esta importante salvedad, que demuestra la confirmación del principio que afirma que el tribunal puede siempre absolver, y también que es posible utilizar la tesis de desvinculación (v. la explicación sobre el art. 733 LECRIM, v. *infra*), sin previa práctica de la prueba y no para agravar la condena, no se aplica en caso de que el JPe estime que concurre una agravante, o en caso de que para él el hecho punible merezca una distinta calificación con distinta pena, casos en los que queda totalmente vinculado.

Finalmente, por expresa declaración del art. 787.5 LECRIM, no vinculan al órgano jurisdiccional, en ningún supuesto, las conformidades mostradas en el acto del juicio oral sobre las medidas de seguridad («medidas protectoras en los casos de limitación de la responsabilidad penal»). La razón parece justificable: La medida de seguridad tiene fines correctores y de prevención especial, por lo que, aunque el acusado se muestre conforme con su imposición, el órgano jurisdiccional puede prescindir de la medida si considera que ello sería superfluo respecto a aquellas finalidades (Circular 1/1989 de la FGE).

2") Si la pena excede de 6 años la Ley no dice nada, por lo que hay que interpretar que el órgano jurisdiccional no está vinculado a la cantidad de pena pedida y puede imponer pena inferior o incluso absolver, de acuerdo con la jurisprudencia que ya conocemos. Naturalmente, en ningún caso puede imponer pena superior.

4.º) Es posible también en esta modalidad que la conformidad prestada carezca de valor, ordenándose la continuación del juicio, porque la «bargaining» no puede justificar nunca actuaciones «contra legem». Sucede en estos casos:

1") Si el órgano jurisdiccional considera que el acusador no ha formulado la calificación procedente, por error por negligencia o por cualquier otra causa, y cree que los hechos criminales constituyen jurídicamente un título de acusación que conlleve pena de mayor gravedad, o aunque sea de igual o menor gravedad, que conlleve mutación sustancial del bien jurídico, o que la pena solicitada no es la que legalmente procede (arts. 655, III y 787.3), debe tomar la disposición de requerir a la parte que presentó el escrito de calificación más grave para que manifieste si se ratifica o no en él. Si se modifica la acusación y el acusado se conforma de nuevo, se pasa al trámite de dictar sentencia de conformidad, ordenando la continuación del juicio en caso contrario (art. 787.3);

2") El juicio continúa también cuando el órgano jurisdiccional cree que la conformidad del acusado no ha sido prestada libremente o sin conocimiento de sus consecuencias (art. 787.4, I); y

3") También ordenará la continuación del juicio cuando el Abogado defensor lo considere necesario y el JI estime fundada su petición (art. 787.4, II).

5.º) La disconformidad siendo varios los acusados, o entre el acusado y su defensor tiene consecuencias importantes, en el siguiente triple sentido: 1) Si el acusado se conforma, pero su defensor cree necesaria la continuación del juicio, carece de relevancia la conformidad y la vista se celebra normalmente si el Juez lo considera fundado, como sabemos (arts. 696 y 787.4, II LECRIM); 2) Si hay varios acusados y alguno no se conforma, sigue el juicio para todos (art. 697, II LECRIM), aunque sea la prueba muy simplificada; y 3) Si el acusado o acusados se niegan a responder a la pregunta del órgano jurisdiccional en el sentido de si se conforman o no con la pena pedida, continúa el juicio (art. 698 LECRIM). En ambos casos hay que recordar que la conformidad puede tener lugar para unos acusados y para otros no, si es posible dividir el objeto del proceso penal, al enjuiciarse varios delitos distintos contra varios acusados.

El juicio continúa también cuando el acusado quiera amparase en la conformidad, al haberse pedido pena más ventajosa por no haber aparecido el cuerpo del delito todavía (art. 699 LECRIM).

6.º) Finalmente, en cuanto a la pretensión civil, si el acusado se conforma en lo atinente a la pena, pero no en lo relativo a la responsabilidad civil, la vista se celebra, pero la práctica de la prueba afectará exclusivamente al objeto civil (arts. 695, 697, III y 700 LECRIM).

b") En el proceso ante el Tribunal del Jurado

La LJ regula, dentro de una de las formas de disolución del Jurado, la conformidad con la acusación, se entiende provisional, más grave, es decir, con la que solicite pena de mayor gravedad (art. 50.1), pero a realizar dentro de la fase de juicio oral competencia del TJ, bien en el escrito de defensa, bien en un escrito autónomo que presentan las partes en la vista (en la práctica se hace entre el escrito de defensa y la vista, para evitar que se constituya el Jurado).

La LECRIM contempla varias clases de conformidad como acabamos de ver, en el proceso abreviado y en el proceso especial para el enjuiciamiento rápido de determinados delitos. La cuestión es si todas ellas son aplicables en el proceso penal especial ante el TJ. Con las reformas de 2002, la respuesta debe ser positiva, teniendo en cuenta que tanto el reconocimiento de hechos como la conformidad con la calificación se producirían ante el JI y no ante el Magistrado-Presidente. El problema es que la LJ sólo ha regulado la conformidad en el juicio oral, cuando podría haber hecho una remisión específica al menos a las normas del proceso abreviado, pues aplicar supletoriamente aquí el art. 24.2 LJ puede ser problemático. Pero su admisión debe favorecer que el juicio ante el Jurado no tenga lugar, por tanto, estamos también ante un instrumento de rapidez y eficacia, finalidades claras de la reforma.

Ciñéndonos a la conformidad regulada por la LJ, ésta se puede producir de tres maneras distintas: Primero por manifestarlo así la defensa en su escrito (por aplicación del art. 655 LECRIM, o del art. 784.3, I LECRIM, ante el silencio de la LJ), que debe exigir en todo caso ratificación oral en la vista; segundo por responder a una pregunta en este sentido del Magistrado-Presidente afirmativamente (por aplicación del art. 688, II LECRIM, ante el silencio también de la LJ), y tercero, por presentar un escrito específicamente con ese contenido en este acto ante el TJ (que sí prevé expresamente el art. 50.1 LJ).

Pero los límites de la conformidad no coinciden ni con los del proceso abreviado (9 años), ni con los del proceso especial para el enjuiciamiento rápido de determinados delitos (3 años), lo cual no es justificable, pues se dice claramente que no es posible la conformidad a pena superior a seis años de privación de libertad, sola o conjuntamente con las de multa y privación de derechos (art. 50.1 «in fine» LJ).

En cuanto a su régimen jurídico, la conformidad debe ser aprobada por todas las partes (art. 50.1 LJ), y sólo afecta a los hechos acusados objeto del juicio (art. 50.1 LJ), pero si el Magistrado-Presidente entiende que el hecho no ha existido, o que no es constitutivo de delito, o que, existiendo, no ha sido cometido por el acusado, o que, existiendo, el acusado está exento de responsabilidad criminal o concurre una atenuante, no disuelve el Jurado y, previa audiencia de las partes, le somete por escrito el objeto del veredicto sin solución de continuidad (art. 50.2 y 3 LJ).

C) La conformidad en el juicio de faltas

La peculiar estructura del juicio de faltas no justifica que el legislador haya omitido cualquier referencia a la posibilidad de conformidad en él, pero debe ser posible, al menos la modalidad de conformidad en el acto del juicio oral, por razones de fondo y de forma. De forma, por aplicación supletoria de las normas del proceso abreviado o del proceso especial para el enjuiciamiento rápido de determinados delitos en virtud de la autorización del art. 969.1; y de fondo, porque la conformidad contribuye a que el juicio de faltas no tenga lugar, lo que acelera todavía más si cabe el procedimiento, razón por la que el juicio de faltas fue también reformado en 2002.

D) ¿En caso de delito de violencia de género?

La LVG toma una decisión discutible. Admite la conformidad en los juicios penales y hace competente al JVM para dictar sentencia de conformidad en los casos del art. 801 LECRIM (art. 14.3, I *in fine* LECRIM, reformado por el art. 58 LVG y, posteriormente, art. 87 ter.1, e), añadido por la LO 3/2005, de 8 de julio).

El problema que se plantea es que el art. 87 ter.5 LOPJ (añadido por el art. 44 LVG), prohíbe la mediación en los casos de violencia de género. Esos casos son, además de los civiles, los penales, pues esa norma está dentro del precepto dedicado a la competencia del JVM, fuera del núm. 1, dedicado a la competencia penal, y del núm. 2, dedicado a la competencia civil, por tanto, abarcando todas las competencias. Desde un punto de vista estrictamente terminológico y sistemático, la mediación debe referirse pues, independientemente del acierto en la elección del sustantivo, a ambos procesos, civil y penal. Pero ahora la mediación está expresamente prohibida en lo penal (art. 2.2 RD-Ley 5/2012, de 5 de marzo, de mediación en asuntos civiles y mercantiles), y ni siquiera existe el llamado principio de oportunidad reglada (el proceso penal de menores, en donde sí existe, es ahora irrelevante).

Solamente tenemos a mano el principio del consenso, que se manifiesta en nuestra vieja institución de la conformidad, en cualquiera de sus diferentes modalidades acabadas de estudiar, aplicable a cualquier proceso penal dados los requisitos legales. Tengamos en cuenta que la conformidad afecta al autor del delito, al imputado o acusado, pero que es necesario oír a la víctima, en nuestro caso la mujer y de ahí la importancia de esta cuestión, y en algunos casos, de haber reparado civilmente el daño.

El problema sigue sin resolverse, no obstante, porque ahora interpretando la ley literalmente deberíamos llegar a la conclusión de que en los casos de violencia de género la conformidad está permitida y la mediación prohibida, se supone que porque la primera es controlada por un juez y la segunda no. Pero en el fondo, estar de acuerdo la víctima con la conformidad manifestada por su ofensor, por tanto, habiendo de por medio un acto de violencia de género, sería dar carta de asentamiento a un acuerdo viciado con dicha conformidad, no expresaría una voluntad libre, y por tanto sería nulo, porque sería imposible demostrar que no ha sido logrado a la fuerza, o si se prefiere, sería imposible demostrar que se ha llegado a un acuerdo libre entre ambas partes, dados los antecedentes existentes. Lo mejor, por ello, sería prohibir cualquier posibilidad de acuerdo en ambos procesos, o admitirlo también en los dos. Por ello, mi opinión es a favor de la no permisividad en ninguno por la fuerza del art. 87 ter.5 LOPJ, a pesar del art. 87 ter.1, e) LOPJ, por la contradicción insalvable entre ellos.

E) Recurribilidad

Tratándose de sentencias de conformidad el TS mantenía la doctrina (v. SS de 27 de abril de 1999, RA 3326; y de 11 de abril de 2000, RA 2445, entre otras muchas), de su irrecurribilidad, argumentando que conformarse con el aval del defensor comporta una renuncia implícita a replantear ante el TS las cuestiones fácticas y jurídicas aceptadas libremente y sin oposición, procediendo el recurso sólo en caso de incumplimiento de los requisitos formales, materiales y subjetivos de la conformidad, así como que no se hubieran respetado los términos del acuerdo entre las partes.

Pues bien, el art. 787.7 LECRIM (reformado por la LO 15/2003, de 25 de noviembre), aplicable en nuestra opinión a todos los casos de conformidad y no sólo a la que tiene lugar en el juicio oral, recoge ahora esa doctrina y reconoce la recurribilidad expresa de las sentencias de conformidad, legitimando a todas las partes, cuando no se hayan respetado los requisitos o términos de la conformidad. El acusado sufre la limitación de no poder impugnar por razones de fondo su conformidad libremente prestada. Qué recurso cabe está abierto en función del proceso ordinario o especial en que haya tenido lugar la conformidad.

V. LA TESIS DE DESVINCULACIÓN DEL ÓRGANO JURISDICCIONAL

A) Concepto y naturaleza

El sistema de enjuiciamiento criminal español permite al órgano jurisdiccional sentenciador discutir la tesis jurídica de la acusación, si considera que ha calificado los hechos con manifiesto error y concurren los demás presupuestos exigidos. Esta posibilidad, denominada doctrinalmente «tesis de desvinculación», se reconoce en el art. 733 LECRIM, específicamente para el proceso por delitos más graves.

En nuestra opinión, la tesis de desvinculación es acogida también en el proceso abreviado, aunque implícitamente, en los arts. 788.3, II, 788.4 y 789.3 LECRIM, que establecen particularidades diferenciadoras.

Este instituto, cuya finalidad aparece plenamente justificada, ha sufrido una profunda transformación después de la CE, debido a una reinterpretación jurisprudencial de sus fundamentos (explicados en la Exposición de Motivos de la LECRIM, párrafos XXVI a XXIX, con profusión). Trata de resolver el problema, por poner un ejemplo claro, de que calificados los hechos por el Ministerio fiscal y los demás acusadores como un delito de homicidio, el tribunal, si entiende que al contrario son constitutivos de un delito de asesinato, pueda hacérselo saber para que reconsideren el título de acusación.

El *fundamento* de la tesis de desvinculación es complejo, pues no estando ya claramente decididas las posiciones «ab initio», la interpretación jurisprudencial de los principios constitucionales «ad hoc» ha venido a complicar el tema. En principio, se afirma que la tesis de desvinculación es un acto inquisitivo del órgano jurisdiccional y, por tanto, una alteración del principio acusatorio. Pero también, y al mismo tiempo, una concreción del principio de contradicción.

Explicados así los pilares, la relación de la tesis con los principios constitucionales acusatorio y de contradicción (derecho de defensa) del art. 24.2 CE, es innegable (v. SS TC 104/1986, de 17 de julio y 17/1988, de 16 de febrero; y S TS 4 de noviembre de 1986, RA 6241).

a) De un lado, se dice que el principio acusatorio no puede tolerar que el efecto de cosa juzgada material, que impide un nuevo enjuiciamiento por los mismos hechos criminales imputados, prevalezca sin excepciones, porque en este caso permanecerían inmodificables calificaciones erróneas. Dicho con otras palabras, pasaría a cosa juzgada una impunidad parcial, al no poderse acusar del mismo hecho posteriormente, una vez descubierto el error, como delito de asesinato cuando se condenó por homicidio,

En este sentido se dice que el art. 733 constituye una excepción al principio acusatorio, porque éste exige la correlación entre acusación y sentencia. Por tanto, el órgano jurisdiccional no puede en la sentencia calificar el delito de forma tal que imponga una pena más grave a la que legalmente corresponda según la tipificación efectuada por la acusación.

Pero la doctrina más solvente entiende que la norma no es una excepción, sino una corroboración del principio acusatorio, porque la tesis del tribunal es sobre «el hecho justiciable» o elemento esencial del objeto del proceso, que en ningún caso puede modificarlo o variarlo. Por tanto, el tribunal tiene siempre como límite los hechos esenciales.

b) La CE de 1978 ha hecho cambiar las opiniones al respecto de la jurisprudencia, que ya no era hasta entonces muy favorable a la aplicación de la tesis, reinterpretando precisamente los principios acusatorio y de contradicción (de defensa), en el siguiente sentido: Partiendo siempre del principio que prohíbe la variabilidad de los hechos criminales imputados que tengan carácter de esenciales, la no aceptación por la acusación de la nueva tesis más grave planteada por el órgano jurisdiccional convierte a éste en juez y parte, infringiendo el principio acusatorio, si condena con base en el título propuesto por él y no por aquélla. En consecuencia, si no asume la tesis el MF, o cualquier otro acusador, el órgano jurisdiccional no puede hacer prevalecer su opinión y debe ceñirse a las peticiones de los acusadores (SS TS 16 de junio de 1987, RA 4953; y de 1 de diciembre de 1987, RA 9515). Esta interpretación del principio acusatorio es dogmáticamente incorrecta, pues nada tiene que ver con él, porque lo verdaderamente importante es que no se alteren los hechos esenciales. El Tribunal, respetándolos, es el único autorizado legalmente para calificarlos (principios de legalidad y *iura novit curia)*, de ahí que en los países más avanzados jurídicamente que el nuestro, pueda conceptuarlos como entienda más ajustado a Derecho e imponer la pena que considere más apropiada (v., por todos, §§ 260, 264 y 265 StPO alemana; por su parte el Tribunal Supremo español ha perdido una magnífica oportunidad de acertar en este importante tema en su STS 1319/2007, de 12 de enero (RA 323), al confundir principio acusatorio con derecho de defensa).

El Tribunal Constitucional español ha seguido el contenido clásico del principio acusatorio, sin que haya admitido nunca expresamente la doctrina del Tribunal Supremo de ser necesaria la aceptación por el Fiscal de la tesis más grave propuesta por el tribunal para condenar (v. las SS TC 54/1985, de 18 de abril; 84/1985, de 8 de julio; 104/1986, de 17 de julio; 134/1986, de 29 de octubre; 17/1988, de 16 de febrero; 186/1990, de 15 de noviembre; 43/1997, de 10 de marzo; 59/2000, de 2 de marzo).

c) En donde no existe ninguna dificultad es en admitir que la norma supone también una concreción del principio de contradicción (derecho de defensa), y la jurisprudencia citada fundamenta ello, además de en el art. 24.2 CE, en todas las normas internacionales aplicables (arts. 10 y 11.1 de la Declaración Universal de Derechos Humanos; y art. 14 del Pacto Internacional de Derechos Civiles y Políticos), porque el legislador quiere que la tesis jurídica del tribunal, nueva para la acusación, se someta a debate, e incluso si las partes no están preparadas para ello, incluyendo la defensa (la más interesada ante la agravación que supone), que se suspenda la vista para un mejor estudio. Esto es así porque un correcto entendimiento del principio de contradicción significa la necesidad de poner a debate todo dato jurídico o fáctico, susceptible de influir en la sentencia.

La tesis se puede utilizar por el órgano jurisdiccional, tanto en el proceso por delitos más graves, como en los procesos abreviados, una vez las partes acusadoras han formulado sus conclusiones definitivas, bien nuevas, bien confirmando las provisionales, en el acto de la vista, antes de los informes finales. Sin embargo dado que en esos informes finales puede producirse teóricamente alguna alteración, o, sobre todo, que en la última palabra el acusado puede introducir algún hecho esencial nuevo (v. gr., «confesar» otro delito, o dar una versión distinta que altera sustancialmente los hechos criminales imputados), habría parecido más lógico que la tesis de desvinculación fuera el último acto posible antes de la sentencia.

B) Presupuestos

Los presupuestos fijados en el art. 733 LECRIM para que pueda utilizarse la tesis de desvinculación son los dos siguientes:

1.º) Que se trate de procesos incoados por delito público o semipúblico, ya que el art. 733, III excluye a los procesos por delito privado.

La razón por la que en los delitos privados no se puede utilizar la tesis es, posiblemente, porque en éstos la parte acusadora sí dispone de la acción penal.

2.º) Que a la vista de la prueba practicada, el hecho criminal haya sido calificado con manifiesto error, por una de estas dos razones: a) Por no haberlo incluido en determinado tipo del CP; o b) Porque no se haya apreciado la concurrencia de una eximente.

Este presupuesto tiene un alcance muy concreto, aunque avanzamos que el error por no apreciación de eximente carece de relevancia hoy. Dicho requisito significa:

a) Que todos los demás errores de la calificación que no alteren ni agraven el título de acusación, puede subsanarlos directamente el órgano jurisdiccional en la sentencia, sin utilizar la tesis de desvinculación y sin incurrir en incongruencia.

b) Por la misma razón, conforme a la jurisprudencia citada antes y a las razones indicadas, el órgano jurisdiccional debe utilizar la tesis cuando aprecie la concurrencia de una circunstancia agravante, no pudiendo tenerla en cuenta en caso de no ser asumida por la acusación. Se puede afirmar que, en este punto, la CE ha derogado tácitamente el art. 733, III LECRIM (v. S TS 21 de abril de 1987, RA 2586).

c) Que la cantidad de pena carece de relevancia si la tesis del órgano jurisdiccional es asumida por la acusación, y

d) Que en lo relativo a la pretensión civil el tribunal no puede decir absolutamente nada si se ha calificado con manifiesto error, porque se trata de un proceso civil, y, por tanto, rigen los principios propios de este proceso (oportunidad, dispositivo, aportación de parte y congruencia). Con otras palabras, el tribunal en la sentencia no puede conceder más de lo pedido (v. S TS 24 de marzo de 1984, RA 1857).

C) Efectos

Los efectos de la utilización de la tesis afectan al propio procedimiento y a la sentencia:

1.º) Procedimentalmente, puede producirse una paralización por suspensión de la vista, en el caso de que las partes pidan el aplazamiento de 24 horas previsto en los arts. 733, IV y 788.4 LECRIM, con el fin de estudiar la propuesta del tribunal.

La LECRIM garantiza así escrupulosamente el principio de contradicción, puesto que se somete a debate y estudio una cuestión que puede tener influencia decisiva en el fallo.

2.º) En cuanto a la sentencia, el planteamiento de la tesis permite al órgano jurisdiccional, si es aceptada y, por tanto, sostenida por la acusación, condenar por el título más grave por él sometido a debate (en el ejemplo puesto, por asesinato). La sentencia no por ello dejará de ser congruente.

Prueba evidente de este efecto es que el art. 851-4.º LECRIM concede recurso de casación por quebrantamiento de forma «cuando se pene un delito más grave que el que haya sido objeto de la acusación, si el tribunal no hubiere procedido previamente como determina el artículo 733» Es decir, no hay recurso cuando se pena por delito más grave utilizándose previamente y aceptándose por la acusación la tesis de desvinculación.

Antes apuntada esta cuestión, el propio art. 851-4.º, en relación con el art. 733 LECRIM, hace inútil el planteamiento de la tesis cuando el tribunal considere que debe absolver por apreciar una eximente no alegada por la acusación, ya que la tutela jurídica en casación únicamente se da en caso de condena por delito más grave sin haber hecho uso de la tesis. En consecuencia, si el tribunal absuelve por apreciar una eximente, sin desvincularse previamente, la sentencia es formalmente válida y congruente. Hay que llegar a la conclusión, pues, de que el legislador ha cometido un olvido o error, aunque quede confirmado el principio «el tribunal puede absolver siempre».

D) Particularidades en los demás procesos

La introducción en 1988 del proceso abreviado no resolvió de manera clara, ante la falta de norma correlativa al art. 733 LECRIM, si en él era posible también la utilización de la tesis de desvinculación por el órgano jurisdiccional ante una calificación errónea de la acusación, pero en esencia la doctrina entendió que la respuesta debía ser afirmativa, porque negar esta posibilidad habría sido tanto como afirmar que en este proceso no rigen ni el principio acusatorio, ni la cosa juzgada material, ni el principio de contradicción, ni el principio «iura novit curia», en la misma medida que en el proceso por delitos más graves, lo cual es absurdo. Como también lo habría sido afirmar que en el proceso abreviado se permite la impunidad parcial, que se trata de evitar precisamente utilizando la tesis de desvinculación.

La reforma de 2002 confirma estas opiniones, ampliándolas a los demás procesos ordinarios (juicio de faltas) y especiales (básicamente el previsto para el enjuiciamiento rápido de determinados delitos y el que tiene lugar ante el Tribunal del Jurado).

La redacción actualmente vigente coincide prácticamente con la derogada, por ello la explicación de la tesis de desvinculación en estos procesos no varía salvo en algún aspecto concreto.

De entrada diremos que el legislador pretendió y sigue pretendiendo mejorar técnicamente el art. 733, intentando aclarar las dudas que más de cien años de práctica han puesto de relieve, incorporando los avances de la jurisprudencia. Y ha querido efectuar la correspondiente reforma estableciendo tres normas distintas que, aun afectando a otras materias, tienen relación con la tesis de desvinculación. Así:

1.º) Ante la calificación definitiva del Fiscal o de los demás acusadores, el órgano jurisdiccional puede requerirles para que aclaren hechos concretos de la prueba, o la valoración jurídica de los hechos efectuada, sometiéndoles a debate una o varias preguntas sobre puntos determinados (art. 788.3, II LECRIM).

Qué duda cabe que ese requerimiento puede consistir precisamente en el sometimiento por parte del órgano jurisdiccional de su tesis desvinculadora. De hecho, la Circular 1/1989 FGE dijo que la facultad contenida en esta norma ha venido a sustituir a la del art. 733.

2.º) Bien por propia iniciativa de la acusación, bien ante las aclaraciones solicitadas por el órgano jurisdiccional conforme a lo indicado en el punto anterior, si se cambian las calificaciones definitivas respecto a las provisionales, o, y esto es lo importante, respecto a las que se consideraban definitivas pero antes de la aclaración, en el sentido de modificar la tipificación penal de los hechos, o apreciación de un mayor grado de participación o de ejecución o circunstancias de agravación de la pena, en garantía del principio de contradicción, el juez puede considerar un aplazamiento del debate para que la defensa pueda prepararse ante el cambio producido, formulando alegaciones y aportando los elementos probatorios de descargo que estime convenientes (art. 788.4 LECRIM).

3.º) Una vez sometidas a debate las nuevas cuestiones, y en todo caso si no ha habido ningún cambio, la sentencia, manteniendo el título de acusación, bien el propuesto por el órgano jurisdiccional que haya sido asumido por la acusación, bien el propuesto por la acusación que ha rechazado el planteado por el órgano jurisdiccional, no puede imponer pena que exceda de la más grave de las acusaciones (art. 789.3, primer inciso, LECRIM), porque ahora no hay posibilidad alguna de derogar el principio de correlación entre la acusación y la sentencia y, por tanto, se confirma la vigencia del principio acusatorio. Absolver puede siempre el órgano jurisdiccional.

Antes de la reforma de 2002 había que observar, en relación con la jurisprudencia más moderna y su nuevo entendimiento del principio de la correlación entre la acusación y sentencia a la luz de los principios acusatorios y de defensa, que si no se había utilizado la tesis, se confirmaba la tradición jurídica de nuestro sistema criminal, quedando vinculado el órgano por el título de acusación y pena solicitada; pero si se había utilizado, el tribunal sólo podía condenar por título más grave en caso de que hubiera sido aceptada y asumida por la acusación, aunque sin exceder de la pena que en concreto hubiera sido solicitada por ella o, en caso de que ésta no la hubiera asumido, de la que hubiera pedido en concreto. Ahora el art. 789.3 recoge esta jurisprudencia expresamente, permitiendo la condena más grave si alguna de las acusaciones ha asumido «el planteamiento previamente expuesto por el Juez o Tribunal dentro del trámite previsto en el párrafo segundo del artículo 788.3».

La aplicación de estos preceptos en el proceso penal especial para el enjuiciamiento rápido de determinados delitos es indudable, por mor del art. 802, y, en cuanto al proceso penal especial ante el Tribunal del Jurado también, porque la referencia del art. 48.2 LJ al art. 793.6 y 7 LECRIM, debe entenderse hoy hecha al art. 788.3 y 4, sin perjuicio de la aplicación supletoria del art. 789.3 por el art. 24.2 LJ.

LECTURAS RECOMENDADAS: BARONA VILAR, *La conformidad en el proceso penal,* Valencia, 1994; Idem *Seguridad, celeridad y justicia penal,* Valencia, 2004; DÍAZ PITA, *Conformidad, reconocimiento de hechos y pluralidad de imputados en el procedimiento abreviado*, Valencia 2006; GONZÁLEZ NAVARRO, *Acusación y defensa en el proceso penal*, Barcelona 2004; GUERRERO PALMARES, *El principio acusatorio,* Cizur Menor 2005; PLANCHADELL GARGALLO, *El derecho fundamental a ser informado de la acusación,* Valencia, 1999.

Lección Decimotercera

La prueba, 1

I. CONCEPTO Y OBJETO

Actividad probatoria =acto de parte, esencialmente acusadora

Cabe también práctica de medios de prueba de oficio

Objeto de la prueba: hechos imputados o que afecten a la responsabilidad, culpabilidad, participación etc; y también máximas de experiencia

II. ELEMENTOS TÍPICOS DE LA PRUEBA PENAL

A) La presunción de inocencia: garantía procesal sobre culpabilidad-inocencia y máxima procesal que determina contenido de la sentencia: absolución si no se prueba la culpabilidad

 a) Prueba con todas las garantías y practicada en juicio oral

 b) Existencia de prueba de cargo: incriminatoria

 c) Prueba suficiente: idoneidad

B) Carga de la prueba: sobre quién recaer las consecuencias negativas de la insuficiencia probatoria. Valor de la duda y del in dubio pro reo

C) Valoración libre o «en conciencia»de la prueba=apreciación lógica de prueba

III. PROCEDIMIENTO PROBATORIO

A) Proposición

B) Admisión

C) Práctica

IV. PRUEBA CON VIOLACIÓN DE DERECHOS FUNDAMENTALES

A) Derechos que se protegen: derechos y libertades fundamentales reconocidos constitucionalmente

B) Ineficacia: consecuencia procesal de ilicitud en la obtención de la prueba

I. CONCEPTO Y OBJETO

La prueba puede definirse como la actividad procesal, de las partes (de demostración) y del juez (de verificación), por la que se pretende lograr el convencimiento psicológico del juzgador acerca de la verdad de los datos allegados al proceso.

En la configuración de la prueba deben deslindarse los elementos subjetivos que pueden intervenir en la actividad probatoria y los que delimitan objetivamente la misma.

1.°) La actividad probatoria es fundamentalmente un acto de parte, en concreto de parte acusadora, salvo aquellos supuestos de aportación fáctica de los acusados que requiere prueba por éstos. Como regla general, por tanto, el acusado no necesita probar nada, de manera que la falta de prueba de los hechos y de la responsabilidad imputada por la acusación comporta una sentencia absolutoria, ante la imposibilidad de declaración de culpabilidad del acusado, funcionando en este caso el principio de presunción de inocencia.

2.°) La anterior manifestación no supone imposibilitar la prueba de oficio. Si bien el órgano jurisdiccional que ha de dictar sentencia no puede convertirse en investigador, incorporando el resultado de sus investigaciones —hechos distintos de los que son objeto de la acusación— al proceso, esto no es incompatible con la posibilidad de que el juzgador acuerde de oficio la práctica de medios concretos de prueba (art. 729.1 y 2; art. 726 LECRIM, etc.).

> Si los datos sobre los que versa la prueba penal han sido aportados al proceso y el juez ha tenido conocimiento de los mismos, y siendo que del mismo proceso pueden surgir fuentes de prueba que se hallen directa o indirectamente relacionadas con estos datos, no existe impedimento legal alguno a la utilización por el juzgador de los medios de prueba pertinentes para otorgar eficacia procesal a las fuentes. No se trata con ello de introducir de oficio hechos nuevos, dado que si así se pretendiere, debería suspenderse el juicio oral y abrir una sumaria instrucción complementaria (art. 746.6ª y 749.2º), sino de alcanzar la verdad de los datos incorporados por los acusadores.

Desde el punto de vista del *objeto* de la prueba, éste viene referido a las realidades que, en general, pueden ser probadas en el proceso penal, realidades fundamentalmente fácticas. En el proceso penal lo que pueden probarse son:

1.°) Los hechos entendidos como acontecimientos de la vida individual y colectiva. Estos hechos son fundamentalmente y en primer lugar, aunque no sólo, los que constituyen el objeto del proceso: los hechos imputados, delimitados por los acusadores en sus calificaciones provisionales (art. 649.1° y 4°), si bien la regulación del procedimiento abreviado permite cambios posteriormente (en relación con la tipificación penal de los hechos o cuando se aprecie mayor grado de participación o de ejecución o circunstancias de agravación de la pena), concediéndose un aplazamiento de la sesión hasta el límite de diez días, a fin de aportar elementos probatorios y de descargo que estime convenientes la defensa (art. 788.4°). En segundo lugar, también puede ser objeto de prueba cualquier otro hecho expuesto en las calificaciones (art. 729.2°), y que puede venir referido al grado de participación, a la culpabilidad, a la responsabilidad, entre otros. Podría pretenderse la prueba de los hechos que eliminan o restringen la culpabilidad, la punibilidad, alegados por la defensa y que deben ser objeto de prueba por la misma.

En todo caso, frecuentemente la comprobación directa de cualquiera de los hechos objeto de prueba al amparo del art. 729.2ª no es posible, debiéndose acudir a otras diversas circunstancias fácticas que indirectamente van a servir para determinar la existencia o inexistencia del hecho fundamental. De ahí que se hable de la prueba directa o de la prueba indirecta y en esta segunda modalidad que se haga referencia a las presunciones y su valor como método de prueba en el proceso penal (lección 14.ª).

La comprobación directa del hecho criminal imputado podría alcanzarse en el supuesto de la prueba testifical de quienes presenciaron el homicidio. La comprobación indirecta implicaría alcanzar la certeza de qué hacía el imputado y con quién se encontraba en el momento de cometerse el homicidio, de qué color era la camisa que llevaba puesta, si llovía, etc.; todos ellos pueden ser datos que indirectamente determinen la participación del imputado en la comisión del hecho e incluso la posible concurrencia de circunstancias que pudieran determinar la irresponsabilidad del mismo o que, en su caso, la atenuaran o agravaran.

2.°) También en un proceso penal las máximas de la experiencia pueden ser objeto de la prueba, siempre naturalmente que sean pertinentes en relación con la materia del proceso y relevantes en la posible decisión judicial.

Si el objeto de la prueba responde a la cuestión de qué puede probarse en sentido abstracto y general, cuando se habla de *tema* de la prueba se está haciendo referencia a qué debe probarse en un proceso determinado y concreto, cuestión ésta que no puede abordarse sino desde el prisma de la singularidad de cada caso.

II. ELEMENTOS TÍPICOS DE LA PRUEBA PENAL

La estructura de los principios del proceso penal y sus diferencias con un proceso dispositivo se extienden también al ámbito probatorio, de manera que para establecer los elementos típicos de la prueba en el proceso penal deben tenerse en cuenta: 1°) La presunción de inocencia, como verdadero principio que conforma toda la regulación del proceso; 2º) La no obligación de declarar; 3º) La posible práctica de prueba de oficio, a la que nos hemos referido en el apartado anterior; y 4º) Valoración libre de la prueba.

A) La presunción de inocencia

La afirmación de que toda persona acusada de un delito tiene derecho a que se presuma su inocencia mientras no se pruebe su culpabilidad en un proceso se consagra en el art. 24.2 CE, así como en los convenios internacionales de derechos humanos (art. 11.1 DUDH de 1948, art. 6.2 CEDH y LF de 1950, art. 14.2 PIDCP de 1966).

Si bien la intención del legislador constituyente parecía ser la de referir el art. 24.2 CE al proceso penal, el TC, sin embargo, ha ido atribuyendo aplicación del mismo a otros órdenes jurisdiccionales, fundamentalmente y en lo que a la presunción de inocencia se refiere, rige en aquellos supuestos en que la resolución comporte resultado sancionatorio o limitativo de derechos.

El juzgador debe alcanzar la certeza de la culpabilidad del acusado para dictar sentencia condenatoria, y esa certeza debe ser resultado de las pruebas practicadas. La falta de pruebas o la insuficiencia de las mismas conlleva la absolución del acusado, siendo el principio de presunción de inocencia el que condiciona este resultado desde el punto de vista constitucional, de manera que se trata de un verdadero principio del proceso penal, cuyos elementos definidores son:

a) Se trata de una garantía procesal que produce efectos en la culpabilidad-inocencia del acusado, sin repercusión sobre la calificación de los hechos o sobre la responsabilidad penal del acusado.

b) Si bien entendida como máxima procesal, determina el contenido del pronunciamiento de la sentencia, condicionando la absolución cuando no ha quedado demostrada la culpabilidad del acusado.

c) Pese a su denominación por la jurisprudencia como «presunción» *iuris tantum*, «verdad interina de inculpabilidad», se trata de una manera poco adecuada de afirmar que el acusado es inocente mientras no se demuestre lo contrario.

La presunción exige un hecho base o indicio, del que se desprende la existencia del segundo, el hecho presumido, con el nexo lógico entre ellos que es la presunción, operación que consiste en entender existente el hecho presumido por la existencia y prueba del hecho base o indicio.

El efecto de este principio es la innecesariedad de prueba por el acusado. Corresponde a los acusadores la prueba de cargo, de manera que la falta o insuficiencia de prueba conduce a la absolución, repercutiendo en la carga de la prueba, sin perjuicio de que, liberar al acusado de la necesidad de prueba, no le impide la misma.

Para que el efecto de la presunción de inocencia pueda quedar desvirtuado es necesario: 1) Que exista actividad probatoria, de acuerdo con todas las garantías; 2) Que esa actividad tenga la consideración de prueba de cargo; 3) Que la prueba de cargo pueda considerarse como suficiente para fundamentar un pronunciamiento de condena.

a) Prueba con todas las garantías

La presunción de inocencia requiere para ser enervada que un tribunal independiente, imparcial y preestablecido por la ley declare la culpabilidad del acusado sobre la base de la actividad probatoria, que deduzca la participación inequívoca del acusado en los hechos, tras un proceso celebrado con todas las garantías (inmediación, contradicción, publicidad y oralidad esencialmente). La regla general es que se entiende como prueba, en la que el juez pueda fundar su convicción acerca de los hechos, la practicada en la fase de juicio oral. El marco constitucional que da cobertura a la actividad probatoria se integra, por un lado, por los principios procesales constitucionalizados y, por otro, por los límites más concretos que afectan a determinados medios de prueba en cuanto pueden existir violaciones de derechos fundamentales del imputado.

b) Existencia de prueba de cargo

Para que sea posible la condena no basta con la mera existencia de prueba, sino que se precisa que ésta sea de cargo. Ello significa 1) Que la prueba debe tener un contenido objetivamente incriminatorio, es decir, de su interpretación, que no valoración, resulte su culpabilidad, derivada de la comprobación de los hechos subsumidos en el supuesto normativo delictivo, así como de la certeza de la participación del acusado en los mismos; y 2) Que dicho resultado responda a la verdad, referido este aspecto a la valoración de la prueba.

c) Prueba suficiente

La suficiencia no se refiere a la cantidad de pruebas incriminatorias, sino a la entidad y cualidad que deben revestir los medios de prueba que se practiquen, lo que conecta con el requisito de la idoneidad de la prueba de cargo para fundamentar la incriminación del inculpado. Es por ello necesario configurar qué se entiende, como señala la jurisprudencia del TS y del TC, como «mínima actividad probatoria» o prueba suficiente, a los efectos de desvirtuar la presunción de inocencia del acusado. Así:

1.º) Prueba en la fase de juicio oral

En primer lugar, y con carácter general, debe entenderse como prueba suficiente e idónea para desvirtuar la presunción de inocencia la que se practica en el juicio oral (art. 741), celebrado con todas las garantías constitucionales y legales previstas en el ordenamiento jurídico —contradicción, oralidad, inmediación y publicidad— y con el debido respeto a los derechos fundamentales del inculpado a no declarar contra sí mismo y a no confesarse culpable (art. 24.2 CE), alcanzándose la convicción del tribunal sobre los hechos por el contacto directo con los medios aportados al debate contradictorio.

La *contradicción*, o audiencia, supone que el acusado debe estar presente y participar en toda la actividad probatoria, evitándose en todo caso la indefensión, y comporta el derecho de defensa, con la obligada intervención del abogado en las actuaciones probatorias, de manera que en aquellos supuestos excepcionales en que se permite el desarrollo del proceso en ausencia del acusado, arts. 786 y 970 y 971, la presencia de su abogado es una exigencia (véase lección 4.ª). La participación del imputado en la práctica de la prueba ha llevado incluso a que el art. 14.3 PIDCP y el art. 6.3 d) CEDH exijan que toda persona acusada de un delito tenga derecho a interrogar o hacer interrogar a los testigos de cargo y obtener la comparecencia de los testigos de descargo, siendo éstos interrogados en las mismas condiciones que los anteriores. Al sistema de interrogatorio cruzado por las partes se refiere el art. 708 LECRIM, y también en relación con la prueba pericial es significativo el art. 724, en el que se establece que los peritos respondan a las preguntas y repreguntas que las partes les dirijan. La ausencia del imputado en la prueba, salvo los supuestos excepcionales previstos, comporta la nulidad de la actividad probatoria.

La *oralidad* y la *inmediación* en la prueba quedan limitados en algunos supuestos (art. 726, en relación con las piezas de convicción), teniendo conocimiento el juzgador de determinadas actuaciones a través de la documentación llevada al proceso en los supuestos de actos irrepetibles. En algunos casos, cuando se trata de recoger piezas de convicción cuya descripción se extiende en diligencia (art. 334) se ordena al tribunal que las examine de forma directa, sin que pueda sustituirse esta actividad por la lectura de la diligencia sumarial, salvo los supuestos de destrucción de alguna de aquéllas o cuando se trata de productos perecederos (art. 338). También la inmediación se verá afectada por los supuestos de prueba anticipada (arts. 718, 727, entre otros).

La posibilidad de que se intervenga a través de videoconferencia u otro sistema similar que permita la comunicación bidireccional y simultánea de la imagen y el sonido no afecta a la exigencia de la contradicción ni a la exigencia de la oralidad e inmediación, y puede ser acordada por razones de seguridad, utilidad u orden público por el tribunal, de oficio o a instancia de parte (art. 731 bis LECRIM).

La *publicidad*, manifestación del art. 24.2 y del art. 120.1 CE, se limita cuando bien todo o bien parte del proceso debe realizarse a puerta cerrada (sin audiencia pública), en interés de la moralidad, del orden público o por necesidades de justicia; e incluso queda afectada cuando se practica determinada actividad probatoria fuera del local del juicio. La manera de paliar la exigencia constitucional de la misma podría ser la lectura del acta de inspección ocular o del acta de declaración testifical que se hubiere practicado en estos términos.

Esta regla general, sin embargo, tiene sus excepciones, de manera que, de un lado, cabe anticipar la prueba, con las mismas garantías legales y constitucionales que la práctica de la prueba en el juicio oral (este tema se aborda en el apartado del procedimiento probatorio) y, en segundo lugar, habrá que tener en cuenta el posible valor probatorio que puede concederse a los actos de investigación.

2.º) Los actos de investigación

La realización de las diligencias y actos de investigación practicados por el juez de instrucción en la fase de investigación no nacen con vocación de prueba, si bien pueden alcanzar valor probatorio en determinados supuestos.

La falta de claridad legal y el dispar tratamiento del posible valor probatorio que puede atribuirse a estas actuaciones, atendiendo a la calidad del acto y, sobre todo, al procedimiento de que se trate, ha provocado un gran número de pronunciamientos tanto del TC como de TS, al resolver los recursos planteados por vulneración de la presunción de inocencia.

a) Como *principio general*, las diligencias de investigación no sirven para fundamentar la convicción del juez sobre la culpabilidad del acusado; no son prueba. Estas diligencias, reproducidas en el juicio oral, con las garantías del mismo, se convierten en medios de prueba. Reiterada jurisprudencia del TC ha consagrado los requisitos para la validez de las diligencias de investigación: 1) Debe tratarse, en principio, de actuaciones no reproducibles en el juicio oral; 2) Intervenidas por la autoridad judicial; 3) Con garantía de contradicción; 4) Repetidas en el juicio oral mediante la lectura efectiva de los documentos que acreditan su contenido. Pueden plantearse, sin embargo, dos situaciones diferentes: 1) Imposibilidad de reproducción; y 2) Reproducidas en el juicio oral, existan contradicciones entre las diligencias de investigación y los actos de prueba practicados en el juicio oral.

b) En los supuestos de *imposibilidad de reproducción de las diligencias* practicadas en el sumario es posible su lectura, al amparo del art. 730 LECRIM. Esta imposibilidad puede ser de dos tipos: 1) Previsible, en cuyo caso, para la pretendida eficacia probatoria, la práctica de la diligencia debe realizarse con contradicción (ejemplo lo hallaríamos en el análisis con destrucción posterior); y 2) Imprevisible (muerte de un testigo), en cuyo caso debe atribuírsele eficacia probatoria, aún sin contradicción, siempre que sea solicitada la lectura de la diligencia por alguna de las partes, si bien el art. 729.2 ampara la decisión de la lectura de oficio.

El art. 730 se refiere tan sólo a la lectura de las diligencias practicadas en el sumario. Surge entonces la cuestión de sí es posible trasladar esta solución a los actos policiales o a los actos de investigación del Ministerio fiscal o de organismos oficiales emisores de informes o pericias.

Los actos del Ministerio fiscal son «investigación» y, por tanto, no pueden alcanzar eficacia probatoria. No obstante, la posibilidad de lectura, con contradicción, de la documentación transcrita como consecuencia de estas actuaciones, podría valorarse como prueba de cargo, atendido el valor de autenticidad que se atribuye a los actos del fiscal (art. 5, III, EOMF).

El atestado policial no constituye prueba en sí mismo sino que tiene valor de denuncia (art. 297). Para que puedan tener valor probatorio deberán reproducirse en el juicio oral, como sucede cuando de informes o dictámenes prestados por gabinetes policiales se trata, con posibilidad de contradicción y debate de las partes y con la comparecencia en juicio de los agentes policiales, a excepción de los juicios rápidos, en los que se entiende improcedente la declaración de los mismos cuando hubieren intervenido en el atestado y su declaración se halla en éste, salvo que por resolución motivada se considere imprescindible su nueva declaración (art. 797,8ª). Debe tenerse en cuenta, por ello, con carácter general:

1.º) Si se trata de actuaciones irrepetibles (test de alcoholemia), la jurisprudencia viene exigiendo que los agentes de la policía presten declaración en el juicio oral, con las garantías del procedimiento probatorio, en cuanto las declaraciones testificales se refieran a hechos de conocimiento propio.

2.º) También la jurisprudencia ha reconocido, para los supuestos de imposibilidad de practicar actividad probatoria inmediata, la intervención del agente policial como testigo de referencia, en los supuestos en que su declaración versa sobre manifestaciones o actuaciones participadas por otras personas a los citados funcionarios (atestado en el supuesto de accidente de circulación).

En relación con los posibles informes periciales que proceden de organismos oficiales, (médicos forenses, gabinetes policiales especializados, de los órganos dependientes del Ministerio del Interior) emitidos durante la investigación (por ejemplo para acreditar un resultado positivo en un análisis de sustancia estupefaciente o psicotrópica en una causa por delito contra la salud pública), que, con posterioridad, no son propuestos en tiempo y forma como medios de prueba a practicar en la fase de juicio oral, y podrían contribuir, ante la ausencia de prueba suficiente de cargo, a demostrar la culpabilidad del acusado, nada se dice. La ausencia de norma podría interpretarse: a) tienen valor probatorio sin más, solución poco acertada si se compara con la solución legal de las diligencias sumariales; y b) tienen valor cuando pueden reproducirse. Resulta significativa, a este respecto, alguna resolución del TS en la que se presume su valor probatorio, cuando se entiende que media un consentimiento expreso o tácito de las partes para que la pericia se emita en la fase del contradictorio. En todo caso, no debe olvidarse la extrema cautela en tales situaciones, proporcionada a los límites que en relación con actos en investigación realizados por otros funcionarios se refiere.

c) Por último, en los supuestos de posible *repetición de las diligencias* de investigación en la fase de juicio oral, debe tenerse en cuenta:

1.º) Que su repetición comporta su conversión en medio de prueba y, por ello, eficacia probatoria.

2.º) Que si existiere contradicción entre las diligencias de investigación y los actos de prueba, tras el oportuno debate en el juicio oral, aún manteniéndose las discrepancias, pueden valorarse como prueba las diligencias sumariales a los efectos de enervar la presunción de inocencia. En este sentido, si bien referido sólo a la declaración testifical, se pronuncia el art. 714 LECRIM. La jurisprudencia, sin embargo, ha extendido esta solución a otras diligencias, tales como la declaración del acusado o declaraciones de culpabilidad de los coimputados, a los informes periciales, pudiendo el tribunal, en los supuestos de contradicción, otorgar mayor credibilidad a las prestadas en la fase instructora que a las que se vierten, de forma rectificada, en el juicio oral.

La cuestión, sin embargo, no queda resuelta en aquellos supuestos en que la declaración del testigo o del coimputado en la fase de instrucción es la única prueba de cargo, repetida y rectificada en el juicio oral. Debe negársele eficacia probatoria que permita fundamentar una decisión de culpabilidad, dado que, como se ha sostenido por el TC es una prueba «sospechosa» al no tener obligación de decir verdad.

B) Carga de la prueba

Desde el punto de vista de un proceso oportuno, dispositivo, en el que rige la aportación de parte, es perfectamente asumible la configuración formal de que la carga de la prueba recae, como regla general, sobre el que alega, de manera que si la parte no prueba lo que en el reparto le corresponde, ha de asumir las consecuencias desfavorables que la falta de prueba comporta.

La situación, sin embargo, es más compleja en el proceso penal, en cuanto no es posible hablar de la carga de prueba en sentido de reparto de papeles probatorios entre las partes. No obstante, y así lo ha manifestado el TS, podría asumirse un cierto reparto de la carga probatoria cuando la defensa alega hechos impeditivos o extintivos, de modo que la prueba del hecho criminal imputado y de la participación en él del acusado es carga probatoria de los acusadores, y los hechos o extremos que eliminen la antijuridicidad, la culpabilidad o cualquier otro elemento excluyente de la responsabilidad por los hechos típicos que se probaren como por él cometidos corresponden al acusado.

Sin embargo, la carga de la prueba comporta una segunda manifestación, consistente en determinar sobre quienes deben recaer las consecuencias negativas de la insuficiencia de la prueba. Cuestión ésta que no puede responderse como en los procesos dispositivos; de este modo, debe partirse de los siguientes elementos:

1.º) Debe existir certeza de los hechos criminales imputados y de la responsabilidad del acusado en el mismo, para que se dicte una sentencia condenatoria.

2.º) La certeza solo puede alcanzarse mediante medios de prueba suficientes para desvirtuar la presunción de inocencia.

3.º) Probados los anteriores conceptos, para que pudiera dictarse una sentencia absolutoria, sería necesaria la prueba de los hechos impeditivos o extintivos (por ejemplo la concurrencia de la legítima defensa, enajenación mental, indulto, amnistía) por la defensa.

4.º) En todo caso, el problema fundamental que conlleva la necesidad de analizar la carga de la prueba, es el de determinar la consecuencia de la «duda», que no supone, en ningún caso, el reparto de las consecuencias negativas entre las partes, sino que debe fijarse sobre quién recaerá la misma.

> No es posible dejar abierta la causa como consecuencia de la falta de prueba o de la prueba insuficiente que pudiera provocar la duda de la culpabilidad o inocencia del acusado. Tan es así que ni es posible dictar una sentencia de absolución en la instancia o meramente procesal (art. 144) ni sobreseer la causa (art. 742), de modo que, llegado el momento de repercutir las consecuencias materiales derivadas de la carga de la prueba en el proceso penal, sólo le queda al juzgado una alternativa: o dictar sentencia condenatoria o dictar sentencia absolutoria. La presencia de la duda sobre la condena llevaría a la segunda opción.

La solución ante la duda se salva mediante la aplicación del principio *in dubio pro reo*, de manera que en la valoración que hace el juez de la prueba este principio comportaría que, en caso de duda, dicta sentencia absolutoria, resolviéndose la duda a favor del acusado.

Durante algún tiempo la jurisprudencia interpretaba que la promulgación de la CE, y con ella el reconocimiento del derecho fundamental a la presunción de inocencia (art. 24.2), suponía la sustitución del principio *in dubio pro reo*. Posteriormente rectificó, manteniendo que ambos tienen repercusiones en la prueba, por cuanto:

a) La presunción de inocencia es derecho fundamental de toda persona a ser considerada inocente mientras no se demuestre lo contrario (necesidad de existencia de actividad probatoria de cargo). Naturalmente, y pese al posible argumento de que aquí se habla de un derecho fundamental y en el principio *in dubio pro reo* se trata de una «regla del juicio», la presunción de inocencia juega asimismo como tal regla procesal, en cuanto su aplicación lleva a la declaración de la inocencia del acusado cuando no exista actividad probatoria y ésta lo sea de cargo (pruebas que fundamenten la culpabilidad del mismo).

b) El principio de *in dubio pro reo* afecta a la valoración de la prueba, en cuanto supone que ha habido prueba, pero no ha sido suficiente para despejar la duda o incerteza del juzgador, en el trámite de valoración de la prueba, acerca de los hechos criminales imputados y de la responsabilidad del acusado.

Derivado de los elementos anteriores, debe tenerse en cuenta que la presunción de inocencia es algo objetivo, mientras que el principio de *in dubio pro reo* es subjetivo, del ánimo del juez. Y estos elementos se manifiestan en el hecho de que en ambos casos la consecuencia en la sentencia será la de que el juzgador deberá absolver si no ha adquirido certeza de los hechos imputados, sea objetivamente por falta de prueba (presunción de inocencia) o sea porque la prueba desde el punto de vista subjetivo del juez no ha destruido la duda de la culpabilidad o inocencia del acusado (*in dubio pro reo*).

c) Finalmente, la presunción de inocencia es controlable mediante el recurso de casación y mediante el amparo constitucional. El principio *in dubio pro reo* (valoración subjetiva que realiza el juez) no es controlable por ninguno de los dos cauces anteriores. En consecuencia erróneo es pensar que por medio del control del derecho a la presunción de inocencia, se abre una vía de fiscalización de la valoración de la prueba.

C) Valoración libre de la prueba

El sistema procesal penal español consagra el sistema de libre valoración de la prueba. El art. 741 LECRIM dispone que «el tribunal, apreciando, según su conciencia, las pruebas practicadas en el juicio»; y el art. 717 hace referencia, si bien referido a la prueba testifical, a las «reglas del criterio racional».

El origen de este principio «según conciencia» se introduce a través del *Códe d'instruction criminelle* francés de 1808, extendiéndose a los ordenamientos procesales penales inspirados en el sistema napoleónico, produciéndose con ello la sustitución del sistema de valoración legal de la prueba por el de la valoración libre. La razón de ser de este cambio obedecía al deseo de preservar un poder ilimitado del Jurado, a quien la ley solo ordena «interrogarse a sí mismos en el silencio y en el recogimiento, y buscar, en la sinceridad de su conciencia, qué impresión han producido sobre su razón las pruebas aportadas contra el acusado y los medios de su defensa» (art. 342 CIC francés). La legislación revolucionaria francesa entendía la íntima convicción como declaración de voluntad, que no de razón, y como falta de motivación de la declaración.

Durante muchos años la jurisprudencia del TS español venía amparando en el proceso penal una ilimitada libertad del juez en la decisión sobre los hechos enjuiciados, de manera que, sin justificar qué es lo que influía en su decisión, la culpabilidad del acusado dependía del «convencimiento en conciencia» del juzgador, convirtiéndose esta expresión «según conciencia» en una facultad soberana, libérrima y omnímoda del juzgador en la configuración de su convicción, atendiendo a los dictados de su razón analítica «y a una intención que se presume siempre recta e imparcial». La situación, sin embargo, cambió con la STC 31/1981, de 28 de julio, en la que se pronunció sobre el sentido de la «apreciación en conciencia» por el juzgador, así como sobre las consecuencias derivadas de esta configuración. Así:

a) Toda condena debe venir precedida de una mínima actividad probatoria de cargo, practicada con todas las garantías, lo que obliga a motivar la sentencia con la valoración de la prueba realizada por el tribunal.

b) «En conciencia» no significa, como ha sabido comprender posteriormente el TS, «criterio personal e íntimo del juzgador», sino que debe comportar una necesaria «apreciación lógica de la prueba, no exenta de pautas o directrices de rango objetivo». Por ello, si en la valoración de la prueba se formula un silogismo en el que la premisa menor es la fuente-medio de prueba, la mayor es una máxima de la experiencia (que en la valoración legal es impuesta por el legislador), y la conclusión es la afirmación por el juzgador de la existencia o inexistencia de los hechos enjuiciados, debe tenerse presente: 1) que en el sistema de valoración libre las máximas de la experiencia deben determinarse por el juzgador desde parámetros objetivos, no legales; y 2) que, ante la ausencia de la premisa menor, pruebas válidamente practicadas, la absolución es obligada, aún cuando el juzgador tuviere la convicción de la culpabilidad del acusado.

c) La configuración de este sistema supone una posible fiscalización de la racionalidad y conformidad con las máximas de la experiencia de la valoración de la prueba que realiza el juzgador. Y a ello contribuye la motivación de las sentencias, que cumple dos finalidades complementarias: dar publicidad a las razones del fallo acordado y asumir la posible facultad de fiscalización de esta actividad por medio de los recursos.

La motivación de las sentencias, vinculada directamente con la presunción de inocencia, comporta, por tanto, la necesidad de relacionar los distintos medios de prueba practicados con los hechos considerados como probados en la sentencia, de manera que todo pronunciamiento del juez esté directamente relacionado con el medio de prueba en concreto que se haya practicado. (Véase lección 16ª). Así, el art. 120.3 CE debe conectarse con el art. 24.2 CE, sobre todo en materia de prueba indiciaria o por presunciones, supuesto en el que debe quedar de manifiesto la correlación y razonabilidad de la inferencia, del nexo causal entre el indicio y el hecho presumido, dado que de lo contrario no existe prueba (Véase lección 14ª).

III. PROCEDIMIENTO PROBATORIO

Sin perjuicio de las características específicas que se predican de cada uno de los medios de prueba en cuanto a los trámites procedimentales se refiere, puede estructurarse el procedimiento probatorio en tres fases: la de proposición, la de admisión y la de práctica de los medios de prueba.

A) Proposición

En el proceso penal la existencia de período probatorio no requiere petición alguna de parte, por cuanto es posible también la prueba practicada de oficio.

La única salvedad a la posible práctica de la prueba de oficio sería la del intento del juez de utilizar sus conocimientos privados de los hechos y de las fuentes de prueba, dado que nos hallaríamos ante la utilización de la ciencia privada y con ella ante la fusión de la figura del testigo y la del juez, afectando ello no a la imparcialidad, sino a la incompatibilidad de las funciones que deben ejercer ambos: la de testificar y la de juzgar.

La primera fase del procedimiento probatorio será, por tanto, la de la proposición de los distintos medios de prueba, que se produce con carácter general con la presentación de los escritos de calificación provisional (art. 656, en el proceso ordinario) o de acusación y defensa (arts. 781.1, II y III, y 784.1 y 2, en el abreviado) en los procesos por delito, mientras que en el juicio de faltas la proposición se efectúa en el mismo trámite del juicio (art. 969).

Esta regla general, sin embargo, no es absoluta, sino que se han establecido diversas excepciones a la misma, diferentes según el procedimiento de que se trate. Así:

a) Tanto en el procedimiento ordinario como en el abreviado el rigor preclusivo de proposición se ve mermado en la práctica de careos, en las pruebas de oficio, e incluso en la admisión de pruebas en el acto del juicio oral ofrecidas por las partes, cuando las considere admisibles el juzgador y siempre que puedan servir a los efectos de acreditar alguna circunstancia influyente en el valor probatorio de la declaración de un testigo (supuestos del art. 729). Excepción también se halla cuando aparecen nuevos hechos o nuevos elementos de prueba que requieren la suspensión de la vista y la apertura de una sumaria instrucción complementaria (art. 746.6). Finalmente, la petición en la vista de la lectura de la documentación de las diligencias de investigación que ampara el art. 730 también comportaría una excepción a la preclusión de la proposición de pruebas.

b) Con carácter específico, en el procedimiento abreviado, es posible, al inicio de la vista, solicitar la práctica de cualquier medio de prueba que se propongan para practicarse en el acto (art. 786.2). Es posible también que se solicite nueva prueba por la defensa en los supuestos de cambio de tipificación penal de los hechos o apreciación de mayor grado de participación o de ejecución de circunstancias de agravación de la pena, en las conclusiones definitivas (art. 788.4).

B) Admisión

Es el acto del juez por el que, previo examen de los requisitos necesarios, determina los medios de prueba que deben practicarse (arts. 658, 659, 785, 800.7 LECRIM y 37.d) LOTJ). Este acto de admisión debe fundarse en la observancia de los requisitos exigidos, bien con carácter específico en relación con cada medio de prueba en concreto o bien aquellos de carácter general. De este modo, en relación con estos últimos: 1°) Sólo podrán admitirse los medios de prueba previstos legalmente; 2°) Sólo deberían admitirse los medios de prueba que comporten licitud en el procedimiento de obtención de las fuentes de prueba, si bien en este momento inicial es prácticamente imposible conocer si la fuente de prueba que pretende introducirse en el proceso a través del medio propuesto se obtuvo ó no de forma lícita; y 3°) La admisibilidad se condiciona a los requisitos de pertinencia y utilidad, si bien en algunas ocasiones es difícil apreciar su concurrencia, dado que no está delimitado definitivamente el objeto de lo que se pretende probar.

La decisión judicial se formaliza mediante auto, contra el que no es posible plantear impugnación alguna en los supuestos de admisión (art. 659.III); en los supuestos de inadmisión cabe el recurso de casación en el procedimiento ordinario (arts. 659.IV y 850.1), mientras que en el procedimiento abreviado y en el juicio rápido contra los actos de admisión o inadmisión de pruebas no cabe recurso alguno sin perjuicio de que la parte a la que se denegó, pueda reproducir su petición al inicio de las sesiones del juicio oral (art. 785.1, II). Por su parte, en el juicio por Jurado no cabe recurso contra la admisión de pruebas pero si cabe oposición a efectos de ulterior recurso, en el supuesto de denegación (art. 37, d).

C) Práctica

Aun cuando existen reglas específicas en los diferentes medios de prueba, vamos a determinar aquí las normas generales aplicables a la práctica de la misma. Así, en primer lugar, la práctica de la prueba exige el debido respeto a la contradicción, oralidad, inmediación, concentración y publicidad, garantías que presiden el juicio oral. En segundo lugar, debe tenerse en cuenta:

a) La prueba se practica, por regla general, en el local del órgano jurisdiccional. Excepcionalmente en lugar donde deba practicarse la misma (arts. 718, 727, entre otros).

b) El orden en que se practicará la prueba será el de su proposición por las partes en las calificaciones (en primer lugar las del Ministerio Fiscal, posteriormente, las propuestas por los demás acusadores, y, finalmente, las de los acusados, art. 701, IV), si bien cabe la posibilidad de alterar este orden, ya sea a instancia de parte o de oficio, «cuando así lo considere conveniente para el mayor esclarecimiento de los hechos o para el más seguro descubrimiento de la verdad» (art. 701, VI).

c) En cuanto al tiempo, la regla general es que se practiquen en el juicio oral; una de las excepciones a la misma es la *anticipación de la prueba*, que admite la práctica antes del inicio de las sesiones del juicio oral, si bien con todas las garantías.

Los caracteres que significan esta excepción son:

1) El fundamento de la prueba anticipada se halla bien en el temor de imposibilidad de práctica de la misma en el juicio oral o bien en la necesaria suspensión que comportaría (art. 657.III, en el ordinario, y arts. 777.2 y 781.1, III y 784.2, en el abreviado).

2) Debe realizarse ante un órgano jurisdiccional.

3) Pese a la ausencia de norma que establezca la forma procedimental de insertar la documentación de la misma en el juicio oral, debe asumirse que la contradicción, la oralidad y la publicidad exigen su difusión oral a las partes en el juicio.

4) La LECRIM prevé supuestos de práctica anticipada de la prueba testifical (arts. 448 y 449), pericial (467), inspección ocular y cuerpo del delito (arts. 333 y 336).

5) No debe confundirse la prueba anticipada con la preconstituida, siendo esta última la que viene identificándose con las diligencias de investigación irreproducibles o de muy difícil reproducción en el juicio, a las que nos referimos anteriormente.

IV. PRUEBA OBTENIDA CON VULNERACIÓN DE DERECHOS FUNDAMENTALES

El último elemento que conecta con la presunción de inocencia es la ilicitud de prueba, que afecta directamente a la fuente de prueba.

Cuestión distinta es la ilegalidad del medio de prueba. Podría, por ejemplo, intentarse la práctica de un medio de prueba de manera ilegal cuando se pretendiera que fuera admitida como prueba testifical la declaración de un testigo documentada en un acta notarial, siendo que la misma debe prestarse en el juicio oral y con plena contradicción. Si llegara a admitirse el documento notarial como prueba testifical, se estaría ante una nulidad procesal (arts. 238 y siguientes LOPJ). La ilegalidad se refiere, pues, a los medios de prueba.

La cuestión de la ilicitud de la prueba atiende a cómo se ha obtenido la fuente que pretende aportarse al proceso por alguno de los medios. Si la prueba se ha obtenido de modo ilícito se estará ante la aplicación del art. 11.1 LOPJ, según el cual «no surtirán efecto en juicio las pruebas obtenidas, directa o indirectamente, violentando derechos o libertades fundamentales».

A) Derechos que se protegen

Los derechos a que se refiere el art. 11.1 LOPJ sólo son los derechos y libertades fundamentales así reconocidos constitucionalmente. A las fuentes obtenidas ilícitamente pero que no afectan a estos derechos y libertades fundamentales no puede predicárseles este carácter de ineficaces desde el punto de vista probatorio, lo que no impide la correspondiente responsabilidad del autor de la actividad de obtención.

La STC 114/1984, de 29 de noviembre, si bien referida al proceso laboral (se presentó como fuente de prueba una cinta magnetofónica en la que se grababa de manera oculta una conversación entre dos personas que luego se utilizó como medio de prueba para establecer los hechos que fundamentaban la decisión de despido), fue la que provocó la necesidad de dar cobertura legal a esta situación. En esta sentencia se insistía en dos aspectos: a) La referencia a los derechos fundamentales se entiende a los constitucionalizados en el art. 24.2 CE; y b) Proclamada la situación preferente de los derechos fundamentales en nuestro ordenamiento (art. 10.1 CE) todo acto que comporte violación de los mismos, debe considerarse nulo. Se trataba, en suma, de acoger la teoría anglosajona denominada «fruto del árbol envenenado» (*fruit of the poisonous tree doctrine*), que durante décadas, desde 1920, presidió las decisiones de la jurisprudencia americana, asentada en el postulado fundamental de que es inadmisible todo lo obtenido, directa o indirectamente, mediante procedimientos policiales ilícitos.

Dentro del capítulo de los derechos y libertades fundamentales es posible distinguir entre aquellos que tienen carácter absoluto —derecho a la vida y a la integridad física— y los derechos relativos, de carácter limitativo. Y, a su vez, debe distinguirse entre actividad probatoria por iniciativa unilateral o la que se realiza en el proceso, por decisión judicial. Así:

1.º) Los derechos absolutos no pueden ser limitados ni por los particulares, ni por la policía y ni siquiera por el juez unilateralmente (vida, integridad personal).

Cabe que cuando una injerencia no afecte al núcleo esencial del derecho sea posible una pequeña limitación, pero tan sólo mediante decisión judicial y con el cumplimiento de los requisitos y formalidades legalmente establecidos (análisis de sangre, por ejemplo).

2.º) Los derechos relativos no podrán ser limitados unilateralmente por nadie que no sea el juez, dado que mediante resolución judicial y con el cumplimiento de los requisitos constitucionales y legales es posible llevar a cabo una restricción o limitación de estos derechos para obtener fuentes de prueba. Así, el derecho a la inviolabilidad del domicilio puede limitarse mediante la orden del juez de la entrada y registro en el domicilio; el derecho al secreto de las comunicaciones, por el control judicial de las mismas (correo, teléfono, etc.).

B) Ineficacia

La consecuencia procesal de la ilicitud en la obtención de la prueba es su ineficacia. En principio esa ineficacia debería producirse con la inadmisión del medio de prueba, si bien las dificultades en este momento son evidentes, ante la ausencia de conocimiento del modo de obtención de las fuentes. Las soluciones dependerán del procedimiento.

En el procedimiento abreviado es posible, al comienzo del juicio oral, abrir un turno de intervenciones para que las partes puedan exponer lo que estimen oportuno, entre otras cosas, acerca de la vulneración de algún derecho fundamental, así como sobre el contenido y la finalidad de las pruebas propuestas (art. 786.2), momento procesal en que puede cuestionarse la licitud en la obtención de la prueba.

En cualquier caso, no habiéndolo planteado anteriormente, siempre queda como solución que el juez, en el momento de dictar sentencia, tenga por no admitida ni practicada la prueba; solución que se impone por el juzgador, sin contradicción previa de las partes, manteniéndola diferida, a través de la interposición del recurso contra la decisión judicial. Y todo ello, sin olvidar que el Ministerio Fiscal tiene reconocida legitimación en todo proceso penal para denunciar la vulneración de un derecho fundamental, incluso en caso de absolución injusta, cuando se haya declarado la nulidad de la prueba por ilicitud y no esté de acuerdo.

Soluciones específicas encontramos en el proceso ante el Tribunal del Jurado, en el art. 36.1, b), que recoge expresamente este trámite de control y su tramitación se desarrolla conforme a los arts. 668 y 677 LECRIM. En el Jurado se declara la ilicitud por la vía del art. 36 y con recurso de apelación. Luego ello ya no lo puede hacer el Magistrado-Presidente en la sentencia. Si en algún caso hubiera de hacerse algo tendría que declararse la nulidad del juicio oral.

Y, por su parte, en el proceso con implicación de menores, en el que corresponde al Fiscal de oficio impugnar esas pruebas, aunque no existe un trámite específico.

Si el momento procesal en que debe hacerse valer esa ineficacia resulta complejo, mayor es la complejidad de la extensión de la ineficacia probatoria de los medios que incorporan al proceso fuentes ilícitamente obtenidas, esto es, cuestiona el posible efecto expansivo o reflejo de las pruebas que se obtienen de manera indirecta de las que se obtuvieron ilícitamente. De nuevo la jurisprudencia española se ha visto en este punto influenciada por la norteamericana y su evolución en las dos últimas décadas se está exteriorizando en los últimos años en nuestro país.

Frente a la opinión inicial de que era inadmisible todo lo obtenido, directa o indirectamente, mediante procedimientos policiales ilícitos, se ha cedido otorgando eficacia a la fuente de prueba por la concurrencia de alguno de estos tres criterios: a) de buena fe o de descubrimientos inevitables, entendiéndose por tales los que previsiblemente se habrían descubierto en todo caso, aún sin la fuente obtenida ilícitamente (por ejemplo, la desarticulación de una banda de traficantes de droga, controlada ya por la policía, deteniéndose a los jefes de la misma, siendo que la citada detención se consiguió mediante la información derivada de unas escuchas telefónicas ilícitas); b) cuando se da la teoría sobre la fuente independiente (no existe nexo causal); c) incluso cuando concurre la teoría del nexo causal atenuado (que existe nexo entre la procedencia de las pruebas, pero la mancha o *Saint* se encuentra atenuada por diferentes razones ya objetivadas por el TS federal); y d) más recientemente se ha producido el desmantelamiento de la regla de la exclusión, con el caso Hudson vs Michigan (2006) donde se afirma que la persuasión policial es el único fin protector de la regla de la exclusión y si excluir la prueba no les persuade, no tiene sentido alguno («la exclusión de la prueba es nuestro único recurso, no nuestro primer impulso en estos casos»). Especialmente destacables, son, a este respecto, la STS de 4 marzo de 1997 (RA 2215, Fj 2), que hace referencia a la teoría de la fuente independiente; la STS de 26 mayo de 1997, que recoge el supuesto del hallazgo inevitable; y la STS de 21 de enero de 1997 (RA 109), que se refiere al nexo causal atenuado, sin olvidar la más significativa por constituir el punto de inflexión en la evolución de la garantía de inadmisión de las pruebas ilícitas, que es la STC 81/98, 2 abril.

Si bien con carácter general nuestra jurisprudencia se ha venido inclinando por la ineficacia probatoria de los medios de prueba que directamente se obtienen de fuentes ilícitas, tanto el TS como el TC han extendido en alguna ocasión la ineficacia probatoria de los datos obtenidos, por ejemplo, a través de unas escuchas telefónicas ilegales, si bien la extensión refleja de esa ineficacia debe efectuarse también de manera restringida, no olvidando que la consagración de la teoría de los efectos reflejos de la prueba ilícita supone una limitación del derecho fundamental a la prueba consagrado en el art. 24.2 CE.

En suma, para determinar si una prueba directa o refleja puede ser constitucionalmente legítima habrá que tener en cuenta la existencia o no de una conexión de antijuridicidad entre la prueba directa y la indirecta. Para ello ha sido significativa la STC 81/1998, que entiende que habrá de analizarse la índole y características de la vulneración del derecho afectado por la prueba originaria, así como su resultado, con el fin de determinar si su inconstitucionalidad se transmite o no a la prueba obtenida por derivación de aquélla; y asimismo deberán considerarse las necesidades esenciales de tutela que la realidad y efectividad del derecho exige. Con ello se introduce un criterio generalista, un juicio de ponderación no objetivizado, que crea inseguridad jurídica pues resuelve *ad hoc* caso por caso y hace depender del *resultado* obtenido tras la violación de las garantías procesales exigibles en la restricción de un derecho fundamental, la consideración de otro derecho fundamental, como es el proceso celebrado con todas las garantías, que queda condicionado por el resultado negativo producido por el comportamiento antijurídico de la policía o de los jueces, menguándose, a la postre, el alcance del derecho a un proceso con todas las garantías (STS 1/2006, de 9 de enero).

LECTURAS RECOMENDADAS: Sobre prueba en general, ANDRÉS IBÁÑEZ, P., *Prueba y convicción judicial en el proceso penal,* Hammurabi, 2009; GÓMEZ COLOMER, J. L. (y otros), *Prueba y proceso penal,* 2ª ed., Tirant lo Blanch, 2008; y FERNÁNDEZ LÓPEZ, M., *Prueba y presunción de inocencia,* Iustel, 2005
Sobre prueba ilícita, MARTÍNEZ GARCÍA, E., *Eficacia de la prueba ilícita en el proceso penal,* Valencia, Tirant lo Blanch, 2003; Idem, *Actos de investigación e ilicitud de la prueba,* Valencia, Tirant lo Blanch, 2009.

Lección Decimocuarta

La prueba, 2

I. DECLARACIÓN DEL ACUSADO

Es posible realizarla en sede judicial o en algún caso por videoconferencia o similar

a) Negativa a contestar a las preguntas formuladas, manifestación del d° a no declarar contra sí mismo (art. 24 CE). Garantía de d° genérico de defensa
b) Contestación exculpatoria, contradictoria o falsa. Manifestación del d° reconocido en el art. 24 CE.
c) Aceptación de responsabilidad: no es conformidad. Es simple admisión de hechos sin consecuencias. Valoración libre por el juez.

II. PRUEBA DE TESTIGOS

- Terceros ajenos al proceso que aportan datos sobre hechos y responsabilidad.
- Pueden concurrir circunstancias que eximan de la obligación de declarar/secreto profesional, parentesco...
- Cabe testigo-víctima y también testigo-agentes encubiertos.
- Valoración especial testigos de referencia (no conocen los hechos directamente)
- Régimen de protección de testigos previsto en la LO de 23/12/1994
- Práctica: personalmente o por videoconferencia; No permanecen en contacto entre sí; reciben juramento o promesa de decir verdad; no se admiten las preguntas capciosas, sugestivas o impertinente.

III. PRUEBA PERICIAL

- Si no puede reproducirse la diligencia de investigación pericial en juicio oral: se entiende preconstituida
- Puede proponerse ex novo en juicio.
- Cabe recusar a los peritos ante dudas de fiabilidad
- Exigencia de decir verdad: cabe responsabilidad por delito de falso informe

IV. OTRAS PRUEBAS PARA CONFORMAR LA CONVICCIÓN JUDICIAL

A) Piezas de convicción y documentos=objetos inanimados que pudieran servir para representar la realidad de un hecho y se han incorporado a la causa uniéndose materialmente a ella o conservándose a disposición del tribunal
B) Reconocimiento judicial: puede también fuera de la sede tribunal
C) Careos. Medio subsidiario. Solo en caso de contradicción
D) Indicios. No es un medio de prueba, sino un modo de valoración judicial de hechos o circunstancias acreditados en el proceso de los que pueden deducirse otros que pueden determinar participación o responsabilidad. Para desvirtuar presunción de inocencia: no sea un solo indicio; no sean desmentidos por otros; probados; ofrezcan armonía hechos indiciarios-convicción judicial; motivación suficiente del nexo hecho base-hecho consecuencia.

I. DECLARACIONES DEL ACUSADO

Al estudiar los actos concretos de investigación en el procedimiento preliminar se recogía la declaración del imputado para obtener de él datos directos sobre los hechos y su posible participación y responsabilidad.

Como allí se decía, la Constitución preserva el derecho al silencio y a no declarar contra uno mismo; no obstante, se prevé que nuevamente pueda intentarse la obtención de declaraciones de aquél, pero ahora con diferentes consecuencias al poder incidir sobre la resolución del órgano sentenciador.

Sin embargo, a pesar de su posible trascendencia tales declaraciones no se regulan como medio de prueba, sino como una forma de obtener la conformidad del acusado en el acto de la vista oral (art. 688), un tema que nada tiene que ver con el que ahora nos ocupa y cuyo estudio se realiza en la lec. 12.ª.

En cualquier caso y si aquella conformidad no concurriera, por no ser posible o no afectar a la totalidad de los hechos o responsabilidades objeto de la acusación, es cuando realmente se entrará en el período de prueba siendo el interrogatorio del acusado la primera que ha de practicarse. Este puede en él adoptar distintas posturas: desde la simple negativa a contestar, pasando por una contestación exculpatoria de responsabilidad, hasta la aceptación de los hechos y cargos de que se le acusa.

a) Negativa a contestar a las preguntas formuladas

Es manifestación del derecho reconocido por el art. 24.2 CE que permite «no declarar contra sí mismo», lo que incluye, lógicamente, guardar silencio en todo caso, aunque especialmente en aquellas preguntas que pudieran ser atributivas de conductas punibles. Aparece, así, como una garantía del derecho genérico de defensa, estrechamente vinculado al principio de presunción de inocencia, que puede utilizar libremente el acusado si lo estima adecuado para sus intereses.

Su consecuencia procesal es la continuación de la vista, previa constancia en acta de aquel comportamiento (art. 698). Esto no impide que sus declaraciones accedan a conocimiento del tribunal mediante su lectura, si las hubiera efectuado en el procedimiento preliminar; incluso no siendo así, sería factible y adquiriría eficacia probatoria, lo declarado ante la Policía (Vid. STS 4 de dic. 2006).

La negativa a declarar, por sí, no puede servir de base a una condena. Sin embargo cabe, en circunstancias muy concretas y relacionándola con el conjunto de elementos probatorios que adquiera entidad suficiente para ello cuando, ante unos hechos claramente incriminatorios, el acusado no ofrezca suficientes explicaciones, porque entonces esta conducta constituye un indicio de culpabilidad a añadir a los resultados de las pruebas (STC 6/2005, 4 de marzo).

Igualmente, caso de las personas jurídicas, la incomparecencia de la persona que deba representarle determina que se entiende por celebrado el acto, acogiéndose al derecho a no declarar (art. 409 bis).

b) Contestación exculpatoria, contradictoria o falsa

Con el mismo carácter de derecho constitucional, es posible la confesión de no culpabilidad por los acusados, o alguno de ellos, con independencia de las declaraciones que en otro sentido se hubieran prestado en el procedimiento preliminar que pueden ser corregidas, desmentidas o confirmadas.

Esto plantea la cuestión de cómo han de valorarse posibles contradicciones entre lo allí manifestado y lo dicho en la vista oral. Es evidente que la convicción judicial debe formarse sobre los resultados de la prueba practicada en este momento; sin embargo, esto no supone que deba prevalecer necesariamente lo aquí declarado, sino que el órgano sentenciador puede basarse en la versión que le ofrezca mayor grado de verosimilitud, siempre y cuando las declaraciones que consten en las actuaciones preliminares se hayan obtenido concurriendo las necesarias garantías sometiéndose a contradicción en el acto de la vista (STC 248/2006, de 9 de octubre).

Para que se consideren cumplidas tales garantías no es necesario que sean objeto de interrogatorio absolutamente todos los extremos o cuestiones sobre los que pudiera haber divergencias bastando que se conceda la oportunidad de hacerlo (Vid. STS 20 febrero de 1992).

Cabe, asimismo, una posible confesión que con ánimo exculpatorio incurra en mentiras o falsedades. Siendo así y aun cuando es cierto que la presunción de inocencia preserva al acusado de demostrarla, su conducta podría jugar en su contra configurando un *contraindicio* de culpabilidad si fuera acompañado de otros indicios inculpatorios.

De cualquier manera, supondrá la continuación de la vista pues al no existir la obligación de decir la verdad este interrogatorio no es una prueba propiamente dicha (art. 696).

c) Aceptación de responsabilidad

No hay que confundirla con la conformidad antes apuntada que supone una petición de sentencia «conformándose» tanto con los hechos y responsabilidades exigidas como con la pena solicitada por ello, que produce la terminación del proceso y que puede llegar a ser vinculante para el sentenciador. Sin embargo, la aceptación es una simple admisión de hechos sin consecuencias, por sí, sobre la terminación del proceso debiendo la vista oral desarrollarse en todas sus fases y practicarse todas las pruebas propuestas y admitidas.

Si bien los derechos a no declarar contra sí mismo y no admitirse culpable son de naturaleza constitucional, ello no impide y así se ha dicho, que el acusado pueda libremente afirmar su responsabilidad aunque no constituye prueba plena pudiendo el juzgador valorarla a su criterio igual que las demás (art. 471). No obstante, podría tener alguna consecuencia positiva en la imposición de la pena pues el art. 21.4 CP estima circunstancia atenuante la confesión espontánea de la infracción cometida manteniéndose tal, lógicamente, a lo largo de todo el proceso.

En cuanto a la responsabilidad civil puede no aceptarse conjuntamente con la criminal, o no en los términos de las calificaciones, o no contestar a las preguntas relacionadas con ella. El primer supuesto produciría la continuación del proceso, con el único objeto de su determinación y alcance (arts. 695 y 697); el segundo, apercibimiento con la declaración de confeso, que se produciría de persistirse en la negativa dictándose sentencia a continuación (art. 700 in fine). Lo mismo se hará cuando aceptada la responsabilidad penal por los acusados, el responsable civil no comparezca o no acepte su responsabilidad en los términos de la calificación (art. 700).

Será la primera prueba a practicarse aunque no se hubiera propuesto por las partes como tal, y el interrogatorio —para el que no se exigirá juramento— determinará, en primer lugar, las circunstancias personales del acusado y si se declara culpable o no con preguntas que el Presidente del Tribunal —o el Juez— hará con toda claridad y precisión, exigiendo contestaciones categóricas y aclaraciones cuando se contradiga lo declarado en el procedimiento preliminar (art. 714 por analogía).

A continuación y en forma oral directa, podrán interrogar los acusadores, la defensa, los jurados a través del Presidente, en su caso, y nuevamente el tribunal si lo estimase procedente, con igual claridad y concisión, acerca de los hechos y piezas de convicción disponibles. Ello se hará con todos los acusados, si fueran varios (art. 688 LECRIM, 46.1 LOTJ 22 mayo de 1995).

Las respuestas serán, como se dijo, libremente valoradas por el órgano sentenciador. Lo mismo cabe decir habiendo pluralidad de acusados aun cuando, en este caso, sus declaraciones podrían tener suficiencia para destruir la presunción de inocencia de alguno de ellos.

Cuando declara un coacusado lo hace sobre hechos que conoce extraprocesalmente, de ahí que se haya denominado *testimonio impropio*. Pero, igual que el auténtico testigo es ajeno a ellos y está obligado a decir la verdad, en aquél no concurre tal ajenidad y además puede mentir, lo que hace sus declaraciones intrínsecamente sospechosas, si implicaran a otro acusado.

Por tales razones, para que el juzgador pueda estimar una incriminación de esta naturaleza habrá de considerar: 1) La ausencia de elementos subjetivos de incredibilidad (por ej., actuar movido por razones de odio, venganza, búsqueda de ventajas procesales, etc.); 2) El mantenimiento, sin fisuras, en el acto de la vista oral de lo manifestado, en su caso, en el procedimiento preliminar con las debidas garantías; 3) Que estas declaraciones sean corroboradas por datos, hechos o circunstancias externas, ajenas a las mismas; esto es, por prueba adicional distinta que permita inferir de aquellas una verosimilitud razonable. Se trata, no obstante de una prueba-aval cuya suficiencia solo es estimable casuísticamente, en razón a las circunstancias concurrentes pudiendo decirse de ella: a) No ha de ser necesariamente plena, bastando con que sea mínima; b) La corroboración se exige no sobre cualquier punto, sino sobre la participación en los hechos probados de aquel a quien afecta; c) Los elementos de credibilidad de la declaración, tanto subjetivos, como pueden ser la inexistencia de animadversión, como objetivos (mantenimiento o no de la declaración o su propia coherencia) carecen de relevancia como factores externos de corroboración.

Y lo mismo hay que decir con respecto a las declaraciones de otro coimputado. Por ejemplo y tomando como base procesos por delitos contra la salud pública, se consideró corroborada la participación de un coimputado al demostrarse que los datos proporcionados por otro coincidían exactamente con los de aquel (domicilio, tipo de vehículo utilizado, dedicación habitual a aquellas actividades); sin embargo no se estimó la corroboración por decir un coimputado que otro le había entregado droga, instándole a transportarla en un ciclomotor para eludir controles sobre su vehículo que era conocido por la Policía, porque demostrar la existencia de tales controles y que, efectivamente, el vehículo estaba «fichado» eran datos insuficientes para demostrar la participación de aquel en los hechos (Vid. por todas SSTC 21/2008, de 21 de julio; 102/2008, de 28 de julio; 149/2008, de 17 de noviembre).

Finalmente cabe decir que, aun cuando la confesión debe ser resultado de una conducta libre, en algún momento se ha intentado obtener con la concurrencia de elementos científicos que, teóricamente, garantizarían su verdad. No se permite hoy día careciendo de valor probatorio las confesiones así obtenidas. Nos referimos a los denominados corrientemente «detector de mentiras» (polígrafo) y «suero de la verdad» (pentothal sódico, privenal, methedrina, etc.).

Su práctica se ha denegado por los tribunales, incluso a petición del confesante, sobre consideraciones de distinto orden. Por una parte, ante los peligros físicos o psíquicos que puede suponer su empleo (esencialmente las sustancias químicas inyectadas) y la dudosa fiabilidad de sus resultados que pueden reflejar no la volición consciente de la persona sino de su subconsciente o capas profundas de su personalidad. Por otra y esencialmente, por faltar los presupuestos necesarios para considerarse prueba valorable al obtenerse sin la necesaria libertad convirtiéndose el declarante en mero apéndice de una máquina o producto químico aniquiladores de su voluntad consciente, afectándose al mismo tiempo a la propia dignidad humana (Vid. Decisión de la Comisión de previo examen del TC alemán de 18 de agosto de 1981, ATC 21/85 y Ss TS 22 de mayo de 1982 y 26 de noviembre de 1991).

Normalmente el interrogatorio del acusado se llevará a cabo en la Sala de vistas con su presencia física. Sin embargo, el art. 731 bis permite que el Tribunal, de oficio o a instancia de parte y en razón a las circunstancias, pueda acordar el desarrollo del interrogatorio por videoconferencia o sistema similar.

Este precepto se refiere a razones de utilidad, seguridad y orden público, o cuando las declaraciones en otra forma pudieran resultar gravosas o perjudiciales. Pero es necesario considerar que la presencia física del acusado es absolutamente relevante en el acto del juicio oral, lo mismo que la de su letrado con el que debe tener constante relación directa. Al ser así, su presencia «virtual» está condicionada por la necesaria proporcionalidad, debidamente motivada, entre la privación de su derecho «directo» de defensa y la relevancia de las circunstancias que la aconsejan que deberán absolutamente impeditivas de la asistencia personal, como por ej, la expulsión de la Sala por conducta inadecuada o la de encontrarse el acusado en el extranjero y estar dispuesto a someterse a una videoconferencia. No podrá, pues, acudirse a este mecanismo por circunstancias puramente funcionales (por ej. ahorro de gastos, dificultades en los desplazamientos, peligrosidad del acusado, etc.) ya que sería causa de nulidad del juicio (Vid. STS 16 de mayo de 2005; Instrucción de la Fiscalía General del Estado 3/2002, de 1 de marzo, sobre Actos Procesales que pueden celebrarse a través de Videoconferencia; Convenio Europeo de Asistencia Judicial en materia penal de 20 de abril de 1959, ratificado por España en Instrumento 11 de julio de 1982; Convenio relativo a la Asistencia Judicial en materia penal entre los Estado miembros de la Unión Europea de 29 de mayo de 2000).

II. PRUEBA DE TESTIGOS

Lo primero que ha de intentarse en la vista oral es la obtención de declaraciones del acusado. Sus consecuencias las hemos visto y apuntábamos como, en determinadas circunstancias, podía condicionar el desarrollo del proceso suponiendo su terminación. Pero cuando tal no se produce, o no es posible, han de practicarse las distintas pruebas propuestas y admitidas (art. 701).

Una de ellas es la testifical que consiste —recordando cuestiones ya vistas— en intentar obtener de terceros ajenos al proceso datos que puedan ayudar al sentenciador a formar su convicción sobre los hechos y responsabilidades que se deducen de ellos.

Esto nos lleva a determinar de quien puede predicarse la condición de testigo como medio de prueba. Y así, encontramos, por ej.:

1. Que se otorga tal naturaleza a las autoridades y funcionarios de la policía judicial en relación con hechos de los que hubieran tenido conocimiento en el transcurso de sus actuaciones (art. 717).

2. Que las declaraciones de la víctima se equiparan al testimonio, a pesar de su diferencia cualitativa con el auténtico testigo —también puede ser parte— pues, como éste, aporta datos obtenidos por su propia percepción. Y se les

concede trascendencia para desvirtuar la presunción de inocencia, incluso como única prueba, sobre todo en aquellos delitos que, de otra forma, podrían quedar inmunes (por ej. agresiones sexuales). Sin embargo, su valor testimonial no es privilegiado, en el sentido de ser suficientes, por sí, para desvirtuar la presunción de inocencia debiendo acompañarse para ello de circunstancias tales como: 1) Inexistencia de móviles subjetivos de incredibilidad (por ej. venganza, resentimiento, interés....; 2) Concurrencia de datos periféricos objetivos que avalen la verosimilitud de lo declarado (por ej. un informe médico); 3) Persistencia en la incriminación, sin ambigüedades ni contradicciones. Pero no debe entenderse que, necesariamente, deban concurrir todas estas circunstancias para la eficacia incriminatoria de las declaraciones de la víctima, bastando alguna o alguna de ellas aunque, en tal caso, el juzgador debe extremar su buen criterio para considerar los datos que ofrezcan auténtica solidez objetiva (Vid. STC 44/1989, de 20 de febrero; STS 3 nov. de 1999). Dada la particularidad de este testimonio, en algún momento se ha propuesto la peritación psicológica previa para determinar posibles factores anímicos afectantes al nivel de credibilidad o comprensión del testigo-víctima. Sin embargo, los resultados de esta pericia no pueden valorarse como datos científicos vinculantes para el juzgador, sino como un elemento más para formar su convicción sobre los hechos (Vid. STS 30 abril de 2007).

3. Que la declaración de un solo testigo puede servir de fundamento a la convicción judicial, no concurriendo circunstancias objetivas que invaliden sus afirmaciones o provoquen dudas fundadas, incluso, como se dijo, aunque fuera la propia víctima.

4. La condición de testigo también se atribuye a los denominados infiltrados y a los agentes encubiertos, que son quienes actúan introducidos en el ambiente delictivo que se investiga, sin formar parte de él. El valor de sus declaraciones estará en función de las razones que determinaron su actuación como tales.

5. Aunque la condición de testigo ha de atribuirse a quien aporta su conocimiento directo de los hechos, también podría declarar con este carácter aquel que lo tuviera indirecto por haberlo adquirido de un tercero («sé, porque me han dicho») que no comparece para deponer sobre ellos. Son los denominados *testigos de referencia*, respecto a los que hay que hacer algunas precisiones: a) Solo serán admisibles cuando no puedan declarar los testigos directos (por ej. en paradero desconocido). Ahora bien, al menos en un caso, dadas las especiales circunstancias concurrentes, se autorizó la sustitución del testigo-víctima directo, que no estaba ni imposibilitado, ni ausente, por la declaración sobre los hechos de terceros que tenían conocimiento de ellos por transmisión de aquel. Se trataba de un supuesto de presuntos abusos sexuales sobre una niña de tres años, cuya declaración se sustituye por los informes y declaraciones personales de los psicólogos que se habían entrevistado con ella. Se hace así, por entenderlo necesario para mantener el equilibrio entre la efectividad de los derechos de acusado para interrogar a los testigos de cargo; el interés público de no dejar impunes hechos especialmente reprobables, y la necesaria protección de los intereses del menor; b) Sus declaraciones, por sí solas, no pueden desvirtuar la presunción de inocencia, aunque podría coadyuvar a ello en conjunción con otras pruebas; debiendo interrogárseles inexcusablemente sobre el origen de la noticia en cuya virtud comparecen; c) De producirse contradicciones entre un testigo de referencia y otro directo, debe darse preferencia a la versión de este; d) Su uso se excluye expresamente en causas por calumnias o injurias verbales (art. 813 LECRIM) (reiterado por TC, TS y TEDH).

Nos encontramos ante una prueba que puede haberse practicado ya, pero no con esta categoría o calidad, sino como acto de investigación en el procedimiento preliminar. Esto abre algunos interrogantes, prescindiendo de que su naturaleza y eficacia como prueba es distinta, pues cabe preguntar: los requisitos y circunstancias que condicionan la declaración testifical ¿son los mismos en ambos períodos procesales? ¿han de ser los mismos testigos que depongan en el procedimiento preliminar quienes deben hacerlo en la vista oral?, ¿cómo se practica este medio de prueba?

Respecto a si los testigos que declaren en este momento procesal han de ser quienes lo hicieron en el procedimiento preliminar, la contestación ha de ser: no necesariamente, sino que pueden proponerse otros para deponer por primera vez en el acto de la vista oral, pues ninguna disposición legal lo prohíbe y es coherente con el derecho a la aportación de los medios probatorios que se estimen pertinentes para la defensa.

Hecha esta salvedad, encontramos importantes coincidencias y algunas diferencias con el procedimiento preliminar, respecto a la declaración testifical. En lo coincidente, esta declaración también tiene carácter obligatorio para el llamado al juicio oral como testigo (Vid. Lec. 8ª).

El art. 702 recoge tal obligación respecto a los incluidos en los arts. 410 a 412 y la ratifica el art. 707.

No compareciendo el testigo, injustificadamente, causando la ausencia la suspensión de la vista se abrirá causa penal contra él por delito de obstrucción a la justicia si el acusado se encontrara el prisión preventiva; no dándose tales circunstancias, su incomparecencia supondrá la imposición de multa y una segunda citación con apercibimiento de seguirse contra él proceso por el mismo delito, caso de no atenderse (art. 463 CP). La negativa a declarar causará la imposición de multa; y persistir en ella, la exigencia de responsabilidad por delito de desobediencia a la autoridad (art. 716 LECRIM y 557 CP).

Se previenen asimismo circunstancias que eximen de la obligación de declarar, coincidentes con las vistas para el procedimiento preliminar: parentesco, secreto profesional (art. 707, por remisión a los 416 a 418).

También la incapacidad del testigo le inhibe de su obligación de declarar, aún cuando aquí parece circunscribirse exclusivamente a la psíquica. El art. 707 se refiere a testigos que «no se hallen privados del uso de su razón.

Como decíamos, estar eximidos de testificar no impide hacerlo si se desea. Pero cabe que quién lo hizo en el procedimiento preliminar, se acoja a su derecho a no hacerlo en el juicio oral. Siendo así, y cuando las declaraciones efectuadas en el procedimiento preliminar lo hayan sido con todas las garantías legales e intervención de las partes, podrán reproducirse por lectura en el acto del juicio oral, sobre la base del art. 730. Sobre todo en el ámbito de la violencia doméstica, ante posibles presiones externas que pudieran afectar al estado de ánimo del testigo-víctima (No es una postura pacífica, pero lo han admitido las SS de 13 de marzo de 2006, de la AP de Castellón (Sec. 2ª) y la de la AP de Madrid (Sec. 27) de 3 de dic. de 2007).

La fiabilidad de las declaraciones testificales se preserva con la posible exigencia de responsabilidad por falso testimonio, derivado de las prestadas en la vista oral (art. 458 y SS. CP). Esto supone que si hubiera declarado también en la instrucción el seguimiento de causa penal por tal motivo sólo podrá hacerse por las declaraciones prestadas en la vista oral (art. 715).

Y al hilo de lo dicho se plantea la cuestión de si aquel no pudiera comparecer en el plenario, aun cuando sí lo hubiera hecho en el procedimiento preliminar. Se trata de una situación derivada de circunstancias imprevisibles o insubsanables (por ej. muerte accidental, paradero desconocido, afección física o psíquica que impida declarar, etc.).

En estos casos, aquellas declaraciones adquirirán carácter de prueba valorable siempre que se hubieran obtenido con estricta observancia de todas sus formalidades y garantías y se reproduzcan en la vista oral a través de su lectura para someterse a contradicción que, a pesar de las necesarias limitaciones, preservaría su legitimidad constitucional. Hacemos notar, no obstante que parece propiciarse una exigencia antiformalista de este último requisito, en el sentido de suplir la falta de su lectura por las deducciones obtenidas del resultado de otras pruebas con constancia en el mecanismo contradictorio del proceso, lo que permitiría su valoración indirecta. (Vid. Ss TC 137/88, 201/1989, STEDH 6 de diciembre de 1988, caso Barberá-Messegué y Fajardo).

Por lo que se refiere a la citación de los testigos debe considerarse no obstante, la específica previsión del art. 703 para las autoridades referidas en el art. 412.3 y 5 si hubieran de comparecer personalmente, que habrá de hacerse de forma que no perturbe el adecuado ejercicio de sus cargos. Cabe videoconferencia.

También estos testigos pueden beneficiarse del régimen de protección previsto en la LO de 23 de diciembre de 1994 en las mismas circunstancias y condiciones vistas para el procedimiento preliminar, bien manteniéndose las que allí se hubieran adoptado, modificándose o acordándose «ex novo».

Habiéndose adoptado estas medidas por el instructor, el órgano del enjuiciamiento deberá pronunciarse motivadamente sobre ellas. Esta decisión podrá ser recurrida en reforma o súplica (art. 4 LO 19/1994).

Respecto a las declaraciones prestadas en tal forma, hay que hacer estas precisiones: 1. Las circunstancias en que se efectúan no afectan a su valor, pero para adquirir fuerza probatoria habrá de ratificarse personalmente en la vista oral —de haberse efectuado en el procedimiento preliminar— y, no siendo posible, mediante lectura literal para someterse a contradicción de las partes. 2. Si la identidad del testigo es conocida por el Tribunal y la defensa, pudiendo ésta hacer las preguntas que estimen convenientes y aún cuando sus declaraciones se efectuaran siendo oídos, pero no vistos, hay que considerar cumplidas las garantías del art. 24.2 CE y del art. 6.3 d. de la Convención Europea de los Derechos del Hombre (derecho a interrogar a los testigos de la acusación).

Si, por el contrario, se tratara de un testigo anónimo, el valor de sus declaraciones ha de entenderse como lo ha hecho el TC, como de «segunda línea», sin más eficacia que la de corroborar en su caso, los resultados de las principales pruebas de cargo, dada la dificultad que para la defensa supondría controlar la credibilidad y fiabilidad del testimonio.

Un aspecto especial de la protección se refiere a los menores de edad, evitando su confrontación visual con el acusado para lo que se utilizará cualquier medio que lo permita. Cabe así, si las circunstancias lo aconsejan, que su declaración se produzca anticipadamente, por ejemplo mediante la reproducción videográfica de su testimonio que se aportaría al acto de la vista oral; o el uso de videoconferencia o cualquier sistema similar permisivo de la comunicación bidireccional y simultánea de la imagen y el sonido, a practicarse en el momento mismo de la vista (arts. 707 y 731 bis, en base a las previsiones de la Decisión Marco del Consejo de la Unión Europea de 15 de marzo de 2001, relativa al «Estatuto de la víctima en el proceso penal», esencialmente art. 8.4).

Vid. Circular 3/2009, de la Fiscalía General del Estado, para implementar la referida Decisión Marco y la LO 8/2006, de 4 de diciembre, para la protección de los menores, víctimas y testigos.

Sobre la manera en que esta prueba debe desarrollarse cabe decir que:

a) Los testigos que hayan de declarar, y hasta que sean llamados para hacerlo, permanecerán sin mantener contacto con quienes ya lo hubieran hecho, ni con otras personas (art. 704);

b) El llamamiento se efectuará uno por uno, haciéndose en primer lugar de los propuestos por el Ministerio Fiscal; luego los de las demás acusaciones, en su caso y, finalmente, los de la defensa (arts. 705, en relación con el 701);

c) Antes de ser sometido a interrogatorio se le recibirá juramento o promesa de decir la verdad y se le preguntará sobre sus datos personales identificativos; posibles relaciones con el acusado y las partes y sobre si pesa sobre él alguna condena penal (art. 708, en relación con el 436);

d) A continuación será preguntado, en primer lugar, por la parte que lo hubiera propuesto; pudiendo las demás hacerlo también en razón a sus contestaciones y, en todo caso, podrá pedírsele que reconozca los instrumentos, efectos del delito o cualquier otra pieza de convicción (art. 712). Asimismo, el Presidente del Tribunal, por sí o a requerimiento de cualquiera de sus miembros (si fuera órgano colegiado) podrá dirigir al testigo las preguntas que estime adecuadas para la aclaración de los hechos objeto de su deposición (art. 708).

Poder interrogar a los testigos propuestos por las demás partes adquiere naturaleza de derecho con relevancia constitucional para la defensa, cuando aquellos son de cargo. Si no fuera así, se produciría la vulneración del derecho a un proceso con todas las garantías, reconocido por el artículo 24.2 CE y afectado el derecho a interrogar a los testigos de la acusación recogido en el artículo 6.3 de la Convención Europea de los Derechos del Hombre, produciendo como consecuencia que los resultados de las declaraciones obtenidas de esta forma carezcan de eficacia para desvirtuar la presunción de inocencia.(Vid, por todas SSTC 209/2001, de 22 de octubre; 148/2005, de 6 de julio; STEDH de 22 de julio de 2003, caso Gabarri Moreno contra España).

e) Si el testigo fuera sordomudo, o no entendiera el idioma en que se desarrolla el juicio, será examinado según veíamos para situaciones similares en el procedimiento preliminar (art. 711);

f) Solo se considerarán las contestaciones que aporten datos útiles para el conocimiento de los hechos y que no sean consecuencia de preguntas o repreguntas capciosas, sugestivas o impertinentes pues, de ser así, el Presidente no permitirá que se contesten (art. 709), pudiendo esta decisión protestarse con consignación en acta de la pregunta o repregunta prohibida, a los efectos de un ulterior recurso.

Finalmente, indicar y ello es aplicable tanto al testigo prueba como al testigo-medio de investigación, que podrá solicitar indemnizaciones por su actuación como tal. Su cuantía la fijará el secretario por decreto, sobre la base de los gastos de viaje, en su caso, y de los jornales perdidos por ello (art. 722).

III. PRUEBA PERICIAL

Sobre el perito y sus funciones vid. la lec. 15.ª del Tomo II. En este momento y para conocer los informes periciales como prueba procesal, hemos de tener en cuenta:

1) Si la diligencia pericial practicada en el procedimiento preliminar no fuera reproducible como prueba en el acto de la vista oral, dadas sus circunstancias, podría adquirir carácter de prueba preconstituida si habiéndose llevado a efecto con cumplimiento de todos sus requisitos y garantías no fuera impugnada o se aportara contrapropuesta con tal intención, como sucede con la determinación del grado de alcoholemia en un conductor o un examen ginecológico en presuntos delitos de aborto o violación.

Asimismo, si las partes hicieran suyos los resultados de esta diligencia de investigación en sus correspondientes calificaciones, aunque ninguna llegara a proponerla como prueba, deben entenderse aceptados tácitamente aquellos resultados y, como consecuencia, considerados por el juzgador. En otro caso, es decir, manifestándose expresa o tácitamente cualquier discrepancia con la pericia en sí, o con sus resultados, deberá citarse a la vista oral a quienes la practicaron para someterla a contradicción. Podrá incluso llamarse a peritos distintos a aquellos para confrontar sus opiniones o solicitar uno nuevo.

En cualquier caso, su designación habrá de hacerse expresando nombre y apellidos, domicilio o residencia (art. 656.2) por la problemática que podría conllevar que se hiciera genéricamente, dejando a la Sala optar por quien estimase oportuno, pues podría ser tachada de parcialidad.

Habrán de nombrarse necesariamente dos, para el procedimiento ordinario, pudiendo ser sólo uno para el abreviado (art. 459 por analogía, y 793.5).

2) La prueba pericial puede proponerse «ex novo»; es decir, sin que se hubiera desarrollado pericia alguna en el procedimiento preliminar.

Y pueden darse varias situaciones. Una, que la presencia del perito se requiera a los únicos efectos de esclarecer los hechos pero sin solicitarse la emisión de informe escrito.

Para ello, se le podrían poner de manifiesto las piezas de convicción, debiendo contestar a las preguntas y repreguntas que se le hicieran en aplicación analógica de las reglas propias del interrogatorio de testigos (art. 724 LECRIM y 46.1 LOTJ).

La intervención del perito puede ser personal compareciendo físicamente ante el Tribunal, o por videoconferencia o sistema similar si, de oficio o a instancia de parte, se estimase la concurrencia de circunstancias que así lo aconsejaran (art. 731 bis LECRIM; vid. art. 229.3 LOPJ).

También podría solicitársele aquel informe. Si fuera posible, se emitiría en el acto; no siéndolo, por necesidad de tiempo o elementos; o incluso si, para contestar a las preguntas se precisara examinar el objeto de la pericia, se suspendería el acto el tiempo que fuera preciso.

La suspensión no tiene, sin embargo que afectar a otros medios de prueba si pudieran practicarse mientras se desarrolla el reconocimiento pericial.

La práctica de la pericia podría solicitarse sobre objetos, elementos o lugares fuera de la sede donde se sigue la vista. Siendo así, y estimada su pertinencia también se suspendería ésta hasta el momento en que se practique.

El supuesto no se prevé expresamente. Esto nos lleva a entender, aplicando analógicamente las normas del procedimiento preliminar, que las partes o sus defensores podrían concurrir al acto de la pericia y hacer las observaciones o indicaciones oportunas (arts. 476 y 480).

3) Los informes periciales deben estar rodeados de suficientes garantías de fiabilidad y no sólo en cuanto a su alcance o contenido, sino en cuanto a que quienes los lleven a efecto no estén influenciados por condicionantes externos. Para ello se prevé la posible recusación de los peritos,

independientemente de que éstos deban abstenerse de actuar en los casos y circunstancias vistas (art. 723).

Los motivos son los mismos que los establecidos para el procedimiento preliminar. Aquí sólo destacamos cuando puede plantearse la recusación que ha de ser desde la admisión de las pruebas hasta la apertura de la vista oral (art. 723.2); y la forma de su planteamiento y resolución para lo que hay que estar al art. 662. Si no se hiciera en los términos referidos no podrá hacerse en otro momento, a no ser que la causa de recusación surgiera después (art. 663).

Es, precisamente ahora, cuando pueden recusarse peritos que hubieran podido actuar también en el procedimiento preliminar. No es que allí no puedan serlo, lo que sucede es que si la pericia fuera reproducible en la vista oral se pospone a este momento, mientras que en otro caso, la recusación podría hacerse conforme a los arts. 468 a 470 (Vid. lec. 9.ª)

También los peritos deben ajustarse a la verdad en sus informes. Si faltasen a ella intencionadamente, podrá exigírseles responsabilidad por delito de falso testimonio en los términos del art. 459 CP.

Indicar, finalmente, que conforme al art. 724 las declaraciones de los peritos se harán conjuntamente por todos ellos, si hubieran de manifestarse sobre unos mismos hechos. Es decir, al contrario de la declaración testifical que se practica individualmente.

IV. OTRAS PRUEBAS PARA CONFORMAR LA CONVICCIÓN JUDICIAL

A) Piezas de convicción y documentos

El art. 726 previene al órgano sentenciador que debe proceder al examen directo de «libros, documentos, papeles y demás piezas de convicción» que puedan proporcionar datos esclarecedores de los hechos.

Y aquí se plantean algunas cuestiones: ¿se identifican los documentos con las denominadas piezas de convicción, o son cosas diferentes? ¿se está ofreciendo implícitamente un concepto amplio de documento? ¿qué hay que entender por piezas de convicción?

La contestación debería comenzar por la última pregunta y se encuentra en la jurisprudencia que identifica genéricamente piezas de convicción con todos aquellos objetos inanimados que pudieran servir para representar la realidad de un hecho y que se hayan incorporado a la causa uniéndose materialmente a ella o conservándose a disposición del tribunal.

Supone que tanto puede serlo una carta como una pistola, pero quizás sea un concepto demasiado amplio y genérico pues cuando la LECRIM se refiere a ellas las identifica, en unos casos con lo que constituye cuerpo del delito (arts.

348 y 391); en otros, con los efectos o instrumentos de aquel (art. 620) que, sin embargo, aparecen como cosas distintas en otros preceptos (arts. 712 y 844). También se relacionan, al menos aparentemente, con las pruebas documentadas, aun cuando hay preceptos que los tratan diferenciadamente (los arts. 629, 654 y 726 hablan de libros, papeles y «demás» piezas de convicción); y en otros se habla genéricamente de piezas de convicción, sin especificación ni distinción alguna (por ej. arts. 622, 626, 634, 635 y 688).

Todo ello lleva a una conclusión aparentemente simple que contestaría los demás interrogantes. Un documento es una pieza de convicción pero, al mismo tiempo, éstas tienen carácter documental al ser por sí mismas capaces de representar los datos que en ellas se contienen. Por documento no debe, pues, entenderse estrictamente toda representación gráfica del pensamiento plasmada por escrito, sino cualquier instrumento mueble apto para la incorporación de señales expresivas de aquel y que lo reproduce más o menos fidedignamente. (Vid. STC 190/1992, de 16 de noviembre).

El art. 26 CP estima documento todo soporte material que exprese o incorpore datos, hechos o narraciones con eficacia probatoria. Tal naturaleza hay que otorgar, pues, a las grabaciones magnetofónicas cuyo valor probatorio depende de su reconocimiento por aquel a quien perjudican o, no mediando, de la oportuna peritación fonométrica. En cualquier caso habrán de reproducirse en la vista oral para someterse a contradicción y ser directamente escuchadas por el tribunal.

Y lo mismo hay que decir, sobre los videos o filmaciones en general, valorables como prueba documental siempre que se sometan a inmediación y contradicción y sobre todo, si pudiera complementarse con el testimonio de quienes efectuaron la filmación.

También ha de atribuirse carácter documental a los historiales clínicos, indicativos de las circunstancias propias del proceso de una enfermedad. Es, no obstante, un documento «sensible» al incorporar datos propios de una relación médico-paciente sometidos a secreto profesional que, además, inciden en el derecho a la intimidad. Pero es evidente que puede reflejar circunstancias con trascendencia jurídica como, por ej. la existencia de lesiones o muerte por error o imprudencia médica. Por ello, la LO 15/1999, de 13 de diciembre, de Protección de Datos (art. 11.2d) permitió su cesión a los Tribunales como medio de investigación y prueba, con los únicos límites de no trascender los estrictos márgenes del proceso en que se utilicen, pues si fuera así se afectaría al derecho a la confidencialidad de los datos clínicos, reconocido por el art. 16.6 del Decreto 41/2002, de Derechos del Paciente.

Mención aparte requiere las que vienen denominándose pruebas «electrónicas» consecuencia de que los nuevos medios tecnológicos (Internet esencialmente por su amplia difusión y difícil control) han propiciado la comisión de determinados hechos delictivos, como la pornografía infantil, los fraudes bancarios o los delitos contra la propiedad intelectual, aparte de los que se deriven del propio comercio electrónico. Esto conlleva la necesidad de una nueva forma de probar, carente de regulación específica en nuestro ordenamiento positivo, que hace pensar en su incardinación en el ámbito de la prueba documental, dada la amplitud legal del concepto de documento, aunque con indudables peculiaridades derivadas, sobre todo, de las dificultades para conservarlo dado su escaso grado de permanencia, y de la necesidad de contar con expertos en informática forense capaces de obtener datos con eficacia probatoria de este tipo de soporte documental.

En cualquier caso y conforme a las previsiones legales, en el acto de la vista el órgano sentenciador deberá exponer públicamente las piezas de convicción, aun cuando las partes no lo hubieran solicitado como prueba, pudiendo utilizarse por él directamente, inmediata e independientemente o servir como complemento de otros (vid. Lec. siguiente).

B) Reconocimiento judicial

Podrá practicarse en el acto de la vista oral, si no lo hubiera sido antes de la apertura de sus sesiones (art. 727). Si hubiera de realizarse en lugar correspondiente a su sede, el tribunal se constituirá en él con las partes; en otro caso, y en la misma forma, se delegará a uno de sus miembros.

Remitimos a lo que se decía sobre el tema en el procedimiento preliminar. Y hacemos notar la reticencia a la práctica de esta prueba, no ya solo en cuanto a la eficacia de sus resultados, como en su momento se decía, sino en orden a llevarse a efecto en el acto de la vista oral por estimarse inútil dado el tiempo transcurrido y poder, además, vulnerar los principios de concentración y publicidad. Razones por las que se aconseja su restricción a situaciones en que no se disponga de ningún otro medio para determinar los hechos.

C) Careo

Son muy escasas las referencias a él como prueba y sólo de manera puramente incidental se encuentran en los arts. 713 y 729.

Aparte de remitir al procedimiento preliminar donde se trata el tema puede destacarse aquí: 1) No se considera propiamente un medio de prueba, sino un instrumento para ampliar o constatar declaraciones vertidas en la vista oral cuando sean contradictorias o disconformes. 2) No debe utilizarse ordinariamente sino solo en forma subsidiaria y cuando no haya otra forma de comprobar la veracidad de los hechos. 3) Puede acordarse de oficio o a instancia de parte pero, en este ultimo caso, su pertinencia queda a criterio potestativo del órgano sentenciador por lo que su resolución denegatoria ni abre la vía casacional, ni puede estimarse productora de indefensión, y 4) No se practicarán careos con testigos menores de edad, salvo que el juez o tribunal lo considere imprescindible y no lesivo para el interés de dichos testigos, previo informe pericial.

D) Indicios

De los distintos medios de prueba se constata una característica común: de ellos pretenden obtenerse directamente datos suficientes para demostrar la culpabilidad de una persona en hechos por los que se la acusa.

Sin embargo, la actividad probatoria tanto puede ser directa como indirecta, y es que no siempre puede utilizarse la primera y prescindir de indicios inculpatorios pues podría suponer la impunidad para determinadas conductas caracterizadas por su especial astucia (por ej. robo con fuerza en las cosas, incendios provocados para cobrar indemnizaciones, etc.) provocando inseguridad e injusticia.

Así pues, se admite —y además con suficiencia para desvirtuar la presunción de inocencia— la denominada prueba indiciaria o de presunciones aun cuando, en realidad, no es un auténtico medio de prueba sino un modo de valoración judicial de determinados hechos o circunstancias debidamente acreditados en el proceso que, sin tener por sí carácter delictivo, pueden permitir la deducción de otros que sí lo tienen así como la participación y responsabilidad en ellos. (Por ej. viene entendiéndose que la cantidad de droga poseída es un indicio del que es correcto inducir el fin de traficar con ella.

Ahora bien, para que los indicios puedan desvirtuar la presunción de inocencia deberán, al menos:

1) No basarse en un solo indicio, con carácter general, sino en varios coincidentes en el señalamiento de determinadas circunstancias deducibles de ellos; ello no impide que, excepcionalmente, sea considerable uno sólo que goce de singular potencia incriminatoria.

2) Tales indicios no han de desmentirse o desvirtuarse por otros que conduzcan a conclusiones distintas; entre ellos los conocidos como «contraindicios o coartada» pero sabiendo que si llegaran a demostrarse falsos podrían, a su vez, estimarse indicio de culpabilidad pues el acusado no tiene que demostrar su inocencia.

3) Los hechos indiciarios han de estar absolutamente probados y relacionados —directamente o en conexión— con los presuntamente delictivos no pudiendo tratarse de meras sospechas o conjeturas.

4) Entre estos y la convicción judicial derivada debe existir absoluta armonía, consecuencia de un juicio racional, coherente y lógico, excluyente de todo subjetivismo, arbitrariedad o duda razonable.

> Carecerán, pues, de valor si lo deducido: a) Permite tal pluralidad de conclusiones alternativas que ninguna puede darse, realmente, como probada; b) Si los indicios acreditados descartan el hecho que pretende deducirse de ellos; c) Si la inferencia es excesivamente abierta, débil o imprecisa.

5) Debe motivarse suficientemente —aunque sólo sea en lo fundamental— el enlace entre los hechos base y los hechos consecuencia, exponiéndose por qué se llega a una determinada conclusión, si fuera la única posible, o por qué se escoge precisamente esa si fueran varias las posibilidades.

Cabe decir, no obstante, lo siguiente: A) Se recomienda precaución frente a esta modalidad probatoria, sobre todo cuando aparezca como única; B) Que los hechos delictivos puedan inferirse indiciariamente no supone, sin embargo, que el delito o alguno de sus elementos pueda presumirse contra el acusado, porque la naturaleza de la presunción de inocencia no permite las presunciones, ni *iuris tantum,* ni *iuris et de iure*. Las primeras, porque se residenciaría en el acusado la carga de desvirtuarlas; las segundas, porque supondría descargar de prueba sobre lo presumido a quién acusa, impidiendo al acusado probar lo contrario. (Vid. por todas. SSTC 229/2003, de 18 dic; 66/2006, 27 feb; 111/2008, 22 sep; STS 3 oct. 1997; 22 enero 2001).

LECTURAS RECOMENDADAS: VELAYOS MARTÍNEZ, M. I: *El testigo de referencia en el proceso penal*, Valencia, 1998; DÍAZ PITA, M. P: *El coimputado*, Valencia, 2000; PARDO IRANZO, V: *La prueba documental en el proceso penal*, Valencia, 2008; HERNÁNDEZ-MARTÍNEZ CAMPELLO; SÁNCHEZ LEÓN: *La prueba pericial médica*, Madrid, 2008; ROMERO COLOMA, A.M: *El interrogatorio del imputado y la prueba de confesión*, Madrid, 2009; MONTESINOS GARCÍA, A: *La videoconferencia como instrumento probatorio en el proceso penal*, Madrid, 2009.

Lección Decimoquinta

La vista oral

I. LA VISTA ORAL EN SU CONJUNTO

Inicio del verdadero proceso= debates, sesiones orales y prueba. Garantías

II. PUBLICIDAD DE LAS SESIONES

Garantía del proceso: art. 24.2 CE

Excepciones: a puerta cerrada (decidido antes de celebrarla o comenzada; de oficio o a instancia de parte; fundada en moralidad, orden público y debido respeto ofendido; si es órgano colegiado, decisión tras consulta al tribunal)

III. SUSPENSIÓN DE LA VISTA

Diferencia entre suspensión-interrupción

Suspensión: provisional, condicionada a la desaparición de sus causas

Interrupción: por determinadas causas, duración incierta o excesiva; produce anulación de todo lo actuado

A) Requisitos generales: exige resolución fundada en una causa y por periodo de tiempo; a petición de parte o de oficio

B) Causas genéricas de suspensión: por afectar al desarrollo del procedimiento o a la cuestión de fondo; y por ausencia de alguno de sus sujetos (testigos, acusado, miembros del tribunal, defensor, etc)

IV. CARACTERÍSTICAS GENERALES DEL ACTO DE LA VISTA ORAL

A) Lugar, día y hora

B) Citaciones: garantía de defensa. Medidas posibles que favorezcan la presencia de las partes

C) Policía de Sala: prerrogativa y política sancionadora del Presidente del tribunal para garantizar el desarrollo correcto de la vista. Posibles medidas

D) Desarrollo de las sesiones. Reglas: declaración apertura; pública o a puerta cerrada; concesión de palabras; turno de intervenciones; orden de práctica propuesta, etc. Hay reglas administrativas o conductivas del Presidente: para dirigir los debates impidiendo discusiones impertinentes o poco esclarecedoras

E) Acta: constancia formal de toda la vista. Por audiovisual o acta escrita

I. LA VISTA ORAL EN SU CONJUNTO

El verdadero proceso, como se ha dicho, comienza con la calificación provisional y la apertura de los debates ante el órgano sentenciador donde, en sesiones orales y públicas, ha de desarrollarse la prueba; las partes hacer valer en igualdad de condiciones los elementos de cargo y descargo y los magistrados formar su convicción para dictar sentencia.

Todo ello, entresacado de la Exposición de Motivos de la LECRIM determina el contenido y características esenciales del plenario, acto de la vista o juicio oral en sentido estricto. Vamos a destacar sus principios esenciales, centrándonos en la publicidad de las sesiones y algunas de las incidencias que pueden dar lugar a suspenderlo. Incluimos también aspectos formales, como son la manera y orden de su celebración, citaciones, policía de Sala y constatación de lo dicho y hecho.

II. PUBLICIDAD DE LAS SESIONES

Que las actuaciones judiciales de todo orden tengan carácter público es una garantía reconocida en el art. 24.2 CE, ratificada en el 120.1 y objetivada de forma general por el 232.1 de la LOPJ. Aplicada al proceso penal los arts. 680 a 682 de la LECRIM establecen, como presupuesto de validez, que los debates del juicio oral se desarrollen públicamente con las excepciones que en ellos se prevén.

La publicidad de las actuaciones y esencialmente de la vista oral protege a las partes de una justicia sustraída al control público, evitando el oscurantismo y las resoluciones arbitrarias y mantiene la confianza en los tribunales al permitir que los ciudadanos conozcan, directamente o por la presencia en ellos de los medios de comunicación social, como se administra justicia (reiterado jurisprudencialmente también por TC español como por TEDH).

Esta es, pues, la regla general. No obstante, cabe que excepcionalmente se acuerde la celebración de las sesiones a puerta cerrada afectándose a la publicidad general de la vista, aunque no a la contradicción pues las partes y sus defensores siempre han de estar presentes tal y como veremos.

Los arts. 24.2 y 120 CE reconocen el derecho a un proceso público pero hay que interpretarlos conforme a la Declaración Universal de los Derechos Humanos de 10 de diciembre de 1948 y los Tratados y Acuerdos internacionales ratificados por España (art. 10.2 CE). En ellos, esencialmente el Pacto Internacional de Derecho Civiles y Políticos de 10 de diciembre de 1966 (art. 14) ratificado en 13 de abril de 1977 y el Convenio para la Protección de los Derechos Humanos y las Libertades Fundamentales de 4 de noviembre de 1950 (art. 6), este derecho no es absoluto sino limitado por la moralidad, el orden público, la seguridad nacional, los intereses de menores o la protección de la vida privada de las partes; o por el propio tribunal si, en circunstancias especiales, estima que la publicidad puede ser perjudicial para los intereses de la justicia.

Asimismo, y conforme al art. 232.2 LOPJ la limitación de la publicidad puede no ser total sino parcial y no sólo para actuaciones concretas, como permiten deducir los Convenios internacionales reseñados, sino para determinadas personas o con cierto número de ellas. Y esto puede ser consecuencia de medidas de seguridad o capacidad de la Sala de la vista.

Se han planteado dudas sobre el acceso de medios de comunicación gráfica a las sesiones de la vista oral, resueltas por el Tribunal Constitucional en su sentencia 159/2005, de 20 de junio. La situación viene a consecuencia de la autorización que AFORE (Asociación de Teleperiodistas y Reporteros de la Comunidad de Madrid) solicita para acceder, en funciones informativas, a la Audiencia Nacional. La Sala de Gobierno de esta acuerda que el acceso de cámaras de captación de imágenes sea siempre, y previamente, autorizada por los Presidentes de Sala; este acuerdo es recurrido ante el CGPJ, que lo confirma, siendo su acuerdo, a su vez recurrido ante la Sala Tercera del TS que, nuevamente, es confirmatorio. Planteado amparo, el TC lo concede por entender contrario al ejercicio del derecho a la información condicionarlo a autorización previa generalizada, sin que ello suponga admitir que sea absoluto, pudiendo restringirse si, en situaciones concretas, concurrieran las circunstancias que lo permiten y que examinamos a continuación.

Para acordarse la celebración de las sesiones a puerta cerrada hay que considerar:

1.º) Puede hacerse antes de la celebración de la vista, o habiendo dado comienzo, de oficio o a instancia de parte acusadora (art. 682).

La solicitud en el mismo acto de la vista habrá de hacerse oralmente. Si fuera previa, debería serlo por escrito. En cualquier caso haciendo constar las motivaciones en que se fundamenta.

2.º) Habrá de fundarse en la moralidad, el orden público y el debido respeto a la persona ofendida o a sus familiares (art. 680).

3.º) Para adoptar este acuerdo, el Presidente deberá consultar al tribunal —de ser órgano colegiado— y al jurado si éste interviniera (art. 43 LOTJ) y previa deliberación en secreto acordará lo oportuno en forma de auto irrecurrible que se hará público a todos quienes ocupen el local donde se esté celebrando la vista.

Al ser la publicidad de las actuaciones un derecho fundamental su limitación o restricción exige motivarse para que sus razones se conozcan por los afectados. De ahí la forma de auto (art. 232.2 LOPJ). Y es que, no siendo así se infringiría la tutela judicial efectiva del art. 24.1 CE al afectarse el derecho a un proceso público injustificadamente y dificultando la defensa frente a ello, tanto en vía ordinaria como en amparo.

4.º) La efectividad del acuerdo de desalojo es inmediata, conminádose a ello y pudiéndose recabar ayuda de la fuerza pública siendo preciso.

Tal conminación no alcanza a las partes ni a sus defensores, aun cuando el acusado podría ser expulsado de la Sala si su conducta lo hiciera necesario para guardar el debido orden (arts. 681 y 687).

III. SUSPENSIÓN DE LA VISTA

El período conocido como plenario es esencialmente complejo e incluye, como vamos viendo, una multiplicidad de actuaciones siendo su núcleo la vista oral.

Dentro del mismo pueden concurrir circunstancias estimadas legalmente suficientes para que su actividad se paralice en distintos momentos y con distinto alcance, permitiendo distinguir entre la mera suspensión y la interrupción.

La primera es esencialmente provisional, condicionada a la desaparición de sus causas y no exige un dilatado período de tiempo. La interrupción responde a determinadas causas de paralización de duración incierta o excesiva; produce la anulación de todo lo actuado y que la reiniciación del proceso, en su momento, no lo sea desde cuando aquella se produjo sino al principio del período procesal en que tuvo lugar.

La paralización puede producirse antes de la apertura de las sesiones o ya dentro de la vista. Nos referimos ahora a la segunda.

Si fijada fecha para la vista, las partes no tuvieran preparadas las pruebas para entonces por causas ajenas a su voluntad, podría posponerse si así se solicita y lo acuerda el Presidente del tribunal hasta que pudiera disponerse de aquellas (art. 795.1).

Un segundo motivo de paralización, aunque sin momento definido como el anterior es el planteamiento de una cuestión prejudicial que exija resolución previa al propio órgano sentenciador o de otro perteneciente a orden distinto, conforme a los arts. 4 y 5 (Vid. lec. 16.ª).

A) Requisitos generales

Bajo tales planteamientos, nos centramos en las causas y consecuencias de la suspensión de la vista oral, haciendo notar:

1º) En cualquier caso, supone una anormalidad procesal por cuanto, abierta esta fase debe continuar durante todas las sesiones «consecutivas» que sean necesarias hasta su conclusión (arts. 744 y 788.1).

No se altera la concentración del acto; ni la idea de sesiones consecutivas que exige su unidad cuando la suspensión sea consecuencia de la propia duración de la vista, llevándose a efecto en días distintos. Esto se dice con mayor claridad en el procedimiento por faltas, al establecerse que cuando no pueda celebrarse en un acto se señalará el día más inmediato posible para su continuación (art. 968).

Tampoco en cuanto a los descansos que pudieran acordarse para los miembros del tribunal o las partes, ni las suspensiones por exigencias del normal desarrollo del proceso. Caso, por ej. de los informes periciales que no puedan evacuarse en el acto (art. 725.11) o por falta de preparación de cualquiera de los defensores para ilustrar a la Sala, si ésta hiciera uso de la «tesis» del art. 733.

2.º) La suspensión exige resolución fundada (auto) especificativa de sus causas y en la que habrá de fijarse —de ser posible— el período de su duración y lo procedente sobre la continuación de la vista. Si supusiera la nulidad de lo actuado (interrupción) habrá de citarse nuevamente a vista señalando fecha para ello (art. 748). Una resolución que es irrecurrible.

Suspender un proceso penal supone siempre una dilación que debe motivarse, dada la existencia de un interés público estando en juego, además, un derecho constitucional y para evitar retrasos desproporcionados o no debidamente justificados (derecho de un proceso sin dilaciones indebidas, art. 24.2 CE).

3.º) El acuerdo de suspender la vista puede responder a petición de parte o al criterio del órgano sentenciador.

Se prevé de oficio concurriendo esencialmente: a) Circunstancias de índole procesal que exijan un pronunciamiento sobre cuestiones incidentales que no puedan decidirse en el acto; b) Ausencia de alguno de los miembros del tribunal, los defensores, el fiscal o el acusado por enfermedad; c) Por tenerse que realizar diligencias fuera del lugar de las sesiones que exijan la presencia de alguno de sus miembros (art. 747). Por ej. declaración de testigos imposibilitados para comparecer (art. 718).

4.º) Dentro del procedimiento abreviado, con carácter previo al estricto desarrollo de la vista y a instancia de parte puede manifestarse —entre otras circunstancias, generalmente incidentales y dilatorias— la concurrencia de causas determinantes de la suspensión y sobre cuya procedencia habrá de pronunciarse el juez o tribunal en el acto, antes de proseguir con su desarrollo ordinario (art. 786.2).

5.º) Con carácter general y para el procedimiento ordinario no se prevé plazo máximo para la suspensión y dentro del que los actos realizados conservarían su eficacia por lo que, en principio, ésta podría ser indefinida salvo si expresamente se dijera otra cosa.

Sólo el art. 749 se refiere a la suspensión como causa de nulidad y nueva citación a juicio, al producirse la ausencia de los sujetos procesales por enfermedad, o para la preparación de nuevas pruebas o instrucción complementaria a efectos de constatar nuevos datos. Lo hace, además en base a unos criterios temporales ambiguos que siempre van a quedar a consideración judicial, como son: «el tiempo demasiado largo»; «la prolongación indefinida» o «la exigencia de algún tiempo».

El abreviado incluye una regulación acorde con su calificativo intentando evitar suspensiones indefinidas. Para ello se «penaliza,» al tribunal que admita suspensiones superiores a 30 días —con independencia de la causa— dejando sin efecto lo actuado y obligando a la reiniciación de las sesiones (art. 788.1).

Sólo la sustitución del juez o algún miembro del tribunal produciría tales consecuencias sin considerar el tiempo transcurrido desde la paralización de la causa. Es decir, sin necesidad de superar aquel plazo.

Esto supone que, excepto en el caso expuesto, las suspensiones no superiores a 30 días permiten conservar la validez de lo actuado. Por ej. se prevé una posible suspensión por 10 días, a petición de la defensa, si la acusación cambiase la tipificación penal de los hechos o se apreciase un cambio en las circunstancias de participación, ejecución o agravación, para la práctica de pruebas exculpatorias (art. 788.4).

B) Causas genéricas de suspensión

Responden esencialmente a la concurrencia de circunstancias afectantes: 1) Al desarrollo del procedimiento o al propio fondo de la cuestión controvertida y 2) A la ausencia en el proceso de alguno de sus sujetos (art. 746).

Como afectante al acto de la vista se encuentra la necesidad de practicarse alguna diligencia que no pueda serlo «en el tiempo comprendido entre una y otra sesión» (art. 746.2).

Por ej. el reconocimiento judicial del art. 727 o la solicitud de aportación de piezas de convicción que no estuvieran presentes en el acto de la vista como ordena el art. 688.

Incluso la obtención de datos relativos a la sanidad de la víctima en caso de lesiones, o la «verificación de circunstancias de análoga significación». Tratándose del procedimiento abreviado, ello sólo seria causa de suspensión si tales datos se estimasen imprescindibles para la calificación de los hechos, quedando entonces su determinación deferida al periodo de ejecución sobre las bases fijadas en la sentencia.

Con las mismas consecuencias, cabe incluir el planteamiento de alguna cuestión incidental que no pueda decidirse en el acto de la vista por cualquier causa fundada (art. 746.1).

Tanto en este supuesto como en el anterior el mismo tribunal podrá acordar la suspensión durante el tiempo que estime necesario, teniendo en cuenta las particularidades del procedimiento abreviado vistas antes (art. 788.4).

Un segundo grupo de circunstancias incluye las que, en alguna forma, pueden afectar al objeto del proceso por incidir en los fundamentos fácticos de la acusación o la defensa en dos supuestos esenciales (art. 746).

a) Por concurrir nuevos datos derivados de revelaciones o retractaciones inesperadas que hagan necesarios nuevos elementos de prueba, o investigación instructoria complementaria de la practicada en el procedimiento preliminar.

Esta situación es distinta a la ampliación de datos sobre hechos que ya constituyen objeto de acusación. Supone la introducción de hechos que podrían ser constitutivos de figuras delictivas distintas a las enjuiciadas o alterar las calificaciones de la acusación debiendo abrirse una vía de complemento para conocerse mejor.

Es similar a la que se previene para el procedimiento abreviado (art. 788.4) aunque es más específica al referirse al cambio en el período de conclusiones definitivas en las calificaciones o circunstancias de participación o agravación. Permite, a instancia de la defensa del acusado, suspender la vista para aportar prueba de descargo y sobre cuyos resultados la acusación podrá modificar nuevamente sus conclusiones

b) La incomparecencia de testigos propuestos por las partes, cuya declaración se estime esencial (art. 746.3).

Respecto a ello cabe decir: 1) La solicitud de suspensión ha de ser a instancia de parte y, siendo la acusada, independientemente de que los testigos sean propios o de la acusación, dado su derecho a interrogar a los que declaren contra él reconocido esencialmente en el art. 6.3 del Convenio Europeo para la Protección de los Derechos Humanos; 2) La suspensión de la vista por tal circunstancia se condiciona al criterio del órgano sentenciador sobre la necesidad de tales declaraciones, siempre que su negativa no sea causante de indefensión; o ante la imposible concurrencia del testigo (por ej. en paradero desconocido) una vez agotadas razonablemente las posibilidades para lograr su comparecencia; 3) La suspensión puede acordarse solo respecto a este medio de prueba y, una vez practicados los restantes hasta que, en su caso, comparezcan los testigos ausentes.

La jurisprudencia insiste en las amplias facultades del tribunal ante la petición de suspensión por esta causa, haciendo notar la dificultad de un criterio uniforme debiendo estar a las circunstancias del caso (por ej. existencia de otras pruebas; número de testigos; esencialidad o accidentalidad de sus declaraciones; características y garantías, en su caso, del testimonio prestado en el procedimiento preliminar, etc.). Asimismo, se mantiene que para prosperar la denuncia de una negativa injustificada se precisa, además de la previa declaración de pertinencia de la prueba no practicada, la protesta formal con constancia en el acta y la determinación de lo que pretendía aclararse con el interrogatorio, aun cuando sea sucintamente.

La suspensión también es posible tratándose de peritos, pero sólo si su ausencia causara indefensión, pues un perito puede sustituirse por otro, lo que no cabe con un testigo dada la naturaleza estrictamente personal de su conocimiento sobre los hechos.

El último conjunto de condicionantes de una suspensión lo integra la ausencia en la vista de los sujetos procesales, tanto las partes como el órgano jurisdiccional con las siguientes particularidades (arts. 746.4 y 5; 793.1 y 971).

a) En el procedimiento ordinario, la ausencia ha de ser por enfermedad «repentina» constatada por el órgano del enjuiciamiento —que efectuará de oficio a tales efectos— procediendo, en su caso y de la misma forma, a la suspensión por el tiempo que se estime necesario.

Para que se produzca esta consecuencia y si se tratara de un miembro del tribunal debería impedirle la presencia en las sesiones de la vista; siendo el defensor o el Fiscal debe concurrir, además, la imposibilidad o dificultad en su reemplazo afectando al derecho de defensa.

Si enfermare el acusado, sólo producirá la suspensión siendo uno sólo; siendo varios y si hubiera sido citado personalmente la vista continuará para los demás si: 1) El juzgador estimase que pueden juzgarse independientemente; 2) Se diera audiencia a las partes para comunicarles tal decisión y 3) Se hagan constar en el acta las razones determinantes del acuerdo (art. 746.6 in fine). También la mera incomparecencia, independientemente de su causa, podría producir tales consecuencias.

b) En el procedimiento abreviado, las normas sobre suspensión por ausencia del juzgador o defensores son las mismas. La del acusado deberá producirla, con carácter general, cuando su ausencia estuviera debidamente justificada (enfermedad, por ej.), e incluso sin justificación, si: 1) La causa se siguiera por delito para el que se solicite pena que, siendo privativa de libertad, no exceda de dos años, o de seis siendo de distinta naturaleza. 2) La citación a juicio se hubiera efectuado «en forma». 3) Así se hubiera solicitado por cualquiera de los acusadores, dándose audiencia de ello a la defensa y 4) Estime el sentenciador la existencia de elementos suficientes para enjuiciar al acusado (art. 786.1, párrafo segundo).

Las normas referidas son aplicables al acusado único. Siendo varios la ausencia de alguno puede no afectar a la continuación de la vista si así se admite por el tribunal con audiencia de las partes.

Para que sea así hay que considerar las previsiones legales que lo condicionan a la ausencia de «motivo legítimo». Si éste existiera o el tribunal lo apreciara como tal, debería producirse la suspensión (art. 786.1).

c) En el procedimiento por faltas, como regla general y a diferencia de los anteriores, la ausencia del acusado no incide sobre su desarrollo siempre que su citación a juicio se haya efectuado cumplimentando los requisitos generales y los más específicos de los arts. 962.1 y 964; y que el juez, de oficio o a petición de parte, no considere necesarias sus declaraciones (art. 971).

Concurriendo alguna de estas circunstancias: no citación en forma, constatada; o la necesidad de la presencia del acusado, su ausencia deberá producir la suspensión del juicio.

IV. CARACTERÍSTICAS GENERALES DEL ACTO DE LA VISTA ORAL

La vista oral, por su naturaleza y consecuencias, precisa una serie de «preparativos» dirigidos, por una parte a fijar lugar, día y hora para su celebración; por otra, para garantizar la presencia de los implicados en el proceso activa o pasivamente. Se precisa también que las sesiones se desarrollen conforme a un orden formal preestablecido y con la suficiente «tranquilidad» para evitar perturbaciones en el ánimo de los presentes. Finalmente, se precisa la constancia de todo lo dicho y hecho en ella.

Además, debe tener la correspondiente publicidad; puede llegarse a suspender y se ofrecen al órgano sentenciador posibilidades para ilustrarse en términos que podrían afectar el alcance de su resolución. Todos estos temas han sido estudiados en líneas precedentes. Examinamos ahora las restantes cuestiones.

A) Lugar, día y hora de celebración

Los fijará el secretario, una vez dictado por el Tribunal auto de admisión o rechazo de las pruebas propuestas, si el procedimiento fuera el ordinario o el abreviado (arts. 659, in fine; 765, 9 y 10 y 785 LECRIM; 250 LOPJ). De seguirse el juicio rápido, cuando el Juzgado de Guardia dicte auto acordando la apertura de juicio oral (art. 800.2). Y será el Juez quién efectúe el señalamiento en cuanto tenga conocimiento de una falta, si el procedimiento hubiera de seguirse por ella (arts. 963, 964 y 965).

Para concretar la fecha, en el procedimiento ordinario y el abreviado, el Tribunal considerará los criterios generales que para las vistas prevé el art. 182 LEC y las específicas que para estos procedimientos aconsejan los arts. 659 y 785 LECRIM en razón a: la situación de libertad o prisión del acusado; la prioridad de otras causas; la complejidad de la prueba propuesta y cualquier otra circunstancia significativa.

En el juicio rápido el señalamiento se hará para la fecha más próxima posible, dentro de los quince días siguientes al auto en que se acuerde la apertura del juicio oral (art. 800.3). No pudiendo celebrarse en el día señalado por razones justificadas, se fijará fecha para el día más inmediato posible, en todo caso dentro de los 15 siguientes (art. 802.2).

Si el procedimiento fuera por faltas, la vista se celebrará inmediatamente después de la recepción del atestado o de una denuncia ante el propio Juzgado si concurren las circunstancias relacionadas en los arts. 962 a 964. En otro caso, el señalamiento se hará para el día más próximo posible, dentro de un plazo no superior a siete días (arts. 965 y 966). Siempre que la vista no pudiera celebrarse en la fecha señalada concurriendo causas justificadas, se pospondrá al día más inmediato posible dentro de los siete siguientes (art. 968).

En cuanto al lugar, será, con carácter general, el de la sede del órgano sentenciador con una cierta permisividad para su desarrollo en otro diferente, siempre que lo autorice la Ley o lo disponga el CGPJ a petición de aquel —en función de las circunstancias— y dentro del ámbito territorial perteneciente a su circunscripción (arts. 269 LOPJ, 665 LECRIM).

En el procedimiento por faltas se prevé específicamente tal posibilidad cuando algún testigo importante o alguna de las partes no pueda concurrir al local del juzgado (art. 964).

B) Citaciones

Para que el acto de la vista cumpla su cometido esencial necesita la presencia del acusado —aparte, lógicamente, de la de su defensor—, de los acusadores y, en su caso, de quienes con su ciencia o conocimiento de los hechos —peritos y testigos— pueden aportar datos significativos.

La imperatividad de la presencia del acusado y su defensor se exige para mantener el principio de bilateralidad de la audiencia y garantizar que al juicio oral van a acceder todas las partes, evitando su indefensión. Es además, consecuencia de que nuestro sistema procesal penal no previene un posible juicio en tales circunstancias que producirían su suspensión y el archivo de las actuaciones (art. 841).

Sólo por causas muy concretas, podría seguirse la vista en su ausencia; aunque también podría derivar de una imposición del tribunal expulsándolo de la Sala si alterase el orden, habiendo sido advertido de tales consecuencias (art. 687).

Así pues, debe citarse para ello al acusado conforme a los arts. 175 y ss. (ver también arts. 270 a 272 LOPJ), adoptándose las medidas necesarias para garantizar su presencia en el acto del juicio si se encontrara en prisión o libertad provisional.

En el procedimiento abreviado aquel deberá designar un domicilio o persona, a tales efectos, permitiendo la citación allí realizada que la vista pudiera celebrarse en su ausencia dándose las circunstancias del art. 786.1.

Si el acusado se encontrase en prisión será trasladado a la cárcel de la población en que ha de celebrarse la vista (art. 664); si en libertad provisional, se acordará lo conveniente para evitar su incomparecencia, incluso la conducción por la fuerza pública (art. 731, vid. Instrucción FGE de 11 de enero de 1988 sobre medidas judiciales tendentes a evitar la huida de procesados).

Igualmente ha de citarse a las partes acusadoras y al responsable civil, en su caso, así como a los testigos y peritos propuestos con libramiento de los correspondientes mandamientos y exhortos, de oficio o por entrega a las partes para su diligenciamiento (art. 660). Asimismo, el secretario informará por escrito a la víctima de la fecha y lugar del juicio aunque no sea parte en el proceso ni deba intervenir (arts. 659 in fine y 785, 3).

Las citaciones se harán conforme al Título VIII de la LECRIM (art. 166 y ss.) previniéndose las consecuencias de no comparecer sin justa causa (multa, art. 175); y la posibilidad de incurrir en delito de obstrucción a la justicia en caso de testigos y peritos (art. 661 LECRIM y 463 CP, art. 967 LECRIM para el procedimiento por faltas, en el que sólo se prevé la multa, tanto por incomparecencia de éstos como de las partes).

En cualquier caso, se exige el estricto cumplimiento de los requisitos legalmente exigidos para las citaciones puesto que no sólo son un formalismo, sino que forman parte del derecho a no indefensión del art. 24.1 CE siendo una garantía para el afectado que debe preservarse por el órgano judicial asegurando y constatando, en lo posible, que efectivamente se han practicado.

La falta de citación de cualquiera de los interesados sería motivo de casación, excepto si se dieran por citados compareciendo en tiempo al acto de la vista (arts. 664.4 y 850.2). La insuficiencia o error en los datos que no la permitan, o la falta de constancia en su realización abriría el amparo constitucional, aunque no podría alegarse indefensión si el afectado no mostrase la debida diligencia o cuando, aun sin haber sido emplazado personalmente, hubiera tenido conocimiento del proceso, pues la defensa de sus intereses le obliga a personarse en él subsanando la posible infracción cometida por el órgano jurisdiccional.

La importancia de las citaciones se potencia en el procedimiento por faltas, sobre todo para la vista oral al ser donde se configuran las partes y se formaliza la acusación y la defensa.

C) Policía de Sala

El desarrollo de la vista exige que la conducta de quienes intervienen en ella sea, en todo momento, correcta por respeto al tribunal y los presentes e impedir, además, que se altere la serenidad de ánimo que exige el desarrollo de la función jurisdiccional.

El Presidente del Tribunal —o el Juez— debe cuidar este aspecto para lo que se le conceden distintas prerrogativas y autoridad sancionadora. Por ej. acordar la celebración de las sesiones a puerta cerrada, de temerse o producirse alteraciones en su orden además de por otros motivos tal como veíamos antes (art. 680.1); llamar la atención; multar y expulsar de la Sala a cualquiera que lo alterase, incluso al propio acusado, por cierto tiempo o por todas las sesiones (art. 684.2 y 697; 192 LOPJ); detener a cualquiera que pudiera incurrir en conductas estimadas punibles con puesta a disposición del juzgado correspondiente (arts. 684.3 y 4 y 195 LOPJ);

sancionar disciplinariamente a quienes intervengan en el acto (Procuradores, art. 59 del Estatuto General de 5 de diciembre de 2002; Abogados, art. 80 del Estatuto de 22 de junio de 2001); presos y detenidos, Circular FGE 3/1979 de 18 de octubre). Ha de impedir asimismo, las muestras de aprobación o desaprobación, con advertencia o con las sanciones expresadas, de suponer alteración manifiesta en el orden de la Sala (art. 686).

Estas sanciones y la explicación que ofrezca el sancionado deberá hacerse constar en el acta. Contra el acuerdo sancionatorio podrá interponerse —por 3 días— recurso de audiencia en justicia ante el propio juez o tribunal, que resolverá en el siguiente día siendo su resolución recurrible en alzada ante la Sala de Gobierno correspondiente que resolverá en su primera sesión, previo informe del sancionador (la alzada podría plantearse directamente contra el acuerdo de sanción, quedando la audiencia como meramente potestativa, art. 194 LOPJ).

D) Desarrollo de las sesiones

La vista, además de un orden en el sentido anterior, precisa de unas formalidades que también han de hacerse cumplir por quien la presida. Todas ellas otorgan su peculiar fisonomía a este período procesal.

Siguiendo su orden cronológico normal, encontramos:

a) La declaración de apertura de las sesiones y la colocación en el local de las piezas de convicción siempre que existan, se hayan recogido y estén a disposición del tribunal, en cuyo caso es preceptiva su presencia aunque no sea solicitado por las partes.

b) Determinar si la vista ha de desarrollarse —en principio— públicamente o a puerta cerrada, aun cuando esto último puede también acordarse durante su desarrollo (arts. 680, 686, 969).

c) La concesión de la palabra al acusado a los efectos de declararse culpable o no de los hechos y responsabilidades por los que se le acusa (art. 688).

d) La apertura del turno de intervenciones para plantear cuestiones que pudieran afectar la marcha del proceso —competencia, infracción de derechos fundamentales, artículos de previo pronunciamiento, causas de suspensión de la vista o de nulidad, o proposición de nuevas pruebas— (art. 786.2 para el procedimiento abreviado y 802 para el juicio rápido).

e) La determinación del orden en que ha de desarrollarse la práctica de las pruebas propuestas (art. 701, in fine).

f) Ordenar que testigos y peritos entren en la Sala a declarar; tomarles juramento —o promesa— e interrogarlos sobre «las generales de la ley», y aquellas cuestiones que se estimen procedentes (arts. 705, 706, 708, 709, 969).

g) Cuidar que la prueba se desarrolle correctamente, sin insultos o amenazas (art. 703 para el careo); sin que las preguntas a testigos o peritos tengan carácter capcioso o impertinente.

h) Requerir a las partes para que modifiquen o ratifiquen sus conclusiones (arts. 732 y 788.3) y, en su caso, plantear la «tesis» a que se refieren los arts. 733 y 788.3, II.

i) Conceder la palabra a los defensores de las partes para que informen (arts. 734, 738, 788, 3, 969) y al acusado, a su término, para ejercitar su derecho a la «última palabra».

j) Declarar finalmente la conclusión del acto y que el juicio queda visto para sentencia (art. 740).

Hay otras normas genéricas de carácter admonitivo o conductivo, como las referidas a como el Presidente debe dirigir los debates impidiendo discusiones impertinentes o poco esclarecedoras (art. 683); la prohibición de muestras aprobadoras o desaprobadoras (art. 686); o la exigencia de que, excepto los defensores —o a quienes el Presidente dispense— toda persona interrogada a la que se dirija el tribunal, debe hablar de pie (art. 685).

E) Acta

De lo dicho y actuado en las sesiones de la vista oral debe quedar constancia formal y para ello los arts. 743 (base) y 788.8, 815 y 972 (por remisión) regulan dos posibilidades: 1) El registro audiovisual; 2) El acta escrita.

El primero responde a las previsiones generales del art. 230 de la LOPJ, considerándose preferente y materializándose en un soporte adecuado para la reproducción del sonido y la imagen, cuya autenticidad queda asegurada por el secretario de dos maneras: 1) Utilizando firma electrónica garantizada u otro sistema de seguridad equivalente, caso de disponerse de estos medios; 2) En otro caso, mediante acta escrita complementaria del registro magnético, en la que se consignará al menos: el número y clase de procedimiento; lugar, fecha y tiempo de duración; asistentes al acto y sus peticiones y propuestas; pruebas admitida y orden de su práctica; resoluciones del Tribunal y todas aquellas circunstancias que no puedan constar en el soporte audiovisual. Este documento electrónico quedará bajo la custodia del secretario, pudiendo las partes solicitar, a su costa, copias del original.

Peculiaridad del acta electrónica es que, al registrarse automáticamente, se permite la ausencia del secretario en el acto del juicio oral. Se trata, no obstante, de una posibilidad condicionada por dos circunstancias: a) La voluntad de las partes, pues si solicitaran su presencia en ese momento procesal (al menos dos días antes de su fecha) el secretario tendrá la obligación de hacerlo; b) El criterio del propio secretario, si entiende necesaria su presencia atendiendo a: la complejidad del asunto; número y naturaleza de las pruebas o de los intervinientes o cualquier otra circunstancia excepcional. De darse esta situación, el secretario extenderá acta escrita complementaria, con el contenido que hemos visto antes.

La otra modalidad de constancia es el acta escrita «convencional», que se confeccionará cuando no se disponga o no sea posible el registro magnético. En ella se recogerá con «la extensión y detalle necesarios» el contenido esencial de las pruebas practicadas, así como todas las posibles incidencias, reclamaciones y resoluciones.

> Siempre que deba redactarse un acta escrita, cualquiera que sea, se confeccionará por medios informáticos si se dispone de ellos y manuscritamente en otro caso. Su contenido lo leerá el secretario, haciendo las rectificaciones que se propongan, de estimarse pertinentes, y se firmará por el Presidente y miembros del Tribunal, Fiscal y defensores de las partes.

La trascendencia del acta, cualquiera que sea su formato, se manifiesta en un doble campo. Por una parte, y a pesar de la necesaria inmediación del Tribunal con los medios de prueba practicados, refleja sus resultados e incidencias y la concurrencia de la mínima actividad probatoria suficiente, en su caso, para desvirtuar la presunción de inocencia y justificar una sentencia condenatoria. Por otra, la constancia de lo actuado la convierte en elemento suficiente para servir de base a un recurso de casación por quebrantamiento de forma, al deber recoger los datos y circunstancias para que, sobre ella, pueda estimarse la concurrencia de alguna de las infracciones que lo justificarían.

Por ej. la celebración de la vista en ausencia de alguna de las partes (dato objetivo constatable por el acta) derivada de su falta de citación «en forma» (art. 850.2); la declaración de improcedencia de alguna pregunta dirigida a testigos (art. 850.3 y 4) siempre que conste en ella la protesta formal por tal causa y la pregunta o repregunta así declarada (art. 709); o la circunstancia de que los magistrados que dicten sentencia no sean quienes asistieron a las sesiones, o no lo fueran en número suficiente (art. 851; Vid. art. 196 CP).

LECTURAS RECOMENDADAS: 1. Generalidades de la vista: MORENO VERDEJO y otros: *Juicio oral en el proceso penal (Con especial referencia al procedimiento abreviado),* Pamplona, 1995.
2. Publicidad: DEL MORAL GARCÍA; SANTOS VIJANDE: *Publicidad y secreto en el proceso penal,* Granada, 1996.
3. Suspensión: BARONA VILAR, S.: *La incomparecencia de testigos como causa de suspensión de la vista,* en Justicia,84, Nº 4, pág. 907; GARCÍA DE LA PUERTA LÓPEZ, M.I.: *La suspensión del proceso por información suplementaria,* Córdoba, 1987.
4. Acta del juicio oral: SÁEZ GONZÁLEZ, J.: *El acta del juicio oral en el proceso penal,* Barcelona, 1996.

Lección Decimosexta

La terminación del proceso penal

I. LA TERMINACIÓN DEL PROCESO PENAL

Llegados a este punto el proceso acaba sólo por sentencia

II. LA SENTENCIA PENAL

En el proceso penal, una vez celebrado el juicio oral, solamente puede terminar por sentencia, condenatoria o absolutoria.

En la sentencia se declara el ejercicio de la potestad punitiva del Estado. Se ejerce la función jurisdiccional.

La sentencia absolutoria es siempre de fondo (no está permitida la absolución de la instancia).

La sentencia condenatoria impone o una pena, o una medida de seguridad, o ambas. Es el título ejecutivo penal, siendo pura, determinada y líquida.

La sentencia está sujeta a un procedimiento de formación lógico.

Requisitos internos:

1. Motivación: relevancia constitucional, muy importante con relación a la prueba (antecedente de hechos probados).
2. Correlación entre acusación y defensa y sentencia (es la congruencia, y también tiene relevancia constitucional).

La ley establece criterios particulares para algunas sentencias: Manifestaciones del arbitrio judicial, sanciones no penales, en caso de violencia de género, petición de creación o supresión de tipos, o solicitud de indulto.

III. LAS CUESTIONES PREJUDICIALES

Concepto ya estudiado en el proceso civil.

La cuestión central es el valor de la sentencia civil en el proceso penal.

Clases: Devolutivas y no devolutivas.

Tratamiento procesal

Casos específicos.

I. LA TERMINACIÓN DEL PROCESO PENAL

El proceso penal español, llegado a la fase de juicio oral, sólo puede terminar por sentencia, que ha de ser condenatoria o absolutoria.

Atendidos los principios de legalidad penal sustantivo y de necesidad procesal, es excepcional la terminación del proceso por auto, una vez que se ha abierto el juicio oral o que se ha celebrado éste. Ello puede ocurrir, con todo, sólo cuando se resuelvan cuestiones que afecten a presupuestos procesales [v.gr., a la competencia, arts. 245.1, b) LOPJ y 786.2 LECRIM, aunque éste no se refiere a auto sino a resolución oral], o cuando debe procederse a la declaración de nulidad de actuaciones (conforme al art. 240 LOPJ), o finalmente cuando el proceso pierda su sentido (v.gr., por muerte del acusado, art. 130, 1.º, CP). Naturalmente, el sobreseimiento libre, que ya conocemos, se plasma en un auto equivalente a sentencia absolutoria, pero ello impide la celebración del juicio oral.

El proceso, pues, acaba por medio de sentencia. Advirtiendo que también los recursos terminan normalmente por sentencia, aquí vamos a referirnos a la sentencia que pone fin al juicio de la primera o única instancia [en el sentido de los arts. 245.1, c) LOPJ y 141, IV, LECRIM], por tanto a la sentencia regulada en el art. 741, I, LECRIM, en la que el Tribunal, apreciando según su conciencia las pruebas practicadas en el juicio, las razones expuestas por la acusación y la defensa, y lo manifestado por los mismos acusados, les absuelve o condena.

La ausencia normalmente de facultades dispositivas en el proceso penal hace que no quepan ni la transacción, ni la renuncia, ni el allanamiento, en el sentido que conocemos del proceso civil, como modos de terminación del proceso, aunque hemos de decir que sí sería posible alguno de los anteriores actos de disposición en los procesos penales por delito privado, y hemos de admitir que la conformidad o negociación, que ya hemos estudiado, revelan un cierto espíritu transaccional.

II. LA SENTENCIA PENAL

Dado que la sentencia es una resolución judicial, es decir, un acto procesal del Juez, nos remitimos en cuanto a los aspectos formales y sus requisitos externos al tomo I de esta obra. Aquí estudiaremos su concepto y clases, su formación y sus requisitos internos, aplicados al proceso penal, para recoger finalmente determinados contenidos particulares de carácter procesal impuestos por el CP.

A) Concepto y clases

La sentencia es la resolución del órgano jurisdiccional que pone fin al proceso penal, en la que se declara el ejercicio de la potestad punitiva del

Estado, condenando o absolviendo a una persona. Se funda, por tanto, en el ejercicio de la potestad y de la función jurisdiccional (el «juzgar» del art. 117.3 CE). Debido al sistema procesal español, la sentencia, además de su pronunciamiento penal, también contiene un pronunciamiento civil, en el caso normal de acumulación de la pretensión civil a la penal. En esta lección, sin embargo, insistiremos más en el aspecto penal, al haber tratado ya las cuestiones civiles en lecciones anteriores.

Es ya suficientemente conocido que las penas sólo pueden ser impuestas por sentencia de un órgano jurisdiccional (arts. 24.2, 25.1 y 117.3 CE), que ha de pertenecer además al orden jurisdiccional penal (art. 9.3 LOPJ), de modo que el derecho de penar del Estado únicamente puede materializarse en la sentencia que ponga fin a un proceso penal.

Existen diferentes clasificaciones de las sentencias. Fijándonos en la más importante, podemos distinguir:

a) Sentencias absolutorias

Las sentencias penales son absolutorias si desestiman la pretensión de condena formulada por las partes acusadoras. Únicamente pueden ser absolutorias de fondo, bien por inexistencia del hecho, bien por ser inocente el acusado, bien por falta de pruebas o dudas razonables sobre los hechos, bien por falta de responsabilidad criminal. Aunque después aparezcan nuevas pruebas, ya no habrá posibilidad de reabrir el proceso.

Nuestro Derecho no permite la absolución de la instancia (art. 144 LECRIM y art. 24.2 CE, principio de la presunción de inocencia), verdadera «espada de Damocles» de tiempos pasados, porque se absolvía provisionalmente al acusado al no existir pruebas, permitiendo reabrir la causa cuando se encontraran.

b) Sentencias condenatorias

Son las que estiman la pretensión de condena formulada por los acusadores, imponiendo una pena o medida de seguridad al acusado, o ambas, y abriendo la ejecución al ser título ejecutivo (arts. 3 CP, 1 y 988 LECRIM). Las sentencias de condena en España son puras, es decir, no sometidas a ninguna condición de cumplimiento de la condena (con el matiz de los procesos abreviados para la suspensión de la ejecución de la pena, art. 789.2 LECRIM, en relación con los arts. 80 a 87 CP, pero que se decreta en resolución posterior autónoma); determinadas, porque fijan exactamente la pena a que se condena a una persona (pero sí existen, sin embargo, medidas de seguridad indeterminadas, v. art. 97 CP); y líquidas, es decir, con fijación exacta de la clase de pena que se impone, aunque luego deba liquidarse exactamente la pena a cumplir, indicando su duración desde el día de comienzo hasta el día que finalizan, o cantidad.

Otra clasificación trascendente en el proceso penal es la que diferencia a las sentencias según sean *escritas*, que es el supuesto normal, u *orales*. Respecto a estas últimas, denominadas sentencias *in voce*, se producen en los procesos abreviados (arts. 245.2 LOPJ y 789.2 LECRIM), en los juicios de faltas (art. 973 LECRIM), y parece que también en las causas ante el Tribunal del Jurado (art. 67 LJ), adelantándose el fallo, lo que está particularmente indicado cuando sea absolutorio, que deviene firme si las partes en ese momento anuncian que no lo recurrirán, dejando la redacción por escrito de la sentencia para un momento posterior.

B) Formación

Los Jueces realizan determinadas operaciones mentales a la hora de redactar las sentencias. Esto se conoce como formación lógica de la sentencia, que tiene un aspecto externo o formal, que no consideraremos al haberlo estudiado ya en el tomo I de esta obra, que incluye también el estudio, la deliberación y discusión, la votación, el modo de dirimir las discordias, la redacción y firma, en caso de tratarse de un órgano colegiado, y el estudio, la redacción y firma sólo si se trata de un órgano unipersonal, y un aspecto interno, consistente en una serie de razonamientos complejos de todo tipo que llevan al Juez a valorar lo actuado, particularmente la práctica de las pruebas y los resultados probatorios obtenidos, y a interpretar y aplicar las normas penales y procesales penales correspondientes a los hechos punibles enjuiciados, que le permiten llegar a la conclusión adecuada (fallo), que debe ser justa y correspondiente con los principios propios del proceso penal de un Estado de Derecho.

La explicación que da la doctrina de este fenómeno se articula en torno a un silogismo, cuya premisa mayor estaría integrada por las normas jurídicas penales y procesales, una premisa menor, es decir, los hechos alegados o investigados y probados, y una conclusión, relacionando y subsumiendo el hecho en la norma, dictando el fallo correspondiente. Pero en realidad las cosas no son tan sencillas, porque además de la lógica intervienen otros factores en la formación interna de la sentencia nada desdeñables como, por ejemplo, el análisis histórico de los hechos, o los propios juicios valorativos del juzgador. Lo que sí es claro es que toda esta génesis interna debe deducirse de la propia motivación de la sentencia, porque así lo dispone el art. 120.3 CE, y porque las sentencias deben ser en todo caso fundadas, violándose en otro caso el derecho fundamental a la tutela judicial efectiva del art. 24.1 CE.

C) Requisitos internos

La sentencia penal debe ser motivada, clara, no contradictoria, terminante, exhaustiva y congruente. Destacan, por su importancia, los requisitos de la motivación, a caballo entre su carácter externo o formal y el interno, y, sobre todo, el de la congruencia, denominada en lo penal «correlación entre acusación y defensa y sentencia».

a) Motivación

Motivar una resolución es explicar el porqué de su contenido y del sentido de la decisión que en ella se toma. Por ello, las sentencias deben exponer las razones que justifican el contenido absolutorio o condenatorio del fallo, y hasta tal punto es requisito de la sentencia que la CE ha constitucionalizado esta obligación de los Jueces en su art. 120.3, infringiéndose en caso contrario el derecho fundamental a la tutela judicial efectiva del art. 24.1 CE, porque dicha tutela implica a su vez el derecho a obtener una resolución fundada dictada en el proceso iniciado; y también el derecho a la presunción de inocencia, pues aunque exista prueba de cargo practicada el Juez debe exponer los elementos de convicción que le han llevado a tomarla en consideración para su decisión (SS TC 55/1987, de 13 de mayo; y 143/1997, de 15 de septiembre).

La motivación se refleja en el antecedente de hechos probados, desde el punto de vista fáctico (arts. 248.3 LOPJ y 142, 2.ª LECRIM), y en los fundamentos de Derecho, desde el punto de vista jurídico (arts. 248.3 LOPJ y 142, 4.ª LECRIM). Veamos separadamente ambas:

a) La motivación fáctica se contiene en la sentencia penal en el antecedente de hechos probados (arts. 248.3 LOPJ y 142, 2.ª LECRIM, que tiene un origen muy concreto, pues siendo la casación, al menos en su antecedente francés, un recurso nomofiláctico, el Tribunal Supremo no podía variar los hechos declarados probados so pena de vaciar de contenido al recurso). En él deja constancia expresa el órgano jurisdiccional de qué hechos considera jurídicamente de importancia para su decisión.

La motivación fáctica debe abarcar indubitadamente la probatoria, pues es imprescindible, si el término motivación se utiliza en toda su profundidad y no desde un punto de vista meramente formal, que básicamente el condenado y demás partes (pero también la sociedad en general) sepan, no sólo por qué hechos se le impone una pena o medida de seguridad, o ambas, sino también qué pruebas han inclinado la balanza en su contra y qué elementos de convicción se han derivado de ellas.

La motivación es un aspecto muy importante del veredicto y sentencia del proceso penal español ante el Tribunal del Jurado [art. 61.1, d) LJ], de ahí que nos remitamos a la lección 26.ª en este mismo tomo.

La jurisprudencia no exige una descripción prolija de la motivación, ni puede exigirla, porque con ello no haría sino aumentar la dilación en la tramitación de los procesos. Ello no quiere decir que cuando sea necesaria una prolija descripción de los hechos no deba realizarse, pero debe bastar con que la descripción fáctica del antecedente de hechos probados explicite:

1.º) De manera clara, contundente, terminante y no contradictoria, los que han quedado probados, siempre que los mismos tengan trascendencia jurídica para el fallo;

2.º) En caso de duda, razonar por qué el órgano jurisdiccional no está seguro de los hechos o duda sobre su producción (v. más adelante).

3.º) Ha de excluir cualquier tipo de valoración jurídica o de predeterminación del posterior fallo, y no puede expresar ni mucho menos calificaciones jurídicas de los mismos.

4.º) La prueba debe ser valorada concretamente, pues es necesario que el acusado y demás partes sepan de dónde ha extraído el órgano jurisdiccional sus elementos de convicción, si bien no hay declaración legal expresa en este sentido (se podría apoyar en alguno de los motivos de casación por infracción de ley y por quebrantamiento de forma, v.gr., arts. 849, 2.º, y 851, 2.º LECRIM, ya que para impedir estas posibilidades hay que explicar los resultados probatorios obtenidos en el proceso).

5.º) Finalmente, es de suma importancia la motivación fáctica cuando estemos ante un caso de prueba obtenida vulnerando, directa o indirectamente, los derechos y libertades fundamentales (art. 11.1 LOPJ).

b) La motivación jurídica son los fundamentos de Derecho de la sentencia (arts. 248.3 LOPJ y 142, 4.ª LECRIM), en donde el órgano jurisdiccional aplica el Derecho Penal a los hechos declarados probados, dentro de los límites sustantivamente fijados.

El tribunal, consecuentemente, valora jurídicamente el antecedente de hechos probados, aplicando el Derecho Penal sustantivo y el Derecho Procesal Penal, en su caso, para llegar a la consecuencia final, fallo o parte dispositiva de la sentencia. Aquí se realiza la labor de interpretación doctrinal y jurisprudencial, explicando el Derecho que fundamenta la resolución.

Por ello deben citarse y explicarse los preceptos legales que afectan a (art. 142, 4.ª LECRIM): 1) La calificación de los hechos probados; 2) La participación en los mismos de los acusados; y 3) Las circunstancias agravantes, atenuantes y eximentes, en su caso.

Tres observaciones finales respecto a la motivación de las sentencias penales, en parte como concreción de reflexiones ya expuestas:

1.ª) Todo ello se traduce en una redacción de ambas partes de la sentencia, clara y no contradictoria, terminante, sencilla y expresiva, pues de lo contrario cabría el recurso de casación por quebrantamiento de forma (v. el art. 851, 1.º LECRIM).

2.ª) Las sentencias absolutorias por falta de hechos probados, o aquéllas en que se absuelva por aplicación del principio de la presunción de inocencia del art. 24.2 CE, no contienen declaración de hechos probados, pero sí deben ser motivadas para justificar la absolución.

3.ª) La motivación afecta no sólo al Derecho Procesal, sino también y muy principalmente al Derecho Penal sustantivo, pues su ausencia es causa de nulidad, ya que es la calificación jurídico-penal del hecho, por tanto, la explicación de por qué unos concretos hechos constituyen un determinado delito previsto en un artículo del CP, y no otro, debiendo incluso explicarse cualquier variación interpretativa de la línea jurisprudencial que se pueda producir.

c) El fallo o parte dispositiva de la sentencia, el único apartado que gozará en su momento de los efectos de cosa juzgada, debe ser congruente con dicha motivación, en los términos fijados legalmente, que comentamos a continuación. En él se condenará o absolverá no sólo por el delito principal y sus conexos, sino también por las faltas incidentales que hubieran sido enjuiciadas en la causa (art. 142, 4.ª, 5.º LECRIM).

b) Correlación entre acusación y defensa y sentencia

Las sentencias deben también ser congruentes, es decir, deben ser correlativas o adecuadas a las peticiones formuladas por todas las partes acusadoras y acusadas (arts. 142, 4.ª, 5.º y 742 LECRIM). En otro caso, se infringe el derecho a la tutela judicial efectiva del art. 24.1 CE, que implica a su vez el derecho a obtener una resolución sobre el fondo del asunto penal planteado (SS TC 138/1985, de 18 de octubre; 78/1986, de 13 de junio; 170/1997, de 14 de octubre; y 172/1997, de 14 de octubre).

La correlación se expresa en el fallo de la sentencia, conforme a esos preceptos, y recoge las posiciones jurídicas de las partes acusadoras y de las acusadas. En consecuencia, la correlación de la sentencia no es sólo con la acusación, sino también con la defensa, aunque la posición jurídica de la defensa no sea vinculante para el órgano jurisdiccional, ni siquiera en caso de conformidad (v. lección 12.ª).

En sentido estricto la congruencia se deriva del poder de disposición que las partes tienen sobre el objeto del proceso, y por eso la congruencia tiene pleno sentido en el proceso civil. Cuando se trata del proceso penal, del objeto del cual las partes no tienen la disposición, no se habla propiamente de congruencia, sino de correlación, que se asienta de modo principal en el principio de contradicción.

Las infracciones a este requisito pueden ser por defecto (al no pronunciarse sobre todas las peticiones de las partes), en cuyo caso se dice que las sentencias deben ser exhaustivas (con fundamento directo en el art. 24.1 CE, según la jurisprudencia antes citada), o por exceso, por ejemplo, imponiéndose, sin utilizar la facultad prevista en el art. 733 LECRIM dentro de los límites jurisprudenciales que hemos estudiado, pena mayor a la solicitada o por delito distinto (art. 794.3 LECRIM, para el proceso abreviado), cabiendo en ambos casos recurso de casación (art. 851, 4.º LECRIM), o de apelación.

Hablar de correlación significa comparar. Pues bien, para saber si la sentencia penal es congruente, si se adecua a lo pedido por las partes y lo obtenido en la sentencia, hay que analizar, desde el punto de vista de la acusación, las calificaciones definitivas (o las provisionales si no se han modificado), porque en ellas se fija el hecho criminal imputado a una persona, que constituye el objeto de ese proceso penal, con las peticiones correspondientes a estas cuestiones objetivas y subjetivas pertinentes; desde el punto de vista de la defensa, también sus calificaciones definitivas, o, en su caso, provisionales; y, desde el punto de vista del propio escrito de sentencia, su fallo o parte dispositiva, interpretado conforme a la motivación sentada en el antecedente de hechos probados y en la fundamentación jurídica. Y ello, tanto en lo que afecta a las peticiones y a los pronunciamientos penales de la sentencia penal, como a los civiles.

Motivación y correlación presentan lugares comunes de importancia, pues comparar la sentencia no quiere decir leer atentamente su parte dispositiva, sino toda ella, lo que significa en concreto atender a sus fundamentos fácticos y jurídicos. Este tema incide directamente en el objeto del proceso penal, visto en una de las primeras lecciones de este tomo. En este sentido, de ese análisis deduciremos:

1.º) Si la persona acusada es la persona absuelta o condenada, pues en caso contrario estaríamos ante una sentencia nula de pleno Derecho (art. 238, 3.º LOPJ), además de ante una de las injusticias mayores que puedan cometerse, sobre todo si se condena al no acusado, vulnerándose las garantías personales esenciales del art. 24 CE.

2.º) Si el hecho criminal imputado ha permanecido a lo largo de la causa sin variación esencial, pronunciándose sobre él la sentencia. En otro caso, se vulnerarían el principio acusatorio, el derecho a ser informado de la acusación, y se causaría indefensión (v., entre otras muchas, S TC 20/1987, de 19 de febrero). Las variaciones en cuanto a los hechos accesorios no plantean, en principio, ningún problema constitucional ni ordinario.

Otras cuestiones de incidencia en esta materia, como la relación de la conformidad del acusado con la correlación, o la resolución del objeto civil del proceso penal, ya han sido apuntadas y estudiadas en las lecciones correspondientes.

D) Contenidos particulares

El CP de 1995 contiene muchas normas que significan contenidos particulares de la sentencia penal de absolución o de condena, repercutiendo más allá de lo estrictamente material. Afectan por un lado al arbitrio judicial en el momento de sentenciar (adquiriendo quizás ahora más sentido el art. 741, II LECRIM, a pesar de su pretendido valor reglamentario por mor del Decreto de 31 de mayo de 1931), y a la imposición de sanciones penales y no penales. También haremos una referencia a la petición de supresión de tipos o de indulto. Veámoslos agrupadamente:

a) Manifestaciones del arbitrio judicial

Las leyes penales suelen contener numerosas normas que otorgan al órgano jurisdiccional sentenciador poderes discrecionales o facultades de arbitrio. Sin duda la fundamental es la que le permite recorrer la amplitud de la pena, hoy todavía más con prácticamente una única pena de prisión, en la extensión que estime adecuada, que debe fundamentar en la sentencia de acuerdo con las reglas de los arts. 61 y ss., salvo que la Ley imponga un tramo concreto (v.gr., tramo superior), en cuyo caso sigue existiendo arbitrio, si bien más reducido.

También es de citar la facultad que se concede al órgano jurisdiccional de rebajar en uno o dos grados la pena, cuando el Código penaliza los actos preparatorios. Ejemplos típicos, de los varios que pueden citarse, serían el delito de homicidio (art. 141 CP), y los delitos contra la comunidad internacional (art. 615 CP).

Pero además de estos casos, que podríamos denominar generales, el CP recoge determinadas posibilidades concretas en donde el arbitrio judicial aparece expresamente autorizado, generalmente para rebajar la pena o para imponer la pena de inhabilitación especial, al estar regulando conductas típicas que permiten o aconsejan su utilización, e incluso para aumentar en algunos casos la pena.

b) Sanciones no penales

El órgano jurisdiccional competente debe imponer en la sentencia condenatoria una o las dos consecuencias jurídicas del delito, a saber, la pena y la medida de seguridad, de acuerdo con reglas de aplicación respectivas fijadas por el CP (arts. 66 a 108).

Dentro de la pena, puede imponer una pena privativa de libertad, una pena privativa de derechos, sola o conjuntamente con la anterior, una pena pecuniaria, sola o conjunta con las demás, y una pena accesoria a la pena privativa de libertad, de acuerdo con los arts. 32 a 60 CP.

Pero además puede imponer consecuencias accesorias cuando el delito o falta se hayan cometido dolosamente. Estas consecuencias accesorias son las que van a ser objeto de nuestra atención ahora, porque las anteriores consideraciones afectan a todo el Derecho Penal en general.

No es clara la naturaleza de las consecuencias accesorias. La doctrina penal está dividida, pues un sector entiende que estamos ante penas accesorias, otro ante medidas de seguridad, un tercero ante otro tipo de sanciones, de carácter mixto o complejo, e incluso hay quienes piensan que es una institución totalmente autónoma. Desde luego, desde un punto de vista procesal, estas consecuencias accesorias sirven de entrada para entender que la clásica afirmación que las únicas consecuencias jurídicas del delito son la pena y la medida de seguridad es al menos incompleta, pues si entre las consecuencias como veremos enseguida están algunas (que son verdaderas penas) que implican la muerte civil de la persona jurídica, rodeadas además de amplias posibilidades de arbitrio judicial, la sanción es gravísima, y por tanto es admisible considerarlas, en nuestra modesta opinión, y siempre teniendo en cuenta el aspecto procesal, como un «tertium genus» derivado del hecho punible, en donde están presentes tanto los efectos de la pena (clausura definitiva, disolución, etc.), como los de las medidas de seguridad (evitar o prevenir la continuidad delictiva), pero en todo caso con carácter autónomo frente a la propia pena y a la propia medida de seguridad. Piénsese que con ello pretendemos evitar lo que los penalistas llaman «fraude de etiquetas», pues en caso contrario podemos estar disfrazando con otro nombre auténticas penas o auténticas medidas de seguridad, y si no son ni lo uno ni lo otro, es preciso encontrarles un acomodo en cuanto a su naturaleza. En este sentido, pensamos que estamos ante un tercer tipo de consecuencias jurídicas del delito.

El CP prevé dos tipos de consecuencias accesorias, ambas reformadas profundamente en 2010: El comiso, que es verdaderamente una consecuencia accesoria, y las medidas del art. 129 respecto a las personas jurídicas, que hoy son más penas que consecuencias accesorias, pero existen también disposiciones particulares dispersas a lo largo del articulado, algunas de las cuales deben citarse aquí.

1º) El comiso es la pérdida de los efectos del delito o falta dolosos, y en ciertos casos culposos, y de los instrumentos con que se haya ejecutado, así como de las ganancias provenientes del delito, salvo que pertenezcan a un tercero de buena fe no responsable del delito, que los haya adquirido legalmente. Se prevé con carácter general en los arts. 127 y 128 CP.

Si estamos ante un delito de terrorismo o de la criminalidad organizada, es admisible también el comiso de bienes de ese grupo u organización. También es posible el comiso aunque se declare al acusado exento de responsabilidad criminal siempre que quede demostrada la situación patrimonial ilícita.

Los bienes decomisados se venden si son de lícito comercio, aplicándose su producto a cubrir las responsabilidades civiles del penado, y si no lo son, se les dará el destino que se disponga reglamentariamente, inutilizándose en caso contrario, aunque el órgano jurisdiccional sentenciador puede no ordenar el comiso o decretarlo parcialmente si, siendo los bienes de lícito comercio, su valor no guarda proporción con la naturaleza o gravedad de la infracción penal, o si se han satisfecho completamente las responsabilidades civiles.

Pero normas particulares del CP establecen específicamente el comiso de bienes. Así podemos citar:1) Comiso de los instrumentos del delito contra la salud pública (art. 374, y desarrollado por el art. 5 Ley 17/2003, de 29 de mayo, por la que se regula el Fondo de bienes decomisados por tráfico ilícito de drogas y otros delitos relacionados); 2) Comiso del vehículo de motor o ciclomotor propios por delito de conducción temeraria (art. 385); y

3) Comiso de dádivas, presentes o regalos por delito de tráfico de influencias (art. 431). Fuera del CP, para los delitos de contrabando hay que estar a su legislación propia (art. 5 LO 12/1995, reformada por LO 6/2011).

2.º) El art. 129 CP de 1995, previó con la reforma de 2003 otra serie de consecuencias accesorias, pero que en realidad hoy con la reforma de 2010 por su gravedad y naturaleza son verdaderas penas, dada su correspondencia con otras sanciones idénticas para personas jurídicas, de gran importancia práctica y trascendencia económica, porque afectan a personas jurídicas mercantiles (sociedades anónimas, sociedades de responsabilidad limitada y sociedades cooperativas, principalmente), que no están jurídicamente constituidas en forma válida, es decir, que son personas jurídicas irregulares, sin personalidad jurídica en suma, y siempre que el CP lo prevea así expresamente. Si son personas válidamente constituidas se les aplica el art. 31 bis CP.

Algunas de las medidas se pueden imponer también cautelarmente (art. 129.3), pero entonces su naturaleza es de medida cautelar y no de pena, y por tanto sujetas al régimen jurídico de la tutela preventiva.

Las penas que se pueden imponer a las personas jurídicas sin personalidad jurídica son las del art. 33.7, letras c) a g) CP:

a) Suspensión de sus actividades por un plazo que no podrá exceder de cinco años.

b) Clausura de sus locales y establecimientos por un plazo que no podrá exceder de cinco años.

c) Prohibición de realizar en el futuro las actividades en cuyo ejercicio se haya cometido, favorecido o encubierto el delito. Esta prohibición podrá ser temporal o definitiva. Si fuere temporal, el plazo no podrá exceder de quince años.

d) Inhabilitación para obtener subvenciones y ayudas públicas, para contratar con el sector público y para gozar de beneficios e incentivos fiscales o de la Seguridad Social, por un plazo que no podrá exceder de quince años.

e) Intervención judicial para salvaguardar los derechos de los trabajadores o de los acreedores por el tiempo que se estime necesario, que no podrá exceder de cinco años.

Al lado de esas consecuencias accesorias, el CP establece en determinados preceptos medidas concretas.

Así, por poner algunos ejemplos, podemos citar: 1. Clausura definitiva de burdeles y casas de lenocinio (art. 194); 2. Clausura temporal o definitiva del local o establecimiento por delito de receptación o conducta afín (art. 298.2); 3. Demolición de la obra a cargo del autor del hecho, en los delitos sobre la ordenación del territorio (art. 319.3); 4. Clausura o intervención de la empresa en los delitos contra los recursos naturales y el medio ambiente (art. 327); etc.

c) Condenas por actos de violencia de género

Una previsión muy importante se establece en la Disposición Adicional 1ª LVG, pues en caso de que el órgano jurisdiccional dicte sentencia condenatoria de un varón en un proceso penal por delito de violencia de género, debe fijar en ella una serie de disposiciones relativas a pensiones y ayudas, que serían sanciones no penales especiales. En esencia, el condenado perderá la condición de beneficiado por la pensión de viudedad que le pudiera corresponder, no tendrá derecho en su caso al abono de la pensión de orfandad, ni tampoco tendrá la condición de beneficiario a los efectos de la Ley 35/1995, de 11 de diciembre, de Ayudas y Asistencia a las Víctimas de Delitos Violentos y contra la Libertad Sexual.

d) Petición de creación o supresión de tipos, o solicitud de indulto

Finalmente, el órgano jurisdiccional competente puede por razones de equidad, al entender que una aplicación literal del principio de legalidad criminal o penal puede conllevar una situación materialmente injusta, o al entender que la no tipificación de una conducta también puede llevar a idénticos resultados, en la línea tradicional mantenida por nuestros Códigos Penales, intentar suavizar o eliminar el rigor legal, o intentar la criminalización, mediante una de estas tres vías:

1.ª) Si estima que la condena es elevada puede pedir el indulto particular en la sentencia (art. 4.3 y 4 CP, para las causas ante el Tribunal del Jurado, v. arts. 52.2 y 61.1, c), II LJ);

2.ª) Si estima que el tipo penal debe ser descriminalizado, ha de solicitarlo al Gobierno mediante exposición razonada, sin perjuicio de la condena y su ejecución (art. 4.3 CP); y

3.ª) Si estima que determinada acción u omisión no penada debe serlo, se abstendrá de todo procedimiento sobre ella, por aplicación del principio de legalidad criminal, y dirigirá al Gobierno exposición razonada pidiendo la tipificación correspondiente (art. 4.2 CP).

III. LAS CUESTIONES PREJUDICIALES

Las cuestiones prejudiciales en el proceso penal se regulan, defectuosamente, en los arts. 3 a 7 LECRIM, que las consideraron por primera vez en nuestro Derecho, y con carácter general, en el art. 10 LOPJ.

A) Concepto

Recordemos, pues las cuestiones prejudiciales con relación al proceso civil han sido tratadas ya en el tomo II de esta obra (arts. 40 a 43 LEC), que cuestión prejudicial es aquel tema que teniendo conexión con un proceso penal, podría ser objeto de resolución en otro proceso de distinto orden jurisdiccional, por ejemplo, civil, administrativo, laboral o constitucional, o incluso comunitario, de manera que la decisión a tomar en estos órdenes influye en la propia sentencia penal.

La cuestión que realmente se plantea aquí no es otra que fijar el valor que en el proceso penal pueda gozar una sentencia civil, o de otro orden jurisdiccional, si lo tiene. En opinión de doctrina y jurisprudencia, la sentencia civil tiene el valor de hecho si se ha de utilizar en procesos de distinta naturaleza, por ejemplo penal. Su eficacia no es, pues, vinculante, razón por la que los tribunales apreciarán libremente el contenido de la misma. No obstante, la extinción de la acción penal lleva consigo la de la civil si se declara la inexistencia objetiva del hecho (art. 116, I, LECRIM).

Las leyes penales contienen muchas normas integradas por conceptos no penales. Por ejemplo, «cosa mueble» o «ajenidad», que son conceptos de Derecho Civil, en los delitos contra la propiedad; o «funcionario», que es un concepto de Derecho Administrativo, en los delitos que únicamente pueden cometer los funcionarios públicos.

La mayor parte de estos conceptos son aplicados sin discusión alguna por los órganos jurisdiccionales penales, bien porque el descriptor es absolutamente claro por sí mismo (a nadie se le ocurre objetar, por ejemplo, que unas llaves no son cosa mueble), bien porque la subsunción en la norma penal del sustantivo civil es igualmente pacífica (quien roba un televisor en un piso ajeno, está apropiándose por la fuerza de una cosa mueble). Pero en algunos casos judicialmente todavía no finalizados puede ser problemática esa utilización, dependiendo del criterio que se adopte la solución del tema, pues no es lo mismo que resuelva el juez penal internamente, a que tenga que esperar a que se pronuncie el juez civil. Entonces es cuando se plantea la cuestión prejudicial con toda su fuerza, que aquí abordamos ahora.

B) Clases

Tradicionalmente se ha afirmado que hay dos tipos de cuestiones prejudiciales, según sea el propio órgano jurisdiccional quien resuelva la cuestión, u otro de distinto orden.

a) Las cuestiones prejudiciales no devolutivas

Se llaman así porque, en determinados casos, la LECRIM permite que la resolución de estas cuestiones prejudiciales las haga el propio órgano jurisdiccional penal (art. 3 LECRIM, en relación con el art. 10.1 LOPJ). Así, para apreciar si ha habido delito de hurto o no (art. 234 CP), el tribunal penal resuelve él mismo si la cosa es «mueble», y si es «ajena».

La razón por la que la cuestión prejudicial no se devuelve para su resolución al tribunal competente del orden jurisdiccional afectado, puede ser doble:

1.ª) Porque ambas cuestiones, la penal y la de otra naturaleza, no puedan separarse racionalmente del hecho punible por ir íntimamente ligadas a él (art. 3 LECRIM), lo que es decir bien poco, pues se supone esa ligazón ya que en otro caso difícilmente habría prejudicialidad, debiendo atemperarse el tribunal penal en su resolución a las reglas propias del Derecho sustantivo a aplicar (art. 7 LECRIM).

2.ª) Porque estemos ante una cuestión que afecta al derecho de propiedad sobre un bien inmueble o a cualquier otro derecho real, siempre que tales derechos aparezcan fundados en un título auténtico o en actos indubitados de posesión (art. 6 LECRIM).

Naturalmente, la resolución de la cuestión prejudicial únicamente producirá efectos en el orden jurisdiccional penal, y exclusivamente en el caso en donde haya sido aplicada. Como dicen las leyes, se resuelven «a los solos efectos prejudiciales», o de la «represión» (arts. 10.1 LOPJ y 3 LECRIM). Constituyen los supuestos más numerosos en la práctica, sin duda alguna.

b) Las cuestiones prejudiciales devolutivas

En otros supuestos, en cambio, el tribunal penal no puede resolver la cuestión prejudicial, y tiene que suspender el proceso penal hasta que el órgano jurisdiccional que tenga la competencia genérica para hacerlo decida. En unos casos esa remisión es potestativa, de ahí que se hable de cuestiones prejudiciales devolutivas relativas; en otros es forzosa, de ahí que la doctrina se refiera a cuestiones prejudiciales devolutivas absolutas. Concretamente:

1.º) Estamos ante cuestiones prejudiciales devolutivas relativas cuando la cuestión sea determinante de la culpabilidad o inocencia del acusado, aunque el tribunal penal puede resolver la cuestión, de ahí el carácter relativo, si transcurre el plazo máximo de dos meses de suspensión del proceso penal fijado para acreditar que se ha acudido ante el órgano jurisdiccional de orden distinto, proceso en el que será parte el Ministerio Fiscal (art. 4 LECRIM), tema que podría afectar al derecho a la tutela judicial efectiva, v. SS TC 30/1996, de 26 de febrero; y 102/1996, de 11 de junio; entre otras).

2.º) En la categoría de cuestiones prejudiciales devolutivas absolutas entran las tres siguientes:

1") Cuando la prejudicialidad se refiera a una de estas dos cuestiones de estado: O a la validez (nulidad) de un matrimonio (arts. 73 y ss. CC), o al delito de supresión del estado civil (que no existe con tal nombre en el CP de 1995, de ahí que estemos ante una cuestión de filiación, cuando de ella dependa la fijación de un elemento de la supresión del estado civil, v. gr., el art. 220 CP), pues la remisión al juez civil es obligatoria siempre, y su decisión sirve de base al órgano jurisdiccional penal (art. 5 LECRIM).

> Estamos ante el único supuesto en el que la cosa juzgada civil se extiende al proceso penal, en todos los demás no hay vinculación alguna, pues se trataría como se explicó antes de un mero hecho. No obstante, el art. 5 LECRIM tiene una escasísima utilidad práctica.

2") Cuando se plantee una cuestión de inconstitucionalidad por el órgano jurisdiccional penal ante el TC (arts. 35 y ss. LOTC).

3") O cuando se plantee una cuestión de Derecho comunitario que influya en la sentencia penal (siempre que se hayan agotado los recursos en la vía interna, es decir, el proceso penal español.

C) Tratamiento procesal

Es uno de los aspectos peor tratados por la LECRIM, pues tan sólo se determina, y no para todos los casos, la competencia genérica, y por aproximación la competencia objetiva, en el art. 3. Ciertamente, las cuestiones prejudiciales, como sabemos, muchas veces no tienen ni que plantearse, ya que surgen naturalmente por sí mismas, pero cuando deban serlo positivamente, ha de ser admisible tanto la solicitud de parte, bien del Ministerio fiscal, bien del acusador particular o popular, bien del propio acusado (petición a la que la LECRIM parece referirse exclusivamente con la expresión «propuestas» de aquel precepto), como la actuación de oficio del órgano jurisdiccional, pues estamos ante un elemento esencial que integra el acto procesal de la sentencia, ya que de su concurrencia o no puede depender la declaración de existencia o inexistencia del delito acusado.

El momento procesal oportuno para plantearla debería ser cuando constara en autos la existencia de la cuestión. Pero se suscita la duda de si el límite para hacerlo debe ser la finalización del procedimiento preliminar (sumario o diligencias previas), o su planteamiento es válido también durante el juicio oral. El tema no está resuelto ni doctrinal ni jurisprudencialmente, pero en principio deben ser admisibles ambas posturas, en función de cuándo surja realmente la cuestión. La jurisprudencia parece inclinarse porque se planteen como artículos de previo pronunciamiento (S TS de 30 de octubre de 1983, RA 4697), lo que implica haber surgido en la fase de investigación. Si se suscita en el procedimiento preliminar y se acuerda su planteamiento, la posibilidad de suspensión, cuando proceda, es más factible, ya que en el juicio oral podría implicar su reiteración total. Pero no debe descartarse, por aquella razón, que pueda ser admisible incluso en fase de recursos.

Finalmente, tratándose de cuestión prejudicial devolutiva, la suspensión del proceso penal es la regla general (v., por ejemplo, los arts. 4 y 5 LECRIM; y las SS TS de 5 de julio de 1994, RA 6247; y de 20 de enero de 1996, RA 46).

D) Casos específicos

El CP de 1995 contiene algunas disposiciones a enmarcar dentro de las cuestiones prejudiciales. Debemos destacar la regulación de los delitos de insolvencias punibles, y en concreto dos casos, uno de ellos muy claro.

a) En efecto, en cuanto al primero, que no plantea ningún problema específico de interpretación procesal, de acuerdo con el art. 257.5 CP de 1995 (reformado en 2010), los delitos de alzamiento de bienes o de impedimento de la eficacia del embargo, o de un juicio ejecutivo, son perseguidos aun cuando tras su comisión se iniciara un proceso concursal, lo que implica que ni el proceso civil ni el proceso penal se interfieren suspendiéndose uno u otro, en alteración de la regla prevista en el art. 10.2 LOPJ, y en el art. 114 LECRIM, que establecen la paralización del proceso civil existiendo una cuestión prejudicial penal decisiva en cuanto al fondo del primer proceso, lo que haría imposible el inicio o continuación del proceso concursal.

Igualmente, el concurso fraudulento puede perseguirse penalmente sin necesidad de esperar a la conclusión del proceso civil y sin perjuicio a la continuación de éste (art. 260.3 CP, reformado en 2003).

Principio general en esta materia es que la calificación del concurso en el proceso civil no vincula nunca al órgano jurisdiccional penal, expresado exactamente así en el art. 260.4 CP, también reformado en 2003.

b) En cuanto al segundo, más complejo, se regula en el art. 258 CP, precepto que también tiene influencia en materia de responsabilidad civil, en el que se crea un nuevo delito de alzamiento de bienes específico, en virtud del cual «el responsable de cualquier hecho delictivo que, con posterioridad a su comisión, y con la finalidad de eludir el cumplimiento de las responsabilidades civiles dimanantes del mismo, realizare actos de disposición o contrajere obligaciones que disminuyan su patrimonio, haciéndose total o parcialmente insolvente, será castigado...». Esta norma, prevista por ejemplo para que el acusado de estafa no pueda eludir su responsabilidad civil ocultando sus bienes, o más claro, para que el condenado por un homicidio imprudente tampoco pueda ocultar sus bienes, plantea, entre otras cuestiones en las que no entramos por no ser procesales, el problema de interpretar el término «responsable», pues sólo si es declarado responsable del primer delito (la estafa, el homicidio) podrá ser condenado por el segundo (el alzamiento), con lo que estaríamos ante una cuestión prejudicial penal en un proceso penal posterior.

En nuestra opinión, el principio de legalidad y el principio de la presunción de inocencia (arts. 25.1 y 24.2 CE) obligan a interpretar la poco feliz expresión del legislador en sentido muy estricto, por lo que proponemos que dicho término sea valorado como si el texto dijera «el condenado por», pues de lo contrario estaríamos condenando por alzamiento a un presunto estafador o a un presunto homicida. Con lo cual la condena por estafa o la condena por homicidio imprudente, por seguir con los ejemplos, es presupuesto (prejudicial) del delito del art. 258, lo que implica la necesidad de desarrollar las actuaciones del segundo proceso hasta el punto de que la persecución del mismo no sea inoperante en la práctica, sobre lo que vemos ciertos riesgos evidentes, y, a continuación, suspenderlo hasta que se dicte sentencia en el primero, lo que implica otra alteración de la regla general de paralización antes vista.

Claro es que habrá que preguntarse entonces si las medidas cautelares reales (y personales en tanto en cuanto impiden la libertad de movimientos para facilitar la comisión, siempre que se den naturalmente los presupuestos generales exigidos) en el proceso por estafa son suficientes para impedir el posterior alzamiento, o, por lo que nos inclinamos, si en el proceso por alzamiento habrá que reforzar esas medidas cautelares.

Finalmente, un caso de prejudicialidad específico se contiene también en el art. 3 de la Ley 12/2003, de 21 de mayo: Los tribunales penales resuelven el bloqueo de la financiación del terrorismo adoptando las medidas cautelares pertinentes, aun en el caso de que esté en marcha un proceso administrativo sobre el mismo hecho, con el mismo fundamento y tratándose de las mismas personas.

LECTURAS RECOMENDADAS: GÓMEZ COLOMER, *Constitución y proceso penal*, Madrid, 1996, pág. 179; SENÉS MOTILLA, *Las cuestiones prejudiciales en el sistema procesal español*, Madrid, 1996; VALBUENA GONZÁLEZ, F., *Las cuestiones prejudiciales en el proceso penal,* Valladolid, 2004.

CAPÍTULO VI
LOS MEDIOS DE IMPUGNACIÓN

Lección Decimoséptima

Los recursos, 1

I. LOS MEDIOS DE IMPUGNACIÓN

La posibilidad del error: de hecho o jurídico

A) Delimitación del tema;
 Sentidos amplio y estricto
 Gravamen

B) El derecho a recurrir en el proceso penal;
 Art. 14.5 Pacto Internacional de 1966. Derecho fundamental

C) Efectos suspensivo y extensivo de los recursos;
 Suspensivo: Impide que sea firme
 Extensivo: acusado no recurrente

D) Diseño del sistema de recursos
 a) Clases: Devolutivos y no. Ordinarios y extraordinarios
 b) Competencia funcional

II. RECURSOS NO DEVOLUTIVOS

A) Recurso de reposición: Secretarios
B) Recurso de reforma: Juzgados
C) Recurso de súplica: Órganos colegiados

III. RECURSOS DEVOLUTIVOS ORDINARIOS

A) Recurso de revisión: Decretos de secretarios judiciales

B) Recurso de apelación:
 a) Clases
 b) Apelación contra resoluciones interlocutorias: Autos que lo prevean
 c) Apelación contra resoluciones definitivas
  – Contra sentencias en el procedimiento abreviado
  – En el juicio rápido
  – En el juicio por falta
  – Juzgados de Vigilancia Penitenciaria

C) Recurso de queja contra resoluciones interlocutorias como sustitutivo de la apelación

IV. RECURSOS DEVOLUTIVOS INSTRUMENTALES: LA QUEJA POR DENEGACIÓN DE OTRO RECURSO

I. LOS MEDIOS DE IMPUGNACIÓN

Cuando los órganos judiciales desarrollan su función de aplicar la ley en las causas de que conocen lo hacen sometidos, primero, a normas constitucionales que pueden ser sustantivas o procesales; después a normas ordinarias materiales para resolver sobre el fondo y, por fin, a normas procesales ordenadoras de la actividad necesaria para llegar a esa resolución. Cualquiera de estas normas puede ser incorrectamente entendida o aplicada (o al menos considerarse así por alguna de las partes) y también cabe estimar que el juzgador ha errado en la determinación de la base fáctica fundamento de su juicio. En cualquiera de estos casos, quien se estime agraviado por la decisión judicial puede, con carácter general, impugnarla solicitando bien del mismo órgano que la dictó, bien de otro diferente, una más beneficiosa para sus intereses modificando, sustituyendo o anulando la anterior.

A) Delimitación del tema

Aplicando lo dicho al proceso penal, permite las siguientes reflexiones:

a) Esta posibilidad impugnatoria no debe entenderse en sentido amplio, englobando cualquier medio otorgado a las partes para discrepar de las resoluciones judiciales, sea tanto en el fondo como en la forma, sino en sentido estricto, esto es, cuando se produce antes de que la resolución que se pronuncia sobre el fondo de la causa haya adquirido la condición de firme.

En sentido amplio permite incluir tanto a los medios que permiten impugnar resoluciones definitivas (que son los verdaderos recursos), como aquellos otros cuyo objeto es atacar la eficacia de cosa juzgada material de resoluciones firmes lo que nos llevaría al legal (e impropiamente) denominado «recurso» de revisión (más correctamente «proceso» de revisión, que no debe confundirse con el «recurso» de este mismo nombre contra resoluciones de los secretarios judiciales) y al recurso de anulación, específico del procedimiento abreviado cuyo estudio se lleva a cabo en la lección 19ª. Sin embargo tal inclusión es irreal y artificiosa porque cuando se trata de impugnar la sentencia que ya ha producido firmeza y, con ella cosa juzgada, no se está propiamente ante un auténtico recurso.

b) De lo dicho se deduce que para recurrir las resoluciones dictadas en el proceso es necesaria la concurrencia de un perjuicio o gravamen a cualquiera de las partes que intervengan en él, lo que parece exigir petición expresa del afectado. Sin esa petición no estamos propiamente ante un recurso.

En el proceso penal, con todo, pueden producirse dos situaciones que deben distinguirse netamente de los recursos:

1.º) Las resoluciones que el Juez de Instrucción va dictando en la fase de procedimiento preliminar o instrucción (por ejemplo, auto de procesamiento o auto de prisión provisional) no se convierten realmente en firmes, pues el mismo Juez puede dictar otra resolución de signo contrario. Es posible que el Juez dicte auto de procesamiento contra una persona y que, después de continuar la actividad investigadora, dicte nuevo auto «desprocesando» a esa persona (técnicamente levantando el procesamiento), al haberse desvirtuado los «indicios racionales de criminalidad». En este caso no se revoca el anterior auto de procesamiento, sino que se dicta una segunda resolución incompatible con la anterior, que es cosa distinta. En estos supuestos no se está ante recursos.

2.ª) Es también posible que el órgano que ha de conocer del juicio oral se pronuncie sobre la suficiencia o insuficiencia de la actividad investigadora del juez de Instrucción, revocando el auto de conclusión del sumario y ordenándole que realice nuevas diligencias de investigación. El art. 630 de la LECRIM lo permite así expresamente, y tampoco aquí estamos ante un verdadero medio de impugnación o recurso en sentido estricto.

Prescindiendo de las posibilidades anteriores, nos centramos en los recursos, entendidos como los medios concedidos a las partes en un proceso penal para poder manifestar su disconformidad, dentro de ese mismo proceso, con las resoluciones que en él pudieran dictarse y que entendieran negativas o perjudiciales para sus intereses, pidiendo bien su modificación bien su anulación.

B) El derecho a recurrir en el proceso penal

El acceso a los recursos en el proceso penal se considera elemento integrante del derecho a la tutela judicial efectiva, e incluso aquí, del proceso con todas las garantías o «debido proceso», reconocidos en el art. 24 de la Constitución.

Ahora bien, el correcto entendimiento de este derecho en el proceso penal está en función del tipo y contenido de la resolución que pretenda recurrirse. Y es que, siendo interlocutorias, incidentales o dictadas en el procedimiento preliminar por los órganos instructores o secretarios judiciales, poderlas recurrir queda condicionado al hecho de que existan recursos previstos legalmente para ello, sin que su no regulación en algún caso pueda estimarse vulneradora de este derecho fundamental.

Habitualmente, contra estas resoluciones se otorga algún tipo de recurso: reforma, súplica, apelación, queja o revisión, aunque también puede no preverse. Por ej. en el procedimiento ordinario si el Juez instructor rechazara la petición de procesamiento hecha por los acusadores estos podrán recurrir en reforma contra su decisión, pero contra el auto resolutorio de este recurso no cabe recurrir aunque sí reproducir la petición de procesamiento ante el órgano del enjuiciamiento (art. 384.6).

Otra cosa hay que decir tratándose de las decisiones de fondo, que siempre podrán someterse al control de un órgano jerárquicamente superior al que la dictó, en aplicación del art. 14.5 del Pacto Internacional de Derechos Civiles y Políticos de 19 de diciembre de 1966 (ratificado por España en 1977) conforme al cual: «Toda persona declarada culpable en un delito tendrá derecho a que el fallo condenatorio y la pena que se le haya impuesto sean sometidos a un tribunal superior conforme a lo previsto por la ley». Hay que aclarar, no obstante, que:

a) La legitimación para recurrir, aun cuando parece limitarse al condenado, debe entenderse extensiva a todo aquel que, incluso habiendo sido formalmente absuelto, hubiera visto en entredicho su presunción de inocencia.

Por ejemplo, el acusado que se beneficia de una sentencia absolutoria por estimarse la concurrencia de causas extintivas de su responsabilidad criminal (por ejemplo, prescripción del delito o indulto) pero que, al mismo tiempo, declara probada su participación en los hechos delictivos (Vid. STS 3 de julio de 1991 o STC 41/1998 de 26 de febrero).

b) La referencia al condenado no excluye que los acusadores puedan recurrir una decisión absolutoria si no la considerasen ajustada a derecho; o aún condenatoria por estimarse insuficiente la condena, en aplicación del esencial principio de igualdad de las partes que excluye cualquier tipo de trato procesal discriminatorio.

> Si se reconoce el derecho a recurrir, debe poderse hacer valer por todo aquel que estime gravosa una resolución judicial que le afecte, cualquiera que sea su posición en el proceso. Pensar otra cosa, además de romper con el principio de igualdad, podría conducir a situaciones de indefensión.

c) En las condiciones expuestas cualquiera de las partes podrá hacer uso del o de los de los recursos que el legislador tenga previstos, pero no podrá exigir un determinado tipo de ellos.

Esto supone que, si no se prevé recurso contra alguna resolución de fondo, ha de poder utilizarse el previsto para situaciones similares, quedando así cubierto este derecho constitucional. Lo que no podrá solicitarse, para el caso concreto, es la utilización de una modalidad de recurso libremente escogida por la parte, o la «creación» de alguna específica de nuevo cuño para su uso en él.

d) Dentro de los recursos (devolutivos) que la ley autoriza, cualquiera de ellos cumple con la exigencia constitucional de doble examen de una decisión de fondo. Se dice esto porque el alcance del art. 14.5 del Pacto de Derechos Civiles y Políticos debe entenderse limitado a que el fallo pueda someterse a un tribunal superior al que lo dictó, pero no a exigir una doble instancia en el sentido de que un segundo órgano conozca, en igualdad de condiciones, al que dictó la resolución recurrida.

Si esto fuera así, el derecho a recurrir sólo podría satisfacerlo la apelación, pero no la casación, caracterizada por delimitar el conocimiento del órgano competente sólo a los motivos concretos que permiten su interposición. No son las cosas de esta manera, por lo que tanto valor tiene, a estos efectos, uno como otro, llenando ambos suficientemente el derecho constitucional al recurso.

Montero llega a manifestar que la casación cubre «con exceso» estas exigencias al permitir que el Tribunal Supremo pueda entrar a conocer sobre los hechos, en base al motivo 2º del art. 849 por «error en la apreciación de la prueba» deducible de documentos obrantes en los autos (Vid. lección siguiente).

También el TC admite que el TS cumple el papel de «Tribunal Superior» a que se refiere el art. 14.5 del Pacto Internacional de Derechos Civiles y Políticos, considerando que éste no establece propiamente el derecho a una doble instancia, sino a que el fallo condenatorio sea remitido a un «tribunal superior». Siendo así, la casación cumple plenamente tales exigencias, al poderse motivar en el quebrantamiento de formas y garantías procesales; en el error en la apreciación de la prueba; en la infracción de normas sustantivas y poderse solicitar la práctica de pruebas propuestas e indebidamente denegadas. Y no solo eso, sino que motivarla sobre la afección al principio de presunción de inocencia, permite controlar el acierto del juzgador en la declaración de culpabilidad basada en los resultados de la prueba, constatando su licitud, su suficiencia y la razonabilidad de su valoración. Parece, pues, evidente que el TS puede revisar «íntegramente» las razones de una condena tanto fáctica, como jurídicamente. (Vid. SSTC 70/2002, de 3 de abril; 125/2005; 116/2006, de 24 de abril; 48/2008, de 11 de marzo; 102/2008, de 28 de julio).

No es este precisamente el criterio que se desprende del Dictamen del Comité de Derechos Humanos (creado en virtud del art. 28 del Pacto Internacional de Derechos Civiles y Políticos) producto de su reunión de 20 de julio de 2000, basado en la queja de un ciudadano español por presunta violación en España del derecho a recurrir en los términos del artículo 14.5 del Pacto.

En este dictamen se concluye que la casación, al limitarse a los aspectos formales o legales de la sentencia, no permitiendo la revisión íntegra del fallo y la condena, vulnera las garantías del referido precepto.

Contestando al requerimiento efectuado al Estado español para que informe sobre las medidas para aplicar el dictamen del Comité, la Sala Segunda del TS reunida en Pleno el 13 de septiembre del mismo año se reitera en que la casación cumple con las exigencias del art. 14.5 del Pacto, por las razones anteriormente dichas, aún cuando apunta la conveniencia de instaurar un recurso de apelación previo a la casación (Vid. STS 30 de abril de 2001).

Y no solo es que se apunte como «conveniente» instaurar la segunda instancia contra todo tipo de sentencias penales, sino que se pasa de las palabras a los hechos como consecuencia del denominado «Pacto de Estado de la Justicia» que propicia una amplísima reforma de la LOPJ, plasmada en la LO 19/2003, de 23 de diciembre. En ella se quiere generalizar la apelación penal justificándola, por una parte, para descargar de trabajo a la Sala Segunda del Tribunal Supremo; y, por otra, para atender esa llamada de atención del Comité Europeo de Derechos Humanos a que nos estamos refiriendo.

A tales efectos se crea una Sala de Apelación en la Audiencia Nacional para conocer las que se promuevan contra su Sala de lo Penal, y se atribuye a la Sala de lo Civil y Penal de los Tribunales de Justicia de las CCAA el conocimiento de las apelaciones contra resoluciones de las Audiencias Provinciales. Hay que decir, no obstante, que nos encontramos ante una previsión de futuro, pues en tanto no se produzca la correlativa modificación de la LECRIM permitiendo estos recursos, lo dicho carece de virtualidad.

Lo dicho no excluye, sin embargo, que determinadas sentencias, sean absolutorias o condenatorias, adquieran firmeza desde el momento en que se dictan, cerrando el paso a cualquier recurso contra ellas. Así sucede con las dictadas por la Sala Segunda del Tribunal Supremo conociendo en causas contra aforados ante ella (art. 847, II). La circunstancia de carecer este Tribunal de superior jerárquico y, sobre todo, la experiencia que concurre en sus magistrados ha permitido entender la constitucionalidad de esta situación, por la garantía que supone para los sometidos a él.

Tampoco excluye que el legislador pueda condicionar el ejercicio del derecho a recurrir al cumplimiento o concurrencia de determinados requisitos o circunstancias materiales o formales que, de no cumplimentarse, podrían dar lugar a la inadmisión o desestimación del recurso.

La justificación de estas exigencias hay que buscarla en el intento de preservar la seguridad jurídica, la economía procesal y los derechos e intereses de aquellos a quienes benefician las resoluciones que pretenden recurrirse, evitando que los recursos se utilicen como medio espurio para dilatar la ejecución de esas resoluciones cuando no hay causa suficiente para ello.

En cualquier caso, los requisitos formales nunca podrán ser de tal naturaleza que lleguen a impedir o dificultar excesivamente el acceso a los recursos; y su interpretación habrá de hacerse siempre de manera que prime el derecho a recurrir sobre formalismos exacerbados que lo dificultaran innecesariamente.

En razón a este planteamiento en el proceso penal se exige, en algunos casos, como requisito de admisibilidad de los recursos la constitución de un depósito variable en su importe, pero ciertamente comedido (50 euros, como máximo) que iremos viendo individualizadamente al referirnos a cada uno de ellos. Además se trata de un requisito exigible solo a la acusación popular, y siempre que esta condición no la haya asumido el Estado, las CCAA, las entidades locales o los organismos autónomas dependientes de ellas, al estar expresamente excluidas del cumplimiento de esta exigencia (Disp. Adicional Decimoquinta de la LOPJ).

En otro orden de cosas, nos encontramos con determinadas sentencias que, siendo recurribles en aplicación de los criterios legales, pueden dejar de serlo si se hubieran dictado concurriendo la conformidad del acusado en los casos y circunstancias en que es posible (art. 787.6).

El planteamiento es el siguiente:

a) Ajustándose estrictamente la sentencia a los términos de la conformidad no procederá el recurso por falta de gravamen.

Es una consecuencia adecuada al principio de que nadie puede ir contra sus propios actos, pues la conformidad supone un acto de disposición equivalente a la renuncia tácita a recurrir. Pensar otra cosa sería contrario al brocardo *pacta sunt servanda*, porque la conformidad no deja de ser un pacto y, además, podría propiciar situaciones de inseguridad jurídica, pues si la acusación limitara sus cargos para causar una conformidad y luego recurriera el acusado, estaríamos ante un verdadero fraude procesal.

b) Si, por el contrario, la sentencia no respetase los términos en que se manifestó la conformidad o el consentimiento para ella no se hubiera prestado libremente, podrá ser objeto de recurso.

En este caso, sin embargo, no cabrá aducirse como motivo para recurrir el desacuerdo con las razones de fondo que dieron lugar a la conformidad.

c) En cuanto a la parte acusadora, hay que entender admisible el recurso si la sentencia de conformidad fuera absolutoria (SSTS de 1 de mayo de 1988, 16 de mayo y 12 de noviembre de 1999 y 14 de febrero de 2000).

e) El derecho al recurso se satisface tanto con el acceso a los que la ley permite y regula, como que con ellos pueda obtenerse un nuevo pronunciamiento judicial sobre lo que se recurre. Ello no impide, como se ha dicho, que pueda inadmitirse (motivadamente) por la concurrencia de alguna de las causas que legalmente lo permiten, o que el órgano que conozca de él no entre en el fondo del asunto por razones estrictamente procesales.

Hay que entender, también, que la propia naturaleza de los recursos, cuyo fundamento se encuentra en el gravamen o perjuicio aducido por el recurrente, exige que quien lo resuelva sea coherente con tal circunstancia de manera que no empeore todavía más la situación de aquél, pues si fuera así su resolución pecaría de falta de correlación entre lo pedido y lo decidido. Como consecuencia, se prohíbe la reforma peyorativa o *reformatio in peius* (reforma «para peor») para evitar la indefensión que, de lo contrario, se produciría a quien recurre.

Si se admitiera que los órganos judiciales pudieran, por su propia autoridad, modificar el contenido de una resolución sometida a su juicio por vía de recurso agravando los perjuicios que, a criterio del recurrente, aquélla le produce, estaría, por una parte, decidiendo en sentido diferente al que se le pide; por otra, estaría configurándose un importante elemento disuasorio para recurrir, incompatible con el carácter garantizador de los recursos y el propio derecho a la tutela judicial efectiva del art. 24.1 de la Constitución.

Lo manifestado no es, sin embargo, generalizable más que al supuesto en que el recurso se plantee en un sólo sentido. Si una resolución judicial fuera recurrida, junto a quien se considera agraviado «en más», por quien estima que lo ha sido «en menos», solicitando, por ello, una agravación de sus declaraciones o condenas, la estimación de la procedencia de esto último no podría considerarse reforma peyorativa al responder a peticiones formuladas a instancia de parte, y no a una decisión de exclusiva iniciativa judicial que es, justamente, lo que se proscribe.

C) Efectos suspensivo y extensivo de los recursos

a) Efecto suspensivo

Recurrir una decisión judicial o del secretario refleja disconformidad con ella, razón por la que se pretende su sustitución, modificación o anulación. Esto produce como primera consecuencia que, el mero hecho de que aquella sea recurrible, impide que adquiera firmeza durante el plazo que la Ley establezca para recurrirla y que sus pronunciamientos sean efectivos hasta que ese plazo transcurra.

Transcurrido el plazo sin recurrir, la resolución es firme y por tanto ejecutable. Pero si se recurre cabe preguntarse si, dado el perjuicio (real o estimado) que produce la resolución recurrida puede esta causar sus efectos con independencia del recurso o si, por el contrario, debe esperarse a conocer su contenido para actuar en consecuencia. Esta segunda posibilidad configura el conocido como «efecto suspensivo».

Para conocer si se produce o no en el proceso penal hay que distinguir entre los distintos tipos de resoluciones recurribles y, en ciertos casos, la naturaleza de sus pronunciamientos. Tratándose de recursos contra resoluciones interlocutorias, no tiene lugar en ningún caso si estos fueran el de reforma, súplica, queja, reposición o revisión; y siendo el de apelación solo cuando expresamente se prevea este efecto o el órgano que lo admita lo estime conveniente (arts. 217, 223 y 776.1). Respecto a los recursos contra resoluciones definitivas beneficiosas a los acusados (sentencias absolutorias o autos de sobreseimiento) no impedirían su ejecución en lo que les fuera favorable, poniéndoseles en libertad si estuvieran privados cautelarmente de ella y alzando cualquier otra posible medida de cautela adoptada prescindiendo, por tanto, de lo que llegue a decidirse en el recurso planteado, que no excluye una eventual condena. Si, por el contrario, se tratara de resoluciones condenatorias su ejecución se mantendrá en suspenso durante el plazo en que se pueden recurrir y, caso de serlo, hasta la decisión del recurso.

Así permite entenderlo en art. 3 del CP conforme al cual las penas impuestas por los Tribunales sólo pueden hacerse efectivas cuando las resoluciones en que se contengan adquieran la condición procesal de «firmes», lo que exige o que no se hayan recurrido, o que haya sido resuelto el correspondiente recurso.

Ello no impediría, sin embargo y así parece deducirse del art. 989 de la LECRIM, que pudieran ejecutarse provisionalmente los pronunciamientos que la resolución contuviera sobre responsabilidades civiles.

b) Efecto extensivo

El hecho de recurrir responde, con carácter general, a exigencias individualizadas de quien se estima agraviado por una decisión judicial y que busca con el recurso el alivio personalizado de su situación procesal. Supone, pues, que pide para sí y no para quien, aun actuando en el proceso junto a él y en su misma situación, se aquieta ante lo decidido, lo que permite pensar que una eventual modificación de la resolución recurrida sólo debería afectar a quien la recurre, pero no a quien la consintió.

Sin embargo, en el proceso penal se reconoce el denominado «efecto extensivo» en beneficio del acusado no recurrente que, en determinadas circunstancias, puede verse favorecido en su situación, «aprovechándose» de los resultados de un recurso interpuesto por un coacusado que mejoran los pronunciamientos de la resolución recurrida. Está previsto para la casación en el art. 903, aunque no parece que debieran encontrarse obstáculos para admitirlo también en la apelación contra sentencias concurriendo las referidas circunstancias.

Conforme al art. 903 «cuando sea recurrente uno de los procesados (en realidad, ya condenado), la nueva sentencia aprovechará a los demás en lo que les fuere favorable siempre que se encuentren en la misma situación que el recurrente y les sean aplicables los motivos alegados por los que se declara la casación de la sentencia. Nunca les perjudicará en lo que les fuere adverso».

Nos mostramos partidarios de trasladar este efecto a la apelación por dos razones fundamentales: una de simple técnica legislativa; otra por coherencia con los principios generales de protección al acusado y de igualdad.

Hay que recordar que la apelación contra sentencias, en causas por delito, es relativamente reciente en nuestro ordenamiento procesal, mientras que la casación fue, durante mucho tiempo, el único recurso posible en tales causas. Esto nos hace pensar que la intención del legislador se manifestaba, en los orígenes de la LECRIM, respecto a ese único recurso; que no se haya hecho después lo mismo respecto a la apelación, muy posterior en el tiempo (desde 1967) no supone necesariamente que sea una forma de excluirlo tácitamente, sino que puede muy bien entenderse como una simple omisión producto, como otras muchas, de la defectuosa técnica del legislador contemporáneo.

Además y de no ser así resultaría difícil comprender por qué el mencionado efecto jugaría o no, incluso dentro de una misma vía procedimental, dependiendo del órgano al que corresponda su conocimiento. Nos referimos al procedimiento abreviado, pues si de él conociera una Audiencia Provincial (o la Nacional) su sentencia sería recurrible solo en casación (al menos, de momento) actuando por tanto el efecto extensivo; mientras que si correspondiera a un Juzgado de lo Penal (o Central de lo Penal) solo cabría apelación, con lo que quedaría excluido. Dado que no es el tipo de delito, sino las circunstancias que rodean la situación personal de los acusados o los motivos del recurso los que permiten el mencionado efecto parece lógico que, en igualdad de circunstancias, el tratamiento sea igual para todos.

Y esto que decimos lo consideramos aplicable también para cuando, según las previsiones de la Lo 19/2003, de 23 de diciembre, que ha modificado la LOPJ, cualquier sentencia pueda ser apelada. Porque incluso entonces el acceso a la casación no va a ser general, sino limitado a determinadas resoluciones y el argumento para entender por que el afecto extensivo debe producirse tanto respecto a estas, como en aquellas que solo sean apelables es el mismo que hemos utilizado antes para referirnos a la situación actual en el procedimiento abreviado.

D) Diseño del sistema de recursos

Efectuadas las precisiones anteriores, el sistema que nuestro ordenamiento procesal penal estructura para estos medios de impugnación se construye distinguiendo entre: recursos devolutivos y no devolutivos; y ordinarios, extraordinarios e instrumentales; atribuyendo a distintos órganos competencia funcional para conocer de sus modalidades devolutivas.

a) Clases

Recursos devolutivos son aquellos cuyo conocimiento se atribuye al órgano jerárquicamente superior (*ad quem*, o hacia «el que» se dirige el recurso) al que dictó la resolución que se recurre (órgano *a quo*), teniendo este carácter la revisión, la apelación, la casación y la queja. No devolutivos son los que su conocimiento corresponde al mismo órgano que dictó la resolución recurrida, requiriéndole para que «reconsidere» su decisión. Se integran aquí la reposición, la reforma y la súplica.

La distinción entre recursos ordinarios y extraordinarios responde a las circunstancias que, en cada supuesto, justifican su interposición. Serán ordinarios los que, por una parte, solo precisan la mera alegación de un perjuicio o gravamen causado en los intereses del recurrente por una determinada resolución y, por otra, sitúan al órgano que debe conocer de él en teórica igualdad de condiciones a la que se encontraba quién dictó la resolución recurrida, tanto para subsumir los hechos en la norma como para determinarlos, dando lugar a un nuevo juicio que vendría a modificar al anterior. Tienen esta naturaleza, la revisión, la reforma, la súplica, la apelación y la queja cuando se utiliza como sustitutivo de la apelación en los casos que veremos.

Los recursos extraordinarios, por contraposición, exigen para interponerlos la concurrencia de alguno de los motivos que específica y taxativamente lo permiten. Esto indica, en principio, que el órgano al que corresponde conocerlos no estaría realmente en las mismas condiciones que el órgano a quo, quedando reducida su actividad al examen de los motivos aducidos para fundamentarlo que, generalmente y como veremos, permiten controlar la aplicación o interpretación de normas sustantivas o procesales y, con ciertas limitaciones, la base fáctica de la resolución recurrida. Su representante genuino es el recurso de casación.

Finalmente, son instrumentales los que carecen de entidad por sí al no suponer disconformidad con una resolución por su contenido, sino por la circunstancia de haber cerrado el paso a un auténtico recurso. Se incluyen el recurso de queja por inadmisión del de apelación y por denegación del testimonio necesario para recurrir en casación.

Los recursos pueden, pues, calificarse por sus efectos en devolutivos y no devolutivos y por sus motivaciones en ordinarios, extraordinarios e instrumentales. Aplicado a sus distintas modalidades, encontramos que:

1.º) Los recursos de reposición, reforma y súplica son ordinarios y devolutivos.

2.º) Los recursos de revisión, apelación y queja como su sustitutivo son ordinarios y devolutivos.

3.º) La casación es extraordinario y devolutivo.

4.º) Los recursos de queja por denegación de otro recurso son instrumentales y devolutivos.

b) Competencia funcional

En otro orden de cosas, la existencia de recursos devolutivos requiere órganos con competencia funcional para conocer de ellos, que se determinan así:

1.º) Los Juzgados de Instrucción son competentes para conocer de recursos contra resoluciones de los Juzgados de Paz, pertenecientes a su partido judicial, en procedimientos por faltas (art. 87.1.e) LOPJ);

2.º) Las Audiencias Provinciales de los que se planteen contra resoluciones de los Juzgados de Instrucción y de los Juzgados de Violencia sobre la Mujer, en procedimientos por faltas, o las que puedan dictar en causas por delitos y contra las de los Juzgados de lo Penal, de Menores y de Vigilancia Penitenciaria (en materia de ejecución de penas y el régimen de su cumplimiento) integrados en el ámbito territorial de la Provincia (art. 82.1.2º a 5º LOPJ);

Llamamos la atención sobre el hecho de que en el citado precepto de la LOPJ no se hace referencia expresa a los Juzgados de Violencia sobre la Mujer, creados por la LO 1/2004, de 28 de diciembre, de Medidas de Protección Integral contra la Violencia de Género, pero hay que considerarlos incluidos en su contexto, por tratarse de Juzgados de Instrucción especializados.

3.º) La Sala de lo Penal de la Audiencia Nacional, de los recursos contra resoluciones de los Juzgados Centrales de Instrucción, Centrales de lo Penal, Central de Menores y Juzgados Centrales de Vigilancia Penitenciaria, en el ámbito de sus respectivas competencias (art. 65, 5.º y 6.º LOPJ).

En este último caso, el recurso no procederá si la resolución se hubiera dictado resolviendo un recurso de apelación contra resolución administrativa (Disp. Adicional Quinta 5 de la LOPJ, reformada por LO 5/2003, de 27 de mayo).

4.º) La Sala de Apelaciones de la Audiencia Nacional de los recursos de esta clase promovidos contra resoluciones dictadas por la Sala de lo Penal de este mismo Tribunal (arts. 64 y 64 bis de la LOPJ, según reforma de la LO 19/2003, de 23 de diciembre).

Hemos señalado antes y lo reiteramos ahora, que esta nueva Sala todavía no se encuentra operativa, porque habrá de modificarse previamente la LECRIM y su sistema de recursos para que las indicadas resoluciones puedan ser objeto de apelación.

5.º) La Sala de lo Civil y Penal de los Tribunales Superiores de Justicia, como Sala de lo Penal, de las apelaciones contra sentencias del Magistrado-Presidente del Tribunal del Jurado dictadas en el procedimiento especial ante este y contra algunos autos de las Audiencias Provinciales que la ley determina específicamente [art. 73.3, c) LOPJ y 846 bis a) LECRIM].

Esta Sala conocerá también, en su momento, porque la situación se plantea en términos idénticos a lo que decíamos respecto a la Sala de Apelaciones de la Audiencia Nacional, de los recursos de apelación que se promuevan contra resoluciones dictadas en primera instancia por las Audiencias Provinciales correspondientes a su circunscripción territorial (art. 73.3 de la LOPJ reformado por la LO 19/2003 de 23 de diciembre).

6.º) La Sala Segunda del Tribunal Supremo, de los recursos de casación contra sentencias de las Audiencias Provinciales, de la Audiencia Nacional y de la Sala de lo Civil y Penal (como Sala de lo Penal) de los Tribunales Superiores de Justicia de las CCAA (arts. 847 LECRIM y 2 LOTJ), y del recurso de casación «para unificación de doctrina» contra las sentencias dictadas en apelación por las Audiencias Provinciales en el proceso de menores y contra autos de estos mismos Tribunales y de la Sala de lo Penal de la Audiencia Nacional resolviendo apelaciones promovidas contra resoluciones de los Juzgados de Vigilancia Penitenciaria (lección 24.ª).

Tanto la Sala de lo Civil y Penal de los Tribunales Superiores de Justicia de las CCAA, como la Sala Segunda del Tribunal Supremo serán también competentes para conocer de los recursos de apelación y queja contra las resoluciones de los instructores, en las causas en que hubieran de sentencias por concurrir aforados.

También aquí hemos de decir lo que ya venimos diciendo. Esto es lo que ahora tenemos. No sabemos si, cuando todas las sentencias penales sean apelables, el régimen de casación va a mantenerse inalterado o va a sufrir modificaciones.

7.º) Cualquier órgano judicial será competente para conocer del recurso de revisión contra los decretos del secretario actuante en el mismo, frente a los que se admita. (art. 238 ter LECRIM).

II. RECURSOS NO DEVOLUTIVOS

Lo son el de reposición, reforma y el de súplica que a su naturaleza no devolutiva añaden ser ordinarios, al no precisarse motivaciones limitadas para interponerlos.

A) Recurso de reposición

Se prevé contra todas las diligencias de ordenación de los secretarios judiciales y contra aquellos de sus decretos que no sean directamente recurribles en revisión por imperativo legal.

Así sucede, por ej. con el decreto declarando desierto el recurso de queja por denegación del testimonio preciso para interponer el de casación (art. 866); con el que declara desierto el recurso de casación al no interponerse dentro de plazo (art. 873); o el que efectúa la misma declaración por incomparecencia del recurrente ante la Sala Segunda del TS, también en el recurso de casación (art. 878).

El recurso se interpondrá por escrito con firma de Abogado, en los 3 días siguientes al de haberse notificado la resolución de que se trate, ante el mismo secretario que la dictó, indicándose la infracción estimada. Admitido a trámite, el Fiscal y demás partes personadas podrán alegar por escrito (en plazo común de 2 días) tras lo que el secretario resolverá por decreto irrecurrible (arts. 211 y 238 bis).

B) Recurso de reforma

Procede, con carácter general, contra resoluciones interlocutorias de los Juzgados de Instrucción y de lo Penal en causas por delito, debiendo distinguirse según se trate del procedimiento ordinario o el abreviado.

En el procedimiento por faltas no se hace referencia a este recurso, lo que no quiere decir que necesariamente quede excluido. También se otorga contra los autos de los Jueces de Vigilancia Penitenciaria (Disp. Adic. Quinta. 1 LOPJ).

En el procedimiento ordinario se concede contra todos los autos y providencias de los Jueces de Instrucción, excepto cuando expresamente se excluya (art. 217).

No se concede, por ejemplo, contra el auto de conclusión del sumario, pues las partes podrían pedir su revocación ante la Audiencia y la práctica de nuevas diligencias (art. 622).

Su utilización tiene carácter potestativo, aunque también puede exigirse su agotamiento para apelar determinadas resoluciones.

Por ejemplo, el art. 384 exige el planteamiento previo de la reforma contra el auto del instructor decretando el procesamiento para poder apelarse contra él. Es decir, se recurriría primero en reforma contra el auto ante el propio instructor y, si no fuera estimada, quedaría abierto el camino para recurrir en apelación ante la Audiencia la resolución denegatoria de la reforma solicitada.

En cuanto al procedimiento abreviado cabe contra el mismo tipo de resoluciones del Juez de Instrucción y de los Juzgados de lo Penal, no exceptuadas del recurso. Nunca es previo a la apelación (art. 766.1 y 2).

No se exige, por tanto, agotar la reforma para poder apelar, sino que podría hacerse directamente. Tiene, pues, carácter potestativo y de interponerse se haría planteando subsidiariamente la apelación, por si la reforma no fuera estimada.

En el juicio rápido, que no deja de ser una modalidad del abreviado, se prevé, con carácter general, la irrecurribilidad de las resoluciones interlocutorias dictadas por el Juzgado de Guardia.

Así sucede con el auto declarando suficientes las diligencias practicadas (art. 798,2) o el que acuerda la apertura del juicio oral (art. 800.1). Son recurribles, sin embargo, los pronunciamientos sobre medidas cautelares (art. 798.3).

Dado el carácter no devolutivo de este recurso se plantea ante el mismo Juez que dictó la resolución que se recurre, y su finalidad es conseguir que éste reconsidere su decisión y la «reforme». Si así fuera, la modificaría en el sentido solicitado; no estimándolo, quedaría como estaba, dejando abierto el camino, en su caso, a una posible apelación.

Ha de plantearse por escrito (en los tres días siguientes a la última notificación de la resolución que se quiere recurrir) y con firma de Letrado (arts. 211 y 221); pudiendo, como hemos dicho, promoverse junto a él recurso de apelación, si cupiera contra la resolución que se recurre, para el supuesto en que no fuera estimada la reforma. No dice la Ley cuál debe ser el contenido de este escrito, aun cuando habrá de incluir las razones que lo justifican.

Presentado el recurso, el Juez dará traslado de copia del mismo a las otras partes para que, en el plazo de dos días, manifiesten lo que estimen oportuno. Transcurrido dicho plazo, y con independencia de que hubieran o no contraalegado, resolverá por medio de auto (art. 222. II y III).

C) Recurso de súplica

Se concede en los mismos términos y condiciones que el de reforma, pero contra los autos de órganos colegiados: Audiencias, Sala de lo Civil y Penal de los Tribunales Superiores de Justicia de las CCAA y Sala Segunda del Tribunal Supremo.

En nuestro ordenamiento la reforma y la súplica se distinguen casi exclusivamente por el órgano que dicta la resolución que se recurre; la reforma se prevé cuando ese órgano es unipersonal (Juzgado), mientras que la súplica procede contra resoluciones de órganos colegiados (Audiencias y Tribunales). Por esto es por lo que viene pidiéndose la unificación del nombre y de la regulación.

Tiene, pues, idénticas características que aquél, con la única particularidad de que no cabe cuando expresamente se excluya o se prevea otro tipo de recurso (arts. 237).

III. RECURSOS DEVOLUTIVOS ORDINARIOS

Los recursos devolutivos son aquéllos cuyo conocimiento se atribuye a un órgano jerárquicamente superior al que dictó la resolución que se recurre. Sobre esta característica común se distingue, en razón a sus motivaciones y, como decíamos, entre ordinarios, extraordinarios e instrumentales. Examinamos ahora la primera y tercera modalidad, dejando el estudio de los extraordinarios para la siguiente lección.

A) Recurso de revisión

Se concede frente a los decretos del secretario judicial que no hayan sido recurridos en reposición, que lo excluye, siendo competente para su conocimiento el órgano judicial en que aquel esté actuando. Habrá de interponerse por escrito ante el Juez o Tribunal que debe resolverlo (en los 3 días siguientes al de notificación del decreto que quiera recurrirse), continente del motivo en que se funda, con firma de abogado y acreditando la constitución de un depósito de 25 euros como requisito de admisibilidad, si el recurrente fuera el acusador popular (Sobre este depósito vid. el epígrafe «El derecho a recurrir en el proceso penal», apartado b) y lo que se dice en el Vol. II (Proceso civil) en el «Recurso por infracción procesal»). Admitido a trámite, el Fiscal y las partes personadas dispondrán de un plazo común (2 días) para alegar por escrito. Finalizado este trámite, el órgano judicial resolverá por auto irrecurrible (arts. 238 bis, 238 ter LECRIM y Disposición Adicional Decimoquinta de la LOPJ).

Conviene llamar la atención acerca de que el régimen de recursos contra las decisiones del secretario judicial que hemos visto, bien sea el de reposición o el de revisión, es solo aplicable a las de naturaleza estrictamente penal. Si su objeto estuviera relacionado con el proceso civil acumulado y más concretamente con la ejecución de los pronunciamientos civiles de la sentencia o con el embargo cautelar de bienes para asegurar responsabilidades civiles de terceros, habrá de estarse a las previsiones que sobre los recursos contra las resoluciones del secretario establecen para el proceso civil los arts. 451 a 453 de la LEC (art. 238 ter in fine LECRIM).

B) La apelación

Suele decirse que el recurso de apelación es el recurso ordinario por excelencia, por cuanto con el mismo se trata de llevar a un órgano superior el conjunto de las cuestiones que fueron decididas en la resolución que se recurre. Siendo ello cierto, es necesario distinguir entre clases de recursos de apelación, pues no es lo mismo impugnar una resolución interlocutoria que una sentencia.

a) Clases

Ofrece dos modalidades: contra resoluciones interlocutorias y contra resoluciones definitivas.

Aparentemente su naturaleza es, en ambos casos, la misma al buscar que un segundo órgano dicte una nueva resolución que sustituya a la recurrida con pronunciamientos más favorables para quien recurre, pero existen diferencias de trascendencia entre una y otra.

En su primera modalidad, y dada la naturaleza de la resolución impugnada, el recurso no va más allá de lo dicho, tanto que ni siquiera cabe cuestionar si se trata o no de una segunda instancia; al recurrirse de una resolución interlocutoria no se trata de que se pronuncie una segunda decisión sobre el fondo del asunto, no pudiendo hablarse de otra instancia.

Sin embargo, en la segunda modalidad se está abriendo camino para que un nuevo Juez pueda decidir sobre el fondo de lo resuelto, teóricamente en base a los mismos elementos y en las mismas condiciones que el que dictó aquélla. Esto da lugar a que se diga que esta apelación puede producir la apertura de una segunda instancia, al haber tenido ya lugar una primera en la que se dictó la sentencia que se apela.

No obstante, para ser realmente así, debería reproducirse ante este segundo órgano la vista oral, volviendo a practicarse las pruebas —incluso otras nuevas, de estimarse necesario—. Sólo entonces se encontraría el segundo órgano judicial en las mismas condiciones que el primero respecto a los hechos, al desarrollarse ante ambos las actuaciones en idénticos términos de oralidad e inmediación.

Pero las cosas no son de esta manera pues, quien conoce de la apelación sólo dispone de una constancia documental de los resultados de la vista y de la prueba, por lo que su conocimiento de los hechos siempre será indirecto y nunca equiparable al que dictó la sentencia recurrida. Esto supone que sólo podrá: a) Mantener inalterados los hechos, sin entrar a efectuar una verdadera valoración de los medios de prueba practicados ante el primer órgano judicial, con lo que el recurso se convierte en un medio de impugnación sólo afectante a la aplicación de las normas jurídicas; b) Estimar la insuficiencia de las pruebas para desvirtuar la presunción de inocencia, y c) En casos muy concretos, llevar a cabo una verdadera nueva consideración de los hechos, si se hubieran practicado algunas de las pruebas complementarias que la Ley autoriza en circunstancias tasadas. Este último supuesto sería lo más parecido a una segunda instancia, aunque sin olvidar que la oralidad y la inmediación sólo tendría lugar, entonces, sobre esas nuevas pruebas; mientras que los resultados de las que se practicaron en la primera instancia seguirían constando por escrito o en la grabación.

Semejante planteamiento ha de reconsiderarse tras la STC 167/2002, de 18 de septiembre (seguida después por otras muchas, por ej. SSTC 180/2008, de 22 de diciembre, 184/2009, de 7 de septiembre, 215/2009, de 30 de noviembre, o 1/2010, de 11 de enero, por citar algunas) que tomando como base diversas sentencias del TEDH (así, la de 27 de febrero de 2000 —caso Contastinescu contra Rumania, o la de 25 de julio de 2000— caso Tierce y otros contra San Marino) estimó que cuando en apelación hay que pronunciarse sobre la culpabilidad del acusado no puede prescindirse de su examen directo y personal. Y no solo eso, sino que la apreciación de cualquier tipo de prueba personal, cuyos resultados dependan de su práctica inmediata o de la posibilidad de contradecir frente a ella, requiere que sea reproducida nuevamente.

En resumidas cuentas, en apelación no puede justificarse la condena del absuelto en primera instancia o la agravación de la que le hubiera sido impuesta utilizando los resultados de pruebas personales que no hayan sido practicadas directa e inmediatamente ante el Tribunal «ad quem», pues otra cosa vulneraría: 1) El derecho a un proceso con todas las garantías, porque quién ha tenido conocimiento directo e inmediato de las pruebas ha sido el órgano «a quo», pero quién condena es el de apelación y para ello es imprescindible la apertura de vista oral en la que puedan ser oídos, directa e inmediatamente, el acusado, los testigos y los peritos, en su caso (ver más adelante); y 2) El principio de presunción de inocencia, si los resultados probatorios indebidamente valorados por el Tribunal de apelación fueran los únicos en que se basó su condena, pues tal equivale a su inadecuada obtención. Por ej. si se absolviera en primera instancia y en apelación se condenara considerando unas declaraciones testificales expresamente excluidas por el juzgador «a quo».

Hay que matizar que esta garantía sólo es exigible si la condena se funda en cuestiones de hecho, valorando nuevamente las declaraciones del acusado o los testigos sin haberlos oído directamente, pero no: 1) Cuando no se altere la base fáctica sobre la que se asienta el órgano «a quo», aunque llegue a conclusiones distintas; 2) Cuando, aún produciéndose tal alteración, no derive del análisis de medios probatorios que requieran la inmediación del juzgador para valorarlos (documentos, por ej.); 3) Cuando tratándose de la prueba pericial, el Tribunal de instancia haya valorado exclusivamente el informe escrito, al otorgarle naturaleza documental permisiva de ser nuevamente valorado en apelación sin necesidad de la presencia y el debate directo con el perito. Otra cosa sería si este hubiera declarado en la vista oral para explicar o ampliar su informe, pues entonces tendría la naturaleza de una prueba personal, exigente de su reproducción directa e inmediata en la segunda instancia; 4) Cuando la condena en apelación se fundamente en cuestiones estrictamente jurídicas, procediendo el órgano «ad quem» a una calificación distinta de los hechos de la que, sin alterarlos, se deduzca la concurrencia de todos los elementos del tipo penal en la conducta del acusado, pues para ello tampoco es necesaria la inmediación.

Y se plantea aquí un complejo interrogante ¿cómo puede cumplirse esta exigencia de apertura de vista oral en apelación si el art. 790.3 solo la autoriza para casos muy concretos, entre los que no se incluye el señalado? (Vid. después: «Apelación de sentencias en el procedimiento abreviado»). Viene ofreciéndose alguna solución sustitutiva, partiendo de la base de que la inmediación quedaría cumplida si el Tribunal «ad quem» tuviera conocimiento de lo acontecido en la primera instancia mediante el soporte audiovisual de la vista oral. Parece olvidarse, así, que la característica esencial de la inmediación es la inexistencia de elementos interpuestos entre el juzgador y las pruebas, y un video o un DVD no dejan de serlo porque aunque el órgano «ad quem» puede, efectivamente, ver y oír lo mismo que vio y oyó el juzgador «a quo» no interviene directamente en la práctica probatoria. Y no puede sustituirse el examen directo del acusado, testigos o peritos por el visionado de la grabación audiovisual de la vista oral, pues el respeto a los principios de contradicción y audiencia y con ello al derecho a un proceso con todas las garantías exige tanto que quien juzga tenga ante sí al declarante, como que este pueda dirigirse a quién está llamado a valorar sus declaraciones. Es cierto que se prevé en la vista del recurso esa reproducción magnética, si se dispusiera de ella y así se solicitara, pero esto no altera lo que venimos diciendo y así lo han entendido, por ej. las SSTC 120/2009, de 18 de mayo y 30/2010, de 17 de mayo. No cabe, pues, más que una solución operativa: reformar la LECRIM sobre este punto, porque si no es así estamos ante un callejón sin salida.

b) Apelación contra resoluciones interlocutorias

Se prevé contra los autos de los Jueces de Instrucción (con carácter general), de los Juzgados de lo Penal (sólo en el procedimiento abreviado) y de Menores contra los que se admita expresamente (arts. 217 y 766.3 LECRIM; art. 41 LO 5/2000, de 12 de enero).

Por ejemplo, autos de inhibición del instructor (arts. 12 y 25); denegando la admisión de la querella (art. 313); decretando, prorrogando o denegando la prisión provisional o acordando la libertad del imputado (art. 507) con la particularidad, en este caso, de que siempre se tramitará conforme a lo establecido para la apelación en el procedimiento abreviado y tendrá carácter preferente; denegando la reforma del procesamiento (art. 384.u); ratificando el de prisión o soltura del preso (art. 518); de conclusión de las diligencias previas (art. 779); de adopción de medidas cautelares tratándose de persona jurídica (art. 544 quater); fijando la cuantía de indemnizaciones civiles en ejecución de sentencias (art. 794.1ª); decretando la suficiencia de la fianza (art. 596); o autos de los Jueces de instrucción acordando o denegando pedir la extradición activa (art. 830), o sus pronunciamientos en el juicio rápido, como Juzgados de Guardia, sobre medidas cautelares (art. 798.3).

En el procedimiento ordinario, su interposición puede condicionarse al agotamiento previo de la reforma, como antes decíamos. Sin embargo, en el abreviado, recurrir en reforma no es previo para apelar, quedando como potestativo, en cuyo caso se plantearían ambos recursos de manera subsidiaria como también decíamos.

Si así fuera y la reforma solicitada se desestimara total o parcialmente, antes de darse traslado a la apelación a las demás partes personadas, se concederá al recurrente un plazo de 5 días para alegaciones y presentación de documentos. (art. 766.4)

El recurso se presentará por escrito ante el Juez que dictó la resolución impugnada, acompañándose si el recurrente fuera el acusador popular de resguardo justificativo de la constitución de un depósito (como requisito de admisibilidad) de 25 euros, si la resolución recurrida no pusiera fin al proceso ni impidiera su continuación y de 50 euros produciendo tales consecuencias (arts. 220 a 235; 766 LECRIM; Disposición Adicional Decimoquinta LOPJ; ver lo que sobre este depósito se dice antes en el «Recurso de revisión» contra decretos del secretario judicial). Aquél se pronunciará sobre su admisión o no a trámite (la resolución denegatoria permite queja, en la forma que veremos). La admisión se hará en uno o dos efectos, según el criterio judicial o lo que la ley establezca al respecto.

Un efecto supone sólo el devolutivo, remitiéndose las actuaciones al órgano que ha de resolverlo, sin suspender la efectividad de la resolución recurrida, y manteniendo el Juez la competencia para seguir conociendo del asunto en los extremos no recurridos; dos efectos, que no sólo se efectúa esa remisión sino que, además, se suspende la ejecución de aquélla hasta que se resuelva el recurso.

Hay casos en los que la propia naturaleza de la resolución hace pensar en la necesidad de que se suspendan sus efectos, por pura lógica, aunque nada se diga. Por ejemplo, en el procedimiento abreviado, el Instructor y en base a los datos de que dispone, puede acordar: o que los hechos no son punibles; o que son constitutivos de falta; o inhibirse a favor de un Juzgado de Menores o de la justicia militar. Esta resolución es apelable, conforme al art. 779.2, y se dice que si el recurso *no* se interpusiera se procedería a dar efectividad a lo resuelto; luego, *si* se interpone, es evidente la suspensión.

En otros supuestos, el doble efecto se impone legalmente, por ejemplo, contra el auto denegatorio de la admisión de la querella (art. 313, II); mientras que, en otros, se reduce a uno sólo (por ejemplo, respecto al auto denegatorio de diligencias de investigación solicitadas por las partes, art. 311, II, o en los que se decrete o deniegue la prisión o excarcelación, art. 518), y en el procedimiento abreviado se establece, como generalidad y de no decirse otra cosa, sólo el efecto devolutivo (art. 766.1).

Hay algún caso en que lo que se prevé es el efecto suspensivo, impeditivo de la puesta en libertad del condenado por delitos graves hasta la resolución del recurso, cuando se hubiera apelado su clasificación como penado o la concesión de la libertad condicional (Apartado 5 de la Disposición Adicional Quinta de la LOPJ).

Su tramitación ofrece algunas particularidades según se trate del procedimiento ordinario o del abreviado. En el primero, no precisa fundamentarse en el escrito de interposición, sino en la vista pública en la que se va a dilucidar el recurso y donde los apelados pueden contraalegar. No puede solicitarse apertura de periodo probatorio, aun cuando antes del día fijado para la vista podrían aportarse los documentos que se estimasen oportunos. Sin embargo, en el procedimiento abreviado no sólo debe interponerse por escrito, sino que en él deben contenerse todas las alegaciones que lo justifiquen, pudiendo los apelados aducir lo que estimen adecuado en la misma forma. Puede decirse, por tanto, que generalmente no hay vista oral (art. 766.3).

Sin embargo, siempre habrá de celebrarse vista si lo solicitara el apelante, al recurrir pronunciamientos acordando la prisión preventiva; y se celebrará o no, a criterio judicial, cuando aquellos se refieran a otro tipo de medidas cautelares (art. 766.5).

Se resuelve por auto que se comunicará al Juez del que proceda la resolución recurrida. Siendo estimatorio de la apelación, deberá cumplir los pronunciamientos que le imponga; si fuera desestimatorio, aquélla recuperará su plena vigencia levantándose, en su caso, la suspensión de sus pronunciamientos.

Las normas de procedimiento se recogen en los arts. 223 a 232 para el procedimiento ordinario y 766 para el abreviado. Muy brevemente expuestas ofrecen la siguiente cadena de actuaciones:

1.º) Procedimiento ordinario.

Podrá interponerse en los cinco días siguientes al de ser notificada la resolución de que se trate; por escrito; con firma de Letrado y Procurador y ante el órgano que la dictó, quien lo admitirá o no. En el primer caso, en uno o ambos efectos con remisión de actuaciones al órgano que ha de resolverlo que, siendo en un sólo efecto, será de los autos originales; y, en los dos, de testimonio de la resolución recurrida y de todos aquellos particulares que el Juez o las partes estimen adecuados, teniendo en cuenta las limitaciones que sobre ello podría suponer el secreto de las actuaciones sumariales. El plazo máximo para remitir el testimonio es de quince días. Hecha la remisión, se emplazará a las partes para su personación ante el órgano *ad quem* (diez días si fuera una Audiencia, quince si el Tribunal Supremo). No haciéndolo el apelante se declarará desierto el recurso, con devolución de actuaciones al órgano del que procedan; en otro caso, se le dará vista de aquéllas para instrucción (tres días). Lo mismo se hará respecto a las demás partes y el Fiscal, si fuera preceptiva su intervención por la naturaleza de la causa. Finalizado este trámite se señalará día para la vista (en los diez días siguientes) en la que el apelante justificará su recurso y las demás partes presentarán sus contraalegaciones. La vista no se suspenderá en ningún caso; ni le afectará la inasistencia de las partes (aunque la del Fiscal es preceptiva, en los casos expuestos); y hasta el día señalado para ella podrán aportarse los documentos que se estimen convenientes para justificar las respectivas pretensiones.

2.º) Procedimiento abreviado

El plazo de interposición es el mismo. Admitido el recurso se pondrá la causa de manifiesto a las demás partes, en el propio Juzgado, para instruirse, alegar y presentar los documentos que estimen convenientes (por plazo común de cinco días). Las alegaciones son todas escritas y, evacuadas, se remitirá lo actuado a la Audiencia que resolverá, sin más trámites, en los cinco días siguientes, a no ser que se acuerde la celebración de vista por darse los supuestos que antes veíamos.

c) Apelación contra resoluciones definitivas

Procede actualmente contra las sentencias dictadas en procedimientos por faltas y, en el caso de los delitos contra las de los Juzgados de lo Penal o Juzgados Centrales de lo Penal en el procedimiento abreviado y contra las dictadas por los Juzgados de Instrucción en Servicio de Guardia, tratándose del juicio rápido, cuando ello es posible (ver después).

También se concede contra las del Magistrado-Presidente del Tribunal del Jurado integrado en las Audiencias Provinciales aunque se trata de una modalidad del recurso que, como veremos, tiene poco que ver con la que ahora estudiamos produciendo una seria desvirtuación de su naturaleza (vid. lección 25.ª).

Y contra los autos definitivos de estas Audiencias, estimando las excepciones de cosa juzgada, indulto y prescripción del delito, planteadas como artículos de previo pronunciamiento conforme al art. 666 (vid. Lección 11.ª) (art. 676.III). Originariamente, la casación era el único recurso posible en este último supuesto.

Asimismo, contra las resoluciones de los Juzgados de Vigilancia Penitenciaria (ordinarios y Central) en materia de ejecución de penas y régimen penitenciario, excepto si fueran decisorias de recursos de apelación contra resoluciones administrativas (art. 65.6 y Disposición Adicional Quinta de la LOPJ).

Hablar de apelación en el proceso penal, en el sentido de que con ella pueda abrirse una segunda instancia, choca frontalmente con una de las consecuencias esenciales del sistema oral por el que se rige, cual es la necesaria inmediación y, con ello, la única instancia desde el momento en que un nuevo juez, en las referidas circunstancias, no podría desarrollar una segunda en igualdad de condiciones al que intervino en la primera, tal y como decíamos en líneas anteriores. Tanto es así, que la Exposición de Motivos de la Ley Adicional a la Orgánica del Poder Judicial de 1.882 llegó a decir que la segunda instancia en lo criminal «repugna a la índole y naturaleza del juicio oral y público».

Esto determina que la LECRIM en su redacción originaria no preveía la apelación en las causas por delito, aunque sí para las faltas dada su escasa entidad, quedando la casación como único recurso. La situación rige hasta la Ley de 8 de abril de 1967, que introduce el denominado procedimiento de urgencia por delitos menores, atribuido a la competencia de los Juzgados de Instrucción y contra cuyas sentencias se permite apelar ante las Audiencias Provinciales; se mantiene al crearse, por Decreto-ley de 4 de enero de 1977, la Audiencia Nacional y los Juzgados Centrales de Instrucción, permitiéndose que contra las decisiones de éstos pudiera apelarse ante la primera; y queda definitivamente institucionalizado con la reforma de 28 de diciembre de 1988 que detrae de la competencia de los Juzgados de Instrucción el conocimiento y fallo de los delitos de que, hasta entonces, venía conociendo, pero crea los Juzgados de lo Penal (y Centrales de lo Penal, en el ámbito de la Audiencia Nacional), autorizando la apelación contra sus sentencias. La LO 5/1995, del Tribunal del Jurado, y la LO 5/2000, de 12 de enero, de Responsabilidad Penal del Menor, abren este recurso contra las dictadas en este tipo de procesos; la Ley 38/2002, de 24 de octubre, la amplia al juicio rápido (art. 803 LECRIM) y la reforma producida en la LOPJ por la LO 19/2003, de 23 de diciembre, cierra definitivamente el círculo al generalizar la apelación contra todo tipo de sentencias en cuanto se establezca la base legal para recurrirlas en la LECRIM.

Distinguimos, pues, entre la apelación en el procedimiento abreviado; en el rápido; en el juicio de faltas y contra las resoluciones de los Juzgados de Vigilancia Penitenciaria.

La reforma de la LOPJ causada por la LO 19/2003, de 23 de diciembre, debe permitir, cuando la LECRIM se adapte a ella, la apelación de todo tipo de sentencias incluidas las de las AP y las de la Sala de lo Penal de la AN. Pero ahora exponemos lo que tenemos y por ello no aludimos a la apelación en el proceso ordinario.

1.º) *Apelación contra sentencias en el procedimiento abreviado*

Como características generales destacamos:

1") El agotamiento de la reforma nunca es previo para interponerse.

2") Habrá de plantearse, para su admisión, ante el órgano que dictó la sentencia recurrida, en los 10 días siguientes al de su notificación, excepto si se hubiera pronunciado oralmente tal como permite el art. 789.2 y las partes hubieran manifestado en el acto su intención de no recurrirla, ya que le otorgaría inmediata firmeza.

El indicado plazo quedará en suspenso si, dentro de los 3 primeros días, se solicita copia del acta magnética del juicio oral (de haberla) celebrada ante el juzgador «a quo», reanudándose una vez entregada (art. 790.1).

Si, apelada la sentencia, alguna de las partes no lo hubiera hecho dentro de plazo podrá adherirse al recurso en el trámite de alegaciones ante el órgano «a quo» previsto en el art. 790.5. Este recurso tiene naturaleza supeditada quedando su virtualidad condicionada a que el apelante principal mantenga el suyo (art. 790.1).

3") El escrito en que se lleve a cabo no puede limitarse a ser la simple manifestación de la intencionalidad de recurrir, sino que debe contener sus motivaciones determinantes que, posteriormente, habrán de exponerse resumidamente en el acto de la vista, si llegara a celebrarse (arts. 790.2 y 791).

Conforme al art. 790.2 estas alegaciones deben centrarse en el quebrantamiento de normas y garantías procesales; error en la apreciación de las pruebas, o infracción de preceptos constitucionales o legales.

Si el recurso se fundara en la infracción de normas o garantías procesales o constitucionales insubsanables en él y que se consideren causantes de indefensión, se harán constar las que se estimen infringidas y las razones por las que se estime la concurrencia de la indefensión; también deberá acreditarse haber solicitado la subsanación de la falta al Juez que la hubiera cometido, a no ser que se hubiera producido en momento tal que ya no fuera posible subsanarla (art. 790.2. II).

Esto permite distinguir entre un recurso basado en razones de fondo y otro en razones de forma, que buscan consecuencias diferentes. En el primer caso, una sentencia que, sustituyendo a la recurrida, sea más favorable al recurrente; en el segundo, la nulidad de lo actuado que produciría, si se estimara el quebrantamiento de una forma esencial del procedimiento, la reposición de las actuaciones al momento en que se produjo el defecto denunciado y su continuación, una vez subsanado.

En el mismo escrito de interposición podrá proponerse la práctica de prueba, pero limitada a: 1) Las que no pudieron serlo en la primera instancia; 2) Las que allí fueron indebidamente denegadas, siempre que se hubiera manifestado expresamente la intención de proponerse de nuevo al recurrir; 3) Las admitidas y no practicadas por causas no imputables al solicitante. Cabrá también solicitar la reproducción de la prueba practicada en la primera instancia, si hubiera sido registrada sobre soporte magnético (arts. 790, 1 y 3 y 791).

Exigencia que debe cumplimentarse, como requisito de admisibilidad del recurso, es la de aportar justificación documental de haberse efectuado un depósito de 50 euros, aunque sólo si el recurrente fuera el acusador popular (Disp. Adicional Decimoquinta de la LOPJ) (vid. lo que sobre este depósito se dice en el «Recurso de revisión» contra las resoluciones del secretario judicial).

Si el recurso no fuera admitido, podrá recurrirse en queja en la forma que luego veremos. Admitido, se dará traslado a los apelados por 10 días comunes (incluida la adhesión al recurso en los términos vistos antes) para alegaciones y en su caso solicitar la práctica de prueba. Transcurrido este plazo y con independencia de la postura adoptada por los apelados se remitirán las actuaciones al órgano «ad quem» (en los 2 días siguientes) que resolverá por sentencia, con vista previa a o sin ella. En el primer caso, dentro de los 5 días siguientes a su celebración; en el segundo, en los 10 siguientes a la recepción de las actuaciones (art. 792).

La vista solo se acordará habiéndose efectuado proposición de prueba por darse alguna de las circunstancias previstas en el art. 790.3; o si el tribunal la estimara necesaria, de oficio o a instancia de parte, para mejorar su convicción (art. 791.1).

También debería acordarse si se apelara una sentencia absolutoria para que el acusado pueda ser oído directamente pues, según criterio del Tribunal Constitucional, una condena sin cumplirse tal condición vulneraría el derecho a un proceso con todas las garantías. Sin embargo, y como hemos apuntado antes, la carencia de cobertura legal para la apertura de vista en este supuesto al no encajar en ninguno de los supuestos específicos del art. 791.1 hace muy difícil la aplicación de esta doctrina. (Vid. el apartado: Apelación: a) Clases).

Esta resolución se notificará a los ofendidos o perjudicados, aunque no hubieran sido parte en la causa. Tiene carácter irrecurrible, excepto en revisión si de dieran los motivos para ello; o en anulación, si el proceso se hubiera seguido en ausencia del acusado cuando es posible.

2.º) Apelación en el juicio rápido

Se acomoda a las normas del procedimiento abreviado, con pequeñas variantes que afectan a los plazos para formalizar el recurso y presentar alegaciones por lo no recurrentes (se reducen a cinco días) y el plazo para dictar sentencia que pasa a ser de tres o cinco días, según se hubiera o no celebrado vista (art. 803).

3.º) Apelación en el procedimiento por faltas

Puede interponerse en los cinco días siguientes a la notificación de la sentencia, a no ser que hubiera adquirido firmeza inmediata por manifestación de las partes de no recurrirla en el momento que conocieron el fallo (arts. 975 y 976).

> Esta firmeza se condiciona, sin embargo, al hecho de que los afectados o perjudicados a quienes debe comunicarse la sentencia aunque no hubieran sido parte, decidan no recurrir, ya que están legitimados para ello (art. 974).

Su tramitación se acomoda, en todo, a la normativa de este recurso en el procedimiento abreviado, pero si conociera la AP por recurrirse la sentencia de un Juzgado de Instrucción aquella se constituiría con un solo Magistrado (normalmente, son 3) (art. 82.1.2º LOPJ). La sentencia resolutoria del recurso es irrecurrible (art. 977).

4.º) Apelaciones contra los Juzgados de Vigilancia Penitenciaria

También se tramitarán conforme a lo previsto para el procedimiento abreviado. Podrá interponerse tanto por el Fiscal como por el condenado o liberado condicionalmente, exigiéndose la firma de abogado que podrá asumir también la representación, si no se nombrase procurador. Si la AP estuviera dividida en Secciones, su conocimiento corresponderá con carácter exclusivo a una o dos de ellas (Disp. Adicional Quinta, 8 y 9 de la LOPJ).

C) Recurso de queja contra resoluciones interlocutorias como sustitutivo de la apelación

De la queja hemos dicho que se ofrecen dos modalidades. Una cuya naturaleza es similar a la apelación; y otra de naturaleza instrumental.

Por lo que se refiere a la primera, nos encontramos ante un recurso devolutivo contra todos los autos no apelables de los Juzgados de Instrucción (art. 218).

Su ámbito de aplicación hay que entenderlo reducido al procedimiento ordinario, pues el art. 766.1 y para el procedimiento abreviado, solo prevé la apelación contra este tipo de resoluciones.

Ha de promoverse directamente ante el órgano *ad quem* por escrito, con firma de Letrado y Procurador, a diferencia de la apelación que ha de hacerse ante el que dictó la resolución que se recurre. Se sustancia *inaudita parte*, sin más intervención que el Fiscal, si la causa fuera por delito en que debe intervenir.

Sus consecuencias son distintas según que se plantee en el plazo previsto para las apelaciones contra resoluciones interlocutorias (cinco días en el procedimiento ordinario; tres en el abreviado); o habiendo transcurrido este plazo, dado que si no se establece un plazo expreso, puede interponerse en cualquier momento mientras la causa esté pendiente (art. 213).

Adviértase que esto presupone la existencia real de dos recursos de queja, dependiendo del momento en que se interpone; si la queja se interpone en el plazo previsto para la apelación, no existen diferencias entre los dos recursos; si la queja se interpone vencido el plazo de la apelación se está ante un extraño recurso no sujeto a plazo. De esta diferencia provienen los distintos efectos a que aludimos a continuación.

Como sucede con otros recursos y para su admisión se exige un depósito por importe de 30 euros, si el recurrente fuera el acusador popular (Disp. Adicional Decimoquinta de la LOPJ) (vid. lo que sobre este requisito se dice en el «Recurso de revisión» contra las decisiones del secretario).

En el primer caso, jugará como si se tratara de una auténtica apelación, afectando directamente a la resolución recurrida la decisión que pudiera adoptar el órgano que conozca del recurso. Si, por el contrario, la queja se planteara fuera de aquel plazo lo que se decida en ella sólo podría considerarse «cuando llegue a conocer de aquélla», es decir, cuando esté ya conociendo de la causa el órgano competente para realizar el juicio oral.

El art. 235.2 dice literalmente: «El auto que se dicte no podrá afectar el estado que tuviera la causa cuando el recurso se haya interpuesto fuera del término ordinario de las apelaciones, sin perjuicio de lo que el Tribunal acuerde en su día cuando llegue a conocer de aquélla» (se refiere a la causa).

Interpuesta la queja, el Tribunal que ha de resolverla ordenará al Juez que dictó la resolución recurrida que informe en el plazo que le señale. Este informe pasará al Fiscal para que emita dictamen; evacuado éste, resolverá lo que estime oportuno sobre la queja planteada (arts. 233 a 235).

IV. RECURSOS DEVOLUTIVOS INSTRUMENTALES. LA QUEJA POR INADMISIÓN DE OTRO RECURSO

No se recurre contra una resolución judicial por considerarla gravosa en su fondo o forma, sino contra el agravio que se estima causado por la postura del órgano que la dictó, impidiendo que sea objeto de un auténtico recurso.

De esta manera cabe contra las resoluciones en que se deniega la admisión de un recurso de apelación o de queja, como su sustitutivo (art. 218), en cuyo caso la competencia para conocer del mismo corresponderá al órgano que hubiera conocido de aquéllos, si se hubieran admitido, debiendo plantearse directamente ante él.

Aun cuando no se dice nada al respecto, nos parece lógico pensar en su utilización en el procedimiento por faltas.

La estimación de la queja llevará consigo la orden al órgano que denegó el recurso para que lo admita y le dé curso. Su desestimación producirá la firmeza de la resolución que quería recurrirse.

Se tramita conforme a lo establecido para la queja como sustitutivo de la apelación (arts. 233 a 235. Vid. epígrafe anterior).

También se concede este recurso contra el auto de las Audiencias o de la Sala de lo Civil y Penal de los TSJCCAA en que se deniegue a quién desee recurrir en casación testimonio de la resolución que quiere recurrirse y que debe aportarse ante la Sala Segunda del TS para formalizar el recurso (arts. 855 y 861). La queja se planteará ante esta Sala y su estimación supondrá revocar el auto denegatorio, con orden al Tribunal de procedencia para que expida el mencionado testimonio. Desestimándose, cerrará definitivamente el camino a la casación comunicándose así al Tribunal sentenciador a los efectos procedentes, con imposición de costas al recurrente, incluso de una multa (de 180 a 6000 euros) si se estimasen falsos los hechos alegados como fundamento de la queja, fijándose su importe en razón a criterios de proporcionalidad, circunstancias concurrentes y los perjuicios causados. Al margen de lo anterior, también podrá el Tribunal, si estimase afectada la buena fe procesal por la conducta de los postulante, dar traslado de lo actuado a los Colegios Profesionales correspondientes, a efectos de eventuales sanciones disciplinarias (art. 870).

Este recurso no se plantea directamente, sino que habrá de manifestarse antes la intención de promoverlo ante la Sala Segunda del Tribunal Supremo, a efecto de que ordene la remisión de copia del auto que se quiere recurrir. Se emplazará a las partes ante esta misma Sala en los términos del art. 859 y al comparecer el recurrente deberá hacerlo por escrito firmado por Abogado y Procurador en el que formalice los fundamentos de su queja. No siendo así, se declarará desierto el recurso y consentido el auto que pretendía recurrirse. En otro caso, se solicitará preceptivamente informe del Fiscal y, de haber comparecido alguna de las otras partes, se les ofrecerá la oportunidad de oponerse a la estimación de la queja. Cumplimentados los trámites anteriores, el recurso pasará a informe del Ponente y el Tribunal resolverá (arts. 862 a 871).

LECTURAS RECOMENDADAS: Sobre aspectos generales de los recursos:
1. Generalidades de los recursos: MONTERO AROCA, J.: *Los recursos en el proceso penal español*, en «La reforma de la Justicia Penal» (Estudios en Homenaje al Prof. Klaus Tiedeman), Castellón, 1998; *Los recursos y el derecho al recurso,* en «Proceso penal y libertad. Ensayo polémico sobre el nuevo proceso penal», Madrid, 2008, pág. 445 y ss.; GÓMEZ COLOMER, J.L.: *Trazos de la configuración dogmática de la mal llamada segunda instancia penal,* en Rev. Poder Jud. 1998, Nº 49.
2. Recursos no devolutivos, devolutivos ordinarios e instrumentales: CALDERÓN CUADRADO, P.: *La prueba en el recurso de apelación penal,* Valencia, 1997; *La segunda instancia penal,* Pamplona, 2005; *La encrucijada de una justicia penal tecnológicamente avanzada. Sobre la grabación de las vistas, los recursos y la garantía de la inmediación,* Madrid, 2011.

Lección Decimoctava

Los recursos, 2

I. EL RECURSO DE CASACIÓN:

A) Regulación y naturaleza
 Extraordinario. Sala II del TS

B) Características generales
 1. Devolutivo y suspensivo
 2. Legitimación
 3. Depósito
 4. Adhesión
 5. Pedido subsanación

II. RESOLUCIONES RECURRIBLES

- Sentencias
- Algunos autos

III. MOTIVOS DE CASACIÓN

Arts. 849 a 852

A) Por infracción de ley
 1. Precepto penal de carácter sustantivo o...
 2. Error en la apreciación de la prueba + documentos

B) Por quebrantamiento de forma;
 a) Con anterioridad a la sentencia: art. 850
 b) En la sentencia

C) Por infracción de precepto constitucional

Art. 5.4 LOPJ

IV. CASACIÓN PARA LA UNIFICACIÓN DE DOCTRINA

1. Responsabilidad penal del menor
2. Ámbito de los Juzgados de Vigilancia Penitenciaria

V. RESOLUCIÓN DEL RECURSO

a) Desestimatorio

b) Estimatorio:
 1. Forma
 2. Ley o prueba
 3. Precepto constitucional

VI. PROCEDIMIENTO

a) Fase de preparación

b) Fase de interposición

c) Fase de sustanciación

d) Fase de decisión

I. EL RECURSO DE CASACIÓN

Dentro del régimen de recursos en el proceso penal se incardina el de casación, regulado en el Título Primero del Libro V de la LECRIM, arts. 847 a 906.

A) Regulación y naturaleza

Vamos a prescindir en este momento de los antecedentes históricos, naturaleza, fundamento y finalidad de este recurso, remitiéndonos expresamente a lo que sobre ello se dice al estudiar la casación civil en el Tomo II.

Cabe, con todo, aludir como particularidades distintivas a las siguientes:

a) Cumple esencialmente una función de garantía de los intereses de las partes, lo que no excluye que, al tiempo, se configure como proteccionista del ordenamiento jurídico cumpliendo una labor unificadora en la interpretación y aplicación de la ley.

De ahí que el Ministerio Fiscal aparezca legitimado, en cualquier caso, para promover este recurso, lo que excluye en el proceso penal un equivalente a lo que, en el proceso civil se conoce como «recurso en interés de la ley».

Ahora bien, la doctrina formada en esta labor interpretativa no produce un cuerpo de jurisprudencia con entidad suficiente para deberse considerar vinculante para los órganos sentenciadores, como sucede en el proceso civil en el que su infracción podría causar la anulación de la sentencia aduciéndose como motivo casacional (art. 477.3 LEC). En el proceso penal prevalece el principio de legalidad de forma tal que, si la doctrina del TS resolviendo recursos de casación puede servir para que la ley se interprete uniformemente, esta interpretación no puede prevalecer sobre el razonado criterio del juzgador en el momento de aplicarla.

Lo dicho no excluye, sin embargo, que habitualmente se aduzca esta doctrina a efectos argumentativos por las partes; ni que el propio tribunal sentenciador la considere para sentenciar. Pero lo que no se puede es denunciar que no se tuvo en cuenta y, sobre esta base, plantear un recurso de casación.

El alcance de esta función unificadora hay que verlo de otra forma a raíz de haberse introducido el recurso para la unificación de doctrina en el ámbito del proceso de menores y de los Juzgados de Vigilancia Penitenciaria. Solo es utilizable aquí, pero con él se pretende lograr, que el Tribunal Supremo salga al paso de posibles contradicciones o desacuerdos entre determinadas resoluciones dictadas en el referido ámbito, estableciendo el camino correcto que debe seguirse (Ver después).

b) En sus orígenes se disponía la imposibilidad de que por esta vía pudieran discutirse cuestiones de hecho, quedando limitado el recurso al mero control de la correcta aplicación de la ley por los órganos de instancia. Sin embargo, la Ley de 28 de junio de 1933 (posteriormente matizada por la de 27 de marzo de 1985) permitió ese control sobre el juicio de hecho, aunque no con carácter general sino sólo cuando se estimara la concurrencia de error deducible de una base documental disponible por el juzgador al decidir (art. 849, 2.º). Y la constitucionalización del derecho a la presunción de inocencia permite controlar la suficiencia de los elementos fácticos utilizados para desvirtuarla, así como la corrección del camino seguido para una sentencia condenatoria en base a sus resultados (arts. 5.4 LOPJ y 852 LECRIM).

Con independencia de lo expuesto, nos encontramos ante un recurso extraordinario, cuyo conocimiento se atribuye con exclusividad a la Sala Segunda del Tribunal Supremo y que sólo se concede contra determinadas resoluciones y por determinados defectos de fondo o forma taxativamente regulados por la Ley, para intentar conseguir su anulación total o parcial.

B) Características generales

1. Es un recurso con efectos devolutivo y suspensivo.

Con respecto a este último —efecto suspensivo— se produce en el momento de prepararse en la forma que veremos, pero sólo con relación al recurrente si este es uno de los acusados. Siendo varios, la sentencia se ejecutaría en lo que afecte a los no recurrentes [arts. 861 bis a) y b) con independencia de que pudieran aprovecharse de las consecuencias del recurso si les fueran beneficiosas (art. 903; vid. lección 17.ª. «Efecto extensivo de los recursos»).

2. La legitimación para interponerlo se atribuye: al Ministerio Fiscal; a los que hubieran sido parte en el proceso y a los que, sin haberlo sido, resulten condenados en la sentencia, así como a los herederos de ambos. Y al actor civil, aún cuando limitado estrictamente al objeto propio del proceso civil acumulado (indemnizaciones, restituciones, etc.) (art. 854).

Llama la atención la referencia a la condena de quién no fue parte en el proceso, sin embargo puede producirse con la responsabilidad civil subsidiaria. Así, por ej. el art. 764.3, párrafo segundo, niega la condición de parte a las entidades responsables del Seguro Obligatorio, lo que no impide una eventual condena.

En cuanto al actor civil debe entenderse condicionada su legitimación a una sentencia condenatoria y que no podrá recurrir siendo absolutoria, precisamente por carecer de pronunciamientos sobre la pretensión civil.

Respecto a que sólo pueda recurrir el condenado, vid. lo que se dice en el apartado primero de la lección 17.ª, al estudiar el derecho al recurso.

3. Como requisito de admisibilidad, y con carácter general, se previene la constitución de un depósito de cuantía variable en función de la persona del recurrente y del tipo de delito enjuiciado (arts. 857 y 875).

Si fuera el acusador particular —o popular— tratándose de delitos públicos, será de 12.000 pesetas por cada recurrente, excepto si comparecen bajo una misma representación, siendo varios. Si el acusador privado —en delitos privados—, de 6.000 pesetas. De ser el actor civil, de 7.500 pesetas. No se prevé depósito si fuera el acusado o el responsable civil.

Queda exento del depósito quien hubiera obtenido el beneficio de justicia gratuita o hubiera sido declarado insolvente, quedando sustituido por la promesa formal de su constitución de llegar a «mejor fortuna». Una exención que, lógicamente, también alcanza al Ministerio Fiscal.

Este depósito se devuelve si el recurso es estimado. En otro caso, se producirá su pérdida, aplicándose su importe a las necesidades imprevistas de la Administración de Justicia, de personal y material (arts. 890 y 901, II).

Respecto a esta exigencia nos planteamos una duda razonable, porque venimos diciendo al examinar los distintos tipos de recursos que la Disposición Adicional Decimoquinta de la LOPJ, introducida por la LO 1/2009, de 3 de noviembre, generaliza, con algunas limitaciones, la constitución de un depósito como requisito de admisibilidad para recurrir. Entre los que se exige expresamente está el recurso de casación incluida su modalidad de «unificación de doctrina», sin diferenciar el tipo de proceso en que se plantee y sin excluirse la casación penal como si se hace, por ej. para este recurso en el proceso laboral. Lo único que se prevé como específico para recurrir en el proceso penal (con cualquier recurso) es que este requisito del depósito queda limitado al acusador popular, siempre que no sea el Estado, una CCAA, una entidad local o un organismo autónomo dependiente de ellos pues quedan excluidos.

Pero luego resulta que cuando la Ley 13/2009, de 3 de noviembre, modifica la LECRIM mantiene sus arts. 857, 875, 890 y 901 donde se prevé el tipo de depósito que acabamos de ver en líneas anteriores. Y no sólo esto, sino que incluso matiza alguno de ellos (arts. 857 y 901) como queriendo indicar que es esta la normativa a considerar. Evidentemente se trata de disposiciones específicas aplicables a un supuesto específico, permitiendo pensar en su primacía sobre las generales, pero parece contradictorio con uno de los principios básicos del derecho al recurso que, frente a exigencias formales condicionantes, requiere su interpretación en el sentido más favorable al recurrente, y es claro que en este orden de cosas lo es la Disposición Adicional Decimoquinta de la LOPJ. Y ello, sin considerar ahora la Disposición Derogatoria 1, in fine, de esta misma Ley dejando sin efecto «cuantas otras leyes y disposiciones» que se opongan a lo que en ella se prevé. Nos decantamos, pues, por esta segunda opción al parecernos la primera de dudosa constitucionalidad e incluso vigencia por lo expuesto, de manera que el depósito para recurrir será de 50 euros y exigible sólo al acusador popular, con las limitaciones vistas. Debería ser más cuidadoso el legislador y evitar situaciones dudosas que él mismo propicia con su incuria.

4. Las partes no recurrentes podrán adherirse al recurso, en el término del emplazamiento para comparecer ante el TS o al tener conocimiento de haberse planteado (ver más adelante). Y el recurrente separarse de él en cualquier momento, previa su ratificación o presentando el Procurador poder suficiente para ello.

En tal caso, y si ya hubiera citación para la decisión, se le impondrán las costas y perderá la mitad del depósito de haberse constituido (art. 861 bis c).

5. Cuando el recurso se interponga por quebrantamiento de forma, nuevo presupuesto de admisibilidad es haberse solicitado la subsanación del defecto observado en el momento de producirse (art. 855, párrafo tercero, en relación con el 884, 4º).

6. Contra las sentencias dictadas en casación no se concede recurso alguno (art. 904).

Si podrá intentarse el proceso de revisión dándose los condicionantes previstos en el art. 954; y, en cualquier caso, dejaría abierta la vía del amparo constitucional (art. 44,1° a) de la LO 2/1979, de 3 de octubre, del TC) de estimarse vulnerado alguno de los derechos o garantías que lo permiten.

II. RESOLUCIONES RECURRIBLES

Hemos dicho antes que la casación sólo procede contra determinadas resoluciones, pero ¿cuáles son éstas? La contestación la ofrecen, en principio, los arts. 847 y 848.

El primero incluye todas las sentencias de las Audiencias Provinciales y Nacional dictadas en única instancia; las de la Sala de lo Civil y Penal de los TSJCCAA (como Sala de lo Penal), en causas por delito de que conozcan por concurrir aforados, en los supuestos previstos por los correspondientes Estatutos de Autonomía (art. 73.3° LOPJ); y las dictadas por esta misma, resolviendo recursos de apelación contra sentencias de los Magistrados-Presidentes en causas con Jurado.

En estos casos, el recurso podrá plantearse tanto por infracción de ley como por quebrantamiento de forma.

Por su parte, el art. 848 estima la procedencia del recurso contra los autos definitivos de los Tribunales anteriormente referidos, cuando así se autorice de modo expreso; pero sólo por infracción de ley.

Entre éstos se encuentran:

a) Los autos de sobreseimiento libre, por considerar que los hechos no son constitutivos de delito —núm. 2 del art. 637—, y siempre que hubieran sido formalmente imputados a alguien. De no ser así carecería de sentido el recurso pues, aún cuando la resolución se anulara, no podría dirigirse acusación contra nadie en concreto (art. 848. II).

Se plantean dudas sobre la recurribilidad de los autos de sobreseimiento libre fundados en circunstancias distintas a las señaladas. Esto es, el acordado sobre los núms. 1 y 3 del art. 637 por carencia de indicios sobre la perpetración de los hechos o exención de responsabilidad.

Ante ello puede aducirse que el carácter formalista de este recurso excluiría los supuestos para los que no estuviera expresamente previsto. Sin embargo, algunas sentencias del TS parecen abrirle camino cuando el sobreseimiento se base en la ausencia de responsabilidad, por estimarse que la exclusión de antijuridicidad de la acción que supone sería tanto como que los hechos no fueran constitutivos de delito, por lo que encajaría extensivamente en el núm. 1.° del art. 637, que sí permite el recurso (vid. por ej. SSTS de 23 de diciembre de 1972; 16 de marzo de 1975; 11 de marzo de 1989 o 4 de diciembre de 1991).

b) Los autos dictados sobre cuestiones relacionadas con la competencia.

Así, los de inhibición (arts. 25 y 37); los que denieguen su requerimiento (art. 35); y en los que se desista de ella (art. 40).

Podría aducirse que estas resoluciones no son definitivas, en el sentido de que contengan pronunciamientos no susceptibles de modificación ulterior. Incluso que la única ley infringida en tales casos es estrictamente procesal y el art. 849.1°, al referirse a la infracción de ley, lo hace con respecto a las de carácter sustantivo. Sin embargo, ahí está el recurso.

c) Los autos de remisión del sumario al Juzgado de Instrucción —o de Paz— por considerarse los hechos constitutivos de falta (art. 625).

d) Los autos que se pronuncien sobre la fijación del límite de cumplimiento de las condenas, en los supuestos que prevé el art. 76 del CP (art. 988, II in fine LECRIM). En este caso, el recurso puede promoverlo tanto el condenado como el Fiscal.

e) Los autos dictados por las AP o la AN resolviendo recursos de apelación contra resoluciones de los Juzgados de Vigilancia Penitenciaria, sobre el máximo de cumplimiento de una condena o denegando su fijación (Disposición Adicional Quinta 6 de la LOPJ).

Recurrir en casación contra estas últimas resoluciones es dudoso, el menos en nuestro criterio, tras la LO 7/2003, de 30 de junio, al modificar la Disposición Adicional Quinta de la LOPJ introduciendo un nuevo apartado 5, pasando el anterior apartado 5 a ser el 6, sin decir si eso supone sustituir la redacción original de ese apartado al no indicar que haya de modificarse su ordinal. ¿Error en la técnica legislativa? ¿desaparición del recurso de casación contra estas resoluciones un mes después de considerarse admisible? ¿qué pasa con el contenido del antiguo apartado 6? No deja de sorprendernos el legislador.

Los autos dictados por las AP resolviendo incidentes de recusación de jueces o magistrados eran recurribles en casación según el art. 69 LECRIM, pero el art. 228 de la LOPJ establece su irrecurribilidad. Esto puede hacer dudar sobre la prevalencia de la LECRIM por su carácter «especial» o la Disposición Derogatoria 1.ª in fine de la LOPJ, que deja sin efecto las normas que se opongan a lo que en ella se establece. Si observamos, además, que el art. 851.6 de la LECRIM considera motivo de casación que la sentencia se dicte por magistrados cuya recusación hubiera sido rechazada, hay que concluir la irrecurribilidad de aquellas resoluciones.

Quedan excluidas de la casación las sentencias dictadas en segunda instancia por las Audiencias Provinciales (excepto en el proceso de menores dándose las circunstancias del art. 42 de la LO 5/2000 de 12 de enero, Lec. 24.ª) y la Nacional. Las del Tribunal Supremo en causas contra aforados (art. 847. II) y, por supuesto, las dictadas en procesos por faltas y en aquéllas de las que conozcan los Juzgados de lo Penal y Juzgados Centrales de lo Penal.

Tenemos que volver, una vez más, sobre una cuestión sobre la que ya hemos hecho diversidad de indicaciones en la Lección anterior. Nos referimos a la posibilidad de la apelación contra resoluciones de las Audiencias Provinciales y de la Sala de lo Penal de la Audiencia Nacional, producida como consecuencia de la LO 19/2003, de 23 de diciembre, modificando la LOPJ. Esto viene a suponer, que cuando este recurso adquiera efectividad, lo que se producirá al adaptarse la LECRIM a estas previsiones, ya no habrá sentencias dictadas en única instancia por aquellos tribunales, incidiendo directamente en el tipo de resoluciones recurribles en casación de acuerdo con la normativa vigente. Debemos, pues, esperar para conocer como van a quedar definitivamente las cosas. Mientras exponemos lo que hoy está vigente.

III. MOTIVOS DE CASACIÓN

Se relacionan en los arts. 849 a 852 LECRIM y responden a la concurrencia en el desarrollo del proceso de vicios o errores que afectan a la sentencia, al camino necesario que permite llegar a ella o a los elementos fácticos utilizados para fundar una condena. Esto permite distinguir entre motivos de casación por infracción de ley, se entiende norma material aplicable en la sentencia; por quebrantamiento de forma, por entenderse vulneradas normas procesales; y por infracción de precepto constitucional, al verse afectados derechos o garantías reconocidos en la CE.

Fuera de estos motivos hay que mencionar aquellos cuya razón no es denunciar vicios o errores judiciales, sino buscar la unificación de criterios interpretativos de manera que sean los mismos, dándose las mismas circunstancias.

A) Por infracción de ley

Se regulan en el art. 849 y son esencialmente dos. El primero puede considerarse de auténtica infracción de ley, al referirse a errores que afectan a normas aplicables a la sentencia; mientras que el segundo responde a errores en la apreciación de la prueba que le sirve de base.

a) Así, el núm. 1 de este precepto nos dice que se entiende infringida la ley «cuando dados los hechos que se declaran probados... se hubiera infringido un precepto penal de carácter sustantivo u otra norma jurídica del mismo carácter que deba ser observada en la aplicación de la ley penal».

Con respecto a este motivo, puede observarse:

a) Se estima cometido el error determinante de la casación cuando sobre una base fáctica establecida en la misma sentencia como «hechos probados» que es, por tanto, intangible por este motivo, se estime inaplicada o mal aplicada la debida norma jurídica.

Por ej. estaría mal aplicada la ley si en un delito contra la seguridad del tráfico se condena a multa pero no a privación del permiso de conducir, pues el art. 379 CP exige la imposición conjunta de ambas penas.

Cuestión distinta sería que se estimaran incorrectos los hechos, pues entonces la petición casacional debería basarse en alguno de los motivos que, para este supuesto, permite por «quebrantamiento de forma» el art. 851.1º.

b) La norma inaplicada o mal utilizada debe tener carácter sustantivo, pudiendo ser penal (el CP o las leyes especiales no derogadas por éste) o de otra clase.

En estas últimas son incluibles aquéllas que, necesariamente, han de considerarse para la correcta aplicación de la ley penal, pudiendo ser civiles, mercantiles, administrativas, etc. (por ej. a quien debe considerarse funcionario público a efectos penales, vid. art. 24.1º CP o, simplemente, para servir de fundamento a la pretensión civil de resarcimiento). Incluso constitucionales, si se considerase infringido un precepto de esta naturaleza, por expresa permisividad del art. 5.4º de la LOPJ y del art. 852 de la LECRIM, configurando una modalidad específica de este recurso (ver más adelante).

Puede pensarse, incluso, que la infracción lo sea de normas procesales, si afectaran de lleno a la debida aplicación de las sustantivas. Como sucede, por ej. con las reguladoras de los supuestos en que quedara excluido el juicio jurisdiccional por estimarse la concurrencia de amnistía, indulto o cosa juzgada, cuyos efectos los regula, precisamente, una norma procesal: el art. 666; o aquéllas que, para apreciar los hechos exigen el sometimiento del juzgador a las «reglas del criterio racional», dado que la jurisprudencia ha venido admitiendo que en casación puede controlarse la utilización de las reglas de la lógica y la experiencia (Vid. por ej. STS 23 de marzo de 1988) por lo que, no siendo así, podría aducirse infringido el precepto exigente de tal vinculación (por ej. el art. 717 LECRIM).

b) En cuanto al núm. 2 del art. 849, permite la casación «cuando haya existido error en la apreciación de la prueba, basado en documentos que obren en autos, que demuestren la equivocación del juzgador sin estar contradichos por otros elementos probatorios».

La esencial diferencia de este motivo con el anterior radica en que no se denuncia un error en la aplicación de la norma determinante del fallo, sino en los hechos en que éste se fundamentó buscándose su corrección y con ella, la modificación de aquél —del fallo—.

Por lo demás, su virtualidad precisa:

1) Que se estime cometido un error en el razonamiento del Tribunal sentenciador, llevándole a conclusiones incorrectas sobre los resultados de la prueba.

Esto no supone que el TS pueda valorar nuevamente la prueba, ni introducir certezas donde el órgano sentenciador encontraba dudas, pero sí constatar errores en sus resultados, tanto por exceso como por defecto, obtener de ellos datos con fuerza suficiente para llegar a conclusiones distintas a las de aquel y modificar el sentido de la resolución recurrida, condenando donde se absolvió o al revés. Por ej. estimar que la sentencia recurrida ha considerado probados hechos que no se deducen de la prueba practicada; o no lo han sido otros que si son claramente deducibles; o que ha incluido en errores de valoración conducentes a conclusiones distintas a las verdaderamente correctas.

Ahora bien, aunque el precepto examinado es claro en su redacción, conviene insistir en que estas posibles nuevas apreciaciones solo caben cuando, como estamos diciendo, hay constancia en autos de elementos materiales y objetivos de naturaleza documental de los que se deduzcan evidencias directamente. Se excluye, pues, esta nueva valoración si los errores o incertidumbres derivan de pruebas personales (testifical, declaraciones del acusado), en que debería concurrir la necesaria inmediación, tal y como veíamos para la apelación y ello no cabe en vía casacional.

2) Que el error sea detectable en base a documentos unidos a los autos y de los que, por tanto, disponía el órgano del enjuiciamiento en el momento de sentenciar.

Esto requiere determinar el propio concepto de documento pudiendo entenderse como tal, a la vista de las nuevas tecnologías y sobre las previsiones del art. 26 del CP todo soporte material capaz de representar por sí su contenido en hechos o narraciones, con independencia de la manera en que se obtenga su reproducción: lectura, audición o visionado (por ej. videos, películas, disquetes, etc.). Tal soporte debe ser indeleble; aportarse en original (no serán, pues, válidas, copias o fotocopias); corresponder a un autor determinado o determinable; originarse fuera de la causa y haberse incorporado a ella como prueba (Vid. por todas STS 11 de abril de 2002).

Sobre estas bases esenciales su valor para la casación se construye por el T.S. en términos absolutamente casuísticos. Así, por ejemplo, se han entendido como tales los informes de una Alcaldía respecto a la situación económica y cargas familiares del acusado; las certificaciones del INEM en orden a las percepciones del subsidio de desempleo; o un oficio expedido por el Secretario General de una Federación Territorial de Fútbol, certificando que el acusado ejerció con carácter interino las funciones de árbitro.

Incluso se ha otorgado tal carácter a informes periciales por la circunstancia de servir como base única a los hechos probados y obtenerse de ellos conclusiones fácticas divergentes, opuestas o contradictorias con su contenido, sin razonar las causas de la divergencia (STS de 8 de mayo de 2001); y lo mismo cabe decir en cuanto a las actas del reconocimiento judicial (STS de 22 de junio de 1989).

Sin embargo, no se ha concedido aquella cualidad a: los dictámenes periciales, con carácter general, con la única excepción apuntada; las pruebas personales documentadas (declaraciones de testigos, careos); el acta del juicio oral; o las resoluciones del instructor.

3) Que la equivocación deducible de aquéllos sea evidente.

Es decir, que el documento, por sí mismo, sea litero-suficiente en el sentido de que revele sin carácter dubitativo alguno y sin necesidad de recurrir a conjeturas, hipótesis o a otros medios de prueba la falta de realidad en la narración histórica de la sentencia.

No basta, por tanto, un aparente error deducible de ese documento, sino que lo que de él pudiera deducirse no quede desvirtuado por los resultados de otros elementos probatorios, pues el órgano sentenciador podría, con la fórmula de la «apreciación conjunta de la prueba» haber privado a aquel documento de eficacia y, en tales condiciones, la labor judicial no es recurrible en casación al excluir el presupuesto legal que la permite.

B) Por quebrantamiento de forma

Aparecen recogidos en los arts. 850 y 851, pudiendo distinguirse entre vicios —o errores— de procedimiento cometidos con anterioridad a la sentencia, o en el juicio oral; y los cometidos en la misma sentencia.

a) Con anterioridad a la sentencia

El art. 850 se refiere específicamente a los primeros en dos apartados inclusivos de: aquéllos que afectan a principios procesales y los que pueden producir indefensión.

1) Quebrantamiento de forma por afección a la vigencia de principios procesales.

Se recoge en el núm. 2 que estima motivo de casación omitirse «la citación del procesado, la del responsable civil subsidiario, la de la parte acusadora o la del actor civil para su comparecencia en el acto del juicio oral, a no ser que hubieran comparecido en tiempo, dándose por citados». Por su parte, el art. 664 incide en este motivo casacional, aunque referido concretamente a la falta de citación del imputado al acto de la vista, con idéntica salvedad para el caso de su comparecencia al margen de aquella citación.

> Está tutelándose la vigencia del principio de contradicción y el derecho de defensa, impidiendo que las partes puedan verse privadas de alegar lo que estimen adecuado a su derecho en el momento que constituye núcleo del proceso.
>
> Por lo que respecta a las citaciones, ver la lec. 15.ª, teniéndose en cuenta que para la estimación de este motivo ha de haberse adquirido la condición de parte y mantenerse durante el transcurso del proceso.

2) Quebrantamiento de forma por posible indefensión de las partes.

Se contemplan aquí dos supuestos con tratamiento independiente: uno, por posible indefensión derivada de limitaciones en los medios de prueba; otro, cuando se dicte sentencia en ausencia de alguno de los acusados que no podía ser juzgado independientemente de los demás.

> Este último motivo lo prevé el art. 850.5°. Encuentra su fundamento en la negativa a la suspensión de la vista cuando, habiendo varios acusados, no concurra alguno de ellos sin haber sido declarado en rebeldía y se estime fundadamente que no podría ser juzgado de manera independiente. (Ver Lec. 15.ª: Suspensión de la vista).

En cuanto a las posibles limitaciones en la prueba abarcan desde la denegación de algún medio propuesto, a los impedimentos para el libre desarrollo de los admitidos.

Así, el núm. 1 considera motivo de casación «cuando se haya denegado una diligencia de prueba que, propuesta en tiempo y forma, se considere pertinente».

Considerando la doctrina que la jurisprudencia ha venido construyendo tradicionalmente al amparo de este precepto y del art. 24.1º de la Constitución, la estimación de este motivo casacional precisaría: a) Que la prueba hubiera sido propuesta cumplimentando todos los requisitos de fondo y forma legalmente previstos para el medio de que se trate; y, además, que lo hubiera sido directamente y no por adhesión a la propuesta por otra parte, «haciéndola suya». b) Que el órgano sentenciador deniegue su admisión; o la suspensión del juicio oral para su práctica si hubiera sido admitida con anterioridad. c) Que esta decisión haya sido protestada formalmente, haciéndolo constar en las actuaciones; y tratándose de prueba testifical, consignando los extremos del interrogatorio a que pretendía someterse al testigo, aún cuando algún sector jurisprudencial, de tinte antiformalista, afirma cumplido este requisito si, en función a las circunstancias, fueran obvias las preguntas que hubieran podido formulársele (Vid. por ej. STS 15 octubre de 1991). d) Que la prueba inadmitida o no practicada se estime pertinente por su relación con el objeto del proceso, y necesaria para su configuración por ser ineludible, insustituible, fundamental y de posible práctica. e) Que, por las anteriores circunstancias, haya dejado al recurrente en situación de indefensión.

Por su parte, los núms. 3 y 4 del precepto examinado se refieren a una posible limitación en la práctica de medios de prueba, aunque circunscrita a las de carácter personal.

De tal forma, el núm. 4 hay que estimarlo de aplicación general a este tipo de pruebas (testifical, pericial, confesión, careos) pudiendo basarse en él la casación por condicionamiento en sus resultados, al impedirse la contestación a determinadas preguntas por estimarlas capciosas, sugestivas o impertinentes, no siéndolo realmente.

Ahora bien, la estimación de este motivo precisa: a) que las preguntas denegadas fueran realmente correctas, es decir, no capciosas (que se prestan a engaño), no sugestivas (orientativas de su contestación) y no impertinentes (sin relación con los hechos); y b) que las contestaciones que hubieran podido derivarse fueran trascendentes y de directa influencia sobre el fallo.

En relación con este motivo, pero con específica referencia a los testigos, el art. 709 otorga atribuciones al Presidente del Tribunal para impedir que éstos contesten a preguntas de tales características, dejando abierto el recurso en los términos antedichos. Se condiciona éste, no obstante, a la protesta ante la desestimación de la pregunta y a la consignación en el acta de las preguntas —o repreguntas— denegadas.

En cuanto al núm. 3, se configura como motivo aparentemente sólo aducible en relación con la prueba testifical ante la negativa del Tribunal a que un testigo conteste a preguntas estimadas pertinentes y de manifiesta influencia en el fallo.

Hay que estimar aplicable lo que antes decíamos sobre la necesidad de la protesta y el conocimiento de las preguntas formuladas. Y nos parece que podría también hacerse extensivo a cualquier prueba personal, dándose idénticas circunstancias.

b) En la sentencia

El segundo conjunto de motivos los agrupábamos genéricamente como aquéllos que encuentran su justificación en la existencia de vicios cometidos en la misma sentencia o en el período de su formación.

Se regulan por el art. 851 y vienen esencialmente referidos a posibles errores en la actividad decisoria del Tribunal; a defectos en los presupuestos procesales y a posible parcialidad en el órgano sentenciador.

De esta manera, y como errores en la actividad decisoria, se incluyen los que afectan a la precisión de la sentencia en cuanto a los hechos sobre los que se fundamentó su fallo, y aquéllos que incidan en la correlación de sus pronunciamientos.

Admite, pues, el núm. 1 como motivo de casación «cuando en la sentencia no se exprese clara y terminantemente cuáles son los hechos que se consideran probados, o resulte manifiesta contradicción entre ellos, o se consignen como hechos probados conceptos que, por su carácter jurídico, impliquen la predeterminación del fallo». Lo que debe relacionarse con el núm. 7, inclusivo del supuesto en que «en la sentencia sólo se exprese que los hechos alegados por las acusaciones no se han probado, sin hacer expresa relación de los que resultaren probados».

De ahí se deduce que el recurso puede fundarse en: a) falta de claridad y terminancia en los hechos probados o en su propia determinación; b) contradicción entre ellos; c) su sustitución por conceptos jurídicos predeterminantes del fallo; y d) su propia carencia.

Centrándonos en la necesidad de que los hechos probados, base del fallo, sean claros, terminantes y determinados, encontramos que ello vence cuando se produce la ininteligibilidad de lo narrado, de forma tal que impida comprender qué es lo que realmente sucedió; la ambigüedad o utilización de juicios dubitativos, o por ser una mera descripción del resultado de las pruebas, sin afirmar qué es lo que, en definitiva, se estima probado.

Tales hechos no deben, tampoco, ser contradictorios. Una contradicción que se produce, con carácter general, cuando se declaran probados hechos excluyentes entre sí de tal forma que la admisión de uno produce, como consecuencia necesaria, la exclusión del otro y, con ello, la imposibilidad de fundamentar el fallo sobre ambos al mismo tiempo. Por ej. se declara probado que el acusado tenía en su poder «papelinas» de heroína para su venta, descartando una posible adicción que pudiera justificar su tenencia para uso propio. Pero se declara también probado que los dictámenes médicos aportados a la causa acreditan la adicción de aquél al consumo de opiáceos, admitiéndolo como causa atenuante de su responsabilidad penal. La contradicción sería evidente, al afirmar y negar simultáneamente la condición de drogadicto a una misma persona que, por una parte, le imputa una conducta delictiva y, por otra, atenúa su responsabilidad en unos hechos que, si concurriera tal condición, no serán delictivos.

No cabe su sustitución por términos o conceptos sinónimos a los utilizados por la ley penal que pudieran parecer que el juzgador ha anticipado su fallo rompiendo, de esta forma, la estructura lógica de la sentencia. La determinación de los supuestos en que este motivo concurre es extraordinariamente casuística pudiéndose decir, como mero ejemplo, que se ha estimado la utilización de la expresión «traficar con heroína» como no encajable en este supuesto por considerarse que su uso es no sólo jurídico, sino propio del lenguaje coloquial. Y que podría propiciar el recurso decir en la relación de hechos probados «conduciendo imprudentemente su vehículo volcó...» porque, en vez de describir las condiciones ambientales de la calzada, la circulación y la velocidad, que son los factores que podían determinar la imprudencia, se sustituyen por la calificación jurídica de la conducta. En cualquier caso, no se considera la concurrencia de este motivo cuando, suprimiendo las frases o expresiones conflictivas quedaran datos suficientes para el fallo lo que supone, «a contrario», que no siendo así y si su supresión dejara a aquél sin base fáctica habría de estimarse su procedencia.

Puesto que los hechos base de la sentencia han de ser los declarados «probados», abre la casación una sentencia absolutoria fundada en la insuficiencia de los resultados de la prueba de cargo, pero sin especificar los hechos deducibles de ella como «probados». Esto significa que, si la absolución se basara en la absoluta inexistencia de aquellos, decaería este motivo casacional pues no puede probarse lo que no existió.

Por ser contrario a la correlación que debe presidir toda resolución jurisdiccional, se recogen como motivos 3 y 4 en el art. 851 que «en la sentencia no se resuelva sobre todos los puntos que hayan sido objeto de la acusación y defensa» y que el Tribunal, con extralimitación de sus funciones y vulnerando el principio acusatorio «pene un delito más grave que el que haya sido objeto de la acusación, si no hubiera procedido previamente como determina el art. 733».

Recoge el núm. 3 lo que ha dado en denominarse incongruencia omisiva o «fallo corto», para cuya concurrencia se precisa que la sentencia no se pronuncie sobre todo lo que ha constituido objeto del debate (delito principal, conexos, faltas incidentales o no —según los casos— pretensión civil acumulada) ni de manera expresa, ni implícitamente por permitirlo deducir el conjunto de la resolución (por ej. si se hubieran planteado dos peticiones alternativamente, la estimación de una permite inducir la desestimación de la otra). En cualquier caso la omisión debe venir siempre referida a puntos de derecho (calificación, formas de ejecución, grado de participación) ya que los de hecho integran otros motivos de casación, y, además sobre cuestiones que constituyan peticiones en sentido propio y no meras alegaciones que las apoyen, planteadas claramente en el momento y forma oportunos.

No puede aducirse la incongruencia cuando la sentencia no se pronunciara sobre el objeto del proceso o del debate por falta de presupuestos procesales o por nulidad de actos; así como cuando, por estimación de una de las tesis, aparezca implícitamente excluida la de la parte contraria no precisándose, por tanto, de pronunciamiento expreso sobre ella; o en los supuestos de absolución o condena global, al suponer la resolución de todos los puntos conducentes a este fallo.

Sin embargo, puede estimarse incluida en este motivo la falta de correlación entre los hechos por los que se acusa y los que sirvieron de fundamento a la sentencia, si la omisión judicial fuera determinante de que se considerasen hechos distintos de aquellos por los que se formuló la acusación.

En cuanto al alcance del número cuatro podría calificarse como un supuesto de incongruencia «por exceso», o más correctamente como en supuesto de afección al principio acusatorio cuando se condene por delito más grave; distinto; por infracciones que no han sido objeto de acusación, o apreciando circunstancias agravantes no invocadas, sin hacer uso el Tribunal de la «tesis» del artículo 733. Remitimos sobre ello a la Lecc. 16.ª.

Como consecuencia de defectos en los presupuestos procesales, y por afectarse a la propia composición del Tribunal sentenciador, se admite como motivo casacional que «la sentencia haya sido dictada por menor número de magistrados que el señalado en la ley, o sin la concurrencia de los votos conformes que por la misma se exigen».

Debe, pues, estarse a lo previsto por el art. 145 y ss. LECRIM, y 196 y ss., y 255 y ss. de la LOPJ sobre constitución de las Salas y régimen de las votaciones.

Finalmente y por posible parcialidad del órgano sentenciador, el núm. 6 admite la casación «cuando haya concurrido a dictar sentencia algún magistrado cuya recusación, intentada en tiempo y forma y fundada en causa legal, se hubiera rechazado».

Se englobaría aquí tanto el supuesto literal de la norma que supone el planteamiento de una recusación *«in extremis»* habiéndose rechazado la inicialmente planteada y entendiendo el recusante que se mantienen las causas que, a su criterio, fundamentan la duda de parcialidad; como aquél en que, habiéndose estimado la recusación se hiciera caso omiso de ello por el Juez recusado, procediendo a formar Sala y sentenciar. En cualquier caso, sobre la recusación Vid. lec. 9.ª Tomo I. Parte General.

C) Por infracción de precepto constitucional

Junto a los motivos expuestos, el art. 5.4 de la LOPJ y el art. 852 de la LECRIM autorizan la interposición de este recurso, cuando se estime producida la infracción de un precepto constitucional.

Se trata de una modalidad del recurso de la que puede decirse:

a) No es identificable ni con el fundado en infracción de ley, ni con el basado en quebrantamiento de forma, al poder tener una u otra naturaleza según la infracción cometida.

b) A través de esta vía son aducibles todas las infracciones afectantes a principios, derechos o garantías procesales constitucionalizadas. Por ej. el de igualdad, el acusatorio, el de publicidad o el derecho a la motivación de las resoluciones judiciales, como manifestación de la tutela judicial efectiva.

c) La infracción del derecho a la presunción de inocencia deberá basarse en este motivo y no en el núm. 2 del art. 849 —error en la apreciación de la prueba— ya que, con este último se denuncia una equivocación en la base fáctica de la sentencia deducible de elementos probatorios de que se dispone (documentos), mientras que ahora se denuncia: la carencia de pruebas valorables o la forma inadecuada de obtenerse resultados de ellas, caso de haberlas.

El control casacional en este caso permite determinar: si verdaderamente ha habido prueba de cargo obtenida constitucionalmente; si su práctica se desarrolló respetando los principios de publicidad, inmediación y concentración; si es suficiente sobre todos y cada uno de los hechos que se declaran probados y si estos se obtuvieron atendiendo a las reglas de la lógica, la experiencia y la ciencia estando, además, suficientemente motivados; y si la declaración de culpabilidad deducida de la prueba puede considerarse correcta. Por ej. se afectaría a la presunción de inocencia si se declarase la culpabilidad de un acusado sin motivarse adecuadamente por qué se llega a esa conclusión y no a otra distinta.

La estimación del recurso en razón a este motivo causará, pues: la eliminación de pruebas no valorables (por ej. por ilicitud); la subsanación de defectos en su práctica por afectar a garantías constitucionales o la constatación de errores en la determinación de los hechos probados base de una condena, en cuyos casos se dictaría una nueva resolución sustitutiva de la impugnada; o la falta de motivos en una resolución condenatoria al no decirse por qué se llega a esa conclusión y no a otra diferente, lo que debería causar su anulación automática, porque lo que no se puede es sustituir la actividad valorativa de la prueba, que solo corresponde al órgano sentenciador. (Vid. por ej. SSTS 28 dic. 2005; 25 feb. 2006; SSTC 2/2002, de 14 de enero; 245/2007; 102/2008, de 28 de julio).

IV. CASACIÓN PARA LA UNIFICACIÓN DE DOCTRINA

Encontramos esta modalidad de recurso en dos ámbitos distintos: a los efectos del proceso para exigir responsabilidad penal a los menores de edad; y en la ejecución de penas privativas de libertad, como una forma de garantizar la más correcta actuación de los Juzgados de Vigilancia Penitenciaria.

a) Unificación de doctrina en la LO 5/2000, de 12 de enero, de Responsabilidad Penal del Menor (art. 42)

Su objeto trasciende el clásico control en la aplicación de la ley por los órganos de instancia, pasando a unificar sus criterios interpretativos para evitar que, sobre hechos y circunstancias valorativas del menor, sustancialmente iguales se produzcan pronunciamientos contradictorios de las Audiencias Provinciales o de la Sala de lo Penal de la Audiencia Nacional, conociendo en apelación de resoluciones dictadas por los Juzgados de Menores, o el Juzgado Central de Menores, o contradiciendo sentencias del propio Tribunal Supremo. Y esto no solo para mantener los necesarios principios de igualdad y seguridad jurídica sino porque, al deberse tener siempre presente la prevalencia de los intereses del menor, ha de conseguirse el adecuado grado de coherencia en su tratamiento penal, dándose las mismas condiciones.

Esta contradicción entre resoluciones, base del recurso, viene entendiéndose que solo podrá denunciarse cuando se manifieste en la valoración de los hechos o las circunstancias específicas del menor, excluyéndose del control casacional la relacionada con valoraciones genéricas como, por ejemplo, la intencionalidad o la coautoría en la comisión de los hechos (STS de 3 de febrero de 2003).

No es, sin embargo, un recurso de uso general contra todas las resoluciones referidas, sino que se circunscribe a cuando hubieran impuesto al menor una medida de internamiento en régimen cerrado, de las comprendidas en el artículo 10 de la Ley de 2000.

Bajo estas condiciones, el recurso podrá promoverlo el Fiscal o cualquiera de las partes que pretenda la indicada unificación de doctrina. Para ello, habrá de prepararse por escrito ante la Audiencia Provincial o la Nacional (en los 10 días siguientes a la notificación de la sentencia), indicándose la contradicción observada y las sentencias con las que se produce, así como los informes en que se funde el interés del menor valorado en la sentencia recurrida. Si aquellos Tribunales estimaran cumplidos estos requisitos, requerirán testimonio de las sentencias «de contraste», a los órganos que las dictaron, remitiendo la documentación a la Sala Segunda del TS, y emplazando al recurrente y al Fiscal, si no lo fuera, para que formalicen el recurso ante ella sustanciándose, a partir de este momento por las normas generales de la casación de la LECRIM.

Dada su naturaleza, este recurso no debe tener consecuencias sobre la firmeza de la resolución recurrida, ni sobre la ejecución de las medidas impuestas en ella. Sin embargo, siendo estimado, los tendrá sobre sus pronunciamientos, si llegara a considerarse que la contradicción detectada ha de resolverse conforme a los criterios de la sentencia o sentencias de contraste, siendo estas más favorables a los intereses del menor. Obviamente, estos efectos no se producirán sobre situaciones jurídicas derivadas de las resoluciones utilizadas para demostrar la contradicción, base del recurso. Semejante circunstancia hace que este se aproxime más a la revisión que a una auténtica casación.

b) Unificación de doctrina en el ámbito de los Juzgados de Vigilancia Penitenciaria

La Ley Orgánica 5/2003, de 27 de mayo, cuyo objeto principal fue la creación de los Juzgados Centrales de Vigilancia Penitenciaria supuso, además, la modificación de la Disposición Adicional Quinta de la LOPJ, reguladora de los recursos contra las decisiones de los Juzgados de Vigilancia

Penitenciaria, añadiendo un punto 7 permisivo, también, del «recurso de casación para la unificación de doctrina ante la Sala Segunda del Tribunal Supremo».

Se pretende con ello conseguir el mantenimiento de una línea uniforme en las actuaciones de los Juzgados de Vigilancia Penitenciaria —«ordinarios» o «Centrales»— en igualdad de circunstancias.

Se trata de una modalidad de recurso de la que debe decirse:

1) Sólo podrá promoverse contra autos de las Audiencias Provinciales o de la Nacional resolviendo recursos de apelación contra autos de los Juzgados de Vigilancia Penitenciaria que no sean susceptibles de casación ordinaria.

Recordemos que la casación «ordinaria» procede contra resoluciones cuyo objeto lo constituya la determinación del tiempo máximo de cumplimiento de una condena o deniegue su fijación (Núm. 6 de la Disposición Adicional Quinta de la LOPJ).

2) Aunque nada se dice expresamente, debe entenderse, dada la naturaleza de este recurso, que su motivo determinante es la existencia de contradicciones o desacuerdos entre este tipo de resoluciones para resolver situaciones en que exista identidad en los hechos y en la norma jurídica aplicable.

3) La legitimación para interponerlos se atribuye, en cualquier caso, al Fiscal y al defensor del condenado que, lógicamente, habrán de aportar las resoluciones contradictorias o discordes cuya unificación se pretende.

4) Los pronunciamientos estimatorios de la unificación solicitada solo tendrán consecuencias a los efectos de actuaciones posteriores a su adopción, pero carecerán de consecuencias sobre las situaciones jurídicas precedentes causadas por las resoluciones de contraste.

V. RESOLUCIÓN DEL RECURSO

Planteado, admitido y tramitado el recurso de casación, en la forma que se dice más adelante, la Sala Segunda resolverá sobre los motivos aducidos por el recurrente. El fallo de la sentencia puede ser de dos clases:

a) Desestimatorio, por no considerar la concurrencia de ninguno de aquéllos. La resolución impugnada se convierte en firme.

Contendrá los siguientes pronunciamientos: 1) no haber lugar al recurso y 2) la condena al recurrente en costas y a la pérdida del depósito, en su caso.

b) Estimatorio. Será distinto según se trate de quebrantamiento de forma; de infracción de ley o error en la apreciación de las pruebas o infracción de precepto constitucional.

1.º) Quebrantamiento de forma. Se dictará una sola sentencia que: 1) declarará haber lugar al recurso; 2) casará y anulará la resolución recurrida, ordenando la devolución de la causa al Tribunal del que proceda para que la reponga al estado que tenía cuando se cometió la falta, la sustancie y termine conforme a derecho; y 3) ordenará la devolución del depósito al recurrente, declarando las costas de oficio.

2.º) Infracción de ley o error en la apreciación de la prueba. Se dictan dos sentencias. La primera, declarando haber lugar al recurso y casando y anulando la resolución recurrida, ordenando la devolución del depósito y declarando las costas de oficio. La segunda, separada de la anterior, resolverá sobre el fondo del asunto, pero con las limitaciones que suponen la *reformatio in peius* no pudiendo, por tanto, imponer pena de más gravedad que la establecida en la sentencia recurrida, salvo que así fuera solicitado por algún recurrente.

3.º) Infracción de precepto constitucional, dependerá de la infracción estimada. Si tuviera carácter estrictamente procesal, jugará como un quebrantamiento de forma (por ej. falta de publicidad); si afectara a la presunción de inocencia deberá dictarse nueva resolución sobre el fondo.

Y si creyera indicada una proposición de indulto, lo razonará debidamente.

Contra ninguna de estas resoluciones podrá recurrirse ulteriormente.

Debe indicarse, finalmente, que si el recurso se plantease en forma «mixta». Es decir, alegándose conjuntamente motivos por quebrantamiento de forma y por infracción de ley, el Tribunal Supremo se pronunciará sobre los primeros y sólo entrará en el estudio de los segundos si aquéllos fueran desestimados, haciéndolo entonces en la misma sentencia en que se declare no haber lugar al quebrantamiento de forma (art. 901 bis b).

Las sentencias en que se declare haber lugar o no al recurso se publicarán en la Colección Legislativa (art. 905). La publicación se hará conforme a la literalidad de sus términos, pero si la Sala lo estimase oportuno en razón a las circunstancias (esencialmente en causas por delitos contra la libertad sexual o el honor) suprimirá nombres o datos identificadores de los hechos o del propio Tribunal sentenciador. Incluso podrá no publicarse la sentencia, o hacerse parcialmente, si se considerase que la publicación afectaría el derecho al honor, la intimidad personal o familiar o imagen de la víctima o a la seguridad pública (art. 906).

VI. PROCEDIMIENTO

El conjunto de trámites a través de los que se desarrolla un recurso de casación se diversifica en cuatro fases, específicamente reguladas, con distinto contenido y finalidad: de preparación, de interposición, de sustanciación y de decisión.

a) Fase de preparación (arts. 855 a 861 bis c)

Se desarrolla ante el Tribunal que dictó la resolución que pretende recurrirse, siendo su objeto la expedición de un testimonio de aquélla para, sobre su base, interponer el recurso; y el emplazamiento de las partes ante el Tribunal Supremo.

Se inicia dentro de los cinco días siguientes al de la última notificación de la resolución que pretende recurrirse, por escrito firmado por abogado y procurador y dirigido al órgano que la dictó.

En él se contendrá: 1) Solicitud de testimonio de aquella resolución; 2) Manifestación de la clase de recurso que pretende entablarse y, en su caso y sin fundamento alguno, los particulares del documento demostrativo del error en la apreciación de la prueba, o el defecto formal cometido y la fecha de la protesta por ello; 3) Promesa solemne de constituir el depósito exigido para recurrir, en su caso; y si hubiera mediado declaración de insolvencia o de derecho a justicia gratuita, la petición de que ello se haga constar así y la promesa de constituir aquel de llegarse a mejor fortuna, pudiendo solicitarse la remisión directa del testimonio al TS.

Presentado este escrito, el Tribunal (en los 3 días siguientes) adoptará alguna de estas decisiones:

1) Tener por preparado el recurso, si la resolución fuera susceptible de ello y se hubieran cumplimentado los requisitos formales exigidos para el escrito de preparación.

Siendo así, acordará por auto expedir testimonio de la resolución que se recurre con certificación de los votos particulares, de haberlos (art. 260 LOPJ); emplazará a las partes, sean o no recurrentes, para comparecer ante la Sala Segunda del TS en los plazos del art. 859 (de 15 a 30 días, según el lugar en que se ubique el Tribunal sentenciador) y remitirá a aquella certificación indicativa de: causa, nombres de las partes, delito, fecha de entrega del testimonio referido y del emplazamiento de las partes. Y, en su caso, la propia causa o el ramo de ella en que se supone cometida la falta, o el documento acreditativo del error. Todo ello en el término de 3 días.

2) Denegar el testimonio pedido para interponer el recurso. Podrá recurrirse en queja ante la Sala Segunda del TS, poniéndolo previamente en conocimiento del Tribunal sentenciador en la forma prevista por los arts. 862 a 871 (vid. lección 17.ª). La resolución del TS es irrecurrible.

b) Fase de interposición (arts. 873 a 879)

Tiene lugar ante el TS. Supone la formalización del recurso, con expresa alegación y justificación de los motivos concretos en que se funde.

Dentro de los plazos señalados en el art. 859 el recurrente deberá comparecer ante la Sala Segunda del TS e interponer formalmente el recurso. De no hacerlo, el secretario dictará decreto, recurrible directamente en revisión, declarándolo desierto y consentida y firme la resolución recurrida, con imposición de costas al recurrente (arts. 873 y 878).

Deberá hacerse en escrito firmado por Abogado y Procurador continente: 1) Del fundamento o fundamentos doctrinales y legales aducidos como motivos de casación encabezados con un breve extracto de su contenido. Puede observarse que si bien el recurso de casación penal no admite como causa la infracción de doctrina legal o jurisprudencia, en el párrafo citado (art. 874.1º) parece veladamente aceptarlo al hacerse referencia a fundamentos «doctrinales» en los que no cabe más que los sentados por el Tribunal Supremo, desde el momento en que la doctrina científica no es fuente de derecho reconocida. 2) El artículo de la LECRIM, LOPJ o de la Constitución que autorice cada motivo de casación hecho valer. 3) La reclamación o reclamaciones practicadas para subsanar el quebrantamiento de forma que se suponga cometido y su fecha. 4) Si se estima procedente, la petición de celebración de vista (art. 882 bis).

Y este mismo contenido es el que debe tener el escrito, no ya de interposición del recurso, sino el de adhesión al mismo, tal y como se establece en el art. 874.

Al mismo deberán acompañarse: el testimonio de la resolución recurrida y tantas copias de éste y del recurso cuantas sean las otra partes, cuya falta sería causa de desestimación; y el documento acreditativo de la constitución del depósito, en su caso.

c) Fase de sustanciación (arts. 880 a 893)

Asimismo ante el TS. Integra la posible impugnación del recurso por las partes y el estudio, por aquel, de los motivos de casación alegados pronunciándose sobre su admisión o inadmisión.

Interpuesto el recurso y transcurrido el término del emplazamiento, el secretario designará al Magistrado Ponente y formará nota del recurso (por 10 días) entregando a las partes las copias del mismo. Al tiempo, mandará que se nombre abogado y procurador (que, con carácter general, no podrán excusarse) para la defensa del acusado (condenado o absuelto) cuando no sea el recurrente ni hubiera comparecido.

En el plazo señalado para la formación de la referida nota, las partes y el Ministerio Fiscal podrán instruirse del recurso y además impugnar su admisión o la adhesión al mismo y, de estimarlo procedente, solicitar la celebración de vista (arts. 882 y 882 bis).

Formada aquella nota, instruidas las partes y previo informe del Ponente, la Sala dictará resolución adoptando alguna de estas decisiones: 1) Admisión del recurso. Se acordará por Providencia, señalándose fecha para la vista o para el fallo, si la primera no se hubiera solicitado. 2) Inadmisión del recurso, por concurrir alguna de las causas especificadas en los arts. 884 y 885 que pueden ser tanto formales como de fondo. Las primeras se derivan del incumplimiento de los requisitos exigidos para la preparación o interposición del recurso; de la falta de acreditación de la debida protesta, si se fundara en quebrantamiento de forma; o de la carencia en el documento de los requisitos legalmente exigidos, si en él se fundamentara el error determinante del recurso. Las segundas —de fondo— por no ser recurrible la resolución en esta vía o, siéndolo, por fundarse en motivos no previstos específicamente o por estimarse el recurso manifiestamente infundado o haber sido ya desestimados en el fondo otros recursos sustancialmente iguales; y, finalmente, por prescindirse de los hechos probados o hacer alegaciones jurídicas contradictorias o incongruentes con ellos (excepto si se alegase error en la apreciación de la prueba sobre el núm. 2 del art. 849).

La inadmisión deberá acordarse por unanimidad y en Auto motivado comunicándose al Tribunal sentenciador —a efectos ejecutivos— y ordenando la pérdida del depósito, si éste se hubiera constituido y, en otro caso, para cuando se mejorase de fortuna.

d) Fase de decisión (arts. 893 bis hasta el 906)

En ella, la Sala Segunda del TS, una vez admitido el recurso, se pronuncia sobre la procedencia o improcedencia de los motivos aducidos, estimándolos o desestimándolos.

La Sala decidirá: 1) Sin celebración de vista, señalando día y hora para el fallo, o 2) Tras su celebración, que tendrá lugar: a) cuando así lo soliciten las partes y la pena impuesta o que pueda imponerse exceda de seis años; b) cuando, no dándose estas circunstancias, el Tribunal, de oficio o a instancia de parte, lo considere necesario; c) siempre que la causa se siga por delitos contra la seguridad interior o exterior del Estado; contra la Administración Pública y contra la Administración de Justicia; o por delitos de los funcionarios públicos en el ejercicio de sus cargos; d) y, en general, cuando concurran circunstancias que hagan aconsejable la publicidad de los debates (art. 893 bis a).

La vista, en su caso, tendrá carácter público constituyéndose la Sala por 3 ó 5 Magistrados en los términos del art. 898 y desarrollándose en la forma establecida por los arts. 894 a 899 (Informes de los Abogados y del Ministerio Fiscal, con posible rectificación y posibilidad del Tribunal de solicitar un mayor esclarecimiento de la cuestión, con formulación de la tesis dudosa, así como reclamar los autos al sentenciador).

Su resolución, en cualquier caso, adoptará forma de sentencia conforme a lo previsto por el art. 900, con el contenido que veíamos en el epígrafe anterior.

LECTURAS RECOMENDADAS: LUZÓN CUESTA, J. M: *El recurso de casación penal*, Madrid, 2000; MONTÓN GARCÍA, L: *La admisión y práctica de la prueba en el proceso penal. Su control en casación. Análisis desde la jurisprudencia*, Madrid, 1999; NIEVA FENOLL, J: *El hecho y el derecho en la casación penal*, Barcelona, 2000; VECINA CIFUENTES, J: *La casación penal: el modelo español*, Madrid, 2003.

CAPÍTULO VII

LOS EFECTOS DEL PROCESO

Lección Decimonovena

Los efectos del proceso

I. LA COSA JUZGADA

El estado de incertidumbre exige que el proceso termine un día y para siempre. Esa terminación se produce cuando se dicta una resolución con efectos de cosa juzgada.

Es el valor que el Ordenamiento Jurídico da al producto de la actividad jurisdiccional, consistente en la subordinación a los resultados proceso, por convertirse en irrevocable la decisión del órgano judicial.

Clases:

A) Firmeza: Es la preclusión de los medios de impugnación (lo mismo que en lo civil). Irrevocabilidad y ejecutabilidad.

B) Cosa juzgada material: Es la vinculación que produce en otro proceso penal la resolución de fondo firme. Sólo la tienen las sentencias y los autos de sobreseimiento libre. En lo penal excluyen únicamente el segundo juicio (*non bis in idem*), pues no se da el efecto positivo o prejudicial.

Límites subjetivos: La persona del acusado.

Límites objetivos: Los hechos criminales tal y como aparecen descritos en la sentencia.

II. IMPUGNACIÓN DE LA COSA JUZGADA

A) Juicio de revisión:

Medio de impugnación en sentido amplio. Se ataca la cosa juzgada, no sujeto a límite temporal alguno.

Sólo son revisables las sentencias de condena por delito.

Los motivos están tasados legalmente.

Es competencia de la Sala II del Tribunal Supremo.

Juicio rescindente y juicio rescisorio.

B) Recurso de anulación:

En los procesos abreviados y rápidos, contra sentencia dictada condenado a imputado ausente (hasta 2 años).

El ausente debe comparecer.

III. LAS COSTAS

Se integran por los mismos conceptos que estudiamos en lo civil.

Se imponen con criterios distintos.

Tasación e impugnabilidad.

LOS EFECTOS DEL PROCESO

Dentro de los efectos del proceso deben considerarse la cosa juzgada, por un lado, incluyendo los medios de ataque a la misma, y, por otro, los llamados efectos económicos, pero sólo las costas, al estudiarse ahora conjuntamente, desde la aprobación de la LAJG, el beneficio de asistencia jurídica gratuita en el tomo I de esta obra. Al ser los conceptos a tratar ahora los mismos que los vistos en el proceso civil, debemos reflejar aquí únicamente las especialidades que concurren en el proceso penal. Ello no obstante, en el tema de la cosa juzgada y su impugnación, las similitudes no dejan de ser meramente conceptuales, por lo que se harán unas consideraciones más detenidas.

I. LA COSA JUZGADA

En efecto, el estado de incertidumbre a que se refería Couture, reflejado al hablar de la cosa juzgada en el proceso civil, está presente también en el proceso penal, pues el acusador no sabe si su petición será estimada, en la misma medida que el actor tampoco conoce el destino final de su demanda. Es la seguridad jurídica la que exige, consiguientemente, que se despeje esa duda, lo que se obtendrá con la firmeza de la resolución final.

La cosa juzgada es la institución que sirve para que esa resolución y, sobre todo, el proceso como un todo, alcance el grado de certeza necesarios, primero, haciéndola irrevocable en el proceso en que se ha dictado; segundo, dotándole de una impronta especial frente a cualquier otro proceso presente o futuro.

En ese sentido, la cosa juzgada es el valor que el ordenamiento jurídico da al producto de la actividad jurisdiccional, consistente en la subordinación a los resultados del proceso, por convertirse en irrevocable la decisión del órgano judicial.

Partiendo de ello, también en el proceso penal cabe hablar, por tanto, de cosa juzgada formal o firmeza, y de cosa juzgada material.

A) Firmeza (cosa juzgada formal)

La firmeza, denominación más acertada que la de cosa juzgada formal, es la preclusión de los medios de impugnación respecto a una resolución procesal penal (arts. 245.3 LOPJ y 141, V LECRIM). Se produce, efectivamente, respecto a las resoluciones penales, por las mismas causas vistas para el proceso civil.

Sin embargo, en la fase del procedimiento preliminar, es decir, en la instrucción penal, la cosa juzgada formal presenta el problema de que hay resoluciones que se dictan en ella, que son impugnables en definitiva mediante el recurso de queja simple o sin plazo (arts. 218 y concordantes LECRIM). Este matiz no significa negar su existencia en la instrucción, pero tiene ciertamente un carácter especial.

Otra cosa es la invariabilidad de las resoluciones, particularmente en dicha fase, porque todas las resoluciones sumariales son modificables si varían los presupuestos que fundamentaron su aprobación.

Finalmente, sólo resta indicar que en lo penal, sin que se confundan tampoco ejecutabilidad y firmeza, únicamente pueden ejecutarse las sentencias firmes (art. 985 LECRIM, en relación con los arts. 117.3 CE, y 9, 861 bis a) y 794, entre otros LECRIM). No existe, pues, ninguna posibilidad de ejecución provisional de los pronunciamientos penales de la sentencia (iría además contra el principio de la presunción de inocencia, del art. 24.2 CE).

Que el contenido civil de la sentencia penal permita ser ejecutado provisionalmente (art. 989 LECRIM), o, incluso, que para un proceso ordinario, el abreviado, se contemple la posibilidad de un incidente de liquidación del mismo (art. 794.1ª LECRIM), nada tiene que ver con el tema.

La firmeza es presupuesto de la producción de la cosa juzgada material, que es la verdadera cosa juzgada, según se afirma doctrinalmente.

B) La cosa juzgada material

a) Concepto

La cosa juzgada material es la vinculación que produce en otro proceso penal la resolución de fondo firme. Se trata de un instituto procesal, consistente en un vínculo, de naturaleza jurídico-pública, que obliga a los jueces a no juzgar de nuevo lo ya decidido y, derivadamente, a no admitir controversias de las partes acerca de ello.

En el proceso penal únicamente gozan de la cosa juzgada material estos dos tipos de resoluciones:

1.ª) Las sentencias, siempre de fondo en este proceso, tanto las absolutorias como las condenatorias.

2.ª) Los autos de sobreseimiento libre, tanto por haberse dictado al amparo de cualquiera de los números del art. 637 LECRIM, como por estimación de artículo de previo pronunciamiento en los casos fijados por el art. 675 LECRIM (que se remite a los números 2.º, 3.º y 4.º de su art. 666).

Una diferencia importante respecto al proceso civil presenta la cosa juzgada material penal. Consiste en que ésta únicamente tiene el efecto negativo, preclusivo o excluyente, no gozando del efecto positivo o prejudicial (v. S TS de 17 de noviembre de 1997, RA 8050, entre otras). Ello significa, particularmente, que:

a) Excluye, por ser presupuesto procesal, tratado en la LECRIM como artículo de previo pronunciamiento, un segundo juicio (art. 666-2.º LECRIM), y, en su caso, la posible condena al permitirse su reproducción en el acto del juicio en el supuesto de haberse desestimado (art. 678 LECRIM).

Este efecto, que no es sino el principio «non» o «ne bis in idem», tiene en lo penal una importancia muy elevada, porque significa la plasmación del principio de la prohibición de la doble incriminación, garantía constitucional propia de los países democráticos (por ejemplo, la prohibición de la *double jeopardy* por la Enmienda V Constitución USA; art. 7 CEDH; art. 4.1 del Protocolo 7 del CEDH de 22 de noviembre de 1984; art. 103, ap. (3) Constitución alemana). A este contenido se refiere la doctrina penal como «ne bis in idem» procesal.

Nuestro Tribunal Constitucional ha tenido varias ocasiones de pronunciarse sobre ello. Aunque no existe un reconocimiento constitucional expreso, lo ha basado en el art. 25.1 CE, principio de legalidad penal (v., por ejemplo, las SSTC 152/2001, de 2 de julio; y 2/2003, de 16 de enero, ésta última con cambios doctrinales importantes; también 229/2003, de 18 de diciembre, caso Gómez de Liaño).

b) En caso de existir más de un acusado, el fallo es para cada uno de ellos independiente del de los demás, porque no hay vinculación prejudicial del contenido de la primera sentencia respecto a las otras partes, ni respecto de otro acusado por el mismo hecho, ni del mismo acusado por un hecho distinto, aun conexo del hecho juzgado o condicionado por él.

b) Resoluciones susceptibles de ella

Prohibidas en el proceso penal las sentencias procesales por falta de pruebas (art. 144 LECRIM), se plantea el problema, en parecidos términos a lo que vimos en el proceso civil, de si, estando claro que las sentencias y los autos de sobreseimiento libre producen los efectos de cosa juzgada, también son susceptibles de ella otras resoluciones que en el proceso penal se pueden dictar, concretamente las resoluciones procesales, las resoluciones cautelares y determinados autos:

1. Resoluciones procesales: Sabemos ya que antes de la LOPJ de 1985 han sido admitidas excepcionalmente por la jurisprudencia en lo penal, cuando llegado el momento de dictar la sentencia se constataba la existencia de un defecto procesal que impedía entrar en el fondo de la causa (v. gr., los del art. 666 LECRIM, o cualquier otro). Pues bien, en estos casos había que llegar a la conclusión de que se producía la cosa juzgada material si no existía posibilidad de subsanar el defecto procesal. Hoy no es posible ya la existencia de sentencias procesales, pero sí de autos.

2. *Resoluciones cautelares:* Se ha negado a este tipo de resoluciones la cosa juzgada material, porque establecen medidas variables según se modifiquen sus presupuestos. Pero aquí la cuestión es otra distinta, pues lo que ocurre en verdad es que por el principio «rebus sic stantibus», permaneciendo las circunstancias tenidas en cuenta para adoptar la medida, ésta debe quedar inalterable, modificándose si varían.

Esta es la razón por la que la LECRIM permite cambiar las medidas coercitivas si varían los presupuestos, aunque como veremos, no tiene las mismas consecuencias la variabilidad del «fumus boni iuris», que la del «periculum in mora». Así, los arts. 503-2.º; 504, I; 528, III; 539 y 861 bis a), IV LECRIM, para la prisión y libertad provisionales; y los arts. 611 y 612 LECRIM, para la fianza y el embargo.

c) Límites

Los límites de la cosa juzgada material penal son muy distintos a los de la civil, porque sus contenidos son sustancialmente diversos en función de los respectivos objetos del proceso. Esto hacía inaplicables sin matices los arts. 1251, II y 1252 CC (derogados por la LEC de 2000), a pesar de que la jurisprudencia lo haya intentado (y hace inaplicable hoy el art. 222 de la nueva LEC). Dejando a un lado los límites temporales, que no tienen duda, debe estarse a los límites subjetivos y a los objetivos, residiendo la dificultan en estos últimos.

1. *Límites subjetivos:* La cosa juzgada penal despliega sus efectos en el aspecto subjetivo únicamente sobre la persona del acusado, de modo que quien haya sido juzgado (condenado o absuelto), no puede volver a serlo, dada la identidad objetiva también, que veremos a continuación.

La persona del acusador (público, particular, popular o privado), no juega ningún papel en la identidad subjetiva, sin duda porque la acusación en el sistema español puede estar a cargo de esas varias personas, lo que significa que carece de importancia cuál de ellas efectivamente la formule.

2. *Límites objetivos:* Son precisos, pero de una gran dificultad en cuanto al contenido, porque los límites objetivos de la cosa juzgada material en el proceso penal son los hechos criminales, tal y como aparecen descritos en la sentencia.

Ni la calificación jurídica de ese hecho punible (v. gr., si es delito de homicidio), ni sus consecuencias jurídico-penales (la pena de 10 a 15 años), tienen repercusión alguna en cuanto a la delimitación objetiva. La doctrina más autorizada basa esta afirmación en un recto entendimiento del principio acusatorio, puesto que en su virtud se exige que el hecho por el que se absuelve o condene a una persona sea el mismo que fue objeto de la acusación, dándose los caracteres esenciales que lo identifican. Por ello, no se puede proceder de nuevo por el mismo hecho contra la misma persona que ya hubiera sido juzgada por él.

II. LA IMPUGNACIÓN DE LA COSA JUZGADA

Hasta 1988 únicamente existía en el proceso penal un medio de impugnación de la cosa juzgada, el proceso de revisión. No cabía, como en el proceso civil, ni audiencia al rebelde, ni oposición de tercero. Pero en ese año se introdujo un recurso nuevo, llamado de anulación (v. art. 793), precisamente para los casos de ausencia, lo que asemeja más el tratamiento entre ambos procesos, pudiéndose atacar la cosa juzgada, dados los presupuestos exigidos, tanto mediante el proceso de revisión como mediante el recurso de anulación.

No debe olvidarse que en determinados casos, dependiendo de su objeto, la estimación del amparo constitucional puede tener efectos sobre un proceso penal ya terminado con efectos de cosa juzgada, ni tampoco los efectos que puede tener en el proceso penal la presentación del escrito solicitando la nulidad de actuaciones fundada en defectos de forma que hubieran causado indefensión, de conformidad con los requisitos establecidos por el art. 240.2 y 3 LOPJ (reformado por la LO 5/1997, de 4 de diciembre), estudiado con carácter general en el tomo II de esta obra entre los medios de impugnación de la cosa juzgada.

A) El juicio de revisión

a) Concepto y naturaleza

Valga lo dicho en la correspondiente lección dedicada a este medio de impugnación en sentido amplio en el proceso civil, pues estamos exactamente ante la misma institución, que es un «proceso», al menos en sentido formal, pues no es un verdadero proceso entre partes, y no un «recurso», por el que se ataca la cosa juzgada material de una sentencia penal firme, que es injusta con base en determinados motivos, en particular por causa de hechos falsos o hechos nuevos. Los antecedentes son también los mismos. En lo penal se regula fundamentalmente en los arts. 954 a 961 LECRIM.

La única matización a efectuar aquí es, quizás, que la revisión de una sentencia penal tiene por fuerza un alcance diferente al civil. En efecto, si uno de los fines del proceso penal es hallar la verdad material, no puede admitirse que la firmeza de la sentencia impida definitivamente su búsqueda, que prevalezca contra esa verdad el efecto preclusivo de la sentencia. Por ello, no hay sujeción a plazo alguno, pudiendo intentarse incluso después de fallecida la persona legitimada (proceso de rehabilitación: Art. 961 LECRIM).

b) Objeto

Se pide la anulación, y por tanto, es revisable toda sentencia firme y condenatoria a una pena de cualquier índole, dictada en proceso ordinario o especial por delito del que haya conocido un tribunal español (arts. 954 y 792.3 LECRIM).

Son, en consecuencia, requisitos de la sentencia:

a) El haber sido dictada en un proceso por delito, no por falta;

b) El haber sido dictada por órgano jurisdiccional español, no extranjero, incluido el Tribunal del Jurado;

c) El que sea definitiva, en el sentido de los arts. 245.1, c) LOPJ y 141, IV LECRIM, es decir, que ponga fin a un proceso resolviendo definitivamente su objeto;

d) Que sea firme, invariable para el juez o tribunal, e inimpugnable para las partes; y

e) Que condene a una pena, no a una medida de seguridad.

> Nuestro Ordenamiento Jurídico no permite revisar sentencia absolutorias, con base en el argumento fundamental de estar totalmente descompensada la absolución de un culpable al lado de la condena de un inocente. Sin embargo, como hace el Derecho alemán, debería recogerse la posibilidad de revisar una sentencia absolutoria, en el único caso de que el absuelto confesara libremente el delito en forma convincente y creíble (v. § 362, Nr. 4 StPO alemana), pues así la Justicia no quedaría resentida al hallarse en definitiva la verdad material. Claro es que el reconocimiento de este motivo obligaría a callar a los verdaderos culpables para hacer inviable la revisión.

c) Motivos

La revisión penal es posible en seis casos, taxativamente fijados. Cuatro de ellos se encuentran en la LECRIM, otro en la Ley Procesal Militar de 1989, y el último en la Ley Orgánica del Tribunal Constitucional.

1.°) *Contradictoriedad de sentencias:* Según el art. 954-1.° LECRIM, procede la revisión «cuando estén sufriendo condena dos o más personas, en virtud de sentencias contradictorias, por un mismo delito que no haya podido ser cometido más que por una sola».

El hecho criminal, delito en la incorrecta terminología del motivo, por el que dos o más personas distintas sufren condena, debe ser el mismo. Lo que ocurre es que las sentencias, además de distintas, son tan contrapuestas que forzosamente una da a entender la inocencia de uno o de varios de los condenados en la otra.

Esta causa de revisión se debe aplicar también cuando haya, por ejemplo, tres o más condenados por un delito que no hayan podido cometer más que dos personas, pero no cuando una misma persona sea condenada dos veces por el mismo hecho (v. STS de 14 de noviembre de 1966, RA 4916, y lo que decimos *infra)*.

2.º) *Supervivencia de la víctima en un homicidio:* Según el art. 954-2.º LECRIM, procede la revisión «cuando estén sufriendo condena alguno como autor, cómplice o encubridor del homicidio de una persona cuya existencia se acredite después de la condena».

La doctrina está de acuerdo en considerar que la condena debe haber sido por homicidio en grado de consumación (delito hoy competencia del Jurado). La ley presume entonces que para condenar a una persona por ese delito, habrá sido determinante en el proceso la desaparición de la supuesta víctima, que aparece viva y demuestra la injusticia de la resolución.

Dos problemas se plantean aquí: El primero, si se extiende el supuesto a los demás delitos de muerte (asesinato, por ejemplo). La respuesta debe ser afirmativa, por evidente, y así se comprueba acudiendo a su paralelo en lo militar (art. 328-2.º LPM: «Responsable por la muerte de una persona»). El segundo problema es si se pone en libertad directamente al condenado al anular, conforme al art. 958, II LECRIM, la sentencia, o al contrario, si se puede iniciar un proceso en su contra por acusación de tentativa de homicidio o asesinato, o por cualquier otro delito contra la misma persona. Aquí la respuesta es más compleja. El art. 335, II LPM lo permite en el proceso militar, pero el hecho esencial enjuiciado es el mismo, y a él se extiende la cosa juzgada material, por lo que en teoría habría que poner en libertad al injustamente condenado que ha ganado la revisión. Qué duda cabe, ello no obstante, que en la mayor parte de los casos el abono del tiempo pasado en prisión ayudará decisivamente a resolver este problema.

3.º) *Condena por falsedad u otro delito:* En virtud del art. 954-3º LECRIM, procede igualmente la revisión «cuando esté sufriendo condena alguno en virtud de sentencia, cuyo fundamento haya sido un documento o testimonio declarados después falsos por sentencia firme en causa criminal, la confesión del reo arrancada por violencia o exacción, o cualquier hecho punible ejecutado por un tercero, siempre que los tales extremos resulten también declarados por sentencia firme en causa seguida al efecto. A estos fines podrán practicarse todas cuantas pruebas se consideren necesarias para el esclarecimiento de los hechos controvertidos en la causa, anticipándose aquéllas que por circunstancias especiales pudieran luego dificultar y hasta hacer imposible la sentencia firme, base de la revisión».

Esta causa clásica de revisión, originariamente prevista tan sólo para el submotivo de documentos falsos y ampliada a los demás en 1899, aparece plenamente justificada, porque la sentencia de condena ha sido obtenida mediando delito, lo que significaría la absolución del condenado en el juicio rescisorio.

4.º) *Nuevos hechos o pruebas:* Permite el art. 954-4.º LECRIM, introducido en 1933, la revisión penal «cuando después de la sentencia sobrevenga el conocimiento de nuevos hechos o de nuevos elementos de prueba, de tal naturaleza que evidencien la inocencia del condenado».

Este motivo, de particular relevancia e incidencia práctica en lo penal, ya que es el más alegado, significa que los hechos o medios de prueba que fundan la revisión tienen que haber sobrevenido o revelarse después de la sentencia de condena, siendo como consecuencia de ello evidente la inocencia del condenado (ejemplo típico: la retractación de un testigo). Esto significa que no es posible obtener la revisión cuando el hecho nuevo o la prueba nueva justifican sólo una pena menos grave, aunque hay alguna jurisprudencia que no se muestra tan tajante (v. SSTS de 6 de mayo de 1975, RA 2078; de 25 de junio de 1984, RA 3677, y de 25 de febrero de 1985, RA 1540).

El TS ha entendido que éste es el motivo a aplicar cuando, con flagrante infracción del principio «non bis in idem», una misma persona es condenada dos veces (v. S de 18 de octubre de 1982, RA 5651), aunque en alguna ocasión ha entendido que el motivo procedente es el del art. 954.1.º LECRIM (v. STS de 10 de junio de 1998, RA 5309), pero la gravedad de la infracción exige un claro texto legal a favor de este motivo.

5.º) *Duplicación de sentencias:* El art. 328-5.º LPM permite acudir igualmente a la revisión penal, «cuando sobre los propios hechos hayan recaído dos sentencias firmes y dispares dictadas por la misma o por distintas jurisdicciones».

Respecto al inciso final (el primero recoge el «non bis in idem»), y dado que el art. 334 LPM, en relación con el art. 61 LOPJ, atribuye la revisión a la Sala Especial del TS cuando las sentencias hubieran sido dictadas por un órgano del orden penal y otro del militar, parece necesario conceder la revisión cuando las sentencias firmes dictadas por ambos jueces sean por el mismo delito.

6.º) *Inconstitucionalidad de la ley penal:* Conforme al art. 40.1 LOTC, la sentencia que declare la inconstitucionalidad de una ley penal permite revisar las sentencias penales firmes y condenatorias fundadas en dicha norma, tanto para obtener una reducción de la pena, como una exclusión, excepción o limitación de la responsabilidad.

No se recoge como motivo de revisión común el del art. 328-4.º LPM, a saber, haber sido dictada la sentencia o una resolución esencial de influencia notoria del proceso penal militar en el que resultó condenado el penado, por juez o magistrado del tribunal condenado posteriormente por prevaricación. Ante la justificación de este motivo, parece necesaria una interpretación extensiva del motivo tercero del art. 954 LECRIM, equiparando el delito por un tercero al cometido por el juez, con el fin de permitir el acceso a la revisión de tan injusta sentencia, así obtenida.

Tampoco se pueden revisar en España las sentencias penales firmes como consecuencia de la declaración por el TEDH de una violación de derecho fundamental, pero ha sido sugerido al legislador por el TC en su S 245/1991, 16 de diciembre, sin éxito alguno de momento.

d) Competencia

Para el juicio rescindente, que es aquél en el que se analiza si se admite la revisión, la tiene la Sala II del TS (o su Sala Especial en el caso visto de duplicación de sentencias), según los arts. 57-1.º LOPJ y 957 LECRIM. Para el juicio rescisorio, en el que se dicta la sentencia ajustada a derecho tras la autorización de la revisión, el órgano jurisdiccional que dictó la sentencia anulada (art. 958, I, III y IV LECRIM).

e) Partes

Se requieren abogado y procurador. Ante la dudosa constitucionalidad de las anteriores normas sobre legitimación del proceso de revisión penal, en nuestra opinión claramente en contra de los arts. 24.1 y 117.3 CE, el legislador procedió mediante la Ley 10/1992 a dar nueva redacción a los arts. 955, 957 y 961 LECRIM, adaptándolos a la doctrina, por cierto no clara, sentada por las SS TC 7/1981, de 30 de marzo; y 124/1984, de 18 de diciembre. Los supuestos son tres:

1.º) Para la promoción de la revisión, tanto si el condenado está vivo, como si ha fallecido (en cuyo caso a la revisión se la llama «rehabilitación de la memoria del difunto»), están legitimadas las personas enumeradas en el art. 955 LECRIM.

2.º) Para la autorización de la revisión únicamente es competente la Sala II del TS (y ya no el Ministerio de Justicia, lo que era claramente inconstitucional por negar el derecho de acceso a la Justicia del art. 24.1 CE), conforme a los requisitos exigidos en el art. 957 LECRIM (STC 123/2004, de julio).

3.º) Para la interposición, están legitimadas las personas enumeradas en el art. 955 si lo ha autorizado el TS, y directamente el FGE (quien puede actuar también a instancias del Gobierno: art. 956 LECRIM), dados los presupuestos del art. 961 LECRIM.

f) Procedimiento

Ante todo, no existe posibilidad de ejecución provisional, por lo que no se da la suspensión de la condena.

En lo demás, la regulación es deficiente: Se oye por una sola vez al MF y a los penados, y después se tramita como si se tratara de un recurso de casación (art. 959 LECRIM).

g) Resoluciones y efectos

Hay que distinguir entre la sentencia rescindente y la rescisoria. En el primer caso, los efectos son distintos según el motivo de revisión estimado:

1.º) Sentencia rescindente

1) En caso de contradictoriedad de sentencias, se anulan las dos sentencias y se remite la causa de nuevo al órgano jurisdiccional competente (art. 958, I LECRIM).

2) Habiéndose demostrado la supervivencia de la víctima del homicidio, se anula la sentencia (art. 958, II LECRIM), poniéndose en libertad al penado. No es claro, según lo indicado *supra*, que no sea necesario en todo caso un juicio rescisorio posterior.

3) En el supuesto de condena por falsedad u otro delito, se anula la sentencia y se remite al órgano jurisdiccional competente para que se instruya de nuevo la causa (art. 958, III LECRIM).

4) Tratándose del motivo de nuevos hechos o nuevas pruebas, se instruye una información supletoria, y si se evidencia la inocencia, se anula la sentencia y se ordena instruir de nuevo la causa a quien corresponda (art. 958, IV LECRIM).

5) Habiéndose duplicado las sentencias, se anulará la sentencia que se considere injusta o se dictará otra (art. 335, IV LPM).

6) Declarándose la revisión por inconstitucionalidad de la ley penal, se procederá directamente por el TS a anular la condena o a efectuar una nueva liquidación (art. 40.1 LOTC).

2.º) Sentencia rescisoria

En el caso, normal, de que haya procedido un nuevo juicio, el rescisorio, la sentencia que se dicte produce efectos muy concretos. Se distingue entre si es condenatoria o absolutoria:

1) La sentencia condenatoria a pena privativa de libertad obliga a abonar el tiempo de prisión que se haya cumplido ya, en caso de estar ejecutándose otra de esta naturaleza (art. 960, I LECRIM).

2) La sentencia absolutoria concede derecho de indemnización al legitimado o a sus herederos, sin perjuicio de la responsabilidad en que haya podido incurrir el órgano jurisdiccional u otra persona, exigible frente al

Estado (art. 960, II LECRIM). La indemnización tiene fundamento constitucional, al tratarse de un error judicial (arts. 121 CE, y 292 y ss. LOPJ).

B) El «recurso» de anulación

a) Concepto, naturaleza y objeto

La reforma de 1988 introdujo un nuevo recurso penal, llamado de anulación, previsto específicamente para el proceso abreviado. A través de él se configuraba un medio de impugnación de la cosa juzgada, que cabía únicamente contra la sentencia de condena dictada, en primera instancia o en apelación, frente a un imputado ausente (derogado art. 797). La reforma de 2002 ha mantenido este recurso, prácticamente con el mismo texto (art. 793), que es extensible al proceso penal especial para el enjuiciamiento rápido de determinados delitos por mor del art. 803.2 LECRIM.

Las sentencias en ausencia, que no constituyen novedad en nuestro derecho, pero que sí van en cierta medida contra el régimen establecido originariamente por la LECRIM para el proceso por delitos (v. art. 840), son posibles si la pena solicitada (no la impuesta definitivamente en la sentencia) no excede de dos años de privación de libertad o, siendo de distinta naturaleza, si no excede de seis años de duración, dándose además los requisitos de notificación y contradicción establecidos en el art. 786.1, II LECRIM.

Presupuesto esencial es que el condenado en ausencia comparezca o sea habido, en cuyo caso se le notifica la sentencia dictada en la primera instancia o en apelación del proceso abreviado correspondiente, o del especial rápido, a efectos de cumplimiento de la pena que todavía no haya prescrito (art. 793.1 LECRIM). Contra esa sentencia es procedente el recurso de anulación.

Es fácil colegir que su fundamento no puede ser otro que la necesidad de respetar al máximo, particularmente en el proceso penal, el principio de contradicción, en sus vertientes de derecho de defensa y derecho a no ser condenado sin ser oído previamente (art. 24 CE). Pero siendo ello verdad, una interpretación más rigurosa de dichos principios debería llevar necesariamente a prohibir en todo caso la posibilidad de sentencias penales dictadas en rebeldía.

El recurso de anulación penal recuerda, consiguientemente, al recurso de audiencia al rebelde previsto para el proceso civil (v. tomo II). De la misma forma que allí, no es nada claro ni que estemos ante un verdadero recurso, ni ante un verdadero proceso. El legislador, extraordinariamente parco en esta institución, no ha previsto, ni se puede distinguir por tanto, un juicio rescindente de un juicio rescisorio, con lo cual la pretensión, de haberla, sería pedir la anulación de la sentencia por haber sido dictada sin quedar garantizado el principio de contradicción en el primer juicio, y en el segundo la correspondiente a su posición jurídica, es decir, la absolución. Por ello, más bien cabe hablar de medio para reabrir un proceso viciado de nulidad, que sirve para que la parte pasiva se pueda defender frente a la acusación.

b) Motivos

El «recurso» solamente procede en un único caso, a saber, cuando una persona haya sido condenada en rebeldía a pena privativa de libertad (hoy pena de prisión) inferior a dos años, o a pena de distinta naturaleza inferior a seis años. Por tanto, el motivo es la posible nulidad de la sentencia al haber sido dictada sin atender al principio de contradicción, infringiendo el derecho de defensa o el derecho a ser oído previamente a la condena. Hay que poner en relación, pues, el art. 793.1 LECRIM, con el art. 24 CE y también, ya que es su concreción en este caso, con el art. 238-3.º LOPJ.

A estos efectos, da exactamente igual que la sentencia pretendidamente nula haya sido la firmada en primera instancia del proceso penal abreviado por el JPe, o la dictada en apelación por la Audiencia (v. art. 793.2 LECRIM).

c) Competencia

Dado que por la pena solicitada únicamente será competente para el juicio y fallo el JPe, la competencia funcional para conocer de este «recurso» corresponderá siempre a la AP (AN, en su caso), ya que se equipara al recurso de apelación (aplicándose, pues, los arts. 790.1 LECRIM y 82.1-2.º LOPJ).

El art. 793.1 «in fine» LECRIM afirma, ello no obstante, que se debe indicar a la parte comparecida o habida ante qué órgano puede interponer el recurso, sin que le pueda perjudicar en absoluto un error en la instrucción.

d) Partes

Siendo equiparable al recurso de apelación, se requiere abogado y procurador también en el de anulación (art. 221 LECRIM). Pero la ley no nos indica más que la legitimación del recurrente, es decir, el que fue condenado en ausencia. La legitimación pasiva debe corresponder a quienes fueron partes acusadoras, fundamentalmente el MF.

e) Procedimientos y plazos

El art. 793.2 se limita a decir que se aplicarán los requisitos y efectos establecidos para el recurso de apelación previsto en el proceso abreviado ante la Audiencia. A sus actos, contenido y trámites procedimentales, debemos consecuentemente remitirnos.

No obstante, partiendo de la no fijación de un plazo para intentar la anulación, como en la revisión penal anteriormente vista, por lo que procede en cualquier tiempo (v. art. 793.1 LECRIM), se limita relativamente el plazo de interposición, una vez comparecido o habido y notificada en forma la sentencia, a los diez días previstos para interponer la apelación en el art. 790.1 LECRIM (art. 797.2 LECRIM). Sobre este plazo debe ser igualmente instruido (art. 793.1 «in fine» LECRIM).

f) Resolución y efectos

Nada se dice en la ley sobre esta importante cuestión, no distinguiéndose, por tanto, entre juicio rescindente y juicio rescisorio. Pensamos que el juicio rescindente debería ser propiamente el «recurso» de anulación, pidiendo a la Audiencia la anulación de la sentencia. A continuación, de ser obtenida esta declaración, el condenado tendría derecho a la reapertura de la causa (juicio rescisorio), ante el mismo órgano que conoció de la primera instancia, con el fin de obtener un nuevo enjuiciamiento, garantizado previamente su derecho a ser oído y defenderse. Ello debe significar la no necesidad de incoar una causa nueva completamente desde el principio, sino tan sólo desde el momento en que debe entrar, o debió entrar en juego el derecho fundamental del ausente.

La razón por la que equiparamos la resolución y efectos a los del proceso de casación penal radica en la propia naturaleza de la infracción cometida: Si no se respetó el principio de contradicción, hay que retrotraer la causa, previo reenvío de la misma, al punto de la infracción, en la instrucción o en el juicio oral, continuando después el procedimiento una vez subsanada aquélla (compárese, buscando apoyo interpretativo en el proceso civil, con la impugnación que asiste al rebelde).

Esta deficiente regulación, en una institución que por su propia naturaleza debe ser compleja, hace pensar si no sería más rentable desde el punto de vista procesal el suprimirla, no permitiendo condenar en ausencia a nadie. ¿Cabe alguna duda sobre su no utilización cuando se informe al comparecido o habido condenado en ausencia de su existencia? Es mejor no seguir adelante cuando se constate jurídicamente la rebeldía.

III. LAS COSTAS

La aprobación de la Ley de Asistencia Jurídica Gratuita (LAJG) de 1996 (v. tomo I de esta obra), y del Código Penal de 1995, han producido una alteración en los conceptos que integran las costas y en la prelación del pago en el proceso penal, pero los arts. 239 a 246 LECRIM no han sido modificados por estas normas. Valen también los temas relativos a la definición, fundamento, naturaleza jurídica y determinación de los conceptos que forman las costas procesales penales, tratados en el tomo II, con relación al proceso civil.

Forman las costas, recordemos, precisando la declaración genérica del art. 124 CP, los siguientes conceptos:

1.º) Los gastos de la asistencia extrajudicial (art. 6.1 LAJG).

2.º) Los honorarios de la asistencia del Abogado al detenido o preso (art. 6.2 LAJG, en relación con los arts. 520 y 520 bis LECRIM, con fundamento directo en el art. 17.3 CE).

3.º) Los honorarios del Abogado para el proceso penal (art. 6.3 LAJG, y art. 241-2.º y 3.º LECRIM). Con ello, sin necesidad del art. 124 CP de 1995, quedan incluidos también los de la acusación particular.

4.º) Los aranceles del Procurador (art. 6.3 LAJG, y art. 241-2.º y 3.º LECRIM).

5.º) Los honorarios del perito oficial o privado en su caso (art. 6.6 LAJG, 241-3.º y 465 LECRIM).

Ha desaparecido con la LAJG la referencia a las indemnizaciones de los testigos que declaren a instancia de la parte, que tenía un punto de apoyo legal importante en los arts. 138, 241-4.º y 722 LECRIM, el primero hoy derogado por la LAJG. Pensamos, al ser indiscutiblemente también costas, por tratarse de gastos que tienen su fundamento en el proceso penal, que deben quedar implícitamente incluidos estos conceptos entre las mismas.

6.º) Gastos por inserción de anuncios o edictos, en el curso del proceso, que preceptivamente deban publicarse en periódicos oficiales (art. 6.4 LAJG).

7.º) Gastos por pago de depósitos necesarios para la interposición de recursos (art. 6.5 LAJG, teniendo en cuenta para la acusación popular los depósitos para recurrir regulados en la DA-15ª LOPJ).

8.º) Gastos por obtención de copias, testimonios, instrumentos y actas notariales, en los términos previstos en el art. 130 del Reglamento Notarial (art. 6.7 LAJG), en caso de que sean necesarios en el proceso penal.

9.º) Gastos por derechos arancelarios, en caso de ser necesarios en el proceso penal, que correspondan (art. 6.8 y 9 LAJG):

a) Por el otorgamiento de escrituras públicas y por la obtención de copias y testimonios notariales no contemplados en el art. 6.7 LAJG.

b) Por la obtención de notas, certificaciones, anotaciones, asientos e inscripciones en los registros de la Propiedad y Mercantil.

La nueva tasa judicial no se impone en el proceso penal (art. 1 Ley 10/2012, de 20 de noviembre), por lo que no forma parte de las costas.

A) Imposición

La LECRIM adopta para la imposición de las costas el criterio objetivo o del vencimiento, y el subjetivo de la temeridad o mala fe, pero distinguiendo según las partes y casos especiales. En primer lugar, dada la naturaleza del proceso penal, se considera la imposición de oficio.

Todos los autos o sentencias que pongan término a la causa o a cualquiera de los incidentes, deberán resolver sobre el pago de las costas procesales (art. 239 LECRIM, y su interpretación dada por la Consulta de la FTS de 19 de octubre de 1919). A partir de este precepto, siempre y cuando no se goce del beneficio de asistencia jurídica gratuita, las reglas son:

1. *Imposición de oficio:* No entrando en juego otra previsión expresa, o cuando el tribunal no lo considere procedente, corre a cargo de las costas el Estado (art. 240-1.° LECRIM), aunque las partes deben pagar en este caso, a pesar de ello y salvo que gocen del beneficio de justicia gratuita, a los abogados y procuradores que les hayan defendido y representado, y a los testigos y peritos que hayan declarado a su instancia, quienes tienen derecho a su exacción por vía de apremio en caso de impago voluntario (art. 242 LECRIM, cuyo primer párrafo carece de objeto al haberse suprimido las tasas judiciales por la Ley 25/1986, de 24 de diciembre).

La imposición de oficio no debe confundirse con la imposición a las partes públicas (Ministerio fiscal), pues éstas quedan fuera de la posibilidad de ser condenadas. Para el supuesto de absolución esta norma es injusta, como veremos inmediatamente.

Cuando el acusado resulte absuelto, nunca se le pueden imponer las costas (art. 240-2.º, II LECRIM, en relación con el art. 123 CP), pero sólo en lo que afecta al pago de los derechos arancelarios, porque al tener que imponerse de oficio, el art. 242, I LECRIM sólo exime de los gastos antedichos, con exclusión hoy del reintegro del papel sellado, suprimido por la ley 25/1986, cit.

Ello significa que el absuelto, salvo que haya obtenido el beneficio de justicia gratuita, tendrá que pagar a su abogado, a su procurador, a los peritos y a los testigos que hubiesen dictaminado o declarado a su instancia, y demás gastos (art. 242, II LECRIM).

Esta disposición ha sido justamente criticada por la mejor doctrina, porque el acusado absuelto, o que tenga a su favor un auto de sobreseimiento libre, no debería pagar ninguno de los conceptos que integran las costas, ni las declarables de oficio, ni las no declarables de oficio, independientemente de su posición económica. Piénsese que cuando el tribunal absuelve al acusado, niega el fundamento de la misma acusación y, por lo tanto, debería recaer la condena sobre las partes acusadoras públicas o privadas, pero como las costas no pueden ser impuestas al MF, es de equidad que el Estado corra a cargo de todos los gastos. No se trata de que el Estado no pueda dispensar del pago de honorarios que no le corresponde percibir, sino de que el Estado sufrague los gastos ocasionados por la defensa del acusado absuelto. Con la ley 25/1986 se acepta en realidad, aunque parcialmente, esta crítica.

2. *Condena al acusado:* El acusado que venga condenado en la causa tiene que pagar, sólo por este motivo objetivo, las costas, y si son varios, la parte proporcional (art. 240-2.º LECRIM). Se consagra así el criterio

del vencimiento puro, establecido además en el CP, cuando en su art. 123 dispone que «las costas procesales se entienden impuestas por la Ley a los criminalmente responsables de todo delito o falta».

3. *Condena a las partes acusadoras:* El acusador particular y el acusador privado pueden ser condenados también al pago de las costas, al igual que el actor civil (art. 240-3.º LECRIM), pero con base en el sistema subjetivo de la temeridad o mala fe (art. 240-3.º, II LECRIM, y S TS de 10 de diciembre de 1997, RA 8746).

Es discutible que el acusador popular pueda ser condenado en costas, pues el art. 20.3 LOPJ afirma textualmente que el ejercicio de la acción popular será siempre gratuito, pero en nuestra opinión habría que admitirlo para evitar posibles justificaciones de querellas realmente temerarias.

A diferencia del proceso civil, en el que la doctrina mayoritaria y alguna jurisprudencia, con cierto fundamento legal, así lo admiten, el MF no puede ser condenado en costas en el proceso penal, con base en el argumento que proporcionan los arts. 70, II y 901 LECRIM.

4. *Supuestos particulares:* Deben recogerse en lo penal los dos siguientes:

a) *Incidentes:* Las costas causadas en los incidentes que puedan promoverse durante la sustanciación de un proceso penal debe imponerse a aquél que los haya iniciado, siempre que se deniegue lo pedido. Así:

1) En la recusación: Art. 70, I LECRIM. No obstante, cabe la no imposición si se aprecian circunstancias excepcionales que justifiquen otro pronunciamiento (art. 227.1 LOPJ). También se imponen las costas a quien pierda el recurso de apelación en esta materia, en el caso previsto en el art. 82 LECRIM; así como en la recusación del personal auxiliar (art. 89 LECRIM).

2) En las cuestiones de competencia, sólo se condenará al que la haya promovido cuando proponga la declinatoria habiendo utilizado antes la inhibitoria (art. 33, II LECRIM). Los demás supuestos vienen recogidos en el art. 44 LECRIM, en cuyo párrafo I se determina la posibilidad de que el tribunal pueda condenar al pago de las costas causadas en la inhibitoria a las partes que la hubiesen sostenido o impugnado con notoria temeridad, imponiéndose de oficio, según el párrafo II si no hay especial mención en cuanto a las costas.

b) *Recurso de casación:* Se imponen las costas al recurrente cuando la Sala II del TS declare no haber lugar al recurso (art. 901, II LECRIM). La estimación supone la imposición de oficio de las mismas (art. 901, I LECRIM).

5. *Prelación para el pago:* El condenado en costas, o aquél a quien se le hayan impuesto, está obligado a pagar la cantidad fijada. En el caso de que no proceda a ello voluntariamente, o que no tenga bienes bastantes para satisfacerla después de ejecutada la vía de apremio (v. enseguida), la ley fija una prelación para determinar quiénes van a cobrar antes. El art. 246 LECRIM se remite hoy (por tradición, no porque se trate de un tema de naturaleza material), al art. 126 CP (su precedente, el art. 111 CP de

1973 fue interpretado por la S TC 230/1991, de 10 de diciembre), que distingue según el proceso sea por delito perseguible de oficio, o por delito perseguible a instancia de parte:

a) *De oficio:* Si no hay bienes bastantes, se satisfacen por el orden siguiente (art. 126.1 CP): 1.°) La reparación del daño causado y la indemnización de los perjuicios; 2.°) La indemnización al Estado por los gastos que se hubieran hecho por su cuenta en la causa; 3.°) Las costas del acusador particular o privado (es dudoso que se incluyan las del popular por lo indicado); 4.°) Las demás costas procesales, incluso las de la defensa del acusado, sin preferencia entre los interesados; y 5.°) La multa (se refiere a sanciones económicas, no a la pena pecuniaria).

b) *A instancia de parte:* En este caso, se satisfarán las costas del actor privado con preferencia a la indemnización al Estado (art. 126.2 CP).

B) Tasación

Deben distinguirse los siguientes apartados:

1. *Procedimiento:* En lo que afecta a los honorarios del abogado y a los derechos del procurador, así como a los peritos y testigos, éstos pueden reclamarlos directamente a la parte, salvo que goce del beneficio de asistencia jurídica gratuita, y si no los satisface, exigir su pago reclamándolos ante el juez o tribunal que haya conocido de la causa, debiendo incluirlos en la tasación el secretario en este caso (v. el art. 242, II LECRIM, con la salvedad para los procuradores de lo dispuesto en el art. 121, III LECRIM, no reformado en este aspecto por la LAJG). El acreditamiento se hará en su caso por medio de minuta. Las indemnizaciones de los testigos se computarán por la cantidad que oportunamente se hubiese fijado en la causa (art. 242, IV «in fine», en relación con los arts. 465 y 722 LECRIM).

2. *Exacción:* Según el art. 242, III LECRIM, hay que proceder a la exacción o cobro de las costas por la vía de apremio, si, presentadas las respectivas reclamaciones y hechas saber a las partes, no pagasen éstas en el plazo prudencial fijado por el órgano jurisdiccional, ni las impugnaran por ilegítimas o excesivas, en cuyo caso hay que estar al art. 244, II LECRIM.

3. *Impugnación de la tasación:* Una vez efectuada la tasación de costas, se dará vista al MF y a la parte condenada al pago para que manifiesten lo que tengan por conveniente, dentro del plazo fijado en el art. 243 LECRIM (v. en este sentido la Consulta 3/1973, de 23 de enero, publicada en el BIMJ del 25 de enero). La audiencia al abogado del Estado, dados los intereses de éste en juego, tiene que producirse también.

Los motivos por los que procede esta impugnación concreta son sólo, de acuerdo con ese precepto, la ilegitimidad del concepto integrado en las costas, o su excesiva cuantía. A la vista de lo manifestado por las partes, el órgano jurisdiccional aprobará o reformará la tasación y regulación (art. 244, I LECRIM), pero si existiera oposición en cuanto a honorarios, el tribunal podrá pedir informe a dos personas de la misma profesión (abogados o peritos), o a la Junta de Gobierno del respectivo Colegio (art. 244, II LECRIM), procediendo una vez aprobadas o reformadas a hacerlas efectivas por la vía de apremio, en caso de impago voluntario (art. 245 LECRIM).

C) Impugnabilidad

La jurisprudencia más antigua negó la posibilidad de que las costas del juicio criminal pudieran ser materia propia del recurso de casación por infracción de ley, pues es claro que del de quebrantamiento de forma nunca pueden ser (Así, S TS de 31 de diciembre de 1918, CJCrim Nr. 138). Con posterioridad, el TS precisó que la apreciación de la temeridad es de la competencia exclusiva de las AP, sin que contra ella quepan, salvo obvias y evidentes excepciones, alguno o algunos de los motivos de casación por infracción de ley (S TS de 17 de octubre de 1980, RA 3716).

En nuestra opinión, esta doctrina jurisprudencial tiene que ser revisada. Pensamos, pues, que tanto las normas que establecen la condena en costas con base en el criterio del vencimiento (v. gr., art. 240-2.° LECRIM), como las que se acogen al criterio de la temeridad o mala fe (v. gr., art. 240-3.° LECRIM), son leyes en el sentido del art. 849-1.° LECRIM, que como sabemos, recoge el motivo principal de infracción de ley. En el primer caso, ello es palmario; en el segundo también es claro, aunque presenta el problema de fijar la norma un concepto jurídico indeterminado de naturaleza subjetiva que significa en definitiva tener que entrar de nuevo sobre los hechos, extremo que siempre es difícil en casación. Por tanto, en ambos casos debe ser procedente el recurso de casación por infracción de ley.

LECTURAS RECOMENDADAS: CALDERÓN CUADRADO, *El recurso de anulación penal,* Granada, 1995; CORTÉS DOMÍNGUEZ, *La cosa juzgada penal,* Bolonia, 1975; DE DIEGO DÍEZ, *El llamado «recurso» de anulación en el procedimiento abreviado,* Madrid, 1998.

LIBRO III
EL PROCESO DE EJECUCIÓN

Lección Vigésima

La ejecución penal

I. CONCEPTO, NATURALEZA JURÍDICA Y FUENTES LEGALES
La ejecución sólo tiene lugar si el acusado es condenado a una pena en la sentencia.
Tiene naturaleza jurisdiccional, pero compleja.
Regulación muy fragmentada en diversas leyes y normas inferiores.

II. ÓRGANO JURISDICCIONAL
En principio ejecuta el órgano que haya dictado la sentencia firme (salvo TS).
Creación del JVP.
Pueden intervenir otros órganos jurisdiccionales.

III. TÍTULO EJECUTIVO
Es la sentencia de condena penal firme. Debe ser líquida.

IV. INCIDENTES DE LA EJECUCIÓN
Suspensión de condena.
Sustitución de la pena privativa de libertad.
Revisión de títulos ejecutivos para el cumplimiento de penas impuestas por delitos conexos.
Suspensión de ejecución por trastorno mental del condenado.
Suspensión de la ejecución por admisión a trámite del recuso de amparo.

V. TERMINACIÓN DE LA EJECUCIÓN
Causa normal: Cumplimiento de la condena.
Causas anormales: Muerte, prescripción, indulto, perdón del ofendido, anulación de sentencia.

VI. LA EJECUCIÓN DE LAS PENAS PRIVATIVAS DE LIBERTAD
Finalidad constitucional: Reeducación y reinserción social del condenado.
Necesidad de actos preparatorios. Para la pena de prisión: División en cuatro grados.

VII. LA EJECUCIÓN DE LAS DEMÁS PENAS
Penas pecuniarias, otras penas, penas accesorias, y sanciones no penales.

VIII. LA EJECUCIÓN DEL CONTENIDO CIVIL DE LA SENTENCIA
Como en el proceso civil.

I. LA EJECUCIÓN PENAL: CONCEPTO, NATURALEZA JURÍDICA Y FUENTES LEGALES

El proceso de ejecución penal resulta en principio mucho más fácil de entender que el proceso de ejecución civil, porque la ejecución penal únicamente tiene lugar si la persona acusada ha sido condenada en la sentencia a una pena (no consideramos aquí la ejecución de la medida de seguridad).

En efecto, en el proceso penal, como sabemos, solamente pueden existir sentencias condenatorias y sentencias absolutorias. Produciéndose la absolución, no sigue un proceso de ejecución, pues son sentencias merodeclarativas que no precisan de aquél. Por otra parte, que el acusado quede libre de las medidas cautelares no puede significar una ejecución de la sentencia absolutoria, sino sencillamente levantarse las mismas por haber dejado de existir los presupuestos que sirvieron para acordarlas. En el caso de ser condenatoria, el proceso entra necesariamente en fase de ejecución.

El problema de la naturaleza jurídica de la ejecución penal se ha planteado, fundamentalmente, y una vez resuelto el de la naturaleza jurídica de la ejecución en general, respecto a las penas privativas de libertad (hoy pena de prisión), pues su cumplimiento se realiza en largos períodos de tiempo, exige unos establecimientos especiales y requiere unas necesidades concretas del personal encargado de dirigir el funcionamiento de aquéllos y de mantener su seguridad. Todo ello excede de las posibilidades de la organización judicial y ha sido atribuido a una rama de la Administración Pública, la Administración Penitenciaria. De ahí deriva el problema de su naturaleza, sobre el que se mantienen tres teorías: Jurisdiccional, administrativa y mixta.

El problema, de difícil solución, puede intentar resolverse a un nivel general, o desde un punto de vista concreto:

a) *En general,* de «lege data», sabemos (v. Tomo I de esta obra) que la función jurisdiccional comprende la ejecución («juzgando y haciendo ejecutar lo juzgado» dicen los arts. 117.3 CE, 2.1 LOPJ, 984 y 985 LECRIM). Como también estudiamos allí, característica de la satisfacción de pretensiones, como función de la jurisdicción, es la de que sea práctica, es decir, que se lleve a la realidad mediante la ejecución forzosa.

Partiendo de ello, hoy tenemos que afirmar claramente la naturaleza jurisdiccional de la ejecución, pues por la Ley General Penitenciaria (LGP) se creó el Juez de Vigilancia Penitenciaria (JVP), que tiene como misiones, caracterizadoras de función jurisdiccional, a desarrollar más adelante: Vigilar la concreta duración de la pena, que no se establece claramente, pero que se debe deducir del art. 76.2, pues el JVP asume las funciones de los jueces sentenciadores en orden a los pronunciamientos sobre penas privativas de libertad, resuelve sobre la libertad condicional y otros beneficios, etc.; controlar la suspensión de la pena por causas legales; o aprobar resoluciones en cuanto al régimen concreto de cumplimiento, v. gr., de libertad condicional, beneficios, peticiones, quejas, etc. Habría que reforzar el carácter jurisdiccional añadiendo que sus decisiones son recurribles jurisdiccionalmente.

Claro es que para que esta afirmación sea certera hay que partir de otra a su vez también válida, a saber, que el órgano encargado de hacer observar el principio de legalidad en la ejecución de las penas, es decir, el JVP, sea un órgano jurisdiccional ordinario con competencia penal, no un órgano administrativo o judicial con competencia administrativa. Y ello es cierto hoy, independientemente de otros argumentos, porque el JVP forma parte del Poder Judicial ordinario (arts. 94 y 95 LOPJ, en relación con los arts. 3, 8.3, 18, 45 y Anexo X LDPJ y 76.1 LGP), teniendo atribuida la función jurisdiccional específica de hacer cumplir la pena impuesta.

b) *Concretamente,* en lo que afecta a las particularidades normativas de la ejecución penal, no obstante nuestra opinión a favor de la tesis jurisdiccionalista, que la ley parece optar por una naturaleza mixta, jurisdiccional y administrativa, de la misma, está reconocida legalmente, pues es el JVP quien controla el régimen de cumplimiento, los beneficios penitenciarios (hoy con un sentido algo diferente, suprimida la redención de penas por el trabajo), la libertad condicional, etc., medidas que influyen en la misma duración de la pena. Además, a diferencia del sistema anterior a la LGP, hoy el principio de legalidad está al cuidado de un órgano jurisdiccional y no de la Administración: La ejecución de las penas está sometida al principio de legalidad, en virtud del cual no podrá ejecutarse pena alguna en forma distinta a la prescrita por la ley y reglamentos que la desarrollan, ni con otras circunstancias o accidentes que los expresados en su texto, bajo control judicial (arts. 3 CP y 990, I LECRIM).

c) Las *normas legales y reglamentarias* que rigen la ejecución penal están excesivamente fragmentadas.

En concreto, son las siguientes:

1. Art. 25.2 CE.
2. Arts. 94, 95 y DA-5.ª LOPJ.
3. Arts. 3, 8, 18, 45 y Anexo X LDPJ.
4. Arts. 794, 803, 974 LECRIM.
5. Arts. 3, 32 a 60, y 80 a 108 CP, en parte modificados en 2003 de manera sustancial.
6. Ley Orgánica 1/1979, de 26 de septiembre (BOE del 5 de octubre), General Penitenciaria, varias veces modificada.
7. Convenio de Estrasburgo sobre traslado de personas condenadas, de 21 de marzo de 1983 (Instrumento de ratificación de 18 de febrero de 1985, BOE del 10 de junio).

8. Reglamento Penitenciario, publicado por Real Decreto 190/1996, de 9 de febrero (BOE del 15).

9. Real Decreto 1436/1984, de 20 de junio (BOE de 30 de julio), sobre normas provisionales de coordinación de las Administraciones Penitenciarias.

10. Varios Acuerdos del Consejo del Poder Judicial sobre estas materias.

11. Finalmente, téngase en cuenta que diversos Estatutos de Autonomía (v. gr., art. 10-14.ª EAPV, art. 11.1 EACat) atribuyen las competencias de la legislación penitenciaria a las respectivas Comunidades Autónomas, pero como el Estado tiene competencia exclusiva para la legislación penitenciaria (art. 149.1-6.ª CE), se trata de cuestiones normalmente materiales, para las que es supletorio el Rto. LGP (art. 1.2).

d) Previamente al estudio de los diferentes problemas que la ejecución penal plantea, una *cuestión terminológica* importante: Los internos se clasifican en: 1) Preventivos, debiendo distinguirse entre: a) Detenidos; y b) Presos provisionales; y 2) Penados.

II. EL ÓRGANO JURISDICCIONAL

Tras la promulgación de la LGP y de su Reglamento (tanto el de 1981, como el vigente de 1996), tres órganos jurisdiccionales intervienen directamente y de forma distinta en la ejecución penal: El que debe ejecutar según la competencia funcional atribuida por la ley, el JVP y, según los casos, otro grupo de jueces con funciones muy concretas.

A) Órgano competente funcionalmente

a) *Competencia funcional:* Matizando las referencias hechas al tratar (en este mismo tomo) la competencia penal, hay que distinguir ahora los procesos ordinarios por delito del juicio de faltas:

1. *Procesos por delito:* Hay que contemplar, a su vez, el proceso originario de la LECRIM y los procesos abreviados y juicios rápidos:

a) En el ordinario por delitos más graves la ejecución de la sentencia corresponde, en principio, al órgano jurisdiccional que hubiera dictado la que sea firme (art. 985 LECRIM).

Pero la sentencia dictada a continuación de la de casación por la Sala II del TS, se ejecutará por el tribunal que hubiera pronunciado la sentencia casada, a cuyo efecto la Sala II remitirá certificación de la sentencia firme (art. 986 LECRIM).

Si el tribunal competente funcionalmente para la ejecución no puede realizar por sí todas las diligencias necesarias para la ejecución, se dirigirá para su práctica al Juez de Paz de donde deban realizarse (art. 987 LECRIM).

b) En los procesos penales abreviados y en los juicios rápidos la regla es la misma, correspondiendo la ejecución al JPe o Tribunal que hubiere dictado la sentencia firme, que aplicarán las reglas generales (arts. 794 y 803.3 LECRIM).

La ejecución de sentencias penales en otro país de la Unión Europea, con el fin de mejorar la reinserción social del condenado, se regula en la Decisión Marco JAI/909/2008, de 27 de noviembre, modificada por la Decisión Marco JAI/299/2009, de 26 de febrero, ambas del Consejo.

2. *Procesos por faltas:* La ejecución corresponde al órgano jurisdiccional que hubiera conocido de la primera instancia. A estos efectos, el JI que hubiera conocido de la apelación, devolverá los autos y una certificación de la sentencia firme (art. 984), siendo posible también la comisión.

b) *Atribuciones:* La función ejecutiva del órgano competente funcionalmente debe entenderse hoy limitadamente, pues, al menos en orden a las penas privativas de libertad (pena de prisión), sus funciones las asume el JVP (art. 76.2, a) LGP), como veremos después.

En efecto, la autoridad judicial competente funcionalmente para la ejecución de sentencias penales, tiene las siguientes atribuciones en esta fase del proceso penal:

1. *Orden de ingreso en prisión:* El ingreso forzoso de un preso se hará mediante mandamiento u orden del juez (autoridad competente), según los arts. 15.1 LGP y 15 Rto. LGP. En caso de presentación voluntaria, la autoridad judicial debe decidir si ingresa en prisión o no (art. 15.1 LGP). El art. 16.3 Rto. LGP precisa que el Director del Establecimiento recabará del tribunal sentenciador el correspondiente mandamiento en caso de ingreso voluntario.

El internamiento cautelar de extranjeros mientras se decide sobre su expulsión, no puede realizarse en centros que tengan carácter penitenciario (v. art. 60.2 LO 4/2000, de 11 de enero, sobre Derechos y Libertades de los Extranjeros en España y su Integración Social, con la LO 2/2009, de 11 de diciembre).

2. *Conocer del ingreso en departamentos especiales o en establecimientos de régimen cerrado:* De acuerdo con el art. 97 Rto. LGP (respecto a los internos preventivos), el art. 95 Rto. LGP (respecto a los penados), y el art. 273, g) Rto. LGP (respecto a ambos), podrán ser ingresados en departamentos especiales, o destinados a establecimientos de cumplimiento de régimen cerrado, los internos extremadamente peligrosos o manifiestamente inadaptados a los regímenes ordinario y abierto, lo cual se comunicará en un plazo no superior a 72 horas a la autoridad judicial correspondiente. La autoridad judicial competente conoce de ese ingreso si es preventivo (art. 97.2 Rto. LGP), pero si es penado conoce el JVP (art. 95.1 LGP). Debe destacarse de esta regulación que tanto los preventivos como los penados pueden ser ingresados en estos establecimientos especiales.

3. *Ingreso en establecimientos especiales y actuaciones urgentes:* Del traslado de los detenidos y presos a centros hospitalarios psiquiátrico-penitenciarios se dará cuenta a la autoridad judicial de que dependan (art. 186.2). Las autoridades judiciales podrán ordenar el ingreso de los detenidos y presos de cuyas causas entiendan en un centro hospitalario psiquiátrico, de acuerdo con lo dispuesto en el art. 184 Rto. LGP. También autorizan el ingreso e intervención de un interno

en centro hospitalario (arts. 210.3 y 218.2), y son notificados de las defunciones de internos (art. 216.3).

Queda ahora clara la competencia judicial establecida en esos preceptos para garantizar el derecho a la vida de los internos, autorizando al médico que alimente forzosamente al preso que, por seguir una huelga de hambre, se halla en peligro de muerte, antes de que pueda llegarse a la irreversibilidad de las lesiones, problema que con relativa frecuencia ha saltado a la luz pública en España. El TC así lo ha reconocido (v. SS TC 120/1990, de 27 de junio; y 137/1990, de 19 de julio).

4. *Autorización de visitas en régimen de incomunicación:* Para visitar a un detenido o preso provisional, cuya incomunicación se haya dispuesto en la orden de ingreso, se requiere autorización del juez (art. 19.1 Rto. LGP). Se entiende, del juez sentenciador o del que esté conociendo de la causa.

5. *Intervención de las comunicaciones entre el interno y su abogado o procurador:* La autoridad judicial fija con qué personas puede comunicarse el interno detenido o preso (art. 19.1), y da las autorizaciones correspondientes para que pueda estar informado (el JI en este último caso, art. 19.2). Además, sólo la autoridad judicial, en los supuestos de terrorismo y demás delitos muy graves previstos en la ley, puede ordenar la suspensión o intervención de las comunicaciones orales y escritas entre internos, tanto preventivos como penados, y sus abogados y procuradores (arts. 51.2 LGP, 520 bis.2 y 527 LECRIM, y 46-6.ª Rto. LGP). El director del establecimiento puede intervenir las comunicaciones por razones de urgencia, pero debe dar cuenta a la autoridad judicial competente y al JVP (arts. 51.5 LGP, 43.1 y 48.3 Rto. LGP). Igualmente, cuando la intervención afecte a la correspondencia escrita (art. 46-5ª Rto. LGP). La autoridad judicial, por último, debe acreditar al abogado o procurador que desee visitar a un interno acusado de terrorismo o perteneciente a bandas o grupos armados (art. 48-2.ª Rto.LGP). Estrictamente en cuanto a las comunicaciones específicas entre el preso preventivo y su abogado defensor, sólo pueden ser intervenidas en casos de terrorismo y mediando autorización judicial (arts. 51.3 y 5 LGP y 48 Rto.LGP), sin posibilidad de extenderse a cualquier otro delito, trátese de hechos cometidos por la llamada criminalidad organizada, como el de blanqueo de capitales o defraudación fiscal, o no, por así exigirlo el derecho constitucional a la defensa técnica del art. 24.2 CE (STS 79/2012, de 9 de febrero, RA 199, *Caso Magistrado Garzón* escuchas telefónicas trama *Gürtel*).

6. *Prohibiciones:* La prohibición del art. 48 CP impuesta por el tribunal sentenciador, de residir en determinados lugares o de acudir a ellos, por ser donde se ha cometido el delito o por residir allí la víctima, será tenida en cuenta cuando el preso fije su lugar de residencia en libertad condicional (art. 195, g) Rto. LGP).

7. *Autorizaciones de salida:* El tribunal sentenciador o, en su caso, el JVP (v. *infra),* es el competente para conceder autorizaciones de salida a presos preventivos y penados (arts. 33.1, 37, 75.4 y 154 a 162 Rto. LGP). A este respecto, hay que indicar que los internos preventivos son autorizados a salir por la propia autoridad judicial de que dependan (art. 159 Rto. LGP).

8. *Libertad definitiva:* Para proceder a la excarcelación de los condenados, será precisa la aprobación de la libertad definitiva por el tribunal sentenciador (arts. 17.3 LGP, y 22, 24, 25 y 26 Rto. LGP), salvo que tenga otras causas pendientes (art. 29 Rto. LGP).

B) El Juez de Vigilancia Penitenciaria

a) *Organización y actividad jurisdiccional:* La misión fundamental del JVP es la de fiscalizar la actividad penitenciaria, no sólo en fase de ejecución de sentencias, sino también en caso de internos preventivos, además de garantizar los derechos de los presos.

1. *Configuración orgánica:* La norma general es que en cada provincia, y dentro del orden jurisdiccional penal, haya uno o varios JVP (arts. 94.1 LOPJ y 3.1 LDPJ). Podrán establecerse, ello no obstante, JVP que extiendan su jurisdicción a dos o más provincias de la misma Comunidad Autónoma (arts. 94.2 LOPJ y 3.2 LDPJ), y también podrán crearse JVP cuya jurisdicción no se extienda a toda la provincia (arts. 94.3 LOPJ y 3.2 LODPJ). Orgánicamente, el cargo de JVP será compatible con el desempeño de un órgano del orden jurisdiccional penal (art. 94.4 LOPJ).

El número de JVP se determina en la Ley de Planta (v. sus arts. 18, 45 y Anexo X), atendiendo principalmente a los establecimientos penitenciarios existentes y a la clase de éstos (art. 95.1 LOPJ), viniendo determinada la sede de estos Juzgados por el Gobierno, previa audiencia de la Comunidad Autónoma afectada y del Consejo General del Poder Judicial (arts. 95.2 LOPJ y 8.3 LDPJ). Los JVP tienen obligación de residencia en el territorio donde radiquen los establecimientos penitenciarios sometidos a su jurisdicción (art. 78.2 LGP).

2. *La actividad jurisdiccional del JVP:* Antes de la LOPJ no era claro, como se indicó al principio de esta lección, si toda la actividad del JVP era jurisdiccional, o si también era un órgano administrativo.

En efecto, antes de la LOPJ correspondía al JVP resolver los recursos referentes a las modificaciones que podía experimentar el cumplimiento de la pena con arreglo a lo prescrito en las leyes y reglamentos (art. 76.1 LGP). Con base en las disposiciones legales, en la práctica el interno solamente podía dirigirse al JVP con una de estas tres finalidades: Elevar una petición, formular una queja, o recurrir en materia de sanciones disciplinarias o de clasificación inicial, progresiones y regresiones del cumplimiento de la pena privativa de libertad (art. 76.2, e) y f) LGP), presentando el correspondiente recurso ante el director del establecimiento (art. 50.2 LGP, y arts. 54, 95.2, 103.5, 105.2, 128.1, 162, 249 y 252 Rto. LGP).

Estas normas continúan en vigor, pero la DA-6.ª LOPJ (reformada por la LO 5/2003, de 27 de mayo, pasando a ser la núm. 6ª según la LO 7/2003, de 30 de junio) ha significado una importante transformación, confirmando la opinión de que el JVP sólo ejerce funciones jurisdiccionales, en tanto en cuanto todos sus actos son ahora recurribles en reforma, apelación y queja, bien entendido que en unos casos la materia es jurisdiccional penal, y en otros administrativa, como se verá inmediatamente.

El sistema de recursos recogido en dicha norma es provisional, pues una reforma futura de la LECRIM y de la propia legislación penitenciaria (ésta si se ha producido, pero sin incidir en esta cuestión), debe regular definitivamente este tema, y es el siguiente:

1) *Reforma:* Cabe este remedio contra todos los autos del JVP (DA-5.ª.1 LOPJ), que es previo al recurso de apelación (art. 222 LECRIM).

2) *Apelación:* Dos posibilidades existen en el orden jurisdiccional penal:

1") Cabe este recurso contra las resoluciones del JVP en materia de ejecución de penas, excepto cuando se hayan dictado resolviendo un recurso de apelación contra resoluciones administrativas que no se refieran a la clasificación del penado (DA-5.ª.2 LOPJ). En este caso, según esa misma norma, conoce de la apelación el tribunal sentenciador, salvo el caso previsto en su pár. II.

2") Cabe apelación también contra las resoluciones del JVP relativas al régimen penitenciario y demás materias no comprendidas en el número anterior, siempre que no se hayan dictado resolviendo un recurso de apelación contra resolución administrativa (DA-5.ª.3 LOPJ). Según ella también, conoce de la apelación la AP que corresponda por estar situado dentro de su demarcación el establecimiento penitenciario.

La LO 7/2003, de 30 de junio, ha introducido la importante modificación, en la ahora nueva DA-5ª.5 LOPJ, de posibilitar la suspensión de la ejecución de la resolución sobre clasificación de penados o concesión de la libertad condicional, cuando se interponga recurso de apelación y se trate de condenados por delitos graves. Ya no podrán gozar de libertad, pues, los más grandes criminales del país, como hasta ahora, en estos casos.

3) *Queja:* Siempre que en los dos casos anteriores se deniegue la admisión del recurso de apelación, cabe el de queja para ante los órganos jurisdiccionales respectivos (DA-5.ª.4 LOPJ).

En estos supuestos, hay que tener en cuenta las siguientes normas procesales especiales: 1) Fuente supletoria es la LECRIM, concretamente sus arts. 790 y ss.; 2) Únicamente están legitimados para recurrir el MF y el interno o liberado condicionalmente; 3) En el remedio de reforma no se requiere la asistencia ni la representación técnicas, pero en apelación y queja es necesario el abogado y el procurador; y 4) El MF es parte en todos los recursos (DA-5.ª.8 LOPJ).

4) *Casación*: Al haberse introducido en nuestro ordenamiento procesal la figura del Juez Central de Vigilancia Penitenciaria por la LO 5/2003, el sistema de recursos varía. De la apelación conoce la Audiencia Nacional (DA-5ª.6 LOPJ), pero se introduce un recurso de casación por infracción de ley contra el auto por el que se determine el máximo de cumplimiento o se deniegue su fijación (DA-5ª.7 LOPJ), sin perjuicio de proceder en determinados casos el recurso de casación penal para la unificación de doctrina (DA-5ª.8 LOPJ), que se introduce en el orden penal de esta extraña

manera (interpretado por vez primera por la STS de 30 de septiembre de 2004 (RA 5840).

5) Cuando la materia no permite la recurribilidad por la vía jurisdiccional penal, por estar excluida por la DA-5.ª.2 y 3 LOPJ, no quiere decir ello que no quepa recurso, pues según se desprende «a contrario» de la propia norma citada, cabrá siempre recurso por la *vía contencioso-administrativa,* conforme a la LJCA.

b) *Atribuciones:* Las atribuciones y funciones del JVP han sido reguladas con detalle por la legislación penitenciaria. El art. 94.1 LOPJ confirma en general la disposición del art. 76 LGP, pues el JVP tendrá las funciones jurisdiccionales previstas en la LGP en materia de ejecución de penas privativas de libertad y medidas de seguridad, control jurisdiccional de la potestad disciplinaria de las autoridades penitenciarias, amparo de los derechos y beneficios de los internos en los establecimientos penitenciarios y demás que señale la ley (v. arts. 2 y 3 Rto. LGP).

Concretando, pues, además de los recursos ya dichos, los JVP tienen las siguientes competencias particulares:

1. *Llevar a cabo la ejecución de la pena privativa de libertad:* El JVP tiene atribuciones para hacer cumplir la pena impuesta (art. 76.1 LGP), estando facultado para adoptar las decisiones necesarias con el fin de que los pronunciamientos de las resoluciones en orden a las penas privativas de libertad se lleven a cabo, asumiendo las funciones que corresponderían a los jueces y tribunales sentenciadores (art. 76.2, a) LGP, en concordancia con los preceptos correspondientes del CP).

2. Garantizar de los *derechos humanos y constitucionales:* El JVP salvaguarda los derechos de los internos y corrige los abusos y desviaciones que en el cumplimiento de los preceptos de régimen penitenciario puedan producirse (art. 76.1 «in fine» LGP), de acuerdo con el régimen de derechos y deberes fijado por los arts. 4 y 5 Rto. LGP, y demás preceptos de aplicación. Por ello, debe ser informado de las medidas coercitivas que aplique el director del establecimiento penitenciario en los casos del art. 45 LGP (arts. 45.2 LGP y 72.3 Rto. LGP). También relacionado con ello, pero que trataremos aparte, está su intervención en la suspensión de la comunicación entre abogado e interno, y, además:

a) Aprueba la prolongación de la estancia de los preventivos o penados por más de 5 días en el departamento de ingresos (art. 20.3 Rto. LGP);

b) Debe aprobar las sanciones de aislamiento en celda de duración superior a 14 días (arts. 76.2, d) LGP, y 236.3, 253.1 y 256.3 Rto. LGP), debiendo ser informado de los traslados de penados a departamentos de régimen cerrado (art. 95.1 Rto. LGP), o a centros extrapenitenciarios (art. 182.1 Rto. LGP), y de la situación de los preventivos en régimen cerrado (art. 97.2 Rto. LGP);

c) Aprueba por vía de recurso la clasificación del interno (art. 31.1), también si se trata de supuestos individualizados de tratamiento (art. 100.2); siendo informado de su traslado a departamentos de adultos si son menores de 21 años (art. 99.4); y

d) Debe acordar lo que proceda sobre las peticiones y quejas de los internos, en relación con el régimen y el tratamiento penitenciario, en cuanto afecte a los derechos fundamentales o a los derechos y beneficios penitenciarios de aquéllos (art. 76.2, g) LGP, y arts. 43, 95.2, 128.1, 162, 167, 218, 249, 252, etc. Rto. LGP).

3. *Visitas:* El JVP debe realizar las visitas a los establecimientos penitenciarios, conforme al art. 526 LECRIM (art. 76.2, h) LGP, reformado por la Ley 5/2003, cit.).

4. *Libertad condicional de los penados:* El JVP debe resolver, conforme al art. 17.3 LGP la libertad condicional de los penados y acordar las revocaciones que procedan (art. 76.2, b) LGP). El procedimiento para la formación del expediente de libertad condicional, resolución del JVP y posible revocación de la misma, viene regulado en los arts. 24.1 y 198 a 201 Rto. LGP.

5. *Beneficios penitenciarios:* El JVP debe aprobar las propuestas que formulen los establecimientos sobre beneficios penitenciarios (art. 76.2, c) LGP). Suprimida la redención de penas por el trabajo por el CP de 1995, hoy esos beneficios son estrictamente los contemplados en los arts. 202 y ss. Rto. LGP, básicamente el adelantamiento de la libertad condicional y la propuesta de indulto particular.

6. Permisos *de salida:* El JVP debe autorizar los permisos de salida cuya duración sea superior a dos días, excepto los de los clasificados en tercer grado (art. 76.2, i) LGP). Cuándo proceden esos permisos y cuál es el procedimiento para la solicitud y revisión, viene regulado en los arts. 117.3 y 154 ss. Rto. LGP (v. también la Instrucción 1/1995, de 10 de enero, de la DGIP, sobre estudio y tramitación de permisos de salida).

7. *Paso a régimen cerrado:* El JVP conocerá del paso a los establecimientos de régimen cerrado de los internos, a propuesta del director del establecimiento (art. 76.2, j) LGP). El acuerdo motivado debe ser comunicado al JVP en un plazo no superior a 72 horas (art. 95.1 Rto. LGP).

8. *Comunicación entre el interno y su defensor:* El JVP debe ser notificado de la intervención de las comunicaciones entre los penados y sus abogados y procuradores (arts. 43.1 y 44.2 Rto. LGP, para la comunicación oral; y el art. 46.7.º Rto. LGP, para la escrita; en relación ambas con el art. 48 Rto. LGP). Esta medida restrictiva de derechos debe ser suficientemente motivada (SS TC 128/1997, de 14 de julio; y 200/1997, de 24 de noviembre). El director de la prisión es quien autorizará la comunicación entre letrados que no tengan la condición de defensores y los penados que hayan requerido su visita (art. 48.4 Rto. LGP). Pero si los letrados traen autorización expresa del juez (caso de los preventivos), o del mismo JVP (caso de los penados), su posición jurídica es como si se tratara del abogado defensor del interno (art. 48.4, segunda frase Rto. LGP).

9. *Autorización* de *traslados:* El traslado de un penado para la práctica de diligencias judiciales ante el juez competente, como vimos *supra,* debe ser autorizado por el JVP, siempre y cuando el penado no esté a disposición de aquél (arts. 31.3, 34 y 75.4 Rto. LGP).

10. *Otras funciones:* Según el art. 77 LGP, desarrollado por diferentes preceptos del Rto. LGP, los JVP podrán dirigirse a la Administración Penitenciaria, formulando propuestas referentes a la organización y desarrollo de los servicios de vigilancia, a la ordenación de la convivencia interior en los establecimientos, a la organización y actividades de los talleres, escuela, asistencia médica y religiosa, y, en general, a las actividades regimentales, económico-administrativas y de tratamiento penitenciario en sentido estricto. Estas funciones, más bien de tipo consultivo, se atribuyen al JVP porque la dirección, organización e inspección de los centros penitenciarios es materia propia de la Administración, siendo necesario que las respectivas esferas de intervención, la de ésta y la del JVP, queden perfectamente diferenciadas.

C) Otras autoridades judiciales

Además del órgano jurisdiccional competente funcionalmente y el JVP, pueden intervenir en la ejecución penal estas otras autoridades judiciales.

1. *Juez competente para otra causa:* También hay que tener en cuenta que el penado puede ser reclamado por el juez competente para otro proceso, a efectos de realizar las diligencias oportunas, si no está aquél a su disposición. En éste caso, ante el interesamiento, el director del establecimiento lo pondrá en conocimiento del JVP (art. 34 Rto. LGP).

2. *Cualquier juez o tribunal:* Según los arts. 15.1 LGP y 15.1 Rto. LGP, cualquier juez o tribunal del orden jurisdiccional que fuere puede ordenar el ingreso en prisión de una persona, al igual que el Fiscal tratándose de la detención preventiva (art. 15.3 Rto. LGP).

3. *La autoridad judicial de la que dependen los internos preventivos:* Esta autoridad judicial debe ser informada de los traslados (art. 31.3 Rto. LGP), en particular a establecimientos o departamentos especiales de los sujetos de peligrosidad extrema o inadaptados (arts. 10.2 LGP, y 97.3 Rto. LGP), y es el órgano competente para aprobar los permisos de salida de los mismos (arts. 48 LGP y 159 Rto. LGP). Esta actividad no es propiamente de ejecución, pero en aras de su visión global interesa mencionarla en cuanto supone el ejercicio de funciones jurisdiccionales respecto a establecimientos de ejecución penal.

También deben emitir mandamientos de prisión dentro de las 72 horas siguientes al momento del ingreso, pues de lo contrario el interno preventivo será puesto en libertad (art. 23.1 Rto. LGP).

Finalmente, debe indicarse que el Ministerio Fiscal no es autoridad de ejecución en España, al ser función jurisdiccional conforme al art. 117.3 la ejecución de las sentencias, a diferencia de otros países, como Alemania. Sin embargo tiene una cierta intervención en la ejecución, independientemente de poder ordenar el ingreso del detenido en centro de preventivos (art. 15.1 Rto. LGP).

En concreto, el Rto. LGP se refiere al MF en los siguientes casos, otorgándole los derechos a: 1.º) Ser informado del ingreso en prisión con sus hijos menores de 3 años de las penadas (art. 17.1); 2.º) Ser informado de la expulsión del extranjero (art. 27); 3.º) Entablar comunicación con los presos cuando desee (art. 49.1); 4.º) Ser notificado de todas las resoluciones de clasificación o progresión a tercer grado de los penados (art. 107); 5.º) Tomar conocimiento del informe sobre la situación mental del penado (art. 187.2); 6.º) Ser informado de la liberación definitiva de un enfermo mental (art. 219.4); y 7.º) Tomar conocimiento de los hechos delictivos cometidos por los penados (art. 232.4).

III. EL TÍTULO EJECUTIVO

El inicio de la ejecución penal tiene como presupuesto básico la existencia de un título ejecutivo. Aquí se muestra una de las diferencias más importantes con el proceso civil, pues en éste, al regir el principio dispositivo, se requiere además del título que el ejecutante inste la ejecución. Sin embargo, en el proceso penal, basta con constatar la concurrencia del título ejecutivo para que el órgano jurisdiccional competente funcionalmente inicie de oficio la ejecución de la sentencia de condena (art. 988, II LECRIM).

El título ejecutivo es el documento en que consta la sentencia firme, es decir, es el documento público que contiene la declaración de voluntad irrevocable de un órgano jurisdiccional de que una persona sea sometida a una pena o a una medida de seguridad. Las leyes procesales lo llaman ejecutoria o documento público y solemne, encabezado en nombre del Rey, que contiene la sentencia (arts. 245.4 LOPJ y 141, VI y 143 LECRIM).

Por consiguiente, sólo la sentencia firme es título ejecutivo, no siéndolo cualquier otra sentencia u otro título judicial o extrajudicial. Y sólo la de condena, es decir, la de sentencia absolutoria no tiene ejecución, sino que es un levantamiento o cesación de medidas cautelares anteriormente aplicadas, como dijimos. Y si la sentencia contuviera condena en costas, es evidente que no se trata de ejecución de la sentencia absolutoria, sino de ejecución de la condena en costas, en tanto es uno de los contenidos económicos posibles de la sentencia penal, al ser efecto del proceso.

Hay que destacar que en el proceso penal no existe ejecución provisional, pues todos los recursos contra la sentencia definitiva tienen efecto suspensivo, y las penas no pueden ejecutarse sino en virtud de sentencia firme (arts. 3.1 CP y 988 LECRIM). Pero hay sin embargo una situación anómala en el art. 861 bis, b) LECRIM, puesto que puede iniciarse la ejecución respecto a los condenados no recurrentes, que luego pueden resultar absueltos o condenados a una pena menor por el efecto extensivo del recurso de casación (v. art. 903 LECRIM).

Una vez formado el título ejecutivo, el órgano jurisdiccional competente procede, de oficio, a realizar los actos legal y reglamentariamente contemplados para la ejecución de las penas impuestas. No está, por tanto, prevista, ni se requiere, pretensión ejecutiva alguna.

En concreto, tratándose de penas privativas de libertad:

1. Debe adoptar sin dilación las medidas oportunas para el ingreso del condenado en el correspondiente establecimiento, requiriendo el auxilio de las autoridades administrativas. La competencia del órgano jurisdiccional hasta el momento del ingreso es exclusiva (art. 990).

2. Debe remitir, en cualquier caso, al director del establecimiento donde haya ingresado el condenado o se encuentre en situación de prisión provisional, testimonio de la ejecutoria y de la liquidación de la condena (art. 15.1 Rto. LGP, que sigue siendo poco claro respecto a estos extremos, pero así se hace en la práctica y se desprende también del art. 16.3 Rto. LGP).

IV. INCIDENTES DE LA EJECUCIÓN

Con motivo de la ejecución de sentencias penales de condena pueden surgir cinco tipos de incidentes: El provocado por la suspensión de la pena; la sustitución de la pena privativa de libertad (antes llamada remisión condicional de ciertas penas privativas de libertad); el de revisión del título ejecutivo por conexión de delitos; la suspensión de la ejecución penal por trastorno mental del condenado; y la suspensión de la ejecución por admisión a trámite del recurso de amparo.

A) Suspensión de condena

Se regula en el CP. La ejecución de la pena privativa de libertad puede quedar en suspenso, por semejanza con el sistema anglosajón de la «probation», cuyo fin principal es evitar la cárcel por delitos menores, facilitando la rehabilitación del delincuente, cuando tenga una duración breve y la menor peligrosidad criminal del condenado lo aconseje, de acuerdo con resolución motivada del órgano jurisdiccional sentenciador (art. 80.1 CP, y STC 115/1997, de 16 de junio).

> El fundamento de esta forma sustitutiva de la ejecución de la pena privativa de libertad de duración corta, que viene de la Ley de Condena Condicional de 17 de marzo de 1908, derogada por el CP de 1995, es sin duda constitucional, pues el principio de resocialización implica que no ingresen en prisión delincuentes primarios que acabarían probablemente «contaminados» en la cárcel.

Pero el desarrollo de esta idea es no obstante complejo, debiendo distinguirse las siguientes cuestiones:

a) *Presupuestos:* Que se trate de un delincuente primario, condenado a pena privativa de libertad no superior a 2 años y que haya satisfecho las responsabilidades civiles (art. 81). La suspensión es decretada, previa audiencia de las partes, por el órgano jurisdiccional sentenciador, atendidas las circunstancias personales del condenado (criterio de la peligrosidad, que es el decisivo), las características del hecho y la duración de la pena (art. 80.2), una vez ha quedado firme la sentencia (art. 82, I). Pero ahora es facultad discrecional judicial (de «podrán» habla la ley), y no consecuencia de un mandato legal, afectando exclusivamente a la pena, y nunca a la responsabilidad civil (art. 80.3).

b) *Plazo:* La suspensión dura de 2 a 5 años, para las penas privativas de libertad inferiores a 2 años, y de 3 meses a 1 año para las penas leves (art. 80.2).

c) *Efectos y revocación:* Si el sujeto no delinque en ese plazo, deja de cumplir la pena impuesta (arts. 85 y 82 CP). Existe no obstante anotación de antecedentes penales, cuya cancelación se puede instar de acuerdo con lo previsto en el art. 136.3 CP, de la sentencia, de su suspensión y del plazo.

Además de no tener que delinquir, debe cumplir las obligaciones o reglas de conducta que en su caso le haya impuesto el órgano jurisdiccional, reflejadas en el art. 83 (prohibiciones de acudir a determinados lugares, de aproximación a la víctima, o de ausentarse sin autorización, obligación de comparecencia periódica ante el juez, participación en programas formativos o educacionales, o cualquier otro deber apropiado).

Si el sujeto delinque, se revoca la suspensión (art. 84.1 y 3), pero este efecto no se produce siempre que se infrinja uno de los deberes impuestos, aunque es posible (v. art. 84.2). Revocada la suspensión, se cumple la pena impuesta (art. 85.1).

d) *Suspensiones especiales:* Sin sujeción a los anteriores requisitos, el CP de 1995 prevé tres casos particulares de «probation», según el condenado sea enfermo terminal (art. 80.4), o en caso de sujeto drogodependiente conforme al art. 20-2.º (art. 87), o, finalmente, si se ha solicitado el indulto y se da alguna de las circunstancias del art. 4.4.

e) Puede producirse una *suspensión parcial* del resto de la pena por cumplir, tenga la duración que tenga, cuando el autor del hecho haya sido condenado a una medida de seguridad y a una pena y haya cumplido la primera, si el de la segunda pusiera en peligro los avances conseguidos (art. 99), pero no a la inversa, es decir, si el cumplimiento de la medida fuera posterior al de la pena, dada la literalidad del precepto.

f) A los efectos previstos en los preceptos dedicados a la suspensión de la pena privativa de libertad, es *reo habitual* el que hubiera cometido tres o más delitos de los comprendidos en un mismo capítulo, en un plazo no superior a 5 años, y haya sido condenado por ellos (art. 94).

Esta definición causa perplejidad, porque no se acaba de entender cómo un condenado dos veces por hurto y dos por robo en un plazo de 5 años (cuatro delitos en total contra la propiedad, o como se dice ahora el patrimonio), no es habitual, al estar el hurto y el robo en capítulos distintos del Título XIII, pero sí sería habitual si hubiera sido condenado tres veces por hurto.

B) Sustitución de la pena privativa de libertad

El CP de 1995 permitía la sustitución de las penas breves privativas de libertad de hasta 1 año de duración, por arrestos de fin de semana o multa, o la pena de arresto fin de semana por multa o trabajos en beneficio de la comunidad, también con el fin de evitar la cárcel por delitos bagatela, que haría imposible por su duración la rehabilitación por esta vía del delincuente. Este régimen sustituyó al anticuado de la remisión o condena condicional, previsto en los arts. 92 a 97 CP de 1973, e igualmente en la Ley de Condena Condicional de 17 de marzo de 1908, que ha sido derogada por el CP de 1995, como dijimos, de donde también procede. La reforma operada por la LO 15/2003, de 25 de noviembre, ha modificado sustancialmente estas previsiones, al abolir la pena de arresto de fin de semana, por no haber funcionado en la práctica. Ahora debemos añadir la última reforma operada por la LO 5/2010, de 22 de junio, que permite la sustitución de la pena privativa de libertad, según los casos, por las penas de prisión de corta duración, multa, trabajos en beneficio de la comunidad o por la pena de localización permanente (art. 88 CP), teniendo en cuenta la particularidad de que en caso de condena por delito de violencia de género, la pena de prisión sólo podrá ser sustituida por la de trabajos en beneficio de la comunidad o por la pena de localización permanente, en los términos del art. 88.1

La sustitución se acuerda por el órgano jurisdiccional en la propia sentencia o en un auto posterior, previa audiencia de las partes al respecto, y en todo caso antes de dar inicio a la ejecución, atendiéndose a las circunstancias personales del condenado, la naturaleza del hecho, su conducta y, en particular, el esfuerzo para reparar el daño causado, siempre que no se trate de reo habitual (art. 88.1). La traducción exacta de la sustitución se efectúa en el art. 88.1 y 2, pero nunca se podrán sustituir penas que sean sustitutivas de otras (art. 88.3). En el supuesto de incumplirse en todo o en parte la pena, se ejecuta la pena de prisión impuesta inicialmente, abonando el tiempo cumplido en su caso (art. 88.2). Finalmente, téngase en cuenta el concepto de reo habitual del art. 94, antes citado, que también es importante para la sustitución.

Un caso especial de suspensión es el de penas privativas de libertad inferiores a 6 años impuestas a un extranjero, que tiene el régimen específico previsto en el art. 89.

C) Revisión de títulos ejecutivos para el cumplimiento de penas impuestas por delitos conexos

El art. 76 CP dicta normas para determinar la penalidad de delitos en concurso real. Tales disposiciones pueden tenerse en cuenta previamente a la sentencia, siempre que por conexión se hubieran acumulado los enjuiciamientos de todos los hechos punibles cometidos.

Pero si ello no ha ocurrido así, habiéndose seguido diversos procesos separados, hay que proceder a la revisión de los títulos ejecutivos, cuyo procedimiento se determina en el art. 988, III LECRIM: Cuando el culpable de varias infracciones penales haya sido condenado en distintos procesos por hechos que pudieron ser objeto de uno sólo, conforme a lo previsto en el art. 17 de esta ley, el órgano jurisdiccional que hubiera dictado la última sentencia, de oficio, a instancia del MF o del condenado, procederá a fijar el límite de cumplimiento de las penas impuestas hoy conforme al apartado primero del art. 76 CP (que fija el límite máximo en 40 años, especialmente pensado para los condenados por delitos de terrorismo, pero no sólo en este caso). Para ello, reclamará la hoja histórico-penal del Registro Central de Penados y Rebeldes y testimonio de las sentencias condenatorias, y previo dictamen del MF, cuando no sea el solicitante, dictará auto en el que se relacionarán todas las penas impuestas al reo, determinando el máximo de cumplimiento de las mismas. Contra tal auto podrán el MF y el condenado interponer recurso de casación por infracción de ley.

D) Suspensión de la ejecución por trastorno mental del condenado

Por carecer de sentido la ejecución de la pena de prisión cuando el condenado cae en estado de trastorno mental, al ser imposible poder cumplir los fines previstos en el art. 25.2 CE, regula la LECRIM en sus arts. 991 a 994 un incidente, dividido en una fase administrativo-penitenciaria y en otra fase jurisdiccional, tendente a acreditar si el condenado sufre efectivamente el trastorno mental, y, en caso afirmativo, a proceder a suspender la ejecución y determinar los efectos de la misma.

Las disposiciones de la LECRIM, notablemente arcaicas, deben ser completadas, cuando no estimarse derogadas, por la nueva normativa penitenciaria. No conviene tampoco dejar de lado una atenta observación de la realidad, que aporta en este punto no pocas alteraciones. Veámoslas:

1. *El expediente informativo:* En el momento la autoridad de ejecución es decir, hoy el director del establecimiento penitenciario, tenga conocimiento de la posibilidad de que un condenado sufra alteraciones psíquicas, debe ordenar inmediatamente la formación de un expediente, de naturaleza administrativa, cuyo único fin es valorar si la sospecha tiene visos de ser cierta (arts. 991 y 992 LECRIM).

Dicha observación se realiza en la práctica en el propio centro penitenciario en que se encuentra el condenado cumpliendo la pena, generalmente asistido por un facultativo no psiquiatra. Si su informe confirma las sospechas, entonces ya se procede al dictamen psiquiátrico, trasladando al condenado a un centro adecuado, previa recomendación del técnico. Confirmándose las sospechas, y una vez remitidos los informes elaborados al director del establecimiento, éste recomendará su traslado a un centro psiquiátrico penitenciario, recabando informes del equipo de tratamiento (véanse los arts. 7, c) y 11, b) LGP, además de los arts. 25.2 CE; 1, I y II; 3; y 36 a 40 LGP, reguladores de la finalidad de tratamiento y cura en condiciones dignas).

Una vez practicados, la junta de régimen y administración o la de tratamiento, a la vista de los mismos, acordará solicitar el traslado del enfermo mental a un centro psiquiátrico penitenciario a la Dirección General de Instituciones Penitenciarias, escrito al que deben acompañarse los informes médicos pertinentes (arts. 39 LGP y 184 Rto. LGP).

Ordenado en su caso por la Dirección General el ingreso del condenado en el centro psiquiátrico, éste debe formar el expediente a que se refiere el art. 991 LECRIM, remitiéndolo directamente hoy al JVP (después de la reforma del art. 60 CP por la LO 15/2003, de 25 de noviembre, y a pesar del art. 186.2 Rto. LGP). Con ello se da paso a la fase jurisdiccional.

2. *El incidente de enajenación mental:* Formado el expediente citado anteriormente, el JVP debe resolver el incidente o crisis de la ejecución de la pena privativa de libertad, fundamentalmente conforme a las reglas de los arts. 993 y 994 LECRIM, 60 CP, 36 a 40 LGP, y 185 a 191 Rto. LGP, entre otros.

El art. 994 LECRIM, al principio, distingue el procedimiento incidental según exista oposición, en cuyo caso se tramita en juicio contradictorio, o no exista, en cuyo caso se procede en forma ordinaria. Esta confusa terminología legal, agravada al no regular la LECRIM un procedimiento incidental propio, exige alguna matización.

En efecto, recibido el expediente el JVP, conforme a lo dispuesto en el art. 992 LECRIM, deberá realizar estas dos actuaciones:

a) Ordenar la práctica de diligencia psiquiátrica, sin perjuicio de la que ya conste en el expediente (arts. 456 y ss., y 723 a 725 LECRIM), para determinar científicamente la existencia o no de la enfermedad mental, comisionando para ello al JI del lugar en que se encuentre cumpliendo condena o internado el enfermo (art. 993 LECRIM, segundo inciso). La ley quiere así que las partes puedan intervenir nombrando a sus propios peritos; y

b) Dar audiencia al MF, a quien fue acusador particular en la causa y al defensor del condenado, para que manifiesten su opinión acerca del expediente administrativo remitido (art. 993 LECRIM, primer inciso). Y entonces viene el problema, porque:

1.º) Si las partes están de acuerdo, bien en que es un enfermo mental, bien en que es un individuo sano, el tribunal, una vez obra en su poder el dictamen pericial psiquiátrico, dicta el fallo que considere precedente. Por «forma ordinaria» hay que entender, en consecuencia, el cumplimiento exacto de lo dispuesto en los arts. 993 y 994 LECRIM;

2.º) Pero si existe oposición, hay que ir a un «juicio contradictorio», que no es sino el desarrollo de la tramitación procedimental necesaria para declarar si una persona acusada es culpable o inocente, es decir, el juicio oral penal (arts. 680 a 743 LECRIM), según se demuestra acudiendo a una interpretación histórica basada en el origen de la institución, que es la Real Orden de 13 de enero de 1864. En la práctica, sin embargo, no se suele interpretar así, pues exista o no oposición, se aplica lo dispuesto en los arts. 993 y 994 LECRIM sin distinción.

El art. 60 adopta la solución correcta en cuanto a la suspensión de la condena, pues, una vez se han aplicado los arts. 991 a 994 LECRIM vistos, el JVP ordena la suspensión de la ejecución de la pena de prisión y que el interno reciba el tratamiento médico adecuado hasta que sane, pudiendo acordar una medida de seguridad privativa de libertad entretanto (art. 60.1), comenzando el tiempo de prescripción de la pena. Si el interno se cura antes de que se produzca la prescripción, cumple el tiempo que le quedaba al momento de producirse el trastorno, salvo que el órgano jurisdiccional sentenciador, por razones de equidad, pueda darla por extinguida o reducirla, al considerar que su cumplimiento es innecesario o contraproducente (art. 60.2, que remedia la injusticia que significaba el art. 82, II CP de 1973 al obligar sin excepciones al cumplimiento de la pena en todo caso si sanaba antes de la prescripción, criterio puramente expiacionista de la pena).

E) Suspensión de la ejecución por admisión a trámite del recurso de amparo

El último incidente de la ejecución que se puede producir es debido a que, en determinados casos, el Tribunal Constitucional suspende la ejecución de la sentencia firme de condena al admitir a trámite el recurso de amparo. Según su propia doctrina, son requisitos para ello, básicamente, que la ejecución de la resolución cause un perjuicio tal que haga perder al amparo su finalidad, además de la irreparabilidad para los derechos fundamentales del condenado que implicaría la ejecución, tomando como baremos la gravedad de los hechos imputados, el bien jurídico protegido, su trascendencia social, la duración de la pena impuesta y el tiempo que reste de cumplimiento de la misma, si bien el criterio general debe ser la no suspensión (AA TC 81/1981; 36/1983; 143/1992; 284/1995; 50/1996; 310/1996; 349/1996; y 33/1998).

V. TERMINACIÓN DE LA EJECUCIÓN

Respecto a la terminación de la ejecución podemos distinguir sistemáticamente entre causas normales de terminación o intrínsecas al cumplimiento de la pena, y causas anormales o externas.

A) Causa normal

El cumplimiento completo de la pena es la única causa normal de terminación. A este respecto, hay que decir que, por lo que afecta a los condenados a penas de prisión, se requiere la aprobación de la libertad definitiva por el tribunal sentenciador (art. 24.1 Rto. LGP). El procedimiento de excarcelación se detalla en los arts. 22, y 24 a 30 Rto. LGP.

B) Causas anormales

Doctrinalmente se citan como causas anormales de terminación de la ejecución penal la muerte del reo, la prescripción de la pena o medida de seguridad (la del delito o falta ha sido tratada ya en este mismo tomo), el indulto, el perdón del ofendido y la sentencia estimatoria de la revisión o del amparo constitucional en su caso.

1. *Muerte del condenado:* Si la muerte del culpable extingue la acción penal (art. 115 LECRIM), con mayor razón provocará la extinción de la ejecución penal. Así, el art. 130-1.° CP declara que la responsabilidad penal se extingue por la muerte del reo, afectando esta causa a toda clase de penas.

2. *Prescripción de la pena o medida:* Las penas impuestas por sentencia firme prescriben entre el año y los 30 años, de acuerdo con la tabla del art. 133.1 CP modificado en 2003 y no prescribiendo en ningún caso las penas por delito de lesa humanidad, de genocidio, y por los delitos contra personas y bienes protegidos en caso de conflicto armado (art. 133.2, también modificado en 2003).

El tiempo de prescripción de la pena se computa desde la fecha de la sentencia firme, o desde el quebrantamiento de condena, si ésta hubiera comenzado a cumplirse (art. 134); v. SS TC 57/2008, de 28 de abril, entre otras, con los matices de las SS TC 35/2014, de 25 de marzo; y 49/2014, de 7 de abril).

> Las medidas de seguridad impuestas en sentencia firme prescriben a los 10 años si fueran privativas de libertad superiores a 3 años, y a los 5 años si fueran privativas de libertad iguales o inferiores a 3 años o tuvieran otro contenido (art. 135.1), computándose desde el día en que haya quedado firme el auto o sentencia en que se impongan o, en caso de cumplimiento sucesivo, desde que debió empezar a cumplirse (art. 135.2). Para el caso de que el cumplimiento de la medida sea posterior al de la pena, el plazo de prescripción comenzará a contarse desde la extinción de ésta (art. 135.3).

3. *Indulto:* Esta medida de gracia, fundada en el art. 62, i) CE y en el art. 18.3 LOPJ, es una de las causas de extinción de la responsabilidad criminal que trata del CP de 1995 en su art. 130, que ya no prevé la amnistía (art. 112-3.° CP de 1973), pues es la propia ley de amnistía, en el hipotético caso de que se pueda aprobar, que borra tanto la pena como el delito, la que contendrá las disposiciones pertinentes al respecto, ni el indulto general, al estar prohibido por la Constitución.

Teniendo en cuenta la Ley de 18 de junio de 1870, reformada en 1988, su régimen jurídico es con carácter general el siguiente: El indulto puede ser solicitado por el órgano jurisdiccional sentenciador, de oficio o a instancia del interesado, al Gobierno, cuando de la rigurosa aplicación de la ley resulte penada una acción u omisión que, a su juicio, no debería serlo, o cuando la pena sea notablemente excesiva, atendidos el mal causado por la infracción y las circunstancias personales del reo (art. 4.3 CP). Una posibilidad penitenciaria especifica es la prevista en el art. 206 Rto. LGP, ya comentada en la lección 11.ª.

La ejecución de la pena debe continuar entre tanto se resuelve el indulto, salvo que se dé alguna o estas dos causas: Que se pueda vulnerar el derecho a un proceso sin dilaciones indebidas, en cuyo caso es obligatoria la suspensión (art. 4.4, I), o que la concesión del indulto resulte ilusoria si se ejecuta la pena, siendo entonces posible la suspensión (art. 4.4, II).

La segunda causa resulta comprensible, pero la relativa a las dilaciones indebidas, que es un derecho fundamental consagrado en el art. 24.2 CE, no es del todo clara. En nuestra opinión las dilaciones indebidas entran en juego con relación a la obtención de una justicia rápida, es decir, a que se dicte la sentencia de fondo dentro de un plazo razonable, de acuerdo con la jurisprudencia del TEDH y de nuestro TC, pero no después de que se haya dictado y se esté ejecutando.

Acordado el indulto, se extingue la responsabilidad criminal y, por tanto, la ejecución de la pena (art. 130-3.°).

4. *Perdón del ofendido:* El perdón del ofendido se hallaba regulado en el CP de 1973 (art. 112-5.°), profundamente reformado en 1983, 1989 y 2003, en función de la clasificación procesal de los delitos y faltas en públicos, semipúblicos y privados. La nueva configuración en cuanto a los delitos privados, semipúblicos y públicos establecida por el CP de 1995, ha influido sólo parcialmente, es decir, no con toda la extensión esperada, en esta materia.

De acuerdo con el art. 130-5.º, la responsabilidad criminal se extingue por el perdón del ofendido, cuando la ley así lo prevea y no en general o en cualquier otro caso, estableciéndose tres requisitos:

1.º) El perdón ha de ser siempre expreso, nunca presunto (art. 130-5º, I);

2.º) El perdón se ha de otorgar para que sea eficaz antes de dictarse sentencia, facilitándose la audiencia del ofendido antes de dictarla (art. 130-5.º, I); y

3.º) El perdón otorgado por el representante legal puede ser rechazado por el órgano jurisdiccional, oído el Ministerio Fiscal, en los delitos o faltas contra menores o incapacitados, ordenando la continuación del procedimiento o el cumplimiento de la condena, se supone, ante la falta de causa legal, por entender el Juez o Tribunal que el perdón no es sincero o es interesado perjudicialmente para el representado (art. 130-5.º, II), o no procede dada la naturaleza de los hechos, teniendo en cuenta que antes de rechazarlo debe ser oído nuevamente el representante del menor o incapaz (art. 130-5.º, III).

Los supuestos que se prevén ahora expresamente en el CP son los siguientes:

a) El perdón del ofendido o de su representante legal no extingue nunca la acción penal, ni la responsabilidad criminal, tratándose de los delitos de agresiones, acosos o abusos sexuales (art. 191.2).

b) El perdón del ofendido o de su representante legal extingue la acción penal o la pena impuesta, con condiciones, en los siguientes casos:

1. Delitos de descubrimiento y revelación de secretos, sin perjuicio de la posibilidad de rechazo por el órgano jurisdiccional en los términos antes vistos (art. 201.3).

2. Delitos de calumnia e injuria, sin perjuicio de la posibilidad de rechazo por el órgano jurisdiccional en los términos antes vistos también (art. 215.3).

3. Delitos de daños por imprudencia grave en cuantía superior a 80.000 euros, sin perjuicio de la posibilidad de rechazo por el órgano jurisdiccional en los términos igualmente antes vistos (art. 267, III).

5. *Anulación de la sentencia firme de condena mediante el proceso de revisión, por extinción de la condena por declaración de inconstitucional de una ley, o por otorgamiento de amparo constitucional:* En efecto, la sentencia rescindente dictada en revisión por la Sala II TS puede producir como efecto directo la extinción anormal de la ejecución, pero únicamente en el caso del art. 954-2.º LECRIM (supervivencia de la víctima de un homicidio), con base en el art. 958, II LECRIM, dado que el efecto directo debería ser la puesta en libertad del reo. En todos los demás supuestos, al tenerse que acudir al juicio rescisorio, cambia el «status» de la persona, convirtiéndose de nuevo en imputado y quedando suspendida la ejecución hasta que se dicte sentencia en ese juicio (v. los arts. 958, I, III y IV; y 960, I LECRIM).

También en el caso de que la revisión se haya basado en el art. 40.1 LOTC (inconstitucionalidad de la ley penal aplicada), resulta la extinción anormal si el reo es puesto en libertad por haberse producido la exención de responsabilidad criminal o la despenalización del hecho. No si se da una reducción de la pena o una limitación de la responsabilidad, pues entonces no termina necesariamente la ejecución, sólo en caso de coincidencia de tiempo de condena cumplido y tiempo fijado ahora de cumplimiento objetivo.

A iguales conclusiones hay que llegar en determinados supuestos de otorgamiento de amparo constitucional (v. art. 55.1, a) LOTC).

VI. LA EJECUCIÓN DE LAS PENAS PRIVATIVAS DE LIBERTAD

A) Principios

De acuerdo con el art. 25.2 CE, las penas privativas de libertad (y las medidas de seguridad) deben ejecutarse teniendo como metas la reeducación y reinserción social del condenado, gozando éste de todos los derechos fundamentales reconocidos por la norma fundamental, salvo aquéllos que, como el de libertad, puedan verse limitados por el contenido del fallo condenatorio, el sentido de la pena y la ley penitenciaria (v. arts. 4 y 5 Rto. LGP). Particularmente se le reconocen el derecho al trabajo remunerado, incluida la afiliación a la seguridad social, el derecho de acceso a la cultura y el derecho al desarrollo íntegro de su personalidad.

Esos principios se desarrollan en unas líneas de actuación generales por el Rto. LGP, de acuerdo con su Exposición de Motivos, cuyos objetivos son: Potenciar el principio de la individualización científica, establecer modelos individualizados de intervención para presos preventivos (que no afectan a los temas tratados en esta lección, v. la dedicada a las medidas cautelares), dotar una mayor configuración de instrumentos de diseño y ejecución del tratamiento, abrir las prisiones a la sociedad, redefinir el régimen cerrado, y elaborar un estatuto jurídico del preso delimitando sus derechos y deberes.

B) Actos preparatorios de la ejecución

Al órgano jurisdiccional le corresponde, antes de iniciarse el cumplimiento de la pena privativa de libertad:

1. Adoptar las medidas necesarias para el ingreso del condenado en el establecimiento penitenciario que corresponda, contando a estos efectos con la colaboración de las autoridades administrativas penitenciarias (art. 990, II LECRIM). El ingreso se realizará mediante la correspondiente orden o mandamiento (art. 15.1 Rto. LGP).

2. Aunque no se diga ahora tampoco claramente, según lo indicado *supra*, el órgano jurisdiccional sentenciador deberá remitir al director del establecimiento penitenciario copia de la sentencia firme (en cuyo fallo se expresa la cantidad de años, meses y días a cumplir por el condenado), y la liquidación de la condena (que practica el secretario judicial, en donde se expresa la determinación concreta de la duración de la pena impuesta, previa deducción en su caso del tiempo de prisión provisional pasado y la fijación de los términos inicial y final de cumplimiento).

3. En caso de delitos conexos, téngase en cuenta la disposición del art. 988, III LECRIM (analizada antes al estudiar el correspondiente incidente de la ejecución).

Una vez ingresado el preso, comienza propiamente la ejecución de la pena privativa de libertad (pena de prisión básicamente), que se cumple generalmente a través de un sistema progresivo, aunque hay excepciones. El sistema progresivo se entiende matizado, pues se sigue el sistema de individualización científica, el recogido en las más avanzadas legislaciones, caracterizado por un estudio particularizado de cada interno por una serie de especialistas, los que componen los equipos técnicos de tratamiento y observación (Junta de Tratamiento y Equipos Técnicos, v. arts. 272 y ss. Rto. LGP), con el fin de determinar el tipo criminológico, el diagnóstico de capacidad criminal y de adaptabilidad social y la propuesta razonada de grado de tratamiento (sistema progresivo), y de destino al tipo de establecimiento que corresponda (arts. 74.2 LGP y 20.2 Rto. LGP). En suma, se trata de individualizar el penado para clasificarlo en uno de los grados del sistema progresivo. Lo que se quiere decir, pues, asimilando los dos sistemas, es que por medio de la individualización científica se clasifica al interno en uno de los grados del sistema progresivo.

C) Supuestos

a) *Pena de prisión:* Los principios básicos de la ejecución de la pena de prisión antedichos se contienen, además de en el art. 25.2 CE, en el art. 36 CP de 1995, en la Ley General Penitenciaria y en el Reglamento Penitenciario de 1996, de acuerdo con la remisión que efectúa el propio art. 36, que por cierto como se refiere a beneficios penitenciarios que supongan acortamiento de la condena y parece que no haya ninguno al haberse suprimido, como sabemos, la redención de penas por el trabajo, se tiene que estar remitiendo indirectamente a la influencia que pueda tener la buena conducta, el trabajo, etc., para acordar la libertad condicional (v. arts. 90 y 91), o a las posibilidades previstas en los arts. 202 a 206 Rto. LGP, que pueden acabar en un indulto particular.

Lo primero que hay que observar es que se potencia por el Reglamento Penitenciario de 1996 el sistema progresivo de cumplimiento de la pena privativa de libertad, denominado de individualización científica (mencionado por el art. 84 CP de 1973, pero curiosamente ahora no por el art. 36 CP de 1995), que es la cuestión básica de la ejecución para lograr el cumplimiento de aquellos principios, y que sigue dividido en cuatro grados (art. 74 Rto.LGP).

1. Primer grado o de régimen cerrado, que se redefine, para penados de peligrosidad extrema o inadaptados, y preventivos en estos casos (arts. 89 a 95 Rto.LGP);

2. Segundo grado o de régimen ordinario, para penados distintos a los anteriores, detenidos y presos provisionales (arts. 76 a 79 Rto.LGP);

3. Tercer grado o de régimen abierto, para penados que puedan continuar el tratamiento en régimen de semilibertad (arts. 80 a 88 Rto.LGP).

La reforma operada en el art. 72 LGP por la LO 7/2003, de 30 de junio, obliga ahora al penado a satisfacer, para poder pasar al tercer grado, la responsabilidad civil fijada en la sentencia, determinándose una serie de criterios y un listado de delitos en los que esta disposición es particularmente relevante. En caso de condenados por delitos de terrorismo o por pertenencia a organizaciones criminales, el paso al tercer grado está condicionado además a su arrepentimiento creíble, al cumplimiento de la mitad de la pena impuesta si es superior a 5 años, y al cumplimiento de una serie de condiciones adicionales (art. 36.2 CP).

4. Cuarto grado o de libertad condicional, que consideraremos en particular enseguida.

La determinación del grado, primero o segundo (excepcionalmente, el tercero), aplicable se fija en la fase previa de clasificación del interno, tras la necesaria observación del mismo (arts. 100 a 109 Rto.LGP), estableciéndose el paso de uno a otro de manera no rígida, de acuerdo con los preceptos citados.

Los establecimientos penitenciarios se clasifican en establecimientos de preventivos, establecimientos de cumplimiento de penas, y establecimientos especiales (centros hospitalarios, centros psiquiátricos y centros de rehabilitación social (arts. 7 a 11 LGP, desarrollados por los arts. 10 a 14 Rto. LGP, en donde se detallan todas las dependencias y servicios, partiendo del concepto de establecimiento polivalente).

Téngase en cuenta que en el cumplimiento de la pena de prisión inciden muchas disposiciones, algunas de las cuales ya han sido aludidas aquí, en concreto, las relativas a comunicaciones (arts. 41 y ss. Rto. LGP), recompensas (arts. 263 y 264 Rto. LGP), faltas y correcciones disciplinarias (arts. 231 y ss. Rto. LGP), tratamiento penitenciario especifico (arts. 110 y ss. Rto. LGP), trabajo penitenciario (arts. 132 y ss. Rto. LGP), etc., que coadyuvan a un desarrollo adecuado del mismo.

El último tramo del cumplimiento de las penas privativas de libertad corresponde a la *libertad condicional,* que se concede a los penados siempre que concurran los siguientes presupuestos: Que se encuentren en tercer grado penitenciario, que hayan extinguido las tres cuartas partes de la condena, y que hayan observado buena conducta gozando de un pronóstico individualizado y favorable a la reinserción social. Pero la LO 7/2003, de 30 de junio, al reformar el art. 90 CP, introduce dos restricciones si se quiere gozar de la libertad condicional: El condenado tiene que haber satisfecho la responsabilidad civil, y, si se trata de condenados por delitos de terrorismo o cometidos en el seno de organizaciones criminales, tienen que gozar de pronóstico favorable de reinserción social, con signos específicos enumerados en ese precepto (arts. 90.1 CP, 192 y 193 Rto. LGP; v. STC 79/1998, de 1 de abril). Pero la libertad condicional domiciliaria es posible, independientemente de lo anterior, en casos de condenados por delitos de terrorismo por razones humanitarias, en concreto por peligro de muerte inminente a causa de huelga de hambre seguida por el interno (Auto JVP AN de 1 de marzo de 2007; consecuencia directa de la STS 149/2007, de 26 de febrero, RA 73198, caso *De Juana Chaos*).

Excepcionalmente, no se exige el presupuesto de haber cumplido las tres cuartas partes de la condena, sino que basta con haber cumplido las dos terceras partes, aunque sí los demás requisitos, para obtener la libertad condicional los condenados que hayan desarrollado adecuadamente actividades laborales, culturales u ocupacionales. El beneficio puede incluso adelantarse habiendo cumplido la mitad de la condena. Pero nunca gozarán de él, ni en este caso, ni en el anterior, los condenados por delitos de terrorismo o por pertenencia a organizaciones criminales (art. 91 CP). También es posible la libertad condicional cuando el condenado alcance la edad de 70 años (art. 92, I), o se trate de un enfermo incurable (art. 92, II), sin duda por razones humanitarias (v. art. 196 Rto. LGP).

Competente para acordarla es el JVP, una vez desarrollado el expediente regulado en los arts. 194, 195 y 198 a 200 Rto. LGP, quien puede imponer algunas de las reglas de conducta de las previstas en el art. 105 (art. 90.2). El período de libertad condicional dura todo el tiempo que falte al sujeto para cumplir su condena, revocándose en caso de que el condenado vuelva a delinquir o inobserve las reglas de conducta impuestas, con previsiones específicas para terroristas (arts. 93 CP y 201 Rto. LGP).

La STS de 28 de febrero de 2006 (RA 467, *caso Parot*) ha sentado nuevos criterios en materia de beneficios penitenciarios, muy discutibles porque pueden vulnerar el principio de prohibición de retroactividad de las leyes penales desfavorables, para el cómputo del tiempo a cumplir en prisión antes de su puesta en libertad condicional respecto a condenados por múltiples actos terroristas muy graves. Esta doctrina ha sido aplicada recientemente, aunque en aspectos puramente formales, por la STC 39/2012, de 29 de marzo y concordantes, para algunos presos de ETA. Pero la STEDH de 21 de octubre de 2013 (*caso Del Río Prada v. España*) ha declarado que la doctrina *Parot* vulnera el art. 7 CEDH (principio de legalidad de las penas), lo que implica *de facto* su abandono. El TS ha dictado normas provisionales internas (Acuerdo Sala General de 12 de noviembre de 2013) entretanto se aclara legislativamente cómo proceder en casos así en el futuro.

Un matiz importante ha implicado la reforma del art. 89 CP (por la LO 5/2010, de 22 de junio): Tratándose de extranjeros no residentes legalmente en España condenados a pena privativa de libertad inferior a seis años, en ciertos casos a más, el cumplimiento de la pena puede sustituirse en la sentencia por la pena de expulsión del territorio nacional, aunque no siempre.

b) La reforma operada por la LO 15/2003, de 25 de noviembre, ha introducido como *pena* privativa de libertad leve la *localización permanente* (art. 33.4, g) CP). Se introduce con el fin de dar respuesta efectiva a una serie de delitos con base en medios tecnológicos apropiados, cumpliéndose en el domicilio o donde el órgano jurisdiccional señale, con duración de un día a seis meses (arts. 33.3, l), 33.4, g) y 37 CP, reformados por la LO 5/2010, de 22 de junio). Su ejecución ha sido desarrollada por el RD 515/2005, de 6 de mayo (BOE del 7).

c) El *arresto sustitutorio*, al estar relacionado con el impago de la multa, lo trataremos *infra* en el apartado siguiente.

VII. LA EJECUCIÓN DE LA PENA PECUNIARIA

La ejecución de la pena de multa se regula en los arts. 50 a 53 CP, reformados, que presentan la novedad de acogerse al sistema de días-multa, por ser el más justo, se dice, al tener en consideración principalmente los ingresos y posibilidades económicas del condenado, aunque es algo complejo.

La extensión mínima de la pena de multa será de 10 días, y la máxima de 2 años, salvo que sea sustitutiva de otra pena, en cuyo caso se aplicará el art. 88. La extensión del tiempo se fija atendiendo a las reglas generales de aplicación de las penas (art. 50.5).

La cuota diaria tendrá un mínimo de 1,20 euros, y un máximo de 400 euros, entendiéndose a efectos de cómputo que los meses tienen una duración de 30 días y los años de 360. La fijación concreta está en función no de las reglas generales, como el tiempo, sino de la capacidad económica del condenado, dependiendo del arbitrio judicial, que deberá ser motivado en la sentencia, en la que se fijará exactamente el importe de la cuota en función de las circunstancias económicas del condenado y también personales, el tiempo y forma de pago, pudiéndose reducir en caso de variar la situación económica del pasado a peor. Pero hay que tener en cuenta que cuando el CP así lo determine, la multa puede fijarse en función del daño causado, el valor del objeto del delito o el beneficio reportado por el mismo, pudiendo los tribunales recorrer toda la extensión en que la Ley permita imponerlas (la llamada multa proporcional).

No satisfaciendo el importe de la multa el condenado, voluntariamente o por haber quedado frustrada la ejecución (vía de apremio), entra en juego la posibilidad de la pena de localización permanente, aunque también puede cumplirse en régimen de trabajos en beneficio de la comunidad, con el consentimiento del condenado, a razón de un día de privación de libertad equivalente a una jornada de trabajo. En el supuesto de la localización permanente, su duración no está fijada legalmente, siendo fijada discrecional pero motivadamente por el órgano judicial sentenciador. El arresto sustitutorio no se puede imponer a los condenados a pena de prisión superior a 5 años. En caso de mejora de fortuna del condenado que haya cumplido el arresto sustitutorio en cualquier modalidad, no hay obligación de pago de la multa (art. 53).

La ejecución en España de resoluciones de países de la Unión Europea que impongan sanciones pecuniarias como consecuencia de una infracción penal tiene normas específicas previstas en la Ley 1/2008, de 4 de diciembre, que incorpora al ordenamiento español la Decisión Marco 2005/21/JAI del Consejo, de 24 de febrero de 2005, relativa a la aplicación del principio de reconocimiento mutuo de sanciones pecuniarias.

VIII. LA EJECUCIÓN DE LOS RESTANTES TIPOS DE PENA

En cuanto a las penas privativas de derechos, enumeradas en el art. 39, hay que estar a los arts. 41 a 49 CP de 1995, teniendo en cuenta la escala de gravedad del art. 33, y las duraciones respectivas establecidas en el art. 40.

Las penas son las siguientes:

a) *Inhabilitación absoluta:* Produce la privación definitiva de todos los honores, empleos y cargos públicos que tenga el penado, aunque sean electivos, y además la incapacidad para obtenerlos y la de ser elegido para cargo público, durante el tiempo de la condena (art. 41).

b) *Inhabilitación especial para empleo o cargo público:* Produce la privación definitiva del empleo o cargo sobre el que recayere, aunque sea electivo, y de los honores que le sean anejos, así como la incapacidad para obtenerlos durante el tiempo de la condena, debiendo especificarse exactamente en la sentencia (arts. 42).

c) *Inhabilitación especial para profesión, oficio, industria o comercio:* Priva al penado de la facultad de ejercerlos durante el tiempo de la condena, debiendo concretarse expresa y motivadamente en la sentencia (art. 45).

d) *Inhabilitación especial para ejercicio de la patria potestad, tutela, curatela, guarda o acogimiento:* Priva al condenado de los derechos inherentes a la primera, y supone la extinción de los demás, así como la incapacidad para obtener nombramiento para dichos cargos durante el tiempo de la condena (art. 46, reformado en 2010).

e) *Inhabilitación especial para ejercer derecho de sufragio pasivo o de cualquier otro derecho:* Priva al penado, durante el tiempo de la condena, del derecho a ser elegido para cargos públicos (art. 44).

f) *Suspensión de empleo o cargo público:* Priva de su ejercicio al penado durante el tiempo de la condena (art. 43).

g) *Privación del derecho a conducir vehículos a motor y ciclomotores:* Inhabilita al penado para el ejercicio de ambos derechos durante el tiempo fijado en la sentencia (art. 47, I).

h) *Privación del derecho a la tenencia y porte de armas:* Inhabilita al penado para el ejercicio de este derecho por el tiempo fijado en la sentencia (art. 47, II).

i) *Privación del derecho a residir en determinados lugares o de acudir a ellos:* Impide al penado volver al lugar en que haya cometido el delito, o a aquél en que resida la víctima o su familia, si fuesen distintos (art. 48, reformado en 2003 y en 2010).

j) *Trabajos en beneficio de la comunidad:* Por su novedad, en tanto pena alternativa a la de prisión (v. art. 88), hay que referirse especialmente a la ejecución de los trabajos en beneficio de la comunidad, regulada en los arts. 49 y 53 CP de 1995, reformados en 2003 y en 2010, con la pretensión de mejorar su regulación y desarrollada su ejecución por el RD 840/2011, de 17 de junio. Esta pena privativa de derechos no puede imponerse sin el consentimiento del condenado, porque de lo contrario podría entenderse que estamos ante trabajos forzados, prohibidos por el art. 25.2 CE. Estando de acuerdo, queda obligado a prestar su contribución, que es gratuita, en determinadas actividades de utilidad pública. Su duración no puede exceder de 8 horas, y se ha de realizar bajo las condiciones enumeradas en el art. 49, también reformado en 2003 (control judicial del JVP, auxiliado por autoridades administrativas, realizado dignamente, sin atender a criterios de utilidad económica y protegido por la Seguridad Social). Dura de 1 día a 1 año (art. 40.4 CP, reformado en 2003 y en 2010).

k) La reforma operada por la LO 15/2003, de 25 de noviembre, ha mejorado dos penas no privativas de libertad, sino de derechos, que pueden ser graves, menos graves o leves, la *prohibición de aproximarse a la víctima o familiares* y la *prohibición de comunicarse con la víctima o familiares*, regulándolas separadamente de la pena de privación del derecho a residir en determinados lugares (arts. 33.2, h) e i), 33.3 g) y h), 33.4, d) y e), 39, g) y h), 48 CP.

l) La reforma del CP operada por la LO 5/2010, de 22 de junio ha introducido dos penas no privativas de libertad:

1ª) La privación de la patria potestad, que es una pena grave (art. 33.2, j), de acuerdo con lo previsto en los arts. 46 y 88; y

2ª) La pérdida de la posibilidad de obtener subvenciones o ayudas públicas y del derecho a gozar de beneficios o incentivos fiscales o de la Seguridad Social (pena también grave según el art. 33.3, m).

Finalmente, al establecerse la responsabilidad penal de las personas jurídicas en la reforma de la LO 5/2010, de 22 de junio, el CP ha tenido que fijar sus penas para cumplir con el principio de legalidad en el art. 33.7, destacando como es lógico las de naturaleza económica (multa, inhabilitación para obtener subvenciones), y societaria (disolución, suspensión de actividades y clausura).

IX. LA EJECUCIÓN DE LAS PENAS ACCESORIAS

La ejecución de las penas accesorias se realiza conforme a lo visto en las penas privativas de derechos, pero deben tenerse en cuenta las reglas fijadas en los arts. 54 a 57 CP, en las que se pretende una imposición menos automática de las mismas.

a) Si la ley declara que una pena lleva consigo la inhabilitación, ésta es pena accesoria (art. 54).

b) La pena de prisión igual o superior a 10 años lleva como accesoria la pena de inhabilitación absoluta durante el tiempo de la condena, salvo que ésta ya estuviera prevista como pena principal para el supuesto de que se trate (art. 55).

c) En las penas de prisión de hasta 10 años, el órgano jurisdiccional sentenciador impondrá, atendiendo a la gravedad del delito, alguna de las siguientes penas accesorias: Suspensión de empleo o cargo publico, inhabilitación especial para el derecho de sufragio pasivo durante el tiempo de la condena, o inhabilitación especial para empleo o cargo público, profesión, oficio, industria o comercio o cualquier otro derecho, si éstos hubieran tenido relación directa con el delito cometido, debiendo determinarse expresamente en la sentencia esta vinculación (art. 56, reformado en 2003).

d) Los órganos jurisdiccionales sentenciadores, en los delitos de homicidio, lesiones, aborto, contra la libertad, torturas y contra la integridad moral, la libertad e indemnidad sexuales, la intimidad, el derecho a la propia imagen y la inviolabilidad de domicilio, el honor, el patrimonio y el orden socioeconómico, atendiendo a la gravedad de los hechos y al peligro que el delincuente represente, podrán acordar las prohibiciones contempladas en el art. 48 por tiempo que no excederá de 10 años o de 5, según los casos (art. 57 CP). Lo mismo es aplicable a la falta de maltrato (art. 617.2 CP).

X. LA EJECUCIÓN DE SANCIONES NO PENALES

La ejecución de lo que para el CP son consecuencias accesorias, es decir, comiso y sanciones no penales para empresas, organizaciones, grupos o cualquier otra clase de entidades o agrupaciones de personas que carecen de personalidad jurídica, se regula en los arts. 127 a 129 CP, reformados la LO 5/2010, de 22 de junio. A destacar su imposición prácticamente automática y la necesidad de ejecuciones impropias con remisión de mandamientos a las autoridades administrativas que deban vigilar su cumplimiento.

XI. LA EJECUCIÓN DEL CONTENIDO CIVIL DE LA SENTENCIA

La estimación en la sentencia firme de la pretensión civil acumulada (restitución de la cosa, reparación del daño o indemnización del perjuicio) se somete, en cuanto al régimen de ejecución, a las disposiciones previstas en la LEC (arts. 536 y 614 LECRIM), concretamente, a las normas sobre ejecución de obligaciones de dar cosa mueble genérica o específica, y a las normas sobre ejecución de obligaciones pecuniarias, con las particularidades que puede introducir en esta materia el art. 112 CP.

La regla general es atender primero al cumplimiento voluntario por parte del condenado de la sentencia, entregando o devolviendo la cosa, o pagando la indemnización fijada, procediéndose a la ejecución en caso contrario por las normas antedichas, sin necesidad de escrito de parte instando el inicio de la ejecución. Existen ello no obstante determinadas particularidades:

1.º) En el proceso ordinario (y hay que entender que en los procesos abreviados y rápidos también, por la disposición del art. 758 LECRIM), las tercerías de dominio o de mejor derecho que puedan suscitarse, se sustanciarán y decidirán con base en la LEC (art. 996 LECRIM).

2.º) Específicamente en los procesos abreviados, dado que es posible que en la sentencia no se haya fijado la cuantía exacta de la indemnización, sino únicamente los criterios generales para determinarla, se arbitra como en el proceso civil un incidente de liquidación, ya en ejecución de sentencia y a instancia de parte, en el que el órgano jurisdiccional resuelve tras la práctica de la prueba y la audiencia de las partes. El auto que fije la cuantía de la responsabilidad civil es apelable sólo si lo ha dictado el JPe (art. 794.1ª LECRIM). Lo mismo para los juicios rápidos (art. 803.3).

3.º) En el juicio de faltas se siguen los trámites del juicio verbal civil (art. 984, III LECRIM), siendo posible igualmente el incidente de liquidación de sentencias (art. 974, II LECRIM). Hay que estar, por tanto, a la LEC y normas concordantes.

4.º) El CP de 1995 establece además dos normas particulares relativas a la ejecución de la responsabilidad civil. El primer grupo atiende al pago en sentido estricto de la misma, el segundo a la influencia de la suspensión de la ejecución de la pena en esta materia.

1. *Pago*: A su vez, el CP establece dos disposiciones relativas al pago. La primera de ellas es que el pago de la reparación del daño causado y la indemnización de daños y perjuicios al perjudicado por el delito o falta, se imputan en primer lugar cuando el condenado efectúe voluntariamente el pago o se obtengan cantidades dinerarias por la ejecución del contenido civil de la sentencia penal (art. 126.1-1.º).

La segunda, novedad en nuestro Derecho, es que se permite el pago fraccionado por el condenado, o por el responsable civil, de las cantidades debidas por este concepto, cuando los bienes sean insuficientes para cubrirla íntegramente de una vez. El plazo de duración y las cantidades a prorratear son fijadas discrecionalmente por el órgano jurisdiccional, previa audiencia del perjudicado, aunque habrá de tener en cuenta las posibilidades económicas del responsable y las necesidades del perjudicado (art. 125).

2. *No suspensión:* La suspensión de la ejecución de la pena privativa de libertad, recuérdese como forma de sustituir la misma, no afecta al pago de la responsabilidad civil derivada del delito o falta, en los términos antedichos (art. 80.3).

Es más, es condición necesaria para dejar en suspenso la ejecución de la pena privativa de libertad, que el condenado o el responsable civil haya satisfecho la responsabilidad civil fijada en la sentencia, salvo que el órgano jurisdiccional sentenciador declare la imposibilidad total o parcial de que el condenado haga frente a las mismas (art. 81-3.ª), por tanto, salvo que sea legalmente insolvente.

Es posible la ejecución provisional de los pronunciamientos sobre responsabilidad civil, conforme a lo establecido en la LEC/2000 (art. 989.1 LECRIM), permitiéndose desde la reforma operada por la LO 7/2003, de 30 de junio, que los jueces acudan para ello a las administraciones tributarias (art. 989.2 LECRIM).

El resto de contenidos civiles posibles de la sentencia penal que no constituyen responsabilidad civil ni penas pecuniarias, es decir, las costas y las multas disciplinarias, se ejecutan ante el incumplimiento voluntario por parte del condenado por la vía de apremio, por tanto, por las normas previstas para la ejecución de obligaciones pecuniarias (art. 245 LECRIM, en relación con lo dispuesto en la LEC), teniendo en cuenta el orden de prelación para su pago establecido por el art. 126 CP.

LECTURAS RECOMENDADAS: GONZÁLEZ CANO, *La ejecución de la pena privativa de libertad,* Valencia, 1994; LÓPEZ YAGÜES, *La inviolabilidad de las comunicaciones con el abogado defensor,* Valencia 2003; MAPELLI CAFFARENA/TERRADILLOS BASOCO, *Las consecuencias jurídicas del delito* (3ª ed.), Ed. Civitas, Madrid, 1996; NAVARRO VILLANUEVA, *Suspensión y modificación de la condena penal,* Barcelona 2002.

LIBRO IV
EL PROCESO CAUTELAR

Lección Vigesimoprimera

Las medidas cautelares

I. LAS MEDIDAS CAUTELARES: CONCEPTO Y CARACTERÍSTICAS

Tercera manifestación de la función jurisdiccional: garantía de juzgar y hacer ejecutar. Características: instrumentalidad; provisionalidad; temporalidad; variabilidad; jurisdiccionalidad

II. FUNCIÓN Y CLASES DE MEDIDAS

Instrumentos de: 1) efectividad del proceso, 2) aseguramiento de bienes y personas

A) Medida coercitiva: afectan derechos (libertad personal, integridad personal, propiedad, inviolabilidad del domicilio y secreto de comunicación)

B) Medidas precautelares, cautelares, coercitivas e interdictivas como especie

- Precautelares: asegurar efectividad del proceso
- Cautelares; personales sobre el imputado; o patrimoniales sobre bienes
- Preventivas: previenen la comisión o reiteración de delitos; no son cautelares
- Interdictivas: afectan y restringen derechos (suspensión función pública)

III. PRESUPUESTOS

Periculum in mora y fumus boni iuris

IV. LA DETENCIÓN COMO MEDIDA PRECAUTELAR PERSONAL

A) Concepto: medida precautelar personal de privación de libertad limitada

B) Modalidades de detención

a) La detención por particulares: es una facultad

b) La detención policial: es un deber

c) Detención judicial: ex novo o consecuencia de una detención anterior

C) Duración de la detención: medida limitada (arts. 496 LECRIM (24 h); 520.1, II (tiempo estrictamente necesario); 17.2 CE; nunca más de 72 horas)

V. ENTREGA DEL DETENIDO Y ACTUACIONES DEL JUEZ

O puesta en libertad o a disposición del juez para concretar su suerte cautelar

VI. GARANTÍAS Y DERECHOS DEL PRIVADO DE LIBERTAD

A) Derechos del detenido en la LECRIM: privación de forma menos perjudicial; y sin hacer uso de la fuerza; derechos de información (guardar silencio, no declarar contra sí mismo, designar abogado o que se le nombre de oficio, poner en conocimiento de familiar o persona su estado, a ser asistido por intérprete y a ser reconocido por médico forense)

B) Proceso de Habeas Corpus

a) Razón de ser: procedimiento rápido para alcanzar la comprobación judicial de la legalidad y las condiciones de la detención y suficientemente sencillo para que sea accesible a todos los ciudadanos

b) Requisitos: LO 6/1984, de 24 de mayo, de habeas corpus

I. LAS MEDIDAS CAUTELARES: CONCEPTO Y CARACTERÍSTICAS

Las medidas cautelares, en todos los procesos, se justifican siempre en la necesidad de tiempo para la tutela de los derechos de la persona en el caso concreto. Ese factor «tiempo» implica en sí mismo el riesgo de que la sentencia que llegue a dictarse sea inútil, sobre todo si el sujeto pasivo lo ha aprovechado para hacer que la sentencia no pueda ejecutarse. Aparece así la tercera manifestación de la función jurisdiccional, la cautelar, que sirve para asegurar la función de juzgar y la de ejecutar.

Las características de las medidas cautelares son:

1.ª) Instrumentalidad: la medida cautelar se justifica sólo con relación a otro proceso, llamado principal, del que tiende a garantizar su resultado.

2.ª) Provisionalidad: la medida cautelar no pretende convertirse en definitiva, y es por ello que desaparece cuando deja de ser necesaria en el proceso principal.

3.ª) Temporalidad: la duración de la medida cautelar es limitada, dado que, por su propia naturaleza, se extingue al desaparecer las causas que la motivaron, si bien, en cuanto afecten a derechos fundamentales, pueden encontrar una limitación temporal máxima, legalmente establecida, aún cuando subsistieran razones para su mantenimiento.

4.ª) Variabilidad: la medida cautelar puede ser modificada, e incluso alzada, cuando se altera la situación de hecho que dio lugar a su adopción.

5.ª) Jurisdiccionalidad: La decisión cautelar es sólo posible por el órgano jurisdiccional, quien la motivará, como consecuencia de su naturaleza de acto limitativo de derechos.

II. FUNCIÓN Y CLASES DE MEDIDAS

Las medidas cautelares son instrumentos procesales que sirven para otorgar efectividad al proceso mismo y más específicamente a la sentencia que en su día se dicte; son, en suma, garantía porque: 1º) Comportan un aseguramiento de su desarrollo; 2º) Aseguran las personas y los bienes en aras del cumplimiento de la sentencia condenatoria.

Si bien el fundamento de las medidas cautelares en el proceso penal es el de garantizar el cumplimiento efectivo de la sentencia condenatoria, existen supuestos en los que se está justificando la adopción de medidas que, aún cuando se denominan cautelares, se dirigen a otros fines no cautelares, tales como la satisfacción de un sentimiento colectivo de indignación, venganza o inseguridad (medida de prevención general, en el sentido de pretender dar ejemplo para tranquilizar a la sociedad o amedrentar a los posibles delincuentes) o de prevención de posibles futuros delitos cometidos por el inculpado (prevención especial), o incluso medidas específicas destinadas a proporcionar seguridad, estabilidad y protección jurídica a la persona agredida o a su familia (preventivas personales). El grave problema deriva de confundir la función coercitiva cautelar de estas medidas con otras funciones coercitivas no cautelares, pues no toda coerción supone función cautelar en el proceso penal. Debe, por ello distinguirse entre la medida coercitiva como género y las clases como especie.

A) Medida coercitiva como género

Son instrumentos jurídicos que pueden producir una afectación de derechos (a la libertad personal, a la integridad personal, a la propiedad, a la inviolabilidad del domicilio y al secreto de comunicación).

a) Medidas coercitivas que afectan al derecho de libertad personal; medidas precautelares personales (detención), medidas cautelares personales (prisión provisional, arresto domiciliario, obligación de no salir del territorio nacional, obligación de presentarse ante una determinada autoridad, todas ellas cuando se adoptan para garantizar la efectividad del proceso y la efectividad del cumplimiento de la sentencia condenatoria y conforman el régimen de la libertad provisional), medidas de carácter preventivo personales (privación provisional del permiso de conducir, orden de alejamiento de la víctima, prisión provisional para evitar la reiteración delictiva, prisión provisional por quebrantamiento de una orden de alejamiento...), medidas interdictivas (suspensión provisional de profesión o cargo público, suspensión de la patria potestad, deber de realizar una determinada actividad social, laboral o profesional, aun cuando se exija el consentimiento del sujeto al que se impone).

b) Medidas coercitivas que afectan a la integridad personal, como los actos de investigación de las intervenciones corporales (extracciones de sangre, pruebas de ADN), los actos preventivos personales como el internamiento en un centro médico u hospitalario especializado, o algunas medidas instrumentales de las cautelares (como la colocación de brazaletes electrónicos que permitan dar debido cumplimiento a la prisión atenuada o al arresto en el propio domicilio).

c) Medidas coercitivas sobre la propiedad, pudiendo configurar verdaderas cautelas que responden a la garantía de la responsabilidad civil derivada del hecho delictivo o a la responsabilidad penal cuando ésta venga exigida por el pago de una multa (fianzas) o medidas cautelares aseguratorias de la prueba (secuestro del material incautado).

d) Medidas coercitivas que afectan al derecho de inviolabilidad del domicilio y al secreto de las comunicaciones: las diligencias de investigación de la entrada y registro en lugar cerrado, el registro de libros y papeles, el control de las comunicaciones personales; todas ellas con finalidades investigadoras, no cautelares.

B) Medidas precautelares, cautelares, preventivas e interdictivas como especie

El legislador viene otorgando el régimen jurídico de las cautelares a medidas que no lo son. Vamos por ello a diferenciarlas.

a) Medidas precautelares: Son aquéllas que, recayendo sobre la persona del imputado, o en su caso del todavía sospechoso, o del que está presuntamente cometiendo un delito in fraganti, tienen como fin asegurar la efectividad del proceso que va a iniciarse o ya está incipientemente iniciado, amén de la sentencia que en su día se dicte. El exponente de ellas es la detención.

b) Medidas cautelares: En el desarrollo de la actuación procesal penal pueden adoptarse dos clases de medidas cautelares:

1.ª) Medidas cautelares personales, que recaen sobre la persona del imputado, con el fin de asegurar la efectividad de la sentencia que en su día se dicte. Son las de mayor trascendencia en el proceso penal, en cuanto suponen una afectación del derecho a la libertad y a la presunción de inocencia (arts. 17.1 y 24.2 CE), de ahí la necesidad de justificar su carácter de excepcionalidad, así como el sometimiento al principio de legalidad —que no solo implica que la ley es la que configura y establece el régimen jurídico de la tutela cautelar sino que refleja asimismo la calidad de la norma, a saber, Ley Orgánica— y al principio de proporcionalidad de la misma a los intereses pretendidos —que supone el necesario equilibrio entre la limitación de estos derechos y los fines que con la medida se pretenden alcanzar—.

2.ª) Medidas cautelares patrimoniales, que recaen sobre los bienes o el patrimonio, y pretenden asegurar las responsabilidades pecuniarias que puedan declararse en un proceso penal; responsabilidades pecuniarias que pueden ser de dos tipos: 1) Medidas penales: Las que se derivan de la misma responsabilidad penal, tales como el pago de las costas procesales o la pena de multa, entre otros conceptos, y 2) Medidas civiles: Las que se derivan de la responsabilidad civil derivada de la comisión del hecho delictivo, garantizando la efectividad de la resolución condenatoria civil, que puede consistir en la restitución de la cosa, la reparación del daño o la indemnización de perjuicios.

Es posible la anotación de cualquier medida cautelar que pueda adoptarse en el curso de los procedimientos penales, especialmente de la prisión provisional, su duración máxima y su cesación. La anotación se efectuará en un Registro Central, de ámbito nacional, del Ministerio de Justicia.

c) Medidas preventivas: La naturaleza no cautelar de éstas se evidencia por la finalidad de prevención a la que se dirigen, ya porque se pretende prevenir la comisión o reiteración de delitos o ya porque se pretende asegurar el control social, la seguridad ciudadana. No son instrumentales del proceso sino que cumplen su función sirviéndose del proceso que se halla en marcha y en el que el sujeto pasivo está afectado. Han proliferado en los últimos años y se les ha venido vinculando a la tutela cautelar.

d) Medidas interdictivas: Afectan y restringen determinados derechos. En ciertos casos se las ha querido vincular a las cautelares, ya por ser la oferta frente a la prisión provisional como medida más gravosa, ya convirtiéndose en una medida anticipatoria de la posible futura sentencia condenatoria que en su día se dicte, como la suspensión del ejercicio de una función pública, o ya para ofrecer respuestas protectoras a las víctimas del proceso.

III. PRESUPUESTOS

Las medidas cautelares, las dirigidas a garantizar el cumplimiento efectivo de la sentencia, se asientan en los siguientes fundamentos, a los que la doctrina denomina «presupuestos»:

1ª) *Periculum in mora*, o daño jurídico específico derivado de la duración de la actividad jurisdiccional penal, que puede aprovecharse por el imputado para colocarse en tal situación que frustrare la ulterior efectividad de la sentencia; peligro que puede referirse tanto a la persona como al patrimonio del imputado. De este modo, cuando de medidas cautelares personales se trata, este presupuesto se refleja en el riesgo de fuga del imputado, que se condiciona a la duración del procedimiento y a la gravedad de la pena que comporte el hecho imputado. En las medidas patrimoniales, el riesgo de ocultación de la cosa o de insolvencia se hallará implícito.

2ª) *Fumus boni iuris,* que comporta la probabilidad o verosimilitud de la existencia de un hecho criminal imputado (objeto del proceso), esto es, indicios suficientes que permitan mantener la imputación de un hecho delictivo al sujeto afectado por la medida (medidas personales) o la responsabilidad civil del mismo.

Estos fundamentos deben interpretarse desde el prisma de la proporcionalidad, que exige un juicio de razonabilidad acerca de la finalidad perseguida y de las circunstancias concurrentes, dado que una medida desproporcionada o irrazonable, como ha manifestado reiteradamente el

Tribunal Constitucional, no sería propiamente cautelar, sino que tendría un carácter punitivo en cuanto al exceso.

IV. LA DETENCIÓN COMO MEDIDA PRECAUTELAR PERSONAL

Como exponente de las denominadas medidas precautorias se encuentra la detención regulada en los arts. 489 a 501 de la LECRIM.

A) Concepto

La detención es una medida precautelar personal que consiste en la privación breve de libertad, que limitada temporalmente, con el fin de poner el sujeto detenido a disposición de la autoridad judicial, quien deberá resolver, atendidas las condiciones legales, acerca de su situación personal, bien manteniendo la privación de libertad por tiempo mayor (prisión provisional), bien adoptando una medida cautelar menos gravosa (libertad provisional con alguna de las obligaciones que configuran el régimen limitativo de la libertad) o bien restableciendo el derecho de libertad en su sentido natural, ante la ausencia de presupuestos. En todo caso, la medida que aquí se desarrolla es la que se adopta con una finalidad precautelar, esto es, en conexión con la previsible comisión de un delito y, por ende, con la existencia o futura existencia de una causa penal y de una medida cautelar. Los elementos que van a servir para fundamentar la detención son:

a) La detención es una *medida precautelar*, con las notas: 1) Instrumentalidad: sólo es posible la adopción de la detención en función de una causa penal, de manera que las posibles privaciones o restricciones de libertad que el ordenamiento jurídico ampara y que no se hallan relacionadas con el ejercicio del *ius puniendi* estatal, no son la medida objeto de nuestro estudio; 2) Provisionalidad: no es predicable de la detención, dado que ésta alcanza su propio sentido desde el momento de su adopción, sin que pueda ser susceptible de cambio alguno, lo que se justifica perfectamente con la nota de temporalidad o duración breve de tiempo, que es sustancial a la misma, por cuanto o se convierten en medida cautelar o desaparece la privación sin más del derecho de libertad; 3) Temporalidad: es una medida con una duración breve de tiempo; 4) Jurisdiccionalidad: presenta aquí excepciones, en cuanto se permite a los particulares, a la policía y a autoridad judicial distinta del juez de instrucción competente, practicar la citada medida, siempre con el cumplimiento de los requisitos legalmente establecidos, lo que implica también la posible exigencia de responsabilidad en el supuesto de incumplimiento de la legalidad aplicable, de modo que es posible plantear un proceso de *habeas corpus*, o exigir responsabilidad penal por la comisión de un delito de detención ilegal, o bien plantear una pretensión civil de resarcimiento.

b) Es una medida *personal*, en cuanto incide sobre el derecho de libertad, reconocido constitucionalmente en el art. 17 CE, del sujeto que la padece.

c) Esa medida personal se fundamenta legalmente en los arts. 489 a 501 de la LECRIM, sin perjuicio de la referencia a la misma en otros cuerpos legales (*habeas corpus*, extradición, etc.).

d) Determinados sujetos no quedan afectados por el régimen general de la detención, en cuanto gozan de ciertas prerrogativas, quedando condicionada la posibilidad de detención a los supuestos de flagrante delito o por la gravedad del mismo.

Los Diputados y Senadores (art. 71.2 CE), los parlamentarios de las Asambleas legislativas y miembros de los Consejos de Gobierno de las Comunidades Autónomas (según sus Estatutos), el Defensor del Pueblo y sus Adjuntos (art. 6 LO 3/1981, 6 abril), figuras similares a ellos en las Comunidades Autónomas (art. 1.1 Ley 36/1985, 6 noviembre), los magistrados y jueces (art. 398 LOPJ), los miembros de la carrera fiscal (art. 56 EOMF), sólo podrán ser detenidos en caso de flagrante delito o, en su caso, con la autorización previa competente. Régimen especial también se aplica a los Agentes diplomáticos, que no pueden ser detenidos ni arrestados, a los funcionarios consulares, que sólo pueden detenerse cuando se trate de delito grave y con autorización previa, así como a los representantes comunitarios, que gozan de las prerrogativas descritas, salvo que se trate de delito grave o flagrante, o cuando medie autorización previa.

e) No es detención precautelar, sin embargo, la privación de libertad breve, no fundada en una posible imputación sino en la necesidad de identificar al sujeto pasivo de esta privación. A la misma se le denomina *retención* policial, y se desarrolla sin las garantías legales que cubren los supuestos de la detención, lo que llevó en sus inicios a su rechazo, por carecer de la cobertura legal que le amparase, si bien la aprobación de la LO 1/1992, de 21 de febrero, de protección de la seguridad ciudadana, dejó una puerta abierta a la interpretación, de modo que resulta significativo que el TC se haya pronunciado en favor de su legalidad, al amparo del art. 20.2 de la citada LO.

El art. 20, en sus apartados 1 a 3 de la LO 1/1992 dan cobertura a la policía para requerir la realización de una determina conducta que posibilita la verificación de la identidad del requerido, más no le atribuyen facultades coactivas sobre su persona; de este modo, es el art. 20.4 el que, por remisiones al Código Penal y a la Ley de Enjuiciamiento Criminal, está amparando la posible responsabilidad delictiva en los casos de resistencia o negativa infundada a identificarse o a realizar voluntariamente las comprobaciones o prácticas de identificación. Sin embargo, el TC, entendió que la medida de identificación en dependencias policiales (retención) es una modalidad de privación de libertad que, si bien no se ajusta a las garantías de la detención cautelar, no por ello comporta un atentado al art. 17.1 CE, por cuanto se establecen unas garantías adecuadas a la función perseguida (no prolongación más allá del tiempo imprescindible; posibilidad de *habeas corpus* por desviación del sentido de la misma o por abusiva duración; y el requerido debe ser informado de los motivos de este requerimiento).

B) Modalidades de la detención

La regulación de esta medida en la LECRIM (arts. 490 a 492) configura varias modalidades de detención, básicamente atendiendo a dos criterios: los sujetos que están facultados para detener y el momento en que se realiza la detención. Son tres las modalidades previstas: la detención por los particulares (arts. 490 y 491), la detención policial (art. 492), y la detención judicial (arts. 487, 420, 494 y 684.3), sin olvidar que puede practicarse en momentos diversos, configurando su carácter precautelar o su carácter de medida ejecutiva. Así, es posible la detención preprocesal, practicada sin que exista causa pendiente contra el detenido (art. 490.1 y 2, y 492.4), la detención procesal, practicada estando pendiente una causa penal (art. 490.6 y 7, 492.2 y 3), e incluso es posible la detención *post sententiam* (art. 490.3, 4, 5 y 7), que tendrá valor de verdadera medida de ejecución. Para determinar los presupuestos exigidos en cada una de estas modalidades, debe distinguirse, atendiendo a los sujetos activos de la detención tres regímenes específicamente determinados en la LECRIM:

a) La detención por particulares

A través de esta modalidad de detención se regula la *facultad* que asiste a cualquier persona para privar de libertad a otra, siempre que concurra alguno de los supuestos previstos por el legislador, atendido lo dispuesto en el art. 490 («Cualquier persona puede detener»), con el fin de poner a inmediata disposición de la autoridad judicial o policial al detenido. Cualquier otra que pretendiera ser la finalidad podría configurar un delito de detención ilegal del art. 163.4 CP.

Los supuestos en que esta facultad de detener por el particular vienen configurados expresamente en los números 1 a 7 del art. 490 LECRIM, pudiendo practicarse en varios momentos: antes de que se incoe causa penal, provocada la detención como consecuencia de la supuesta situación de flagrancia (art. 490, núms. 1 y 2); estando pendiente la causa (art. 490, núms. 6 y 7), y la detención que se practica una vez el proceso ha finalizado (art. 490, núms. 3, 4, 5 y 7).

Los presupuestos se concretan fundamentalmente en el art. 491, atendiendo al momento en que se produce la detención:

1) Si la detención se produce sin que exista causa pendiente, el presupuesto del *fumus boni iuris* o, como algún sector de la doctrina ha manifestado, el *fumus delicti commissi* se refleja en la flagrancia en la comisión del hecho delictivo, teniendo en cuenta que, *a posteriori* y previa exigencia del detenido, deberá justificar «haber obrado en virtud de motivos racionalmente suficientes» (art. 491). El *periculum in mora* comportará el riesgo razonable de que la actuación del detenido podría impedir la efectividad de la sentencia, bien fugándose, bien ocultando o destruyendo medios de prueba.

2) En los supuestos en que la detención por los particulares se realice estando pendiente la causa principal, concurren los presupuestos del *fumus boni iuris* o *fumus delicti commissi* (motivos racionalmente suficientes para entender que el sujeto detenido se hallaba fugado con causa pendiente, o en situación de rebeldía), y del *periculum in mora,* por posible incomparecencia (riesgo de fuga).

3) Finalmente, en los supuestos de detención por los particulares *post sententiam,* no se trata realmente de una medida precautelar sino de ejecución, cuyos presupuestos son los que hacen referencia al quebrantamiento de una pena privativa de libertad (art. 490 núms. 3, 4 y 5), y a la posible situación de rebeldía de un condenado (art. 490 núm. 7).

b) Detención policial

Los elementos configuradores de esta modalidad de detención son:

a) La detención efectuada por la autoridad o agente de la Policía Judicial constituye el ejercicio de un *deber* (art. 492).

b) Este deber de detener ha de cumplirse en los supuestos descritos en el art. 492, sin olvidar el art. 495.

Estos supuestos pueden clasificarse en dos grupos:

1º) Los no específicos, en cuanto se trata de que el detenido se halle en alguno de los siete supuestos del art. 490, que tipifican las situaciones de la detención como «facultad» de los particulares, si bien la intervención policial aquí comportarían un deber, no una facultad. Estos supuestos son: 1) Cuando el detenido intentaba cometer un delito, en el momento en que iba a cometerlo; 2) Cuando se tratare de delincuente *in fraganti*; 3) Cuando el detenido se fugare del establecimiento penal en que se halle extinguiendo condena; 4) Cuando se fugare de la cárcel en que estuviere esperando su traslación al establecimiento penal o lugar en que deba cumplir la condena que se hubiese impuesto por sentencia firme; 5) Cuando se fugare al ser conducido al establecimiento o lugar mencionados en el supuesto anterior; 6) Cuando se fugare estando detenido o preso por causa pendiente; 7) Cuando se tratare de un procesado o condenado que estuviere en rebeldía.

2º) Los específicos son los que se regulan como deber policial de detención, y son: 1) Detención del procesado por delito que lleve aparejada pena superior a la de prisión correccional (con la Disposición Transitoria 11ª del CP, prisión de seis meses a tres años); 2) Detención del procesado por delito a que esté señalada pena inferior, si sus antecedentes o las circunstancias del hecho hicieren presumir que no comparecerá cuando fuere llamado ante la autoridad judicial, salvo que a juicio de la citada autoridad, preste en el acto fianza bastante para presumir que comparecerá; 3) Aún cuando el delito lleve aparejada pena inferior a prisión correccional, si concurren las circunstancias siguientes: motivos racionalmente bastantes para creer en la existencia de un hecho delictivo, y que la persona a quien se intenta detener tuvo participación en el mismo; 4) Es posible la detención de un sujeto presunto autor de una falta, cuando no tuviese domicilio conocido ni prestase fianza bastante (art. 495).

c) La detención policial puede producirse en tres momentos: no existiendo causa penal pendiente contra el sujeto detenido (art. 492 núm. 1 en relación con el 490 núms. 1 y 2; y 492 núm. 4); pendiente una causa (art. 492 núm. 1 en relación con el 490 núms. 6 y 7, y el 492 núms. 2 y 3); y finalizada la causa (art. 492 núm. 1 en relación con el 490 núms. 3, 4, 5 y 7).

d) El objeto material de esta modalidad de detención es más amplio que en el supuesto de la detención por particulares, en cuanto se pretende practicar determinadas diligencias de investigación (reconocimiento en rueda, interrogatorio, entre otras), para o bien ponerlo posteriormente en libertad, o bien a presencia de la autoridad judicial. La detención policial que incumpliera lo previsto legalmente podrá dar lugar a la exigencia de responsabilidad penal del funcionario por detención ilegal del art. 167 CP.

e) Los presupuestos pueden analizarse partiendo de tres momentos en la adopción:

1º) Si la detención policial lo es sin causa pendiente, al amparo de lo que dispone el art. 492 núm. 1 en relación con el 490, deben tenerse en cuenta los presupuestos expuestos en la detención por particulares.

2º) Si la detención policial se lleva a cabo en el curso de una causa penal, los presupuestos que confluyen son: 1) *Fumus boni iuris o fumus delicti commissi*: responde a la presencia de una imputación (por procesamiento o por la existencia de motivos racionalmente bastantes para creer en la existencia del hecho que presenta caracteres de delito y en la participación del detenido en el mismo); 2) *Periculum in mora:* Se refleja en el peligro de fuga. En algunos supuestos (art. 492 núm. 2) la gravedad de la pena (superior a la pena de prisión de seis meses a tres años) es elemento que presume este peligro; mientras en otros, el riesgo de incomparecencia (art. 492 núm. 3), en ponderación con las circunstancias concurrentes atendida la gravedad de la pena (art. 492 núm. 4). Finalmente en el supuesto de detención excepcional en el caso de faltas (art. 495) este requisito quedará delimitado por la ausencia de domicilio conocido del detenido y por la no prestación de fianza exigida, lo que no es sino dos elementos que justifican el posible peligro de fuga.

3º) En las detenciones policiales que se realizan *post sententiam* no nos hallamos propiamente ante una medida cautelar sino de ejecución, cuyos presupuestos van referidos al quebrantamiento por el condenado de una pena privativa de libertad y a su posible situación de rebeldía.

c) Detención judicial

Las notas que sirven para configurar este tipo de detención son:

a) Esta modalidad de detención, acordada por el juez, consiste en ordenar la privación de libertad de una persona en el curso de una causa penal.

b) Puede decretarse *ex novo* por el órgano jurisdiccional (en la incomparecencia sin causa legítima a la citación «cautelar», art. 487, o en la imputación a persona determinada, art. 494, o incluso en los supuestos de detención consecuencia del ejercicio de policía de estrados, art. 684.3) o bien ser la prolongación de una detención realizada por los particulares o por la policía.

c) Los presupuestos que se exigen son el *fumus boni iuris,* que comporta la probable responsabilidad penal del sujeto detenido (en el supuesto de la citación derivada de la pretensión de declaración del sujeto para desechar o confirmar una imputación; en el supuesto de la prolongación, para ratificarla), y el *periculum in mora*, riesgo de fuga (incomparecencia sin causa legítima a la citación cautelar) o peligro de indisponibilidad del detenido en los supuestos de prolongación de la detención (peligro de fuga).

C) Duración de la detención

La naturaleza de la detención está reñida con la posible delimitación temporal de la medida; teóricamente debería durar tanto como fuere necesario para garantizar, como se desprende del art. 17.2 CE, «la realización de las averiguaciones tendentes al esclarecimiento de los hechos» (en el mismo sentido se consagra en el art. 520.1, II, LECRIM). Pese a ello, en la regulación de las medidas cautelares personales, en cuanto afectación del derecho de libertad, restringiéndolo, limitándolo o privándolo, se hace presente ese deseo de limitar la duración de las mismas; en unos casos, fijando plazos atendido el tipo de pena que conlleva el hecho criminal imputado; y, en otros, como es el supuesto de la detención, tanto la LECRIM como la CE han fijado concretos límites temporales, si bien existen divergencias entre ambos textos.

El art. 496 de LECRIM prevé un límite de veinticuatro horas; el art. 520.1 II, LECRIM, establece que no podrá durar más del tiempo estrictamente necesario y, en todo caso, nunca de duración superior a setenta y dos horas; y el art. 17.2 CE fija el límite máximo en setenta y dos horas. Asumiendo que a la detención por particulares no se le aplica estos plazos, en cuanto deben poner de inmediato a disposición del juez a la persona detenida, en la detención policial debe tenerse en cuenta:

a) El límite de veinticuatro horas del art. 496 supuso originariamente, un elemento de difícil integración con los códigos penales y las Constituciones aprobadas a lo largo del siglo XX, dado que en éstos se hacía referencia al límite máximo de setenta y dos horas, tanto para delimitar lindes constitucionales como para fijar los elementos del tipo penal de detenciones ilegales.

b) El art. 17.2 CE mantuvo lo que venía siendo una constante en los textos anteriores, dejando claro que este precepto supone la fijación temporal máxima constitucional de la detención, de manera que el legislador ordinario no podría rebasarlo, si bien podría determinar un plazo legal ordinario menor.

> Fuera del marco de legalidad ordinaria es posible encontrar situaciones que pueden suponer una extralimitación de los parámetros constitucionales. Tal es el caso del art. 520 bis 1, que, si bien parte del límite de setenta y dos horas de detención, permite la prolongación de la misma «el tiempo necesario para los fines investigadores, hasta un límite máximo de cuarenta y ocho horas», con el cumplimiento de las condiciones marcadas por ley. Se trata de la detención de sujetos pertenecientes a bandas armadas o de elementos terroristas o rebeldes, que se ampara constitucionalmente en el art. 55.2 CE, y que podría justificar una detención de hasta 5 días en aras de la investigación correspondiente a la actuación de estas bandas o elementos terroristas.
>
> Supuesto también extraordinario es el que se establece en los arts. 16 y 32 de la LO 4/1981, de 1 de junio, sobre estados de alarma, excepción y sitio, que autorizan detenciones de hasta diez días de aquellas personas sobre las que existan sospechas fundadas de que van a alterar el orden público; LO que se ampara en el art. 55.1 CE.

c) La pluralidad de interpretaciones todavía hoy están presentes. Hay autores que defienden que el límite legal ordinario es el que marca la LECRIM en el art. 496 (veinticuatro horas), si bien otros utilizan el tenor literal del art. 520.1.II, para dar viabilidad a dos posiciones diferentes: «dentro de los plazos establecidos en la presente ley» permitiría argumentar en favor de la pervivencia del plazo de veinticuatro horas del art. 496; por otro lado, el tenor literal de «...y, en todo caso, en el plazo máximo de setenta y dos horas» podría, incluso integrándolo con fundamentos históricos, apoyar la derogación del plazo de veinticuatro horas; opinión ésta última que compartimos, atendida la jurisprudencia del TS, que ha entendido que debe prevalecer el texto constitucional, si bien interpretada desde la doctrina del TC, que insiste en que la detención no debe durar más tiempo del estrictamente necesario, lo que comporta que este plazo es máximo, y como tal debe ser utilizado, evitándose las dilaciones injustificadas.

V. ENTREGA DEL DETENIDO Y ACTUACIONES DEL JUEZ

Detenida una persona, dándose los requisitos y presupuestos expuestos, deberá bien ponérsele en libertad o bien entregarla a la autoridad judicial. Deben tenerse en cuenta, sin embargo, diversas situaciones:

a) Si la detención se produjo antes de que se iniciare proceso alguno, el detenido se lleva a presencia del juez más próximo al lugar en que se hubiere practicado la detención (art. 496); en caso de pluralidad de jueces, habrá que efectuar la entrega al de guardia. El Juez de Instrucción practicará las primeras diligencias y decidirá sobre la situación personal del detenido: libertad natural, libertad provisional con o sin régimen de obligaciones, o prisión provisional, en el plazo de setenta y dos horas, a contar desde que el detenido le hubiese sido entregado o, si se considerare incompetente, remitirá las diligencias acordadas al respecto y al detenido al órgano que sea competente (art. 499).

b) Si la detención se produce en el desarrollo de un procedimiento habrá que distinguir dos posibles situaciones: 1) Que se trate del órgano que está conociendo de la causa: convocará la audiencia a que se refiere el art. 505, a celebrar en el plazo más breve posible dentro de las setenta y dos horas siguientes a la puesta del detenido a disposición judicial, debiendo mediar petición de parte acusadora para poder decretar la medida cautelar; 2) Que hubiere sido entregado a órgano distinto del que conoce o hubiere de conocer de la causa, y el detenido no pudiere ser puesto a disposición de este último en el plazo de setenta y dos horas, procederá el primero de acuerdo con lo que prevé el art. 505. No obstante, una vez que el Juez o Tribunal de la causa reciba las diligencias, oirá al imputado, asistido de su abogado, tan pronto como le sea posible, y dictará la resolución que proceda.

c) Finalmente, en aquellos supuestos de detención *post sententiam*, en cuanto nos hallamos ante una medida de ejecución, el juez a quien se entregue o que haya acordado la detención, dispondrá que de inmediato sea remitido el detenido al establecimiento o lugar donde debiere cumplir su condena (art. 500).

VI. GARANTÍAS Y DERECHOS DEL PRIVADO DE LIBERTAD

La persona privada de libertad goza de determinadas garantías, que vienen amparadas fundamentalmente en los arts. 17 CE y 520 LECRIM. Desde el punto de vista constitucional se establecen tres grupos de derechos: 1) A ser informado de sus derechos el detenido y de las razones de su detención; 2) A la asistencia de abogado en las diligencias policiales y judiciales; y 3) Al procedimiento de *habeas corpus* para producir la inmediata puesta a disposición judicial de toda persona detenida ilegalmente. Se regulan en los arts. 520 y 527 LECRIM, que delimita el tratamiento no sólo de los detenidos sino también de los presos preventivos, así como a través de la LO 16/1984, de 24 de mayo, reguladora del proceso de *habeas corpus*.

A) Derechos del detenido en la LECRIM

Los arts. 520 a 527 LECRIM establecen el régimen del ejercicio del derecho de defensa, la asistencia de Abogado y del tratamiento de los detenidos y presos preventivos. De los mismos es posible tener en cuenta los siguientes derechos reconocidos a quienes se hallan privados de libertad cautelarmente:

a) Derecho a que la privación de libertad (detención o prisión) se practique en la forma que menos perjudique al detenido en su persona, reputación y patrimonio.

> Deberá practicarse sin hacerse uso de la fuerza salvo que sea indispensable, como consecuencia de la resistencia del sujeto y atendida la gravedad del hecho; entendiéndose prohibida la tortura y los tratos inhumanos y degradantes (art. 3 CEDH). E incluso, en relación con los presos preventivos, deberá mantenerse la debida separación entre los preventivos y los penados, con el fin de evitar las consecuencias que podrían derivar de la vida en común de ambos (art. 521).

b) Derechos de información. Atendido el tenor literal del art. 520.2 LECRIM, 17.3 CE e incluso los arts. 5 y 6 CEDH, la regla general obligatoria es la de que el detenido, en el momento de la detención, de forma inmediata, tiene derecho a ser informado de los hechos que se le imputan; las razones motivadoras de su detención; y los derechos que le asisten, que son:

1. Derecho a guardar silencio, no declarando si no quiere; a no contestar alguna o algunas de las preguntas que le formulen o a manifestar que sólo declarará ante el juez.
2. Derecho a no declarar contra sí mismo y a no confesarse culpable.
3. Derecho a designar abogado o a que se le nombre de oficio, y a solicitar su presencia para que asista a las diligencias policiales y judiciales

de declaración e intervenga en todo reconocimiento de identidad de que sea objeto. Si el detenido o preso no designara Abogado, se procederá a la designación de oficio.

4. Derecho a que se ponga en conocimiento del familiar o persona que desee, el hecho de la detención y el lugar de custodia en que se halle en cada momento.

Supuestos especiales se encuentran aquí en el caso del extranjero, que tiene derecho a que la detención se comunique a la Oficina Consular de su país; si el extranjero fuere menor se notificará de oficio al Cónsul del país; y si se tratare de un menor de edad o incapacitado, no extranjero, la notificación la realizará la autoridad bajo cuya custodia se encontrare, a quienes ejerzan la patria potestad, la tutela o la guarda de hecho del mismo, y si no fueren halladas, se dará cuenta al Ministerio Fiscal.

5. Derecho a ser asistido gratuitamente por un intérprete, cuando no comprenda o no hable castellano (sea extranjero o nacional).

6. Derecho a ser reconocido por el médico forense.

Por último, dos cuestiones quedan por abordar en el tratamiento de los detenidos: la primera se refiere al derecho que asiste a los detenidos por los particulares, quienes, al amparo de lo dispuesto en el art. 491 LECRIM podrán exigir la justificación de haberse obrado en virtud de motivos racionalmente suficientes para creer que el detenido se hallaba comprendido en alguno de los supuestos que hacen posible esta modalidad de detención. La segunda se refiere a la posibilidad de incomunicación en el régimen de la detención (a la incomunicación de la prisión provisional se refiere la lec. 22.ª), que comporta una limitación de derechos del detenido en los términos previstos en el art. 527: en todo caso su Abogado será designado de oficio; no tendrá derecho a la comunicación; y tampoco tendrá derecho a la entrevista con su Abogado.

B) Proceso de *Habeas Corpus*

El art. 17.4 CE preveía esta institución de *habeas corpus*, condicionando al legislador a regular su desarrollo, configurándola como una vía de tutela jurisdiccional eficaz y rápida frente a los eventuales supuestos de detenciones no justificados legalmente, o que transcurren en condiciones ilegales.

a) Razón de ser

Nos hallamos ante una institución que consiste en una comparecencia del detenido ante el Juez, que permite al ciudadano, privado de libertad, exponer sus alegaciones contra las causas de la detención o las condiciones de la misma, con el fin de que el juez se pronuncie acerca de la conformidad a derecho de la detención.

Aun cuando es una institución de origen anglosajón, cuenta con antecedentes en el Derecho histórico español, el denominado «recurso de manifestación de personas» del Reino de Aragón y las posibles remisiones sobre supuestos de detenciones ilegales del Fuero de Vizcaya y otros ordenamientos forales, así como las Constituciones de 1869 y 1876, que, si bien regulaban esta forma de tutela, no le atribuían denominación específica alguna. En estos orígenes respondían a un sistema particularmente idóneo para salvaguardar la libertad personal ante las posibles arbitrariedades de los agentes del poder público.

El cumplimiento del mandato constitucional se llevó a cabo mediante LO 6/1984, de 24 de mayo, reguladora del procedimiento de «*habeas corpus*», que responde fundamentalmente a la necesidad de articular un procedimiento lo suficientemente rápido como para alcanzar la inmediata comprobación judicial de la legalidad y de las condiciones de la detención y suficientemente sencillo como para que sea accesible a todos los ciudadanos. Los principios que configuran este procedimiento (véase la Exposición de Motivos) son:

1º) Principio de agilidad, que lo convierte en un procedimiento extraordinariamente rápido, hasta el punto de que debe finalizar en veinticuatro horas.

2º) Sencillez y carencia de formalismos: Comparecencia verbal; no necesidad de Abogado y Procurador.

3º) Generalidad: Significativa es la pluralidad de sujetos que están legitimados en el mismo, así como el que ningún particular o agente de la autoridad pueda sustraerse al control judicial de la legalidad de la detención de las personas.

4º) Universalidad: Cualquier privación de libertad, no sólo las ejecutadas en el marco de un proceso penal, sin excepción, puede someterse a este control, salvando las privaciones de libertad controladas judicialmente, dado que en este supuesto los mecanismos de control no son este proceso sino los medios de impugnación e incluso el amparo constitucional. La universalidad provoca que esta tutela pueda solicitarse no sólo en los supuestos de detención ilegal sino también en aquélla que, siendo legal, se prolonga ilegalmente o tiene lugar en condiciones ilegales. A estos efectos el art. 1 LO 6/1984 establece que se entiende por personas ilegalmente detenidas.

b) Requisitos

Los requisitos que sirven para configurar el mismo son:

1º) *Competencia:* Es competente el Juez de Instrucción del lugar en que se encuentre la persona privada de libertad, el del lugar en que se produzca la detención, o el del lugar donde se hubieren tenido las últimas noticias del paradero del detenido (art. 2).

Supuestos especiales: En los supuestos de bandas armadas y elementos terroristas, el procedimiento deberá seguirse ante el Juez Central de Instrucción; en el ámbito militar, el Juez Togado Militar de Instrucción de donde se efectuó la detención.

2º) *Legitimación*: Lo están el privado de libertad, su cónyuge o persona unida por análoga relación de afectividad, descendientes, ascendientes, hermanos, representantes legales de los menores o incapacitados; el Ministerio Fiscal; el Defensor del Pueblo; y cabe la incoación de oficio por el órgano jurisdiccional competente (art. 3).

3º) *Procedimiento*: Se inicia mediante escrito o comparecencia (art. 4), salvo en los supuestos de iniciación de oficio, con indicación del motivo de solicitud de esta tutela; examinada por el juez la concurrencia de los requisitos para su tramitación, se da traslado al Ministerio Fiscal, acordándose, en su caso, auto de incoación del procedimiento (o su denegación), contra el que no cabe recurso alguno (art. 6). En el auto de incoación ordenará la manifestación del sujeto pasivo, y tras oír a ambas partes, con posibilidad de admitir las pruebas pertinentes que puedan practicarse en el acto, dictará en el plazo de veinticuatro horas, a contar desde que se dictó el auto de incoación, la resolución que proceda.

4º) *Resolución*: Reviste la forma de auto, cuyo contenido (art. 8) puede ser: a) archivo de las actuaciones, en los supuestos de privación de libertad conforme a derecho; b) estimatoria de la petición, acordándose bien su puesta en libertad si la privación fue ilegal, bien que continúe la misma pero bajo las condiciones legales aplicables, bien el traslado inmediato a disposición judicial (en el supuesto de transcurso del plazo). Si bien no existe disposición que permita la recurribilidad del auto, podría entenderse que cabe plantear queja sin plazo (al tratarse de auto no apelable de juez de instrucción).

LECTURAS RECOMENDADAS: Sobre conceptos generales: BARONA VILAR, S., *¿Una nueva concepción expansiva de las medidas cautelares personales en el proceso penal?*, Revista Poder Judicial, nº especial XIX, 2006, págs. 237-265; BANACLOCHE PALAO, J., *La libertad personal y sus limitaciones. Detenciones y retenciones en el Derecho español*, McGrawHill, 1996.
Sobre *habeas corpus*: GIMENO SENDRA, V., *El proceso de habeas corpus*, Madrid, 1996; GONZÁLEZ MALABIA, S., *Reflexiones sobre los aciertos y desaciertos de la ley orgánica reguladora del procedimiento de habeas corpus*, en Actualidad Penal, nº 14, 2001.

Lección Vigesimosegunda

Medidas cautelares específicas

I. PRISIÓN PROVISIONAL

Medida cautelar más gravosa: privación de libertad

A) Características: medida cautelar instrumental, provisional, variable, temporal y jurisdiccional, de naturaleza personal, excepcional y proporcionada

B) Presupuestos: Fumus boni iuris y periculum in mora

C) Modalidades de prisión provisional

  a) Comunicada

  b) Incomunicada

  c) Atenuada: en el domicilio, con medidas de vigilancia, y a través de tratamiento de desintoxicación o deshabituación a sustancias estupefacientes

D) Duración: se fijan plazos en atención a la gravedad

E) Indemnización por prisión provisional (sentencia absolutoria o auto sobreseimiento libre)

F) Abono: a efectos de condena

II. LIBERTAD PROVISIONAL

Estado normal del ciudadano, aun con restricciones o limitaciones a la libertad

A) Características: medida cautelar, personal, instrumental, provisional, variable, temporal y jurisdiccional

B) Presupuestos: Fumus boni iuris y periculum in mora

C) Obligaciones que comportan el régimen de libertad provisional

III. MEDIDAS EN LOS SUPUESTOS DE VIOLENCIA DE GÉNERO

No son medidas cautelares. Son preventivo-represivas o interdictivas

De oficio o a instancia de parte

Especial referencia: orden de protección-estatuto de protección de la víctima

Presupuestos

IV. PROCEDIMIENTO DE ADOPCIÓN DE LA LIBERTAD Y LA PRISIÓN PROVISIONAL

Petición de parte, formulada en audiencia, con posibles alegaciones y prueba, decisión Motivada, contra el auto cabe recurso.

V. MEDIDAS CAUTELARES PATRIMONIALES

A) Clases: fianza, embargo, anotación preventiva, pensión provisional, intervención inmediata del vehículo, medidas en orden protección violencia a las víctimas de violencia doméstica, intervención judicial de personas jurídicas

B) Presupuestos y procedimiento: fumus boni iuris y periculum in mora

I. PRISIÓN PROVISIONAL

La prisión provisional es la medida cautelar personal más gravosa del ordenamiento jurídico, por suponer una privación de libertad del sujeto que la padece, siendo su función la de evitar el riesgo de fuga del imputado y con él, la efectividad del desarrollo del proceso y la ejecución de la sentencia.

A) Características

Regulada en el Capítulo III del Título VI del Libro II de la LECRIM, las notas características que pueden predicarse de la misma son:

a) Es una *medida cautelar* en la que concurren: 1ª) Instrumentalidad, pues su adopción depende de la concurrencia de una posible imputación; su finalidad no es otra que garantizar la persona del imputado en la tramitación del proceso y en el eficaz desarrollo de la ejecución; 2ª) Provisionalidad y variabilidad: es revisable en cualquier momento del procedimiento; 3ª) Temporalidad: su duración viene condicionada al cumplimiento de los plazos legales; 4ª) Jurisdiccionalidad: es competencia exclusiva del juez, aunque se requiera la petición de las partes acusadoras para su adopción.

b) Es una medida cautelar *personal*, dado que, afectando al derecho a la libertad, (art. 17) y al principio de presunción de inocencia (art. 24), incide sobre la persona que la padece, evitándose con ello el riesgo de fuga.

Sin embargo, la prisión provisional se regula en ocasiones poniéndola al servicio de fines tales como impedir la ocultación o alteración de las fuentes o medios de prueba, o bien porque se han introducido en la ley conceptos que favorecen funciones de prevención, desdibujando su verdadera naturaleza, asemejándose a una pena anticipada, o a una medida de seguridad, llegando a producir situaciones que llevan a la quiebra de los más elementales principios constitucionales, en aras a la satisfacción de la opinión pública. El propio TC inexplicablemente está asumiendo como fin constitucionalmente legítimo el de evitar el riesgo de reiteración delictiva, función preventiva innegable.

c) El régimen jurídico de la prisión provisional, se desarrolla legalmente en los arts. 502 a 519 LECRIM, sin olvidar el tratamiento de los presos preventivos, arts. 520 a 527 LECRIM, que se analiza juntamente con el de los detenidos.

Existe la obligatoriedad de anotar en un Registro Central, de ámbito nacional, ubicado en el Ministerio de Justicia la adopción de la prisión provisional de los imputados, su duración máxima y su cesación, con el debido respeto a la confidencialidad. De este modo la posible adopción de la medida, su variabilidad, su alzamiento, quedan registrados.

d) Se trata de una medida *excepcional*, frente a la situación normal de esperar el juicio en estado de libertad, de manera que la ley fijará de forma taxativa los supuestos de prisión provisional. Así, el art. 502.2 establece que la prisión provisional sólo se adoptará cuando no existan otras medidas menos gravosas para el derecho a la libertad a través de las cuales puedan alcanzarse los mismos fines que con aquélla.

e) Debe respetar la *el principio de proporcionalidad*, referida ésta a la adecuación de la prisión provisional a los fines constitucionalmente legítimos (asegurar el normal desarrollo del proceso y la ejecución del fallo, así como evitar el riesgo de reiteración delictiva), y asimismo a que el sacrificio que a la libertad de la persona se impone sea razonable en comparación con la importancia del fin de la medida. De este modo, se entiende desproporcionada a los fines pretendidos adoptar una prisión provisional en la persecución de hechos delictivos castigados con penas privativas de derechos (inhabilitaciones, suspensiones), o con la pena de multa.

B) Presupuestos

El art. 503 LECRIM, delimita los presupuestos necesarios para adoptar las medidas cautelares, cuales son:

a) *Fumus boni iuris*: «Que conste en la causa la existencia de uno o varios hechos que presenten caracteres de delito» (art. 503.1, 1º), lo que comporta la exclusión de la prisión provisional en las faltas; elemento que deberá complementarse con la exigencia de probable responsabilidad criminal («motivos bastantes para creer responsable criminalmente del delito a la persona contra quien se haya de dictar el auto de prisión», art. 503.1, 2º).

b) *Periculum in mora*: Este presupuesto fundamentalmente y en abstracto debe venir referido, de acuerdo con la naturaleza cautelar de la prisión provisional, al riesgo de fuga, de manera que esta medida debe servir para asegurar la presencia del imputado en el proceso. Reformulados en 2003 los presupuestos de la prisión provisional, se introdujeron en el art. 503 los fines legítimos que justifican la misma y sobre los que se había pronunciado el TC. Así, se entiende que ésta ha de conjurar en cada caso concreto uno de los siguientes riesgos: el riesgo de fuga, el riesgo de ocultación, alteración o destrucción de pruebas, el riesgo de reincidencia, o el riesgo de desprotección de las víctimas.

La concurrencia de este peligros viene delimitada por la existencia de ciertos elementos objetivos a valorar, que implican la inclinación de la balanza a favor de la seguridad ciudadana o el mantenimiento del orden social frente a una posición garantista del imputado.

1º) Riesgo de fuga. Para valorar la existencia de este peligro deberán tenerse en cuenta conjuntamente:

1') La naturaleza del hecho y la gravedad de la pena que pudiere imponerse al imputado, que se valorará: a) Cuando el hecho o los hechos que presenten caracteres de delito lleven aparejada una pena cuyo máximo sea igual o superior a dos años de prisión; b) Cuando lleven aparejada una pena privativa de libertad de duración inferior si el imputado tuviere antecedentes penales no cancelados ni susceptibles de cancelación, derivados de condena por delito doloso (art. 503.1, 1º).

Los límites de pena a que se refiere el art. 503.1, 1º no se aplican cuando, a la vista de los antecedentes que resulten de las actuaciones, hubieran sido dictadas al menos dos requisitorias para su llamamiento y busca por cualquier órgano judicial en los dos años anteriores, dado que en este supuesto procederá acordar la prisión provisional al considerar concurrente el riesgo de fuga (art. 503.1, 3.º, a), III LECRIM).

2') La situación familiar, laboral y económica del imputado.

Si bien motivos familiares (ser el único que trabaja y, por tanto, sustenta a la unidad familiar), o laborales (la estabilidad de un puesto de trabajo, que implicaría una presunción de no fuga) son elementos objetivos que justifican su introducción como parámetros para ponderar una decisión cautelar que comporte una prisión provisional, no así parece tan razonable la situación económica del imputado, de manera que puede provocar la aplicación de un derecho procesal penal para ricos y otro, para pobres, fomentándose, a la postre, una quiebra del principio de igualdad de todos ante la ley.

3') La inminencia de la celebración del juicio oral, en particular en los juicios rápidos.

2º) Riesgo de ocultación, alteración o destrucción de las fuentes de prueba. Para valorar la existencia de este peligro deberá tenerse en cuenta:

1') La capacidad del imputado para acceder por sí o a través de terceros a las fuentes de prueba o para influir sobre otros imputados, testigos o peritos o quienes pudieran serlo (art. 503.1, 3º, b), III).

2') No puede tratarse de un posible riesgo sin más, sino que se exige un peligro fundado y concreto (art. 503.1, 3º, b), I).

3') No puede inferirse dicho peligro únicamente del ejercicio del derecho de defensa o de falta de colaboración del imputado en el curso de la investigación (art. 503.1, 3º, b), II).

3º) Riesgo de reiteración delictiva: podrá acordarse la prisión provisional para evitar el riesgo de que el imputado cometa otros hechos delictivos.

La referencia legislativa, pese a la asunción de la misma por el TC, de que fin de la prisión provisional sea el de conjurar el riesgo de que el imputado cometa otros hechos, está desnaturalizando la prisión provisional, al ponerla al servicio de fines no cautelares, esto es, convirtiéndola en una medida de prevención. Es más, pese al pronunciamiento que la EM de la LO 13/2003 realiza respecto de que el principio de proporcionalidad impone que la prisión provisional no pueda acordarse por riesgos genéricos de que el imputado pueda cometer cualquier hecho delictivo, sin embargo, estamos claramente ante un fin peligroso en cuanto a su valoración y concreción por el órgano jurisdiccional, dado que las circunstancias del hecho y la gravedad de los delitos, o el carácter doloso de los mismos, solo limita en parte la arbitrariedad, pero no la excluye en absoluto.

Para valorar la existencia de este riesgo, habrá que tener en cuenta:

1') Las circunstancias del hecho así como la gravedad de los delitos que se pudieran cometer.

2') Sólo es posible acordar la prisión provisional cuando el hecho delictivo imputado sea doloso.

3') Situación especial es aquella que permite, con fundamento en este fin, decretar la prisión provisional, aun cuando el hecho no comporte una pena que se encuadre en los límites generales del art. 503.1, 1º LECRIM, siempre que de los antecedentes del imputado y demás datos o circunstancias que aporte la Policía Judicial o resulten de las actuaciones, pueda racionalmente inferirse que el imputado viene actuando concertadamente con otra u otras personas de forma organizada para la comisión de hechos delictivos o realiza sus actividades delictivas con habitualidad (art. 503.2, III).

4º) Riesgo de agresión contra los bienes jurídicos de la víctima, permitiéndose la adopción de la prisión provisional en cumplimiento de este fin: a) Cuando una de las víctimas sea alguna de las personas a que se refiere el art. 173.2 CP (cónyuge, ex cónyuge, persona ligada afectivamente, hijos, pupilos, ascendientes, incapaces dependientes del imputado); y b) Sin necesidad de que se den los límites que respecto de la pena establece el art. 503.1, 1º.

La introducción de este fin de la prisión provisional en el que se hace referencia a la protección de las víctimas fue consecuencia de la aprobación de la Ley 27/2003, de 31 de julio, reguladora de la orden de protección de las víctimas de la violencia doméstica, que vino a completarse con la LO 1/2004, de 28 de diciembre, de protección integral contra la violencia de género. Conceptos tales como la seguridad, la estabilidad y la protección jurídica a la persona agredida y a su familia han dado pie a la adopción de una serie de medidas preventivas o asegurativas, incluso la posibilidad de la prisión provisional, aún cuando no se respete el límite penológico que fija el artículo 503.1, 1º LECRIM. Repárese que no se trata una prisión provisional consecuencia de incumplimiento de una orden de protección —que posible es—, sino de medida que directamente puede adoptarse también ante la concurrencia de estos riesgos. No es una medida cautelar sino una medida preventiva personal.

C) Modalidades de la prisión provisional

La LECRIM regula tres modalidades de cumplimiento de la prisión provisional: comunicada, incomunicada y atenuada.

a) Comunicada

Es la regla general, y supone la necesidad de que la prisión provisional se practique de forma que menos perjudique al imputado (art. 520), restringiéndose lo menos posible sus derechos. De este modo, a todos los presos preventivos deben garantizárseles los derechos de comunicación en sus diversas manifestaciones (arts. 523 a 526), esto es, el régimen de comunicación oral, mediante el sistema de visitas; la comunicación escrita, a través del respeto a la correspondencia y sus limitaciones; y la comunicación efectuada a través de las vías telefónicas.

b) Incomunicada

Si bien la situación del preso preventivo debe ser, como norma general, al igual que la del detenido, la de la comunicación, puede suceder que dicha situación no sea en sí suficiente para garantizar el éxito de la investigación penal. En consecuencia, atendiendo lo que prescribe el art. 509, las características de esta incomunicación son:

1º) Sólo podrá acordarse la incomunicación cuando se pretenda conjurar el peligro de que se sustraigan a la acción de la justicia personas supuestamente implicadas en los hechos investigados, que éstas puedan actuar contra bienes jurídicos de la víctima, que se oculten, alteren, o destruyan pruebas relacionadas con su comisión, o que se cometan nuevos hechos delictivos. En suma, para poder acordar esta modalidad de prisión provisional deberá existir peligro de frustración del éxito de la investigación penal.

2º) Durará el tiempo estrictamente necesario para practicar con urgencia diligencias tendentes a evitar los peligros anteriores, y, en todo caso, no podrá extenderse más de cinco días, a salvo del supuesto excepcional de prórroga por otro plazo no superior a cinco días cuando la prisión provisional se acuerda por alguno de los delitos a que se refiere el art. 384 bis u otros delitos cometidos concertadamente y de forma organizada por dos o más personas (art. 509.2, I).

3º) Después de haber establecido la normal comunicación, podrá incomunicarse al imputado cuando el desenvolvimiento ulterior de la investigación o de la causa ofreciere méritos para ello (art. 509.2, II), si bien la misma no excederá nunca de tres días.

La indeterminación del motivo por el que se permite una segunda y sucesivas incomunicaciones —cuando la causa ofreciere méritos para ello, quedando estos conceptos de forma vaga a la discrecionalidad del juzgador— se ha pretendido compensar mediante la limitación breve del tiempo de incomunicación, que en ningún caso excederá de tres días.

4º) El régimen de incomunicación implica: a) Designación de Abogado de oficio, en todo caso; b) No tiene derecho a que se ponga en conocimiento del familiar, o persona que desee, el hecho de la privación de libertad y el lugar; c) Tampoco tiene derecho a la entrevista con su Abogado de manera reservada al término de la práctica de la diligencia en que hubiere intervenido (art. 527); d) No podrá realizar ni recibir comunicación alguna, si bien el juez o tribunal podrá autorizar comunicaciones que no frustren la finalidad de prisión incomunicada, adoptando, en su caso, las medidas oportunas (art. 510.3); e) El incomunicado podrá asistir con las precauciones debidas a las diligencias en que le de intervención la ley siempre que su presencia no pueda desvirtuar el objeto de la incomunicación (art. 510.1); f) Se permitirá al preso contar con los efectos que él se proporcione y cuando a juicio del Juez o Tribunal no frustren los fines de la incomunicación (art. 510.2); g) Tendrá derecho a ser reconocido por un segundo médico forense designado por el Juez o Tribunal competente para conocer de los hechos (art. 510.4).

5º) En todo caso, el auto en el que se acuerda la incomunicación o la prórroga de la misma deberá expresar los motivos de esta decisión (art. 509.3).

c) Prisión provisional atenuada

El art. 508 LECRIM regula dos modalidades posibles de cumplimiento de la prisión provisional atenuada: la que permite que la misma se verifique en su domicilio, con las medidas de vigilancia que resulten necesarias (art. 508.1), y la que puede cumplirse por quienes se hallan sometidos a tratamiento de desintoxicación o deshabituación a sustancias estupefacientes (art. 508.2).

Hasta 1980 no se introdujo de manera expresa la atenuación de la prisión provisional en nuestra ley. Con anterioridad, la ley de 10 de septiembre de 1931 incorporó a la LECRIM dos preceptos del Código de Justicia Militar, vigente entonces, si bien lo hizo de forma atípica, por cuanto no incorporó a ningún precepto concreto de nuestra LECRIM esta modalidad. Por la Ley de 22 de abril de 1980 se introduce el art. 505.II, permitiéndose la adopción de la prisión provisional atenuada cuando por razón de enfermedad del inculpado el internamiento entrañe grave peligro para su salud, restringiéndose con ello las posibilidades de esta atenuación, dado que la Ley de 1931 no limitaba esta posibilidad al estado grave de salud del imputado, sino que se dejaba al criterio razonado del órgano jurisdiccional instructor, atenuar las condiciones de cumplimiento de la prisión provisional, convirtiéndola en arresto domiciliario.

Refiriéndonos, en primer lugar, a la primera y ya conocida anteriormente, modalidad de cumplimiento de la prisión provisional en el domicilio, podemos delimitar las notas que la definen:

1º) Estamos ante una modalidad de cumplimiento de la prisión provisional.

Denominada en otros sistemas como arresto domiciliario y configurado como medida cautelar alternativa a la prisión provisional, en España se sigue manteniendo como modalidad de cumplimiento de aquélla, como se deriva de su ubicación en la regulación de la prisión provisional y de lo referente al presupuesto de adopción de la misma.

2º) El presupuesto que debe concurrir para que pueda decretarse es el de la concurrencia de grave peligro para la salud del imputado por razón de enfermedad (art. 508), amén de los presupuestos del art. 503 para que pudiera decretarse la prisión provisional.

3º) En cuanto a la puesta en práctica de esta modalidad, se delimitan legalmente dos elementos: a) Se acordará con la vigilancia que resulte necesaria, sin que se especifique a este respecto quien deberá materializar la misma y, con ello, sufragar el gasto que esta modalidad de prisión provisional comporta (policía, familiar, servicio de vigilancia privado, etc.); y b) El juez o tribunal podrá autorizar que el imputado salga de su domicilio durante las horas necesarias para el tratamiento de su enfermedad, siempre con la vigilancia que se estime oportuna, planteándose, al respecto, la misma cuestión que con anterioridad.

Las notas de esta modalidad de cumplimiento de la prisión provisional:

1º) Que el imputado se hallare sometido a tratamiento de desintoxicación o deshabituación a sustancias estupefacientes.

2º) Que el ingreso en prisión pudiera frustrar el resultado de su tratamiento.

3º) Que los hechos objeto del procedimiento fueren anteriores al inicio del tratamiento, justificando con ello la posible eficiencia de dicho tratamiento.

4º) Las dos notas que definen su puesta en práctica son: a) Se le ingresará en un centro oficial o en una organización legalmente reconocida para continuar el tratamiento; y b) El imputado no podrá salir del centro sin la autorización del Juez o Tribunal que hubiere acordado la medida.

D) Duración

Si bien, en cuanto cautelar, la prisión provisional debería durar tanto cuanto subsistan los motivos que la ocasionaron, la gravedad que comporta esta medida cautelar ha generado una necesaria conciencia de protección del derecho de libertad del aún no condenado, de modo que se hace indispensable fijar unos máximos legales de duración de la misma. En tal sentido se pronunció la CE cuando, en el art. 17.4º, proclamaba que «por ley se determinará el plazo máximo de duración de la prisión provisional», y en esta misma línea ha contribuido notablemente, en gran medida provocada por la excesiva duración de la misma consecuencia de la dilación indebida de los procesos penales, la jurisprudencia del TEDH insistiendo en la necesidad de que la prisión provisional deberá tener una «duración razonable», razonabilidad que no puede valorarse sino en cada caso concreto, a tenor de las diversas circunstancias que concurran (gravedad del hecho, riesgo de fuga, entre otras).

El desarrollo ordinario del mandato constituyente culminó con el establecimiento de unos plazos máximos de duración de la prisión provisional, que se han ido modificando legalmente. En todo caso, debe entenderse que estamos ante unos plazos máximos, que deberán aplicarse desde la debida razonabilidad y adecuación de los plazos a las concretas circunstancias del caso.

Estos plazos máximos guardan relación directa con las penas que llevan aparejados los hechos delictivos, atendiéndose con ello a la proporcionalidad de la duración en función de la gravedad. Así:

1º) Cuando el hecho lleve aparejada una pena privativa de libertad igual o inferior a tres años, y la prisión provisional se hubiera decretado en virtud de lo previsto en el art. 503.1, 3º, a) y c) (riesgo de fuga y riesgo contra los bienes jurídicos de la víctima) o en el art. 503.2 (riesgo de reiteración delictiva), su duración no podrá exceder de un año.

2º) Cuando el delito lleve aparejado una pena privativa de libertad superior a tres años, y la prisión provisional se hubiera decretado en virtud de lo previsto en el art. 503.1, 3º, a) y c) o en el art. 503.2 LECRIM, su duración no podrá exceder de dos años.

3º) Es posible la prórroga de hasta dos años cuando el delito llevare aparejada una pena privativa de libertad superior a tres años. También es posible la prórroga de hasta seis meses cuando el delito tiene señalada pena igual o inferior a tres años. Se trata en ambos supuestos de una sola prórroga.

4º) Cuando la prisión provisional se hubiere acordado para evitar la ocultación, alteración o destrucción de pruebas relevantes, su duración no podrá exceder de seis meses (art. 504.3, I), si bien cuando se hubiere decretado la prisión incomunicada o el secreto del sumario, si antes del plazo de seis meses se levanta la incomunicación o el secreto, el juez o tribunal deberá motivar la subsistencia del presupuesto de la prisión provisional, en este caso, el de la concurrencia del peligro de ocultación, alteración o destrucción de pruebas (art. 504.3, II).

5º) En el supuesto de que fuere condenado el imputado, la prisión provisional podrá (no significa, por ello, obligatoriamente) prorrogarse hasta el límites de la mitad de la pena efectivamente impuesta en la sentencia, cuando ésta hubiere sido recurrida.

Para el cómputo de estos plazos habrá que tener en cuenta:

1º) El tiempo que el imputado hubiere estado detenido o sometido a prisión provisional por la misma causa deberá ser tenido en cuenta a efectos del cómputo de los plazos de prisión provisional (art. 504.5, I).

2º) Se excluye del cómputo el tiempo en que la causa hubiere sufrido dilaciones indebidas no imputables a la Administración de Justicia (art. 504.5, II).

3º) La anotación de todo el *iter* en estado de prisión provisional queda reflejado en el Registro Central de medidas cautelares (Disp. Adic. Segunda).

La fijación de los plazos de duración de la prisión provisional comporta que, transcurridos los mismos, el imputado deberá ser puesto en libertad, si bien puede volver a decretarse la prisión provisional cuando habiéndosele fijado la obligación de comparecencia en el régimen de libertad provisional, el imputado dejare de comparecer, sin motivo legítimo, a cualquier llamamiento del juez o tribunal (art. 504.4).

Cuestión novedosa es la de atribuir carácter de tramitación preferente del procedimiento en el que el imputado se encuentre en situación de prisión provisional, habiendo transcurrido en dicho estado las dos terceras partes de su duración máxima (art. 504.6). En tal caso, el legislador establece que el juez o tribunal que conoce de la causa y el Ministerio Fiscal comuniquen respectivamente al Presidente de la Sala de Gobierno y al Fiscal-Jefe del tribunal correspondiente, esta situación, adoptándose, a tal efecto, las medidas precisas para imprimir a las actuaciones la máxima celeridad.

E) Indemnización por prisión provisional

La declaración programática de la responsabilidad patrimonial del Estado-juez por el art. 121 CE, por los daños causados con ocasión del ejercicio de la jurisdicción, no hacía expresa referencia a la prisión provisional, si bien el desarrollo de esta norma se produjo por la LOPJ de 1985. Se regula, por vez primera, la posibilidad del derecho a una indemnización a cargo del Estado, como consecuencia de error judicial o por daños causados por funcionamiento anormal de la Administración de Justicia (arts. 292 a 297), y el supuesto específico de indemnización en materia de prisión provisional, dado que el art. 294.1 LOPJ establece que «tendrán derecho a indemnización quienes, después de haber sufrido prisión preventiva, sean absueltos por inexistencia del hecho imputado o por esta misma causa haya sido dictado auto de sobreseimiento libre, siempre que se le hayan irrogado perjuicios».

El art. 294 solo admite la indemnización por sentencia absolutoria o auto de sobreseimiento libre por inexistencia del hecho imputado, dejando al margen situaciones injustas de prisión provisional tales como hecho no constitutivo de delito, el preso preventivo exento de responsabilidad criminal (art. 637.2 y 3), que sea condenado a pena no privativa de libertad, o condenado a pena privativa de libertad de menor duración, entre otras. Se trata de supuestos no cubiertos por la norma y que en la jurisprudencia se venían equiparando a la inexistencia objetiva del hecho. Sin embargo esta interpretación ha sido puesta en cuestión por el STEDH (asunto Puig Panella c/España, S. 25 abril de 2006; y posteriormente en la S. 13 julio de 2010 asunto Tendam c/España), al considerar que el 294 LOPJ solo está permitiendo la pretensión indemnizatoria en los supuestos de adopción de prisión provisional cuando la resolución penal de absolución o sobreseimiento lo sea por inexistencia del hecho imputado y no de manera genérica en todo caso, dado que es necesario tal pronunciamiento y en el sentido de inexistencia de hecho delictivo como ausencia de toda imputación. Ello no significa desprotección de otras situaciones de prisión provisional seguidas de sentencia absolutoria o sobreseimiento libre, dado que cabría plantearlas por la vía general prevista en el art. 293 LOPJ (S. 23 noviembre 2010).

F) Abono

El tiempo pasado cautelarmente en prisión provisional debe computarse a los efectos de la condena, cuando finaliza el proceso y se dicta una sentencia condenatoria. Si bien ya con anterioridad se conocía esta posibilidad de abono del tiempo pasado en prisión preventiva, los arts. 58 y 59 del CP la desarrollan. Así:

1º) Como premisa inicial, el tiempo de privación de libertad sufrido provisionalmente, será abonado en su totalidad por el Juez o Tribunal sentenciador para el cumplimiento de la pena o penas impuestas en la causa en que dicha privación fue acordada (art. 58.1), salvo en cuanto haya coincidido con cualquier privación de libertad impuesta al penado en otra causa, que le haya sido abonada o le sea abonable en ella. En ningún caso un mismo periodo de privación de libertad podrá ser abonado en más de una causa, lo que elimina las interpretaciones que hasta el momento habían venido sosteniéndose en la jurisprudencia que habían generado diversidad de planteamiento especialmente en los delitos cometidos por bandas armadas o grupos organizados en los que, en muchos casos, concurren diversas causas contra la o las mismas personas.

El problema surgió esencialmente de la interpretación del cómputo de la prisión provisional realizada por la STC Sentencia 57/2008, de 28 abril, que consideró que había que computar el tiempo de prisión preventiva en todas las causas en las que estuviera implicado el imputado aunque estuviera cumpliendo condena por otra, lo que llevó, especialmente en el ámbito de delitos de bandas organizadas a generar una interpretación dispar entre la AN (que celebró un Pleno para efectuar una interpretación de la doctrina del Constitucional en el sentido de que el doble cómputo de la prisión preventiva debía de aplicarse a la totalidad de la condena y no al máximo de cumplimiento efectivo) y el TS (que consideró que la interpretación anterior era perjudicial para los reos, ordenando que se cumpliera en los términos del TC). La modificación del art. 58.1 CP ha resuelto esta cuestión, aplicándose la misma respecto de condenas posteriores a diciembre de 2010.

2º) Si se impone una pena no privativa de libertad, cabe abonarla también, siendo de criterio del juzgador la manera y la configuración en que la pena impuesta deba ser compensada (art. 59).

3º) En todo caso, se abonará en su totalidad, para el cumplimiento de la pena impuesta, las privaciones de derechos acordadas cautelarmente (art. 58.4).

Un cierto sector doctrinal e incluso jurisprudencial se ha manifestado en favor de una interpretación del tiempo de privación de libertad a abonar en sentido maximalista, esto es, computándose no sólo el tiempo de prisión provisional sino también el tiempo que se ha sufrido anteriormente como consecuencia de una detención o de un arresto domiciliario; opinión que compartimos.

II. LIBERTAD PROVISIONAL

Si se parte del art. 520.2 cuando dice que la libertad no debe restringirse sino en los límites absolutamente indispensables para asegurar la persona e impedir las comunicaciones que puedan perjudicar la instrucción de la causa, debe proclamarse la excepcionalidad de la prisión provisional, y con ella, la afirmación de que el *status* de libertad debe ser el normal del imputado. A pesar de ello, puede ser necesario constreñir la libertad del inculpado sin que ello comporte una privación, siendo entonces adoptada la medida cautelar de la libertad provisional.

A) Características

La libertad provisional supone una situación intermedia entre la prisión provisional y el normal estado de libertad ciudadana del no inculpado. Y, en todo caso, constituye la alternativa de la prisión provisional a lo largo de todo el proceso, de tal modo que su regulación se ha construido en gran parte con remisiones a la prisión provisional. Sus notas características son:

1º) Es una *medida cautelar* en la que concurren: 1ª) Instrumentalidad, pues su adopción está vinculada a una causa penal; 2ª) Provisionalidad y variabilidad: es revisable en cualquier momento del procedimiento; 3ª) Temporalidad: se extingue cuando cambian los presupuestos que la provocaron; 4ª) Jurisdiccionalidad: la decisión sobre la medida cautelar es competencia exclusiva del órgano jurisdiccional.

2º) Es una medida cautelar *personal,* que pretende asegurar el proceso y su normal desarrollo así como la ejecución de la posible sentencia que, en su día, se dicte.

3º) El régimen jurídico de la libertad provisional se desarrolla legalmente en los arts. 528 a 544 LECRIM, sin olvidar las remisiones a los preceptos reguladores de la prisión provisional.

4º) Se trata de una medida que comporta el estado normal del imputado frente a la prisión provisional; es por ello que la regla general debe ser la de esperar el juicio en estado de libertad.

5º) Finalmente, como en toda medida cautelar, debe mantenerse el debido respeto al *principio de proporcionalidad.*

B) Presupuestos

Los presupuestos de adopción de la libertad provisional vienen configurados de manera complementaria a los de la prisión provisional, de modo que el art. 529 está determinando que en aquellos supuestos en que, concurriendo el *fumus boni iuris*, no se haya acordado la prisión provisional, se decretará la libertad provisional

> La interpretación integradora del art. 529 lleva a mantener esta solución, si bien de la literalidad del precepto pudiera incluso pensarse que en toda causa en la que no se adopta la prisión provisional, incluidos los supuestos excluidos por ley como en el caso de las faltas (que supondría la no concurrencia del primero de los presupuestos), se decreta la libertad provisional como estado del imputado frente a la situación de estar en situación de libertad natural.

a) *Fumus boni iuris*: El *fumus* para decretar la libertad provisional es que conste en la causa uno o varios hechos con caracteres de delito y que aparezcan en la causa motivos bastantes para creer responsable criminalmente del delito a la persona contra quien se haya de dictar el auto cautelar.

b) *Periculum in mora*: El riesgo que debe concurrir para decretar la libertad provisional es el de la posible afectación del normal desarrollo de la investigación así como el peligro de fuga del imputado, menos intenso que en la prisión provisional, durante el desarrollo del proceso. La remisión que efectúa el art. 539 implícitamente al art. 503 en cuanto se decreta la libertad provisional «cuando no se hubiere acordado la prisión provisional del imputado...», lleva a tomar en consideración por parte del legislador un dato objetivo: la pena-gravedad (pena privativa de libertad de duración inferior a dos años), que habrá que matizar en atención al cumplimiento de los fines a que se refiere el art. 503.1, 3º y 503.2, que pueden dar lugar a decretar, ponderando los elementos a que se refiere este precepto, si es conveniente decretar la prisión provisional o la libertad provisional.

> A título de ejemplo, la situación de estabilidad económica, familiar y laboral del imputado puede incidir en que se decrete la libertad provisional y no la prisión; también puede decretarse la libertad provisional y no la prisión cuando el hecho delictivo imputado, aún cumpliéndose con el riesgo de que el imputado cometa otros hechos delictivos a que se refiere el art. 503.2, no fuese doloso; se podrá decretar asimismo la libertad provisional cuando aún concurriendo el riesgo de ocultación, alteración o destrucción de pruebas relevantes para el enjuiciamiento, a que se refiere el art. 503.1, 3º, b), que presupuestaría una prisión provisional, sea resultado el mismo del ejercicio del derecho de defensa o de falta de colaboración del imputado en el curso de la investigación.

Y, a la combinación de los arts. 539 con el 503 a la hora de delimitar la conveniencia de decretar la libertad provisional, debe añadírsele el art. 502.2, del que se desprende que la regla general debe ser la libertad provisional y la excepcionalidad, la prisión provisional, en cuanto si es posible adoptar medidas menos gravosas para el derecho a la libertad a través de las cuales puedan alcanzarse los mismos fines que con la prisión provisional, el legislador insta a ello. Y todo ello interpretado bajo el prisma de la proporcionalidad de la medida a los fines pretendidos.

C) Obligaciones que comportan el régimen de la libertad provisional

A diferencia de otros países, España se vino caracterizando históricamente por el establecimiento de un régimen poco «alternativo» a la prisión provisional, al establecerse un parco elenco de obligaciones que comportan el régimen de la libertad provisional.

Las obligaciones que en el derecho español pueden comportar el régimen de la libertad provisional son:

a) Fianza: Responde de la comparecencia del inculpado cuando fuere llamado por el juez que conociere de la causa, y como tal obligación aparece regulada en el art. 530 LECRIM. A pesar de la distinta función, le será de aplicación todo cuanto a su naturaleza y régimen jurídico determina la ley al referirse a las fianzas establecidas para asegurar las responsabilidades civiles (arts. 591 a 596). En el auto en el que se acuerda la prestación de fianza, se determinará ésta cualitativa y cuantitativamente (art. 529.2), si bien deberá acudirse a la proporcionalidad para su determinación, ya que la desproporcionalidad de la misma podría convertir una libertad en una prisión provisional. Habrá que conjugarse la naturaleza del delito, el estado social y antecedentes del procesado y las demás circunstancias que pudieran influir en el mayor o menor interés de éste para ponerse fuera del alcance de la autoridad judicial (art. 531). Puede ser personal (la fianza en su sentido más puro), pignoraticia o hipotecaria (art. 533 en relación con el 591), recayendo sobre los bienes del inculpado o incluso sobre los de un tercero; e incluso es posible la prestación de garantía personal por entidades bancarias o por compañías aseguradoras (art. 784.5).

Son los arts. 534 a 538 los que regulan lo relativo a la efectividad y realización de las fianzas, de modo que si no comparece el inculpado habrá que estar al tipo de fianza para delimitar la manera de hacerla efectiva, mediante la vía de apremio, declarándose adjudicada al Estado, con la deducción oportuna de las costas.

La cancelación de la fianza puede producirse: 1) cuando el fiador lo pidiere, presentando al inculpado; 2) cuando éste fuere reducido a prisión; 3) cuando se dictare auto firme de sobreseimiento o sentencia firme absolutoria, presentándose el reo para cumplir condena; 4) por muerte del inculpado (art. 541).

b) Obligación de comparecencia periódica, que se realiza fundamentalmente ante la Secretaría del Juzgado o Tribunal correspondiente o bien, mediante exhorto, ante aquélla donde tenga el domicilio el imputado, ante las dificultades que podría ocasionarse en caso contrario al mismo. La mayor o menor frecuencia con que deba presentarse, es decisión del órgano jurisdiccional, condicionada a la finalidad pretendida de mantener noticias con cierta frecuencia del paradero del que se halla en libertad provisional.

c) Retención del pasaporte. El art. 530 LECRIM acoge esta medida como complementaria de la obligación de comparecencia periódica. Se incorpora documentalmente al juicio y se le comunica al organismo expedidor.

d) Privación provisional de usar el permiso de conducir (art. 529 bis). Aun cuando es una medida coactiva preventiva, permite integrar el *status* cautelar en libertad en los supuestos de comisión de delitos con vehículos de motor.

e) Prohibición de residencia, acercamiento o comunicación con determinadas personas (arts. 544 bis II y III). Son todas ellas medidas de protección a la víctima de homicidio, aborto, lesiones, delitos contra la libertad, de torturas y contra la integridad moral, la libertad e indemnidad sexuales, la intimidad, el derecho a la propia imagen y la inviolabilidad del domicilio, el honor, el patrimonio y el orden socioeconómico (art. 57 CP). No son, sin embargo, verdaderas medidas cautelares, dado que se dirigen a proteger a la víctima de futuras agresiones, de modo que si bien concurre el presupuesto del *fumus boni iuris*, no así respecto del *periculum in mora*; de este modo, participan de una finalidad preventiva.

Para su adopción se tendrá en cuenta la situación económica del inculpado y los requerimientos de su salud, situación familiar y actividad laboral (art. 544 bis, III). Su incumplimiento puede dar lugar, previa audiencia a que se refiere el art. 505, a la adopción de la orden de protección o medida más gravosa, incluida la prisión provisional, teniendo en cuenta la incidencia del incumplimiento, sus motivos, gravedad y circunstancias, sin perjuicio de las posibles responsabilidades que del incumplimiento pudieran resultar.

f) En relación con las personas jurídicas es posible adoptar: la clausura temporal de los locales o establecimientos, la suspensión de actividades sociales y la intervención judicial (art. 33.7 in fine CP) así como consecuencias del art. 129 CP. No se establece duración de las mismas, si bien la proporcionalidad debe llevar a que no duren más del tiempo que se impondrían, si fueras penas, caso de declarar responsable a la persona jurídica.

III. MEDIDAS DE PROTECCIÓN Y SEGURIDAD DE LAS VÍCTIMAS DE VIOLENCIA DE GÉNERO

La Ley 27/2003, de 31 de julio, reguladora de la Orden de protección de las víctimas de violencia doméstica (art. 544 ter LECRIM), y posteriormente la LO 1/2004, de 28 de diciembre, de protección integral contra la violencia de género (arts. 61 a 69), han introducido una serie de medidas, de diversa naturaleza, que responden a un fin de protección de la víctima. No son medidas cautelares, aún cuando se ha incurrido en ciertos casos en su confusión, sino que se trata —en la mayor parte de los casos— de medidas preventivo-represivas o incluso interdictivas en ciertos supuestos. El enfrentamiento entre necesidad social de medidas (administrativas y policiales, a la postre) y garantías constitucionales en el proceso es indudable. Destacan:

a) Estas medidas podrán adoptarse de oficio o a instancia de la víctima, sus hijos o personas que convivan con ella, del Ministerio Fiscal o de la Administración especializada. En todo caso, serán adoptadas mediante auto motivado, que justifique la proporcionalidad y necesidad, en un proceso en el que intervenga el Ministerio Fiscal y en el que se respeten los principios de contradicción, audiencia y defensa. Su mantenimiento podrá extenderse tras la sentencia definitiva, durante la pendencia de recursos, debiendo hacerse constar en la sentencia misma la necesidad de su mantenimiento.

b) Son posibles estas medidas incluso cuando se trate de la comisión de una falta.

c) Especial referencia merece la denominada orden de protección, que confiere a la víctima un estatuto integral de protección. Este estatuto comprenderá una serie de medidas penales, civiles, asistenciales, de protección social, etc. La naturaleza de todas ellas es diversa: cautelares, preventivas, de aseguramiento, pudiendo convivir conjuntamente bajo el estatuto alcanzado de «persona protegida». Esta orden se inscribe en el Registro Central para la protección de las Víctimas de la Violencia de Doméstica, y supone el deber de mantener informada a la víctima de la situación procesal y, en su caso, penitenciaria del agresor.

d) Medidas que pueden adoptarse para proteger especialmente a las víctimas son muy variadas.

1) Prisión provisional cuando concurran los presupuestos del art. 503 LECRIM. En su caso, cabe decretar la libertad provisional a tenor de lo que prevé el art. 529 LECRIM. En ambos supuestos los peligros generales se combinarán con el específico de la situación de desprotección de la víctima.

2) Salida obligatoria del domicilio, prohibición de vuelta al mismo, prohibición de acercamiento o comunicación a las víctimas, o si se quiere medida de alejamiento, prohibición de toda clase de comunicación, entre otras.

Estas medidas podrán acordarse acumulada o separadamente. La fijación de una distancia mínima entre el inculpado y la persona protegida (en metros o kms.) por el juez, exigida por el art. 64.3 LO 1/2004, exige medios tecnológicos tales como las pulseras electromagnéticas, los chips intracutáneos, etc. todavía no generalizados.

3) Medidas de naturaleza civil, incluibles en la orden de protección, tales como la atribución de la vivienda, la suspensión de la patria potestad, la guarda y custodia de los menores, suspensión del régimen de visitas, prestación de alimentos, etc.

4) Otras medidas: destinadas a la protección de datos y limitaciones a la publicidad, o la medida de suspensión del derecho a la tenencia, porte y uso de armas.

e) Presupuestos para la adopción de estas medidas son: la existencia de indicios fundados en la comisión de un delito o falta de violencia de género, que sea víctima de un delito de violencia de género, y que resulte una situación objetiva de riesgo para la víctima que requiera la adopción de alguna medida de protección.

f) Procedimiento: se adoptarán las medidas tras una audiencia, que será urgente cuando se desarrolle ante el Juzgado de Guardia, si bien el Juez de Instrucción podrá adoptar en cualquier momento de la tramitación de la causa medidas del art. 544 bis (art. 544 ter, 4 LECRIM).

IV. PROCEDIMIENTO DE ADOPCIÓN DE LA LIBERTAD Y PRISIÓN PROVISIONAL

La regulación del procedimiento para la adopción de la libertad y de la prisión provisional se efectúa en los arts. 505 a 507 y 539. De la citada regulación se desprende:

a) Para adoptar una medida cautelar se necesita, atendidas las circunstancias del caso y la posible concurrencia de los presupuestos, petición de alguno de los concurrentes, de modo que si ninguna de las partes la instare, acordará necesariamente la inmediata puesta en libertad del imputado que estuviere detenido (art. 505.4 y art. 539.3).

b) La petición se formulará en una audiencia, regulada en el art. 505 y a la que se remite el art. 539, cuyas características esenciales son:

1°) Deberá celebrarse en el plazo más breve posible dentro de las setenta y dos horas siguientes a la puesta a disposición del detenido ante el juez.

> Este plazo puede plantear dificultades, dado que cuando el detenido se lleva a presencia judicial como consecuencia de requisitoria es probable que no se trate del juez competente. En este caso el art. 505.6 resolverá cautelarmente el no competente según lo que prescribe este art. 505, si bien una vez que el Juez o Tribunal de la causa reciba las diligencias, oirá al imputado, asistido de su abogado, tan pronto como le fuera posible y dictará la resolución que estime oportuna.

2°) Se trata de un trámite necesario para poder decretarse la medida cautelar, salvo en el supuesto de que el juez considerara que debe decretarse la libertad provisional sin fianza (art. 539.1). Si está en marcha la tramitación del procedimiento cualquier cambio cautelar exigirá asimismo la celebración previa de la audiencia, salvo el supuesto de que se trate de una pretendida mejora de la situación del imputado que consista en la libertad provisional sin fianza (art. 539 III).

3°) A esta audiencia deberán asistir el MF, el imputado y su letrado (elegido libremente o designado de oficio); también podrán asistir cuantos se hubieren personado en la causa (art. 505.2).

4°) En el trámite de la audiencia podrán realizarse alegaciones y proponerse los medios de prueba que pueden practicarse en el acto o, como máximo, dentro de las setenta y dos horas antes indicadas (art. 505.3).

> La prueba se practicará previa solicitud de parte, que se efectúa bien en el inicio de la audiencia o con anterioridad; la decisión sobre su admisión es competencia del juez, que se lleva a cabo en el acto y verbalmente, motivadamente y documentándose debidamente en el acta de la audiencia; la negativa podrá atacarse, si bien conjuntamente con el medio de impugnación que se plantee contra el auto de libertad o de prisión. En todo caso, la imposibilidad de practicar prueba no produce la suspensión de la audiencia.

5º) Si por cualquier razón la audiencia no pudiera celebrarse, excepcionalmente el juez o tribunal podrá acordar la prisión provisional siempre que concurran los presupuestos del art. 503, o la libertad provisional con fianza. La decisión quedará, sin embargo, condicionada a que dentro de las setenta y dos horas siguientes, deba convocarse nuevamente la audiencia, con el fin de confirmar o modificar la citada decisión.

c) La competencia para decretar la medida cautelar dependerá del momento procedimental en que ésta se adopte:

1º) Cuando no existe aún causa penal: si el detenido es puesto a disposición de un juez no competente, éste practicará las primeras diligencias (art. 499) decidiendo sobre la situación cautelar del detenido, dentro de las setenta y dos horas máximo, sin perjuicio de la posterior inhibición en favor del competente.

2º) Si la causa se halla en la fase de procedimiento preliminar, será competente el Juez o Magistrado instructor o el que forme las primeras diligencias (art. 502).

3º) En la fase de juicio oral, la adopción de la medida cautelar podrá decretarla el juez o tribunal competente que conozca de la causa (art. 502), si bien cabría abrir una sumaria instrucción suplementaria (art. 746.6), remitiendo las actuaciones al instructor, quien decidiría la suerte cautelar del acusado.

4º) Si se hallare pendiente del recurso de apelación o de casación, será competente el órgano que conoció de la instancia, como se deriva del art. 861 bis a LECRIM.

d) La decisión que se adopte sobre la situación personal del imputado adoptará la forma de auto, cuyas características serán:

1º) Deberá ser motivada, refiriendo la motivación a las razones por las que la medida se considera necesaria y proporcionada respecto de los fines que justifican su adopción (art. 506.1).

2º) Excepcionalmente, cuando la causa ha sido declarada secreta, en el auto de prisión se expresarán los particulares del mismo que, para preservar la finalidad del secreto, hayan de ser omitidos de la copia que haya de notificarse; no obstante, en ningún caso se omitirá en la notificación una sucinta descripción del hecho imputado y de cuál o cuáles de los fines se pretende conseguir. Una vez alzado el secreto, se notificará inmediatamente el auto en toda su integridad al imputado (art. 506.2).

3º) Se pondrá en conocimiento este auto a los directamente ofendidos y perjudicados por el delito cuya seguridad pudiera verse afectada por la resolución (art. 506.3).

4º) Contra los autos que decreten, prorroguen o denieguen la prisión provisional o acuerden la libertad del imputado podrá ejercitarse recurso de apelación en los términos previstos en el art. 766, que gozará de tramitación preferente (art. 544 quáter.2, en relación con personas jurídicas). El recurso deberá resolverse en un plazo máximo de treinta días (art. 507.1).

Situación excepcional en materia de recursos es la que se provoca cuando no se hubiere notificado inicialmente el auto de manera íntegra, en cuanto el recurso podrá interponerse contra el auto íntegro a partir del momento en que éste le sea notificado (art. 507.2).

V. MEDIDAS CAUTELARES PATRIMONIALES

Las medidas cautelares patrimoniales recaen sobre los bienes del imputado, y pretenden asegurar fundamentalmente las responsabilidades pecuniarias «que puedan declararse en el proceso penal» (art. 589 LECRIM). Esas responsabilidades pecuniarias, sin embargo, pueden ser de dos tipos, penales y civiles, en cuanto deriven de la responsabilidad penal (las costas procesales, la pena de multa, entre otros conceptos) o de la responsabilidad civil derivada de la comisión del hecho delictivo, garantizándose con ello la efectividad de las obligaciones civiles contenidas en la resolución condenatoria civil (consistentes en la restitución de la cosa, la reparación del daño o la indemnización de perjuicios).

> Debe tenerse presente, sin embargo, que no toda medida que recae sobre bienes con finalidad de aseguramiento es cautelar, como sucede, por ejemplo, con la aprehensión de cosas y bienes (arts. 334, 574, entre otros), que es una medida de aseguramiento de la prueba o del cuerpo del delito, de manera que su régimen jurídico es divergente respecto del de las medidas cautelares, lo que no impide que en alguna ocasión alguna de estas medidas pueda llegar a convertirse en cautelar, cuando se pretende garantizar la efectividad de la condena civil acumulada a la penal, consistente en dar determinada cosa.

A) Clases de medidas

Atendido el objeto de estas medidas, se distinguen según se trate de garantizar la condena a restituir (dar) o la condena a una obligación pecuniaria. Entre las primeras se halla *el secuestro u ocupación de bienes o cosas* (arts. 619, 620), que pretende garantizar la restitución de la cosa (arts. 110 y 111 CP), como posible manifestación de la condena civil. Entre las segundas, más comúnmente utilizadas en cuanto garantizan la responsabilidad pecuniaria, pueden citarse la fianza, el embargo, la pensión provisional y la intervención inmediata del vehículo.

a) Fianza

El legislador ha querido configurar la fianza como posibilidad previa de eludir el embargo, de modo que se decretan en el mismo auto ambas medidas cautelares y en el supuesto de que no se prestase fianza bastante para asegurar las responsabilidades pecuniarias que puedan llegar a declararse procedentes, se procederá al embargo de bienes suficientes para cubrirlas (art. 589.I).

Esta fianza es una medida cautelar patrimonial diferente, en todo caso, a la fianza como obligación a cumplir en el régimen de la libertad provisional. Además de la función que ambas cumplen de asegurar conceptos diferentes, las consecuencias de la no prestación de fianza en ambos casos provoca consecuencias diversas: en el caso de la libertad provisional, da lugar a su conversión en prisión provisional, mientras que en la fianza aseguratoria de responsabilidades pecuniarias, se convierte en embargo.

Para determinar su cuantía debe estarse a la posible multa que lleve aparejada el hecho delictivo, el importe probable de las costas y la responsabilidad civil que se derive del delito. Solo podrá hacerse efectiva cuando la sentencia devenga firme, siendo el procedimiento adecuado para ello, la vía de apremio. Y, en todo caso, se exige un auto del juez que determine la suficiencia de la misma (arts. 596).

La fianza podrá ser personal, pignoraticia o hipotecaria o mediante caución, que podrá constituirse en dinero efectivo, mediante aval solidario de duración indefinida y pagadero a primer requerimiento emitido por entidad de crédito o sociedad de garantía recíproca o por cualquier medio aceptado por el tribunal que garantice la disponibilidad de la cantidad correspondiente (art. 591 LECRIM). Cabe que sea el obligado o un tercero, directo o subsidiario, el que la preste.

b) Embargo

Se regula de manera subsidiaria respecto de la fianza, en cuanto si en el día siguiente al de la notificación del auto en el que se establece la necesidad de prestación de fianza bastante para asegurar las responsabilidades pecuniarias (art. 589) no se prestase la misma, se procederá al embargo de bienes del inculpado, requiriéndole para que señale los suficientes a cubrir la cantidad que se hubiese fijado para las responsabilidades pecuniarias (art. 597). Se regula, de manera incompleta, en los arts. 597 a 614 LECRIM, entendiéndose aplicable supletoriamente la LEC (art. 614).

La aprobación de la LO 5/2006, de 5 de junio, complementaria de la ley para la eficacia en la Unión Europea de las resoluciones de embargo y de aseguramiento de pruebas en procedimientos penales, modifica el art. 87.1 LOPJ atribuyendo a los juzgados de instrucción del lugar donde se encuentren los bienes embargados o los elementos de prueba, la competencia para el cumplimiento de la solicitud de embargo.

c) Anotación preventiva

Se trata con esta medida cautelar de efectuar la anotación preventiva de la acción civil acumulada a la penal, cuando la estimación de la misma en la sentencia comporte la nulidad, anulabilidad y rescisión de negocios jurídicos relativos a derechos reales inscritos en el Registro de la Propiedad.

d) Pensión provisional

Esta medida cautelar se regula tan sólo para aquellos procesos por hechos derivados del uso y circulación de vehículos a motor. Su finalidad es cubrir la responsabilidad pecuniaria por la comisión del hecho, derivada de la necesaria atención a la víctima y a las personas que estuviere a su cargo (art. 765.1). El pago de esta pensión se debe realizar anticipadamente; se exige a la compañía aseguradora, pareciendo excluir, de manera inexplicable, la posibilidad de exigir esta pensión cautelar al responsable penal. Así, debe cubrirse por el asegurador, si existiere, hasta el límite del seguro obligatorio, o bien con cargo a la fianza o al Consorcio de Compensación de Seguros, en los supuestos de responsabilidad del mismo. Igual medida podrá acordarse cuando la responsabilidad civil derivada del hecho esté garantizada con cualquier seguro obligatorio. La interposición del recuso no suspenderá esta obligación.

e) Intervención inmediata del vehículo

El art. 764.4º prevé la posibilidad de adoptar la intervención inmediata del vehículo en aquellas causas incoadas por hechos derivados del uso y circulación de vehículos a motor, cuando fuere necesaria para «asegurar las responsabilidades pecuniarias, en tanto no conste acreditada la solvencia del inculpado o del tercero responsable civil».

A la misma podrá agregarse la retención del permiso de circulación del vehículo e incluso la intervención del permiso de circulación, con finalidades distintas, más próximas a la prevención (art. 764.4º, II y III), exigiéndose la comunicación a los organismos administrativos correspondientes.

f) Medidas de desarrollo de la orden de protección a las víctimas de violencia doméstica

El art. 544 ter en la LECRIM supone la posibilidad de adoptar medidas que, si bien el legislador califica de cautelares, no lo son, sino que tienen una finalidad de protección a la víctima de violencia doméstica y, en su caso, a los familiares. Ejemplo de cuanto decimos son las medidas a que se refiere el art. 544 ter. (atribución del uso y disfrute de la vivienda familiar, determinación del régimen de custodia, visitas, comunicación y estancia con los hijos, prestación de alimentos, etc.).

g) Intervención judicial de personas jurídicas

Tanto el artículo 33.7 in fine, referido a las personas jurídicas como el art. 129, en relación con las empresas, organizaciones, grupos u otras entidades sin personalidad jurídica, ambas del CP se refieren a esta medida de intervención judicial de la misma, que puede ser considerada como medida cautelar patrimonial sin lugar a dudas.

B) Presupuestos y procedimiento

Los presupuestos para adoptar estas medidas cautelares vendrán matizados atendida la consideración de medida cautelar penal o medida cautelar civil. Así:

a) Fumus boni iuris: Si son medidas cautelares penales se exige la concurrencia de indicios de criminalidad del imputado; si se trata de medidas civiles, se entiende implícito este presupuesto, siempre que no se haya reservado o renunciado la acción civil. Cuando se trata de adoptar medidas civiles sobre terceros se exige que «aparezca indicada la existencia de la responsabilidad civil» (art. 615).

b) Periculum in mora: Se trata de aquellos riegos derivados del posible incumplimiento de la condena, sea penal o sea civil.

En suma, si bien referido solo al procedimiento abreviado (art. 764.2) debe tenerse en cuenta que las normas sobre contenido, presupuestos y caución sustitutoria que se aplican son las de la LEC, creándose dos sistemas diferentes: uno para el ordinario, sobre la base de la configuración de lo que prescribe la LECRIM, y otro, para el abreviado, y el proceso especial rápido, que se remite a la LEC.

Asumida la competencia exclusiva del juez en la adopción de estas medidas, resulta significativa la contradicción existente entre la regulación procedimental de las mismas, en cuanto a la iniciativa para su adopción, con la regulación de la LEC y con la introducida para las medidas cautelares personales en los arts. 505 y 539 LECRIM, dado que es posible adoptar de oficio las mismas, suponiendo una vulneración respecto a la proclamada necesidad de la contradicción previa a la adopción de una tutela cautelar. En todo caso, se tramitará en pieza separada (art. 590), y se resolverá mediante auto (art. 764.1, para el abreviado), teniendo presente que si durante el curso del juicio sobrevinieren motivos bastantes para creer que las responsabilidades pecuniarias que pueden exigirse exceden de la cantidad prefijada para asegurarlas, se mandará por auto ampliar la fianza o el embargo (art. 611), o, en su caso, reducirla (art. 612).

LECTURAS RECOMENDADAS: BARONA VILAR, S., *Prisión provisional y medidas alternativas*, Barcelona, 1988; Idem, *¿Una nueva concepción expansiva de las medidas cautelares personales en el proceso penal?* RPJudicial nº especial XIX, 2006, págs. 237-265; GUTIÉRREZ DE CABIEDES, P., *La prisión provisional,* 2004; ARANGÜENA FANEGO, C., *Teoría general de las medidas cautelares reales en el proceso penal español*, Barcelona, 1991; MARTÍNEZ GARCÍA, E., *La tutela judicial de la violencia de género,* Iustel, 2008; FARALDO CABANA, P., *Las prohibiciones de residencia, aproximación y comunicación en el Derecho Penal,* Tirant lo Blanch, 2008.

LIBRO V

LOS PROCESOS ORDINARIOS Y LOS ESPECIALES

Lección Vigesimotercera

Los procesos ordinarios

I. CLASES DE PROCEDIMIENTOS

Procedimientos ordinarios, especialidades procedimentales y procedimientos especiales

II. EL PROCEDIMIENTO ORDINARIO:

Pena privativa de libertad + 9 años

A) Periodo sumarial
   a) Iniciación
   b) Desarrollo
   c) Conclusión del sumario
B) Periodo intermedio
C) Período de plenario o juicio oral.
   a) Preparación
   b) Cuestiones previas
   c) Vista oral

III. EL PROCEDIMIENTO ABREVIADO:

A) Origen
B) Ámbito de aplicación;
   Libertad no superior a 9 años, pero:
   – Juzgados de lo penal: no superior a 5 años
   – Audiencia Provincial: Más de 5 y menos de 9
C) Características generales;
   Es ordinario. Simplifica actuaciones. No quita garantías del acusado
   Ministerio fiscal y policía judicial
D) Estructura.
   a) Diligencias previas
   b) Juicio oral
   c) Sentencia

IV. PROCEDIMIENTO POR FALTAS.

A) Características generales
B) Estructura
C) Tipos de procedimientos: inmediato y común

V. EL PROCESO CIVIL ACUMULADO

I. CLASES DE PROCEDIMIENTOS

En lecciones anteriores hemos visto aspectos generales de instituciones básicas del proceso penal, sin perjuicio de referencias concretas a sus distintos procedimientos. Vamos ahora a ofrecer el ámbito, características y estructura de éstos.

Para ello distinguimos entre procedimientos ordinarios, especialidades procedimentales y procedimientos especiales. Los primeros se prevén, en principio, para todo tipo de hechos punibles y se determinan atendiendo a su naturaleza —faltas o delitos— o la pena solicitada —caso de los delitos—; en los segundos no existen sino simples particularidades en algunos aspectos de aquellos procedimientos —esencialmente en su fase preliminar— considerándose la condición de la persona a enjuiciar, el tipo de delito y la forma de su comisión; en los terceros, sí estamos ante verdaderos procedimientos especiales previstos para circunstancias o delitos muy concretos dentro o fuera del CP común —y que se regulan en normas distintas a la LECRIM—.

En esta lección atenderemos a los procedimientos ordinarios de los que existen tres: el ordinario por excelencia, el abreviado y el de faltas. La LECRIM se articula con relación al primero, al que toma como modelo o «tipo» aunque en la actualidad es el menos utilizado, convirtiéndose el abreviado en el más importante estadísticamente.

Esta importancia va incrementándose a través de diversas reformas y esencialmente tras la de la Ley que produce su desgajamiento en dos procedimientos independientes: el que podemos denominar abreviado *común* o base y el llamado legalmente juicio *rápido* para el enjuiciamiento de determinados delitos dentro del ámbito del primero, concurriendo una serie de circunstancias muy medidas.

Aquí estudiamos el abreviado *común*; al juicio *rápido* se le dedica una Lección independiente.

EL PROCEDIMIENTO ORDINARIO

El enjuiciamiento de las conductas estimadas como constitutivas de delito se diversifican en nuestro ordenamiento procesal en un doble campo sobre la consideración esencial de la pena que pudiera imponerse.

Siendo así, cabe distinguir entre delitos castigados con pena privativa de libertad superior a 9 años y todos los restantes con la misma pena por debajo de esos límites o con otra, de cualquier naturaleza, independientemente de su duración o cuantificación (arts. 14 y 779 LECRIM).

Para el enjuiciamiento de los primeros se establece como cauce único el procedimiento de los Libros II y III de la LECRIM (arts. 259 y 749); para los restantes el abreviado del Título III, del Libro IV (arts. 757 a 794).

El primero, que se califica de «ordinario», y al que dedica la ley cerca de 500 artículos, se configura como «tipo» remitiendo, por ello, generalmente, la LECRIM a sus normas para regular los demás en lo no específicamente previsto. Sin embargo, es de aplicación muy restringida al serlo sólo para delitos caracterizados por su especial gravedad y sólo ante órganos colegiados (nunca ante Juzgados de lo Penal o Centrales de lo Penal).

Su seguimiento puede acordarse directamente por el instructor ante la gravedad de los hechos o como consecuencia de los resultados de las diligencias previas en un proceso inicialmente planteado como abreviado o de la competencia del Jurado (arts. 760 LECRIM, art. 28 LOTJ de 22 de mayo de 1995).

Sobre tales planteamientos y remitiendo a las lecciones en que se estudian las cuestiones que aquí solo se apuntan vamos a esquematizar los períodos y trámites que lo integran.

La LECRIM lo divide en dos períodos: sumario y plenario. Junto a ellos, se incluye doctrinalmente el denominado período intermedio o de transición.

Del sumario —denominación que aquí se otorga al procedimiento preliminar— conoce un juez de instrucción. Su finalidad es determinar los hechos y la persona de su presunto autor. Abarca desde el auto de iniciación hasta el de su conclusión, con las actuaciones de remisión de la causa al tribunal competente para enjuiciarla y el emplazamiento de las partes.

El período intermedio se desarrolla ante el órgano sentenciador. En él se determina si es o no correcta la declaración de conclusión del sumario, y si se dan o no los presupuestos necesarios para abrir el juicio oral.

El período plenario se tramita ante este mismo órgano y en él se obtiene el material en que ha de basarse la sentencia. Comprende el juicio oral en sentido estricto, es decir sus actuaciones y sesiones como acto público y la actividad preparatoria como son los escritos de calificación provisional y, en su caso, la prueba anticipada.

A) Período sumarial

Las actividades que en él se desarrollan tienen como fin preparar el juicio oral, siendo su objeto averiguar los hechos y la persona de su autor y adoptar las necesarias medidas cautelares para garantizar el cumplimiento de sanciones económicas y posibles responsabilidades civiles (fianzas y embargos) así como la presencia del imputado en el proceso (detención, prisión preventiva, libertad provisional).

a) Iniciación

Se abre por medio de auto que dicta el juez de instrucción cuando le llega la *notitia criminis*.

Esta resolución se denomina de apertura o incoación del sumario y está condicionada a la comprobación de la veracidad del hecho denunciado, o a la admisión de la querella por el juez (arts. 269 y 313). Una vez dictada se pondrá en conocimiento del Fiscal de la Audiencia y de su Presidente formándose el sumario —en los delitos públicos— bajo la inspección directa de aquél (arts. 306 y 308).

b) Desarrollo

El instructor practicará las diligencias propuestas por el Fiscal, cualquiera de las partes personadas o las propuestas en la querella de no estimarlas innecesarias o perjudiciales.

> La resolución denegatoria es apelable en ambos efectos, en el último caso —querella— y en uno solo en los dos primeros (arts. 311 y 312). Independientemente de ello, las pedidas y denegadas podrán proponerse de nuevo en el juicio oral. Si se denegasen diligencias propuestas por el Fiscal y no se encontrará en la misma localidad que el instructor, en vez de apelar, podrá recurrir en queja en los términos del art. 311.3.

Estas diligencias podrán ser:

1.º) Para la búsqueda de fuentes de investigación o adopción de medidas cautelares. Con tal finalidad se preven expresamente: a) Entrada y registro en lugar cerrado; b) Registro de libros y ocupación de papeles; c) Detención y apertura de la correspondencia; posibles intervenciones telefónicas (arts. 545 a 588) (vid. lec. 8.ª).

2.º) Para la investigación de los hechos. Se comprenden aquí: a) Declaraciones del imputado y de testigos (arts. 385 a 450); b) Careos entre testigos y procesados o entre aquellos y estos entre sí (arts. 451 a 455); d) Informes periciales (arts. 456 a 485); e) Reconocimiento judicial (arts. 326 a 333) (vid. lec. 9ª).

3.º) Para la comprobación de delito. Todas aquellas actuaciones dirigidas a: a) Recogida de armas, instrumentos, efectos y documentos; b) Información sobre preexistencia de las cosas, cuando sea determinante de la calificación del delito o sus circunstancias; c) Análisis químicos; d) Identificación del cadáver y autopsia, caso de muerte violenta o sospechosa de criminalidad; e) Vigilancia médica de las lesiones; f) Determinación de las consecuencias económicas del delito (arts. 334 a 367) (vid. lec. 9.ª).

4.º) Para determinar el delincuente y sus circunstancias personales. Integrado por: a) Concreción de la persona contra la que se dirigen los cargos, por parte de quien se los dirigen, generalmente por reconocimiento «en rueda» o fotográfico; b) Establecimiento de su verdadera identidad (DNI, pasaporte, métodos científicos); c) Determinación de su capacidad teniendo en cuenta su edad —por su posible influencia como eximente—; d) Capacidad intelectiva y estado mental; d) Connotación de otras circunstancias, como pueden ser su moralidad, conducta y posibles antecedentes penales (arts. 368 a 383) (vid. lec. 9.ª).

5.º) Otras no específicamente previstas en la LECRIM: a) Posibles intervenciones corporales directas para obtener datos o vestigios en el propio cuerpo del sospechoso; b) Detección de alcohol o drogas en hechos relacionados con la seguridad del tráfico; c) Circulación o entrega policial controlada de sustancias estupefacientes (vid. lec. 9.ª).

Se previene, asimismo, la posible adopción de medidas cautelares tanto personales como patrimoniales, incluyéndose dentro de las primeras: a) La citación: Se impone el presunto culpable la obligación de comparecer a presencia judicial (arts. 486 a 488); b) La detención: Breve privación de libertad para poner a una persona a disposición del instructor a efectos del sumario (arts. 489 a 501); c) La prisión preventiva: Limitación de libertad acordada por el instructor en establecimiento carcelario, a los efectos del proceso con posible libertad provisional, en determinadas circunstancias, con o sin prestación de fianza (arts. 502 a 519); d) Libertad provisional: El imputado queda libre pero a disposición judicial, con obligación de comparecer a su presencia periódicamente o cuando así se le reclame (arts. 588 y ss.) (vid. lec. 22.ª).

La prisión preventiva se acuerda por auto recurrible en apelación en los términos del art. 766 y en un solo efecto (arts. 507 y 518).

Hay que tener en cuenta que esta medida no solo puede adoptarse en el sumario, sino en cualquier periodo o momento procesal.

Cuando del sumario resulte algún «indicio racional de criminalidad» contra persona o personas determinadas, el juez de instrucción dictará auto declarándola procesada (art. 384) suponiendo como consecuencia: a) La constitución del imputado en procesado con robustecimiento en su condición de parte debiendo, a partir de ese momento, aconsejarse de abogado que podrá tomar conocimiento de las actuaciones e intervenir en todas las diligencias; b) Formación de dos «piezas separadas»: 1) De situación personal, en la que se hará constar en la que el procesado se encuentra (prisión preventiva, libertad provisional y sus condiciones, etc.), y 2) De responsabilidad civil, continente de las diligencias de embargo de los bienes del procesado o, en su caso fianza o declaración de insolvencia, para asegurar sus responsabilidades pecuniarias (vid. lec. 10.ª).

Contra esta resolución se concede recurso de reforma y contra el denegatorio de la misma, apelación, pudiendo interponerse subsidiariamente. Contra la denegación del procesamiento sólo se concede recurso de reforma; contra la resolución de éste no cabe recurso ulterior, pero puede reproducirse ante la Audiencia la petición de procesamiento.

c) Conclusión del sumario

Cuando el instructor estime que está completo dictará auto de conclusión, remitiendo las actuaciones y piezas de convicción al tribunal competente para el enjuiciamiento de la causa (art. 622).

Si los hechos se considerasen constitutivos de falta, se remitirán las actuaciones al Juzgado de Paz o Instrucción —de no ser él mismo competente par su conocimiento— consultando el auto en que se acuerde al tribunal superior. Firme aquel se emplazará a las partes para su comparecencia ante el juzgado correspondiente, siguiéndose el proceso con arreglo a lo establecido para las faltas (arts. 624 y 625).

Puede también considerarse, en cualquier momento, que el procedimiento a seguir es el abreviado o de competencia del Jurado, lo que llevaría consigo el cambio de sus trámites sin que implique el del instructor (art. 780.11 y de la LOTJ de 22 de mayo de 1995).

Esta resolución se notifica a los acusadores, al procesado y a las demás partes contra quienes resulte responsabilidad civil, emplazándolas ante la Audiencia en el plazo de 10 días (15, si fuera ante el TS). Se pondrá, además, en conocimiento del Fiscal (arts. 623 y 624).

B) Período intermedio

También llamado de transición del sumario al juicio oral. Comienza con la llegada de los autos y piezas de convicción al Tribunal, una vez declarado concluso el sumario por el instructor. Comprende las actuaciones dirigidas a conformar o revocar el auto de conclusión y la apertura de juicio oral o sobreseimiento de la causa.

Recibidos aquellos se pasarán al Magistrado Ponente por el tiempo que falte para terminar el que se dio para el emplazamiento (art. 626). Transcurrido este se trasladarán para instrucción al Fiscal, partes acusadoras y la defensa del procesado con la misma finalidad (art. 627) pudiendo reproducirse la petición de procesamiento, si se hubiera denegado por el instructor (art. 384).

Devuelta la causa, las partes manifestarán su acuerdo con el auto de terminación del sumario o si entienden que han de practicarse otras diligencias, proponiéndose éstas. En el primer supuesto y en el mismo escrito, manifestarán lo que estimen conveniente sobre la apertura del juicio oral o el sobreseimiento de la causa (art. 627, IV).

Devueltas, de nuevo, las actuaciones se pasarán al ponente con los escritos presentados por las partes —por 3 días— a cuyo término el tribunal dictará auto, confirmando o revocando el de conclusión del sumario y pronunciándose, en su caso, sobre la petición de procesamiento (art. 384). Siendo confirmatorio se pronunciará —por auto en 3 días— respecto a la solicitud de juicio oral o sobreseimiento (art. 632). En el primer caso, se entrará en la fase siguiente; en el segundo terminará o se suspenderá el proceso por falta de presupuestos para el juicio oral (vid. lec. 11.ª).

Revocándose se devolverá la causa al instructor expresando las diligencias a practicar y remitiendo las piezas de convicción que se estimen necesarias para ello (art. 631).

C) Período de plenario o juicio oral

Se entra en él por auto del tribunal como alternativa al sobreseimiento (art. 633). Comprende el acto de la vista pública, que supone el núcleo del proceso, y la actividad preparatoria del mismo. Conoce el órgano competente para enjuiciar los hechos.

a) Preparación

Abierto, se prepara con los escritos de calificación provisional en que las partes, y sobre los resultados del sumario, califican los hechos y las responsabilidades deducibles.

En primer lugar los acusadores y a continuación los procesados y terceros civilmente responsables. Para ello se pasará la causa a cada uno de ellos (por 5 días) en primer lugar el fiscal (art. 649) (vid. lec. 12ª).

En ellos —o junto a ellos— se acompañarán las listas de testigos o peritos que hubieran de declarar o informar de haberse propuesto como prueba. En los 3 días siguientes a su entrega podrá recusarse a los peritos por cualquiera de las causas del art. 468, en la forma prevista por el art. 662.

Presentados estos escritos por las partes, el secretario dictará diligencia declarando hecha la calificación, pasando la causa al Ponente (por 3 días) para examen de las pruebas propuestas (art. 658). Devuelta por aquel, el Tribunal dictará auto admitiendo las que se estimen pertinentes y rechazando las demás. Contra el de estimación no se concede recurso alguno; contra el denegatorio, el de súplica (arts. 236) con posibilidad de protesta formal de ser desestimado, a efectos del recurso de casación por quebrantamiento de forma (art. 659).

A la vista de ese auto, el secretario señalará lugar, día y hora para el comienzo de la vista oral, conforme a los criterios establecidos por el Presidente del Tribunal, sobre la base de los arts. 182 LEC y 659 LECRIM.

Acordará asimismo la citación de los peritos y testigos propuestos (art. 660); de la parte acusadora y del actor civil y del procesado y responsables civiles subsidiarios. Si aquel estuviera en prisión fuera de la localidad será conducido a la de la localidad donde haya de celebrarse el juicio. Su incomparecencia por falta de citación es motivo de casación (art. 664). (vid. lec. 18.ª).

El auto deberá notificarse también a los fiadores o dueños de las cosas dadas en fianza (art. 664).

b) Proposición y sustanciación de cuestiones previas

Abierto el término para calificaciones y en los 3 días siguientes a la entrega de los autos, cualquiera de las partes podrá proponer alguna de las cuestiones del art. 666: 1) Declinatoria de jurisdicción; 2) Cosa juzgada; 3) Prescripción del delito; 4) Amnistía o indulto; 5) Falta de suplicatorio siguiéndose la causa contra un senador o diputado. Propuestas en tiempo y forma serán objeto de previo pronunciamiento por el tribunal (vid. lec. 11.ª).

Al escrito proponiéndolas se acompañarán los documentos acreditativos de los hechos en que se fundamenten o, en su caso, se designarán los archivos en que se encuentren, solicitando expresamente que el tribunal los reclame. Incumpliéndose esta aportación documental, la excepción alegada no suspenderá el procedimiento. La otra parte contestará (en 3 días) con igual aportación documental, recibiéndose el incidente a prueba —no por más de 8 días, ni admitiéndose la testifical— y señalándose día para la vista en la que podrán informar los defensores de las partes, y al siguiente el tribunal resolverá estimando o desestimando la cuestión propuesta (arts. 667 a 673) por medio de auto.

Sus consecuencias serán distintas según se estime alguna de las planteadas —y según cual sea— o sean desestimadas.

Estimándose la cosa juzgada, prescripción, amnistía o indulto se sobreseerá la causa poniéndose en libertad al procesado, en su caso. Siendo la declinatoria de jurisdicción —que habría de resolverse en primer lugar— se remitirán los autos al órgano estimado competente, absteniéndose de resolver otras cuestiones que pudieran haberse planteado. En ambos casos cabe apelación ante el TSJ (art. 676). Por falta de suplicatorio, se ordenará la inmediata subsanación del defecto con suspensión del procedimiento hasta que se aporte; de no hacerse quedará nulo lo actuado y se sobreseerá libremente (art. 677).

Desestimándose, la causa continuará a partir de cuando se hubiera producido la suspensión. El recurso en este caso, depende de la cuestión desestimada, concediéndose apelación si fuera la declinatoria de jurisdicción; en las demás se ofrece la posibilidad de su reproducción como medio de defensa en el acto de la vista, pero no recurso (arts. 676 y 678). De esta forma, se dará nuevo traslado de las actuaciones —por 3 días— al proponente de aquellas para que evacue el trámite de calificación (art. 679).

c) Celebración de la vista oral

En el día señalado, previa colocación en la Sala de las piezas de convicción que se conserven y comparecidos los procesados, el presidente declarará abierto el juicio (art. 688) que se desarrollará así.

Sus debates serán públicos, como regla general, bajo pena de nulidad de lo actuado en otro caso.

A instancia de parte o de oficio podría acordarse su celebración «a puerta cerrada», antes de las sesiones o comenzadas, por razones de moralidad u orden público (arts. 680 a 682).

El presidente del tribunal lleva la dirección de los debates esencialmente mediante dos tipos de actos: procesales y materiales.

En los primeros se incluye: declarar abierta la sesión; hacer a los acusados las preguntas de los arts. 688 y ss.; abrir el periodo de prueba; llamar a peritos y testigos, recibirles juramento —o promesa— e interrogarles sobre las generales de la ley; conceder la palabra a las partes para los informes orales; preguntar a los acusados si tienen algo que manifestar —«última palabra»—; declarar concluso el juicio o para sentencia.

Actos materiales son los dirigidos a encauzar la vista oral para que ofrezca la imagen más objetiva y completa de los datos en que ha de fundamentarse la sentencia. Por ej. impidiendo lo impertinente o que no conduzca al esclarecimiento de los hechos; mantener el orden en la Sala, etc.

Abierta la sesión, el presidente debía preguntar al acusado si se confesaba culpable del delito según la calificación más grave y civilmente responsable por la cantidad mayor fijada en las calificaciones de los acusadores. Pero si estamos al ámbito de aplicación de este procedimiento esto no es posible actualmente por cuanto sólo lo es para causas por delitos sancionados con pena privativa de libertad superior a 9 años, y la previsión legal para esta forma de confesión, que realmente supone una conformidad, sólo alcanza a delitos cuya sanción no exceda de 3 años (arts. 688 y 689 adaptados al CP de 1995).

No existiendo esta posibilidad, el juicio debe comenzar dando cuenta el secretario de los hechos y leyendo las calificaciones (art. 701) pasándose inmediatamente a la práctica de las pruebas; primero, las del Fiscal, luego de los demás acusadores y, por último, de los acusados, que serán necesariamente las propuestas y admitidas, salvo las excepciones del art. 729.

Estas son: confesión del acusado; testifical, pericial y reconocimiento judicial. Pueden practicarse otras no propuestas, como los careos; las que el tribunal considere necesarias; las que, en el acto, ofrezcan las partes para acreditar cualquier circunstancia de influencia en el valor de alguna declaración testifical y la lectura de diligencias practicadas en el sumario, imposibles de reproducir (art. 729).

Aparte de sus resultados —o sobre ellos— el juzgador puede basar su resolución en los que le proporcionan las piezas de convicción y documentos aportados a la causa y basarse en presunciones.

Finalizada su práctica, el presidente preguntará a las partes si mantienen o modifican sus conclusiones provisionales al elevarlas a definitivas (art. 732).

En este momento, el tribunal con carácter excepcional puede solicitar, si entendiera que el hecho ha sido calificado definitivamente con manifiesto error y en base al art. 733 que las partes le informen si los hechos constituyen determinado delito o concurre alguna circunstancia modificativa de responsabilidad (Vid. lec. 12.ª). En tal caso podrá suspenderse la vista si aquellas indicaran falta de preparación para discutir la cuestión planteada, hasta el día siguiente.

Modificadas las conclusiones o elevadas a definitivas las provisionales y resuelta, en su caso, la cuestión anterior el presidente concederá la palabra al fiscal, al acusador particular, al actor civil (en su caso) y a la defensa del acusado.

En sus informes expondrán los hechos que se consideren probados, su calificación legal, la participación que los acusados hayan tenido en ellos y lo relativo a posibles responsabilidades civiles. Tras este trámite sólo se permitirá a las partes la rectificación de hechos o conceptos (art. 738).

Se concederá al acusado la facultad de hablar el último (derecho a la «última palabra» (art. 739) y a continuación se declarará el juicio visto para sentencia (art. 740) que se dictará en los 3 días siguientes a su terminación, siendo recurrible en casación.

EL PROCEDIMIENTO ABREVIADO

A) Origen

La LO 7/1988, de 28 de diciembre, de los Juzgados de lo Penal y modificativa de diversos preceptos de la LOPJ y de la LECRIM, fue la consecuencia, directa e inevitable, de la STC 145/1988, de 12 de junio, al declarar inconstitucional y contrario a la imparcialidad judicial que un mismo juez pudiera instruir y sentenciar una causa.

Con ello se volvía a las previsiones originarias de la LECRIM que estimaba la confusión del instructor y el sentenciador en una misma persona «vicio capital del procedimiento». Pero había un peligroso precedente difícilmente erradicable pues las competencias atribuidas a los Juzgados de instrucción habían supuesto un importante descargo a las Audiencias Provinciales en las causas que habían de conocer. Pensar que, de nuevo, se configurasen como únicos órganos —con independencia de las limitadas competencias de otros: Audiencia Nacional, Tribunal Supremo, Tribunales Superiores de Justicia de las CCAA— para enjuiciar los delitos, de acuerdo con la filosofía primigenia de la LECRIM hubiera supuesto aún más problemas de retraso y lentitud en la Justicia.

Así, se crean los Juzgados de lo Penal y Juzgados Centrales de lo Penal con competencias para el enjuiciamiento de determinadas causas por delito; y se circunscriben las competencias de los Juzgados de Instrucción a las meramente instructoras del procedimiento preliminar.

Y tuvo, en este momento, el legislador la oportunidad de dejar las cosas claras, si se hubiera configurado un procedimiento específico para la tramitación de las cuestiones atribuidas a estos nuevos órganos. Entonces nos hubiéramos encontrado —prescindiendo de los procedimientos especiales y especialidades procedimentales que luego veremos— con el ordinario por delitos para las causas competencia de las Audiencias —con carácter general— y el abreviado cuando conocieran aquellos Juzgados.

Pero el fantasma de los desaparecidos «procedimientos de urgencia» de los que conocían tanto los Juzgados de Instrucción como las Audiencias estuvo presente determinando que el ámbito del procedimiento abreviado no se establezca por el órgano del enjuiciamiento, sino por la penalidad del delito a enjuiciar suponiendo que pueda seguirse ante cualquiera de ellos.

> Esto exige la determinación apriorística de la pena al depender de ello la atribución objetiva de competencia. Son varias las fórmulas que se ofrecen. La de mayor predicamento estima, en estricta aplicación del principio acusatorio, la solicitud de pena efectuada por la parte acusadora que más grave califique; sin embargo el ATS de 9 de octubre de 1992 y la STS de 10 de noviembre de 1992 pasan a entender que, a tales efectos, el principio acusatorio se limita a los hechos y su calificación debiendo considerarse la pena que legalmente correspondería como máxima al tipo de delito más gravemente calificado abstractamente fijada, con independencia de la que pudieran solicitar los acusadores, así como del grado de participación y las circunstancias concurrentes (Vid. SSTS 10 julio 1997 y 28 septiembre 1999).

A partir de este momento comienzan una serie de reformas, iniciadas por la Ley 10/1992, de 30 de abril, y terminadas, de momento, por las Leyes 13/2009, de 3 de noviembre y Ley 37/2011, de 10 de octubre, que han afectado a la mayor parte de las normas de la LECRIM. Se ha tratado siempre de agilizar el enjuiciamiento de ciertas conductas cuyas consecuencias y autoría parecen claras desde el principio.

Esta idea va modulándose con la práctica de los Tribunales y termina por desembocar en la ambiciosa reforma de la Ley 38/2002, de 24 de octubre. En ella lo que en principio no son sino simples especialidades *aceleratorias* del procedimiento abreviado pasan a tener entidad propia configurando un nuevo procedimiento independiente de aquél, con regulación autónoma (arts. 795 a 803), al que se denomina juicio *rápido*, cuando concurran una específica serie de circunstancias justificativas de esta aceleración, pero con mantenimiento de todas las garantías procesales de las partes.

Esta regulación y tratamiento diferenciado no supone, sin embargo, desvinculación absoluta de aquél. El juicio rápido sigue manteniendo su dependencia con el abreviado de manera que no sólo los delitos que lo permiten se encuentran dentro de sus límites cuantitativos —su sanción genérica no podrá exceder de 5 años si fuera privativa de libertad o de 10 en otro caso— sino que, con carácter general, se prevé la aplicación supletoria de sus normas en lo no regulado expresamente (art. 795.2).

Son muchas, además, las disposiciones indicativas de esta clara dependencia y de que, realmente, el juicio rápido sigue siendo una variante del abreviado. Así, por ejemplo, el sobreseimiento, la conformidad del acusado, el juicio oral y el régimen de recursos —incluido el de anulación— y la ejecución, se acomodan al procedimiento abreviado, con pequeñas variantes en la duración de algunos de sus plazos (arts. 800.1; 801: 802.3º y 803).

El procedimiento abreviado pasa, pues, a regularse en el Título II del Libro IV de la LECRIM (arts. 757 a 793) y el juicio rápido en los artículos 795 a 803. Su estudio, como hemos dicho, se hacen independientemente, ciñéndose aquí al procedimiento abreviado.

B) Ámbito de la aplicación

Para determinarlo hay que estar al estudio conjunto de los arts. 14 y 757 LECRIM, supone esto:

a) Que se limita al enjuiciamiento de delitos castigados con penas privativas de libertad no superiores a 9 años, o con cualquier otra de distinta naturaleza independientemente de su cuantía o duración.

b) Que la división de competencias entre los Juzgados de lo Penal y las Audiencias Provinciales (o Centrales de lo Penal y Audiencia Nacional) ha de efectuarse en función de los criterios siguientes:

1.º) Los Juzgados de lo Penal (o Centrales de lo Penal, en su ámbito) conocerán de las causas por delitos castigados con pena privativa de libertad no superior a cinco años; con multa, independientemente de su cuantía, o con cualquier otra pena de diferente naturaleza a las anteriores siempre que su duración no exceda de diez años, cualquiera que sea la forma en que hubiera de aplicarse (como única o conjunta o alternativamente con otras). También conocerán de las faltas cuya prueba o comisión estuvieran relacionadas con el delito enjuiciado.

Este planteamiento es producto de la Ley 36/1998, de 10 de noviembre, que modifica el apartado tercero del art. 14 de la LECRIM. Conforme a su redacción anterior, dada por la Disp. Final Primera del CP de 1995 correspondía a estos órganos el conocimiento de las causas por «delitos menos graves» (entendidos como los castigados con penas «menos graves» en el art. 33.3 del CP). Esto supuso, al parecer, un notable incremento en las competencias de las Audiencias Provinciales y, como consecuencia de los recursos de casación ante la Sala Segunda del Tribunal Supremo, lo que «aconsejó» una redistribución de competencias.

2.º) Las Audiencias Provinciales (o Audiencia Nacional) de los delitos castigados con penas que, excediendo de los límites que señalan la competencia de los Juzgados de lo Penal, no superen el ámbito propio de este procedimiento.

Prisión de más de cinco años (hasta nueve); inhabilitaciones especiales y suspensión de empleo o cargo público, privación del derecho de residencia y del permiso de conducir y tenencia de armas por más de diez años.

Hay que entender que conocerán, siempre, en caso de inhabilitación absoluta y, nunca, cuando la pena sea solo de multa, arresto de fin de semana y trabajos en beneficio de la comunidad que, por su cuantía conforme al art. 33.3 y 4 del CP, serían siempre de competencia de los Juzgados de lo Penal.

También conocerán de las faltas siendo incidentales o conexas, si fueran cometidas por el autor del delito, en aplicación analógica de lo previsto para el procedimiento ordinario.

Asimismo, hay que entender que el procedimiento se aplicará en las causas que se sigan contra aforados ante el Tribunal Supremo o los Tribunales Superiores de Justicia, si por razón de la penalidad fueran inclusivas en su ámbito.

C) Características generales

a) Naturaleza de procedimiento ordinario

Dados los delitos —determinados por su sanción— a que debe aplicarse vino configurándose, desde su incorporación a la LECRIM, como el de mayor utilización por lo que difícilmente le cuadra el calificativo de especial. Por eso hay que entenderlo, de acuerdo con su calificativo, como una modalidad «abreviada» del procedimiento ordinario que queda de aplicación exclusiva para delitos de especial gravedad que, además, no entren en las atribuciones del Tribunal del Jurado.

Si se cumplen las expectativas que han propiciado la creación del juicio rápido posiblemente el abreviado pierda protagonismo pues su ámbito comprende conductas delictivas de pequeña entidad pero muy frecuentes (Vid. Lección 25.ª).

En cualquier caso, las normas generales de la LECRIM y las propias del procedimiento ordinario tienen carácter subsidiario para el abreviado en lo que no esté expresamente modificado o que resulten incompatibles (arts. 758; 761; 769; 771.2; 776 y 784.3).

b) Rapidez y simplificación de actuaciones

Se incluyen aquí el mayor conjunto de sus particularidades tanto para agilizar su desarrollo, como para simplificar, reducir o incluso suprimir trámites, sin detrimento de las necesarias garantías. Así, encontramos:

1.º) La formación de piezas separadas para el enjuiciamiento de delitos conexos, cuando existan elementos para hacerlo independientemente y para juzgar a cada uno de los imputados si fueran varios (art. 762.6ª).

2.º) Tratamiento más ágil de las cuestiones de competencia (art. 759).

3.º) Supresión del auto de procesamiento: Una de las más llamativas peculiaridades de este procedimiento es el traslado del período intermedio —que en el ordinario se desarrolla ante el órgano del enjuiciamiento— al instructor.

Queda así, a consideración de éste estimar la concurrencia de elementos suficientes para formular acusación y solicitar la apertura de juicio oral. Y ello no precisa un acto formal de imputación, como sucede en el procedimiento ordinario; no hay «procesamiento» pero sí la estimación de suficientes indicios de criminalidad deducidos, en un primer momento, de las diligencias previas que aconsejan el seguimiento de esta vía procesal y, posteriormente, del propio contenido de los escritos de acusación que, estimándose insuficientes, podrán dar lugar al sobreseimiento de la causa (art. 783.1; vid. lección 11.ª).

4.º) Posibilidad de apertura, a instancia de parte, de un trámite «sanatorio» previo en el acto de la vista oral con la finalidad de plantear cuestiones que, de alguna forma, podrían afectar la marcha del proceso y sobre las que debe pronunciarse en el acto el juez o tribunal (art. 786.2).

5.º) Reforzamiento de un posible consenso: La posible conformidad del acusado con los hechos y penas solicitadas se regulaba en el procedimiento ordinario con determinadas limitaciones aun cuando, como hemos dicho, no es posible —o al menos dudoso— en la actualidad.

En el abreviado, sin embargo, ello se potencia de forma general aunque con distintas consecuencias. El acusado, siempre con anuencia de la defensa, puede manifestarse conforme con la acusación que efectúe una mayor petición de condena: 1) Al formularse el escrito de defensa (art. 784.3); 2) En un escrito de calificación *mixto* firmado conjuntamente por los acusadores, el acusado y el Abogado de éste (art. 784.3, párrafo segundo);

3) Antes de iniciarse la práctica de la prueba en la vista oral (art. 787.1). (lección 12.ª).

La conformidad supone la terminación del proceso —sin que el órgano sentenciador pueda acordar su continuación, de estimarse que la pena procedente no era la solicitada sino mayor, como sucedía en el procedimiento ordinario, art. 655.3— y es vinculante para él a no ser que no se estimen los hechos constitutivos de delito, o se considere la concurrencia de circunstancias atenuantes o eximentes.

No producida la conformidad en los términos antedichos, sí seria posible, por aplicación subsidiaria de los arts. 688 y ss. la aceptación de responsabilidad que en ellos se regula.

6.º) Posible celebración de la vista en ausencia del acusado para evitar dilaciones inútiles que pudieran afectar a los derechos de las víctimas o perjudicados por el delito.

Siendo varios, cuando alguno no comparezca sin concurrir causa legítima pudiendo continuar para los restantes (en el procedimiento ordinario basta la mera incomparecencia, art. 746.5).

Siendo uno sólo, cuando haya sido citado en forma —en el domicilio o persona señalada para ello—; la pena solicitada no exceda de dos años de privación de libertad, o de seis de ser de naturaleza distinta y lo solicite la acusación, siendo oída la defensa.

En cualquier caso, la ausencia no deberá ser consecuencia de causa justificada que determinaría la suspensión y, de no hacerse así o si derivase de desconocimiento de la celebración de la vista, podría dar lugar al recurso de anulación (Vid. lec. 18.ª).

7.º) Limitación de las consecuencias anulatorias de la suspensión de la vista.

Se limitan a las suspensiones cuya duración exceda de 30 días, salvo por cambio del juez o alguno de los miembros del tribunal que siempre la producen (art. 788.1, párrafo primero).

Se suprime como causa de suspensión «la falta de acreditación de la sanidad, de la tasación de daños o de la verificación de otra circunstancia análoga», si carecieran de consecuencias sobre la calificación de los hechos. En tal caso, la cuantificación de la responsabilidad civil se pospone a la ejecución, fijando la sentencia sus bases (art. 788.1, párrafo quinto).

No obstante, se admite como suficiente para suspender la vista la solicitud de la defensa para proponer pruebas complementarias, si se modificaran las calificaciones de la acusación introduciendo cambios en la tipificación de los hechos o concurrencia de circunstancias agravantes (art. 788.4).

8.º) Se favorece el auxilio judicial, pudiendo comunicarse directamente el instructor con el órgano que haya de prestarlo (art. 762.1ª).

9.º) Innecesariedad de determinados trámites o actuaciones: a) Los ofendidos o perjudicados pueden mostrarse parte en la causa sin necesidad de querella (art. 761.2ª); b) No se exige título oficial para los intérpretes (art. 762.8.ª); c) En caso de robo, hurto, estafa, etc. la información sobre la preexistencia de las cosas no se exige más que si el instructor tuviera dudas al respecto (art. 762.9.ª); d) Sólo se exigirá el certificado de nacimiento del imputado cuando por otros medios (DNI, pasaporte, por ej) no pueda determinarse su identidad y su mayoría de edad. Y, de ser preciso, su falta no suspenderá el procedimiento preliminar, uniéndose a las actuaciones en cuanto se reciba; e) Sólo se recabarán informes de conducta y moralidad si el instructor los estima imprescindibles; f) El informe pericial puede prestarlo un solo perito (art. 778.1) Sólo se procederá a la autopsia cuando se estime la insuficiencia del dictamen del forense —o de quien haga sus veces— sobre la causa y las circunstancias relevantes de la muerte (art. 778.4).

Lo recogido en el anterior apartado d) no es una novedad absoluta respecto al procedimiento ordinario, pero sí tiene un matiz diferenciador ya que allí sólo continuarán las actuaciones cuando se prevean graves dificultades en la obtención de aquellos documentos o importantes dilaciones (arts. 375 y 376. Vid. Lección 9.ª *Determinación de la edad*) supliéndose en este caso la carencia por informes periciales sobre las características físicas. Sin embargo, en el abreviado aquella falta no impide que el procedimiento continúe, cualquiera que sea su causa y sin necesidad de pericia sustitutoria. En cualquier caso, habrá de reseñarse el DNI de todo quien intervenga en el proceso como declarante, excepto tratándose de Agentes de la autoridad en que bastará la indicación de su carnet profesional (art. 761.7.ª).

c) Potenciación de las garantías de las víctimas y del imputado

a") Dentro de las primeras son destacables las medidas para el aseguramiento de responsabilidades pecuniarias, como:

1.ª) Las medidas cautelares previstas para el aseguramiento de responsabilidades pecuniarias por hechos relacionados con la circulación de vehículos de motor y que suponen:

1") Si aquéllas se encontrasen aseguradas se requerirá a la Compañía aseguradora (en su caso, al Consorcio de Compensación de Seguros) para su afianzamiento hasta el límite del Seguro Obligatorio, debiendo el resto afianzarse por el responsable civil directo o subsidiario.

Estas entidades no serán, sin embargo, parte en el proceso sin perjuicio de su derecho de defensa en relación con la obligación de prestar la fianza requerida (art. 764.2).

2") Podrá requerirse el pago de una pensión provisional en beneficio de la víctima, a cargo de la Compañía aseguradora o del Consorcio de Compensación de Seguros, hasta el límite del Seguro Obligatorio. La interposición de recursos no suspenderá su percepción (art. 765.1).

3") Podrá acordarse la intervención del vehículo y de los permisos de circulación y conducción, tanto como medida investigadora como cautelar, para el aseguramiento de las responsabilidades pecuniarias en tanto conste acreditada la solvencia del imputado (art. 764.4).

2.ª) Las informaciones que deben ofrecerse a las víctimas (ofendidos o perjudicados) del delito y que se manifiestan en:

1") Las que la Policía Judicial, caso de ser la primera en intervenir, debe proporcionarles por escrito de su derecho a mostrarse parte en la causa sin necesidad de querella y a nombrar Abogado o solicitarlo del turno de oficio.

Esta información la ofrecerá el Secretario Judicial si no lo hubiera hecho la Policía y, no siendo posible proporcionarla, habrá de efectuarse lo antes posible, sin que tal carencia tenga consecuencias sobre la continuación del procedimiento (art. 776.1 y 2).

Tratándose de delitos contra la propiedad industrial o intelectual, la información de derechos al ofendido o perjudicado y, en su caso, las citaciones se realizarán a quienes ostenten la representación legal de los titulares de aquellos derechos (párrafo 2.º de la circunstancia 1.ª del art. 771).

2") El conocimiento que debe dárseles de determinadas actuaciones, aunque no se hubieran personado en la causa.

Así, de la solicitud de sobreseimiento efectuada por el Fiscal, no habiendo otros acusadores (por 15 días) para que puedan ejercitar las acciones oportunas. Sólo cuando no lo hagan, y si el instructor tampoco estima oportuno dar conocimiento de la situación al superior jerárquico del Fiscal para que se pronuncie sobre el sobreseimiento solicitado o la procedencia de la acusación, se acodará definitivamente el archivo de la causa (art. 782.2); de la fecha para la celebración de la vista oral (art. 785.3) y de la sentencia que se dicte tanto en primera instancia como tras un recurso (arts. 789.4 y 792.4).

a") Respecto a las garantías del imputado, destacamos:

1.ª) Manteniéndose la vigencia del art. 118 LECRIM en cuanto a la potestativa designación de letrado, el art. 767 prevé que se haga de oficio de no hacerlo el interesado, desde la detención o desde que de las actuaciones «resulte la imputación de un delito»; por la policía judicial, el fiscal y el instructor —dentro cada uno de la fase que se le atribuye—.

2.º) Se identifican en el mismo Abogado la defensa y la representación hasta el trámite de apertura del juicio oral, siendo entonces necesario el nombramiento de Procurador (art. 768).

Aún cuando no es una previsión específica de este procedimiento el art. 775 recuerda que el imputado, antes y después de prestar declaración, podrá entrevistarse reservadamente con su Abogado, a no ser que se encuentre incomunicado.

3.º) En la primera comparecencia el Secretario informará al imputado de sus derechos y, a continuación, el Juez instructor lo hará sobre los hechos que se le imputan (art. 775).

El Secretario también le requerirá un domicilio para notificaciones, con advertencia de que las efectuadas en él permitirán el juicio en su ausencia dándose las circunstancias del art. 786 (Vid. Lec. 15.ª).

4.ª) Se podrá recurrir en anulación contra la sentencia dictada en ausencia del acusado (art. 793).

5.ª) En causas por delitos derivados del uso y circulación de vehículos de motor podrá ausentarse el imputado de España siempre que: a) Afiance suficientemente sus responsabilidades civiles y preste caución para responder de su posible incomparecencia; b) Señale en España domicilio para notificaciones; c) No se encuentre en situación de prisión provisional y d) Se le informe que el juicio se celebrará en su ausencia o se le declarará en rebeldía, de no darse las causas determinantes de la suspensión por tal motivo (art. 765). Esta autorización podrá otorgarla tanto el instructor como el órgano que conozca del enjuiciamiento aunque no con carácter general si no sólo si aquel tuviera su domicilio o residencia habitual en el extranjero, con anterioridad.

6.ª) La sentencia no puede imponer pena más grave a la solicitada por las acusaciones, ni puede condenar por delito distinto al calificado cuando esto suponga una alteración en el bien jurídico protegido o un cambio sustancial en los hechos.

Excepcionalmente podrán excederse estos límites, si alguno de los acusadores hubiera modificado sus calificaciones iniciales atendiendo la recomendación que el órgano sentenciador pudiera haber hecho en base al art. 788.3 (art. 789.3, Vid. Lección...).

d) Incremento de las funciones del Fiscal y de la policía judicial

a") Prerrogativas del Fiscal

Se le concede un importante protagonismo que hace que su intervención en este procedimiento sea especialmente trascendente, recogiéndose el ámbito de sus funciones genéricas esencialmente en el art. 773.

Nos dice que debe: constituirse en las actuaciones para ejercitar las correspondientes acciones; velar por el respeto de las garantías procesales del acusado y los derechos de la víctima y perjudicados; dar instrucciones a la policía judicial para el más eficaz cumplimiento de sus funciones —al margen de las actuaciones judiciales, de las que deberá darse cuenta inmediatamente—; aportar los datos de que disponga o instar del instructor la práctica de diligencias investigadoras y medidas cautelares —o su levantamiento— y pedir la conclusión del procedimiento preliminar.

Unas atribuciones que incluyen aunque con un mayor énfasis, las que le corresponden conforme al art. 5 de su Estatuto Orgánico. De su conjunto destacamos:

1.º) Puede iniciar, de oficio, diligencias informativas al conocer conductas que pudieran ser constitutivas de delito y practicarlas por sí o por orden a la policía judicial, sin más limitaciones que aquellas que supongan ejercicio de poderes exclusivamente judiciales —por ej. prisión preventiva, entradas y registros domiciliarios, práctica de pruebas anticipadas o preconstituidas, etc.— aún cuando podría acordar la detención. Y citar para su comparecencia y declaración a cualquier persona, con las mismas garantías que la prestada ante el juez (art. 773.2).

Estas actuaciones del Fiscal pueden finalizar por archivo, si los hechos no se consideran constitutivos de delito, con reserva del derecho de los perjudicados a reiterar su denuncia ante el Juez de Instrucción; por su remisión al instructor para la incoación del procedimiento que corresponda; o por tener conocimiento de actuaciones judiciales sobre los mismos hechos (art. 773.2).

2.º) Puede solicitar la conclusión del procedimiento preliminar judicial cuando estime que se han reunido datos suficientes para formular acusación o instar la práctica de diligencias complementarias a tales efectos (arts. 773.1, párrafo segundo y 780.2).

b") Atribuciones de la policía judicial

El art. 770 remarca sus funciones de asistencia a las víctimas inmediatas del delito, con posible requerimiento a facultativos para ello (negarse a prestar el auxilio requerido, supondrá la imposición de multa de 500 a 5000 euros); autorizándosele a llevar a efecto el *levantamiento del cadáver* si se encontrara en una vía pública o en otro lugar de tránsito, trasladándolo a un lugar adecuado y restableciendo, en su caso, el servicio interrumpido, debiendo fotografiarse y señalarse el lugar que ocupara, dando cuenta inmediata a la Autoridad Judicial (art. 770.1ª y 4ª).

Puede adoptar medidas cautelares inmediatas, como son el secuestro de los efectos o elementos del delito que se encontraran en el lugar de los hechos —de haber peligro de desaparición—, o la intervención de vehículos de motos y los permisos de circulación y conducción, si las circunstancias lo aconsejasen, con independencia de que esta medida se alce o se mantenga por el instructor, con entrega a éste de todo lo intervenido (art. 770.3ª y 6ª).

También deberá informar, por escrito, al perjudicado de su derecho a mostrarse parte en el proceso sin necesidad de querella y a nombrar Abogado o solicitarlo del turno de oficio, si se encontrara en las circunstancias que permiten la asistencia jurídica gratuita, y que el hecho de no constituirse como parte no impedirá que el Fiscal ejercite la pretensión civil de resarcimiento, si no se renunciase a ella (art. 771).

La imposibilidad de proporcionar esta información no impedirá el desarrollo del procedimiento, pero deberá cumplimentarse de la manera más rápida posible (art. 776.2).

Y, lógicamente, habrá de dar a conocer al imputado, aparte de los hechos que se le imputan, el conjunto de derechos que le corresponden en su condición de tal y, esencialmente, de los contenidos en el art. 520.2, a), b), c) y e). No es una información específica de este tipo de procedimiento, pero la recalca el art. 771.2ª (Vid. Lección 4.ª).

D) Estructura

a) Diligencias previas

1.º) Se acordará su seguimiento cuando haya constancia de que los hechos se encuentran comprendidos en su ámbito de aplicación.

Este acuerdo puede derivar de los resultados de un atestado policial o de las diligencias practicadas por el fiscal, de estimarse suficientes; o de las que el propio instructor ordene. Y es uno de los posibles pues cabe: el archivo definitivo o provisional de las actuaciones si los hechos no fueran punibles, no apareciera suficientemente justificada su perpetración o no conste autor conocido; o la remisión al órgano correspondiente, si los hechos fueran constitutivos de falta, de la competencia de la Justicia militar, o si todos los imputados fueran menores de 18 años, siendo apelable su resolución.

También puede considerarse el cambio de procedimiento al ordinario, o ante el Jurado (art. 760) y si el imputado, con asistencia de su letrado hubiera reconocido los hechos a presencia judicial no superando su sanción los límites del art. 801 podrá acordarse el seguimiento de los trámites del juicio rápido (art. 779.5. Vid. Lección 12.ª).

2.º) Su procedimiento se conoce como «diligencias previas» (art. 774).

3.º) Acordada esta vía procesal se comunicará al fiscal y acusadores personados, con traslado de lo actuado —en original o fotocopia— (art. 780). A su recepción éstos podrán solicitar: 1) Apertura de juicio oral; 2) Sobreseimiento de la causa; 3) Práctica de diligencias complementarias de las que hubieran sido practicadas.

En el procedimiento ordinario ha de darse traslado también a la defensa del procesado (art. 627). Si el legislador fuera consecuente debería prever este traslado para el abreviado, pero como la sentencia de STC 186/90, de 15 de noviembre, lo declaró plenamente constitucional, el art. 780 mantiene su redacción en los términos vistos.

El hecho de que los acusadores puedan pedir la práctica de diligencias complementarias, no supone que el instructor tenga que practicarlas necesariamente, pues hay que entender que mantiene intactas sus prerrogativas sobre si han de estimarse pertinentes o no, aunque deberá acceder a su práctica si la solicitud proviniera del Fiscal (art. 780.2).

El plazo para manifestar cualquiera de las posturas indicadas es de diez días, ampliables por otros diez, si así fuese solicitado y el juez lo estimase procedente. Si el Fiscal no presentara escrito dentro de ese plazo, el instructor requerirá a su superior jerárquico para que lo haga (en diez días) indicando las razones del retraso (art. 781.2 y 3).

4.º) De pedirse el sobreseimiento por todos los acusadores se acordará con carácter general al ser vinculante para el juez.

Excepto fundándose en enajenación mental, alteración de la percepción, estado de necesidad o miedo insuperable (núms. 1, 3, 5 y 6 art. 20 CP) a los efectos de posibles responsabilidades civiles e imposición de medidas de seguridad.

Pidiéndose solo por el Fiscal y no existiendo acusador particular, el Juez podrá: 1) Acordarlo; 2) Remitir la causa al superior jerárquico de aquel para que se pronuncie sobre su procedencia o improcedencia (por 10 días); y 3) Dar conocimiento de esta decisión a los ofendidos o perjudicados no personados para que ejerciten las acciones procedentes (por 15 días) (art. 782.2).

El sobreseimiento también se acordará, de oficio, si a pesar de haberse solicitado por cualquiera de los acusadores la apertura de juicio oral, el instructor estima que los hechos no son constitutivos de delito o no existen indicios racionales de criminalidad (art. 783.1). Esta resolución es recurrible conforme a las normas generales.

En el procedimiento ordinario la resolución sobre el sobreseimiento corresponde al órgano del enjuiciamiento (art. 632) y aquí se atribuye al instructor.

5.º) Si el instructor entendiera que una prueba no podrá practicarse en el acto del juicio oral o su práctica fuera causa de suspensión, acordará que se practique anticipadamente asegurando la contradicción de las partes (art. 777).

Las razones de esta decisión pueden ser diversas, haciéndose referencia expresa al lugar de residencia de la víctima o de un testigo, aunque también se hace uso de la ambigua fórmula de «por otro motivo».

Esta diligencia se documentará videográficamente o por acta escrita autorizada por el Secretario, expresando los intervinientes. Y para que sus resultados tengan valor probatorio habrán de considerarse las previsiones generales del art. 730 para la prueba anticipada. Requerirá, pues, petición expresa de aquel a quien interesen para que, en la vista oral, se reproduzca lo grabado o se proceda a la lectura literal del acta.

6.º) La solicitud de apertura de juicio oral se efectúa en el «escrito de acusación», que contendrá, además, la pretensión punitiva y, en su caso, la civil de resarcimiento; la proposición de prueba para el acto de la vista y, en su caso, la que deba practicarse anticipadamente. Todo ello conforme a lo previsto para los escritos de calificación provisional (art. 771.1).

Novedad en relación con estos —en que se prevé expresamente— es la permisibilidad de extensión de la acusación a las faltas imputables al acusado o a otras personas cuando su comisión o prueba estuvieran relacionadas con aquel y el enjuiciamiento correspondiera a un Juzgado de lo Penal (art. 771.1.ª y 14.3). Y que puede solicitarse la adopción, modificación o suspensión de medidas sobre la persona o bienes del acusado, en los términos de los art. 763, 764 y 765 o cualquier otra que resulte procedente, y la cancelación de las que hubieran podido adoptarse frente a quienes no se dirija la acusación.

Hacemos notar, asimismo, que en el procedimiento ordinario la petición de apertura de juicio oral es previa a la calificación (art. 627) y aquí se efectúan en el mismo escrito y momento procesal.

7.º) Si la apertura del juicio oral se acordase solo a instancia del Fiscal o del acusador popular, se dará nuevo traslado de las actuaciones a quien hubiera solicitado el sobreseimiento para que formule acusación, a no ser que renuncie a ello (por 3 días) (art. 783.1, párrafo segundo).

b) Juicio oral

1.º) La apertura del juicio oral la acuerda el instructor por auto irrecurrible, aunque podrán reproducirse las peticiones no atendidas ante el órgano sentenciador (art. 783.3).

El recurso cabe, sin embargo, tanto respecto a las medidas cautelares adoptadas (art. 783.3), como si aquella resolución fuera denegatoria de la apertura solicitada (en aplicación de las reglas generales del art. 766).

Esta resolución se pronunciará, además, sobre: 1) La adopción, modificación, suspensión o revocación de medidas cautelares contra el acusado y los responsables civiles, en los términos propuestos por las acusaciones, exigiendo fianza para cubrir las responsabilidades pecuniarias; 2) El alzamiento de las que hubieran podido adoptarse respecto a quienes no alcance la acusación, caso de ser varios; 3) El órgano competente para el enjuiciamiento de la causa (art. 783.3).

2.º) Abierto, se emplazará al imputado, con entrega de copia de los escritos de acusación, para que comparezca en la causa con Abogado y Procurador.

Dado que ya dispone de Abogado que también asume la representación hasta este momento (arts. 767 y 768) deberá nombrase Procurador. Si no lo hiciera el imputado, se hará de oficio.

Cumplido este trámite, se trasladarán las actuaciones a aquel y a los terceros responsables, de haberlos, para que formulen escrito de defensa (por 10 días comunes) (art. 784).

También en este momento se mandará expedir requisitoria, con posible declaración de rebeldía con todas sus consecuencias, si el acusado estuviera en paradero desconocido y: 1) No hubiera señalado domicilio o persona a efectos de notificaciones; y 2) Aún habiendo hecho tal señalamiento, la pena solicitada no exceda de dos años de privación de libertad o de seis siendo de distinta naturaleza (art. 784.4)

No presentar este escrito en el plazo señalado se equipara a oponerse a la acusación, aunque solo podrá proponerse como prueba la aportada en el acto de la vista y solicitarse la citación de peritos y testigos, si se hace con la antelación suficiente (art. 784.1, párrafo tercero).

Todo sin perjuicio de que el acusado pueda aducir indefensión por tal motivo en el turno de intervenciones previas del art. 786.2 y exigir responsabilidades al Abogado por posible negligencia en los términos del Título V del Libro IV de la LOPJ (art. 784.1, párrafos segundo y tercero).

El escrito de defensa puede responder a una doble postura del acusado: 1) De auténtica defensa, rebatiendo los argumentos, calificaciones y responsabilidades esgrimidas en los de acusación; con proposición de prueba a tales efectos para su práctica en el acto de la vista o anticipadamente y 2) De aceptación de las calificaciones y responsabilidades exigidas, conformándose con el escrito de acusación que solicite pena de mayor gravedad. En tal caso, deberá firmarse por el abogado y el acusado.

Esta conformidad también puede manifestarse en un escrito de calificaciones *mixto*, diferente a los de acusación y defensa que vendría a sustituirlos si ya se hubieran evacuado, caracterizado por ir firmado conjuntamente por los acusadores, el acusado y el Abogado de éste. Su eficacia queda condicionada, no obstante, temporalmente, ya que sólo podrá presentarse antes de la celebración de la vista oral (art. 784.3, párrafo segundo).

3.º) Formulado escrito de defensa, o transcurrido el plazo sin hacerlo, el secretario remitirá las actuaciones al órgano sentenciador notificándolo a las partes (art. 784.5).

No habrá tal remisión si el Juzgado de Instrucción fuera de aquellos a que se desplaza el Juzgado de lo Penal, si éste fuera el competente para enjuiciar (art. 784.5 LECRIM; 89 bis y 269.3 LOPJ y Acuerdo del CGPJ de 25 de julio de 1989).

4.º) Recibidas por aquel, dictará auto en el que: 1) Admitirá o rechazará la prueba propuesta para su práctica en el acto de la vista. 2) Acordará lo procedente sobre la prueba anticipada, si así se hubiera solicitado (art. 785.1, párrafo primero).

La admisión o inadmisión de pruebas no admite recurso alguno, pero puede reproducirse la petición denegada en el inicio de la vista (art. 785.1, párrafo segundo)

5.º) A la vista de este auto, el secretario fijará fecha para el juicio oral considerando los criterios generales del art. 182 LEC y los específicos que señale el Tribunal en razón a: las medidas cautelares a que pudiera estar sometido el acusado; la prioridad de otras causas; la complejidad de la prueba o cualquier otra circunstancia significativa. Esta decisión la notificará por escrito a la víctima, aunque no se haya constituido como parte ni deba intervenir en el proceso (art. 785, 2 y 3).

Hasta el comienzo de las sesiones del juicio oral cualquiera de las partes podrá solicitar la incorporación a las actuaciones de los documentos que estime oportunos, pronunciándose el Tribunal sobre su pertinencia y admisibilidad (art. 785.1, párrafo segundo).

6.º) Las sesiones del juicio oral se celebrarán en el lugar, día y hora señalados, debiendo concurrir necesariamente el acusado y su abogado defensor.

No siendo así, se suspenderá aunque podrá celebrase en ausencia del acusado si: 1) La pena solicitada no excede de dos años de privación de libertad, o de seis siendo de distinta naturaleza; b) La citación de aquel al acto de la vista se ha realizado personalmente o en el domicilio o persona designada para ello; c) Se ha solicitado expresamente por cualquiera de los acusadores; d) El Juez o Tribunal, tras oír a los defensores, lo estime procedente.

Tampoco la ausencia del tercero responsable será, por sí, causa de suspensión del juicio oral si hubiera sido citado debidamente. Ni si la ausencia fuera de uno solo de los acusados habiendo varios, pudiendo continuar respecto a los presentes (art. 786.1)

Se iniciará leyendo el secretario los escritos de acusación y defensa. A partir de este momento, se da entrada a la iniciativa de las partes que pueden:

1") Solicitar la apertura de un turno de intervenciones orales en que podrán exponer: 1) Cuestiones relacionadas con la competencia del juez o tribunal; 2) Vulneración de algún derecho fundamental; 3) Artículos de previo pronunciamiento del art. 666; 4) Posibles causas de suspensión de la vista o causantes de nulidad de actuaciones y 5) Reproducir la petición de práctica de pruebas rechazadas en el auto de apertura del juicio oral (art. 786.2 en relación con el 785.1, párrafo segundo). Sobre ello deberá pronunciarse el Juez en el acto, siendo su decisión irrecurrible aunque, previa protesta, podrá reproducirse la disconformidad recurriendo la sentencia que ponga fin al proceso.

Esta decisión, por su trascendencia debe adoptar forma de auto. Pero, al no decirse nada al respecto, viene haciéndose tanto así, como por resolución «in voce» debidamente documentada en las actuaciones.

Por lo que se refiere específicamente a la vulneración de derechos fundamentales, no debe considerarse este momento como único para alegarse, sino que podrá hacerse también en los escritos de defensa (o acusación) (Vid. STC 62/1998, de 17 de marzo).

2”) Solicitar la terminación del proceso, con petición de sentencia sin más trámites de haberse producido la conformidad del acusado (Vid. «características generales» y la Lec. 12.ª). No habiendo conformidad y tras finalizar, en su caso, el debate preliminar el juicio oral continuará con la práctica de las pruebas admitidas.

Ello si no se hubiera estimado alguna causa de suspensión alegada en aquel, o que se produzca con posterioridad. Siendo así, conservará su validez lo actuado si no excediera la suspensión de 30 días o no siendo debida a sustitución del juez o algún miembro del tribunal (art. 788.1).

6.º) La prueba se practica conforme a lo previsto para el procedimiento ordinario. La única modificación destacable, es que el informe pericial puede prestarlo un solo perito (art. 788.2).

7.º) A su finalización, se abrirá el trámite de conclusiones definitivas e informes de las partes que puede desarrollarse: 1) Elevando aquellas sus conclusiones provisionales a definitivas o modificándolas; procediendo, a continuación, a informar oralmente sobre la valoración de la prueba practicada y la calificación de los hechos, o 2) Contestando al debate que el juez o tribunal puede proponerles, en relación con el esclarecimiento de aspectos concretos de la prueba o la valoración jurídica de los hechos (art. 788.3 y 4. Vid. Lección...).

La modificación de las conclusiones provisionales por los acusadores puede producir:

1”) La apertura de periodo probatorio complementario, exclusivamente para la defensa, cuando hubiera supuesto cambio en la tipificación penal de los hechos o se hubieran estimado circunstancias agravatorias del grado de participación o responsabilidad.

Aquella podrá solicitar el aplazamiento de las sesiones —por 10 días como máximo— para aportar prueba exculpatoria, sobre cuyos resultados los acusadores podrían modificar nuevamente sus conclusiones definitivas (art. 788.4).

2”) Si conociera de la causa un Juzgado de lo Penal, el cambio de calificaciones podría dar lugar a su inhibición.

Pueden darse varias posibilidades: 1) Que todos los acusadores califiquen los hechos como delitos castigados con pena que exceda de la competencia objetiva de aquel. Se declarará incompetente con remisión de actuaciones a la Audiencia

Provincial (art. 788.5); 2) Que sólo alguno haga aquella calificación. El acuerdo de inhibición quedará a criterio judicial; 3) Que se califiquen los hechos como constitutivos de falta. No procederá la inhibición, en aplicación del principio de economía procesal; 4) Puede aún cuando el planteamiento legal se limita a los Juzgados de lo Penal, que la causa se siga ante la Audiencia y que las calificaciones se hagan a la baja, con penas que entrarían en la competencia de aquellos, o por el contrario, se estime que corresponde al procedimiento ordinario. Cabe entender que se mantendría su competencia, con cambio de procedimiento en el segundo supuesto.

Finalizada la vista, se levantará acta en los términos del art. 743 (art. 788.6).

c) Sentencia

La sentencia podrá dictarse de dos formas:

1.ª) Dentro de los 5 días siguientes y por escrito, habitualmente (art. 48.3 LOPJM; 789.1 LECRIM).

2.ª) Oralmente, a la finalización de la vista y en el mismo acto (sentencia «in voce»), pero sólo cuando conozca un Juzgado de lo Penal y lo estime oportuno.

El fallo deberá documentarse en el acta, o anexo a ella, con una sucinta motivación, sin perjuicio de su documentación por escrito en la forma y plazo vistos antes (art. 789.2).

Contra ella cabe apelación ante la AP, si fuera dictada por un Juzgado de lo Penal; o ante la Sala de lo Penal de la AN, si lo fuera por un Juzgado Central de lo Penal. Si se hubiera dictado por una AP o la AN, se permite la casación. Y lo hubiera sido en ausencia del acusado, cuando ello es posible, el recurso extraordinario de anulación (art. 797).

Si se hubiera manifestado la intención de no recurrir en el acto de comunicación «in voce» de la sentencia, se declarará su firmeza con pronunciamiento, en su caso y previa audiencia de las partes, sobre la condena condicional (art. 789.2).

Y si lo hubiera sido en ausencia del acusado, cuando ello es posible, el recurso extraordinario de anulación (art. 797).

Estas normas sobre la sentencia son aplicables siempre que no haya mediado la conformidad del acusado en cualquiera de las modalidades permitidas. Porque esta produce, en cualquier caso, la terminación del proceso sin necesidad de vista y que la sentencia se dicte oralmente sin perjuicio de las previsiones del art. 789.2, antes vistas, sobre su documentación y redacción. También oralmente se declarará su firmeza si el Fiscal y las partes manifestaran en el acto su decisión de no recurrir, un recurso que, por otra parte, no es posible, si se hubieran respetado los términos de la conformidad (art. 787.6 y 7) (Vid. Lección 17.ª). Los pronunciamientos de este tipo de sentencias quedan condicionados por los términos de la conformidad, no habiendo dudas sobre su voluntariedad. (Vid. Lección 12.ª).

Su ejecución se acomoda a las disposiciones generales de la LECRIM con alguna particularidad, esencialmente en cuanto al planteamiento de incidencias liquidatorias de indemnizaciones si su cuantía no figurase específicamente determinada en el fallo (art. 794.1).

PROCEDIMIENTO POR FALTAS

A) Características generales

1.ª) Se regula en los arts. 962 a 977 y 984 LECRIM.

2.ª) Su ámbito se limita al enjuiciamiento de las conductas tipificadas como falta de las que conocen los Juzgados de Instrucción, los Juzgados de Violencia sobre la Mujer y los del Paz.

La división de competencias la establece, con carácter general, el art. 14.1 de la LECRIM, especificándose por el art. 87 ter 1 d) de la LOPJ, en cuanto a las atribuciones de los Juzgados de Violencia sobre la Mujer.

Quedan así, de la competencia de los Juzgados de Paz las faltas comprendidas en los arts. 620, 626, 630, 631 y 633 del CP que son: las amenazas leves, sin armas o con ellas (excepto, en este último caso, si pudieran ser constitutivas de delito conforme a los arts. 169 a 171 CP); coacciones, injurias o vejaciones injustas, asimismo leves; daños superficiales a inmuebles de titularidad pública o privada (su «deslucimiento» en terminología legal); el abandono de jeringuillas o de cualquier otro instrumento peligroso, en lugares, modo o circunstancias que pudieran causar daños o enfermedades; el descuido en la custodia de animales potencialmente peligrosos; el maltrato de animales en espectáculos no autorizados y la alteración leve del orden en lugares públicos o reuniones.

En cuanto a los Juzgados de Violencia sobre la Mujer, se les atribuye el conocimiento de las faltas de maltratos; incumplimiento de obligaciones familiares o de auxilio a personas desvalidas; coacciones e injurias leves; muerte por imprudencia leve; hurtos; sustracción de bienes; estafas, defraudaciones y apropiaciones indebidas y deslucimiento de inmuebles (arts. 617 a 622 y 623 a 628 CP) siempre que la víctima sea o hubiera sido esposa o mantenido similar relación de afectividad con el presunto autor de los hechos; sea descendiente directo de este o de su esposa o compañera o se tratara de un menor o incapaz sujeto a la potestad, tutela, curatela, acogimiento o guarda del presunto agresor o de su esposa o conviviente.

Fuera de estos casos, la competencia corresponderá a los Juzgados de Instrucción y será siempre exclusiva de estos cuando el presunto autor de los hechos pertenezca a las Fuerzas o Cuerpos de Seguridad a que se refiere la Ley 2/1986, de 13 de marzo (art. 8.1, párrafo tercero). Sin embargo, esta exclusividad ha de entenderse con relación a los Juzgados de Paz, que no conocerán en estos casos, porque si concurrieran componentes de la violencia de género, los hechos pasarán al conocimiento de los Juzgados de Violencia sobre la Mujer.

En otro orden de cosas, decir que este procedimiento es especifico para el enjuiciamiento de las faltas no supone que sea la única vía posible. En uno por delitos puede conocerse de las incidentales o relacionadas con los hechos enjuiciados (arts. 742 y 790.5). Aquella especificidad queda reservada a las faltas que aparezcan como independientes, es decir, no relacionadas con hechos tipificados como delictivos.

3.ª) Es un procedimiento de doble instancia, simple y rápido, dada la escasa gravedad de las infracciones constitutivas de su objeto; pero sin que ello suponga merma en las garantías procesales y de defensa de quienes intervienen en él activa o pasivamente, rigiendo los principios de oralidad, concentración, inmediación y publicidad además de la contradicción y el acusatorio.

Según antigua doctrina del TS su estructura era propia del sistema inquisitivo al abrirse el juicio sin acusación previa. Frente a ello, el TC ha sentado que un proceso con todas las garantías exige siempre de aquella pues, otra cosa, vulneraría el derecho de defensa y de ahí la necesaria intervención del fiscal salvo en las faltas estrictamente privadas (STC 54/1985, de 18 de abril).

Sin embargo, queda a la oportunidad de aquel comparecer o no en estos procedimientos, pero no por la naturaleza de la falta sino de los intereses en juego. Siendo perseguible de oficio, deberá hacerlo en cualquier caso; nunca (ni siquiera será citado) si solo lo fuera a instancia del interesado; y si dependiera de la denuncia previa del agraviado o su representante legal podrá o no comparecer (y acusar) según considere que se ha visto o no afectado el interés público, aunque deberá hacerlo siempre, si él mismo fuera denunciante por minoría de edad, incapacidad o desvalimiento del agraviado (art. 638 CP). A tales efectos, el art. 960.1 prevé una peculiar «delegación reglamentaria», dejando en manos del Fiscal General del Estado determinar su margen de actuación en las faltas semipúblicas, de manera que solo lo haga en las causas más relevantes o de mayor complejidad como por ej: en accidentes de circulación, no existiendo seguro de cobertura o con resultado de lesiones graves o muerte (Instrucción FGE 6/92, de 22 de septiembre, y STC 56/1994, de 24 de febrero, que declaró constitucional este precepto).

Peor justificación encuentra el alcance de su ausencia en el proceso, que parece abiertamente anticonstitucional por afección al principio acusatorio. En tal situación, el TC en su sentencia 56/1994, de 24 de febrero, entendió que la libertad de acusación permitida en este procedimiento hace que se considere cumplida cuando, de cualquier forma, llegue a conocimiento del acusado y esto lo llena la propia denuncia siempre que se acompañe a la citación y la vista comience con su lectura. Siguiendo esta doctrina, el último párrafo del art. 962 establece que la ratificación del denunciante en el acto de la vista sobre los hechos denunciados equivale a la acusación, aunque no sean calificados ni haya petición de condena. En cuanto a la actuación judicial en estas circunstancias, no se estima vulneradora del derecho al Juez imparcial del art. 24.2 CE al ser meramente orientativa del debate, indicando los preceptos en que se tipifican los hechos denunciados y las penas genéricamente previstas para ellos (STC 56/1994, de 24 de febrero).

4.ª) No se requiere un acto judicial de imputación para procederse a la apertura del juicio oral. Basta la mera noticia de hechos presuntamente constitutivos de falta atribuidos a una persona, adquirida por cualquiera de los medios vistos en su momento, para citarla de oficio sin audiencia de los acusadores.

No obstante debe preservarse el derecho de defensa y eso requiere suficiente información sobre los hechos, debiendo acompañarse a la citación una sucinta relación de los mismos, o copia de la denuncia o la querella de haberlas. Esta información debe incluir también la de que deberá acudirse al acto de la vista con los medios de prueba que pretenda utilizar en su defensa (art. 962.2).

5.ª) No hay procedimiento preliminar, ni período intermedio.

Estima algún autor (así Gimeno) la vigencia del art. 486 para una posible citación del imputado a efectos de «ser oído» en una primera declaración. Sin embargo, no parece que sea la intencionalidad legal, siempre y cuando no haya duda alguna sobre la calificación de los hechos como falta.

Iniciado se entra inmediatamente en el juicio oral donde, previa ratificación del denunciante —o agraviado— en su intención de perseguir la falta y de constituirse en parte formulando acusación, se formularán oralmente las pretensiones: se practicará la prueba y se sentenciará (Vid. STC 66/1992, de 29 de abril).

La carencia de procedimiento preliminar determina que no pueda ponerse en duda la imparcialidad objetiva del juez. Pero es evidente que puede haber desarrollado actividad investigadora previa (por ej. al considerarse falta hechos sobre los que se han practicado diligencias previas como instructor, estimándose competente para su conocimiento) lo que abriría camino a una posible abstención o recusación (art. 785.2 ATC 16 de octubre de 1990).

El ATC 137/1996 ha entendido, sin embargo, no ser contrario a la imparcialidad que se desarrollen determinadas actuaciones preparatorias del juicio, esencialmente porque hasta ese momento el sujeto pasivo no está perfectamente determinado (Vid. STC 52/2001, de 26 de febrero).

6.ª) Se estima innecesaria la postulación incluso para la querella si el procedimiento se iniciara por esta vía (art. 969.1). No se impone, pues, su designación de oficio como en las causas por delitos aunque los interesados podrán valerse de abogado si lo estimasen oportuno, y así se les deberá informar al citarlos al acto de la vista. Incluso, en este caso, podría solicitarse del Juzgado su nombramiento del turno de oficio (art. 962.2; 964.3; 967.1).

Dándose tal situación el derecho de defensa adquiere toda su relevancia constitucional, debiendo respetarse con todas sus consecuencias por el órgano sentenciador. Hasta el punto de que si el abogado no pudiera estar presente en la vista oral por causas justificadas —no buscándose la indebida dilación del proceso— debería acordarse su suspensión pues, lo contrario, causaría indefensión (Vid. SsTC 409/89, de 17 de julio, y 208/92, de 30 de noviembre).

7.ª) Con carácter general, el juicio puede celebrarse en ausencia injustificada del acusado, siempre que conste su debida citación y que el juez, de oficio o a instancia de parte, no considere necesaria su declaración (art. 971).

Se ha estimado que, aunque se solicitara la suspensión por imposibilidad de su asistencia, podría no acordarse si ya hubiera declarado en el Juzgado (ATC 18 julio 1984).

Incluso se justifica legalmente la ausencia si aquel no residiera en la circunscripción del Juzgado, permitiéndosele la defensa por escrito y la presentación de alegaciones y pruebas a través de un Abogado o un Procurador apoderados a tal efecto (art. 970).

En cualquier caso, la incomparecencia de cualquiera de los citados como parte, testigo o perito, podrá sancionarse con multa de 200 a 2000 euros (art. 967.2).

B) Estructura

La «notitia criminis», llegada por cualquier vía a conocimiento judicial, produce:

1.º) Citación a juicio —para el día, hora y lugar acordados— al Fiscal, siendo la falta perseguible de oficio o previa denuncia del agraviado o su representante legal; al querellante o denunciante, si los hubiera; a la víctima y perjudicados; a los testigos que pudieran dar conocimiento de los hechos y al presunto culpable.

A la de este último se aportará, en su caso, copia de la querella o denuncia o una relación sucinta de los hechos imputados, con la prevención de que deberá acompañarse de las pruebas de que disponga para su defensa (art. 962, 1).

Las citaciones indicarán los perjuicios derivados de la incomparecencia sin justa causa de las partes, peritos y testigos (multa de 200 a 2000 euros), y hay que pensar en la aplicación de las previsiones del art. 463.1 in fine del CP que tipifica como delito de obstrucción a la justicia la incomparecencia sin justa causa, habiendo sido advertido).

2.º) Celebración de la vista en el lugar y momento señalados. De haber causa que lo impida o si no pudiera finalizar en un solo acto el secretario fijará nueva fecha para su celebración o continuación que se determinará según sea juicio inmediato o común, como veremos más adelante.

Ello independientemente de la ausencia del acusado, que podrá defenderse por escrito en las circunstancias y formas vistas (arts. 970 y 971)

3º) La vista será pública, con posible celebración a «puerta cerrada» concurriendo causas que lo justifiquen (vid. lección 15.ª).

En este momento es cuando ha de formalizarse la acusación. Habiendo denunciante o querellante, deberán manifestar si desean mostrarse parte y sus acusaciones concretas sobre la base de su denuncia o querella que serán leídas previamente. Lo mismo deberá hacer el Fiscal, si hubiera comparecido.

No compareciendo el Fiscal y siendo la falta sólo perseguible por denuncia del agraviado, cabe que éste formalice su acusación o que no sea así. En este último caso, la mera lectura de la denuncia equivale (como se dijo) a aquella, siendo el Juez quien configure sus términos.

Se interrogará al acusado, practicándose la prueba propuesta y admitida y, a su finalización, se abrirá el periodo de alegaciones orales de las partes, con reserva al acusado del derecho a «la última palabra» (art. 969.1).

El Juez podrá plantear la «tesis» del art. 733, si considera que la calificación de los hechos es distinta a la de falta, correspondiendo a otra con sanción superior (STC 54/1985, de 18 de abril).

4.º) De lo dicho y actuado en la vista se levantará acta en los términos del art. 743 (art. 972), dictándose sentencia al finalizar aquella o, no siendo posible, en los 3 días siguientes notificándose a las partes y a los ofendidos o perjudicados, aunque no se hubieran constituido como tales, indicándose los recursos procedentes, órgano competente y plazo para interponerlos (art. 973).

Esta resolución es apelable en ambos efectos ante el Juzgado de Instrucción del Partido en que se encuentre el Juzgado de Paz, si este hubiera conocido de la causa; y la AP correspondiente, si fuera un Juzgado de Instrucción (art. 87, d y 82.2 LOPJ). En el segundo caso, la AP se constituirá con un solo Magistrado, designado en turno de reparto (82.1, 2º LOPJ).

El recurso podrá interponerse en los 5 días siguientes a la notificación de la sentencia, formalizándose conforme a lo previsto para el procedimiento abreviado (art. 976.2, y arts. 790 a 792). La dictada en segunda instancia es irrecurrible.

También esta resolución se notificará a los ofendidos o perjudicados, aunque no hubieran sido parte en el procedimiento (art. 976.3).

5.º) La sentencia adquirirá firmeza, y con ello ejecutabilidad inmediata si las partes, conocido el fallo, hubieran manifestado en el acto su intención de no recurrir (art. 975).

Sin embargo, la ejecución queda condicionada a la existencia de ofendidos o perjudicados que no hubieran sido parte en el proceso, a quienes, como hemos dicho, debe notificárseles la sentencia y que también están legitimados para recurrir. En este caso, habrá de esperarse al agotamiento del correspondiente plazo para saber si estos recurren o no y, por tanto, si puede entrarse o no directamente en la vía ejecutiva (art. 974).

Si la sentencia contuviera pronunciamientos indeterminados sobre responsabilidades civiles, habrá de estarse al art. 712 y ss. de la LEC para la cuantificación de daños y perjuicios plantando un incidente de liquidación (arts. 974.2 y 984 LECRIM).

C) Los distintos tipos de procedimientos. Su determinación

Manteniéndose la estructura vista se prevén varias situaciones para el inicio y seguimiento del juicio de faltas, permitiendo distinguir entre un procedimiento inmediato y otro común, en paralelismo con lo que sucede en el ámbito del abreviado.

Esta diferenciación se establece en base a la concurrencia de dos bloques de elementos. El primero, lo configura el tipo de falta cometida o su flagrancia; el órgano que hubiera de enjuiciarla y la manera en que los hechos lleguen a conocimiento judicial. El segundo, depende esencialmente de que la falta pueda conocerla un Juzgado de Instrucción durante su Servicio de Guardia.

a) Así conforme al primer «bloque» podrá celebrarse juicio inmediato si:

1.º) La falta cometida fuera: 1) De malos tratos o lesiones del art. 617 CP, en cualquier caso; 2) De amenazas, con armas o sin ellas, coacciones, injurias o vejaciones injustas de carácter leve del art. 620 CP, cuando el agresor se encuentre relacionado con la víctima por lazos matrimoniales, afectivos o de hecho o de carácter familiar, y 3) Siempre que se trate de una falta de hurto flagrante y el valor de lo hurtado no supere los 400 euros.

2.º) La Policía Judicial hubiera levantado atestado por tales hechos, al haber tenido conocimiento directo de ellos y estando identificado su presunto autor, debiendo presentarse ese atestado precisamente ante el Juzgado de Instrucción que haya de enjuiciarlos o ante otro, pero dentro del mismo Partido Judicial (art. 962.1).

b) Si consideramos el segundo «bloque», será posible juicio inmediato cualquiera que sea la falta cometida, cuando se presente atestado policial o denuncia ante un Juzgado de Guardia, estando identificado el denunciado (art. 964.2).

Hay que hacer, no obstante, una serie de precisiones pues la concurrencia de las referidas circunstancias no supone, necesariamente, la celebración de juicio inmediato sino la simple producción de los presupuestos que lo permiten. Que se entre o no en esta modalidad de enjuiciamiento depende de otro tipo de requisitos como veremos a continuación.

Al ser las cosas de esta manera, no concurriendo los condicionantes referidos o si se tratase de una falta solo perseguible a instancia de parte o sencillamente cuando, por cualquier causa, no sea posible la celebración inmediata del juicio, este se desarrollará ajustándose al procedimiento que hemos calificado de común (art. 965).

Hechas estas precisiones iniciales vamos a determinar ahora cuando puede realmente llevarse a cabo el enjuiciamiento inmediato y cuales son sus peculiaridades, así como las propias del juicio común.

a) Procedimiento inmediato

Si llegara a producirse la conjunción de elementos integrantes del primer «bloque» de posibilidades, la Policía Judicial citará al denunciado, ofendidos o perjudicados y posibles testigos para que comparezcan de forma inmediata ante el Juzgado de Guardia, remitiendo al mismo el atestado y todas las actuaciones practicadas (art. 962). Si el denunciado hubiera sido detenido se le trasladará al Juzgado.

> Estas citaciones se harán coordinadamente con el Juzgado de Guardia, siguiendo las pautas establecidas por el art. 47 del Reglamento 5/1995, de 7 de junio, del CGPJ, de los aspectos accesorios de las actuaciones judiciales, según modificación efectuada por el Acuerdo Reglamentario 2/2003, de 26 de febrero, del Pleno del CGPJ, en lo relativo a los servicios de guardia.

A todos se les informará de las consecuencias de su incomparecencia y de que ésta no impedirá la celebración inmediata del juicio; también que han de concurrir con los medios de prueba de que intenten valerse.

Al denunciante y a los perjudicados se les informará, además, de su derecho a constituirse como parte acusadora; ser asistidos de abogado si lo desean y que la acción civil la ejercitará el Fiscal si ellos no indicaran otra cosa (art. 962.1 LECRIM.) y al denunciado —por escrito— de los hechos que se le atribuyen y su derecho a nombrar abogado o a que se le nombre de oficio, si así lo solicitara (art. 962.3).

Recibido el atestado, en las condiciones indicadas, el Juzgado de Guardia decidirá juicio inmediato si el día para el que se hubiera efectuado la citación comparecieran todos los citados o, aún no haciéndolo alguno de ellos, estimara innecesaria su presencia, considerando, además, que todas las pruebas trascendentes podrán practicarse en el mismo acto.

No siendo así y si el juicio se celebrara en tales condiciones entraríamos en un claro supuesto de indefensión. Previéndose, pues, que alguna prueba trascendente no podría practicarse en él, dada la premura de tiempo, habrá de fijarse fecha para su celebración en el día más próximo posible (dentro de los siete siguientes), perdiendo el enjuiciamiento su carácter inmediato (art. 962 en relación con el 965).

Dándose alguna de las situaciones integradoras del segundo «bloque» de posibilidades, el Juzgado de Guardia ante el que se hubiera presentado el atestado o la denuncia celebrará juicio inmediato si, estando identificado el denunciado, fuera posible citar a todos los implicados en los hechos para comparecer ante él durante el periodo de su Guardia. No siendo así, habrá de seguirse el procedimiento común (Art. 964).

Para que un Juzgado de Guardia pueda acordar el enjuiciamiento inmediato de una falta siempre será necesario que le estuviera atribuida la causa en aplicación de normas de competencia y de reparto (art. 963.3).

Tratándose de faltas de violencia doméstica se prevé para su enjuiciamiento un Juzgado de Guardia específico, en aquellos Partidos Judiciales con ocho o más Juzgados de Instrucción.

En cualquier caso, si en ese tipo de faltas el juicio inmediato no fuera posible, las normas de reparto habrán de establecerse para que el mismo Juez que comenzó a conocer en servicio de guardia siga conociendo por los trámites del juicio común. (Vid. La Instrucción 3/2003, de 9 de abril, del Pleno del CGPJ sobre normas de reparto penales y registro informático de violencia doméstica. BOE de 15 abril de 2003).

b) Procedimiento común

Cuando no sea posible el juicio inmediato, el Juzgado de Guardia, ante el conocimiento de los hechos cualquiera que sea la forma en que se haya producido, determinará si es o no competente para el enjuiciamiento de la falta.

Estimando su propia competencia señalará fecha para la celebración del juicio efectuando las citaciones para el día hábil más próximo posible y en todo caso, dentro de los siete siguientes (art. 965.1, 1.ª). Si considerase que es competente otro Juzgado le remitirá las actuaciones para que sea éste quien efectúe el señalamiento del juicio y las citaciones que deberán ajustarse al plazo antes señalado (art. 965.1, 2.ª).

Las citaciones se harán al querellante o denunciante, de haberlo, al denunciado y a los testigos y peritos, en su caso. También al Fiscal, salvo si se tratara de una falta en que su presencia no se considera preceptiva conforme al art. 969.2. (Vid. antes).

La fijación del día para la celebración del juicio habrá de hacerse considerando los días y horas predeterminados a tales efectos conforme a un calendario confeccionado según las previsiones del art. 44.2 del Reglamento 5/1995, de 7 de junio, de los aspectos accesorios de las actuaciones judiciales, que será publicado en el B.O. de la Provincia o, en su caso, en el de la Comunidad Autónoma. Este precepto adquiere su redacción actual por Acuerdo Reglamentario 2/2003, de 26 de febrero, del Pleno del CGPJ (BOE 10 marzo 2003).

EL PROCESO CIVIL ACUMULADO

Conforme al art. 100 de la LECRIM «de todo delito o falta nace acción penal para el castigo del culpable y puede nacer también acción civil para la restitución de la cosa, la reparación del daño y la indemnización de perjuicios causados por el hecho punible» (art. 109.1 CP).

Frente a un hecho presuntamente punible puede, pues, hacerse valer una pretensión punitiva para su castigo; y una civil de resarcimiento con el alcance que apunta el referido precepto, estudiado en la lección 5.ª.

Pero ¿cómo puede ejercitarse esta segunda? Si consideramos su naturaleza privada podría pensarse en la lógica de su ejercicio en un proceso civil independiente; pero si estamos a los arts. 108 y 112 de la LECRIM la pretensión punitiva la presupone, exigiéndose incluso su ejercicio conjunto con aquella por el fiscal aunque los perjudicados no se muestren parte en la causa —excepto en caso de su renuncia o reserva expresa, art. 110— sin olvidar las prerrogativas de la acusación particular y el actor civil, que solo hace valer esta pretensión.

Esto produce la acumulación en el mismo procedimiento de objetos procesales heterogéneos, dando lugar al que denominamos «proceso civil acumulado» en el que se ejercita una pretensión civil de resarcimiento, atribuyéndose a un órgano penal competencia derivada para conocer de ella.

> No siempre es así. Cabe tanto renunciar a su ejercicio como reservarla para un proceso civil independiente (arts. 108 y 110 LECRIM, y art. 109 CP). Además, pueden concurrir circunstancias en que la vía civil sea la única factible. Por ej. por declaración de rebeldía del acusado (art. 843); por fallecimiento (art. 115); por sobreseimiento de la causa o sentencia absolutoria (excepto si derivase de la inexistencia de los hechos) (art. 116); por rechazarse la denuncia (art. 269) o la querella (art. 313) o en los casos de indulto o prescripción del delito, si no se hubiera extinguido la acción civil.

El planteamiento de esta pretensión ante un órgano penal, cuando así desee hacerse, puede coexistir y desarrollarse conjuntamente con la punitiva, pero también puede quedar como única configurándose el procedimiento solo con el objeto civil.

> Así sería si se solicitara el sobreseimiento concurriendo circunstancias eximentes de responsabilidad penal (art. 20, 1º, 2º, 3º, 5º y 6º CP), en que el proceso continuará para determinar la responsabilidad civil, pues no se extingue por tal

circunstancia (art. 118 CP, 790.3 LECRIM para el procedimiento abreviado). O cuando aceptando el acusado su responsabilidad penal discrepe sobre el alcance de la civil, quedando el proceso reducido a su prueba y discusión (arts. 655 y 695).

En tales circunstancias, la pretensión civil de resarcimiento ha de ejercitarse en los escritos de calificación provisional de los acusadores, siendo el procedimiento ordinario (art. 650); en los de acusación, siendo el abreviado (art. 781); y en el acto mismo de la vista oral, caso del procedimiento por faltas (art. 969). Siendo el actor civil, se hará valer en el escrito de conclusiones del art. 651, como pretensión única pudiendo proponer solo diligencias o pruebas limitadas a ella sin exceder de ese objeto los informes de la defensa (arts. 320 y 735).

La intención de exigir responsabilidad civil puede manifestarse antes, concretamente en la querella de haberla, con eventual solicitud de embargo para garantizar su cumplimiento (art. 277.6). Pero la auténtica pretensión, única a considerar por el juzgador, se plantea en el momento y forma antedichos.

La condición de parte pasiva corresponde al acusado que, en razón al art. 109 CP, está obligado a reparar los daños y perjuicios causados si los hechos cometidos fueran constitutivos de delito o falta, pero también puede dirigirse la pretensión civil frente a los responsables civiles, directos o subsidiarios (lección 4.ª)

Si éstos fueran entidades responsables del Seguro Obligatorio de responsabilidad civil no podrán ser parte en tal concepto, pero podrán ejercitar su derecho de defensa en cuanto a la propia obligación de afianzar, abriéndose pieza separada a tales efectos (art. 7654.3)

Como garantías para el cumplimiento de las responsabilidades civiles exigidas se pueden adoptar distintas medidas cautelares (lección 22.ª)

Podrían solicitarse en la querella (art. 277.6.º) pero su adopción se condiciona a la estimación judicial de «indicios de criminalidad» (art. 589) que no supone necesariamente el procesamiento —aun cuando pueda adoptarse en el auto en que se acuerde— pues también caben en procedimiento en que no hay tal resolución.

Estas se traducen en la exigencia de fianza por importe de una tercera parte más del calculado para cubrir las posibles responsabilidades y, en su defecto, se embargará por aquella cuantía (art. 589). Pueden exigirse del directamente responsable de los hechos o de los responsables subsidiarios, aunque precisaría solicitud expresa del actor (art. 615) permitiéndose la oposición del tercero responsable por la vía incidental de los arts. 616 a 618, que se tramitará en pieza separada (art. 619), se resolverá por auto y podrá reproducirse en la vista oral (art. 620).

Las reglas generales sobre esta fianza, sus modalidades y eventual embargo se encuentran en los arts. 590 a 614 (lección 22.ª).

En el procedimiento abreviado se prevén algunas particularidades, permitiéndose garantías bancarias o de la entidad en que estuviera asegurada la responsabilidad civil; y el requerimiento a las Compañías aseguradoras (o al Consorcio de Compensación de Seguros) cuando estuviera cubierta por el Seguro Obligatorio, hasta su límite, de seguirse la causa por hechos derivados de la circulación viaria. No cubriéndose la cantidad exigida, el aseguramiento de la diferencia corre a cargo de quién resulte responsable civil (art. 764.3).

A tales efectos y en estos casos, podrá intervenirse el vehículo y su permiso de circulación hasta que resulte acreditada la solvencia (art. 764.4).

El alcance de esta responsabilidad podrá rebatirse (o aceptarse) en los escritos de calificación, tratándose del acusado; y en el escrito circunscrito para ello, siendo terceros civilmente responsables (art. 652) con proposición, en su caso, de las pruebas de que intenten valerse. En el procedimiento por faltas, habrá de hacerse en el acto de la vista, al no existir aquellos escritos.

La sentencia resolverá sobre todas las cuestiones relativas a la responsabilidad civil objeto del proceso (art. 742.2) siendo recurribles los pronunciamientos sobre ella, única o conjuntamente, con los relativos a la responsabilidad penal (deducible del art. 854.1). En cuanto a su ejecución, recordamos las peculiaridades del procedimiento abreviado y de faltas para determinar su importe líquido si no estuviera especificado en la sentencia, y la posible petición de ejecución provisional de este tipo de pronunciamiento (art. 794, 1ª, 974 y 989.1).

LECTURAS RECOMENDADAS: 1. Procedimiento abreviado: ARMENTA DEU, T.: *El nuevo proceso abreviado*, Madrid, 2003; MUERZA ESPARZA, J.: *La reforma del proceso penal abreviado y el enjuiciamiento rápido de delito,* Pamplona, 2003; GASCÓN INCHAUSTI, F.: *Reforma de la LECRIM. Comentario a la Ley 38/2002 y a la LO 8/2002, de 24 de octubre,* Madrid, 2003.

2. Procedimiento de faltas: ARMENTEROS LEÓN, N.: *Juicio de faltas (Guía práctica para su ejercicio),* Valencia, 2009.

3. Consecuencias procesales del CP de 1995: GÓMEZ COLOMER, J. L.: *Constitución y proceso penal,* Madrid, 1996.

4. Proceso civil acumulado: NADAL GÓMEZ, I.: *El ejercicio de acciones civiles en el proceso penal,* Valencia, 2004.

Lección Vigesimocuarta

Especialidades procedimentales y procesos especiales

I. DELIMITACIÓN PREVIA

- Especialidad procedimental: proceso ordinario pero con peculiaridades
- Proceso especial: no es ordinario

II. ESPECIALIDADES PROCEDIMENTALES

A) Contra Senadores y Diputados: instrucción y enjuiciamiento Sala 2ª TS; suplicatorio; Presidente y miembros del Gobierno

B) Por calumnias e injurias: diversidad de tratamiento.

C) Procesos por delitos cometidos por cualquier medio de publicación o difusión: secuestro de ejemplares gráficos y otros elementos; y diligencias para determinar la autoría

III. PROCESOS ESPECIALES (I)

A) Proceso militar: es jurisdicción militar propia

B) Proceso con implicación activa de menores
- Tratamiento que, siendo penal y sancionador, es educativo y de reinserción
- Protagonismo Fiscal Menores y Equipo Técnico. Juez de menores (garantías en instrucción y papel esencial en el juicio)
- Mediación penal con menores. Tiende a la reparación de la víctima y a la resocialización del menor
- Imponen medidas
- En lo no previsto: aplicación supletoria del abreviado. Supuesto excepcional: responsabilidad del menor por hechos terroristas

C) Extradición pasiva
- Acto político (del Poder Ejecutivo) por el que se acuerda entregar a un estado requirente de una persona requerida, para ser enjuiciada por sus tribunales o cumplir condena
- Se regula el proceso en Ley 4/1985
- Fase política y fase judicial. En esta última: 1) Fase de admisión ante Juzgado Central de lo Instrucción; y 2) Fase de pronunciamiento judicial: Sala penal AN (pueden adoptarse medidas cautelares)

D) Ejecución de órdenes europeas de detención y entrega
- Es un proceso de extradición europeo.
- La orden
  a) Ámbito de aplicación: delitos en el ámbito de la cooperación
  b) Contenido de la orden
  c) Competencia: Juzgado Central Instrucción y Sala Penal AN
  d) Procedimiento
  e) Concurrencia de órdenes de detención o de éstas y solicitudes de extradición

I. DELIMITACIÓN PREVIA

En el estudio de este tema se atiende a la distinción entre las especialidades procedimentales y los que pueden calificarse de procesos especiales. En el primer caso nos encontramos ante procesos «ordinarios», si bien presentan un conjunto de particularidades en la forma de iniciarse la actividad procesal, el procedimiento preliminar o las medidas cautelares, pero el procedimiento se desarrolla conforme a las reglas generales. Aquí incluimos las causas contra Senadores y Diputados; por calumnias o injurias contra particulares; y por delitos cometidos a través de la imprenta u otros medios de publicación.

Los arts. 410 de la LOPJ y 757 a 778 LECRIM y 60 del Estatuto Orgánico del Ministerio Fiscal, preveían que para exigir responsabilidad penal a jueces, magistrados y miembros del Ministerio Fiscal, y como requisito de admisibilidad de la querella, era necesario cumplimentar la especialidad conocida como «antejuicio». La LO 5/1995, de 22 de mayo, del Tribunal del Jurado, suprime esta especialidad en su DA 1.ª, pero la LO 19/2003, de 23 de diciembre, de modificación de LOPJ otorga contenido de nuevo a su art. 410. No supone reinstaurar el antejuicio pero sí permitir que el instructor, caso de formularse querella contra el juez o magistrado, y antes de pronunciarse sobre su admisión, pueda recabar los antecedentes que estime oportunos para determinar su propia competencia, la relevancia penal de los hechos o la verosimilitud de la imputación.

En cuanto a los procesos especiales, tal calificativo encaja con actuaciones procesales con características diferenciales tales como: 1) Enjuiciar conductas tipificadas fuera del CP común; por órganos distintos a los Juzgados o Tribunales ordinarios de la LOPJ y a través de un procedimiento distinto a los de la LECRIM, caso del proceso militar; 2) Estar regulado fuera de la LECRIM, siendo de aplicación exclusiva a supuestos muy específicos, aunque las conductas a enjuiciar estén reguladas en el CP: proceso con implicación de menores y el procedimiento ante el Tribunal del Jurado; 3) Por sus peculiaridades, se incluye el procedimiento para la Extradición Pasiva y la ejecución en España de Ordenes Europeas de Detención y Entrega.

II. ESPECIALIDADES PROCEDIMENTALES

A) En procesos contra Senadores y Diputados

Conforme al art. 71.2 CE «durante el periodo de su mandato los Diputados y Senadores gozarán.... de inmunidad y sólo podrán ser detenidos en caso de flagrante delito. No podrán ser inculpados ni procesados sin la previa autorización de la Cámara respectiva». Esto nos lleva a los arts.

750 a 756 LECRIM; Ley de 9 de febrero de 1912, sobre competencia para conocer de las causas contra aquellos; Reglamento del Congreso de los Diputados, de 10 de febrero de 1982 (arts. 10 a 14); Reglamento del Senado, de 3 de mayo de 1994 (arts. 21 y 22) y LOPJ (art. 57. Se trata de inmunidad parlamentaria, no inviolabilidad.

La inviolabilidad supone irresponsabilidad por las opiniones expresadas en el ejercicio del cargo: la inmunidad es una prerrogativa conforme a la cual mientras dure su mandato no podrán ser inculpados o procesados sin autorización de la correspondiente Cámara. Esta inmunidad alcanza también a la detención, pero queda, sin efecto tratándose de delito flagrante (arts. 71.2 CE; 11 del Reglamento del Congreso; 22 del Reglamento del Senado).

Esto nos conduce a lo siguiente:

1. La instrucción y enjuiciamiento de causas criminales contra Diputados y Senadores corresponde con exclusividad a la Sala Segunda del TS (arts. 1, Ley 1912; art. 57.2 LOPJ).

En cuanto se atribuyan hechos constitutivos de delito o falta a alguno de aquellos deberá comunicársele para que ejercite su derecho de defensa, ofreciendo su versión sobre los hechos imputados. Si se considera son indicios de culpabilidad, se suspenderán las actuaciones, solicitándose de la Cámara autorización conocida como suplicatorio (deducido del art. 118 bis LECRIM). Esto es, presentada denuncia o querella, admitida, se procede como se ha señalado.

2. Del «suplicatorio» cabe decir:

a) Es un requisito dc procedibilidad. Su finalidad esencial es proteger a los representantes de quienes, por móviles políticos, intenten utilizarlo como medio para impedirles asistir a las reuniones de las Cámaras alterando su composición y funcionamiento.

b) Su consecuencia es la paralización inmediata de toda actividad procesal, hasta la concesión o denegación del suplicatorio (art. 753 LECRIM).

c) El suplicatorio se solicita por el TS, como único competente para el enjuiciamiento de la causa, por conducto del Ministerio de Justicia (art. 756 LECRIM; art. 5 de la Ley de 1912). Se acompaña testimonio de cargos, actuaciones necesarias y dictamen del Fiscal. Planteado en forma y recibido el suplicatorio, el Presidente de la Cámara solicitará dictamen de la correspondiente Comisión conforme a lo previsto por sus Reglamentos, sometiéndose a la decisión del Pleno.

d) Para la emisión de su dictamen se prevé un plazo de 30 días como máximo, incluyéndose su discusión como punto en el primer Pleno.

e) Concedida la autorización solicitada el procedimiento —sin afectarle la posible disolución de las Cámaras antes de dictarse sentencia— continuará conforme a los trámites que correspondan por la sanción o el tipo de delito, sin que contra la resolución que en él se dicte quepa ulterior recurso.

f) Puede, por el contrario, desestimarse la petición de suplicatorio por dos motivos esenciales: 1) No concurrir la condición de Senador o Diputado en el imputado, con lo que el conocimiento de la causa pasará al Juzgado o Tribunal que corresponda, al no haber situación de aforamiento (art. 8 Ley de 1912); y 2) Por no estimarse procedente.

Esta denegación podrá ser implícita deducida del simple silencio de las Cámaras, transcurridos 60 días una vez recibida la petición de suplicatorio sin pronunciarse sobre ella (art. 22.5 Reg. del Senado; art. 14 Reg. del Senado).

En cualquier caso, la denegación por improcedencia producirá el sobreseimiento libre de los parlamentarios pero no de los demás imputados, de haberlos, (art. 754 LECRIM; art. 7, Ley 9 enero 1912).

g) Estas peculiaridades son de aplicación exclusiva a Senadores y Diputados, por lo que no alcanza a los miembros de las Cámaras legislativas de las Comunidades Autónomas.

3. En caso del Presidente y miembros del Gobierno, y sólo si hubiera de exigírseles responsabilidad por presuntos delitos de traición o contra la seguridad del Estado cometidos en el desempeño de sus funciones, para promoverse causa penal contra ellos es necesario que así lo proponga la cuarta parte de los miembros del Congreso y que esta propuesta se apruebe por su mayoría absoluta (art. 102 CE).

B) En procesos por calumnia e injuria

El enjuiciamiento de este tipo de conductas ofrece gran complejidad al no tener tratamiento uniforme sino diversificado según que sus sujetos pasivos sean autoridades, instituciones o simples particulares y, en este último caso, considerando la forma de producirse los hechos presuntamente injuriosos o calumniosos.

a) Calumnias o injurias vertidas contra la Corona —el Rey, sus ascendientes o descendientes, la Reina consorte o a su consorte, el Regente o algún miembro de la Regencia, o al Príncipe Heredero— con o sin motivo de sus funciones (arts. 490.3 y 491 CP). El segundo, las formuladas contra las Cortes, Asambleas legislativas de las CCAA (o alguna de sus Comisiones en actos públicos en que las representen); el Gobierno, CGPJ, TS, TSJCCAA o Consejo de Gobierno de las CCAA; y las injurias contra el Ejército, Clases o Cuerpos y Fuerzas de Seguridad (arts. 496 y 505 CP). Su naturaleza pública determina que su persecución y enjuiciamiento se efectúen conforme a las reglas generales, sin especialidad alguna. Destaca la permisibilidad de la «exceptio veritatis», conforme a la que el acusado puede aportar prueba sobre la verdad de las imputaciones efectuadas tratándose de calumnias o injurias graves contra el Gobierno, CGPJ, TC, TS, TSJCCAA, Consejo de Gobierno de las CCAA (arts. 504, 207 y 210 CP); y de injurias contra el Ejército o Fuerzas de Seguridad (arts. 505 y 210 CP).

b) Tratándose de particulares, hay que distinguir según como se hubieran producidos los hechos presuntamente injuriosos o calumniosos. Si ha sido por escrito, con publicidad, a través de algún medio de publicación o difusión de imágenes o palabras, jugarán las peculiaridades de los arts. 816 a 823 que luego veremos. No habiendo tal publicidad, se seguirán las normas de los arts. 804 a 807. Si las presuntas calumnias o injurias se hubieran hecho verbalmente, asimismo sin publicidad, son aplicables las previsiones de los arts. 808 a 815. Habiendo tenido lugar en el transcurso de un proceso, será precisa licencia del Juez o Tribunal que estuviera conociendo en el momento de producirse (art. 805).

Aparte de lo expuesto, hay que prestar atención a lo siguiente:

1.º) Concurren peculiaridades que solo afectan a la fase de instrucción. Una vez concluido, se seguirán los trámites propios del que pueda corresponder.

Se ha planteado dudas del procedimiento, ya abreviado o ya proceso ante el Tribunal del Jurado («Delitos contra el honor»). Se ha generado una confusión muy probablemente por la misma falta de claridad del legislador en este punto, en relación con las calumnias e injurias, generándose diversas conclusiones. La situación es lo suficientemente dudosa como para no ignorarla, en espera de que el legislador sea capaz de solucionarla; pero sea cual sea la solución, si es que llega, hay que aclarar dos cuestiones: 1) Siguiendo las cosas como están, qué procedimiento habrá de seguirse para el enjuiciamiento de las calumnias e injurias estrictamente privadas; 2) Pasando estas a la competencia del Jurado, si habrá de aplicarse el procedimiento específico de la Ley de 1995 de manera absoluta o habrán de respetarse las especialidades a que nos hemos venido refiriendo. No olvidemos que por ej. se exige preceptivamente en aquel procedimiento la presencia del Fiscal (art. 25 LOTJ), y en las causas por calumnias e injurias de que nos estamos ocupando su presencia se excluye. Al quedar este tema «en el aire» vamos a centrarnos en el primero. Pero tampoco esta es cuestión pacífica por dos circunstancias, aparentemente incompatibles: 1) La sanción a imponer a estos delitos que, aplicando los criterios generales, lleva al procedimiento abreviado (arts. 206 y 209 CP) y 2) La reiterada referencia a términos propios del procedimiento ordinario como «sumario» o «procesamiento» pareciendo indicar que habrá de seguirse este. La doctrina adoptó posturas a favor y en contra de ambas opciones y hoy debe considerarse saldada la cuestión a favor del procedimiento abreviado: 1) Su compatibilidad con las especialidades previstas por la LECRIM, al no suponer estas un procedimiento completo y autónomo; y 2) Las referencias al «sumario» y al «procesamiento» no han de entenderse como velada indicación del procedimiento ordinario, sino como una imprecisión más del legislador al no reformar la LECRIM manteniendo inalterada su redacción original en que, efectivamente, no cabía más procedimiento que aquel, lo que ahora no es así tras la introducción del abreviado.

2.º) Tanto las calumnias como las injurias contra particulares, sin publicidad, son delitos «privados» condicionando su persecución de forma tal que: 1) Sólo pueden serlo a instancia de parte y por medio de querella, sin intervención alguna del Fiscal. No obstante, si el ofendido fuera funcionario público, autoridad o agente de la misma y las calumnias o injurias lo fueran sobre hechos concernientes al ejercicio de sus cargos, se procederá de oficio (art. 215.1 CP); 2) La legitimación para ello se determina en el art. 215 CP (ver lección 3.ª); 3) Como requisito de admisibilidad se exige el intento de conciliación, y la falta de certificación acreditativa del mismo impide continuar el proceso hasta que se aporte (art. 278 y 804 LEC; art. 460 LEC en cuanto a la forma de celebrarse); y 4) El perdón extingue la acción penal produciendo la terminación del proceso, siempre que se manifieste expresamente antes de dictarse sentencia (art. 215.3 y 130.5 CP que establece modificaciones al perdón «general» si el ofendido fuera menor o incapacitado).

3.º) Se limitan los medios de prueba y, en determinados casos, los hechos constitutivos de su objeto. Por ejemplo: la prueba testifical se reduce a los testigos directos, excluyéndose los de referencia (art. 813); Siendo la causa por injurias no se admitirá que el inculpado aporte prueba de la verdad de sus afirmaciones, aún cuando si se admitiría en las calumnias (art. 207 CP). Es la exceptio veritatis, cuyos efectos procesales se prevén en el art. 810 LECRIM.

c) Si la sentencia es condenatoria determinará el alcance de la indemnización por los perjuicios materiales o morales derivados del hecho delictivo considerándose el agravio producido al cometerse y su difusión. Se prevé, además, su publicidad en el mismo medio en que se produjo, de solicitarlo así el afectado (art. 214 CP).

C) Particularidades en procesos por delitos cometidos por cualquier medio de publicación o difusión

Que ciertos delitos puedan cometerse por medios de los que queda constancia fehaciente determina algunas particularidades procesales en su persecución por: la facilidad de constatarlos; la dificultad que puede suponer el conocimiento de su verdadero autor y su amplia difusión, aunque sólo afectan al procedimiento preliminar, siguiéndose para el enjuiciamiento la vía procedimental correspondiente. Se regulan en los arts. 816 a 823 de la LECRIM, siendo dos las consecuencias inmediatas de la noticia de algún delito cometido en cualquier medio de comunicación escrito, oral o visual:

1.ª) Secuestro de los ejemplares gráficos y elementos necesarios para su elaboración, al considerarse instrumentos o efectos de delito (arts. 816 y 822) o, en su caso, prohibición de difundir o proyectar el medio en que se haya producido la actividad presuntamente delictiva (art. 823 bis). La resolución en que así se acuerde es directamente apelable, debiendo resolverse el recurso en plazo de cinco días (art. 823 bis).

2.ª) Averiguación inmediata del verdadero autor, para lo que se prevén distintas diligencias, según las circunstancias. Si el medio utilizado fue un periódico —entendiendo como cualquier publicación que, con unidad de contexto, reúna diversidad de noticias u opiniones— u hoja independiente del mismo, aunque formando parte de él, se tomará en primer lugar declaración a sus responsables —director, redactor— y a sus autores materiales —jefe o regente del establecimiento tipográfico en que se realizó—. Y a estos últimos, si se tratase de un escrito o signo sueltos (arts. 817 y 818).

Para determinar la autoría hay que tener, además, en cuenta:

a) La confesión no se considera suficiente para tener a una persona como autor único de los hechos; y no impide el seguimiento de causa contra otras si se estima que no fue su verdadero autor (art. 820.1).

b) El proceso debe seguirse contra quienes aparezcan como autores reales del texto o signo de que se trate, y sus inductores. Pero cuando por cualquier circunstancia distinta a la extinción de su responsabilidad penal —residencia fuera de España; declaración de rebeldía— no pudieran ser enjuiciados se dirigirá el procedimiento contra el director de la publicación, los editores y los impresores por este orden (art. 300 CP).

Tal orden debe respetarse en cualquier caso. Si seguida causa contra cualquiera de ellos apareciese quien debería responder antes, se sobreseerá la causa respecto a aquel y se dirigirá contra éste, lo que no puede hacerse, sin embargo, si ya se hubiera dictado sentencia firme (art. 820. II y 821).

No obstante, la responsabilidad subsidiaria que aquí se prevé hay que configurarla en términos objetivos. Es decir, no cabe la imputación y, en su caso, condena por el mero hecho de ostentarse alguno de los referidos cargos sino que habrá de presumirse primero, para dirigir el proceso contra ellos y demostrarse suficientemente, después, para ser objeto de condena su actuación dolosa o culposa. Otra interpretación vulneraría la presunción de inocencia.

El procedimiento preliminar se dará por concluido una vez determinado el autor o responsable subsidiario, quedando unidas a las actuaciones el escrito, impreso o grabado en que se considere cometido el hecho delictivo (art. 823).

III. PROCESOS ESPECIALES

A) Proceso militar

Establece la Constitución en su art. 117.5 el principio de la unidad jurisdiccional como base de la organización y funcionamiento de los tribunales, pero haciendo especial hincapié en las peculiares circunstancias que concurren en el ámbito castrense, determinante de que tanto en ella como en la LOPJ (art. 3.2) se hable de la «jurisdicción militar» como única competente para el enjuiciamiento de los hechos tipificados como delitos o faltas militares en el Código Penal Militar (LO 13/1985, de 13 de diciembre, modificada en su art. 99, in fine, por la LO 2/1989, de 13 de abril, Disp. Ad. 9.ª) y en los supuestos de estado de sitio.

Esta jurisdicción, configurada a partir de la LO de 15 de julio de 1987, complementada por la Ley 44/1998, de 15 de diciembre, de Planta y organización territorial de la Jurisdicción Militar, y otras normas complementarias, se integra por Juzgados Togados Militares, Tribunales Militares Territoriales, Tribunal Militar Central y Sala de lo Militar del Tribunal Supremo, entre los que se distribuyen las distintas competencias.

Son los órganos de la Justicia Militar los únicos competentes para la persecución de los distintos delitos y faltas, en su ámbito peculiar, debiendo seguirse en su enjuiciamiento la específica normativa procesal establecida en la LO 2/1989, de 13 de abril. Ofrece en materia procesal penal un importante paralelismo con el proceso ante órganos del orden penal «ordinario». Ciñéndonos al proceso penal militar observamos cómo se previene la intervención del Fiscal —Fiscal Jurídico Militar— con prerrogativas para la incoación de su «propio» procedimiento preliminar, en términos similares a los vistos para el procedimiento abreviado.

1. Se regula el derecho de defensa en forma semejante al proceso penal «ordinario», con determinadas excepciones en cuanto a quienes pueden ostentar el cargo de defensor.

2. Se establece, salvo excepciones legales, el ofrecimiento de acciones para la constitución en parte penal o civil al perjudicado.

3. La iniciación de la actividad procesal puede tener lugar tanto a instancia de parte, como de oficio. En el primer caso se previene la denuncia —que también aparece como obligatoria, con las excepciones del art. 135 y, en determinadas circunstancias, como requisito de procedibilidad en delitos sólo perseguibles a instancia de parte (art. 130.6)— y por excepción la querella.

4. Especial relevancia adquiere el «parte militar» y la denuncia presentada ante el Fiscal Jurídico Militar, que podrá actuar en la misma forma que en el procedimiento abreviado.

Junto a la iniciación de oficio se establece la causada por las autoridades militares a que se refiere el art. 115, a través de «parte» que llevaría como consecuencia la formación por el Juez Togado Militar del atestado.

5. La «notitia criminis», determina, pues, la apertura del correspondiente proceso, pudiendo dar lugar a la incoación de las que se denominan «diligencias previas» por el Juez Togado Militar para la determinación del procedimiento a seguir, cuando hubiera dudas sobre ello (arts. 141 a 143).

Determinada, en su caso, la vía procesal, ésta puede ser alguna de las siguientes:

a) Procedimiento ordinario, vía general para el enjuiciamiento de conductas delictivas.

Su estructura es similar al igualmente denominado en la LECRIM: a) Sumario, con la misma finalidad y contenido; b) Intermedio y c) Período de plenario o juicio oral. De este último destaca el régimen de conformidad del acusado que se prevé cuando la pena solicitada no exceda de tres años, y siempre que no lleve consigo la pérdida de empleo. También que entre las pruebas que pueden practicarse se hace referencia expresa a los medios audiovisuales y la posibilidad, a instancia de parte, de interrupción de la vista antes de evacuar las calificaciones definitivas, cuando se estime necesario para ordenar sus notas en caso de amplitud o complejidad de las pruebas practicadas. No cabe hacer uso de la facultad del art. 733, aun cuando tampoco está prohibida.

b) La segunda vía posible es la que, sin calificativo, regulan los arts. 384 a 396, estimada como especial y considerada como «procedimiento para conocer determinados delitos».

Puede verse, de acuerdo con el paralelismo que se sigue con la LECRIM, como el equivalente al actual proceso abreviado. Pero aquí, su determinación no se efectúa sobre la pena a imponerse, como allí, sino por la conducta a enjuiciar (recuerda, en alguna forma, a los antiguos procedimientos de urgencia que se derogan en 1988). Intenta ser un proceso más ágil y con supresión de determinadas actuaciones judiciales pudiéndose destacar la del auto de procesamiento —lo que no impide que el instructor pueda adoptar las medidas cautelares—: y la sustitución del sumario por las que se conoce como «diligencias preparatorias» a las que sigue la fase del juicio oral en términos muy similares al procedimiento abreviado.

c) También con carácter de procedimiento especial hay que incluir al calificado como «sumarísimo»; y el regulado por los arts. 433 a 447 para la exigencia de responsabilidad penal a Jueces Togados Militares, Auditores Presidentes y Vocales de Tribunales Militares.

La esencial peculiaridad del primero es su propio ámbito de aplicación, limitado a tiempo de guerra y dándose las específicas circunstancias relatadas en el art. 398 (delitos flagrantes, o los que afecten gravemente la moral o la disciplina o seguridad de las Fuerzas Armadas). Pudiendo citarse también la rapidez y garantías con que pretende rodearse: por ejemplo que el procesado haya de permanecer «siempre» en prisión preventiva; la resolución en el acto de las posibles recusaciones; la irrecurribilidad de las resoluciones dictadas por el instructor, etc.

Por lo que se refiere al procedimiento para el enjuiciar a Autoridades Judiciales Militares, se caracteriza por la necesidad del «antejuicio» como requisito de procedibilidad.

Las sentencias o autos de sobreseimiento dictados en las causas por delitos, cualquiera que sea el procedimiento seguido, serán recurribles en casación ante la Sala de lo Militar del TS. No cabrá este recurso contra las resoluciones dictadas por esta Sala (art. 324).

d) Finalmente, se previene una vía específica para el enjuiciamiento de las faltas (arts. 415 a 424), configurada como procedimiento «especial», con estructura prácticamente idéntica a su homónimo de la LECRIM, siendo igualmente un proceso de doble instancia. El plazo para la apelación es de cuarenta y ocho horas —o en el acto de notificarse la sentencia—.

Señalamos, además, que dentro de los que se denominan procedimientos especiales se regulan también las normas a seguir en situación de ausencia del acusado y para su aclaración en rebeldía (arts. 407 a 414). Por su parte, los arts. 324 a 327 regulan el recurso de casación ante la Sala de lo Militar del Tribunal Supremo —no cabe apelación contra sentencias dictadas por los Tribunales Militares, siendo el procedimiento en única instancia cuando conozca aquella Sala, conforme al art. 23.2 de la Ley 4/1987—. Y los arts. 328 a 336 el que sigue denominándose «recurso» de revisión contra sentencias firmes.

B) Proceso con implicación activa de menores

La convicción de que el menor presuntamente delincuente debe ser sometido a régimen especial para el enjuiciamiento y sanción de su conducta, ha sido una constante en nuestro ordenamiento positivo. Actualmente, esa regulación específica la encontramos en la LO 5/2000, de 12 de febrero. Tras la STC 30/1991, de 14 de febrero, que motivó la desaparición de la antigua Ley de Tribunales Tutelares de Menores de 11 de junio de 1948 a través de la de 5 de junio de 1992, se anunció una reforma en profundidad, que se materializó en 2000.

Esta Ley fue modificada antes de su entrada en vigor (que se produce el 12 de enero de 2001) por la LO 7/2000, de 22 de diciembre, en relación con los delitos de terrorismo (afecta a los artículos 7 y 9, e introduce las Disposiciones Adicionales Cuarta y Quinta) y por la LO 9/2000, de la misma fecha, que suspende la aplicación de sus normas a los infractores cuyas edades estuvieran comprendidas entre los 18 y los 21 años, durante un periodo de dos años. Posteriormente, la LO 9/2002, de 10 de diciembre (Disposición transitoria única), prorroga aquella suspensión hasta el 1 de enero de 2007; la LO 15/2003 modifica los artículos 8 y 25 y la

Disposición adicional sexta y, finalmente y de momento, la LO 8/2006, de 4 de diciembre, entre otras novedades, suprime definitivamente la posible aplicación de sus normas a los comprendidos entre los 18 y los 21 años.

Completa esta Ley el tratamiento integral de los menores, iniciado con la de 15 de enero de 1996, de Protección Civil del Menor, y se asienta esencialmente sobre estas bases:

1.ª) Configura un sistema de tratamiento que, siendo, penal y sancionador, es fundamentalmente educativo y de reinserción, aunque sin olvidar que las infracciones más graves deben ser también más gravemente sancionadas;

2.ª) Potencia el principio de oficialidad, estimando que el interés del menor es equiparable al interés social y prioritaria su protección, por lo que otorga amplio protagonismo al Fiscal como defensor de este tipo de interés, atribuyéndole tanto la instrucción de la causa como la acusación, en su caso. Esta acusación no queda, sin embargo, de su exclusivo monopolio, permitiéndose el ejercicio de la acusación particular por el ofendido y se reconoce el de la pretensión civil de resarcimiento, en líneas paralelas al proceso de la LECRIM. Se excluye, no obstante, la acusación popular, al limitarse el ejercicio de acciones exclusivamente a la víctima o a los perjudicados;

3.ª) Equipara el régimen procesal de las actuaciones al de la LECRIM, si bien incorporando fórmulas específicas más beneficiosas para el menor, tanto en el desarrollo del «expediente» (se elude en todo momento el término «proceso»), como en las medidas sancionadoras aplicables y en su ejecución. También se piensa, lógicamente, en las víctimas y perjudicados, a los que, desde un primer momento, debe mantenerse informados de sus derechos y del desarrollo de las actuaciones, aunque no se hayan constituido como parte.

Las normas contenidas en esta Ley nos permiten diferenciar entre unas «ordinarias», de aplicación general a los menores infractores; y otras de carácter «especial», aplicables solo en supuestos muy concretos.

a) Disposiciones «ordinarias»

a) Se aplicarán para el enjuiciamiento de delitos o faltas cometidos por mayores de 14 años y menores de 18. Los menores de 14 años quedan sometidos a las Instituciones de Protección de Menores, dependientes de las CCAA y a las que se remitirán todas las actuaciones que el Fiscal estime procedentes. Se les aplicarán las medidas previstas en la Ley de Protección Civil del Menor de 15 de enero de 1996.

b) La competencia para el conocimiento del «expediente» y la ejecución de la sentencia que en él se dicte, se atribuye en exclusiva al Juez de Menores del lugar de comisión de los hechos.

Si se hubiera cometido en varios lugares, corresponderá al del domicilio del menor y, en su defecto y subsidiariamente, se aplicarán las normas del artículo 18 de la LECRIM. Tienen competencia sobre toda la Provincia y sede en su Capital. No obstante, pueden constituirse con competencia superior o inferior, y en este segundo caso, la sede se fijará en la capital del Partido Judicial determinada por Ley de la correspondiente CCAA.

c) Corresponde al Fiscal un papel prevalente, de manera que: 1º) La iniciación del procedimiento queda a su exclusiva iniciativa, de oficio o a causa de denuncia presentada ante él, que él mismo admitirá o no; 2º) Desarrollará, por sí, toda la actividad propia de la instrucción aunque sin adoptar medidas cautelares o practicar diligencias que afecten a derechos fundamentales, debiendo solicitar al Juez de Menores su adopción o práctica; 3º) Puede desistir de la incoación del expediente, si los hechos no revistieran especial importancia o gravedad y el menor careciera de antecedentes en la conducta cometida, poniéndolo a disposición de la Entidades civiles de Protección de Menores. Este desistimiento habrá de comunicarse a los ofendidos o perjudicados; 4º) Puede también desistir de la instrucción, una vez iniciado el expediente, si los hechos carecieran de trascendencia y hubiera mediado conciliación entre la víctima y el agresor, o este se hubiera comprometido a reparar los daños causados o a cumplir la actividad educativa propuesta por el Equipo Técnico. Ello, sin perjuicio de los posibles acuerdos a que hubiera podido llegarse sobre la responsabilidad civil; 5º) Se le atribuye la función de acusar o de solicitar el sobreseimiento de la causa.

d) Los directamente afectados por los hechos, sus herederos o sus representantes podrán personarse como acusadores particulares, con todos los derechos inherentes a tal condición. Asimismo, tanto estos como los perjudicados podrán ejercitar la pretensión civil de resarcimiento, que se tramitará en pieza separada, pero simultáneamente con el proceso principal. Se establece, no obstante, un límite para la proposición de prueba que solo podrá versar sobre los hechos y las circunstancias de su comisión, pero no sobre la situación psicológica, educativa familiar y social del menor.

El Juez está absolutamente vinculado a las peticiones del Fiscal o del acusador particular no pudiendo, en ningún caso, imponer medidas de mayor gravedad que las solicitadas por estos (art. 8.1), aunque sí puede proponer una calificación distinta o medidas diferentes a las propuestas. También podrá declararse incompetente y remitir las actuaciones al órgano cuya competencia se estime (art. 21).

e) Se reconoce a los menores los mismos derechos que a los mayores en la LECRIM, con algunas particularidades. Desde su detención o desde el inicio del expediente serán informados de esos derechos, incluido el de nombrar letrado y mantener entrevista reservada con él, antes y después de declarar, incluso en condición de detenido; en esta condición, sus declaraciones se efectuarán ante su letrado y de quienes ostenten la patria potestad, tutela o guarda y, en su defecto, de un Fiscal distinto al instructor del expediente; serán oídos por el Juez antes de adoptarse decisiones que le afecten y dispondrán de asistencia psicológica, en presencia de sus padres o quien designe, y asistencia del Equipo Técnico al servicio del Juzgado de Menores (arts. 17.2 y 22).

Este Equipo está integrado por psicólogos, educadores y trabajadores sociales. No solo asisten al menor sino que proporcionan al Fiscal y al Juez los informes que estos le requieran sobre su situación psicológica, educativa o familiar y proponen medidas socio-educativas o la innecesariedad de continuar el expediente, en razón a las circunstancias, e incluso informan sobre la necesidad de un intento de conciliación con las víctimas o el desarrollo de actividades de reparación del daño, pudiendo actuar como mediador.

f) La decisión judicial adoptará forma de sentencia que, en su caso, impondrá alguna de las medidas relacionadas en el artículo 7, con la duración determinada (art. 9), correspondiendo su ejecución a las Entidades públicas dependientes de la CCAA y de las ciudades de Ceuta y Melilla, bajo control del Juez de menores.

El RD 232/2002, de 1 de marzo, crea en el Ministerio de Justicia un Registro de las sentencias firmes dictadas en estos procesos. Con ello se pretende que los Jueces de Menores y el Fiscal dispongan de posibles precedentes sobre personas determinadas y que los datos contenidos en él se utilicen a efectos estadísticos.

La ejecución de la pena impuesta, si no superase los dos años de duración, podrá suspenderse, de oficio por el Juez de Menores, o a instancia del Fiscal o de la defensa, oído el Equipo Técnico y la Entidad encargada de la ejecución, por tiempo no superior a los dos años. Esta suspensión podrá ser absoluta o en régimen de libertad vigilada o con desarrollo de actividades educativas, y no tendrá consecuencias sobre la efectividad de los pronunciamientos relativos a la responsabilidad civil derivada de los hechos (art. 40).

También y por los mismos legitimados, podrá acordarse o solicitarse la sustitución de la medida impuesta o que quede sin efecto, por aconsejarlo las circunstancias (por ejemplo por conciliarse con la víctima) (art. 51).

En todo caso, la vigencia de la suspensión se condiciona al mantenimiento por el condenado, durante el tiempo que dure, a una conducta honorable y de manifiesta intención de integrarse en la sociedad (art. 40.2)

g) En materia de recursos se prevé: 1º) El de reforma, contra los autos y providencias de los Jueces de Menores, siendo apelable el auto resolutorio del mismo (art. 41.2); 2º) El de apelación, contra las sentencias y autos que pongan fin al procedimiento y los que suspendan la ejecución (art. 40) modifiquen las medidas impuestas (art. 14) o adopten medidas cautelares (arts. 28 y 29) (art. 41). Conoce la AP; 3º) Casación, a los únicos efectos de unificación de doctrina, ante la Sala Segunda del TS, contra determinadas resoluciones dictadas en apelación por las AP o la AN.

h) La responsabilidad civil derivada de los hechos es exigible junto a la penal, en el mismo expediente y en pieza separada que se tramitará simultáneamente con las actuaciones principales. Su ejercicio corresponde al Fiscal, a no ser que el perjudicado renuncie, reserve su ejercicio para un proceso civil independiente, o la ejercite por sí en el mismo expediente. Es exigible tanto al menos como a sus padres, tutores, guardadores, etc, solidariamente. Si es riesgo asegurado, a las compañías aseguradoras hasta el límite de lo asegurado.

i) En lo no previsto expresamente se aplicarán, con carácter supletorio, las normas del procedimiento abreviado de la LECRIM (Disposición final primera).

j) Finalmente y en cuanto a su estructura, los expedientes se dividirán en dos fases esenciales: de instrucción y de audiencia, o vista oral.

1ª) Fase de instrucción.

Corresponde en exclusiva al Fiscal. Éste comprueba los hechos y decide: a) El archivo de las actuaciones, si los hechos no fueran punibles o carecieran de autor conocido; b) Desistir de la incoación del expediente, en razón a la naturaleza e importancia de los hechos, poniendo al menor a disposición de las Entidades Civiles de Protección de Menores, y comunicando esta decisión a los ofendidos o perjudicados, a no ser que aquel hubiera cometido con anterioridad hechos de la misma naturaleza; c) Remitir las actuaciones al órgano competente, si la competencia no correspondiera a un Juez de Menores; d) Dar cuenta a este de lo actuado. En este último caso, el Juez de Menores abrirá el expediente ordenando abrir la pieza separada de responsabilidad civil. Se notificará al menor y a sus representantes legales para que designen letrado y, de no hacerlo, se le nombrará del turno de oficio; también se comunicará a los perjudicados para que puedan hacer valer las acciones civiles procedentes y, en su caso, participar en el procedimiento como acusación particular.

Iniciado el expediente, el Fiscal podrá: 1) Desistir de su seguimiento, si hubiera mediado conciliación entre víctima y agresor; acuerdo para la reparación del daño o compromiso de cumplimiento de la actividad educativa propuesta, aunque ello solo es posible si los hechos son constitutivos de delitos menos graves o faltas. De darse esta situación, se mantendrá la vigencia de los acuerdos a que se hubiera llegado sobre la responsabilidad civil, y se reabriría la causa, si el menor incumpliera sus compromisos; 2) Continuar con la instrucción del expediente.

Concluida la instrucción, el Fiscal remite lo actuado al Juez de Menores, manifestándose: 1) Acusando, con posible exigencia de responsabilidad civil; podrá proponer la participación en el acto de la audiencia de representantes de instituciones, públicas o privadas, que den datos significativos en interés del menor y sobre la conveniencia de las medidas solicitadas; 2) Solicitando el sobreseimiento, y la remisión, en su caso, de los particulares que se estimen oportunos a las Entidades de Protección de Menores.

2ª) Fase de audiencia.

Se desarrolla ante el Juez de Menores, recibido el escrito de alegaciones del Fiscal. Se dará traslado, simultáneamente, a quienes ejerciten la acción penal y la civil para que formulen sus escritos de alegación y su propuesta de prueba; tras ello se trasladará todo lo actuado a la defensa y, en su caso, a los responsables civiles, a los mismos efectos. Si las acusaciones solicitaran medidas que no supongan privación de libertad en régimen de internamiento y el menor, su defensa y la de los responsables civiles se manifestaran conformes, en comparecencia ante el Juez, este dictará sentencia sin más trámites. No habiendo conformidad sobre la responsabilidad civil, la comparecencia continuará a estos únicos efectos. No concurriendo tal conformidad, y ante lo alegado por el Fiscal, las acusaciones y la defensa, el Juez acordará: a) El sobreseimiento de las actuaciones; b) El archivo y la remisión de actuaciones a las Entidades civiles de Protección de Menores, si así lo hubiera solicitado el Fiscal; o al órgano jurisdiccional competente, si él no lo fuera; c) La práctica anticipada de pruebas propuestas por las partes y no practicadas, por denegación del Fiscal, en la instrucción, si las considerase relevantes y no pudieran practicarse en la audiencia; d) La celebración de vista, señalando día y hora. Se cita al Fiscal, a las partes personadas, al letrado y a éste. Igualmente también a un representante del Equipo Técnico que haya informado sobre la situación de aquel, un representante de la Entidad de Protección o Reforma de Menores, si hubiera intervenido en la instrucción por haberse ejecutado contra el menor medidas cautelares, o definitivas anteriores; las personas o instituciones perjudicadas civilmente por los hechos, y aquellas a las que se exija responsabilidad civil (la incomparecencia injustificada de estas últimas no será, por sí, causa de suspensión de la audiencia).

Las sesiones serán públicas, pudiendo acordarse a puerta cerrada en interés del menor o la víctima, incluso que el menor abandone la Sala, de oficio o a instancia de parte, si así fuera aconsejable. En ningún caso se permitirá que los medios de comunicación difundan imágenes o datos del menor; debiendo, asimismo, los acusadores respetar su confidencialidad, sin difundir sus datos personales o los obtenidos en la causa, siéndoles exigibles responsabilidades civiles y penales, en otro caso.

Abierta la sesión, si hay conformidad, finaliza con sentencia de conformidad. Si no hay, continuará la vista. Si hay conformidad sobre los hechos, pero no sobre las medidas solicitadas, continuará solo sobre este punto; y lo mismo sucederá si la disconformidad alcanzara solo a la responsabilidad civil. A falta de conformidad la vista continuará. Podrán proponerse nuevas pruebas; alegar vulneración de derechos fundamentales y el Juez proponer una calificación distinta de los hechos o medidas diferentes a las solicitadas que, para su efectividad, habrán de ser asumidas por las partes. Si ante las alegaciones de las partes, se estimara adecuada la continuación de la audiencia, se practicarán las pruebas; se oirá al Fiscal; a la acusación; al actor civil; al defensor del menor y a los terceros civilmente responsables; al Equipo Técnico, y en su caso, a la Entidad Pública de Protección o Reforma. Finalmente, se oirá al propio menor, quedando el expediente visto para sentencia que se dictará en el plazo máximo de 5 días (también puede anticiparse oralmente), debiendo pronunciarse tanto sobre las medidas solicitadas, como sobre la responsabilidad civil derivada de los hechos. Esta sentencia se notificará a las víctimas y perjudicados, aunque no hubieran sido parte en el expediente.

b) Disposiciones especiales

Son de aplicación exclusiva para el enjuiciamiento de menores que hayan cometido hechos tipificables como delitos de terrorismo, en cualquiera de sus modalidades, por los artículos 571 a 580 del CP. El conocimiento de los hechos se atribuye al Juzgado Central de Menores, con sede en la Audiencia Nacional, con las siguientes particularidades destacables:

a) Estas causas no serán acumulables a otras seguidas contra menores, aunque fueran los mismos en ambos casos;

b) La competencia para conocer de los recursos que se interpongan contra los autos y las sentencias del Juzgado Central de Menores se atribuye a la Sala de lo Penal de la Audiencia Nacional;

c) La ejecución de las medidas que imponga el Juzgado Central de Menores, o la Sala de lo Penal de la Audiencia Nacional, serán preferentes a las impuestas, en su caso, por otros Juzgados de Menores;

d) Del recurso de apelación contra sus autos y sentencias conocerá la Sala de lo Penal de la Audiencia Nacional. Se mantiene el mismo régimen para la casación que en las disposiciones «ordinarias»; La ejecución de las medidas corresponde a las Entidades Públicas de Protección de Reinserción de las CCAA

e) Se endurecen las medidas que pueden imponerse.

C) Extradición pasiva

La extradición, desde el punto de vista con que aquí la examinamos, aparece como un acto del Poder Ejecutivo por el que se acuerda la entrega a un Estado requirente de una persona, por éste requerida, para ser enjuiciada por sus tribunales o cumplir una condena.

Se configura, pues, como acto esencialmente político, pero que precisa de la intervención técnica de los órganos jurisdiccionales del Estado requerido, en la forma y términos que actualmente previene la Ley 4/1985, de 21 de marzo, de Extradición Pasiva, excepto de lo expresamente previsto en los tratados en que España sea parte (art. 1).

Se previene, pues, para aquellas situaciones en que un presunto delincuente se refugia en territorio de otro Estado y es acogido por él. Es decir, no sería necesario utilizar la extradición si no se admitiera su presencia, acordándose su expulsión.

El art. 13.3 de la Constitución establece que la extradición sólo se concederá en cumplimiento de un tratado o de la ley, atendiendo al principio de reciprocidad. Los tratados sobre esta materia son multitud, pudiendo quizás destacarse el Convenio Europeo de Extradición hecho en París, de 13 de diciembre de 1957 y ratificado por Instrumento de 21 de abril de 1982, con Protocolos Adicionales, hechos en Estrasburgo el 15 de octubre de 1975 y el 17 de marzo de 1978, respectivamente ratificados por instrumentos de 18 de febrero de 1985. La importancia de este Convenio radica esencialmente, aparte del número de Estados a los que afecta, en la circunstancia de que, tal y como se manifiesta en el Preámbulo de la Ley 4/1985, su firma fue uno de los motivos determinantes de su promulgación para adaptar la legislación española (la antigua Ley de Extradición de 6 de abril de 1958) a la normativa europea. Hay que hacer mención, asimismo, del Convenio Europeo para la represión del terrorismo de 27 de enero de 1977, ratificado por Instrumento de 9 de mayo de 1980.

Los trámites procesales a seguir ante una petición de extradición, sin entrar en más consideraciones sobre el alcance y contenido de la Ley, son:

a) La extradición sólo se concederá atendiendo al principio de reciprocidad y exceptuándose, en cualquier caso, las efectuadas por delitos de carácter político (teniéndose en cuenta que los de terrorismo no se consideran), y que conforme al art. 3 no se concederá la de españoles, ni la de extranjeros por delitos de los que corresponde conocer a los tribunales españoles según el ordenamiento nacional (art. 23 LOPJ).

b) La solicitud de extradición puede formularse de dos maneras: 1) Por vía diplomática, en cuyo caso el Ministerio de Asuntos Exteriores lo remitirá al de Justicia (art. 9.1), y 2) Por escrito directo del Ministro de Justicia del Estado requirente al español (art. 7).

c) Recibida aquélla, el Ministerio de Justicia —en plazo de ocho días— elevará al Gobierno propuesta sobre la apertura o no de procedimiento, que debe decidirse en quince días. De no hacerse en este plazo, lo hará el propio Ministerio por aquél en los tres días siguientes.

Si la respuesta es denegatoria, se comunicará al Estado requirente y, si el reclamado estuviera en prisión, se acordará su puesta en libertad (art. 9). Si es estimatoria, el procedimiento continúa su curso, desarrollándose en tres fases: de admisión, de pronunciamiento judicial y de resolución definitiva, aún cuando esta última puede no tener lugar.

1.ª) Fase de admisión.

Se desarrolla ante un Juzgado Central de Instrucción, al que se remitirán las actuaciones —expediente, en terminología legal— por el Ministerio de Justicia (art. 11). Su objeto es la identificación del requerido; conocer si acepta o no ser extraditado y obtener un primer pronunciamiento judicial sobre la admisión de la solicitud, pudiendo también practicarse instrucción complementaria para un mejor conocimiento de los hechos.

Se traduce en una comparecencia, a la que se citará al Fiscal, debiendo el reclamado asistir con letrado y, en su caso, con intérprete. En ella se le preguntará si consiste o no la extradición, resolviendo el juez lo que estime procedente por medio de auto, recurrible en reforma, del que se dará traslado al Ministerio de Justicia. Siendo desestimatorio, ordenará la libertad de aquél.

Eventualmente, y bien de oficio o a instancia de parte, el juez podrá acordar la práctica de diligencias para completar los datos contenidos en el expediente, señalándose para ello un plazo no superior a treinta días. A su término, se procederá en la forma vista (art. 12).

2.ª) Fase de pronunciamiento judicial.

Tiene lugar ante la Sala de lo Penal de la AN, iniciándose cuando el Juzgado Central de Instrucción en la fase anterior admite la solicitud de extradición.

Se estructura en un período instructorio y otro contradictorio, sobre cuyos resultados la Audiencia ha de pronunciarse sobre la procedencia o improcedencia de lo solicitado. Una resolución que es vinculante para el Gobierno en el segundo supuesto, terminando con ello el procedimiento (art. 6).

Una vez admitida, el Juzgado remite el expediente a la AN, que lo pondrá de manifiesto al Fiscal y al defensor —que se nombrará de oficio de no haberlo— quienes podrán —por tres días— solicitar la remisión de los antecedentes que estimen oportunos. Se señala día para la vista, citándose al representante del Estado requirente, si lo hubiera solicitado y el

Tribunal lo estima oportuno «atendido el principio de reciprocidad» y a un intérprete, en su caso. En ella no podrán practicarse más pruebas que las que versen sobre extremos relacionados con las condiciones exigidas para la extradición por los Tratados aplicables y la ley (art. 14). El Tribunal resolverá por auto —en tres días— sobre la procedencia de aquélla; y sobre la entrega, o no, al Estado requirente de los objetos que pudieran haberse ocupado al reclamado (art. 15). Esta resolución es recurrible en súplica, resolviendo el Pleno de la Sala, pero sin que la ponencia pueda recaer sobre los Magistrados que la hubieran dictado (art. 1 5).

Si es desestimatoria, y una vez firme, se remitirá testimonio al Ministerio de Justicia para su comunicación al de Asuntos Exteriores, a los efectos de que éste lo comunique a la correspondiente representación diplomática. Se ordenará, asimismo, la inmediata puesta en libertad del requerido (art. 17). Si es estimatoria, se entra en la fase siguiente.

3.ª) Fase de resolución definitiva.

Corresponde al Gobierno y sólo se entra en ella si la Audiencia Nacional fuera favorable a la extradición. En tal caso, su resolución no es vinculante para aquél, que podrá denegarla en el ejercicio de la soberanía nacional, atendiendo al principio de reciprocidad o a razones de seguridad, orden público o demás intereses esenciales del Estado (art. 6). Contra la resolución del Gobierno no cabe recurso alguno.

La Audiencia comunica su resolución al Ministerio de Justicia para su pase al Gobierno a tales efectos. Si el acuerdo de éste es favorable a la extradición, se comunica por vía del Ministerio de Asuntos Exteriores a la representación diplomática del país solicitante, procediéndose a la entrega del extraditado en la forma y con los condicionamientos que previene el art. 19. De ser desfavorable, se actuará en la forma vista con anterioridad, sin perjuicio de que pudiera acordarse la expulsión de España del requerido (art. 18.3). En cualquier caso, deben tenerse en cuenta los criterios legales para la concesión o denegación (arts. 2 a 5 y 16).

d) La posible adopción de medidas cautelares para el aseguramiento de la persona del requerido se previene en las figuras de la detención y la prisión preventiva, bien antes de la solicitud formal de extradición y con carácter eventual, bien al admitirse aquélla a trámite.

A la primera posibilidad se refiere el art. 8, para situaciones de urgencia; previa petición del Estado requirente; y siempre que ésta responda al cumplimiento de una sentencia condenatoria o mandamiento de detención firmes. La petición puede hacerse en cuanto a la detención y su acuerdo y efectividad quedan condicionados al ofrecimiento y posterior presentación de una solicitud formal de extradición. La petición se hará en la forma y con las consecuencias legales, correspondiendo las oportunas decisiones al Juzgado Central de Instrucción. De no formularse la solicitud de extradición en el plazo de cuarenta días quedarán sin efecto las medidas que hubieran podido adoptarse (art. 10, I).

Pueden asimismo, adoptarse estas medidas a instancia del Ministerio de Justicia, sin haber mediado aquella petición, cuando, recibida una solicitud de extradición, entienda que sus circunstancias así lo aconsejan (art. 9.2). En este caso, si el juez no recibiera en el plazo de cuarenta días acuerdo gubernativo de continuación del procedimiento, las dejará sin efecto (art. 10, II).

Finalmente, la detención procederá siempre que se acuerde la continuación del procedimiento, resolviendo el Juzgado Central de Instrucción sobre la situación personal del requerido durante la tramitación del procedimiento, en los términos del art. 8 (art. 11).

e) En último lugar puede hacerse referencia a la denominada extradición «en tránsito» prevista en el art. 20; y la posible ampliación de la extradición concedida, dándose las circunstancias a que se refiere el art. 21.

D) Órdenes europeas de detención y entrega

En aplicación del Título VI del Tratado de la Unión Europea se aprobó la Decisión Marco del Consejo de 13 de junio de 2002, relativa a la orden de detención europea y a los procedimientos de entrega entre Estados miembros. Pese al nombre, se trata de un proceso de extradición europeo. Su finalidad es la de suprimir entre los Estados miembros el procedimiento formal de extradición para las personas que eluden la justicia después de haber sido condenadas por sentencia firme y acelerar, los procedimientos de extradición relativos a las personas sospechosas de haber cometido delito, configurando una modalidad específica europea de extradición.

La orden es una resolución judicial que se dicta y se dirige a una autoridad judicial de otro Estado miembro, con vistas a la medida cautelar de detención (u otra medida que cumpla la finalidad de asegurar la persona objeto de la orden) y la entrega posterior de una persona, con el fin de facilitar el ejercicio de las acciones penales contra ésta o para ejecutar una pena o una medida de seguridad privativas de libertad, enmarcándose dentro de la cooperación judicial.

Intervienen dos autoridades: a) La autoridad judicial emisora, competente para dictar la orden de detención; y b) La autoridad judicial de ejecución, que es la autoridad del otro Estado miembro que ejecuta la orden de detención.

Merece especial mención de estas órdenes europeas de detención y entrega:

a) Ámbito de aplicación

La Decisión Marco distingue dos niveles: 1. Desde el propio del juez emisor: *Se podrá dictar* una orden de detención europea por aquellos hechos para los que la ley del Estado miembro emisor señale una pena o una medida de seguridad privativas de libertad de duración máxima al menos de doce meses o cuando la reclamación tuviera por objeto el cumplimiento de una condena o una pena o medida de seguridad no inferior a cuatro meses de privación de libertad; y 2. Desde el ámbito del juez ejecutor: *dará lugar a la entrega* de la persona siempre que los delitos se hallen objetivamente en este ámbito de cooperación, estén castigados con penas o medidas de seguridad privativas de libertad de al menos tres años.

b) Contenido de la orden

Traducida la misma a la lengua oficial o a una de las lenguas oficiales del Estado miembro ejecutor, deberá contener los siguientes elementos: 1) Identidad y nacionalidad de la persona buscada; 2) Nombre, dirección, número de teléfono y de fax, y la dirección de correo electrónico de la autoridad judicialmente emisora; 3) Indicación de la existencia de una sentencia firme, de una orden de detención o de cualquier otra resolución judicial ejecutiva que tenga la misma fuerza prevista en el ámbito de aplicación de los arts. 1 y 2; 4) Naturaleza y tipificación jurídica del delito; 5) Descripción de las circunstancias en que se cometió el delito, incluidos el momento, el lugar y el grado de participación en el mismo de la persona buscada; 6) La pena dictada, si hay una sentencia firme, o bien la escala de penas prevista para el delito por la ley del Estado miembro emisor; 7) Otras consecuencias del delito.

c) Competencia

Se atribuye a los Juzgados Centrales de Instrucción y a la Sala de lo Penal de la Audiencia Nacional, otorgándose la Condición de Autoridad Central al Ministro de Justicia.

Los Juzgados Centrales de Instrucción son los receptores iniciales de las órdenes de detención y entrega y resolverán sobre ellas si el afectado consintiera su entrega en el Estado de emisión y el Fiscal no considerase la concurrencia de condicionantes o causas de denegación. La Sala de lo Penal de la Audiencia Nacional conocerá si no se dieran las anteriores circunstancias, por remisión de actuaciones del Juzgado Central de Instrucción.

La actuación del Ministro de Justicia, como Autoridad Central, se producirá si se diera la concurrencia entre una orden europea de detención y una solicitud de extradición presentada por un tercer Estado contra la misma persona, a efectos de establecer su preferencia (arts. 2, 10, 18 y 23 de la Ley 3/2003, de 14 de marzo, y arts. 65.4º y 88 de la LOPJ, reformados por la LO 2/2003 de la misma fecha).

No será necesario seguir el procedimiento ante la autoridad judicial para la entrega de quien hubiera sido entregado al Estado español en cumplimiento de una orden europea, si fuera requerido por otro Estado por infracciones cometidas antes de su entrega a España, y concurriera alguna de las circunstancias referidas en los núms. 1 y 2 del art. 26 de la Ley 3/2003. Por ej. si el afectado, habiendo tenido la oportunidad de abandonar España no lo hubiera hecho dentro de los 45 días siguientes a haber sido puesto en libertad.

d) Procedimiento

Recibida una orden de detención, el Juzgado Central de Instrucción comprobará si se halla traducida al español y, de no ser así, suspenderá el procedimiento notificándolo a la autoridad judicial de emisión para que subsane. En cualquier caso, se comunicará la recepción de la orden al Ministerio de Justicia.

Si es correcta la orden o se subsanan sus defectos, el Juzgado Central librará orden de detención contra la persona o personas afectadas, ajustándose a las previsiones de la LECRIM, a no ser que concurra algún condicionante que haya de cumplimentarse previamente o algún motivo para denegarla.

Así sucederá si los hechos determinantes de la orden europea estuvieran castigados con privación de libertad a perpetuidad. En tal caso su ejecución se condiciona a la circunstancia de que el Estado de emisión disponga de normas permisivas de la revisión de la condena o de clemencia. También supone un condicionante que aquellos hechos no se encuentren incluidos en la lista relacionada en el art. 9, pero estén sancionados en el Estado de emisión con privación de libertad superior a doce meses o, si tuviera por objeto el cumplimiento de una condena, supere los cuatro meses de privación de libertad. En tales circunstancias, la ejecución podrá supeditarse a que los hechos sean también delictivos en España (art. 9.2).

Las causas por las que puede o debe denegarse la ejecución de la orden europea las recoge el art. 12. Habrá de producirse la denegación si el afectado hubiera sido ya condenado en cualquier Estado, por los mismos hechos; si por razón de edad fuera irresponsable conforme al derecho español, o si la sentencia de condena sobre cuya base se solicita hubiera sido dictada en rebeldía del acusado (STC 28 sept. de 2009). Y por un amplio elenco de circunstancias como por haberse acordado el sobreseimiento libre en España por los mismos hechos, o estuviera siguiéndose procedimiento penal por ellos (art. 12.2).

Librada orden de detención y conseguida esta, el detenido será puesto a disposición del Juzgado Central de Instrucción, en el plazo máximo de 72 horas. Se comunica a la autoridad judicial requirente y se informa al detenido de la existencia de la orden europea, la posibilidad de consentir su entrega y los derechos que le asisten. El detenido será oído en el plazo máximo de 72 horas, con asistencia de abogado, del Fiscal y, en su caso, de un intérprete.

La primera cuestión que ha de planteársele es si consiente o no su entrega al Estado requirente. Consintiendo, se dictará auto irrecurrible, en el plazo máximo de 10 días, acordando esa entrega. No consintiendo, se oirá a la defensa y al Fiscal sobre posibles causas de denegación o condicionantes para la entrega y proposición de prueba a tales efectos. Finalizadas estas actuaciones se elevarán a la Sala de lo Penal de la Audiencia Nacional que resolverá, también por auto irrecurrible, dentro de 60 días prorrogables por otros 30 de haber razones justificativas (arts. 14, 18 y 19 Ley 3/2003).

El consentimiento no produce efectos por sí mismo, sino solo cuando el Juez tenga plena constancia de haberse prestado libremente y con conocimiento de su carácter irrevocable.

No se prevén causas específicas para la denegación de la entrega. Serán las mismas que pueden determinar la negativa inicial a ejecutar la orden de detención.

En cuanto a posibles condicionantes lo son por ej. la nacionalidad española del requerido, en cuyo caso cabe supeditar la entrega a «su devolución a España para el cumplimiento de la condena impuesta, en su caso, por el Estado requirente» (art. 11.2); o la existencia de proceso pendiente contra aquel en España por hechos diferentes, pudiendo dejarse en suspenso la entrega hasta su finalización o hasta que cumpla la condena (art. 21.2).

La decisión de entrega, en su caso, se notificará a la autoridad judicial requirente y se hará efectiva por la policía española en los 10 días siguientes, pudiéndose establecer otro de 10 días, sino se produjo la entrega, y siempre con posibilidad de suspensión. La entrega comprenderá los objetos o efectos del delito, sin perjuicio de su restitución ulterior a España, a no ser que estuvieran sometidos a embargo o comiso pudiendo entonces denegarse o cederse temporalmente para el proceso a seguir en el Estado requirente.

e) Concurrencia de órdenes de detención o de estas y solicitudes de extradición

a") Concurrencia de órdenes europeas: Se producirá cuando contra una misma persona se libren órdenes de detención por diferentes Estados y deba determinarse la preferencia para su cumplimiento. Competente: Juzgado Central de Instrucción.

b") Concurrencia de órdenes europeas y solicitudes de extradición: Supondrá que el Juzgado Central de Instrucción remita las actuaciones al Ministro de Justicia como Autoridad Central quien, a su vez, efectuará una propuesta de decisión que someterá el Consejo de Ministros, considerando las circunstancias anteriormente indicadas para la preferencia entre órdenes de detención. Otorgándose preferencia a la orden de detención, se ordenará el Juzgado Central de Instrucción que continúe el procedimiento. Si la preferencia fuera para la solicitud de extradición, se iniciarán las actuaciones propias de la misma.

Estas normas son de aplicación en defecto de convenio con el Estado requirente, en cuyo caso habrá de aplicarse éste si simplificara o facilitara el procedimiento (Disp. Adicional Primera de la Ley 3/2003).

LECTURAS RECOMENDADAS: Especialidades procedimentales: 1) Contra Senadores y Diputados: GÓMEZ COLOMER y ESPARZA LEIBAR: *Tratado jurisprudencial de aforamientos procesales*, Valencia, 2009. 2) Calumnias e injurias: MUERZA ESPARZA, J.: *Algunas consideraciones procesales sobre los delitos de injuria y calumnia en el CP,* Trib. de Just. 1998, Nº 1 pág. 21.
Procesos especiales: 1) Proceso militar: SANCRISTÓBAL REALE, S.: *La jurisdicción militar,* Granada, 2006; 2). Proceso de menores: MORENILLA ALARD, P.: *El proceso penal del menor: actualizado a la LO 8/2006, de 4 de diciembre,* Madrid, 2007; 3) Extradición pasiva: GARCÍA SÁNCHEZ, B.: *La extradición en el ordenamiento interno español, internacional y comunitario,* Granada, 2005; 4) Orden Europea de Detención y Entrega: VV AA (Coord. ARANGÜENA FANEGO, C.): *Cooperación judicial penal en la UE: la Orden Europea de Detención y Entrega,* Pamplona, 2005; CASTILLEJO MANZANARES, R.: *Procedimiento español de emisión y ejecución de una Orden Europea de Detención y Entrega,* Pamplona, 2005.

Lección Vigesimoquinta

El procedimiento para el enjuiciamiento rápido de determinados delitos

I. REGULACIÓN Y NATURALEZA JURÍDICA

A) Regulación: arts. 795 a 803 LECRIM

B) Naturaleza jurídica: especial por el ámbito de aplicación

II. ÁMBITO DE APLICACIÓN

Tres criterios:

a) Gravedad de la pena

b) Modalidad de incoación del procedimiento

c) Concurrencia de una circunstancias: flagrante delito, hecho tipificado en el elenco de delitos como ámbito de este proceso y la facilidad instructora

III. CARACTERÍSTICAS DEL PROCEDIMIENTO

a) Rapidez en su tramitación

b) Fortalecimiento de las funciones de la policía judicial

c) Instrucción concentrada ante el Juzgado de guardia

d) Papel protagonista del Ministerio Fiscal (diligencias urgentes)

e) Medidas de protección procesal de los ofendidos y perjudicados

f) Aumento de las competencias del Secretario Judicial

IV. FASE DE INVESTIGACIÓN

A) Fase policial. Realización de diligencias policiales (art. 796) que favorecen acopio material para completar atestado policial, y dirigidas a evitar la reiteración de diligencias posteriores.

B) Fase judicial: Tras presentación de atestado policial, objetos, instrumentos y pruebas-diligencias urgentes (se reduce la necesidad de diligencias por Juzgado de guardia)

C) Medidas cautelares: necesidad de audiencia para su adopción

V. FASE PREPARATORIA DEL JUICIO ORAL

A) Alternativa: sobreseimiento-juicio oral

B) Apertura del juicio oral

- a) Ejercicio de la acusación pública única
- b) Ejercicio de la acusación particular
- c) Escritos de defensa
- d) Posible conformidad en Juzgado de Guardia

VI. JUICIO ORAL, SENTENCIA, IMPUGNACIÓN Y EJECUCIÓN

A) Peculiaridades del juicio oral. Cabe sentencia in voce

B) Impugnación de sentencia: puede ser firme si se dicta de viva voz o apelación

C) Ejecución de la sentencia. Se aplica reglas del abreviado

I. REGULACIÓN Y NATURALEZA JURÍDICA

La aprobación de la Ley 38/2002, de 24 de octubre, de reforma parcial de la Ley de Enjuiciamiento Criminal, atendió, por pretendidas razones de urgencia en la mejora de la justicia penal y en la proyección social de la misma, a tres grandes objetivos: 1) La creación de un proceso nuevo, para el enjuiciamiento rápido de determinados delitos; 2) La modificación del procedimiento abreviado; y 3) La modificación, en el sentido de creación de una modalidad inmediata, del juicio de faltas.

Aunque no era desconocida en la legislación española la modalidad procedimental del enjuiciamiento rápido de determinados delitos, el proceso que en la nueva ley se configuraba pretendía responder a una naturaleza jurídica diversa, y revestía unos caracteres que le diferenciaban de los que le habían precedido.

A) Regulación

Los juicios rápidos se regulan en los arts. 795 a 803 de la LECRIM (Título III, denominado «Del procedimiento para el enjuiciamiento rápido de determinados delitos»), que se estructuran sobre la base de la delimitación de su ámbito de aplicación, de las actuaciones de la Policía Judicial altamente incrementadas en el mismo, las diligencias urgentes a practicar ante el Juzgado de Guardia, de la preparación del juicio oral, del juicio oral mismo y de la sentencia, y finalmente, de la impugnación de ésta.

Dos notas deben destacarse con carácter general: En primer lugar, aplicación supletoria de las normas del procedimiento abreviado (y, obviamente, en defecto de éste, habrá que acudir a las normas del ordinario); y, en segundo lugar, supone un punto y aparte respecto de los anteriores juicios rápidos (que no dejaban de ser sino una modalidad acelerada de los procedimientos abreviados, pero, en cualquier caso, proceso ordinario).

B) Naturaleza jurídica

El proceso para el enjuiciamiento rápido de determinados delitos es considerado por la Exposición de Motivos como un proceso especial, y no una especialidad procedimental, si bien esta naturaleza jurídica no es tan evidente atendidos los criterios determinantes del ámbito de aplicación del mismo.

Si se exigiera la concurrencia simultánea de todos ellos nada obstaría a su condición de proceso especial, pero la posibilidad de que tan sólo concurra, por ejemplo, el criterio de la facilidad instructora no puede entenderse como suficiente para otorgarle dicha naturaleza. Por su parte, si se exigiera, en todo caso, que el delito que se persigue a través del juicio rápido deba ser necesariamente alguno de los que se enumeran en el art. 795.1, 2ª LECRIM, la naturaleza de proceso especial no se cuestionaría.

La falta de claridad en la naturaleza se evidencia cuando se advierte lo que sucede con el juicio de faltas. También aquí existe una modalidad rápida de la que no se dice nada en la E.M. sobre su naturaleza jurídica. La razón de ser de la atribución de esta naturaleza de proceso especial es el ámbito de aplicación del mismo: por un lado, por este procedimiento se tramitarán hechos delictivos menos graves, con lo que se atiende a la pena, y, por otro, deben concurrir ciertos elementos que permitan, y en ciertos casos exijan, la tramitación urgente, ágil, rápida e inmediata de los mismos.

Ciertamente lo especial aquí no solo es el ámbito de aplicación, sino que también se le atribuye una serie de especialidades procedimentales, que se complementan supletoriamente con las normas reguladoras del procedimiento abreviado. Éstas solas, sin embargo, no le concederían dicha naturaleza, sino la de mero procedimiento con especialidades procedimentales, pero no proceso especial.

II. ÁMBITO DE APLICACIÓN

Su ámbito de aplicación se configura en el art. 795 LECRIM, y responde a la concurrencia de tres criterios, que atienden, en primer lugar, a la gravedad de la pena; en segundo lugar, a la modalidad de incoación del procedimiento; y, finalmente, exige que concurra al menos una de las circunstancias que específicamente se delimitan, y que responden a la flagrancia del delito, a tratarse de un hecho tipificado en el elenco de delitos establecido como ámbito de este proceso, y a la facilidad instructora. Así se exige:

a) Gravedad de la pena

Los hechos delictivos que pueden conocerse a través de estos juicios rápidos deben estar castigados con pena privativa de libertad que no exceda de cinco años, o con cualesquiera otras penas, bien sean únicas, conjuntas o alternativas, cuya duración no exceda de diez años, cualquiera que sea su cuantía. Debe estarse a la pena en abstracto.

Con ello se pretende evitar que cualquier delito pueda tramitarse a través del proceso especial, restringiendo, a tales efectos, los juicios rápidos a la delincuencia de bagatela o menor; referida ésta a la gravedad, que no a la cantidad.

b) Modalidad de incoación del procedimiento

Se incoa mediante atestado policial, y siempre que ha habido detención policial, o citación policial para comparecer ante el Juzgado de guardia por tener la calidad de denunciado en el atestado policial.

El texto originario de la Ley 38/2002 parecía excluir de este procedimiento las causas que se inician por querella o por denuncia presentada ante el Juzgado de Guardia directamente, provocando absurdos en supuestos como el delito de violencia doméstica del que se obtiene la *notitia criminis* por parte hospitalario o por denuncia directa ante el juzgado de guardia, al no poder tramitar las diligencias por este procedimiento sino por el abreviado, quebrando con ello el espíritu que quiso el legislador atribuir en la tramitación de causas penales referidas a determinados delitos que exigen socialmente una respuesta rápida. La reforma del CP por L.O. 15/2003 añadió un nuevo ap.4 al art. 796, que permite la continuación de las investigaciones en los juicios rápidos cuando aún no habiendo sido detenido ni localizado el presunto responsable, fuera previsible su rápida identificación y localización. En este caso las investigaciones constarán en un único atestado, que se remitirá al Juzgado de Guardia tan pronto como sea detenido o citado y, en cualquier caso, dentro de los cinco días siguientes.

c) Exigencia de concurrencia de al menos una de las tres siguientes circunstancias

1.ª) Se trate de un delito flagrante. Se considera como delito flagrante, según el art. 795.1, 1ª:

1") El que se estuviese cometiendo o se acabare de cometer cuando el delincuente sea sorprendido en el acto (lo que el TS venía considerando la «inmediatez temporal»).

Se entenderá sorprendido en el acto:

*) Al delincuente que fuere detenido en el momento de estar cometiendo el delito (por ejemplo, acaba de romper la ventana del coche y se ha sentado para realizar el puente al vehículo para salir rápidamente o al poner en marcha el vehículo, con tan mala fortuna que la policía se le cruza y le impide la circulación)

*) Cuando la persecución durare o no se suspendiere mientras el delincuente no se ponga fuera del inmediato alcance de los que le persiguen (sin que se establezca límite temporal a la misma, sino tan sólo la exigencia de la no suspensión en la persecución, dure lo que dure la misma).

2") El que se cometiere por persona a quien se sorprendiere inmediatamente después de cometido un delito con efectos, instrumentos o vestigios que permitan presumir su participación en él.

Si bien recuerda a la denominada por el TS «inmediatez personal», no coincide con ella, dado que ésta es aquélla en la que al presunto delincuente se le encuentra en el lugar de los hechos, en relación tal a los objetos o instrumentos del delito que no haya duda razonable en cuanto a su participación. La exigibilidad de la concurrencia de que no haya duda razonable ha sido claramente sustituida por un grado menor, en cuanto el actual art. 795.1, 1ª tan sólo se refiere a la presunción de la participación de la persona a quien se sorprende inmediatamente después de cometido el delito con elementos que así la amparen.

2.ª) Se trate de alguno de los delitos establecidos expresamente en el art. 795.1, 2ª, cuales son: 1) Delitos de lesiones, coacciones, amenazas o violencia física o psíquica habitual, cometidos contra las personas a que se refiere el art. 173.2 del CP (delitos y faltas, de protección integral contra la violencia de género); 2) Delitos de hurto; 3) Delitos de robo; 4) Delitos de robo y hurto de uso de vehículos; 5) Delitos contra la seguridad del tráfico; 6) Delitos de daños referidos en el artículo 263 del Código Penal; 7) Delitos contra la salud pública previstos en el artículo 368, inciso segundo, del Código Penal; 8) Delitos flagrantes relativos a la propiedad intelectual e industrial previstos en los artículos 270, 273, 274 y 275 del Código Penal.

Se trata de un elenco tasado de delitos, que responden al carácter no complicado de su investigación o bien a la atribución a los mismos, por su frecuencia o por la repugna social que conlleva, una mayor rapidez en su tramitación. Es, por ello, una solución legislativa procesal rápida ante la crítica social por el sentimiento de impunidad de ciertos delitos, lo que inclina la balanza hacia el concepto de seguridad (y más concretamente de seguridad ciudadana), en cuanto parece así expresarse en la Exposición de Motivos, al reconocer que se trata de una respuesta estatal ante la delincuencia por estos motivos. Especial consideración merecen los delitos relativos a la violencia de género, en los que la celeridad que imponen estos procesos y la privacidad con la que suelen desarrollarse estos actos delictivos hace difícil encontrar prueba suficiente. Es más, nada extraña que las estadísticas judiciales apunten por una mayoría de sentencias de conformidad basadas en el reconocimiento de los hechos ante el juzgado de Guardia o, contrariamente, se emiten numerosas sentencias absolutorias derivadas de una retractación de la víctima llegado el juicio oral.

3.ª) Se trate de hechos punibles en que se aprecie, aun no concurriendo las circunstancias 1.ª) y 2.ª), facilidad instructora, de modo que se presuma que la investigación será sencilla y de duración breve.

III. CARACTERÍSTICAS DEL PROCEDIMIENTO

Los capítulos II, III, IV, V y VI del Título III van a regular las especialidades procedimentales de estos juicios rápidos. Lo que en ellos específicamente no venga dispuesto se regulará por las normas del Título II, «Del procedimiento abreviado». Las notas características que definen este procedimiento son:

a) La rapidez en su tramitación

Esta nota se predica tanto de la tramitación seguida desde la incoación del proceso penal hasta la celebración del juicio oral, como de los plazos que se han establecido para dictar sentencia y los que permiten la interposición de los recursos. Todo ello sin mermar el ejercicio de los derechos en el proceso.

b) Fortalecimiento de las funciones de la policía judicial

Se consagra una verdadera fase policial de investigación, al atribuir a la Policía Judicial el deber de practicar en el tiempo imprescindible y, en todo caso, durante el tiempo de la detención, determinadas diligencias específicas en este procedimiento (a las que se refiere el art. 796 LECRIM). La Policía asume funciones antes atribuidas a los agentes judiciales. Ello exige una buena coordinación entre los diversos cuerpos y fuerzas de seguridad que se despliegan en el territorio de cada partido judicial y también entre estos organismos y los juzgados de ese mismo partido, en especial con el juzgado que se encuentre en funciones de guardia, siguiendo en gran medida el Protocolo de coordinación entre ambos, de 28 de junio de 2005 para proteger a las víctimas de violencia de género.

En todo caso, dos son los asuntos que precisan una atención especial: el pase de detenidos y la agenda única de señalamientos (se trata de una agenda informática conectada a los juzgados y a la policía, que permite no realizar señalamientos o citaciones coincidentes).

La pretensión no es otra que evitar la repetición de las mismas en sede judicial, y conformar el atestado policial, que va a convertirse en el eje esencial de la incoación del procedimiento, aproximándose cada vez más al sistema estadounidense.

c) Instrucción concentrada ante el Juzgado de guardia

Para conseguir una eficaz concentración de la instrucción ante el Juzgado de Guardia se ha reformado la configuración y sistema del régimen de las guardias, y, se han configurado plazos breves, evitándose la reiteración de las diligencias policiales innecesarias.

> Cuando se trate de delitos de violencia de género el art. 779 bis rompe dicha concentración de actos a los efectos de aunar todos ellos —en la medida de lo posible— ante los Juzgados de Violencia sobre la Mujer, relegando a los Juzgados de Guardia todos aquellos actos que afecten a la situación personal del imputado, es decir, los relativos a las medidas cautelares que sobre él recaigan y al estatuto integral de la víctima que se deduce de la orden de protección. En cualquier caso, en horas de audiencia (9 a 13 horas) los JUM tendrán la obliga-

ción de conocer las diligencias inaplazables. Corresponde a la Policía Judicial fijar el día y hora de la comparecencia ante los nuevos Juzgados, donde deberán desarrollarse estos juicios rápidos.

d) Papel protagonista del Ministerio Fiscal

Se refuerza asimismo la figura del Ministerio Fiscal, que va a cobrar un destacado protagonismo en cuanto a su participación activa con el Juzgado de guardia en la práctica de las diligencias urgentes, en la fase de preparación del juicio oral en especial en cuanto a la alternativa sobreseimiento-juicio oral se refiere, etc.

Se está consolidando la coordinación Ministerio Fiscal (con un papel decisivo en esta última reforma de la Policía Judicial) y el Juez (en este caso, Juzgado de Guardia).

Significativa es la figura de la Fiscalía contra la Violencia sobre la Mujer, que cobra una especial importancia a la hora de coordinar las acciones civiles y penales que deban decidirse conjuntamente en un juicio rápido ante los Juzgados de violencia sobre la Mujer (LO 1/2004 arts. 70, 71 y 72. y 49 bis LEC).

e) Medidas de protección procesal de los ofendidos y perjudicados

Se fortalece la posible intervención de los ofendidos y perjudicados. Se les notificará las resoluciones que puedan afectarle, a saber, tanto el auto de sobreseimiento de la causa [art. 800.1 en relación con art. 782.2, a)] como la misma sentencia, aunque no se hayan mostrado parte en la causa (art. 792.4 en relación con el art. 795.2).

Especial mención merecen las medidas de protección procesal desarrolladas por el legislador en la LO 1/2004 sobre el derecho a la información, a la asistencia social integral inmediata en Juzgados y a su asistencia jurídica (Título II, Capítulo I), así como la defensa de sus intereses y derechos encomendada al Delegado Especial del Gobierno contra la Violencia sobre la Mujer, aun cuando solo tienen legitimación en procesos de cesación de publicidad; no penalmente (regulado por RD 237/2005, de 4 de marzo). Igualmente, queda garantizada por esta LO la protección de datos de las víctimas y personas que se encuentren bajo su custodia o guarda (art. 63) (Sobre las distintas medidas de protección Lecc. 22.ª).

f) Aumento de las competencias del Secretario Judicial

Esencialmente los Secretarios Judiciales van a informar a los detenidos de sus derechos, de las consecuencias de la conformidad al acusado, y son los que acuerdan el traslado de documentación entre las partes.

También se informará a los ofendidos y perjudicados de sus derechos, en los términos previstos en los artículos 109 y 110, cuando previamente no lo hubiere hecho la policía (art. 776.1); y, en particular, se le informará de las medidas de asistencia a las víctimas y de los derechos a que se refiere el artículo 771.1ª.

IV. FASE DE INVESTIGACIÓN

La fase de investigación es núcleo esencial de este procedimiento. Se consagra de modo evidente dos etapas: una de carácter policial; y otra, de carácter judicial.

A) Fase policial

Dos componentes destacan en esta fase: por un lado, que el juicio rápido se asienta sobre la concurrencia de un elemento básico: El conocimiento de la persona que aparece como autora del delito, lo que se expresa, bien en la existencia de una detención policial, bien en la posibilidad de una citación policial para comparecer ante el Juzgado de guardia, lo que implica la realización ya de alguna de estas dos conductas por la Policía Judicial; y, por otro, que el fortalecimiento de las funciones de la Policía Judicial en este proceso provocan una regulación específica de diligencias a practicar con la finalidad de conformar el atestado policial, punto de partida, en todo caso, junto con los objetos y pruebas que le acompañen, para la posible incoación de la fase de diligencias urgentes ante el Juzgado de guardia.

a) Diligencias policiales

Sin perjuicio de las demás actuaciones que le son encomendadas expresamente en el procedimiento abreviado, la policía judicial estará obligada a practicar las diligencias oportunas en cada caso a que se refiere el art. 796, que son las que específicamente se regulan para este proceso especial:

1.º) Requerirá la presencia de cualquier facultativo o personal sanitario para prestar, si fuere necesario, los oportunos auxilios al ofendido, solicitando una copia de su informe para unirlo al atestado policial.

A título de ejemplo, en los delitos de lesiones o en los que se emplee la violencia física o psíquica la presencia del facultativo o personal sanitario que informe acerca del estado en que se encuentra el ofendido y le preste los auxilios oportunos, es material esencial para, agregado al atestado policial, ser remitido al Juzgado de guardia. Se está, de forma evidente, simplificando la actividad investigadora a realizar en la fase judicial.

El forense realizará los informes a la vista de la documentación médica que se le suministre y, únicamente cuando fuere absolutamente imprescindible, podrá personarse en sede policial para reconocer al lesionado y emitir el informe. Esto último, sin embargo, será la excepción.

2.º) Informará a la persona a la que se atribuye el hecho del derecho a ser asistido de Abogado en el Juzgado de guardia, aun cuando no haya sido detenido (art. 796.1, 2ª). El Abogado designado para la defensa estará habilitado para todas las actuaciones que se verifiquen ante el Juez de Guardia.

3.º) Citará para comparecer en el Juzgado de guardia o Juzgado de Violencia sobre la mujer en el día y la hora que se le señale (art. 796.1, 3ª, 4ª y 5ª): a) A la persona que resulte denunciada en el atestado policial, cuando no se haya procedido a su detención, con apercibimiento de las consecuencias de no comparecer a la citación; b) A los testigos, con apercibimiento de las consecuencias de no comparecer; c) A los aseguradores que hubieren asumido el riesgo de las responsabilidades pecuniarias derivadas del uso o explotación de cualquier bien, empresa, industria o actividad (art. 117 CP); d) En su caso, a los vecinos y personas del entorno laboral, escolar, servicios sociales, que pudieron informar sobre actos de violencia de género anteriores al denunciado, así como de su personalidad y posibles adicciones.

La determinación del día y la hora de las citaciones se realiza por la Policía Judicial en coordinación con el Juzgado de guardia o Juzgado de Violencia sobre la Mujer. En caso de urgencia, puede practicarse verbalmente la citación, sin perjuicio de la constancia en el acta de su contenido (art. 796.2).

4º.) Remitirá al Instituto de Toxicología, al Instituto de Medicina Legal o al Laboratorio correspondiente las sustancias aprehendidas cuyo análisis resulte pertinente (art. 796.1, 6ª).

El nuevo art. 796.1.7º, II permite realizar a los agentes de la autoridad pruebas de detección de pruebas sin previa autorización judicial ni consentimiento del sujeto examinado a través del test salival como primer indicio que, si es positivo, pudiera dar lugar a una extracción y análisis de sangre posterior.

5.º) La práctica del análisis de sangre, de orina u otro análogo requerirá la intervención del personal sanitario adecuado, que deberá remitir el resultado al Juzgado de guardia por el medio más rápido y, en todo caso, antes del día y la hora de la citación de las personas anteriormente señaladas (art. 796.1, 7º).

6.º) En los supuestos de imposibilidad de remisión al Juzgado de guardia de algún objeto que debiera ser tasado, se solicitará por la Policía judicial la presencia de un perito o servicio para que emita un informe pericial, que podrá presentarse bien escrito, o bien emitirse oralmente ante el mismo Juzgado de guardia.

7.º) En los delitos cometidos contra las personas aludidas en el art. 173.2 CP, la especial naturaleza de estos actos de violencia de género impone a la Policía Judicial realizar las acciones tendentes a averiguar la intensidad de la situación de riesgo para que el juez pueda decidir sobre el alcance de las órdenes de alejamiento y de protección integral de la mujer contra este tipo de actos. También verificará la existencia de otras intervenciones policiales, denuncias, partes médicos, causas pendientes, así como condenas o medidas cautelares acordadas por este tipo de delitos que aparezcan en el Registro Central de Víctimas de la Violencia de Género.

Se forma especialmente a la Policía para la asistencia y protección a las víctimas. Valorado el riesgo, se facilitará a la víctima un teléfono de contacto directo y permanente con los funcionarios asignados. Asimismo, la policía incautará armas y/o instrumentos peligrosos que pudieran encontrarse en el domicilio familiar o poder del presunto agresor, a la espera de que el Juez acorde la posible suspensión del derecho a la tenencia, porte y uso de las mismas.

b) Finalidad de las citadas diligencias

Las diligencias policiales que específicamente se regulan en el art. 796 LECRIM responden a una doble finalidad:

1.ª) Por un lado, favorecer el acopio de material que, junto al atestado policial, va a ser presentado al Juzgado de guardia o Juzgado de Violencia sobre la Mujer, lo que supone un anticipo de la investigación; y

2.ª) Por otro, evitar, en la medida de lo posible, la reiteración de las diligencias que ya se hubieren practicado en sede policial, siempre que el juez, con la participación activa del Ministerio Fiscal, así lo considere pertinente.

B) Fase judicial: «diligencias urgentes»

La atribución de las anteriores funciones a la Policía Judicial hace prever que esta fase judicial va a quedar notablemente reducida. Elementos configuradores de esta fase judicial de investigación en los juicios rápidos son los siguientes:

a) Competencia del Juzgado de guardia

Se tramitará la fase judicial de la investigación del proceso especial para el enjuiciamiento rápido de los delitos ante el Juzgado de guardia, y durante el servicio de guardia del Juzgado de Instrucción (art. 799.1), manteniéndose, a tales efectos, las reglas de atribución de la competencia territorial a que se refieren los arts. 14 y 15 LECRIM.

La pretensión del legislador encierra una clara intención de que sea el Juzgado de guardia y en el período de este servicio que se pueda desarrollar la fase rápida de las diligencias urgentes de investigación que puedan conducir al enjuiciamiento de los delitos por este cauce procesal especial. El art. 799.2 dispone que en aquellos partidos judiciales en que el servicio de guardia no sea permanente y tenga una duración superior a veinticuatro horas, el plazo pueda prorrogarse por un período adicional de setenta y dos horas en aquellas actuaciones en las que el atestado se hubiera recibido dentro de las cuarenta y ocho horas anteriores a la finalización del servicio de guardia. Supuesto especial es el de delitos de violencia de género, dado que el art. 779 bis reduce las posibilidades de intervención del Juzgado de Guardia a los únicos efectos de la presentación del detenido.

b) El atestado policial

Uno de los puntos clave de la reforma se asienta en el importante juego que las diligencias policiales realizadas y transcritas en el atestado policial van a desempeñar en la incoación del procedimiento, en lo que a la fase judicial de la investigación se refiere.

El atestado deberá conformarse en el tiempo imprescindible, si bien cuando existan detenidos existe un límite temporal máximo infranqueable, que es el plazo de 72 horas. En la confección del atestado se tendrán en cuenta con carácter general los artículos 292 a 297 LECRIM así como los criterios aprobados por la Comisión Nacional de la Policía Judicial, el 2 de abril de 2003, que distingue dos clases de atestado: JRD (atestado con detenido) y JRSD (atestado en juicio rápido sin detenido).

En primer lugar, destaca la posible situación que puede darse de que la fase judicial comience desde que se produce el recibimiento del atestado policial, junto con los objetos, instrumentos y pruebas que se hayan obtenido por la policía y acompañen a aquél (informes periciales, objetos aprehendidos en el momento de la comisión de los hechos, etc.).

En segundo lugar, sin embargo, es posible que, como consecuencia de la práctica de las diligencias y la presentación del atestado, se haga innecesaria la fase judicial, siempre que el juez de guardia considere que estas actuaciones policiales practicadas y el material que se aporta al atestado policial, son suficientes para ordenar la continuación del procedimiento (art. 798. 2, 1º).

Cuando se trate de actos de violencia de género para la elaboración del atestado se aconsejaba que la policía fotografiara y grabara la inspección ocular y declaración de la víctima que, con frecuencia se retractaba el día del juicio y ello dejaba sin prueba plena muchas de las agresiones. No obstante la tendencia jurisprudencial actual es no admitir como prueba ninguna grabación de la fase preliminar en virtud del art. 416 LECRIM (posible no declaración de la víctima contra su cónyuge). Además, debe asegurarse la presencia de la víctima, representante legal, del presunto agresor y posibles testigos ante la Autoridad Judicial y deberá velarse por evitar que víctima y agresor se encuentren en el mismo espacio físico.

c) Rapidez y simplificación

Si bien todo este proceso se fundamenta en la idea de la rapidez, a la que directamente viene conectada la exigibilidad de la simplificación de trámites, es especialmente significativa su presencia en la fase judicial de investigación.

Son diversos los términos que el legislador ha empleado y que justifican esa pretensión de rapidez y de simplificación: hace referencia a «diligencias urgentes», a la práctica de éstas solo «si procede», la posibilidad de las citaciones verbales, diligencias pertinentes que pueden llevarse a cabo «en el acto o en el plazo máximo de setenta y dos horas», entre otros.

Asimismo no pueden obviarse las dificultades que para configurar determinados informes o dictámenes periciales con plenitud de garantías en el breve tiempo concedido van a concurrir, sobre todo cuando se trate de asuntos tales como los delitos de drogodependencia (en los que se exigen análisis clínicos, psicológicos, etc.).

No obstante, incoadas diligencias urgentes, si la instrucción no hubiere podido desarrollarse en tiempo, podría solicitarse por las partes la conversión en diligencias previas del abreviado (art. 798.2, 2º).

d) Desarrollo de esta fase judicial

a") Presentación del atestado policial, objetos, instrumentos y pruebas.

Comienza esta fase con la presentación por la Policía Judicial del atestado policial, al que se adjuntan los documentos, instrumentos y pruebas que, en su caso, lo acompañen. Si considera el juez de guardia, a la vista de las diligencias policiales practicadas, y tras oír a las partes que se hubieren personado y al Ministerio Fiscal, que son suficientes, dictará un auto en forma oral, que deberá documentarse y no será susceptible de recurso alguno, ordenando seguir el procedimiento —la fase de preparación del juicio oral—. Si el Juez de Guardia reputa falta el hecho que hubiere dado lugar a la formación de diligencias, procederá a su enjuiciamiento inmediato (art. 798.2, 1º) (recuérdese la competencia del Juzgado de Violencia sobre la Mujer en los supuestos de delito o falta de violencia de género).

No debe perderse de vista la función que en esta fase mantiene el Ministerio Fiscal, quien colabora y participa activamente en las decisiones que vayan a acordarse por el Juzgado de guardia. No obstante, la imperiosa necesidad de aumentar los efectivos del Ministerio Fiscal es innegable, y sólo desde ese punto de partida va a ser posible garantizar la operatividad de la ley; obviamente todo ello junto a una clara repercusión en la Planta Judicial y en la adecuación de la Oficina judicial.

b") Práctica de diligencias urgentes.

Si considera el juez necesaria la práctica de alguna o algunas diligencias urgentes (previstas en el art. 797), las practicará, en el orden que sea más aconsejable, si bien jugará aquí el Ministerio Fiscal un papel importante, tanto en la determinación de la conveniencia de las mismas como en su orden práctico. El auto por el que las incoa no es susceptible de recurso.

El art. 797 enumera nueve diligencias que tilda de urgentes, lo que no es óbice a que el juez pueda ejercer otras funciones.

Se trata de un elenco de diligencias en el que se combina, por un lado, la delimitación específica en los apartados 1º a 8º del art. 797.1 LECRIM, mientras que en el apartado 9º se configura una cláusula general con exigencia de condiciones determinadas.

1.ª) Petición de los antecedentes penales del detenido o persona imputada.

2.ª) Práctica de determinadas diligencias que pudieren ser necesarias para la calificación jurídica de los hechos imputados, siempre que no se hubieren ya realizado (informes periciales no remitidos por la Policía Judicial, el examen de las personas comparecidas a presencia judicial y el informe del facultativo de no haberlo realizado, pericial tasadora del objeto o bien aprehendido o intervenido, caso de no haberse realizado con anterioridad).

3.ª) Tomar declaración del detenido puesto a disposición judicial o al imputado por los términos del atestado.

Deberá informarse al detenido o imputado de los derechos que le asisten y de los hechos que se le imputan, además de permitírsele la entrevista con su Abogado, tanto antes como después de prestar la declaración. Asimismo el Juez requerirá al detenido o imputado para que designe un domicilio en España a efectos de notificaciones o, en su caso, una persona que las reciba en su nombre, advirtiéndole de la posibilidad de celebrar el juicio en su ausencia si se cumplen los requisitos legales (art. 775 en relación con el art. 797). Ante la falta de comparecencia del imputado a la citación policial ante el Juzgado de guardia, y no justificare causa legítima que se lo impidiere, orden de comparecencia podrá convertirse en orden de detención (art. 487, al que se remite el art. 797).

4.ª) Tomar declaración a los testigos comparecidos, que hubieren sido citados por la Policía Judicial.

5.ª) Llevará a cabo, en su caso, las informaciones al ofendido y al perjudicado de los derechos que le asisten de acuerdo con los artículos 109 y 110.

En concreto, de su derecho a mostrarse parte en la causa sin necesidad de formular querella y, tanto al ofendido como al perjudicado, de su derecho a nombrar Abogado o instar el nombramiento de oficio en los supuestos de titularidad de asistencia jurídica gratuita, de su derecho a, tomar conocimiento de lo actuado una vez personados en la causa, e instar lo que a su derecho convenga; y, asimismo se les informará de que, de no personarse en la causa y no hacer renuncia ni reserva de acciones civiles, el Ministerio Fiscal las ejercitará si correspondiere. Finalmente, y ya con carácter más específico, se le instruirá de las medidas de asistencia a las víctimas que prevé la legislación vigente.

6.ª) Practicará el reconocimiento en rueda del imputado, de resultar pertinente y haber comparecido el testigo.

Parece recomendable la grabación de la diligencia de reconocimiento en rueda o, en su caso, realizar una fotografía instantánea de los componentes de la misma, que se incorpore al acta que elabore el Secretario Judicial, y que garantiza la objetividad.

7.ª) Ordenará, en su caso, el careo entre testigos, entre testigos e imputados o entre imputados entre sí.

8.ª) Ordenará la citación, incluso verbal, de las personas que se consideren necesarias, salvo los miembros de las Fuerzas y Cuerpos de Seguridad que hubieren intervenido en el atestado, cuya declaración obre en el mismo, salvo que, excepcionalmente y mediante resolución motivada, considere imprescindible su nueva declaración.

9.ª) Cualquier otra diligencia, siempre que cumpla dos condiciones: a) Sea pertinente a los fines de la investigación; y b) Se practique en el acto o dentro del plazo máximo de setenta y dos horas (por remisión hecha al art. 799).

10.ª) Dentro de las diligencias que deberá practicar (arts. 87 ter.III LECRIM y 49 bis.III LEC), el Juzgado deberá recabar información sobre la posible pendencia de un proceso civil relacionado con los actos de violencia de género, requiriendo al Tribunal civil de inhibición en la causa a los efectos de que sea conjuntamente juzgada ante los Juzgados de Violencia sobre la Mujer. Los procesos civiles creados *ex novo* tras un acto de violencia de género deben presentarse ante un JUM.

c") Posibilidad de práctica de prueba anticipada.

En determinados supuestos —especialmente importante es en actos de violencia de género— pueden concurrir condiciones que hagan prever que no se podrá practicar la prueba en la fase de juicio oral, o bien que provocará la suspensión del juicio. En tales condiciones, el art. 797.2 posibilita la práctica anticipada de dichas pruebas, si bien siempre previa petición de las partes. Dicha diligencia se documentará en soporte apto para la grabación y reproducción del sonido y de la imagen o por medio de acta, solicitándose a efectos de su valoración como prueba, la reproducción en el juicio de la grabación o hechura liberal de la diligencia.

Se trata de un supuesto de prueba anticipada cuyo reconocimiento viene en el art. 657, III cuando de procedimiento ordinario se trata, y en los arts. 777.2, 781.1, III y 784.2, respecto del procedimiento abreviado. Se justifica la prueba anticipada en todos ellos en el temor a la imposibilidad de practicar la misma o en el temor a que su práctica exija la suspensión del juicio oral (como sucede, por ejemplo, por razón del lugar de residencia de un testigo o una víctima).

d") Trámite de audiencia de las partes personadas y del Ministerio Fiscal.

Finalizada la práctica de las diligencias urgentes, en su caso, el juez oirá a las partes personadas y al Ministerio Fiscal, en aras de adoptar la resolución que proceda (art. 798.1).

No se establece el modo de efectuar ese «oír a las partes personadas y al Ministerio Fiscal» si bien, atendida la agilidad y la simplificación, y con sustento en el acentuado principio de concentración, parece razonable entender que se tratará de una audiencia conjunta de todos ellos, con el fin de tomar la decisión oportuna, previa audiencia de los mismos.

e") Resoluciones del Juzgado de guardia:

1.ª) Auto oral de continuación del juicio rápido, en el supuesto de que considere suficientes las diligencias practicadas. No cabe recurso alguno.

Dicho auto, dictado de forma oral, deberá documentarse por el Secretario Judicial en el acta.

Cuando de actos de violencia de género se tratare, el Juzgado de Guardia ordenará la continuación del juicio rápido, adoptará las pertinentes medidas, y dará traslado de los autos al Juzgado de Violencia sobre la Mujer a la mayor brevedad posible. La tramitación y resolución seguirá las normas comunes.

2.ª) Aun considerando suficientes las diligencias practicadas, puede no optarse por la continuación del juicio rápido, debido a la concurrencia de las siguientes circunstancias:

1") Que el hecho no sea constitutivo de infracción penal, en cuyo caso habría que dictar auto de sobreseimiento libre (art. 798.2, 1º en relación con el art. 779. 1, 1º y el 637.2);

2") Que no aparezca suficientemente justificada su perpetración o no hubiere actor conocido, en cuyo caso habrá que dictar sobreseimiento provisional (art. 798.2, 1º en relación con el 779. 1, 1º y el 641.1 y 2);

3") Que el hecho no sea delito sino falta, en cuyo caso procederá a su enjuiciamiento inmediato conforme a lo previsto en el artículo 963 (798.2, 1º);

4") Que el hecho estuviere atribuido a la jurisdicción militar, en cuyo caso se inhibirá a favor del órgano competente (art. 798.2, 1º en relación con el art. 779.1, 3ª);

5") Que todos los imputados fueren menores de edad penal, en cuyo caso habrá que dar traslado al Fiscal de Menores para que inicie los trámites de la Ley de Responsabilidad Penal del Menor (art. 798.2, 1ª en relación con art. 779.1, 3ª).

3.ª) Remisión al procedimiento abreviado: en el supuesto de que considere insuficientes las diligencias practicadas, ordenará que continúe el procedimiento como «diligencias previas», si bien se señalarán aquellas diligencias cuya práctica resulte necesaria para concluir la instrucción de la causa o las circunstancias que lo hacen imposible. Esta decisión, probablemente sustentada en la petición de las partes personadas y del Ministerio Fiscal, deberá fundarse (art. 798.2, 2ª).

4ª) Devolución de objetos intervenidos.

Finalmente, y sólo en los supuestos en que proceda, decidirá el Juez de guardia acerca de la posible devolución de aquellos objetos que han sido presentados, junto con el atestado policial, ante el Juzgado (art. 798.4).

La devolución de los objetos aprehendidos o intervenidos se produce en todo caso en los supuestos en que se dicta un auto de sobreseimiento libre.

C) Medidas cautelares

En la fase de investigación judicial el juez de guardia resolverá además acerca de las medidas cautelares, teniendo en cuenta las siguientes consideraciones:

a) Momento procesal

El legislador está configurando dos momentos diversos para adoptar las medidas cautelares por el juez de guardia:

1ª) El primero, inmediatamente después de la práctica de las diligencias urgentes, en el trámite de audiencia al Ministerio Fiscal y a las partes personadas a que se refiere el supuesto arriba previsto.

2ª) El segundo, inmediatamente después de que se haya formulado de forma oral el auto que acuerda la continuación del procedimiento, también previo trámite de audiencia de las partes (arts. 798.1, en relación con el 800.1 y con el nuevo art. 505.1, II).

b) Audiencia

La decisión vendrá condicionada a dar efectivo cumplimiento al trámite de audiencia, a que se refiere el art. 798, a las partes personadas y/o al Ministerio Fiscal, quienes podrán solicitar cualesquiera medidas cautelares se entiendan oportunas para garantizar las responsabilidades penales del imputado o imputados, así como las referidas a la responsabilidad civil, teniendo en cuenta que con anterioridad pudieran haberse ya adoptado alguna de ellas.

Precisamente el juicio rápido se asienta, entre otros, en supuestos en que pudiera haberse producido una detención policial, y la misma exige el traslado del detenido al Juzgado de guardia, quien, atendiendo a la regulación general, deberá resolver acerca de su situación personal, bien manteniendo la privación de libertad por tiempo mayor (prisión provisional), bien adoptando una medida cautelar menos gravosa (libertad provisional con alguna de las obligaciones que configuran el régimen limitativo de la libertad), o bien restableciendo el derecho de libertad en su estado natural ante la ausencia de los presupuestos necesarios para adoptar la tutela cautelar personal.

c) Vinculación de la decisión cautelar a la resolución del Juzgado de guardia

La suerte de las medidas cautelares que hubieren sido ya adoptadas con anterioridad dependerá de los posibles contenidos de la resolución que adopte el Juzgado de guardia.

En unos casos, será en ese mismo auto que resuelve la suerte del proceso donde el juez se pronunciará sobre aquéllas (art. 798.3), tal como sucede, por ejemplo, con el auto de sobreseimiento.

En otros, como sucede en el caso de continuación de la causa por los trámites del juicio rápido, mediante auto dictado en forma oral, el juez de guardia solicita, en el mismo acto, al Ministerio Fiscal y a las partes personadas, que se ratifiquen en lo pedido cautelarmente (art. 798.3 *in fine* en relación con el art. 800.1).

d) Recursos

Contra la decisión cautelar cabe plantear reforma y apelación, pudiendo plantearse la apelación de forma subsidiaria a aquélla, pero sin que sea necesario interponer previamente el de recurso de reforma para presentar el de apelación (arts. 798.3 en relación con el art. 766).

e) Medidas en los supuestos de violencia de género

Nos remitimos a la Lecc. 22ª.

V. FASE PREPARATORIA DEL JUICIO ORAL

El Capítulo Cuarto (arts. 800 y 801, tramitado este último por ley orgánica) se centra en la regulación de lo que denomina como fase de preparación del juicio oral, que deberá seguirse, también de forma inmediata y en brevísimos plazos, ante el mismo Juzgado de guardia que conoció de la fase judicial investigadora.

A) Alternativa sobreseimiento-juicio oral

Su finalidad no es tan sólo la de preparar la fase de juicio oral (con formulación de acusación, y, efectuar las citaciones oportunas ya para el juicio) sino también la de, en su caso, evitarlo (en el supuesto de que el camino a seguir fuere la alternativa al juicio oral: el sobreseimiento).

Fundado en el principio de concentración o unidad de acto, en el mismo trámite de audiencia a que se refiere el art. 798.1 y en el que de forma oral se dicta auto por el que se manda seguir el procedimiento de estos juicios rápidos, se oirá al Ministerio Fiscal y a las partes que se hallaren personadas su pronunciamiento sobre sí consideran que procede la apertura del juicio oral o sí cabe dictar un auto de sobreseimiento, en atención a los presupuestos establecidos en los arts. 637 y 641 LECRIM. En esta unidad de acto se pronunciarán las partes acerca de la ratificación o, en su caso, la solicitud, de medidas cautelares.

Pueden darse, a este respecto, diversas situaciones:

1. Si tanto Ministerio Fiscal como el acusador particular solicitan el sobreseimiento por cualquiera de los motivos que prevén los arts. 637 y 641, lo acordará el juez, salvo cuando concurran los supuestos de los números 1º, 2º, 3º, 5º y 6º del art. 20 CP, devolviendo en tal caso las actuaciones a las acusaciones para calificación, continuando el juicio hasta sentencia, a los efectos, en su caso, de la imposición de medidas de seguridad y del enjuiciamiento de la pretensión civil.

2. Si el Ministerio Fiscal solicita el sobreseimiento, no existiendo acusador particular, antes de acordar el sobreseimiento podrá ponerlo en conocimiento de los ofendidos o perjudicados conocidos, no personados, a fin de que en el plazo de quince días, puedan, en su caso, defender lo que consideren oportuno. Si no lo hicieren, se acordará el sobreseimiento. El art. 782.2, b) permite también que el juez remita al superior jerárquico del Fiscal para que resuelva si procede o no sostener la acusación; quien deberá responder en el plazo de diez días.

Las razones de esta decisión sobre el sobreseimiento se asientan en el principio acusatorio, al no existir proceso si no hay acusador que mantenga la acusación. Cuando la acusación solicita el sobreseimiento, no es sostenible la acusación. Y asimismo, el principio de legalidad fundamenta la posibilidad del ofrecimiento al ofendido o perjudicado no personado de continuar la persecución del hecho. En el mismo sentido se regula en los arts. 642, 643 y 644 LECRIM.

3. Cuando el Ministerio Fiscal o la acusación particular soliciten la apertura del juicio oral, el Juez de guardia la acordará, a salvo de que entendiera que concurren los presupuestos del sobreseimiento (art. 800.1 en relación con el 783.3).

La decisión de adoptar la apertura del juicio oral se llevará a cabo mediante auto motivado, si bien oralmente, y es por ello que se exige la documentación en el medio de reproducción de estas actuaciones. Este auto no será susceptible de recurso alguno (art. 800.1 *in fine)*.

La ausencia de norma específica para los supuestos en que se deniega el juicio oral o en los que se decreta el sobreseimiento, parece razonable entender que habrá que aplicar lo que dispone el art. 766.1 y 2, respecto de los autos dictados por los juzgados de instrucción. De este modo, cabe plantear reforma y si no fuere estimado, el de apelación, teniendo en cuenta, sin embargo, que el recurso de apelación puede interponerse subsidiariamente con el de reforma o separado y que, en ningún caso, va a ser necesario interponer previamente el de reforma para presentar la apelación (art. 766.1 y 2).

B) Apertura del juicio oral

Una vez se ha abierto el juicio oral, la regulación que se efectúa en el art. 800 distingue dos supuestos: a) Que tan sólo exista acusación pública (Fiscal); y b) Que se hubiere constituido acusación particular también.

a) Ejercicio de la acusación pública única

Las actuaciones que, de manera concentrada, se van a desarrollar en este supuesto son: a) Apertura de juicio oral; b) Inmediata presentación del escrito de acusación por el Fiscal o formulación oral de la misma; c) Señalamiento para la celebración del juicio oral (art. 800.3, II); d) Emplazamiento del acusado y, en su caso, del responsable civil para que presenten sus escritos de defensa ante el órgano competente para el enjuiciamiento (art. 800.2), o la formulen oralmente, procediendo en tal caso a la citación de las partes para celebración del juicio oral. Cabe conformidad.

El plazo de presentación de los escritos de defensa, sin exceder de cinco días, deberá fijarse por el Juez de guardia, atendidas las circunstancias del hecho imputado y los restantes datos que se hayan puesto de manifiesto en la investigación (art. 800.2, *in fine*).

b) Ejercicio de la acusación particular

Procedimentalmente existen algunos matices en el supuesto de que se hubiere personado el acusador particular, dado que se seguirán los siguientes trámites: a) Apertura del juicio oral; b) Emplazamiento al acusador particular y al Fiscal para que presenten sus escritos de acusación, en el plazo máximo e improrrogable de dos días (lo que supone una diferencia respecto del carácter inmediato de presentación de la acusación en el supuesto del ejercicio único de la acusación pública); c) Citación de las partes por el juzgado de guardia, para la celebración del juicio oral, así como a quienes deban intervenir en la práctica de prueba en el juicio (art. 800.4 en relación con el 800.2 y 800.7); d) Emplazamiento del acusado y responsable civil, en su caso, para la formulación en los mismos términos anteriormente expuestos, de sus escritos de defensa.

En el articulado de la ley no se nombra al acusador popular, si bien debe entenderse que la no mención expresa del mismo no está negando la posibilidad de que cualquier ciudadano pueda ejercitar la acusación popular, siempre que por la calidad del delito esto sea factible.

Si no se presenta la acusación de forma inmediata —en los supuestos de acusación pública única— o no se presenta en el plazo de dos días máximo —cuando se ejercita también la acusación particular— el legislador ha establecido en el art. 800.5:

a) Que se requerirá inmediatamente al superior jerárquico del Fiscal para que, en el plazo de dos días, presente el escrito de acusación; y

b) Si el superior tampoco lo presentare, se entiende que no se está pidiendo la apertura del juicio oral y, en consecuencia, se decretará el sobreseimiento libre.

Las críticas a esta solución, basada en el deseo exacerbado de rapidez, se han centrado fundamentalmente: a) En el hecho de que no encaja con los supuestos presupuestados en la LECRIM para el sobreseimiento libre; b) Tampoco queda clara la incidencia en la posible y eventual responsabilidad civil *ex delicto;* c) Puede llevar a una auténtica impunidad de los delitos, lo que choca con la misma Exposición de Motivos de la ley, que pretende precisamente incidir en esa finalidad de la reforma —evitar la impunidad delictiva—; d) Desprotege a las víctimas de los delitos, aparentemente uno de los puntos de especial interés a proteger por la nueva norma; e) Finalmente, desde un punto de vista de la naturaleza y consecuencias jurídicas del sobreseimiento libre, no resulta razonable ofrecer el efecto de cosa juzgada a un incumplimiento de plazos; una sanción demasiado desproporcionada a quienes protege el Derecho Penal.

La solución asumida por el legislador ha sido un exceso de celo por dar respuesta al enjuiciamiento rápido e inmediato de los delitos, y en detrimento de las garantías del proceso. Una solución que puede volverse perversa, al favorecer la impunidad delictiva.

c) Escritos de defensa

Lo significativo respecto del escrito de defensa es: 1) Presentación inmediata de los mismos a salvo de los supuestos en que se fija por el Juzgado de guardia un plazo concreto, pero en ningún caso podrá exceder de cinco días; se entiende desde que se ha producido la apertura del juicio oral; no parece del todo justificable que no se permita, en casos de necesidad y concurriendo justa causa, la prórroga de este plazo, sobre todo si se tiene en cuenta que esa es la solución permitida al Fiscal; 2) Se presentan ante el Juzgado de lo Penal, órgano competente para el enjuiciamiento; 3) Presentados los mismos ante el Juzgado de lo Penal, o precluidos los plazos para su presentación, el Juez examinará las pruebas propuestas e inmediatamente dictará auto admitiendo o inadmitiendo las misma, y, en su caso, prevendrá lo necesario para la práctica de la prueba anticipada (art. 800.6 en relación con el 785).

d) Posibilidad de conformidad: peculiaridades

Una de las novedades introducidas por la reforma es la regulación que se hace, como régimen jurídico con peculiaridades propias, de la conformidad en sede del propio Juzgado de Guardia, lo que supone el acortamiento del acortamiento, o un acortamiento al cuadrado, que plantea, cuanto menos, ciertas críticas en su configuración y desarrollo. Sus características son:

1º) La regulación de la misma se efectúa mediante ley orgánica, consecuencia de la atribución de la competencia para dictar sentencia de conformidad al Juzgado de Guardia, así como para decidir sobre la suspensión de la ejecución o la sustitución de las penas (materia propia de LO).

2º) El legislador ha querido distinguir dos posibilidades: en primer lugar, que exista acusador particular, regulándose la posibilidad de conformidad en el escrito de defensa con la más grave de las acusaciones (art. 801.5 LECRIM), si bien de difícil realidad; en segundo lugar, que tan sólo exista acusador público, en cuyo caso se aplica el régimen jurídico que vamos a pasar a delimitar a continuación.

3º) Si sólo existe acusación pública, y el Fiscal hubiere solicitado —y así se hubiere acordado por el juez de guardia— la apertura del juicio oral, habiéndose presentado el escrito de acusación por el Ministerio Fiscal, el acusado podrá conformarse ante el Juzgado de guardia si se dan todos los requisitos del artículo 801 LECRIM.

4º) Una de las grandes objeciones a esta regulación es que está posibilitando que el imputado se conforme sin que se haya designado abogado de oficio en los supuestos en que no haya nombrado uno particular, afectando con ello al ejercicio del derecho de defensa.

5º) Esta modalidad de conformidad se va a desplegar ante el Juzgado de Guardia, que es el órgano competente para la instrucción y la preparación del juicio oral (art. 801).

> Surge así lo que desde algunos foros se ha venido denominando como justicia del mazo, esto es, aparecen los Juzgados de Guardia del mazo, al estilo anglosajón, que desarrollarán su actividad de forma rápida y cuasi-instantánea, resolviendo caso tras caso y en una brevedad desconocida en nuestro sistema, las causas que tiene atribuidas.

En cualquier caso, la atribución de la decisión —dictar sentencia de conformidad— al mismo Juzgado de Guardia que instruye y prepara el juicio oral resulta cuanto menos cuestionable desde el punto de vista constitucional, y ello en cuanto supone una afectación al principio general de que el que instruye no puede dictar sentencia, esto es, la incompatibilidad de funciones como manifestación clara del principio acusatorio en el proceso penal.

6º) Momento procesal para que se produzca esta conformidad es tras la conformación del atestado policial y tras la práctica de las diligencias urgentes; momento incipiente del procedimiento.

7º) Requisitos de esta modalidad de conformidad son:

*) Que el Ministerio Fiscal, constituido en parte única, hubiere solicitado apertura del juicio oral, y, acordada por el Juez de guardia, hubiere presentado en el acto escrito de acusación.

*) Que los hechos objeto de acusación hayan sido calificados como un delito castigado con pena de hasta tres años de prisión, con pena de multa cualquiera que sea su cuantía o con otra pena de distinta naturaleza cuya duración no exceda de diez años.

*) Que, tratándose de pena privativa de libertad, la pena solicitada o la suma de las penas solicitadas no supere, reducida en un tercio, los dos años de prisión.

8º) Control del juez: Será el Juzgado del guardia el que, tras realizar los exámenes de control oportunos, dictará oralmente sentencia de conformidad, cuyo contenido será: a) Por un lado, impondrá la pena reducida en un tercio; y b) Por otro, si la pena fuere una pena privativa de libertad, acordará, en su caso la suspensión o la sustitución de la misma. Se trata, de una pena condicionada, por cuanto condición necesaria para dictar sentencia de conformidad es la de obtener el compromiso del acusado de satisfacer las responsabilidades civiles que se hubieren originado, en el plazo fijado de forma prudencial por el Juzgado de guardia; y, el compromiso del acusado de obtener, en un plazo prudencial, la certificación suficiente por centro o servicio respectivo de que el acusado se encuentra deshabituado o sometido a tratamiento para tal fin. El incumplimiento de estos compromisos da lugar a un auto del juez por el que se impondrá al acusado la pena sin reducción.

También es posible la conformidad en los juicios rápidos en la fase del juicio oral (arts. 800.2 y 802), si bien el régimen jurídico aplicable es el del abreviado (art. 787).

9º) Dictada la sentencia de conformidad, el Juez de guardia acordará lo procedente sobre la puesta en libertad o el ingreso en prisión del condenado, con los requerimientos oportunos, remitiendo el secretario las actuaciones junto con la sentencia redactada al Juzgado de lo Penal que corresponda, que continuará la ejecución (art. 801.4).

Se hace palmaria la pretendida eficiencia de este procedimiento, en cuanto a alcanzar concentración e instantaneidad, dado que si el Fiscal y las partes personadas expresasen su decisión de no recurrir, el Juez, en el mismo acto, declarará oralmente la firmeza de la sentencia.

En los delitos y faltas en materia de violencia de género que hayan sido instruidos y fallados con sentencia de conformidad por los Juzgados de Violencia sobre la Mujer la sentencia se remitirá al Juez de lo Penal de forma inmediata, así como la declaración de firmeza y la sentencia en segunda instancia cuando la misma fuera revocatoria, en todo o en parte, de la de la instancia (art. 789.5 LECRIM (Sobre conformidad en estos supuestos, vid. Lecc.12.ª).

VI. JUICIO ORAL, SENTENCIA, IMPUGNACIÓN Y EJECUCIÓN

La tramitación del juicio oral sigue lo que prescriben los nuevos arts. 786 a 788 LECRIM, referidos al abreviado.

A) Peculiaridades del juicio oral

La remisión del art. 802.1 al procedimiento abreviado supone la consagración, salvo peculiaridades, de la regulación anteriormente vigente del procedimiento abreviado. Merece, por ello, destacarse tan sólo lo que son peculiaridades del juicio oral de este juicio rápido.

1.ª) Si por motivo justificado no pudiere llevarse a cabo el juicio oral en el día que se hubiere señalado al efecto o que no pudiere concluirse en un solo acto, se señalará para su celebración (comienzo) o continuación, el día más inmediato posible y, en todo caso, dentro de los quince días siguientes, poniéndolo en conocimiento de los interesados (art. 802.2).

2.ª) La rapidez que preside toda la regulación de estos juicios se pone de relieve también en el plazo para dictar sentencia, que será de tres días, a contar desde la terminación de la vista. Podrá dictarse *in voce*, sin perjuicio de la documentación del fallo y una sucinta motivación mediante la fe del Secretario o en anexo del acta, y todo ello sin perjuicio de la posterior redacción de la misma (art. 789, en relación con el art. 802.3).

B) Impugnación de la sentencia

Contra la sentencia que se dicte puede:

1.º) Si se dicta de viva voz, el Fiscal y las partes, conocido el fallo, pueden expresar su decisión de no recurrir, convirtiéndose la sentencia en firme.

2.º) En cualquier otro supuesto, cabe apelación ante la AP (cuando la sentencia es dictada por el Juez de lo Penal) o, en su caso, ante la Sala de lo Penal de la AN (cuando se dictó por el Juez Central de lo Penal), y se sustanciará según lo que disponen los arts. 790 a 792, con las siguientes matizaciones: 1) El plazo para presentar el escrito de formalización es de cinco días (frente a los diez del abreviado); 2) El plazo de las demás partes para presentar escrito de alegaciones es de cinco días (frente a los diez días del abreviado); 3) La sentencia se dictará en el plazo de tres días (cinco en el abreviado)tras la celebración de la vista, o bien en los cinco días (diez en el abreviado) siguientes a la recepción de las actuaciones, si no se celebrare vista. Supuesto especial es la sentencia de los juicios rápidos por actos de violencia de género, que será recurrible conforme a las vías aludidas pero ante las secciones especializadas en la materia de la AP (art. 82.1, 4.º y 82.4 LOPJ).

3.º) Se atribuye carácter preferente a la tramitación de este recurso de apelación.

4.º) En el supuesto de sentencia dictada en ausencia del acusado, se podrá interponer, en su caso, la anulación, a que se refiere el art. 793.

5º) La sentencia dictada de conformidad (debe excluirse la sentencia de estricta conformidad) podrá recurrirse cuando «no hayan respetado los requisitos o términos de la conformidad, sin que el acusado pueda impugnar por razones de fondo su conformidad libremente prestada» (art. 787.7).

C) Ejecución de la sentencia

Adquirida firmeza la sentencia, bien por mostrarse conforme el Fiscal y las partes en el mismo acto de la lectura oral de la misma, bien por la no interposición del recurso de apelación, bien por la interposición y no prosperabilidad del mismo, se procederá a su ejecución por el órgano que la hubiere dictado, conforme a las reglas generales, y en especial de acuerdo con lo que prescribe el art. 794, respecto del abreviado, sin perjuicio de la posibilidad de especialización de uno o varios juzgados de lo penal en materia de ejecución de sentencias de condena por delitos.

LECTURAS RECOMENDADAS: GASCÓN INCHAUSTI, AGUILERA MORALES, M., *La reforma de la Ley de Enjuiciamiento Criminal: Comentario a la Ley 38/2002, y a la Ley Orgánica 8/2002, de 24 de octubre*, Madrid, 2003; MUERZA ESPARZA, J., *La reforma del proceso penal abreviado y el enjuiciamiento rápido de delitos*, Pamplona, 2003; VEGAS TORRES, J., *El procedimiento para el enjuiciamiento rápido*, Madrid, 2003; FLORES PRADA, I., GONZÁLEZ CANO, I., *Los nuevos procesos penales (II): El juicio rápido,* Valencia, 2004; MARTÍNEZ GARCÍA, E., *La tutela judicial de la violencia de género,* Iustel, 2008.

Lección Vigesimosexta

El procedimiento ante el Tribunal del Jurado

I. CARACTERÍSTICAS GENERALES

El Jurado, previsto en la CE como tribunal especial, se crea en 1995.
Se regula un proceso distinto a los demás, aunque en la fase de instrucción se aprovechan muchas normas de los procesos penales ordinarios por delitos más graves y del abreviado.
Para que se proceda conforme a las previsiones legales, deben concurrir una serie de circunstancias determinantes, que permitan realizar la imputación.
Es posible cambio a proceso ordinario o abreviado si no se dan los requisitos de este proceso.
Se crea una audiencia preliminar para analizar si procede la apertura del juicio oral o no y configurar el objeto del proceso.
Auto de hechos justiciables.
Vista oral con Jurado, tras procedimiento de selección y constitución.
Posibilidad de disolución del Jurado.

II. CONSTITUCIÓN DEL JURADO, FORMACIÓN DEL VEREDICTO Y SENTENCIA

Existen diferentes sorteos para llegar a 9 jurados titulares y 2 jurados suplentes.
Régimen de excusas y recusaciones.
Objeto del veredicto: Preguntas a las que hay que responder.
Deliberación sobre el veredicto (posibilidad de incomunicación).
Votación: Sistema de mayorías (7 ó 5 votos).
Redacción del acta por el portavoz del Jurado
Lectura del veredicto.
Sentencia vinculada al veredicto.

III. RECURSOS

Apelación cuasicasacional ante el TSJ.
Casación ante el TS.

I. CARACTERÍSTICAS GENERALES

La LO 5/1995, de 22 de mayo, del Tribunal del Jurado reintroduce una institución histórica, de escasa tradición en nuestro país, que ha estado vigente de manera fluctuante desde su introducción en el primer tercio del siglo XIX y que siempre ha venido acompañada de una cierta polémica.

Desde el punto de vista estrictamente procesal, que es lo que ahora nos interesa, configura un proceso caracterizado por sus especialidades tanto en su fase preliminar, como en la preparación y el propio acto de la vista oral, justificables por el hecho de que personas iletradas puedan afectar a la presunción de inocencia, lo que requiere una peculiar configuración de los hechos y elementos probatorios que deben considerar para su veredicto.

Entre sus características cabe destacar:

1. Incremento del principio de inmediación, excluyendo la efectividad directa de investigaciones meramente instructoras para conformar el veredicto.

2. La apertura de la vista oral no precisa un acto formal de imputación.

3. Los hechos a enjuiciar se configuran progresivamente.

4. El Jurado sólo puede basar su convicción en elementos con auténtica eficacia probatoria.

5. Excepto en contadísimas situaciones en que el Magistrado-Presidente puede dictar sentencia directamente, por innecesariedad del veredicto, su resolución queda vinculada a sus pronunciamientos.

6. Hay una cierta pérdida de protagonismo del Juez instructor, al tiempo que se potencia la intervención del Ministerio Fiscal y la del Abogado defensor. Así, por ejemplo:

a) La iniciación del procedimiento no cabe de oficio, sino siempre como consecuencia de actuaciones de las que ya deriven suficientes indicios de hechos delictivos, competencia del Jurado imputables, en principio, a una persona determinada.

b) El acuerdo de seguimiento de esta vía procesal se pondrá, en cualquier caso, en conocimiento del Fiscal que deberá comparecer e intervenir en todas sus actuaciones (art. 781, último párrafo, LECRIM).

c) El Abogado defensor habrá de estar a permanente disposición del Jurado, hasta que este emita su veredicto (art. 44, párrafo primero, LOTJ).

d) El procedimiento preliminar se caracteriza por una concatenación de comparecencias en que las partes, en igualdad de condiciones, pueden alegar lo que estimen oportuno sobre la continuación del procedimiento y apertura del juicio oral, o el sobreseimiento. Incluso puede el imputado calificar provisionalmente los hechos con anterioridad a aquella apertura, pudiendo el instructor considerarla para decidir al respecto (en el procedimiento ordinario las calificaciones son posteriores al acuerdo de apertura de la vista oral; en el abreviado sólo son anteriores las de la acusación. Vid. Lec. 23ª).

7. El procedimiento se configura como de teórica doble instancia (veremos que no es realmente así), con apelación por motivos limitados ante el TSJ y posible casación ante el TS.

8. Para todo lo que no estuviera expresamente regulado será supletoria la LECRIM (art. 24.2. LOTJ). Esto debe entenderse con respecto a sus normas gene-

rales que, al no decirse otra cosa, deben identificarse con las propias del procedimiento ordinario por delitos, dado el carácter de tipo con el que se configura legalmente.

II. CIRCUNSTANCIAS DETERMINANTES DEL PROCEDIMIENTO CON JURADO

Se recogen en diversidad de preceptos de la propia LOTJ (art. 24) y la LECRIM, tras la reforma que la Disposición Adicional Segunda de aquella introduce en su contexto (arts. 309 bis, 780, párrafo tercero y 789.3, dos últimos párrafos). Conforme a ellos se exige:

1.º) Que de la presentación de una denuncia o querella, o de cualquier tipo de actuación procesal en curso, se deduzcan hechos constitutivos de alguna infracción penal competencia del Jurado siendo atribuibles, al menos en principio, a persona o personas concretas.

2.º) Que el instructor considere la suficiencia de los elementos de que dispone para formar un juicio inicial sobre la probabilidad de aquella imputación, que habrá de derivarse de resultados de las actuaciones practicadas en otro proceso, o las que puedan acordarse para confirmar primariamente las circunstancias fácticas y presuntos responsables apuntados en la denuncia o querella.

Es evidente que también debería acordarse esta vía procedimental cuando iniciada una investigación por los trámites de otro procedimiento, se estimase que los hechos pudieran integrarse dentro de tipos delictivos competencia del Jurado (art. 780 LECRIM, párrafo tercero).

Si dándose las referidas circunstancias, el instructor no se acomodase a este procedimiento especial, podrían solicitarlo el Ministerio Fiscal, cualquiera de las partes personadas y el propio imputado.

Esta petición se promoverá ante el propio instructor, debiendo resolverse en el «plazo de una audiencia» y de estimarse, el procedimiento se acomodaría a las normas de la LOTJ; no siendo así, su resolución podrá recurrirse en queja ante la Audiencia Provincial (art. 309 bis y 789.3 LECRIM).

En cualquier caso, aquél habrá de practicar aquellas actuaciones que se estimen inaplazables.

Considerada la adecuación del procedimiento con Jurado, se comunicará al imputado, al Fiscal y demás partes personadas hasta entonces (art. 25 LOTJ; 780, *in fine*, y 781, *in fine*) citándolos a comparecencia, con la finalidad que se dirá y, en su caso, a los afectados o perjudicados, no personados, si fueran conocidos, instruyéndoseles de su derecho a constituirse como acusadores o actores civiles, si tal ofrecimiento no les hubiera sido hecho ya, así como de su derecho a efectuar todo tipo de alegaciones, si decidieran personarse en forma (art. 25.2 LOTJ).

La notificación al imputado será en cuanto al procedimiento a seguir y no a su condición de tal. Porque el art. 118 LECRIM exige que la admisión a trámite de una denuncia o querella contra persona determinada se ponga inmediatamente en su conocimiento. Si esto es así, parece muy improbable que aquel traslado no se haya realizado ya, so pena de infringir el derecho de defensa del imputado que lo es sin saberlo.

III. CAMBIO A PROCEDIMIENTOS ORDINARIOS

El acuerdo de seguir este procedimiento puede ser ulteriormente modificado, mediante cambio al que pudiera corresponder en aplicación de los criterios generales de la LECRIM. Así se prevé por la LOTJ en las siguientes circunstancias:

1. Cuando de los resultados de las diligencias practicadas en la comparecencia a que se refiere el art. 25, el instructor considere que los hechos investigados pueden ser constitutivos de delito distinto al inicialmente considerado y éste no sea de la competencia del Jurado (art. 28).

2. Cuando las partes acusadoras, en la comparecencia referida y como alternativa a la solicitud de apertura de juicio oral, califiquen los hechos objeto de acusación como presuntos delitos excluidos de la competencia de aquel.

Sin embargo el cambio de procedimiento sólo se produciría si se estimase afectada absolutamente esta competencia. Seguiría por tanto, si de los hechos enjuiciados unos entraran en su ámbito competencial y otros no, produciéndose el cambio sólo respecto a éstos (art. 29.5, párrafo segundo).

3. Cuando el Juez instructor, en la audiencia preliminar y en función de los elementos indiciarios de que en ese momento dispone, de propia iniciativa o por petición de las partes (art. 31.3) estime que los hechos integran una conducta delictiva fuera de la competencia del Jurado (art. 34.4).

Si el procedimiento a seguir fuera el abreviado, se acordará la apertura de juicio oral con remisión de actuaciones al órgano competente, y continuándose la causa conforme a los arts. 785 y ss. LECRIM.

4. Cuando planteada por alguna de las partes la inadecuación de procedimiento como cuestión previa, en los términos del art. 36, sea así estimado por el Juez instructor.

Como excepción de todo lo expuesto, cabe destacar, que la modificación de calificaciones provisionales, en el sentido de calificar los hechos como delitos ajenos a la competencia del Jurado, no afectaría a la marcha del procedimiento del que continuaría conociendo aquel (art. 48.3).

IV. CONSOLIDACIÓN DE ELEMENTOS PARA LA IMPUTACIÓN

Acordado el procedimiento con Jurado se cita a todas las partes implicadas a una primera comparecencia, cuya finalidad conforme al art. 25.3 LOTJ es determinar si aquellas circunstancias inicialmente consideradas concurren con la fuerza suficiente para que la imputación pueda formalizarse o no y, consecuentemente, si el procedimiento debe o no continuar.

A tal efecto, se oirá al Ministerio Fiscal y demás acusadores personados para que concreten su imputación o, alternativamente, soliciten el sobreseimiento; y después, al letrado del imputado para que se manifieste en su defensa, incluida la petición de sobreseimiento libre o provisional (art. 637 y 641 LECRIM. en cuanto a sus circunstancias).

En cualquier caso, podrá solicitarse la práctica de las diligencias de investigación que se estimen oportunas.

> Estas podrán proponerse también en los tres días siguientes al de la comparecencia, o al de aquel en que se practique la última de las acordadas (art. 27.2 LOTJ).

Finalizada la intervención de las partes, el instructor decidirá estimando la procedencia de la imputación o el sobreseimiento. Acordado el primero, se inicia un complejo conjunto de actuaciones:

a) Práctica de diligencias de investigación propuestas por las partes que no pudieran practicarse en la audiencia preliminar del art. 30; y siempre que el instructor las considere imprescindibles para la solicitud de apertura del juicio oral.

> Serían las propuestas en los tres días siguientes al de la celebración de la comparecencia citada; o al de aquel en que se practicara la última de las admitidas en ese momento.

b) No estimándose procedentes las propuestas, ni ordenándose ninguna de oficio como complemento de las mismas, se trasladarán las actuaciones a las partes para que se manifiesten respecto a la apertura del juicio oral mediante el correspondiente escrito de calificación provisional. Ello independientemente de que hubiera o no culminado la práctica de las diligencias acordadas.

Y a partir de aquí, pueden pasar varias cosas:

1.ª) Que se evacuen las calificaciones provisionales de la acusación solicitando la apertura de juicio oral. Dará entrada al trámite de defensa, previo traslado de aquellas para la redacción del correspondiente escrito de calificación provisional.

Estos escritos habrán de acomodarse a las reglas generales de la LECRIM (arts. 650 y 652), incluida la posibilidad de conclusiones alternativas del art. 653 (art. 29.3 LOTJ).

Puede destacarse, no obstante que en ellos cabe proponer diligencias de investigación *complementarias* a las ya propuestas a los efectos de su práctica en la audiencia preliminar. Es decir, seguimos en fase de instrucción, a pesar de haberse formalizado la acusación; no se proponen, por tanto, medios de prueba sino meras diligencias investigadoras (art. 29.4 LOTJ).

2.ª) Que ni el Fiscal, ni las demás partes acusadoras insten tal apertura. El Juez acordará el sobreseimiento libre o provisional, en función de las circunstancias (art. 27.4 LOTJ. Vid. arts. 637 y 641 LECRIM),

Puede darse una situación distinta a las precedentes si, en función de las diligencias que pudieran haberse practicado, el instructor considera la participación en los hechos de personas distintas a las inicialmente imputadas. Supondría una transposición de responsabilidades, excluyendo de ellas a los primeros imputados, que podría dar lugar al sobreseimiento con relación a éstos y la reiniciación del procedimiento en cuanto a los presuntos nuevos responsables, comenzándose las actuaciones de conformidad con el art. 25 LOTJ, en la forma expuesta.

3.ª) Que los acusadores soliciten el cambio de procedimiento por estimar que todos los hechos no integran conductas delictivas de la competencia del Jurado (Ver el epígrafe «Cambio a procedimientos ordinarios).

V. CONFIRMACIÓN DE LA IMPUTACIÓN. LA AUDIENCIA PRELIMINAR

Otra de las particularidades destacables en el nuevo procedimiento es la denominada «audiencia preliminar».

Puede considerarse como el momento en que el instructor recupera su condición prevalente pues, hasta ahora, ha seguido el juego de la acusación y la defensa efectuando un cálculo de probabilidades fundamentalmente permisivo de la continuación del procedimiento, pero todavía no ha creado el presupuesto necesario para el enjuiciamiento del imputado. Es en este momento, cuando puede acordar formalmente la apertura del juicio oral.

Ello no se traduce, sin embargo y al igual que en el procedimiento abreviado, en una resolución acordando el procesamiento, sino en una decisión estimando la razonabilidad de esa apertura sobre los planteamientos de la acusación y la defensa y las diligencias practicadas. Al tiempo, y quizás sea lo más destacable, configura el objeto del proceso determinando los hechos sobre los que debe versar la actividad probatoria y que, posteriormente, habrán de considerarse a efectos del veredicto.

Está comenzando a prepararse la información fáctica de que debe disponer el Jurado sobre los resultados de las investigaciones realizadas en el procedimiento preliminar, pero de manera que aquel no las conozca directamente y como tales, sino por los resultados de la prueba que sobre ellos se haya practicado en el acto de la vista oral.

Supone un intento potenciador del principio de inmediación y de evitar las dificultades que para un Jurado puede suponer la valoración de materiales instructorios y, por tanto, de conocimiento indirecto.

Así pues, una vez presentado el escrito de calificación de la defensa, el instructor convocará a las partes a «audiencia», que se desarrollará conforme a las previsiones de los arts. 30 a 35 LOTJ. De ella cabe decir:

1.º) Si el instructor no acordase la apertura de este período, las partes podrán acudir en queja ante la Audiencia Provincial (art. 30.1, párrafo segundo).

No obstante, es un trámite potestativo pudiendo no entrarse en él si la defensa de todos los acusados estimase aceptable la apertura del juicio oral y así lo manifestase expresamente (en el escrito de calificaciones; antes de la celebración de la audiencia o en ella misma, pues nada se dice al respecto).

2.ª) Fuera de este supuesto, el instructor dictará auto acordando la apertura de esta audiencia, en el que indicará:

a) El día de su celebración que habrá de ser «el más próximo posible» aunque, si estuviera pendiente la práctica de diligencias de investigación propuestas por la defensa y admitidas por el Juez, no podrá tener lugar hasta que se hubieran practicado.

Serían estas las estimadas imprescindibles para resolver sobre la apertura de juicio oral y que no hubieran podido practicarse en el acto de la audiencia (art. 27 LOTJ).

Su práctica no interfería, como veíamos, el traslado para calificaciones provisionales, si el Juez estimaba la innecesariedad de sus resultados (art. 27.3 LOTJ), pero hay que esperar su finalización para entrarse en la audiencia preliminar. ¿Por qué se hace referencia a las diligencias propuestas por la defensa y no por las acusaciones? Se supondrá que estas disponen ya de elementos incriminadores suficientes, desde el momento en que han evacuado conclusiones y propuesto la apertura del juicio oral.

b) En su caso, pronunciamiento sobre la admisión y práctica de las diligencias propuestas por las partes.

La propuesta se habrá hecho antes de la redacción de los escritos de calificación, o en ellos mismos, incluso en el acto para practicarse en este momento.

De estas últimas, el Juez rechazará las que no considere imprescindibles para la adecuada decisión sobre la apertura de juicio oral. Esto supone que todas las que hubieran podido practicarse hasta este momento están pensadas no para ayudar a formar la convicción judicial sobre este extremo, sino el criterio de los acusadores sobre la procedencia de tal apertura.

Lógicamente, no podrán reiterarse ni volverse a practicar las que ya lo hubieran sido con anterioridad, por las motivaciones vistas.

3.ª) Abierto este período, se practicarán las diligencias admitidas y finalizada su práctica —y en función de sus resultados— habrá de oírse a las partes sobre las siguientes cuestiones:

a) Siempre, acerca de la propuesta de apertura de juicio oral, en el sentido de ratificar la realizada o no considerar ya su procedencia, lo que debería propiciar una petición de sobreseimiento.

En el primer caso, podrán modificarse las conclusiones provisionales, pero sin introducir elementos que supongan alteraciones en los hechos o personas acusadas.

b) Eventualmente, sobre si los hechos a enjuiciar son o no de la competencia del Jurado y, por tanto, si es adecuado o no el cambio de procedimiento.

4.ª) Oídas las partes, en los términos dichos, el Juez, en el acto o dentro de los tres días siguientes:

a) Ordenará la práctica de diligencias complementarias, si las estimase necesarias para resolver adecuadamente.

b) Practicadas éstas, o no habiéndose considerado su necesidad, dictará auto en el que podrá acordar:

a") La apertura de juicio oral por estimarse la concurrencia de indicios suficientes para el enjuiciamiento del imputado. No cabe recurso, sin perjuicio del posible planteamiento de cuestiones previas, en los términos del art. 36 LOTJ.

(Vid. en «Cambio a procedimientos ordinarios» las consecuencias de considerarse excluidos los hechos de la competencia del Jurado).

b") El sobreseimiento de la causa. Cabría apelación ante la Audiencia Provincial (art. 32.2 LOTJ).

Este podrá ser total o parcial; siéndolo en la segunda forma concurriendo circunstancias eximentes de responsabilidad en alguno de los imputados, pudiendo decretarse juicio oral para los restantes (Vid. arts. 637 y 640 LECRIM, por remisión del art. 31 LOTJ).

Adoptada la primera decisión, el auto establecerá (art. 32 LOTJ):

– La definitiva competencia del Jurado.

– Los hechos que van a constituir objeto del proceso y la persona o personas contra las que se ha de dirigir la acusación, y aquellos a quienes pueden exigirse responsabilidades civiles como terceros responsables (art. 33).

– Las circunstancias que, a criterio judicial, justifican la apertura de juicio oral.

Esta resolución no equivale, como decíamos, al auto de procesamiento.

Supone un acto judicial de imputación en el que, por una parte, se ratifica la razonabilidad inicial de las acusaciones frente a una persona determinada; mientras que, por otra, determina qué hechos deben, a partir de este momento, constituirse como objeto del proceso y, por tanto, de la actividad probatoria que en él tiene que desarrollarse y, posteriormente, del propio veredicto.

Así acordado, el instructor remitirá al Tribunal competente para el enjuiciamiento todos los efectos e instrumentos del delito, emplazando a las partes para su comparecencia ante aquel en término de quince días.

El art. 34 LOTJ establece que el instructor deberá ordenar también la deducción de testimonio de: a) Los escritos de calificación; b) Las diligencias de investigación no reproducibles en la vista oral, y que hayan de ratificarse en ella; y c) El propio auto de apertura del juicio oral.

Todo ello se remitirá al Tribunal sentenciador pudiendo, además, las partes solicitar los testimonios que pudieran interesarles para su utilización en el acto de la vista.

VI. PERSONACIÓN ANTE EL TRIBUNAL DEL JURADO

Habrá de hacerse por escrito en el que las partes podrán proponer como previas algunas de las cuestiones del art. 36 a saber:

a) Las que como artículo de previo pronunciamiento previene el art. 666 LECRIM.

Declinatoria de jurisdicción; cosa juzgada; prescripción del delito; amnistía o indulto; falta de autorización administrativa para procesar (Vid. lec. 11.ª).

b) Inadecuación del procedimiento por falta de competencia del Jurado.

c) Vulneración de algún derecho fundamental.

d) Ampliación o reducción del objeto del proceso sobre hechos respecto a los que se hubiera denegado la apertura de juicio oral; o que se hubiera acordado, no estando incluidos en los escritos de acusación.

Será asimismo, en este momento y también con carácter previo, cuando podrá impugnarse la prueba propuesta por las demás partes; o proponer nuevas pruebas.

No se prevé un momento específico para proponer prueba, pues en los escritos de calificación sólo puede hacerse de diligencias de investigación para su práctica en la audiencia preliminar. Esto nos lleva a pensar que habrá de hacerse al efectuarse la personación ante el órgano del enjuiciamiento, con independencia del posible planteamiento de cuestiones previas.

A esta conclusión nos lleva el art. 36, e) cuando dice que en el escrito de planteamiento de aquellas podrán proponerse «*nuevos* medios de prueba», y es que mal se van a proponer *nuevos* medios de no hacerse una proposición anterior. Así tendría sentido el traslado de la propuesta a las demás partes para que, en su caso, pudieran instar su inadmisión. Transcurrido el plazo para ello es cuando podrá resolverse sobre posibles causas que la determinaran (la inadmisión) y al tiempo y de haberse planteado, sobre posibles cuestiones previas. Lo que sucede es que con esta solución, y siempre que se propusiera prueba (que es lo más normal) habrá de concederse aquel plazo antes de resolverse sobre tales cuestiones, incluida la impugnación de la prueba propuesta.

De hacerse alguno de los referidos planteamientos, se abrirá incidente para su resolución, en los términos de los arts. 668 a 677 LECRIM.

VII. DETERMINACIÓN DEL OBJETO DEL PROCESO

Personadas las partes y resueltas posibles cuestiones previas queda la vía libre al juicio oral, procediendo el Magistrado-Presidente del mismo (designado del turno correspondiente, en cuanto se hayan recibido las actuaciones en el Tribunal, art. 35.2 LOTJ) a dictar auto, con el contenido específico del art. 37 LOTJ y cuatro finalidades muy concretas:

1.ª) Configurar definitivamente los hechos objeto del proceso a los que tendrán que circunscribirse las partes a todos los efectos y, posteriormente, servir de base al veredicto.

La determinación fáctica puede ser un tanto compleja al exigirse que aparezcan debidamente separados los hechos en su globalidad, tanto los alegados por la acusación como por la defensa. Con una particularidad: si la afirmación de uno, supusiera la negación de otro, se incluiría una sola proposición ¿pero cuál, la de la acusación o la de la defensa? ¿o la redacta el Magistrado-Presidente a su criterio?

Junto a este apartado de hechos, y con las mismas precisiones, se expondrán aquellos de los que se deduzca el grado de ejecución y participación de los acusados, así como la concurrencia de circunstancias modificativas de responsabilidad.

Y es que el legislador basa el éxito de la institución en la capacidad, primero del instructor y ahora del Magistrado-Presidente del Jurado para precisar adecuadamente el «thema probandi», no solo en cuanto a lo que debe probarse, sino incluso el orden que debe seguir la prueba para hacerlo coincidir con el que los jurados han de considerar para emitir su veredicto.

2.ª) Qué figuras delictivas pueden constituir los mencionados hechos.

3.ª) Declarar la pertinencia o impertinencia de las pruebas propuestas, así como su posible anticipación si así se hubiera solicitado.

La intencionalidad legal es que la prueba se practique en su totalidad ante el Jurado. Así se deduce del art. 39.4 (de ubicación asistemática) al decirnos que se adoptarán las medidas necesarias respecto a la prueba propuesta «para hacer posible su práctica una vez constituido el Tribunal del Jurado».

Es evidente que no puede cerrarse el paso a prueba anticipadas si se dieran las circunstancias para ello, pero esta no podría practicarse ante el Jurado, sencillamente por cuanto no estaría entonces constituido y no se prevé su constitución a estos únicos efectos. Tendrá pues que conocer indirectamente sus resultados.

4.ª) Señalar día para la celebración de la vista oral, adoptándose las medidas de los arts. 660 a 664 LECRIM.

Citación de los testigos y peritos propuestos; conducción de los presos preventivos a la cárcel del lugar de celebración de la vista; requerimiento a los acusados en libertad provisional para que se presenten a aquella.

Los arts. 662 y 663 establecen normas para la recusación de peritos, de única aplicación si llegara a plantearse.

VIII. VISTA ORAL

En el día señalado y previamente a su comienzo, habrá de constituirse formalmente el Jurado (Vid. «Constitución del Jurado y formación del veredicto») tras lo cual dará comienzo la vista, siguiéndose para su celebración las normas generales de la LECRIM (arts. 690 y ss. Vid. Lec. 15.ª). Pueden, sin embargo, destacarse algunas particularidades.

1.ª) La decisión de celebrarse a puerta cerrada exigirá previa audiencia de las partes y consulta al Jurado.

El art. 680 LECRIM prevé la consulta al Tribunal —de ser órgano colegiado— pero no la audiencia de las partes, ni, por supuesto, al Jurado.

2.ª) La vista no podrá seguirse, en ningún caso, en ausencia del acusado o su defensor.

Respecto a este último habrá de estar a disposición del Jurado hasta el momento en que se emita veredicto, no pudiendo alegar la necesidad de su presencia en cualquier otra actuación.

Si fueran varios los acusados la incomparecencia de alguno no sería causa de suspensión para los demás, si el Magistrado-Presidente, oídas las partes, lo estimase oportuno. Tampoco la causaría la ausencia injustificada del tercero civilmente responsable (art. 44, último párrafo, LOTJ).

Formalmente la vista se desarrolla conforme a la siguiente secuencia:

a) Apertura de un período «informativo» a cargo de las partes para que, por su turno, expliquen al Jurado el contenido de sus calificaciones, así como la finalidad de las pruebas propuestas.

En el mismo acto podrán proponerse otras, resolviendo el Magistrado sobre su admisión tras oír a las demás partes que pudieran oponerse.

b) Práctica de las pruebas admitidas, en la forma prevista por la LECRIM, con las necesarias adaptaciones dada la presencia de jurados, a los que se conceden determinadas prerrogativas.

Podrán interrogar, por escrito y previa declaración de pertinencia por el Magistrado, a los acusados, testigos y peritos para la aclaración o fijación de los hechos. Verán, por sí, todos los libros, documentos y demás piezas de convicción que estuvieran unidas a las actuaciones. Asistirán directamente a la práctica de la inspección ocular, para lo que se constituirá el Tribunal en su integridad.

En cuanto a las partes pueden aclarar posibles contradicciones entre las declaraciones hechas en la vista oral y las que se hicieran en fase instructora. Sin embargo, no se autoriza la lectura pública de aquellas, a pesar de que debe unirse al acta el testimonio que el que interrogue ha de presentar en el acto.

Este planteamiento, un tanto discordante, intenta impedir que el conocimiento directo de las actuaciones contenidas en el procedimiento preliminar pueda condicionar a los jurados. Sin embargo, para que estos observen la contradicción señalada deben saber lo que realmente se dijo en aquel momento procesal, y ahí es donde adquiere sentido el testimonio escrito, aunque sólo de ese punto concreto.

c) Concluida la prueba se preguntará a las partes si modifican o elevan a definitivas sus conclusiones provisionales concediéndoseles turno de informe oral para valorar los resultados de aquella y calificar jurídicamente los hechos (art. 48.2 LOTJ, 783.3, párrafo primero, LECRIM).

En este momento la LOTJ (art. 48.2) remite a las previsiones del art. 788.3 y 4 de la LECRIM para el procedimiento abreviado, pudiendo el Magistrado-Presidente solicitar a las partes aclaraciones sobre extremos concretos de la prueba y la valoración jurídica de los hechos, abriendo debate entre ellas sobre las preguntas que, a tales efectos, pudiera proponerles.

También y de producirse modificaciones en las conclusiones de la acusación que alterasen la tipificación inicial de los hechos, o supusieran agravación en la participación del acusado o en la pena, la defensa podrá solicitar aplazamiento de la sesión (hasta por diez días) para prepararse ante las nuevas circunstancias, pudiendo proponer nuevas pruebas. En función de sus resultados, los acusadores podrán, de nuevo, modificar sus conclusiones.

d) Evacuados los informes de las partes, el Jurado emitirá su veredicto (Vid. «Constitución del Jurado y formación del Veredicto») y, sobre su base, el Magistrado dictará la sentencia que corresponda. (En materia de recursos Vid. «Posibles incidencias y recursos»

IX. CONSTITUCIÓN DEL JURADO Y FORMACIÓN DEL VEREDICTO. LA SENTENCIA

A) Constitución del Jurado

Se efectúa subsiguientemente a la iniciación de la vista oral, en un acto considerablemente complejo cuya secuencia la recogen los arts. 38 a 41 LOTJ.

De él destacamos: a) El Jurado se integra por 9 miembros titulares y dos suplentes, elegidos por sorteo entre un número no superior a 36, ni inferior a 20 sorteados, a su vez, de la lista de candidatos seleccionados del censo electoral de la Provincia (Vid. arts. 13 a 16; 18 y 19 LOTJ y RD 1398/1995, de 4 de agosto, sobre regulación de este sorteo). b) A pesar del riguroso régimen depurativo que se prevé para los candidatos (incompatibilidades, incapacidades, prohibiciones y excusas) desde el momento mismo de su designación, antes de adquirir su condición efectiva en una causa concreta, podrán ser recusados por las partes, con o sin alegación de causa (aunque en este último caso sólo podrían serlo 4 por la acusación y 4 por la defensa) en la forma y con las consecuencias del art. 40. c) El desempeño del cargo conlleva como requisito inexcusable la prestación de juramento con la fórmula del art. 41 siendo sancionado, además, quien se negara a prestarlo (Vid. art. 41.4 y Disposición Adicional Segunda. 1 de la LOTJ).

B) Formación del veredicto

Hay que distinguir dos momentos: la determinación de su objeto y la deliberación y votación para dar lugar al mismo.

a) Objeto del veredicto: Lo primero que el Jurado debe conocer es aquello sobre lo que ha de pronunciarse. Ello corresponde al Magistrado Presidente y por escrito, con el contenido específico marcado en el art. 52 en ocho reglas, de las que cuatro son preceptivas y las restantes sólo dándose determinadas circunstancias.

Así, necesariamente debe contener:

1) Los hechos que deberán o no considerarse probados, exponiendo, en primer lugar, los criterios de la acusación y, a renglón seguido, la «versión» que de ellos pudiera ofrecer la defensa.

Si ambas versiones pudieran resultar incompatibles, el Magistrado-Presidente actuaría al igual que, en situación semejante prevé el art. 37 (Vid. «Determinación del objeto del proceso»).

Se redactarán separadamente los que pudieran perjudicar al acusado de aquellos que pudieran beneficiarle, pudiendo el Magistrado-Presidente añadir a los aducidos por las partes los que pudieran serle beneficiosos si estimase su concurrencia por los resultados de la prueba, y no hubieran sido considerados, pero siempre que con ello no se produjeran alteraciones sustanciales en los que constituyen objeto principal del proceso, ni causaren indefensión.

Si considerase que de los hechos pudieran derivarse calificaciones no consideradas por las partes, que pudieran constituir un delito distinto al enjuiciado, daría lugar a la apertura de actuaciones para su investigación. Así debe entenderse la previsión del art. 52.1, g) al decir que, en tales casos se «procederá a deducir el correspondiente tanto de culpa»

También por separado se redactarán los susceptibles de tenerse por probados y los que no; así como cuando la declaración de probado de un hecho dependa de la declaración como probado de otro diferente, en cuyo caso éste habría de proponerse antes que aquel (por ej. para que se considere probado que un funcionario público ha cometido un hecho delictivo en su condición de tal, previamente debería demostrarse tal condición).

b) Los hechos de los que pudieran deducirse el grado de ejecución o participación del acusado en el presunto delito objeto de enjuiciamiento.

c) Finalmente, la calificación penal (tipo de delito) por el que el acusado ha de ser declarado culpable o no culpable.

Lo expuesto son los mínimos elementos informativos de que el Jurado debe disponer. Pero es posible que, eventualmente, se estime la concurrencia de circunstancias que pudieran excluir o modificar posibles responsabilidades. Entonces, habrán de exponerse, separadamente de los demás, los hechos de que aquellas pudieran deducirse, con prioridad para las eximentes.

Asimismo, el Magistrado-Presidente podrá recabar de su consideración la procedencia de una condena condicional o un posible indulto.

Lo dicho es de aplicación general con pequeñas variantes de forma si fueran varios los presuntos delitos: o si hubiera varios acusados, en cuyo caso la propuesta del Magistrado, respetando el contenido expuesto habrá de hacerse individualizadamente para cada presunto delito y cada acusado.

Esta propuesta es la base del veredicto, pero su contenido definitivo no se perfilará hasta que las partes, a las que se dará audiencia para ello, se manifiesten acordes con él o indiquen las inclusiones o exclusiones oportunas. Estas, sin embargo, no vinculan al Magistrado que puede o no estimarlas, sin posible recurso.

Si podrá protestarse formalmente respecto a la denegada, haciendo constar expresamente su contenido para preparar un recurso contra la sentencia.

Cumplimentados estos trámites queda configurado el objeto del veredicto. Entonces el Magistrado-Presidente, en audiencia pública y con presencia de las partes, entregará al Jurado el escrito continente de aquel.

Es este un momento delicado, en que debe informarse a los jurados, ya pragmáticamente, cuál es su cometido tanto sobre cuestiones de forma (deliberación y votación; redacción del veredicto) como de fondo.

Cabe decir que intentan tomarse todo tipo de precauciones para obtener un veredicto correcto. Para ello, se expondrá a los Jurados «en forma que pueda entenderse» (art. 54.2) una especie de resumen sobre los hechos a considerar; el delito a enjuiciar y las posibles circunstancias modificativas de responsabilidad. Y algo muy importante: la advertencia de que no deberán considerarse los resultados de medios de prueba declarados ilícitos o nulos (art. 54.3) y es que, aunque la valoración de la prueba es función exclusiva del Jurado, debe respetarse la presunción de inocencia, exigente de que lo valorado tenga auténtica entidad probatoria. Y esto no se deja a criterio de aquel sino del Magistrado-Presidente que ha de considerar la existencia misma de la prueba o si se ha obtenido dentro de los necesarios márgenes constitucionales.

Así, no solo habrá de decirse al Jurado que no debe considerar la ilícita, sino que la consideración de su inexistencia en los términos del art. 49 podrá dar lugar a su disolución, sin veredicto, y a una sentencia absolutoria (Vid. «Posibles incidencias y recursos»).

También, en este momento, deberá indicarse las consecuencias de dudas sobre los resultados de la prueba que, de no permitir una declaración de hechos probados, o la posible participación del inculpado en ellos han de determinar un veredicto exculpatorio.

En cualquier caso, se exige al Magistrado un exquisito tacto en todas estas recomendaciones verbales para evitar que pudiera intuirse su opinión sobre los resultados de la prueba y el influjo que ello pudiera producir sobre los jurados.

C) Deliberación y votación

Vamos a partir de un Jurado que dispone de la propuesta sobre el objeto del veredicto y que ha aclarado todas sus posibles dudas en la forma prevista legalmente (vid. «Posibles incidencia y recursos») comienza entonces su actuación, deliberando, primero y votando, después.

a) Deliberación

Se celebra a puerta cerrada, no pudiendo los miembros del Jurado mantener relación alguna con personas ajenas a él. Podrá durar el tiempo que se estime necesario, solicitándose descansos, pero con mantenimiento del régimen de incomunicación.

No obstante, si transcurrieran dos días sin emitir veredicto, el Magistrado-Presidente podrá «llamarles la atención» en los términos del art. 57.2 (Vid. «Posibles incidencias...»).

b) Votación

Finalizada la deliberación se votará, en primer lugar, sobre los hechos integrantes de la propuesta del Magistrado y precisamente por su orden, indicando si se consideran probados o no. Pero el Jurado, de propia iniciativa, podrá introducir modificaciones o precisiones, no ya en su contenido que es inalterable en lo sustancial, sino en su redacción, si con la originaria no se obtuviera la mayoría necesaria para otorgar a los hechos la consideración de probados.

No supone que los hechos originarios puedan sustituirse por otros; ni cabe su alteración sustancial; ni un nuevo planteamiento con agravación de las responsabilidades exigidas, pues de producirse se considerará sin efecto lo así declarado. Y es más: no pueden ignorarse aquellos hechos que necesariamente se someterán a votación, aun cuando suponga incluir párrafos nuevos o no propuestos.

Si se obtuviera la mayoría necesaria se votará sobre la culpabilidad o inculpabilidad de cada acusado.

¿Y si no se obtuviera? No olvidemos que todo viene referido a la circunstancia de que los hechos se declaran probados luego, si no fuera así, carecería de sentido votar sobre culpabilidades. Sin embargo, y formalmente, el art. 61.c) exige una manifestación en tal sentido que debería ser de inculpabilidad unánime, aun cuando la declaración de los hechos como no probados hubiera sido por mayoría.

Las mayorías se consideran según cual sea el objeto de las votaciones. La primera, sobre declaración de hechos probados, y las consecuencias sobre grado de participación y circunstancias modificativas de responsabilidad, exigen 7 votos «si fueran contrarias al acusado» y 5 «si le fueran favorables». También son 7 para declarar la culpabilidad y cinco la no culpabilidad; y 5 asimismo para aplicar los beneficios de la condena condicional o un posible indulto si hubiera sido propuestos (arts. 60 y 61).

Los resultados de las votaciones se harán constar en acta cuyo contenido lo especifica el art. 61 en cinco apartados continentes de:

1.°) Los hechos que se consideran probados y si lo ha sido por mayoría o unanimidad.

2.°) Los que, por el contrario, no se consideran así y la forma en que se ha decidido.

3.°) Como consecuencia de lo anterior, si se estima al acusado culpable o no culpable (por una vez se hace algo técnicamente correcto, obviando el calificativo de «inocente» pues tal declaración no cabe al serlo siempre —lógicamente mientras no se demuestre lo contrario— como garantía constitucional), con pronunciamientos separados para cada inculpado, siendo varios, y la forma de adopción del acuerdo; y, en su caso, hecho delictivo que se considera cometido.

Se exige al jurado una valoración de los hechos según su tipificación legal, pero esto no supone que deba llevar a cabo aplicación normativa sobre aquella, sino simplemente optar por alguna de las posibles calificaciones que habrán sido propuestas por el Magistrado-Presidente.

En este apartado se incluirá, en su caso, pronunciamiento sobre aplicación o no del indulto o la condena condicional.

4.º) El cuarto apartado intenta romper con el planteamiento casi mecánico de respuesta a un formulario, exigiendo la manifestación de las razones por las que determinados hechos se han declarado probados o no, aún cuando sólo sea sucintamente.

El Jurado debe configurar los hechos como meros elementos históricos y también las consecuencias que la Ley considera para aquellos en cuanto encajen en su contexto. Pero ello debe manifestarse siguiendo, por una parte, el orden secuencial señalado por el Magistrado y, por otra sobre la existencia misma de los hechos y, además, sobre los motivos que le han llevado precisamente a esa conclusión para cumplimentar la exigencia constitucional de motivación en las resoluciones judiciales que debe transponerse ahora, no al Magistrado que la redacta formalmente sino a quien, sobre la consideración de probado en un determinado hecho emite una declaración de culpabilidad o inculpabilidad.

Esa exigencia de sucinta explicación excluye la descripción detallada y minuciosa del proceso psicológico seguido para dar o no por probados determinados hechos. Y es que, si fuera así, daría lugar a consecuencias indeseadas: la primera, porque pondría en serio entredicho la propia institución, pues sería muy fácil anular veredictos por falta de motivación; la segunda, al imponer a los jurados unos niveles de conocimiento y diligencia superiores a lo que cabe esperar de ellos. Ahora bien, tampoco esa mínima explicación puede limitarse a escuetas afirmaciones o negaciones considerando el conjunto de las pruebas requiriendo, al menos, la indicación inequívoca de las pruebas o elementos de convicción que han inducido a la admisión o rechazo de la versión histórica de cada uno de los hechos. O lo que es lo mismo, y en términos coloquiales, el veredicto debe expresar que cosa de las observadas le han servido como elemento de convicción y por qué.

5.º) Finalmente, un posible quinto apartado incluiría las incidencias acaecidas en la deliberación, incluida la negativa a votar de cualquiera de los jurados, a los efectos del art. 58.2.

Emitir el voto es obligatorio y sancionable de no hacerse. La negativa supondrá un primer apercibimiento del portavoz del Jurado, con constancia en acta y, de mantenerse, la imposición de sanciones desde el equivalente en euros de 75.000 a las 250.000 ptas. (Vid. Disp. Adic. Segunda 2. LOTJ). En cualquier caso, la abstención mantenida se estimará favorable a no considerar probados los hechos perjudicados el acusado y a favor de un veredicto de inculpabilidad.

Este acta se redactará por el propio portavoz del Jurado.

Si disintiera del voto mayoritario los jurados designarán, de entre ellos, quien hubiera de hacerlo. En cualquier caso, podrá solicitarse apoyo administrativo del Secretario o de un Oficial de la Audiencia.

Se firmará personalmente por todos los jurados, pudiendo hacerlo el portavoz en nombre de quien no pudiera hacerlo. La negativa a firmar se hará constar en el acta de incidencias, pero no se preven consecuencias sancionatorias.

Una vez redactada se entregará copia al Magistrado que convocará inmediatamente a las partes a comparecencia para lectura pública del veredicto que se efectuará por el portavoz del Jurado.

Ello siempre que no se estime la procedencia de su evolución por las circunstancias y con las consecuencias que se dirán (Vid. «Posibles incidencias...»).

D) La sentencia

Leído públicamente el veredicto, las funciones del Jurado finalizan, cesando en sus funciones y procediéndose a su disolución (art. 66).

A partir de ese momento, la actividad procesal corresponde exclusivamente al Magistrado-Presidente quien, en función de aquel, dictará sentencia condenatoria o absolutoria. La primera, si el veredicto es de inculpabilidad y en relación al acusado concreto al que afecte ordenando, en su caso, su puesta en libertad (art. 67). La segunda, cuando lo sea de culpabilidad, suponiendo la apertura de incidente previo para determinar la sanción a imponer.

Se traduce en una petición de informe oral al Fiscal y las demás partes especificativo de la pena o medidas que deben imponerse al acusado (o acusados) y el alcance de sus responsabilidades civiles; y sobre la procedencia o no de la remisión condicional de la pena si el Jurado se hubiera pronunciado sobre ella.

Cumplimentado este trámite, en su caso, el Magistrado dictará sentencia que incluirá necesariamente como probados los hechos que así sean declarados en el veredicto; y como delito del que se condena o absuelve aquel que allí aparezca referido. Y especialmente, siendo condenatoria, la constancia de que ha existido prueba de cargo suficiente para desvirtuar la presunción de inocencia. A ella se unirá el acta del Jurado.

El Magistrado está vinculado por el veredicto en su sentencia. Su función es, por tanto y en su caso, concretar la sanción aplicable. Pero, para mantener la garantía constitucional de motivación que no sólo ha de manifestarse en el veredicto y siendo la sentencia condenatoria, también deberá ésta motivarse.

Sin embargo, es evidente que no puede justificar una decisión que no ha tomado, pero sí hacerlo en cuanto a los elementos que sirven de base a su sentencia. Por eso debe: a) Motivar por qué consideró inicialmente la existencia de prueba de cargo, con independencia de que se haya revelado suficiente para un veredicto inculpatorio y b) Hacer sucinta indicación de las pruebas tenidas en cuenta por los jurados y las razones por las que han declarado o no probados determinados hechos, datos que, como antes decíamos, deben contenerse en su veredicto.

X. POSIBLES INCIDENCIAS Y RECURSOS

A) Posibles incidencias

Hemos expuesto el que podría considerarse desarrollo ordinario del procedimiento con Jurado. Pero su Ley reguladora prevé posibles incidencias derivadas de diversas circunstancias con un factor común: todas consecuencia de la existencia misma del Jurado.

En unos casos, para que disponga de elementos suficientes para decidir; en otros, por la inexistencia de estos elementos o, en general, por la innecesariedad de su veredicto. Las examinamos bajo dos epígrafes: a) Ampliación de instrucciones a los jurados y b) Disolución del Jurado.

a) Ampliación de instrucciones a los jurados

1.º) A su iniciativa: Establece la LOTJ que si alguno tuviera dudas sobre el objeto del veredicto podrá solicitar esta ampliación (art. 57).

No se dice cuándo, pero permite deducir que será posteriormente a la información verbal que el Magistrado-Presidente ha de proporcionar, en los términos vistos. Esto parece excluir que sea en ese mismo acto donde se haga tal solicitud.

De esta manera, si antes de la deliberación, o en ella misma cualquiera de los jurados (o el Jurado en su conjunto) tiene dudas sobre «cualquiera de los aspectos del objeto del veredicto», deberá exponerlos por escrito presentado al Secretario del Tribunal, pero no manifestando específicamente su objeto (o al menos no se exige) sino como mera solicitud de la presencia del Magistrado presidente por tal causa.

Al tenerse que hacer en audiencia pública y en presencia del Fiscal y las demás partes habrá de convocárseles para ello aún cuando no se establece plazo alguno.

2.º) De oficio: Además de esta solicitud de instrucciones a instancia de los jurados, el Magistrado-Presidente podrá proponérselas si, transcurridos dos días desde el comienzo de las deliberaciones sin emitirse veredicto, lo estimase oportuno.

b) Disolución del Jurado

Que éste se haya constituido formalmente no es garantía de su actuación como tal. La LOTJ prevé que el veredicto pueda dictarlo un Jurado distinto al que inicialmente se constituyó; e incluso que no llegue a dictarse, dictando sentencia el Magistrado directamente.

a") Disolución pre-veredicto, siendo este necesario

Podrá o habrá de producirse como consecuencia de la suspensión del procedimiento por alguna de las causas de la LECRIM (vid. lec. 15.ª).

Necesariamente, si aquella se prolongase por cinco días o más; a criterio del Magistrado-Presidente siendo por tiempo inferior, se supone que en función de las circunstancias (art. 47).

b") Disolución post-veredicto

Es una situación excepcional derivada no de causas procesales, sino exclusivamente achacables a la actuación del Jurado.

Como vimos en su momento, el Jurado se pronuncia cumplimentando el acta del art. 61, y el Magistrado-Presidente puede o no darle su visto bueno (vid. «Formación del veredicto»).

En el primer caso, convoca a las partes para su pública lectura (art. 62); en el segundo y previa su audiencia para alegaciones, lo devolverá al Jurado para su rectificación o ampliación, si concurriera alguna de las circunstancias del art. 63, justificándose el por qué y precisándose cómo ha de producirse la subsanación.

Son causas de devolución, conforme al art. citado: la falta de pronunciamiento sobre la totalidad de los hechos, o la culpabilidad o inculpabilidad de todos los acusados; los pronunciamientos contradictorios; la falta de mayoría necesaria para las votaciones y, en general la concurrencia de algún defecto formal relevante en la deliberación o votación.

La devolución podrá producirse, sin consecuencias, hasta tres veces consecutivas. Si, llegado este extremo, la subsanación no se efectuara conforme a lo señalado se disolvería *ese* Jurado y *se* nombraría otro distinto, convocando nuevo juicio oral.

Y puede llegarse más lejos (con connotaciones que nos parecen peligrosas, incluso contrarias a la propia institución): si este nuevo Jurado llegara a disolverse en idénticos términos, el Magistrado-Presidente dictaría sentencia absolutoria (art. 65).

c") Disolución por innecesariedad del veredicto

Puede producirse:

1.°) Por estimar el Magistrado-Presidente la imposibilidad de una condena ante la absoluta falta de prueba de cargo (art. 49).

La innecesariedad deriva de una falta de objeto y, como consecuencia y al no poderse afectar la presunción de inocencia, que haya de dictarse sentencia absolutoria.

Este acuerdo puede adoptarse de oficio o a instancia de la defensa, una vez evacuados los informes de la acusación. ¿Se cierra con esto la posibilidad de que tal petición la hiciera el Ministerio Fiscal?

2.º) Por solicitar las partes sentencia de conformidad con la más grave de las calificaciones contenidas en los correspondientes escritos, o el presentado en el acto de la vista oral suscrito por la acusación y la defensa.

En este segundo supuesto sin alterarse los hechos, ni calificarse más gravemente que en las calificaciones provisionales. Y, en cualquier caso, sin que la pena conformada pueda exceder de seis años de privación de libertad, sola o conjuntamente con las de multa y privación de derechos.

El Magistrado dictará la sentencia que estime procedente considerando los hechos admitidos por las partes.

Esta sería la regla general, dándose las circunstancias antedichas. Pero hay posibles excepciones que exigen un veredicto previo, cuando, a pesar de la conformidad el Magistrado-Presidente estime que el hecho admitido no fue realmente perpetrado; no lo fue por el acusado o pudiera no ser constitutivo de delito o concurrir alguna causa de exención o atenuación de la pena (art. 50, 2 y 3).

Las consecuencias son diferentes en cada supuesto. Dándose los dos primeros, continuará el procedimiento; de ser los dos últimos y previa audiencia de las partes, se dará por finalizado sometiendo al Jurado el objeto del veredicto.

3.º) Por desistir todos los acusadores de su petición de condena. El Magistrado dictará sentencia absolutoria, previa disolución del Jurado.

B) Recursos

Con carácter general, cabe distinguir entre los que se conceden contra resoluciones dictadas en el procedimiento preliminar por el instructor y los previstos contra las del Magistrado-Presidente del Jurado.

El conocimiento de los primeros se atribuye a la Audiencia Provincial; el de los segundos a la Sala de lo Civil y Penal del Tribunal Superior de Justicia de la correspondiente Comunidad Autónoma a que pertenezca el órgano del enjuiciamiento (compuesto por tres Magistrados, arts. 846 bis a) LECRIM); con posible casación ante el Tribunal Supremo, en los supuestos que veremos (art. 847 LECRIM).

a) Recursos en el procedimiento preliminar

Mientras no se diga expresamente otra cosa, hay que entender aplicables las reglas de la LECRIM, sobre la remisión a sus normas en lo que no se oponga la LOTJ (art. 24.2º) que, por otra parte, hay que referirlo a las generales y no a las particulares, es decir a las propias del procedimiento ordinario por delitos (Vid. lec. 17.ª).

Como previsiones específicas hay que mencionar la que se hace a la queja (directamente, sin reforma previa) por no resolver el Juez en plazo, o desestimar la petición de seguimiento del procedimiento especial en las circunstancias de los arts. 309 bis, párrafo segundo y 789 apartado tercero LECRIM; o no acordar la convocatoria de la audiencia preliminar (art. 30.1 párrafo segundo LOTJ). Y a la apelación contra el auto acordando el sobreseimiento (art. 26, párrafo segundo, y 32. 2 LOTJ).

b) Recursos contra las resoluciones del Magistrado-Presidente del Jurado

Hay que distinguir entre los autos y la sentencia que ponga fin al procedimiento.

1.º) Respecto a los primeros, se establece la apelación cuando sean resolutorios de algunas de las cuestiones previas del art. 36 LOTJ en sentido estimatorio.

Si fuera desestimatorio de la excepción de cosa juzgada, la prescripción, la amnistía o el indulto, no cabría ese recurso, aunque podrá recurrirse, sobre su base, contra la sentencia (art. 846 bis a), 676, párrafo tercero, y 678, párrafo segundo, de la LECRIM).

El art. 846 bis a) LECRIM permite apelar en el específico supuesto de que se hubiera acordado el sobreseimiento y éste sólo cabe en los supuestos del art. 675 por admisión de las precitadas excepciones. Es, pues, una redundancia innecesaria, pues basta con la previsión general, sin precisarse otra más específica.

2.º) Por lo que se refiere a las sentencias serán apelables y contra la que dicte el Tribunal Superior de Justicia conociendo la apelación cabrá casación por infracción de ley y quebrantamiento de forma.

También sería procedente este segundo recurso (como único posible) si la sentencia se hubiera dictado en única instancia por los Tribunales Superiores de Justicia de las CCAA en caso de concurrir aforados (art. 847 LECRIM).

En materia de procedimiento, la casación se acomoda, en todo, a las normas de la LECRIM. (arts. 849 y ss. Vid. lec. 18.ª). La apelación, sin embargo, ofrece unas características y estructura peculiares conforme a los arts. 846 bis b) a f) de la LECRIM. De ellos cabe destacar:

1") Motivos: Se establecen taxativamente por el art. 846 bis c) lo que, de por sí, desvirtúa su propia naturaleza tanto por esa limitación impeditiva de un nuevo juicio con la misma amplitud que en la primera instancia, como por cuanto no se abre con él realmente una segunda al no permitirse la aportación de nuevos elementos probatorios.

Quiere evitarse el riesgo de que una auténtica apelación desvirtúe la anterior función del Jurado, pues en ella sólo actúan jueces técnicos. Pero lo que ha conseguido es abrir una inaudita casación de «doble vía»: primero ante el TSJ camuflada de apelación y, después, la auténtica, ante el Tribunal Supremo.

En cuanto a los motivos son estos:

– Quebrantamiento de normas y garantías procesales causantes de indefensión, en el desarrollo del procedimiento o en la sentencia, siempre que se hubiera formulado protesta para subsanarlos.

Esta no sería necesaria, si la infracción denunciada supusiera vulneración de un derecho o garantía constitucional.

– Cualquiera de los que, como motivo de casación, previenen los arts. 850 y 851 LECRIM.

En lo que nos interesa, son destacables los núms. 5.º y 6.º del art. 851 (debidamente adaptados) por insuficiencia en el número de jurados para emitir veredicto, o su adopción sin concurrir los votos necesarios; o a que hubiera participado en su formación algún jurado, cuya recusación, intentada en tiempo y forma y fundada en causa legal, hubiera sido rechazada.

– Defectos en el veredicto por: parcialidad en las instrucciones impartidas al Jurado; defecto en la proposición de su objeto, si hubiera producido indefensión; o por estimación o denegación indebida de la disolución de aquel.

Es decir, por haberse acordado improcedentemente, o habiéndose solicitado por falta de prueba se hubiera desestimado improcedentemente.

– La insuficiencia de prueba para justificar un veredicto de inculpabilidad, afectándose con ello a la presunción de inocencia.

2”) Sustanciación: Legitimados para interponerlo están el Ministerio Fiscal y cualquiera de las demás partes, así como el condenado. Habrá de hacerse dentro de los diez días siguientes al de la última notificación de la sentencia, en la que puede considerarse interposición *ordinaria* del recurso.

Junto a ella, se prevé otra extraordinaria, fuera de plazo, permitida a las partes, inicialmente no recurrentes después del traslado del escrito de interposición de aquel (en plazo de cinco días). Este tipo de recurso carece de entidad por sí quedando «supeditado» a que el recurrente en plazo ordinario mantenga su recurso pues, no siendo así, el segundo recurrente decaería de su derecho a que el suyo fuera visto.

Planteado este recurso «supeditado» se dará traslado del mismo a las demás partes. En otro caso, transcurrido el plazo para su interposición, se las emplazará para personarse ante la Sala de lo Civil y Penal del TSJ correspondiente.

Personado el apelante principal, se señalará día para la vista; no siendo así (es decir, no personándose, o renunciando expresamente al recurso) la sentencia se declarará firme procediendo a ejecutarse.

A la vista se citará a las partes personadas, al condenado y al tercero civilmente responsable. Se celebrará oralmente y en audiencia pública, alegando en primer lugar el apelante principal, seguido del Fiscal (si no fuera este el apelante) y, en su caso, el supeditado que abriría camino a la réplica del principal (aun cuando puede renunciarse a ella). Se oirá después a los apelados, dictándose sentencia en los cinco días siguientes.

Si la sentencia estimase la concurrencia de defectos formales (los del apartado a) del art. 846 bis c) LECRIM) o la indebida disolución del Jurado, devolverá la causa a la Audiencia de que proceda para celebración de nueva vista (con Jurado distinto). En otro, contendrá el pronunciamiento correspondiente en función de la causa estimada.

LECTURAS RECOMENDADAS: MONTERO AROCA/GÓMEZ COLOMER, *Comentarios a la Ley del Jurado,* Pamplona, 1999; CANO BARRERO, *La Ley del Jurado: jurisprudencia comentada. Diez años de aplicación de la Ley del Jurado,* Pamplona, 2007; GÓMEZ COLOMER: *El proceso especial ante el Tribunal del Jurado,* Madrid, 1996; PÉREZ CEBADERA, *Las instrucciones al Jurado,* Valencia, 2003; MONTERO AROCA, J.: *Los recursos en el proceso ante el Tribunal del Jurado*, Granada, 1996.